Die erfolgreiche
Kanzlei

Norbert Schneider
Rechtsanwalt, Neunkirchen

RVG
Praxiswissen

3. Auflage

Nomos

Die Deutsche Nationalbibliothek verzeichnet diese Publikation in
der Deutschen Nationalbibliografie; detaillierte bibliografische
Daten sind im Internet über http://dnb.d-nb.de abrufbar.

ISBN 978-3-8487-1930-3

3. Auflage 2015
© Nomos Verlagsgesellschaft, Baden-Baden 2015. Printed in Germany.

Vorwort

Die umfängliche Rechtsprechung, die insbesondere aufgrund der Änderungen durch das 2. KostRMoG ergangen ist, hat die nun vorliegende 3. Auflage notwendig gemacht.

Vor allem zu den Vergütungsvereinbarungen hat sich wichtige obergerichtliche Rechtsprechung ergeben. So hat der BGH seine Auffassung geändert, dass Formverstöße zur Unwirksamkeit der Vereinbarung führen. Er leitet daraus jetzt lediglich noch eine Unverbindlichkeit ab, was weitreichende Konsequenzen hat. Auch zu den Formerfordernissen und deren Einhaltung hat es bedeutsame OLG-Entscheidungen gegeben, die es einzuarbeiten galt.

Der Gesetzgeber hat es auch ein Jahr nach Anhebung der sog. Punktegrenze bis heute nicht geschafft, die erforderlichen Änderungen bei den Gebührenrahmen für Bußgeldsachen zu verabschieden. Das Gesetzesvorhaben ist lediglich eingeleitet, auf die anstehenden Änderungen wird hingewiesen.

Das Werk befindet sich auf aktuellem Stand April 2015.

Auch in der 3. Auflage bleibt die Konzeption des Buches erhalten. Als praxisorientiertes Einstiegswerk zeigt es Struktur und Systematik des RVG auf und vermittelt gleichzeitig das praktische Grundlagenwissen. Aufgegliedert nach den jeweiligen Rechtsgebieten und den einzelnen anwaltlichen Tätigkeitsbereichen stellt es alle regelmäßig auftretenden Konstellationen in Abrechnungsfragen dar. Alle zentralen und für die Praxis relevanten Streitfragen werden anschaulich behandelt, ohne aber das Werk mit dem Ballast sämtlicher, bis ins Letzte gehender Streitfragen und Rechtsprechungsnachweise zu überfrachten.

Aufgenommen sind zahlreiche Berechnungs- und Fallbeispiele sowie Praxishinweise und Muster zu Vergütungsvereinbarungen. Insbesondere die Abrechnungsbeispiele erlauben eine schnelle Aneignung der Abrechnungsmethode und eine effiziente Selbstkontrolle.

Wie auch in den Vorauflagen werden Streitwertfragen, Erstattungsfragen und Fragen der Prozess- und Verfahrenskostenhilfe stets mitbehandelt.

In dieser bewährten Ausrichtung wendet sich auch diese 3. Auflage an junge Rechtsanwälte, Rechtsreferendare, Rechtsanwaltsfachangestellte, Rechtsfachwirte, Auszubildende und insbesondere Wiedereinsteiger, die sich in das anwaltliche Vergütungsrecht einarbeiten oder sich auf ihre Prüfung vorbereiten wollen.

Besonderer Dank gilt meiner Kollegin, Frau Rechtsanwältin Lotte Thiel, die mich bei der Bearbeitung des Werkes wiederum tatkräftig unterstützt hat.

Neunkirchen, im April 2015   *Norbert Schneider*

Inhaltsübersicht

Teil 1:
Die Vergütungsquellen des Rechtsanwalts

Teil 2:
Grundlagen der Vergütung

Teil 3:
Gebühren und Auslagen

Teil 4:
Die Abrechnung und Durchsetzung der Vergütung

Inhaltsverzeichnis

Teil 1:
Die Vergütungsquellen des Rechtsanwalts

Teil 2:
Grundlagen der Vergütung

Teil 3:
Gebühren und Auslagen

Teil 4:
Die Abrechnung und Durchsetzung der Vergütung

Abkürzungsverzeichnis

aA	anderer Ansicht
aaO	am angegebenen Ort
abl.	ablehnend
Abs.	Absatz
abw.	abweichend
aF	alte Fassung
AG	Amtsgericht
AGS	Anwaltsgebühren spezial (Zeitschrift)
AHB	Allgemeine Bedingungen für die Haftpflichtversicherung
AKB	Allgemeine Bedingungen für die Kraftfahrtversicherung
AktG	Aktiengesetz
Alt.	Alternative
Anm.	Anmerkung
AnwBl	Anwaltsblatt
AnwK	AnwaltKommentar
AO	Abgabenordnung
ARB	Allgemeine Bedingungen für die Rechtsschutzversicherung
ArbG	Arbeitsgericht
ArbGG	Arbeitsgerichtsgesetz
Art.	Artikel
ASR	Anwalt/Anwältin im Sozialrecht (Zeitschrift)
Aufl.	Auflage
AVAG	Anerkennungs- und Vollstreckungsausführungsgesetz
AVB PHV	Allgemeine Versicherungsbedingungen für die Privathaftpflichtversicherung
Az	Aktenzeichen
BauGB	Baugesetzbuch
BauR	Baurecht (Zeitschrift)
BayObLG	Bayerisches Oberstes Landesgericht
BayVGH	Bayerischer Verwaltungsgerichtshof
Bd.	Band
BerHG	Beratungshilfegesetz
BerHVV	Beratungshilfevordruckverordnung
Beschl.	Beschluss
BetrVG	Betriebsverfassungsgesetz
BFH	Bundesfinanzhof
BGB	Bürgerliches Gesetzbuch
BGBl.	Bundesgesetzblatt
BGH	Bundesgerichtshof
BGHZ	Entscheidungen des Bundesgerichtshofs in Zivilsachen
BPatG	Bundespatentgericht
BRAGO	Bundesgebührenordnung für Rechtsanwälte
BRAK-Mitt.	BRAK-Mitteilungen, hrsg. von der Bundesrechtsanwaltskammer
BRAO	Bundesrechtsanwaltsordnung
BR-Drucks.	Bundesrats-Drucksache
BSG	Bundessozialgericht
BT-Drucks.	Bundestags-Drucksache
BVerfG	Bundesverfassungsgericht
BVerwG	Bundesverwaltungsgericht
bzw	beziehungsweise
DAR	Deutsches Autorecht (Zeitschrift)
DAV	Deutscher Anwaltverein

DesignG	Gesetz über den rechtlichen Schutz von Design (Designgesetz)
DGVZ	Deutsche Gerichtsvollzieherzeitung
DStR	Deutsches Steuerrecht (Zeitschrift)
DStRE	DStR-Entscheidungsdienst
EFG	Entscheidungen der Finanzgerichte (Zeitschrift)
EG	Europäische Gemeinschaft
EGBGB	Einführungsgesetz zum Bürgerlichen Gesetzbuch
EGGVG	Einführungsgesetz zum Gerichtsverfassungsgesetz
EGMR	Europäischer Gerichtshof für Menschenrechte
EGZPO	Einführungsgesetz zur Zivilprozessordnung
EnWG	Energiewirtschaftsgesetz
ErbR	Zeitschrift für die gesamte erbrechtliche Praxis
EuGH	Gerichtshof der Europäischen Gemeinschaften
EuRAG	Gesetz über die Tätigkeit europäischer Rechtsanwälte in Deutschland
f, ff	folgende, fortfolgende
FamFG	Gesetz über das Verfahren in Familiensachen und in den Angelegenheiten der freiwilligen Gerichtsbarkeit
FamG	Familiengericht
FamRZ	Zeitschrift für das gesamte Familienrecht
FG	Finanzgericht; Freiwillige Gerichtsbarkeit
FGG-RG	Gesetz zur Reform des Verfahrens in Familiensachen und in den Angelegenheiten der freiwilligen Gerichtsbarkeit
FGO	Finanzgerichtsordnung
FlurbG	Flurbereinigungsgesetz
FPR	Familie Partnerschaft Recht (Zeitschrift)
GebrMG	Gebrauchsmustergesetz
gem.	gemäß
GewSchG	Gewaltschutzgesetz
GKG	Gerichtskostengesetz
GmbH	Gesellschaft mit beschränkter Haftung
GNotKG	Gerichts- und Notarkostengesetz
GVG	Gerichtsverfassungsgesetz
GvKostG	Gerichtsvollzieherkostengesetz
GWB	Gesetz gegen Wettbewerbsbeschränkungen
hM	herrschende Meinung
Hs.	Halbsatz
idR	in der Regel
InsO	Insolvenzordnung
InsVV	Insolvenzrechtliche Vergütungsverordnung
IRG	Gesetz über die internationale Rechtshilfe in Strafsachen
iSd	im Sinne der/des
IStGH-Gesetz	Gesetz über die Zusammenarbeit mit dem Internationalen Strafgerichtshof
iSv	im Sinne von
iVm	in Verbindung mit
JGG	Jugendgerichtsgesetz
JurBüro	Juristisches Büro (Zeitschrift)
KapMuG	Kapitalanleger-Musterverfahrensgesetz
KG	Kammergericht
KGR	Schnelldienst zur Zivilrechtsprechung des Kammergerichts (KG Report)
KostRMoG	Kostenrechtsmodernisierungsgesetz

KostRsp.	Kostenrechtsprechung, Nachschlagewerk wichtiger Kostenentscheidungen aus der Zivil-, Straf-, Arbeits-, Sozial-, Verwaltungs- und Finanzgerichtsbarkeit mit kritischen Anmerkungen, bearbeitet von Lappe/von Eicken/ Noll/Herget und N. Schneider
KSpG	Gesetz zur Demonstration der dauerhaften Speicherung von Kohlendioxid (Kohlendioxid-Speicherungsgesetz)
KV	Kostenverzeichnis
LAG	Landesarbeitsgericht
LG	Landgericht
LS	Leitsatz
LSG	Landessozialgericht
LwVfG	Gesetz über das gerichtliche Verfahren in Landwirtschaftssachen
MarkenG	Markengesetz
MDR	Monatsschrift für Deutsches Recht
Mio.	Million
mwN	mit weiteren Nachweisen
NdsRpfl	Niedersächsische Rechtspflege (Zeitschrift)
NJW	Neue Juristische Wochenschrift
NJW-RR	NJW-Rechtsprechungs-Report Zivilrecht
Nr.	Nummer
NVwZ	Neue Zeitschrift für Verwaltungsrecht
NVwZ-RR	NVwZ-Rechtsprechungs-Report Verwaltungsrecht
NZA	Neue Zeitschrift für Arbeitsrecht
NZA-RR	NZA-Rechtsprechungs-Report Arbeitsrecht
NZM	Neue Zeitschrift für Miet- und Wohnungsrecht
o.Ä.	oder Ähnliches
OLG	Oberlandesgericht
OLGR	Schnelldienst zur Zivilrechtsprechung der Oberlandesgerichte (OLG-Report)
OVG	Oberverwaltungsgericht
OWiG	Gesetz über Ordnungswidrigkeiten
PatG	Patentgesetz
PKH	Prozesskostenhilfe
PsychKG	Gesetz über Hilfen und Schutzmaßnahmen bei psychischen Krankheiten
RdL	Recht der Landwirtschaft
Rn	Randnummer
Rpfleger	Der Deutsche Rechtspfleger (Zeitschrift)
RPflG	Rechtspflegergesetz
Rspr	Rechtsprechung
RVG	Rechtsanwaltsvergütungsgesetz
S.	Satz; Seite
SG	Sozialgericht
SGB	Sozialgesetzbuch
SGG	Sozialgerichtsgesetz
SpruchG	Gesetz über das gesellschaftsrechtliche Spruchverfahren (Spruchverfahrensgesetz
StBVV	Vergütungsverordnung für Steuerberater, Steuerbevollmächtigte und Steuerberatungsgesellschaften (Steuerberatervergütungsverordnung)
StE	Der Steuerentscheid (Zeitschrift)
StGB	Strafgesetzbuch

StPO	Strafprozessordnung
StraFo	Strafverteidiger Forum (Zeitschrift)
StRR	StrafRechtsReport
StrRehaG	Strafrechtliches Rehabilitierungsgesetz
StV	Der Strafverteidiger (Zeitschrift)
StVollzG	Strafvollzugsgesetz
SVertO	Schifffahrtsrechtliche Verteilungsordnung
UrhG	Urheberrechtsgesetz
UrhWG	Urheberrechtswahrnehmungsgesetz
UStG	Umsatzsteuergesetz
Var.	Variante
VersR	Versicherungsrecht (Zeitschrift)
VG	Verwaltungsgericht
VGH	Verwaltungsgerichtshof; Verfassungsgerichtshof
vgl	vergleiche
VKH	Verfahrenskostenhilfe
Vorbem.	Vorbemerkung
VRR	VerkehrsRechtsReport
VSchDG	EG-Verbraucherschutzdurchsetzungsgesetz
VV	Vergütungsverzeichnis
VVG	Versicherungsvertragsgesetz
VwGO	Verwaltungsgerichtsordnung
WBO	Wehrbeschwerdeordnung
WDO	Wehrdisziplinarordnung
WEG	Wohnungseigentumsgesetz
WpHG	Gesetz über den Wertpapierhandel
WpÜG	Wertpapiererwerbs- und Übernahmegesetz
WRP	Wettbewerb in Recht und Praxis (Zeitschrift)
ZAP	Zeitschrift für die Anwaltspraxis
zB	zum Beispiel
zfs	Zeitschrift für Schadensrecht
Ziff.	Ziffer
ZMR	Zeitschrift für Miet- und Raumrecht
ZPO	Zivilprozessordnung
zT	zum Teil
zust.	zustimmend
ZVG	Zwangsversteigerungsgesetz
ZwVwV	Zwangsverwalterverordnung
zzgl	zuzüglich

Literaturverzeichnis

Baumgärtel/Hergenröder/Houben, Kommentar zum Rechtsanwaltsvergütungsgesetz, 16. Aufl. 2014

Bischof/Jungbauer/Bräuer u.a., Kompaktkommentar RVG, 6. Aufl. 2014

Burhoff, RVG Straf- und Bußgeldsachen, Praxiskommentar, 4. Aufl. 2014

Gerold/Schmidt, Rechtsanwaltsvergütungsgesetz, Kommentar, 21. Aufl. 2013

Groß, Anwaltsgebühren in Ehe- und Familiensachen, 4. Aufl. 2014

Hansens/Braun/Schneider, Praxis des Vergütungsrechts, 2. Aufl. 2007

Hartmann, Kostengesetze, 45. Aufl. 2015

Hartung/Schons/Enders, Rechtsanwaltsvergütungsgesetz, Kommentar, 2. Aufl. 2013

Hinne/Klees/Müllerschön/Teubel/Winkler, Vereinbarungen mit Mandanten, 3. Aufl. 2015

Mayer, Gebührenformulare – Ansprüche, Schriftwechsel, Durchsetzung, 2007

Mayer/Kroiß (Hrsg.), RVG – mit Streitwertkommentar und Tabellen, Handkommentar, 6. Aufl. 2013

Mayer/Winkler, Erfolgshonorar – Grundlagen, Erläuterungen, Muster, 2008

Onderka, Anwaltsgebühren in Verkehrssachen, 4. Aufl. 2013

Poller/Teubel (Hrsg.), Gesamtes Kostenhilferecht – Prozesskosten, Beratungshilfe, Pflichtverteidigung, Gebühren, Rechtsschutzversicherung, Handkommentar, 2. Aufl. 2014

Riedel/Sußbauer, Rechtsanwaltsvergütungsgesetz, Kommentar, 10. Aufl. 2015

Schneider, H., Gerichtskosten nach dem neuen GNotKG – Einführung, Berechnungsbeispiele, Synopse, 2013

Schneider, N., Fälle und Lösungen zum RVG, 4. Aufl. 2015

Schneider, N., Gebühren in Familiensachen, 2010

Schneider, N., Die Vergütungsvereinbarung, 2006

Schneider/Herget, Streitwert-Kommentar für Zivilprozess und FamFG, 13. Aufl. 2011

Schneider/Thiel, Das ABC der Kostenerstattung 2013, 2. Aufl. 2013

Schneider/Thiel, Das neue Gebührenrecht für Rechtsanwälte, 2. Aufl. 2014

Schneider/Volpert/Fölsch (Hrsg.), FamGKG, Handkommentar, 2. Aufl. 2014

Schneider/Volpert/Fölsch (Hrsg.), Gesamtes Kostenrecht – Justiz, Anwaltschaft, Notariat. NomosKommentar, 2014

Schneider/Wolf (Hrsg.), AnwaltKommentar RVG, 7. Aufl. 2014
(zit.: AnwK-RVG/*Bearbeiter*)

Zöller, Zivilprozessordnung, Kommentar, 30. Aufl. 2014

Teil 1:
Die Vergütungsquellen des Rechtsanwalts

§ 1 Der Vergütungsanspruch

A. Überblick

Für seine Tätigkeit steht dem **Rechtsanwalt**[1] eine Vergütung zu. Dem Rechtsanwalt stehen   1
gleich andere Mitglieder einer Rechtsanwaltskammer, Partnerschaftsgesellschaften und
sonstige Gesellschaften (§ 1 Abs. 1 S. 2 RVG).

Der Begriff der **Vergütung** wird in § 1 Abs. 1 S. 1 RVG definiert. Er umfasst **Gebühren und**   2
Auslagen. Die Rechtsgrundlage der Vergütung ist allerdings nicht im Gesetz über die Vergütung der Rechtsanwältinnen und Rechtsanwälte (Rechtsanwaltsvergütungsgesetz –
RVG)[2] geregelt. Sie ergibt sich idR aus dem Anwaltsvertrag, kann sich aber auch aus gesetzlichen Vorschriften ergeben.

B. Anspruch gegen den Auftraggeber

I. Anwaltsvertrag

In aller Regel wird zwischen Anwalt und Auftraggeber ein **Geschäftsbesorgungsvertrag** in   3
der Gestalt eines **Dienstvertrags** geschlossen (§§ 675, 611 BGB). In Ausnahmefällen kann
der Geschäftsbesorgungsvertrag auch den Charakter eines **Werkvertrags** haben (§§ 675,
631 BGB), etwa bei Erstellung eines Gutachtens. Für die Vergütung und ihre Höhe ist diese Differenzierung jedoch unbeachtlich.

Das **Zustandekommen** des Anwaltsvertrages richtet sich nach den allgemeinen Vorschrif-   4
ten des BGB. Besonderheiten sind hier nicht zu beachten, selbst dann nicht, wenn eine Vergütungsvereinbarung geschlossen wird. Nur die Vergütungsvereinbarung bedarf der Einhaltung bestimmter Formen, um verbindlich zu sein (§§ 3 a ff RVG), nicht aber auch der
zugrunde liegende Anwaltsvertrag, der unabhängig von der Wahrung der Form wirksam
bleibt.[3] Ist die Vergütungsvereinbarung unwirksam, schuldet der Mandant nur die gesetzliche Vergütung,[4] es sei denn, aus Treu und Glauben ist der Anwalt an die unwirksam vereinbarte (geringere) Vergütung gebunden.[5] Macht der Anwalt dagegen den Abschluss
einer Vergütungsvereinbarung zur Bedingung für die Annahme des ihm angedienten Mandats, dann kommt auch der Anwaltsvertrag erst mit dem Zustandekommen der Vergütungsvereinbarung zustande (§ 158 Abs. 1 BGB).[6]

II. Geschäftsführung ohne Auftrag

Die Vergütungspflicht des Mandanten kann sich uU auch aus Geschäftsführung ohne Auf-   5
trag (§§ 677 ff BGB) ergeben.

Beispiel 1: Der Anwalt legt, ohne vom Mandanten dazu beauftragt worden zu sein, in einer laufenden Sache eine Streitwertbeschwerde ein, die Erfolg hat und zu einer erheblichen Reduzierung der eigenen Anwaltsvergütung, der Gerichtskosten und der an den Gegner zu erstattenden Kosten führt.

---

1 § 1 Abs. 1 S. 1 RVG stellt klar, dass damit auch Rechtsanwältinnen gemeint sind. Im Folgenden wird – wie
   auch im Gesetz – der Wortgebrauch „Rechtsanwalt" beibehalten.
2 Vom 5.5.2004 (BGBl. I S. 718, 788), zuletzt geändert durch Art. 4 des Gesetzes vom 10.12.2014 (BGBl. I
   S. 2082, 2083).
3 BGH AGS 2014, 319 = AnwBl 2014, 758 = NJW 2014, 2653 = JurBüro 2014, 524.
4 BGH JZ 1962, 369; *N. Schneider*, Die Vergütungsvereinbarung, Rn 320, 377, 601.
5 BGH NJW 1990, 2407; OLG Düsseldorf JurBüro 2004, 536; OLG München AGS 2012, 271 = JurBüro
   2012, 425 = NJW 2012, 3454; *N. Schneider*, Die Vergütungsvereinbarung, Rn 320, 377.
6 OLG München AGS 2012, 58; AG München AGS 2007, 549 m. Anm. *N. Schneider*.

6   Selbst wenn hier kein konkludenter Auftrag für das Beschwerdeverfahren bestand – was man idR annehmen dürfte –, kann der Anwalt jedenfalls seine Vergütung nach den Grundsätzen der Geschäftsführung ohne Auftrag verlangen, da die Streitwertbeschwerde im Interesse des Mandanten lag (§ 683 BGB), jedenfalls dann, wenn die ersparte Kostenbelastung den Vergütungsanspruch für das Beschwerdeverfahren übersteigt.

III. Gesetzliche Ansprüche

7   Des Weiteren kann sich der Vergütungsanspruch unmittelbar aus dem Gesetz ergeben, so zB in den Fällen der §§ 52 Abs. 1 S. 1, 53 Abs. 1 RVG, wonach der beigeordnete oder gerichtlich bestellte Anwalt den Vertretenen unter bestimmten Voraussetzungen unmittelbar in Anspruch nehmen kann. Ähnliche Vorschriften finden sich in § 39 RVG für den in einer Scheidungs- oder Lebenspartnerschaftssache beigeordneten Rechtsanwalt oder in § 41 S. 1 RVG für den Prozesspfleger.

C. Ansprüche gegen die Staatskasse

8   Des Weiteren können sich „Vergütungs-"Ansprüche des Anwalts aufgrund einer **gerichtlichen Bestellung oder Beiordnung** ergeben. Wird der Anwalt im Wege der Prozess- oder Verfahrenskostenhilfe beigeordnet, wird er im Rahmen der Beratungshilfe tätig oder ist er als Pflichtverteidiger oder anderweitig bestellt oder beigeordnet worden, dann erhält er seine „Vergütung" kraft der Bestellung aus der Bundes- oder Landeskasse (§§ 44, 45 RVG). Tatsächlich handelt es sich hier nicht um einen echten Vergütungsanspruch, sondern um einen Entschädigungsanspruch, der dem Anwalt gegen die Staatskasse zusteht, weil er vom Staat herangezogen wird.

9   Der Vergütungsanspruch richtet sich in diesen Fällen unmittelbar gegen die Staatskasse (§§ 44, 45 RVG).[7] Im Falle der Prozess- und Verfahrenskostenhilfe oder Beratungshilfe ist die Inanspruchnahme des Vertretenen ausgeschlossen (§ 122 Abs. 1 S. 2 Nr. 3 ZPO; § 8 Abs. 2 S. 1 BerHG). In den Fällen der Beiordnung kann – sofern auch ein Wahlanwaltsmandat besteht – der Mandant daneben in Anspruch genommen werden. Darüber hinaus ermöglicht das RVG in den Fällen der Bestellung oder Beiordnung auch ohne Anwaltsvertrag unter bestimmten Voraussetzungen die Inanspruchnahme des Vertretenen auf die Wahlanwaltsvergütung (§§ 39, 40, 52, 53 Abs. 1 RVG).

10 Die Gebühren, die der Anwalt aus der Staatskasse erhält, liegen idR unter den Gebühren eines Wahlanwalts (s. zB § 49 RVG oder die gesonderten Festgebühren des Pflichtverteidigers in Teil 4 VV und Teil 5 VV). Auslagen werden dagegen grundsätzlich in vollem Umfang übernommen, soweit sie notwendig waren (§ 46 RVG).

11 Ist dem Auftraggeber Prozess- oder Verfahrenskostenhilfe nur gegen **Ratenzahlung** bewilligt worden, kann der Anwalt nachträglich noch die Differenz zwischen der Pflicht- und der Wahlanwaltsvergütung erhalten (§ 50 RVG). Auch jetzt kann der Vertretene aber nicht in Anspruch genommen werden. Die Abrechnung der weiter gehenden Beträge erfolgt über die Staatskasse, die diese Beträge zuvor beim Vertretenen einzieht.

D. Ansprüche gegen Dritte, Inanspruchnahme des Gegners

12 War der Anwalt im Rahmen der **Prozess- oder Verfahrenskostenhilfe** beigeordnet, kann er darüber hinaus von der Gegenpartei, soweit sie die Kosten des Verfahrens zu tragen hat, seine Gebühren und Auslagen in eigenem Namen verlangen und gegen sie auch festsetzen lassen (§ 126 ZPO).

13 Dieses Beitreibungsrecht ist insoweit von Bedeutung, als der Anwalt vom Gegner auch die über die Prozess- bzw Verfahrenskostenhilfe-Vergütung hinausgehenden Gebühren und

---

7   Zur Abrechnung mit der Staatskasse s. § 33.

Auslagen geltend machen kann, die er vom Auftraggeber nach § 122 Abs. 1 S. 2 Nr. 3 ZPO nicht einfordern darf, zumal der Gegner gegen den Kostenerstattungsanspruch keine Einreden erheben darf (§ 126 Abs. 2 S. 1 ZPO) und eine Aufrechnung nur mit Kosten aus demselben Verfahren zulässig ist (§ 126 Abs. 2 S. 2 ZPO).

Eine vergleichbare Regelung findet sich in § 53 Abs. 2 S. 1 RVG für den einem **Nebenkläger** oder einem **Nebenklageberechtigten** bestellten Anwalt. Auch dieser kann in eigenem Namen seine Vergütung vom Verurteilten verlangen und gegen ihn festsetzen lassen. **14**

Für den **Verteidiger in Straf- und Bußgeldsachen** fehlt eine entsprechende Regelung. Er kann sich aber unter den Voraussetzungen des § 43 RVG den Kostenerstattungsanspruch im Voraus abtreten lassen und ist dann gegen Aufrechnungen der Staatskasse geschützt. Siehe § 20 Rn 157. **15**

Auch dem außergerichtlich im Wege der **Beratungshilfe** tätigen Anwalt steht ein eigener Kostenerstattungsanspruch gegen einen ersatzpflichtigen Dritten zu (§ 9 S. 2 BerHG). Siehe § 12 Rn 27. **16**

E. Die Regelungen zur Vergütung

Die Vergütung des Anwalts bestimmt sich grundsätzlich nach dem RVG (§ 1 Abs. 1 RVG), es sei denn, der Anwalt wird in einer Funktion nach § 1 Abs. 2 RVG tätig (s. § 4 Rn 2). Das RVG gilt auch dann, wenn der Vergütungsanspruch auf Gesetz oder gerichtlicher Bestellung oder Beiordnung basiert (§§ 12, 44, 45 RVG). Hier können sich allerdings Unterschiede in der Höhe ergeben, da der gerichtlich bestellte oder beigeordnete Rechtsanwalt in vielen Fällen nur geringere Gebühren erhält. **17**

Die **Höhe** der Vergütung bestimmt sich gem. § 2 Abs. 2 S. 1 RVG nach dem Vergütungsverzeichnis (VV) der Anlage 1 zum RVG, soweit das RVG nichts Abweichendes bestimmt. Solche abweichenden Bestimmungen sind zB in § 34 Abs. 1 S. 2 RVG für die Beratung, Gutachten und Mediation enthalten (Verweisung auf die Vorschriften des **bürgerlichen Rechts**) oder in § 35 RVG für bestimmte Hilfeleistungen in Steuersachen (Verweisung auf die **Steuerberatervergütungsverordnung** – StBVV). **18**

Darüber hinaus wird im RVG ergänzend auf andere Gesetze Bezug genommen, so zB bei der Ermittlung des für die Gebühren maßgebenden Gegenstandswertes (§ 2 Abs. 1 RVG). So nimmt zB § 23 Abs. 1 RVG Bezug auf die Wertvorschriften anderer Kostengesetze, insbesondere auf das GKG, das FamGKG und das GNotGK. Auch § 23 Abs. 3 S. 1 RVG verweist auf bestimmte Vorschriften des GNotKG. **19**

F. Verhältnis zu Kostenerstattungs- und Freistellungsansprüchen

Zu beachten ist, dass der Vergütungsanspruch nur das Verhältnis zwischen Anwalt und Auftraggeber bzw Staatskasse betrifft. Er ist abzugrenzen von dem Kostenerstattungsanspruch (materiellrechtlicher oder prozessualer Kostenerstattungsanspruch) oder von Freistellungsansprüchen (Rechtsschutzversicherung, arbeitsrechtlicher Freistellungsanspruch o.Ä.); hierzu wird auf die Ausführungen in § 2 verwiesen. **20**

Ob und in welcher Höhe der Anwalt die Vergütung von seinem Auftraggeber verlangen kann, spielt sich ausschließlich im Vergütungsverhältnis ab. Ob und in welcher Höhe diese Vergütung dem Auftraggeber von einem Dritten zu erstatten ist oder ob und inwieweit der Auftraggeber Freistellung von Dritten erhält, ist für das Vergütungsverhältnis grundsätzlich unbeachtlich. Allerdings kann es hier zu Reflexwirkungen kommen. Hat der Anwalt schuldhaft Kosten verursacht, die nicht erstattet werden oder die nicht von der Rechtsschutzversicherung gedeckt sind, kann darin eine Verletzung des Anwaltsvertrags liegen, **21** die wiederum zur Folge hat, dass dem Auftraggeber Schadenersatzansprüche zustehen, die er dem Vergütungsanspruch entgegenhalten kann und die diesen letztlich zu Fall bringen.[8]

Beispiel 2: Der Anwalt hatte für drei durch eine Presseveröffentlichung verletzte Personen jeweils gesonderte einstweilige Verfügungen auf Unterlassung vor jeweils gesonderten Gerichten erwirkt.

Trotz Obsiegens in allen drei Verfahren kann sich die Kostenerstattung auf die Kosten beschränken, die im Falle eines einheitlichen Verfahrens für alle drei Auftraggeber in einem einheitlichen Verfahren (subjektive und objektive Klagenhäufung) angefallen wären.[9]

22 Hatte der Anwalt seinen Mandanten über die eingeschränkte Kostenerstattung nicht belehrt hat, kann er seine Vergütung nur insoweit verlangen, als sie bei sachgerechtem Vorgehen in einem einheitlichen Rechtsstreit angefallen wären.

23 Schadensersatzforderungen, die den Vergütungsanspruch zu Fall bringen, können sich auch in rechtsschutzversicherten Mandaten ergeben, wenn der Anwalt Vorgaben aus den Versicherungsbedingungen nicht beachtet. Entspricht zB eine Kostenregelung nicht dem Verhältnis von Obsiegen und Unterliegen, wird der Rechtsschutzversicherer insoweit von der Leistung frei, als bei zutreffender Quotierung eigene Erstattungsansprüche gegen den Gegner entstanden und gegnerische Kostenerstattungsansprüche vermieden worden wären (§ 2 Abs. 3 a ARB 1975, § 5 Abs. 3 b ARB 1994/2000, § 5 Abs. 3 Buchst. b) ARB 2008, Ziff. 3.3 ARB 2012). Der Anwalt muss dies beachten. Unterlässt er das, macht er sich schadensersatzpflichtig und kann den Mandanten insoweit nicht in Anspruch nehmen.[10]

Beispiel 3: Der Anwalt schließt für den rechtsschutzversicherten Mandanten einen Vergleich, dessen Kostenquote nicht dem Verhältnis von Obsiegen und Unterliegen entspricht. Der Versicherer verweigert daher teilweise die Leistung wegen Obliegenheitsverletzung.

Soweit der Versicherer berechtigterweise die Zahlung verweigert, verliert der Anwalt seinen Vergütungsanspruch.

24 Solche Fälle, in denen sich die Vergütung wegen fehlerhafter Mandatsführung reduzieren oder gar ganz entfallen kann, kommen auch dann vor, wenn der Anwalt den Mandanten über eine unzutreffende zu hohe gerichtliche Wertfestsetzung und die Möglichkeit einer dagegen möglichen Beschwerde nicht unterrichtet. Er kann dann dem Mandanten – vorbehaltlich weiterer Schadensersatzansprüche – nur nach dem zutreffenden geringeren Wert abrechnen. Soweit der Mandant dann sogar noch höhere Zahlungen an den Gegner leisten muss, kann der Vergütungsanspruch sogar ganz entfallen und der Anwalt muss darüber hinaus auch noch Schadensersatz leisten.[11]

---

8 BGH AGS 2004, 145 = NJW 2004, 1043 = JurBüro 2004, 562; OLG Koblenz AGS 2004, 38 = MDR 2004, 55; OLG Düsseldorf AnwBl 2012, 97; LG Landshut AGS 2012, 97 = NJW 2011, 2063.
9 Fall nach BGH AGS 2013, 95 = NJW-RR 2013, 442 = RVGreport 2013, 108.
10 OLG Düsseldorf AnwBl 2012, 97; LG Landshut AGS 2012, 97 = NJW 2011, 2063; LG Bielefeld AGS 2003, 422 = zfs 2003, 253.
11 Siehe OLG Hamm AGS 2012, 439 = RVGreport 2011, 478; bestätigt durch Nichtannahmebeschluss des BGH BRAK-Mitt. 2012, 122.

§ 2 Kostenerstattung und Freistellungsansprüche

A. Überblick

In der anwaltlichen Praxis spielen Kostenerstattungs- und Freistellungsansprüche eine gro- 1
ße Rolle. Der Auftraggeber hat verständlicherweise ein erhebliches und beachtenswertes
Interesse daran, dass er im Erfolgsfalle die zur Durchsetzung seiner Rechte aufgewandten
Kosten vom Gegner, einem Dritten oder bei einem Freispruch in Straf- und Bußgeldsachen
von der Staatskasse erstattet erhält.

B. Prozessuale Kostenerstattung

Fast sämtliche Verfahrensordnungen sehen eine prozessuale Kostenerstattung vor. 2

So hat im **Zivilprozess** nach § 91 Abs. 1 S. 1 ZPO grundsätzlich die unterlegene Partei der 3
obsiegenden Partei die Kosten des Verfahrens zu erstatten. Bei teilweisem Obsiegen und
Unterliegen sind die Kosten verhältnismäßig zu verteilen (§ 92 ZPO). Zu diesen zu erstattenden Kosten des Rechtsstreits gehören dabei auch die aufgewandten Anwaltskosten
(§ 91 Abs. 2 S. 1 ZPO). Von dem Grundsatz, dass die unterlegene Partei die Kosten des
Verfahrens zu tragen hat, gibt es aber auch wichtige Ausnahmen, zB braucht eine unterlegene Partei die Kosten nicht zu tragen, wenn sie zur Einleitung des Verfahrens keinen Anlass gegeben und die Ansprüche sofort anerkannt bzw erfüllt hat (§ 93 ZPO). Darüber hinaus sind zahlreiche Fälle vorgesehen, in denen erfolglose Angriffsmittel auch der obsiegenden Partei auferlegt werden können (zB erfolglose Beweisanträge, § 96 ZPO).

Gleiches gilt in **verwaltungs-, finanz- und sozialgerichtlichen Verfahren** (§§ 154 ff VwGO; 4
§§ 135 ff FGO; §§ 193 ff SGG). Auch in **Strafsachen** ist eine Kostenerstattung vorgesehen
(§§ 464 ff StPO). So hat die Staatskasse zB die dem Freigesprochenen entstandenen Kosten
zu erstatten (§ 467 Abs. 1 StPO). Gleiches gilt in **Bußgeldsachen.**

In einigen Verfahren ist eine Kostenerstattung dagegen völlig **ausgeschlossen,** so zB in Be- 5
schwerdeverfahren der Wertfestsetzung (§ 33 Abs. 9 S. 2 RVG; § 68 Abs. 3 S. 2 GKG; § 59
Abs. 3 S. 2 FamGKG; § 83 Abs. 3 S. 2 GNotKG) und in Verfahren über die Beschwerde
gegen den Kostenansatz (§ 66 Abs. 8 S. 2 GKG; § 57 Abs. 8 S. 2 FamGKG; § 81 Abs. 8 S. 2
GNotKG). In anderen Verfahren ist nur die Erstattung der Anwaltskosten gänzlich ausgeschlossen (so zB im erstinstanzlichen Urteilsverfahren vor den Arbeitsgerichten, § 12 a
Abs. 1 S. 1 ArbGG) oder wird nur in Ausnahmefällen nach Billigkeitsgesichtspunkten angeordnet (zB § 81 FamFG).

Der **Umfang** der zu erstattenden Kosten richtet sich grundsätzlich danach, ob die geltend 6
gemachten Kosten **notwendig** waren (§ 91 Abs. 1 S. 1 ZPO). Eine Notwendigkeitsprüfung
ist in bestimmten Fällen allerdings ausgeschlossen. So sind grundsätzlich die Gebühren
und Auslagen eines Anwalts immer erstattungsfähig (§ 91 Abs. 1 S. 2 ZPO). Allerdings
gibt es auch hiervon Ausnahmen, so zB in Verfahren der freiwilligen Gerichtsbarkeit, in
der § 91 Abs. 2 ZPO nicht anwendbar ist (§ 80 FamFG) und daher die Notwendigkeit der
Hinzuziehung eines Anwalts im Einzelfall zu prüfen ist (§ 80 FamFG), oder in erstinstanzlichen Verfahren vor den Arbeitsgerichten (§ 12 a Abs. 1 S. 1 ArbGG).[1]

Grundsätzlich spielt die Frage der Kostenerstattung für den Vergütungsanspruch des An- 7
walts keine Rolle. Der Auftraggeber schuldet dem Anwalt die Vergütung auch dann, wenn
er sie nicht erstattet erhält. Lediglich dann, wenn der Anwalt infolge unrichtiger Sachbe-
handlung Kosten verursacht hat, die nicht zu erstatten sind, können Schadensersatzan-

---

1 Zum Umfang der zu erstattenden Kosten s. ausf. *Schneider/Thiel*, ABC der Kostenerstattung 2013, 2. Aufl.
2013.

sprüche des Auftraggebers entstehen, die dieser dem Vergütungsanspruch entgegensetzen kann.[2]

8 Darüber hinaus kann uU auch die unterlassene Belehrung darüber, dass eine Kostenerstattung nicht in Betracht kommt, zu Schadensersatzansprüchen führen und den Vergütungsanspruch zu Fall bringen. Ein wichtiger Fall dieser Belehrungspflicht ist in § 12 a Abs. 1 S. 2 ArbGG geregelt. Danach muss der Anwalt im erstinstanzlichen Verfahren vor dem **Arbeitsgericht** darauf hinweisen, dass eine Erstattung der Anwaltsgebühren und der Parteiauslagen nicht in Betracht kommt. Verstößt der Anwalt gegen diese Belehrungspflicht, macht er sich schadensersatzpflichtig, mit der Folge, dass er seine Vergütung insoweit nicht geltend machen kann, als der Auftraggeber auf eine Kostenerstattung vertraut hat (negatives Interesse).[3] Eine vergleichbare Rechtslage gilt bei Vergütungsvereinbarungen (s. § 3 Rn 18).

C. Materiellrechtliche Kostenerstattungsansprüche

9 Auch materiellrechtliche Kostenerstattungsansprüche kommen in Betracht. So umfassen in aller Regel **deliktische Schadensersatzansprüche** auch den Ersatz der zur Regulierung des Schadens aufgewandten Anwaltskosten. Dies gilt insbesondere für Verkehrsunfallregulierungen. Darüber hinaus können sich Schadensersatzansprüche auch aus **Verzug** oder anderweitiger **Vertragsverletzung** ergeben.[4] Möglich sind auch Kostenerstattungsansprüche aus **Geschäftsführung ohne Auftrag**. Diese kommen insbesondere im Wettbewerbsrecht bei außergerichtlichen Abmahnungen in Betracht.

10 In aller Regel entstehen materiellrechtliche Kostenerstattungsansprüche nur für den Anspruchsteller (den späteren Kläger). Es kommen solche Ansprüche aber auch für den zu Unrecht in Anspruch Genommenen in Betracht (den späteren Beklagten). Die bloße unberechtigte Inanspruchnahme reicht allerdings für einen Kostenerstattungsanspruch noch nicht aus.[5] Erforderlich sind hier vielmehr besondere Umstände, die wiederum bei einer Sonderverbindung, zB im Mietrecht,[6] oder bei Vorliegen der Voraussetzungen der §§ 826, 823 BGB angenommen werden. Zum Teil wird sogar schon die unberechtigte Geltendmachung von Gewährleistungsansprüchen als zum Schadensersatz verpflichtende Vertragsverletzung angesehen;[7] ebenso das Einfordern unberechtigter anwaltlicher Vergütungsansprüche.[8] Die Rspr ist hier uneinheitlich.

11 In **arbeitsrechtlichen Angelegenheiten** sind außergerichtliche Schadensersatzansprüche auf Ersatz der Anwaltskosten ausgeschlossen. Der Ausschluss nach § 12 a Abs. 1 S. 1 ArbGG erfasst auch außergerichtliche Kostenerstattungsansprüche.[9]

D. Durchsetzung des Kostenerstattungsanspruchs

I. Materiellrechtliche Kostenerstattungsansprüche

12 Bei materiellrechtlichen Kostenerstattungsansprüchen wird die Anwaltsvergütung dem Gegner idR zunächst außergerichtlich aufgegeben und muss, wenn dieser nicht zahlt, in einem gerichtlichen Verfahren eingeklagt werden. Die Kosten können dabei neben der

---

2 BGH AGS 2004, 145 = NJW 2004, 1043 = JurBüro 2004, 562; OLG Koblenz AGS 2004, 38 = MDR 2004, 55.
3 Düwell/Lipke/*Krönig*, ArbGG, § 12 a Rn 8.
4 BGH AGS 2014, 319 = AnwBl 2014, 758 = NJW 2014, 2653 = JurBüro 2014, 524.
5 BGH AGS 2007, 267 = NJW 2007, 1458 = JurBüro 2007, 249.
6 ZB für die Kosten der Abwehr einer Kündigung: AG Jülich AGS 2007, 214 = WuM 2006, 562 oder für die Abwehr einer unberechtigten Forderung auf Zahlung von Renovierungskosten AG Düren AnwBl 2002, 729 = AGS 2003, 130.
7 AG Schwetzingen AGS 2007, 593; aA LG Aachen AGS 2007, 539.
8 BGH AGS 2014, 319 = AnwBl 2014, 758 = NJW 2014, 2653 = JurBüro 2014, 524.
9 BAG NZA 2006, 259 = DB 2006, 284 = FA 2006, 153; BAG RVGreport 2009, 192; LAG Niedersachsen AGS 2007, 431.

Hauptforderung als weitere Klageforderung mit geltend gemacht werden. Sie erhöhen dann den Streitwert nicht, da sie Nebenforderungen iSd § 4 ZPO, § 43 Abs. 1 GKG, § 37 Abs. 1 FamGKG sind.[10] Nur soweit der zugehörige Hauptanspruch nicht (mehr) Gegenstand des Verfahrens ist, sind die darauf anfallenden Kosten anteilig beim Streitwert zu berücksichtigen.[11]

Der Beklagte kann seine Ansprüche im Wege der Widerklage geltend machen. Hier wirken die Kosten Streitwert erhöhend, da es insoweit an der Hauptforderung fehlt.[12]   13

II. Prozessuale Kostenerstattungsansprüche

Bei prozessualen Kostenerstattungsansprüchen sehen die Verfahrensordnungen ein eigenes   14
Annexverfahren vor, so zB in den §§ 103 ff ZPO, § 464 b StPO, § 85 FamFG iVm §§ 103–107 ZPO. Es handelt sich um ein kostenfreies Verfahren, in dem das Gericht – idR der Rechtspfleger oder der Urkundsbeamte der Geschäftsstelle – prüft, ob die zur Festsetzung angemeldeten Kosten berechtigt sind, und diese nach Anhörung des Gegners bzw der Staatskasse festsetzt. Aus diesen Festsetzungsbeschlüssen kann die Zwangsvollstreckung betrieben werden (§ 794 Abs. 1 Nr. 2 ZPO).

E. Freistellungsansprüche
I. Überblick

Neben den prozessualen und materiellrechtlichen Kostenerstattungsansprüchen kommen   15
auch Freistellungsansprüche in Betracht, also vertragliche Ansprüche gegen Dritte auf Übernahme der Anwaltskosten. Der Freistellungsanspruch wandelt sich in einen Zahlungsanspruch um, sobald der Mandant die Kosten selbst zahlt.

II. Rechtsschutzversicherung

In vielen Fällen ist der Auftraggeber rechtsschutzversichert, so dass sein Versicherer für die   16
anfallenden Anwaltskosten aufkommen muss. Zu beachten ist, dass dem Anwalt kein eigener Anspruch gegen den Rechtsschutzversicherer zusteht. **Vergütungsschuldner ist und bleibt in diesen Fällen der Auftraggeber**, der dann die Rechnung bei seinem Versicherer einreicht und sich von den Anwaltskosten freistellen lässt.

Der Rechtsschutzversicherer schuldet dabei nicht nur die Freistellung von fälligen Vergü-   17
tungsforderungen, sondern kann auch auf **Vorschusszahlung** in Anspruch genommen werden.

Wird der Anwalt idR sowohl hinsichtlich versicherter als auch hinsichtlich nicht versicher-   18
ter Gegenstände beauftragt, hat der Rechtsschutzversicherer die Quote der anfallenden Kosten zu erstatten, die dem Anteil am Gesamtstreitwert entspricht, für den er eintrittspflichtig ist.[13]

In der Praxis „rechnet" der Anwalt unmittelbar mit dem Versicherer ab. Rechtlich be-   19
trachtet wird dabei aber mit dem Auftraggeber abgerechnet; der Rechtsschutzversicherer zahlt in Erfüllung seiner Freistellungsverpflichtung dann unmittelbar für den Auftraggeber auf das Konto des Anwalts.

---

10 BGH AGS 2007, 231 = JurBüro 2007, 313 = NJW 2007, 3289 = RVGreport 2007, 194, bestätigt in AGS 2007, 516 = JurBüro 2007, 487 = RVGreport 2007, 355.
11 StRspr des BGH: AGS 2008, 187 = NJW 2008, 999 = JurBüro 2008, 202 = RVGreport 2008, 152; AGS 2011, 140; AGS 2012, 297 = RVGprof. 2012, 96 = JurBüro 2012, 428.
12 LG Aachen AGS 2007, 539.
13 BGH AGS 2005, 315 = NJW 2005, 2228 = JurBüro 2005, 653.

20 Besteht kein Versicherungsschutz, nur teilweise Versicherungsschutz oder sind Selbstbehalte o.Ä. zu beachten, dann muss der Auftraggeber selbstverständlich die nicht versicherten Beträge selbst zahlen.

III. Sonstige Freistellungsansprüche

21 Weitere Freistellungsansprüche können sich aus sonstigen Versicherungsverträgen ergeben, etwa aus Allgemeinen Haftpflichtversicherungsverträgen (Ziff. 5.2 Abs. 2 S. 2 AHB, A1-4.2 Abs. 2 S. 2 AVB PHV), Kfz-Haftpflichtversicherungsverträgen (A.1.1.3 AKB 2014) o.Ä. Ferner sind auch der Arbeitgeber und Dienstherr unter bestimmten Voraussetzungen verpflichtet, den Arbeitnehmer oder Dienstverpflichteten von Anwaltskosten freizustellen (sog. arbeitsrechtlicher Freistellungsanspruch). Darüber hinaus können sich aus der Ehe unterhaltsrechtliche Freistellungsansprüche ergeben. Hierzu zählt u.a. auch der Anspruch auf Verfahrenskostenvorschuss (§ 1360 a Abs. 4 BGB).

§ 3 Vergütungsvereinbarungen

A. Überblick

Anstelle der gesetzlichen Vergütung kann der Anwalt mit seinem Auftraggeber grundsätzlich auch seine Vergütung frei vereinbaren. Die Zulässigkeit einer solchen Vergütungsvereinbarung ergibt sich nicht aus dem RVG, sondern aus dem Grundsatz der Vertragsfreiheit. Zu beachten sind allerdings einige Einschränkungen, die sich vornehmlich aus den §§ 3 a ff RVG, der BRAO und den allgemeinen Vorschriften des BGB ergeben. **1**

B. Unzulässigkeit einer Vereinbarung

Ist der Anwalt im Wege der **Prozess- oder Verfahrenskostenhilfe** beigeordnet worden, kann er zwar eine Vergütungsvereinbarung treffen. Vereinbart werden darf dann allerdings keine höhere als die gesetzliche (Wahlanwalts-)Vergütung (§ 3 a Abs. 3 S. 1 RVG). Allerdings besteht für die Dauer der Beiordnung eine Forderungssperre (§ 122 Abs. 1 Nr. 3 ZPO). Unklar ist, wie dieser Widerspruch zwischen § 3 a Abs. 3 S. 1 RVG einerseits und § 122 Abs. 1 Nr. 3 ZPO andererseits zu lösen sein soll. Zum Teil wird die Auffassung vertreten, freiwillige Zahlungen der bedürftigen Partei sollen zulässig sein, so dass der Anwalt diese soll behalten dürfen. **2**

Im Rahmen der **Beratungshilfe** sind dagegen Vereinbarungen seit dem 1.1.2014 zulässig. Das frühere Verbot des § 4 Abs. 3 RVG ist zum 1.1.2014 aufgehoben worden.[1] Allerdings besteht für die Dauer der Beratungshilfe auch hier eine Forderungssperre (§ 8 Abs. 2 BerHG). Die Vergütungsvereinbarung kann daher nur dann zum Tragen kommen, wenn die Beratungshilfe nachträglich nach §§ 6 a, 8 a BerHG aufgehoben worden ist (s. dazu § 12 Rn 31 ff). **3**

Ist der Anwalt als **Pflichtverteidiger** bestellt oder ist er anderweitig bestellt oder beigeordnet worden, kann er dagegen mit dem Vertretenen grundsätzlich Vergütungsvereinbarungen treffen, die auch über die Wahlanwaltsvergütung hinausgehen. **4**

Soweit Vergütungsvereinbarungen mit dem Vertretenen möglich sind, können auch **Vereinbarungen mit Dritten** geschlossen werden. Diese unterliegen den gleichen Formvorschriften wie Vereinbarungen mit dem Mandanten.[2] Das gilt auch für einen Schuldbeitritt.[3] Soweit Vereinbarungen mit dem Mandanten unzulässig wären, etwa in der Beratungs- oder Prozesskostenhilfe, sind auch Vereinbarungen mit Dritten unzulässig.[4] **5**

Unzulässig sind nach § 49 b Abs. 2 S. 1 BRAO ferner **Erfolgshonorare** oder **Beteiligungen am erstrittenen Betrag** (**quota litis**), sofern sich aus dem RVG nichts Abweichendes ergibt (s. Rn 27 ff). Ein Verstoß führt allerdings nicht zur Unwirksamkeit, sondern lediglich zur Unverbindlichkeit (s. Rn 16). **6**

Des Weiteren ist es grundsätzlich unzulässig, eine Vergütung zu vereinbaren, die **unter der gesetzlichen Vergütung** liegt (§ 49 b Abs. 1 S. 1 BRAO). Unzulässig ist danach eine Vereinbarung bereits dann, wenn sie die Möglichkeit eröffnet, dass die Vergütung unterhalb der gesetzlichen Vergütung liegen kann (etwa bei Vereinbarung von Pauschalen oder Zeithonoraren).[5] Eine Ausnahme gilt für **außergerichtliche Angelegenheiten** (§ 4 Abs. 1 S. 1 RVG). **7**

Ferner ist es zulässig, für **gerichtliche Mahnverfahren** und für **Zwangsvollstreckungsverfahren** nach den §§ 802 bis 863 ZPO und §§ 882 b bis 882 f ZPO einen Teil des Kostener- **8**

---

1 Durch Art. 14 Nr. 2 des Gesetzes zur Änderung des Prozesskostenhilfe- und Beratungshilferechts vom 31.8.2013 (BGBl. I S. 3533, 3539).
2 N. *Schneider*, Die Vergütungsvereinbarung, Rn 247.
3 BGH NJW 1991, 3095; N. *Schneider*, Die Vergütungsvereinbarung, Rn 262.
4 N. *Schneider*, Die Vergütungsvereinbarung, Rn 237 ff.
5 AG München AGS 2011, 530.

stattungsanspruchs an Erfüllung statt anzunehmen (§ 4 Abs. 2 S. 1 RVG). In beiden Fällen muss der vom Auftraggeber zu zahlende Betrag in einem angemessenen Verhältnis zur Leistung, Verantwortung und zum Haftungsrisiko des Anwalts stehen (§ 4 Abs. 2 S. 2 RVG). Schließlich ist eine Unterschreitung der gesetzlichen Gebühren in gerichtlichen Verfahren bei **Vereinbarung eines zulässigen Erfolgshonorars** nach § 4 a RVG möglich (s. Rn 30).

C. Zeitpunkt der Vereinbarung

9 Eine Vergütungsvereinbarung kann jederzeit geschlossen werden.[6] Häufig wird schon die Übernahme des Mandats von dem Abschluss einer Vergütungsvereinbarung abhängig gemacht. Dann kommt der Anwaltsvertrag erst mit dem Abschluss der Vereinbarung zustande.[7] Eine Vergütungsvereinbarung kann auch schon vor Mandatserteilung geschlossen werden. Ebenso ist es möglich, dass erst während eines Mandats eine Vereinbarung getroffen wird. Auch nach Beendigung des Mandats sind Vergütungsvereinbarungen noch möglich.

10 Unzulässig sind Vergütungsvereinbarungen, die zur „**Unzeit**" abgeschlossen werden.[8] Der Auftraggeber muss die Möglichkeit haben, frei zu entscheiden, ob er eine Vereinbarung trifft oder nicht. Wird zB unmittelbar vor einem anstehenden Termin oder vor dem Ablauf einer wichtigen Frist vom Anwalt der Abschluss einer Vergütungsvereinbarung verlangt, ist dies nach der Rspr sittenwidrig und führt zur Nichtigkeit der Vereinbarung, insbesondere, wenn bei Nichtabschluss die Niederlegung des Mandats angedroht wird.[9] Ebenso ist eine Vereinbarung unwirksam, die unter der Androhung zustande gekommen ist, bei Nichtzustandekommen das Mandat zu kündigen, wenn zum Zeitpunkt der Vereinbarung ein Anwaltswechsel nicht mehr gut möglich gewesen wäre.[10]

D. Form

I. Überblick

11 Nach § 3 a Abs. 1 S. 1 und 2 RVG sind bei Abschluss einer Vereinbarung bestimmte Formen zu beachten. Das gilt allerdings nicht für bloße Gebührenvereinbarungen im Falle einer Beratung, eines Gutachten- oder Mediationsauftrags nach § 34 Abs. 1 S. 1 RVG (§ 3 a Abs. 1 S. 4 RVG).

II. Formvorschriften

12 Nach § 3 a Abs. 1 S. 1 RVG bedarf die Vereinbarung über die Vergütung der **Textform**. Es gilt insoweit § 126 b BGB. Daher kann eine Vergütungsvereinbarung auch per **Telefax** oder durch wechselseitigen Austausch von **E-Mails** geschlossen werden.[11] Eine eigenhändige Unterschrift – wie noch nach altem Recht (§ 4 RVG idF bis zum 30.6.2008) – ist nicht mehr erforderlich.

13 Die Vergütungsvereinbarung muss darüber hinaus als solche oder in vergleichbarer Weise **bezeichnet** werden (§ 3 a Abs. 1 S. 2 RVG). Zweckmäßig ist es, die Vereinbarung ausdrücklich als „**Vergütungsvereinbarung**" zu bezeichnen. Der gleichlautende Begriff „Ho-

---

6 Ausführlich *N. Schneider*, Die Vergütungsvereinbarung, Rn 417 ff.
7 AG München AGS 2007, 549.
8 BGH AGS 2010, 267 = NJW 2010, 1364 = MDR 2010, 529; BGH AGS 2013, 317 = NJW 2013, 1591 = MDR 2013, 747 = NJW-Spezial 2013, 383 = RVGreport 2013, 265; LG Gießen StV 1986, 494; AG Butzbach JurBüro 1986, 1034; *N. Schneider*, Die Vergütungsvereinbarung, Rn 1752 ff.
9 LG Karlsruhe MDR 1991, 548; *N. Schneider*, Die Vergütungsvereinbarung, Rn 1755.
10 BGH AGS 2003, 15 = MDR 2002, 1182 = BRAK-Mitt. 2002, 267; BGH AGS 2013, 317 = NJW 2013, 1591 = MDR 2013, 747 = NJW-Spezial 2013, 383 = RVGreport 2013, 265.
11 LG Görlitz AGS 2013, 320 = AnwBl 2013, 939 = RVGreport 2013, 266.

norarvereinbarung" ist unschädlich.[12] Bedenklich ist allerdings schon die Bezeichnung als „Gebührenvereinbarung". Sofern darin nämlich auch Vereinbarungen über die Höhe von Auslagen getroffen werden, ist die Überschrift zumindest irreführend und kann schon daher die Unwirksamkeit nach sich ziehen (§ 305 c BGB). Die Bezeichnung „Vergütung" dürfte nicht ausreichen, weil sich damit nicht die Warnfunktion erfüllt wird, dass eine von der gesetzlichen Vergütung abweichende Vereinbarung getroffen wird.[13]

Die Vergütungsvereinbarung muss **von anderen Vereinbarungen deutlich abgesetzt** sein (§ 3 a Abs. 1 S. 2 RVG). Enthalten sein dürfen allerdings die Auftragserteilung und die nähere Ausgestaltung des Auftrags. Dies war nach der früheren Fassung des § 4 RVG aF (bis zum 30.6.2008) nicht gestattet. Erlaubt sind nur solche Regelungen, die unmittelbar mit der Vergütungsvereinbarung in Zusammenhang stehen, also zB Regelungen zur Fälligkeit, zur Verjährung,[14] zur Abrechnung bei vorzeitiger Beendigung des Mandats, zur Vertretung durch Hilfspersonen o.Ä.[15] Dagegen sind allgemeine Gerichtsstandsvereinbarungen, Haftungsbeschränkungen o.Ä. unzulässig.[16] Ein deutliches Absetzen erfordert, dass für den Auftraggeber sofort erkennbar sein muss, dass hier eine gesonderte Vergütungsvereinbarung getroffen wird.[17] Erforderlich ist eine räumliche Trennung der Vergütungsvereinbarung von den „anderen Vereinbarungen" in ihrer Gesamtheit. Insoweit kann auf die Anforderungen an die äußere Gestaltung einer Widerrufsbelehrung nach Art. 246 Abs. 3 EGBGB (bzw § 360 Abs. 1 S. 1 BGB aF) zurückgegriffen werden.[18]   14

Die Vergütungsvereinbarung darf ferner **nicht in einer Vollmacht** enthalten sein (§ 3 a Abs. 1 S. 2 RVG). Umgekehrt darf selbstverständlich in der Vergütungsvereinbarung keine Vollmacht erteilt werden.   15

III. Rechtsfolgen bei Formverstößen

Sofern die Vereinbarung gegen eine der vorstehenden Formerfordernisse nach § 3 a Abs. 1 **S. 1 und 2 RVG** (s. Rn 11 ff) verstößt, gilt nicht § 125 BGB. Die Vereinbarung bleibt wirksam; allerdings darf der Anwalt nach § 4 b RVG nicht mehr fordern als die gesetzliche Vergütung.[19] Ist nach der Vereinbarung eine niedrigere als die gesetzliche Vergütung geschuldet, bleibt es bei dieser niedrigeren Vereinbarung.   16

Hat der Auftraggeber bereits **gezahlt**, so ist der Anwalt nach Bereicherungsrecht zur Rückzahlung verpflichtet (§ 4 b S. 2 RVG). Im Gegensatz zum früheren Recht darf der Anwalt die Vergütung auch dann nicht behalten, wenn der Auftraggeber freiwillig und ohne Vorbehalt gezahlt hat. Erst § 814 BGB – der aber in der Praxis kaum in Betracht kommen dürfte – führt zu einem Rückforderungsausschluss.   17

IV. Hinweispflicht auf eingeschränkte Kostenerstattung

Ferner muss auch ein **Hinweis zur eingeschränkten Kostenerstattung** erteilt werden (§ 3 a Abs. 1 S. 3 RVG). Es muss darauf hingewiesen werden, dass die gegnerische Partei, ein sonstiger Verfahrensbeteiligter oder die Staatskasse im Falle der Kostenerstattung regelmäßig nicht mehr als die gesetzliche Vergütung erstatten muss. Insoweit handelt es sich nicht um eine Formvorschrift (arg. e § 4 b S. 1 RVG), so dass ein fehlender Hinweis alleine noch nicht zur Unwirksamkeit der Vereinbarung führt.[20]   18

12 AG Wolfratshausen AGS 2008, 11.
13 Offen gelassen von OLG Karlsruhe AGS 2015, 9 = AnwBl 2015, 182 = NJW 2015, 418 = NJW-Spezial 2015, 28.
14 OLG Düsseldorf AGS 2008, 538 = MDR 2008, 1265.
15 *N. Schneider*, Die Vergütungsvereinbarung, Rn 584 ff.
16 OLG Karlsruhe AGS 2015, 114 m. Anm. *Schons*; *N. Schneider*, Die Vergütungsvereinbarung, Rn 591 f.
17 Gerold/Schmidt/*Mayer*, § 3 a RVG Rn 12 mwN.
18 OLG Karlsruhe AGS 2015, 114 m. Anm. *Schons*; Mayer/Kroiß/*Teubel*, § 3 a RVG Rn 42.
19 BGH AGS 2014, 319 = AnwBl 2014, 758 = NJW 2014, 2653 = JurBüro 2014, 524.
20 OLG Karlsruhe AGS 2015, 9 = AnwBl 2015, 182 = NJW 2015, 418 = NJW-Spezial 2015, 28.

19 Hat der Anwalt nicht gem. § 3 a Abs. 1 S. 3 RVG auf die eingeschränkte Kostenerstattung hingewiesen, kann dies allerdings lediglich Schadensersatzansprüche des Auftraggebers zur Folge haben, die er dem Vergütungsanspruch entgegensetzen kann. Hat der Auftraggeber auf die (volle) Kostenerstattung bei Abschluss der Vergütungsvereinbarung vertraut, so steht ihm ein Anspruch auf Ersatz des Vertrauensschadens zu, soweit er später trotz Obsiegens keine Kostenerstattung erhält. Der Anwalt ist dann insoweit gehindert, seinen Anspruch gegen den Auftraggeber geltend zu machen.

E. Zulässige Vergütungsmodelle

20 Welche Art von Vergütungsvereinbarung abgeschlossen wird, ist den Parteien überlassen.[21] Hier bieten sich vielfältige Möglichkeiten an, etwa:

- ein Pauschalbetrag,
- nach Abschnitten gestaffelte Pauschalen,
- ein Vielfaches der gesetzlichen Gebühren oder die Festlegung auf einen bestimmten Satz oder Betrag bei Gebühren- oder Satzrahmen,
- ein prozentualer Aufschlag auf die gesetzlichen Gebühren,
- eine Zusatzgebühr zu den gesetzlichen Gebühren[22] oder ein zusätzlicher Festbetrag,[23]
- die Festlegung eines höheren Gegenstandswertes,[24]
- die Vereinbarung mehrerer Angelegenheiten, obwohl nach dem RVG nur eine einzige Angelegenheit gegeben wäre,[25]
- Zeithonorare.[26]

21 Die Parteien können auch vereinbaren, dass die Höhe der Vergütung in das **Ermessen des Vorstands der Rechtsanwaltskammer** gestellt wird (§ 4 Abs. 3 S. 1 RVG). Unzulässig ist es dagegen, die Höhe der Vergütung in das Ermessen eines Vertragsteils (§ 4 Abs. 3 S. 2 RVG) oder eines Dritten (arg. e § 4 Abs. 3 S. 1 RVG) zu stellen. Geschieht dies dennoch, gilt die gesetzliche Vergütung als vereinbart (§ 4 Abs. 3 S. 2 RVG).

22 Eine Vergütungsvereinbarung kann nicht nur über die Höhe der zu zahlenden Gebühren getroffen werden, sondern auch für **Auslagen**. Auch dann sind die §§ 3 a ff RVG zu beachten. Über die vom Auftraggeber zu übernehmenden Auslagen sollte immer eine Vereinbarung getroffen werden. Zumindest sollte auf die gesetzlichen Auslagen verwiesen werden. Fehlt es an einer Regelung, gelten die Auslagen grundsätzlich als durch die vereinbarte Vergütung mit abgegolten.[27]

23 Da es sich bei der **Umsatzsteuer** nach dem RVG (Nr. 7008 VV) um einen Auslagentatbestand handelt (s. § 10 Rn 40 f), gilt Vorstehendes (Rn 22) auch für die Umsatzsteuer. Wird sie nicht gesondert vereinbart, gilt die vereinbarte Vergütung als Brutto-Vergütung, die die Umsatzsteuer bereits enthält. Wird lediglich vereinbart, dass zusätzlich Umsatzsteuer zu zahlen ist, so gilt damit nur der zum Zeitpunkt des Vertragsschlusses geltende Umsatzsteuersatz.[28] Vereinbart werden muss also „die jeweils gültige Umsatzsteuer".

24 Darüber hinaus darf eine Vergütungsvereinbarung nicht den **§§ 305 ff BGB** widersprechen. Verstöße führen zur Unwirksamkeit (§ 306 BGB). Ist eine Vergütungsvereinbarung zur mehrmaligen Verwendung bestimmt, findet eine AGB-Kontrolle nach den §§ 305 ff BGB statt. Die Vereinbarung muss insbesondere **bestimmt** und **transparent** sein. Sie darf keine überraschenden Klauseln und auch keine unangemessene Benachteiligung enthalten.

---

21 Ausführlich N. *Schneider*, Die Vergütungsvereinbarung, Rn 765 ff.
22 BGH AnwBl 1978, 227.
23 BGH NJW 1980, 1851.
24 OLG Hamm AnwBl 1986, 452; LG Düsseldorf JurBüro 1991, 530.
25 OLG Düsseldorf OLGR 1993, 160 = KostRspr BRAGO § 3, Nr. 28 m. Anm. *Herget*.
26 LG München I NJW 1975, 937; OLG Frankfurt/M. OLGR 1993, 307; LG Düsseldorf AGS 1993, 38.
27 OLG Koblenz OLGZ 79, 230; LG Koblenz AnwBl 1984, 206; ausf. N. *Schneider*, Die Vergütungsvereinbarung, Rn 1072.
28 AG München AGS 2010, 284 = BRAK-Mitt. 2010, 148.

So führt eine unbestimmte Vereinbarung (§ 307 Abs. 1 S. 2 BGB) zur Unwirksamkeit.[29] Aufgrund der Vergütungsvereinbarung muss eindeutig feststehen, **für welche Tätigkeiten** der Auftraggeber eine höhere als die gesetzliche Vergütung zahlen soll. Eine pauschale Bezeichnung der anwaltlichen Tätigkeit lässt nicht den Schluss zu, dass die Vergütungsvereinbarung ohne jede zeitliche Beschränkung auch für alle zukünftigen Mandate gelten soll.[30]

Keinen Verstoß gegen die §§ 305 ff BGB stellt es dagegen dar, wenn die Vereinbarung ein sog. **Empfangsbekenntnis** enthält. Die gegenteilige Auffassung des OLG Düsseldorf,[31] das einen Verstoß gegen § 309 Nr. 12 BGB angenommen hat, hat der BGH[32] verworfen. **25**

Strittig ist, ob und inwieweit sog. **Zeittaktklauseln** wirksam sind. Das OLG Düsseldorf[33] hält in stRspr Klauseln, wonach je angefangene 15 Minuten abgerechnet werden, für unwirksam. Lediglich eine Klausel, die einmalig am Ende eines Tages eine Aufrundung auf volle 15 Minuten vorsieht, ist danach unbedenklich.[34] Andere Gerichte haben gegen solche Klauseln dagegen keine Bedenken.[35] Auch der BGH hat grundsätzlich keine Bedenken und sieht es als Frage des Einzelfalls, die einer grundsätzlichen Klärung nicht zugänglich ist, an, ob eine Zeittaktklausel von 15 Minuten in einer anwaltlichen Honorarvereinbarung gegen § 242 BGB verstößt.[36] Unabhängig von dieser Streitfrage muss eine Zeittaktklausel allerdings vereinbart sein: Ohne eine ausdrückliche Vereinbarung darf nicht aufgerundet werden; es ist vielmehr genau abzurechnen.[37] **26**

F. Erfolgshonorar

Seit dem 1.7.2008 darf der Anwalt auch ein Erfolgshonorar vereinbaren (§ 4 a RVG). Die Bedeutung dieser Vorschrift wird allerdings äußerst gering bleiben, da ein solches Erfolgshonorar nur unter besonderen Voraussetzungen zulässig ist und die Rspr hohe Anforderungen stellt.[38] **27**

Der **Begriff des Erfolgshonorars** ist in § 49 b Abs. 2 S. 1 BRAO gesetzlich definiert. Ein Erfolgshonorar liegt danach von, wenn die Vergütung oder ihre Höhe vom Ausgang der Sache oder vom Erfolg der anwaltlichen Tätigkeit abhängig gemacht wird oder der Rechtsanwalt einen Teil des erstrittenen Betrages als Honorar erhalten soll. Ein Erfolgshonorar liegt nicht vor, wenn lediglich vereinbart wird, dass sich die gesetzlichen Gebühren ohne weitere Bedingungen erhöhen (§ 49 b Abs. 2 S. 3 BRAO). Daher ist zB die Vereinbarung eines Vielfachen der Einigungsgebühr (Nr. 1000 ff VV) oder der zusätzlichen Gebühr nach Nr. 4141 VV im Falle einer Einstellung noch kein Erfolgshonorar.[39] **28**

Ein Erfolgshonorar darf nach § 4 a Abs. 1 S. 1 RVG **29**

- **nur für den Einzelfall** vereinbart werden und
- setzt darüber hinaus voraus, dass der Auftraggeber aufgrund seiner wirtschaftlichen Verhältnisse bei verständiger Betrachtung ohne die Vereinbarung eines Erfolgshonorars **von der Rechtsverfolgung abgehalten** würde.

29 N. *Schneider*, Die Vergütungsvereinbarung, Rn 693.
30 OLG Karlsruhe AGS 2015, 9 = AnwBl 2015, 182 = NJW 2015, 418 = NJW-Spezial 2015, 28.
31 OLG Düsseldorf MDR 2000, 420; OLG Düsseldorf AGS 2004, 12 = JurBüro 2003, 584.
32 BGH AGS 2009, 430 = MDR 2009, 1011 = NJW 2009, 3301 = JurBüro 2009, 483.
33 OLG Düsseldorf NJW 2011, 3311 = AnwBl 2011, 871; OLG Düsseldorf AGS 2010, 109 = FamRZ 2010, 1184 = AnwBl 2010, 296.
34 OLG Düsseldorf AGS 2011, 366 = MDR 2011, 760 = NJW-Spezial 2011, 443 = AnwBl 2011, 964.
35 OLG Schleswig AGS 2009, 209 = AnwBl 2009, 554 = RVGreport 2009, 179; LG München AGS 2010, 284 = BRAK-Mitt. 2010, 148.
36 BGH AGS 2009, 209 = AnwBl 2009, 554.
37 OLG KarlsruheAGS 2015, 9 = AnwBl 2015, 182 = NJW 2015, 418 = NJW-Spezial 2015, 28.
38 Siehe LG Berlin AGS 2011, 128 = AnwBl 2011, 150 = JurBüro 2011, 128 = RVGreport 2011, 55.
39 Siehe ausf. N. *Schneider*, Die Vergütungsvereinbarung, Rn 361 ff.

30 In einem **gerichtlichen Verfahren** dürfen dabei für den Fall des Misserfolgs auch die gesetzlichen Gebühren unterschritten werden, aber auch nur dann, wenn für den Fall des Erfolgs gleichzeitig eine höhere als die gesetzliche Vergütung vereinbart wird (§ 4 a Abs. 1 S. 2 RVG). Unzulässig ist es für den Rechtsanwalt immer, sich zu verpflichten, Gerichtskosten, Verwaltungskosten oder Kosten anderer Beteiligter zu tragen (§ 49 b Abs. 2 S. 2 BRAO).

31 Wird ein Erfolgshonorar vereinbart, muss die Vereinbarung nicht nur die erforderlichen Formvorgaben des § 3 a Abs. 1 RVG erfüllen (s. Rn 11 ff), sondern auch weitere Angaben enthalten:

■ Zunächst einmal müssen die **voraussichtliche gesetzliche Vergütung** und ggf die **erfolgsunabhängige vertragliche Vergütung** angegeben werden, zu der der Rechtsanwalt bereit gewesen wäre, den Auftrag ohne Erfolgshonorar zu übernehmen (§ 4 a Abs. 2 Nr. 1 RVG).

■ Des Weiteren muss genau angegeben werden, unter welchen **Bedingungen** die erfolgsabhängige Vergütung verdient sein soll (§ 4 a Abs. 2 Nr. 2 RVG).

■ Anzugeben sind ferner die **wesentlichen Gründe**, die für die Bemessung des Erfolgshonorars bestimmend sind (§ 4 a Abs. 3 S. 1 RVG).

■ Darüber hinaus ist ein **Hinweis** aufzunehmen, dass die Vereinbarung keinen Einfluss auf die ggf vom Auftraggeber zu zahlenden Gerichtskosten, Verwaltungskosten und die von ihm **zu erstattenden Kosten** anderer Beteiligter hat (§ 4 a Abs. 3 S. 2 RVG).

32 Sind die Voraussetzungen für den Abschluss einer erfolgsabhängigen Vergütungsvereinbarung nach **§ 4 a Abs. 1 RVG** nicht gegeben oder fehlen die nach **§ 4 a Abs. 2 Nr. 1 und 2 RVG** erforderlichen Angaben, kann der Anwalt wiederum keine höhere Vergütung als die gesetzliche verlangen (§ 4 b S. 1 RVG). Dies bedeutet, dass bei Ausbleiben des vereinbarten Erfolgs der Anwalt an die Vereinbarung gebunden bleibt, soweit die misserfolgsabhängige Vergütung unter der gesetzlichen liegt. Im Übrigen ist sein Vergütungsanspruch auf die Höhe der gesetzlichen Vergütung beschränkt. Hat der Auftraggeber bereits darüber hinausgehende Zahlungen erbracht, kann dieser die Leistungen nach Bereicherungsrecht zurückverlangen, und zwar auch dann, wenn er freiwillig und vorbehaltlos geleistet hat (§ 4 b S. 2 RVG). Verstöße gegen **§ 4 a Abs. 3 S. 1 und 2 RVG** sind dagegen nicht sanktioniert. Sie führen also nicht zur Unwirksamkeit, können aber ggf zu Beweisproblemen führen (im Fall des § 4 a Abs. 3 S. 1 RVG) oder Schadensersatzansprüche des Mandanten auslösen (im Fall des § 4 a Abs. 3 S. 2 RVG).

G. Herabsetzen einer unangemessen hohen Vergütung

33 Ist eine vereinbarte Vergütung unangemessen hoch, so folgt daraus noch nicht die Unwirksamkeit. Vielmehr sieht § 3 a Abs. 2 S. 1 RVG vor, dass eine unangemessen hohe Vergütung vom Gericht bis zur Höhe der gesetzlichen Vergütung herabgesetzt werden kann.[40] Zuvor ist ein Gutachten der Rechtsanwaltskammer einzuholen (§ 3 a Abs. 2 S. 2 RVG). Nur dann, wenn die vereinbarte Vergütung in sittenwidriger Weise überhöht ist, tritt Nichtigkeit nach § 138 Abs. 1 BGB ein.[41] Eine Möglichkeit zur Herabsetzung besteht dann nicht mehr. In Anbetracht der Möglichkeit einer Herabsetzung wird eine sittenwidrig hohe Vergütung allerdings nur in extremen Ausnahmefällen angenommen.

34 Wann von einer unangemessenen Höhe der vereinbarten Vergütung auszugehen ist, richtet sich nach den Umständen des Einzelfalls. Nach einer früheren Entscheidung des BGH[42] soll die vereinbarte Vergütung unangemessen sein, wenn sie das Fünffache der gesetzlichen Vergütung übersteigt. Auf die Entscheidung des BVerfG[43] hat der BGH seine Auffassung dahin gehend relativiert, dass nur eine Vermutung für die Unangemessenheit spricht, die

---

40 Zum Verfahren ausf. *N. Schneider*, Die Vergütungsvereinbarung, Rn 1656 ff.
41 Siehe ausf. *N. Schneider*, Die Vergütungsvereinbarung, Rn 1746.
42 BGH AGS 2005, 378 = NJW 2005, 2142 = Rpfleger 2005, 565 = MDR 2005, 1255.
43 BVerfG AGS 2009, 423 = NJW-RR 2010, 259 = RVGreport 2009, 299 = JurBüro 2009, 641.

durch die Darlegung entkräftet werden kann, dass die vereinbarte Vergütung im konkreten Fall unter Berücksichtigung aller Umstände angemessen ist.[44]

Praxistipp: Soweit die vereinbarte Vergütung das Fünffache der gesetzlichen Gebühren übersteigt, sollte der Anwalt daher im Vergütungsprozess zur Angemessenheit vortragen, also insbesondere zum Umfang – insbesondere zum Zeitaufwand – zu Schwierigkeit und Bedeutung der Sache. 35

H. Vorschuss und Fälligkeit

Hinsichtlich der Fälligkeit der vereinbarten Vergütung gilt § 8 Abs. 1 RVG, sofern in der Vereinbarung nichts Abweichendes geregelt ist, was wiederum zweckmäßig ist. Unklar ist, ob im Falle einer vereinbarten Vergütung das Vorschussrecht nach § 9 RVG gilt. Der sicherste Weg ist es daher, die Frage des Vorschusses in der Vergütungsvereinbarung selbst zu regeln. Gegen die Zulässigkeit einer solchen Vereinbarung bestehen keine Bedenken.[45] 36

I. Abrechnung

Auch die vereinbarte Vergütung kann nur aufgrund einer ordnungsgemäßen Abrechnung nach § 10 RVG verlangt werden.[46] Welche Anforderungen im Einzelnen zu stellen sind, hängt davon ab, wie sich die vereinbarte Vergütung berechnet. Erforderlich ist auf jeden Fall die eigenhändige Unterschrift des Anwalts. Zur ordnungsgemäßen Abrechnung wird auf die Ausführungen in § 32 Rn 16 ff verwiesen. 37

Bei **Zeithonoraren** verlangt die Rspr[47] in der Berechnung eine Zeitaufstellung mit einer knappen Leistungsbeschreibung, die dem Mandanten die Prüfung der anwaltlichen Tätigkeit ermöglichen soll. 38

J. Kostenerstattung

Eine vereinbarte Vergütung betrifft nur das Innenverhältnis zwischen Anwalt und Auftraggeber. Auf das Erstattungsverhältnis hat eine vereinbarte Vergütung grundsätzlich keinen Einfluss.[48] Lediglich dann, wenn die vereinbarte Vergütung unter der gesetzlichen liegt, kann selbstverständlich auch nur dieser geringere Betrag erstattet verlangt werden. Im Rahmen des materiellrechtlichen Kostenerstattungsanspruchs (s. § 2 Rn 9 ff) ist auch nur die gesetzliche Vergütung zu erstatten.[49] Nur in Ausnahmefällen nimmt die Rspr uU auch einen Ersatzanspruch auf eine die gesetzlichen Gebühren übersteigende vereinbarte Vergütung an.[50] 39

K. Rechtsschutzversicherung

Im Rahmen einer Rechtsschutzversicherung sind grundsätzlich nur die gesetzlichen Gebühren und Auslagen versichert. Eine höhere als die gesetzliche Vergütung schuldet der Rechtsschutzversicherer nur, wenn dies mit ihm vereinbart ist oder wenn ausnahmsweise auch vereinbarte Vergütungen versichert sind (zB im sog. Manager-Rechtsschutz). 40

---

44 BGH AGS 2010, 267 = NJW 2010, 1364 = MDR 2010, 529 = JurBüro 2010, 305 = NJ 2010, 392; ebenso AG München AGS 2011, 20 m. Anm. *Winkler* = RVGreport 2010, 411.
45 BGH AGS 2013, 573 m. Anm. *Thiel*.
46 OLG Düsseldorf AGS 2010, 109 = FamRZ 2010, 1184 = AnwBl 2010, 296; AG Wuppertal AGS 2013, 381.
47 BGH AGS 2010, 267 = NJW 2010, 1364 = MDR 2010, 529 = JurBüro 2010, 305; OLG Düsseldorf AGS 2010, 109 = BRAK-Mitt. 2010, 90 = AnwBl 2010, 296.
48 Ausführlich N. *Schneider*, Die Vergütungsvereinbarung, Rn 2255 ff.
49 BGH AGS 2015, 98 = NJW 2014, 939 = JurBüro 2014, 331 = RVGreport 2015, 68.
50 OLG München AGS 2006, 207 m. Anm. N. *Schneider*.

L. Muster

I. Überblick

41 Nachstehend werden exemplarisch vier kommentierte Muster einer Vergütungsvereinbarung dargestellt. Die möglichen Mandatskonstellationen und Vergütungsregelungen sind zu vielfältig, als dass diese hier abschließend dargestellt werden könnten.[51] Letztlich muss der Anwalt selbst beurteilen, wie er seine Vereinbarung gestalten will. Grundsätzlich gilt, dass nach Möglichkeit die Vereinbarung einfach und vor allem verständlich gefasst sein soll. Je umfangreicher die Vereinbarung gestaltet wird und je differenzierter die Vergütung berechnet werden soll, desto mehr Streitpotenzial ergibt sich, wenn sich der Mandant an die Vereinbarung später nicht halten will. Die nachfolgenden Muster sind jeweils mit kurzen Anmerkungen versehen.

II. Allgemeine Vergütungsvereinbarungen

1. Muster: Stundensatzvereinbarung für außergerichtliche Vertretung

42
Vergütungsvereinbarung[1]

zwischen

■■■

– im Folgenden Anwalt –

und

■■■

– im Folgenden Auftraggeber –

1. Vergütung

Für die außergerichtliche Vertretung in Sachen ■■■ wegen ■■■[2] erhält der Anwalt anstelle der gesetzlichen Gebühren[3] eine Vergütung iHv ■■■ € (in Worten: ■■■ Euro) je Stunde.

❏　Der vereinbarte Stundensatz gilt auch für Fahrt- und Wartezeiten.
❏　Für Fahrt- und Wartezeiten gilt ein Stundensatz iHv ■■■ € (in Worten: ■■■ Euro).[4]

Abgerechnet wird für

❏　jede angefangenen 5 Minuten
❏　jede angefangenen 10 Minuten
❏　jede angefangenen 15 Minuten
❏　jede angefangenen ■■■ Minuten.[5]

2. Anrechnungsausschlüsse

❏　Die für eine vorangegangene Beratung angefallene Vergütung wird auf die unter Nr. 1 vereinbarte Vergütung nicht angerechnet.[6]
❏　Eine Anrechnung der unter Nr. 1 vereinbarten Vergütung auf eventuelle spätere gesetzliche Gebühren oder eine vereinbarte Vergütung einer nachfolgenden Angelegenheit wird ausgeschlossen.[7]

3. Auslagen[8]

Hinzu kommen Auslagen und Umsatzsteuer nach den gesetzlichen Vorschriften.[9]

51　Weiterführend wird daher verwiesen auf *N. Schneider*, Die Vergütungsvereinbarung, 2004; *Hinne/Klees/Müllerschön/Teubel/Winkler*, Vereinbarungen mit Mandanten, 3. Aufl. 2015; *Teubel/Schons*, Erfolgshonorar für Anwälte, 2008; *Madert/Schons*, Die Vergütungsvereinbarung für Rechtsanwälte, 3. Aufl. 2004; *Mayer/Winkler*, Erfolgshonorar – Grundlagen, Erläuterungen, Muster, 2008.

4. Verauslagte Kosten

Soweit der Anwalt im Verlaufe des Mandats Kosten verauslagt, insbesondere Gerichtskosten, Gerichtsvollzieherkosten, Gebühren für Meldeamts- und Registeranfragen, Aktenversendungspauschalen etc., sind diese vom Auftraggeber auf Anforderung sofort zu erstatten.[10]

5. Einschaltung von Hilfspersonen

Soweit der Anwalt im Rahmen seiner Tätigkeit Hilfspersonen iSd § 5 RVG einschaltet, ist für deren Tätigkeit – soweit nichts anderes vereinbart – dieselbe Vergütung geschuldet wie für Tätigkeiten, die der Anwalt in Person erbringt.[11]

6. Vorschüsse

Der Rechtsanwalt ist berechtigt, jederzeit angemessene Vorschüsse zu verlangen.[12]

7. Fälligkeit

Über die geleisteten Stunden wird dem Auftraggeber

- ❑ monatlich
- ❑ zum Ende eines Quartals
- ❑ ■■■[13]

eine Abrechnung erteilt. Die danach jeweils abgerechnete Vergütung wird mit Erteilung der Abrechnung fällig.[14]

8. Hinweise an den Auftraggeber

Der Auftraggeber wird darauf hingewiesen, dass
- die vereinbarte Vergütung die gesetzliche Vergütung übersteigen kann,[15]
- die vereinbarte Vergütung vom Rechtsschutzversicherer möglicherweise nicht oder nicht vollständig übernommen wird,[16]
- die vereinbarte Vergütung – sofern ein Kostenerstattungsanspruch besteht – ggf nur in Höhe der gesetzlichen Gebühren erstattet wird.[17]

■■■, den ■■■

■■■ (Unterschrift Auftraggeber)   ■■■ (Unterschrift Anwalt)[18]

Anmerkungen:

1   Erforderlich nach § 3 a Abs. 1 S. 2 RVG (s. Rn 12).
2   Genaue Bezeichnung des Mandats. Enthalten sein dürfen hier auch die Auftragserteilung und die nähere Ausgestaltung des Auftrags (§ 3 a Abs. 1 S. 2 RVG; s. Rn 13).
3   Damit sind auch sonstige Gebühren, die bei einer außergerichtlichen Vertretung anfallen können, ausgeschlossen, also eine Einigungsgebühr (Nr. 1000 VV), Aussöhnungsgebühr (Nr. 1002 VV) oder Erledigungsgebühr (Nr. 1002 VV).
4   Für Fahrt- und Wartezeiten können auch abweichende Stundensätze vereinbart werden (s. ausführlich N. *Schneider*, Die Vergütungsvereinbarung, Rn 991 ff).
5   Üblich sind Intervalle von 5, 10 oder 15 Minuten (s. hierzu N. *Schneider*, Die Vergütungsvereinbarung, Rn 993 ff mwN). Es können aber auch andere Takte vereinbart werden. Nach OLG Düsseldorf (AGS 2006, 530 = RVGreport 2006, 420 = AnwBl 2006, 770 und AGS 2010, 109 = FamRZ 2010, 1184 = NJW-Spezial 2010, 187 = AnwBl 2010, 296) verstößt eine solche Zeittaktklausel allerdings gegen § 307 BGB. Nach Auffassung des BGH (AGS 2009, 209 = AnwBl 2009, 554) ist die Frage, ob eine Zeittaktklausel von 15 Minuten in einer anwaltlichen Honorarvereinbarung gegen § 242 BGB verstößt, eine Frage des Einzelfalls, die der grundsätzlichen Klärung nicht zugänglich ist. Keine Bedenken gegen eine solche Zeittaktklausel haben LG München I (AGS 2010, 284 = BRAK-Mitt. 2010, 148) und OLG Schleswig (AGS 2009, 209 = zfs 2009, 345 = AnwBl 2009, 554 = RVGreport 2009, 179).

Wichtig ist, dass die abgerechneten Stunden einzeln nachvollziehbar in der Berechnung (s. § 10 RVG) aufgelistet werden (BGH AGS 2011, 9 = NJW 2011, 63 = MDR 2011, 73 = AnwBl 2011, 148).

6 Anderenfalls gilt § 34 Abs. 2 RVG (s. § 11 Rn 11).

7 Eine vereinbarte Vergütung für eine vorgerichtliche Vertretung ist grundsätzlich nie anzurechnen, da nur eine Geschäftsgebühr nach Vorbem. 3 Abs. 4 VV anzurechnen ist. Eine Klarstellung, dass nicht angerechnet wird, kann jedoch nicht schaden.

8 Es ist unbedingt darauf zu achten, dass auch der Ersatz von Auslagen geregelt wird (s. Rn 22).

9 Möglich ist es auch, über Auslagen weitergehende Vereinbarungen zu treffen, auch über solche, die nach den gesetzlichen Vorschriften gem. Vorbem. 7 Abs. 1 S. 1 VV nicht abgerechnet werden könnten.

10 Diese Klausel dient dazu, Streit zu vermeiden, ob und welche Kosten durch die sonstige Vergütung oder die Postentgeltpauschale abgegolten sind. Die sofortige Fälligkeit folgt aus § 271 BGB; § 8 Abs. 1 RVG gilt hier nicht.

11 Die vereinbarte Vergütung gilt grundsätzlich nur dann, wenn der Anwalt die Leistungen in Person erbringt (KG AGS 2000, 143 = NStZ-RR 2000, 191). Daher ist diese Klausel erforderlich, wenn ggf auch andere Personen (zB ein Sozius oder ein angestellter Anwalt) tätig werden sollen. Insoweit ist es auch möglich, für diese Hilfspersonen abweichende Stundensätze zu vereinbaren.

12 Ob die Vorschussregelung des § 9 RVG auch für vereinbarte Vergütungen gilt, ist fraglich (s. Rn 36). Es kann daher nicht schaden, das Recht auf Vorschuss ausdrücklich zu vereinbaren.

13 Zweckmäßig sind kurze Abrechnungszeiträume, also von einem Monat bis drei Monaten. Andere Zeiträume sind ebenso möglich.

14 Die Vereinbarung eines Abrechnungszeitraums besagt noch nichts über die Fälligkeit. Diese sollte ausdrücklich geregelt werden.

15 Dieser Hinweis ist nach § 3 a Abs. 1 S. 3 RVG geboten. Da bei einer Stundensatzvereinbarung nicht feststeht, ob die gesetzliche Vergütung überschritten wird, dürfte der Hinweis ausreichen, dass die gesetzlichen Gebühren überschritten werden können.

16 Dieser Hinweis ist nicht unbedingt erforderlich (arg. e § 3 a Abs. 1 S. 3 RVG), aber zweckmäßig, da er den Anwalt vor Schadensersatzansprüchen schützt, wenn der Rechtsschutzversicherer die Kosten nicht in voller Höhe übernimmt.

17 Dieser Hinweis ist nach § 3 a Abs. 1 S. 3 RVG unbedingt erforderlich.

18 Die Unterschriften sind nicht unbedingt erforderlich, da Textform (§ 126 b BGB) genügt. Wenn eine schriftliche Vereinbarung (§ 126 BGB) geschlossen wird, sind beide Unterschriften erforderlich.

2. Muster: Pauschalvereinbarung für eine Strafsache mit mehreren Pauschalen

43

Vergütungsvereinbarung[1]

zwischen

■■■

– im Folgenden Anwalt –

und

■■■

– im Folgenden Auftraggeber –

1. Vergütung

Für die Verteidigung in dem Strafverfahren (Staatsanwaltschaft beim LG ■■■) Az ■■■[2] erhält der Anwalt im vorbereitenden Verfahren und im erstinstanzlichen gerichtlichen Verfahren anstelle der gesetzlichen Gebühren[3]

– für das vorbereitende Verfahren vor der Staatsanwaltschaft eine Pauschale iHv ■■■ € (in Worten: ■■■ Euro), die sich auf ■■■ € (in Worten: ■■■ Euro) erhöht, wenn das Verfahren unter Mitwirkung des Anwalts eingestellt wird;[4]
– für das gerichtliche Verfahren bis zur Eröffnung des Hauptverfahrens eine Pauschale iHv ■■■ € (in Worten: ■■■ Euro), die sich auf ■■■ € (in Worten: ■■■ Euro) erhöht, wenn das Verfahren unter Mitwirkung des Anwalts eingestellt oder das Hauptverfahren nicht eröffnet wird;
– für das gerichtliche Verfahren nach Eröffnung des Hauptverfahrens eine Pauschale iHv ■■■ € (in Worten: ■■■ Euro), die sich auf ■■■ € (in Worten: ■■■ Euro) erhöht, wenn das Verfahren unter Mitwirkung des Anwalts außerhalb der Hauptverhandlung eingestellt wird;
– für jeden Hauptverhandlungstermin je Kalendertag eine Pauschale iHv ■■■ € (in Worten: ■■■ Euro);
– für die Teilnahme an gerichtlichen Terminen außerhalb der Hauptverhandlung je Kalendertag eine Pauschale iHv ■■■ € (in Worten: ■■■ Euro).

Die Vergütungsvereinbarung erstreckt sich weder auf ein Rechtsmittelverfahren noch auf ein erneutes erstinstanzliches Verfahren nach Zurückverweisung noch auf ein Wiederaufnahmeverfahren. Hier werden die Parteien ggf noch gesonderte Vergütungsvereinbarungen treffen.

2. Auslagen[5]

Hinzu kommen Auslagen und Umsatzsteuer nach den gesetzlichen Vorschriften.[6]

3. Verauslagte Kosten

Soweit der Anwalt im Verlaufe des Mandats Kosten verauslagt, insbesondere Gerichtskosten, Gerichtsvollzieherkosten, Gebühren für Meldeamts- und Registeranfragen, Aktenversendungspauschalen etc., sind diese vom Auftraggeber auf Anforderung sofort zu erstatten.[7]

4. Einschaltung von Hilfspersonen

Soweit der Anwalt im Rahmen seiner Tätigkeit Hilfspersonen iSd § 5 RVG einschaltet, ist für deren Tätigkeit – soweit nichts anderes vereinbart – dieselbe Vergütung geschuldet wie für Tätigkeiten, die der Anwalt in Person erbringt.[8]

5. Vorschüsse

Der Rechtsanwalt ist berechtigt, jederzeit angemessene Vorschüsse zu verlangen.[9]

6. Fälligkeit[10]

Die unter Nr. 1 vereinbarte Pauschale wird in folgenden Teilbeträgen fällig:
– ■■■ € (in Worten: ■■■ Euro) sofort,
– ■■■ € (in Worten: ■■■ Euro) mit Erhebung der Anklage,
– ■■■ € (in Worten: ■■■ Euro) mit Eröffnung des Hauptverfahrens,
– jeweils weitere ■■■ € (in Worten: ■■■ Euro) nach Ablauf von jeweils fünf Hauptverhandlungstagen,
– der Restbetrag nach Abschluss der Instanz.

7. Hinweise an den Auftraggeber

Der Auftraggeber wird darauf hingewiesen, dass
– die vereinbarte Vergütung die gesetzliche Vergütung übersteigt,[11]
– die vereinbarte Vergütung, soweit sie die gesetzliche übersteigt, vom Rechtsschutzversicherer nicht übernommen wird,[12]
– die vereinbarte Vergütung im Obsiegensfall nur in Höhe der gesetzlichen Vergütung erstattet wird.[13]

■■■, den ■■■

■■■ (Unterschrift Auftraggeber)   ■■■ (Unterschrift Anwalt)[14]

Anmerkungen:

1 Erforderlich nach § 3 a Abs. 1 S. 2 RVG (s. Rn 12).

2 Genaue Bezeichnung des Mandats. Enthalten sein dürfen hier auch die Auftragserteilung und die nähere Ausgestaltung des Auftrags (§ 3 a Abs. 1 S. 2 RVG; s. Rn 13).

3 Damit sind alle gesetzlichen Gebühren, die bei einer Verteidigung anfallen können, ausgeschlossen.

4 Soweit das RVG „Erfolgsgebühren" vorsieht, wie zB in Nr. 4141 VV im Falle einer Einstellung des Verfahrens, darf eine entsprechende „Erfolgsvergütung" auch vereinbart werden (§ 49 b Abs. 2 S. 3 BRAO), da es sich bei der „Erfolgsvergütung" nicht um ein Erfolgshonorar handelt (s. Rn 28).

5 Es ist unbedingt darauf zu achten, dass auch der Ersatz von Auslagen geregelt wird (s. Rn 22).

6 Möglich ist es auch, über Auslagen weitergehende Vereinbarungen zu treffen, auch über solche, die nach den gesetzlichen Vorschriften gem. Vorbem. 7 Abs. 1 S. 1 VV nicht abgerechnet werden könnten.

7 Diese Klausel dient dazu, Streit zu vermeiden, ob und welche Kosten durch die sonstige Vergütung oder die Postentgeltpauschale abgegolten sind. Die sofortige Fälligkeit folgt aus § 271 BGB; § 8 Abs. 1 RVG gilt hier nicht.

8 Die vereinbarte Vergütung gilt grundsätzlich nur dann, wenn der Anwalt die Leistungen in Person erbringt (KG AGS 2000, 143 = NStZ-RR 2000, 191). Daher ist diese Klausel erforderlich, wenn ggf auch andere Personen (zB ein Sozius oder ein angestellter Anwalt) tätig werden sollen. Insoweit ist es auch möglich, für diese Hilfspersonen abweichende Stundensätze zu vereinbaren.

9 Ob die Vorschussregelung des § 9 RVG auch für vereinbarte Vergütungen gilt, ist fraglich (s. Rn 36). Es kann daher nicht schaden, das Recht auf Vorschuss ausdrücklich zu vereinbaren.

10 Die Höhe der fällig gestellten Pauschalen sollte sich an der Höhe der Pauschalen nach Nr. 1 orientieren.

11 Dieser Hinweis ist nach § 3 a Abs. 1 S. 3 RVG geboten. Da bei einer Pauschalvereinbarung nicht feststeht, ob die gesetzliche Vergütung überschritten wird, dürfte der Hinweis ausreichen, dass die gesetzlichen Gebühren überschritten werden können.

12 Dieser Hinweis ist nicht unbedingt erforderlich (arg. e § 3 a Abs. 1 S. 3 RVG), aber zweckmäßig, da er den Anwalt vor Schadensersatzansprüchen schützt, wenn der Rechtsschutzversicherer die Kosten nicht in voller Höhe übernimmt.

13 Dieser Hinweis ist nach § 3 a Abs. 1 S. 3 RVG unbedingt erforderlich.

14 Die Unterschriften sind nicht unbedingt erforderlich, da Textform (§ 126 b BGB) genügt. Wenn eine schriftliche Vereinbarung (§ 126 BGB) geschlossen wird, sind beide Unterschriften erforderlich.

III. Vereinbarung eines Erfolgshonorars

44 Auch bei einer erfolgsabhängigen Vergütungsvereinbarung gilt, dass die möglichen Mandatsgestaltungen und möglichen „Erfolgsfälle" zu vielfältig sind, um eine generelle Mustervereinbarung vorzuschlagen.[52] Exemplarisch werden daher ein Muster zu einem an die gesetzliche Vergütung angelehnten Erfolgshonorar und eine quota-litis-Vereinbarung vorgeschlagen. Insbesondere bei Abfassung einer vom Erfolg der anwaltlichen Tätigkeit abhängigen Vereinbarung ist besondere Vorsicht geboten, da hinsichtlich der Auslegung des Gesetzes noch nicht auf Rspr zurückgegriffen werden kann. Besondere Sorgfalt sollte auf die genaue Definition des Erfolgs- bzw Misserfolgsfalles gelegt werden sowie auf die Darstellung der wesentlichen Gründe, die für die Bemessung des Erfolgshonorars bestimmend waren („Geschäftsgrundlage").

---

52 Auch insoweit sei auf die einschlägige Literatur verwiesen (s. Fn 51).

1. Muster: Gerichtliches Verfahren mit Erfolgshonorar

Vergütungsvereinbarung[1]

45

zwischen

■■■

– im Folgenden Anwalt –

und

■■■

– im Folgenden Auftraggeber –

1. Vergütung

Für die Vertretung in dem Verfahren vor dem LG ■■■, Az ■■■,[2] erhält der Anwalt im Erfolgsfall ein Vielfaches der gesetzlichen Gebühren, im Fall des Misserfolgs nur einen Teil der gesetzlichen Vergütung.

Als Erfolg im Sinne dieser Vereinbarung[3] sehen es die Parteien an, wenn mehr als 50 % der Klageforderung durchgesetzt werden können. Der Erfolg gilt auch dann als eingetreten, wenn in einem Rechtsmittelverfahren mehr als 50 % der Klageforderung durchgesetzt werden können, und zwar unabhängig davon, ob der Anwalt den Auftraggeber im Rechtsmittelverfahren vertritt. Der Erfolg gilt ferner auch dann als eingetreten, wenn der Auftraggeber außergerichtlich ohne Beteiligung des Anwalts mehr als 50 % der Klageforderung durchsetzt.

Durchsetzung im Sinne dieser Vereinbarung bedeutet, dass die Forderung vom Gegner oder von einem Dritten auch bezahlt oder anderweitig erfüllt wird.

Geschuldet ist bei Durchsetzung von mehr als 50 % der Klageforderung folgende Vergütung:

– bis 75 % der Klageforderung	150 % der gesetzlichen Gebühren
– über 75 % der Klageforderung	200 % der gesetzlichen Gebühren.

Sollte nicht mehr als 50 % der Klageforderung durchgesetzt werden können, gilt folgende Vergütung:

– bis 20 % der Klageforderung	50 % der gesetzlichen Gebühren
– bis 50 % der Klageforderung	100 % der gesetzlichen Gebühren.

2. Auslagen[4]

Hinzu kommen Auslagen und Umsatzsteuer nach den gesetzlichen Vorschriften.[5]

3. Verauslagte Kosten

Soweit der Anwalt im Verlaufe des Mandats Kosten verauslagt, insbesondere Gerichtskosten, Gerichtsvollzieherkosten, Gebühren für Meldeamts- und Registeranfragen, Aktenversendungspauschalen etc., sind diese vom Auftraggeber auf Anforderung sofort zu erstatten.[6]

4. Voraussichtliche gesetzliche Vergütung[7]

Auszugehen ist von einem Streitwert iHv ■■■ €. Die gesetzliche Vergütung würde sich danach voraussichtlich wie folgt belaufen:

Anfallen wird im Verfahren voraussichtlich eine Verfahrensgebühr nach Nr. 3100 VV iHv ■■■ € und eine 1,2-Terminsgebühr nach Nr. 3104 VV iHv ■■■ € zuzüglich Auslagen und Umsatzsteuer, insgesamt also ■■■ €. Abweichungen können sich nach oben oder unten je nach Verlauf des Verfahrens ergeben.

Soweit es zu einer Einigung kommt, würde bei gesetzlicher Abrechnung nach den Nr. 1000, 1003 VV eine weitere 1,0-Einigungsgebühr iHv ■■■ € anfallen.

5. Alternative vertraglich vereinbarte Vergütung[8]

Wäre es nicht zu einer erfolgsabhängigen Vergütungsvereinbarung gekommen, hätte der Anwalt das Mandat nur bei einem vertraglich vereinbarten Honorar iHv ■■■ € zuzüglich Auslagen übernommen.

6. Hinweise an den Auftraggeber

Der Auftraggeber wird darauf hingewiesen, dass

- sich die Vergütung nach dem Gegenstandswert richtet,[9]
- die vereinbarte Vergütung die gesetzliche Vergütung im Erfolgsfall übersteigt,[10]
- die vereinbarte Vergütung, soweit sie die gesetzliche übersteigt, vom Rechtsschutzversicherer nicht übernommen wird,[11]
- die vereinbarte Vergütung – im Falle des Obsiegens – nur in Höhe der gesetzlichen Vergütung erstattet wird,[12]
- diese Vereinbarung keinen Einfluss auf die vom Auftraggeber zu zahlenden Gerichtskosten und die eventuell an den Gegner zu erstattenden Kosten hat.[13]

7. Vergütung

Ausschlaggebend für den Abschluss dieser erfolgsabhängigen Vereinbarung ist Folgendes: ■■■[14]

■■■, den ■■■

■■■ (Unterschrift Auftraggeber)   ■■■ (Unterschrift Anwalt)[15]

Anmerkungen:

1 Erforderlich nach § 3 a Abs. 1 S. 2 RVG (s. Rn 12).
2 Genaue Bezeichnung des Mandats. Enthalten sein dürfen hier auch die Auftragserteilung und die nähere Ausgestaltung des Auftrags (§ 3 a Abs. 1 S. 2 RVG; s. Rn 13).
3 Die Definition des Erfolgs bzw des Misserfolgs ist in die Vereinbarung aufzunehmen (§ 4 a Abs. 2 Nr. 2 RVG). Hier ist besondere Sorgfalt geboten. Insbesondere bei der Durchsetzung von Forderungen ist klarzustellen, ob der Erfolg nur die Titulierung oder die außergerichtliche Anerkennung der Forderung beinhaltet oder auch deren Erfüllung.
4 Es ist unbedingt darauf zu achten, dass auch der Ersatz von Auslagen geregelt wird (s. Rn 22).
5 Möglich ist es auch, über Auslagen weitergehende Vereinbarungen zu treffen, auch über solche, die nach den gesetzlichen Vorschriften gem. Vorbem. 7 Abs. 1 S. 1 VV nicht abgerechnet werden könnten.
6 Diese Klausel dient dazu, Streit zu vermeiden, ob und welche Kosten durch die sonstige Vergütung oder die Postentgeltpauschale abgegolten sind. Die sofortige Fälligkeit folgt aus § 271 BGB; § 8 Abs. 1 RVG gilt hier nicht.
7 Erforderlich nach § 4 a Abs. 2 Nr. 1 RVG.
8 Erforderlich nach § 4 a Abs. 2 Nr. 1 RVG.
9 Dieser Hinweis ist nach § 49 b Abs. 5 BRAO erforderlich (s. § 7 Rn 2 f). Er muss nicht in die Vereinbarung aufgenommen werden, sondern kann auch anderweitig erteilt werden. Es bietet sich jedoch an, den Hinweis hier aufzunehmen.
10 Dieser Hinweis ist nach § 3 a Abs. 1 S. 3 RVG geboten. Da nicht feststeht, ob die gesetzliche Vergütung überschritten wird, dürfte der Hinweis ausreichen, dass die gesetzlichen Gebühren überschritten werden können.
11 Meistens nicht erforderlich, da idR kein Deckungsschutz besteht (s. Rn 40).
12 Dieser Hinweis ist nach § 3 a Abs. 1 S. 3 RVG unbedingt erforderlich.
13 Geboten nach § 4 a Abs. 3 S. 2 RVG. Der fehlende Hinweis ist allerdings nicht nach § 4 b S. 1 RVG sanktioniert.

14 Hier sollte zu den wesentlichen Gründen, die für die Bemessung des Erfolgshonorars bestimmend waren, ausgeführt werden. Die „Geschäftsgrundlage" (so die Beschlussempfehlung des Rechtsausschusses) ist hier darzulegen. Die Angabe der wesentlichen Gründe ist nach § 4 a Abs. 3 S. 1 RVG geboten. Fehlt die Angabe, wird dies allerdings nicht nach § 4 b S. 1 RVG sanktioniert. Das Fehlen kann allerdings später zu Beweisproblemen führen, da die Geschäftsgrundlage vom Gericht zu überprüfen ist (LG Berlin AGS 2011, 14 = JurBüro 2011, 128 = RVGreport 2011, 55).

15 Die Unterschriften sind nicht unbedingt erforderlich, da Textform (§ 126 b BGB) genügt. Wenn eine schriftliche Vereinbarung (§ 126 BGB) geschlossen wird, sind beide Unterschriften erforderlich.

2. Muster: Außergerichtliche Tätigkeit mit quota-litis-Vereinbarung (Durchsetzung eines Pflichtteilsanspruchs)

Vergütungsvereinbarung[1]

46

zwischen

■■■

– im Folgenden Anwalt –

und

■■■

– im Folgenden Auftraggeber –

1. Vergütung

Für die außergerichtliche Vertretung in Sachen ■■■ ./. ■■■ wegen der Durchsetzung von Pflichtteils- und Pflichtteilsergänzungsansprüchen des Auftraggebers nach dem Tode des ■■■ erhält der Anwalt anstelle der gesetzlichen Gebühren[2] eine Vergütung iHv ■■■ % des durchgesetzten Anspruchs.

Die vereinbarte Vergütung ist auch dann geschuldet, wenn der Anspruch in einem späteren gerichtlichen Verfahren durchgesetzt werden kann, unabhängig davon, ob der Anwalt in diesem Verfahren tätig ist. Er gilt auch dann als durchgesetzt, wenn sich der Auftraggeber außergerichtlich selbst ohne Mitwirkung des Anwalts mit der Erbengemeinschaft oder Dritten über die Durchsetzung der Forderung einigt.

Der Anspruch gilt nur insoweit als durchgesetzt im Sinne dieser Vereinbarung, als er auch gezahlt oder anderweitig erfüllt wird.

2. Auslagen[3]

Hinzu kommen Auslagen und Umsatzsteuer nach den gesetzlichen Vorschriften.[4]

3. Verauslagte Kosten

Soweit der Anwalt im Verlaufe des Mandats Kosten verauslagt, insbesondere Gerichtskosten, Gerichtsvollzieherkosten, Gebühren für Meldeamts- und Registeranfragen, Aktenversendungspauschalen etc., sind diese vom Auftraggeber auf Anforderung sofort zu erstatten.[5]

4. Voraussichtliche gesetzliche Vergütung[6]

Auszugehen ist derzeit von Pflichtteils- und Pflichtteilsergänzungsansprüchen iHv ca. ■■■ €. Dies würde dem Gegenstandswert der gesetzlichen Vergütung entsprechen, so dass diese sich voraussichtlich – ausgehend von einer hier wohl angemessenen 2,0-Geschäftsgebühr – auf ■■■ € zuzüglich Auslagen und Umsatzsteuer belaufen würde. Abweichungen können sich nach Verlauf des Mandats ergeben.

Soweit es zu einer Einigung kommt, würde bei gesetzlicher Abrechnung nach den Nr. 1000, 1003 VV eine weitere 1,5-Einigungsgebühr iHv ■■■ € anfallen.

5. Alternative vertraglich vereinbarte Vergütung

Wäre es nicht zu einer erfolgsabhängigen Vergütungsvereinbarung gekommen, hätte der Anwalt das Mandat nur bei einem vertraglich vereinbarten Honorar iHv ■■■ € zuzüglich Auslagen übernommen.

6. Hinweise an den Auftraggeber

Der Auftraggeber wird darauf hingewiesen, dass

– die vereinbarte Vergütung die gesetzliche Vergütung im Erfolgsfall übersteigt,[7]
– die vereinbarte Vergütung, soweit sie die gesetzliche übersteigt, vom Rechtsschutzversicherer nicht übernommen wird,[8]
– die vereinbarte Vergütung – im Falle des Obsiegens – nur in Höhe der gesetzlichen Vergütung erstattet wird,[9]
– diese Vereinbarung keinen Einfluss auf die vom Auftraggeber zu zahlenden Gerichtskosten und die eventuell an den Gegner zu erstattenden Kosten hat.[10]

7. Vergütung

Ausschlaggebend für den Abschluss dieser erfolgsabhängigen Vereinbarung ist Folgendes: ■■■[11]

■■■, den ■■■

■■■ (Unterschrift Auftraggeber)   ■■■ (Unterschrift Anwalt)[12]

Anmerkungen:

1 Erforderlich nach § 3 a Abs. 1 S. 2 RVG (s. Rn 13).
2 Damit sind auch sonstige Gebühren, die bei einer außergerichtlichen Vertretung anfallen können, ausgeschlossen, also eine Einigungsgebühr (Nr. 1000 VV), Aussöhnungsgebühr (Nr. 1002 VV) oder Erledigungsgebühr (Nr. 1002 VV).
3 Es ist unbedingt darauf zu achten, dass auch der Ersatz von Auslagen geregelt wird (s. Rn 22).
4 Möglich ist es auch, über Auslagen weitergehende Vereinbarungen zu treffen, auch über solche, die nach den gesetzlichen Vorschriften gem. Vorbem. 7 Abs. 1 S. 1 VV nicht abgerechnet werden könnten.
5 Diese Klausel dient dazu, Streit zu vermeiden, ob und welche Kosten durch die sonstige Vergütung oder die Postentgeltpauschale abgegolten sind. Die sofortige Fälligkeit folgt aus § 271 BGB; § 8 BGB gilt hier nicht.
6 Erforderlich nach § 4 a Abs. 2 Nr. 1 RVG.
7 Dieser Hinweis ist nach § 3 a Abs. 1 S. 3 RVG geboten. Da nicht feststeht, ob die gesetzliche Vergütung überschritten wird, dürfte der Hinweis ausreichen, dass die gesetzlichen Gebühren überschritten werden können.
8 An sich nicht erforderlich, da in erbrechtlichen Mandaten idR nur Beratungsrechtsschutz besteht.
9 Dieser Hinweis ist nach § 3 a Abs. 1 S. 3 RVG unbedingt erforderlich.
10 Geboten nach § 4 a Abs. 3 S. 2 RVG. Der fehlende Hinweis ist allerdings nicht nach § 4 b S. 1 RVG sanktioniert.
11 Hier sollte zu den wesentlichen Gründen, die für die Bemessung des Erfolgshonorars bestimmend waren, ausgeführt werden. Die „Geschäftsgrundlage" (so die Beschlussempfehlung des Rechtsausschusses) ist hier darzulegen. Die Angabe der wesentlichen Gründe ist nach § 4 a Abs. 3 S. 1 RVG geboten. Fehlt die Angabe, wird dies allerdings nicht nach § 4 b S. 1 RVG sanktioniert. Das Fehlen kann jedoch später zu Beweisproblemen führen.
12 Die Unterschriften sind nicht unbedingt erforderlich, da Textform (§ 126 b BGB) genügt. Wenn eine schriftliche Vereinbarung (§ 126 BGB) geschlossen wird, sind beide Unterschriften erforderlich.

Teil 2:
Grundlagen der Vergütung

§ 4 Allgemeine Vorschriften

A. Anwendungsbereich des RVG

Die Vergütung des Rechtsanwalts, also die **Gebühren und Auslagen** (§ 1 Abs. 1 S. 1 RVG) 1
für seine **Berufstätigkeit**, bemisst sich nach dem RVG, soweit eine anwaltliche Tätigkeit
ausgeübt wird.

Unanwendbar ist das RVG, wenn der Rechtsanwalt keine anwaltliche Tätigkeit iSd § 1 2
Abs. 1 RVG ausübt. Das ist der Fall, wenn er in einer Funktion nach § 1 Abs. 2 S. 1 RVG
tätig wird. Für solche Tätigkeiten erhält er seine Vergütung entweder nach dem BGB oder
nach speziellen Vergütungsordnungen:[1]

Übersicht: Vergütungsregelungen außerhalb des RVG 3

Vormund, Betreuer	Es gilt das Vormünder- und Betreuervergütungsgesetz (VBVG).
Pfleger, insb. Nachlasspfleger	Es gilt § 1915 Abs. 1 S. 1 iVm § 1835 BGB.
Verfahrenspfleger	Es gilt § 277 FamFG iVm § 1835 BGB.
Testamentsvollstrecker	Es gilt § 2221 BGB.
Insolvenzverwalter	Es gilt die Insolvenzrechtliche Vergütungsverordnung (InsVV).
Sachwalter	Es gilt die InsVV (§ 12 InsVV).
Mitglied eines Gläubigerausschusses	Es gilt die InsVV (§ 73 InsO, §§ 17 f InsVV).
Nachlassverwalter	Es gilt § 1987 BGB.
Zwangsverwalter	Es gilt die Zwangsverwaltervergütungsordnung (ZwVwV).
Treuhänder	Es gilt die InsVV (§ 63 InsO, § 13 InsVV).
Schiedsrichter	Es ist keine gesetzliche Vergütung vorgesehen. Es soll eine Vereinbarung geschlossen werden. Fehlt eine solche, gilt § 612 BGB, wobei sich die Praxis an den Gebührensätzen des RVG orientiert.

Leistet der Anwalt in den Fällen des § 1 Abs. 2 S. 1 RVG Dienste, für die eine nicht an- 4
waltliche Person einen Anwalt beauftragt hätte, kann auch der Anwalt daneben seine Vergütung nach dem RVG abrechnen (§ 1 Abs. 2 S. 2 RVG iVm § 1835 Abs. 2, 3 BGB).

B. Vergütungssystem des RVG

I. Vergütung

Die Vergütung des Anwalts setzt sich zusammen aus **Gebühren und Auslagen** (§ 1 Abs. 1 5
S. 1 RVG).

---

1 Zur Vergütung in diesen Fällen s. ausf. NK-GK/*Klos*, Ziff. 28 (Betreuer, Vormund und Verfahrenspfleger);
NK-GK/*H. Schneider*, Ziff. 29 (Verfahrensbeistand); NK-GK/*Docter-Schüller*, Ziff. 30 (Testamentsvollstre-
cker); NK-GK/*Janssen*, Ziff. 31 (InsVV). Ferner AnwK-RVG/*Volpert*, § 1 Rn 94 ff sowie *Zimmermann*, Anwaltsvergütung außerhalb des RVG, 2007.

II. Gebühren

6   Das RVG kennt verschiedene Möglichkeiten, die Gebühren des Anwalts zu regeln. Diese Gebühren sind in den Teilen 1 bis 6 VV enthalten.

7   Grundsätzlich sind **Wertgebühren** vorgesehen (§ 2 Abs. 1 RVG), also Gebühren, die sich nach dem Gegenstandswert, dem **Wert der anwaltlichen Tätigkeit,** richten (s. hierzu § 7). Die Höhe der Gebühren ergibt sich dabei aus den Beträgen der Tabelle des § 13 RVG bzw im Falle der Prozess- oder Verfahrenskostenhilfe bei Werten von über 4.000 € aus der Tabelle des § 49 RVG.

- Vorgesehen sind hier zum einen **feste Gebührensätze,** die unabänderlich sind (zB in gerichtlichen Verfahren, Nr. 3100 ff VV).
- Zum anderen sind auch **Satzrahmen** vorgesehen (zB bei der Geschäftsgebühr, Nr. 2300 VV), bei denen der Anwalt die Höhe des abzurechnenden Gebührensatzes unter Berücksichtigung der Kriterien des § 14 Abs. 1 RVG aus dem gesetzlich vorgegebenen Rahmen selbst bestimmt.

8   Daneben gibt es **Betragsgebühren,** die wertunabhängig und für die von vornherein bestimmte Euro-Beträge vorgesehen sind.

- Auch hier gibt es zum einen **feste Beträge** (zB in der Beratungshilfe, Nr. 2500 ff VV, oder beim Pflichtverteidiger, Nr. 4100 ff VV).
- Zum anderen sind aber auch **Betragsrahmen** vorgesehen (insbesondere in Straf- und Bußgeldsachen sowie in sozialrechtlichen Angelegenheiten, in denen das GKG keine Anwendung findet oder wenn der Auftraggeber nicht zu den in § 183 SGG genannten Personen gehört (§ 3 Abs. 1 S. 1 und 2, Abs. 2 RVG). Es ist dann lediglich ein Mindest- und ein Höchstbetrag vorgeschrieben, aus dem der Anwalt den im Einzelfall angemessenen Betrag wiederum unter Berücksichtigung der Kriterien des § 14 Abs. 1 RVG selbst bestimmt.

9   Des Weiteren kennt das RVG noch die **Pauschgebühren** nach §§ 42, 51 RVG. Das sind Gebührenbeträge, die sich der Anwalt in Straf- und Bußgeldsachen sowie in Verfahren nach Teil 6 VV zusätzlich zu den Gebühren des VV bewilligen lassen kann.

10   Zum Teil verweist das RVG hinsichtlich der Vergütung auch auf **andere Gesetze.** So wird

- für Beratung, Gutachten und Mediation auf die angemessene Gebühr nach bürgerlichem Recht, also nach dem **BGB** (§ 34 Abs. 1 S. 2 RVG), verwiesen und
- für bestimmte steuerliche Hilfeleistungen auf die Gebühren nach der **Steuerberatervergütungsverordnung** (§ 35 RVG).

11   Anstelle der gesetzlichen Gebühren kann der Anwalt auch seine Vergütung mit dem Auftraggeber innerhalb der gesetzlichen Schranken frei **vereinbaren** (s. § 3).

III. Auslagen

12   Neben den Gebühren erhält der Anwalt auch Ersatz seiner Auslagen. Während die allgemeinen Geschäftskosten durch die Gebühren abgegolten werden (Vorbem. 7 Abs. 1 VV), erhält der Anwalt für die besonderen Geschäftskosten die Vergütung nach den Nr. 7000 ff VV. Zu den Auslagen s. § 10.

C. Einschalten von Hilfspersonen

13   Grundsätzlich muss der Anwalt seine Dienste in Person leisten, um die Vergütung nach dem RVG zu verdienen. Wird anstelle des Anwalts allerdings

- ein anderer Rechtsanwalt,
- ein allgemeiner Vertreter (§ 53 BRAO),

- ein bei dem Rechtsanwalt beschäftigter Assessor oder
- ein zur Ausbildung zugewiesener Referendar

tätig, kann der Anwalt abrechnen, als wäre er selbst tätig geworden.

Die Vorschrift des § 5 RVG führt dazu, dass der Anwalt gegen seinen Auftraggeber[2] einen   14
Vergütungsanspruch erwirkt, auch wenn er den entsprechenden Gebührentatbestand nicht
selbst verwirklicht, sondern durch seinen Vertreter verwirklichen lässt.

Beispiel 1: Der in einem Rechtsstreit beauftragte Anwalt A kann an der mündlichen Verhandlung wegen Terminskollisionen nicht teilnehmen. Er bittet den ihm bekannten Kollegen B, für ihn in der Verhandlung aufzutreten, was dann auch geschieht.

Zwar hat Rechtsanwalt A den Termin nicht wahrgenommen; über § 5 RVG erhält er jedoch die Terminsgebühr der Nr. 3104 VV.

Der Vertreter selbst erwirkt in diesen Fällen keinen Vergütungsanspruch gegen den Auf-   15
traggeber des Anwalts. Er kann allenfalls von dem vertretenen Anwalt eine Vergütung verlangen, je nachdem, was vereinbart ist. Diese Vergütung unterliegt nicht dem RVG, sondern ist frei verhandelbar.[3] Häufig wird der Vertreter auch unentgeltlich tätig. Entsprechende Gepflogenheiten bestehen in vielen AG- und LG-Bezirken. Zur Vermeidung von späteren Differenzen sollte vorab geregelt werden, ob der Vertreter eine Vergütung erhält und wenn ja, in welcher Höhe.

Wird eine nicht in § 5 RVG genannte Hilfsperson tätig, ist die Vorschrift des § 5 RVG   16
nicht anwendbar.[4] So gilt § 5 RVG insbesondere nicht für **Bürovorsteher/Büroangestellte, Diplomjuristen oder Referendare, die sich nicht in der Anwaltsstation befinden und die auch nicht allgemeiner Vertreter nach § 53 BRAO sind.** Beauftragt der Anwalt solche Personen, die nicht dem Anwendungsbereich des § 5 RVG unterfallen, so kann er insoweit nicht nach dem RVG abrechnen. Es gilt vielmehr § 612 Abs. 2 BGB, wonach dem Anwalt eine angemessene Vergütung zusteht. Die Rspr dazu, in welcher Höhe der Anwalt bei Einschaltung von nicht in § 5 RVG genannten Hilfspersonen eine Vergütung verlangen kann, ist uneinheitlich und reicht von „nichts"[5] bis hin zu den vollen Gebühren eines Rechtsanwalts.[6]

D. Mehrere Rechtsanwälte

Die Vorschrift des § 6 RVG betrifft diejenigen Fälle, in denen mehreren Rechtsanwälten   17
jeweils **eigene Aufträge** erteilt worden sind und die Anwälte diese Aufträge **gemeinschaftlich** erledigen sollen. Jeder Anwalt erhält dann aufgrund des eigenen Anwaltsvertrags einen eigenen Vergütungsanspruch gegen den gemeinsamen Auftraggeber.

Beispiel 2: Der Angeklagte beauftragt drei Anwälte mit seiner Verteidigung.

Jeder Anwalt kann gem. § 6 RVG die volle Vergütung verlangen.

Nicht unter § 6 RVG fällt die Beauftragung mehrerer Anwälte mit unterschiedlichen Auf-   18
trägen.

Beispiel 3: Der Kläger beauftragt einen Prozessbevollmächtigten und daneben einen Terminsvertreter.

---

2 Oder im Falle der Prozess- oder Verfahrenskostenhilfe gegen die Staatskasse (OLG Brandenburg AGS 2008, 194; OLG Köln AG kompakt 2010, 110); Gleiches gilt auch beim Pflichtverteidiger (AG Mettmann AGS 2014, 20).
3 BGH AGS 2001, 51 = NJW 2001, 753 = AnwBl 2001, 302; BGH AGS 2006, 471 = AnwBl 2006, 672 = NJW 2006, 3569 = RVGreport 2006, 438.
4 Ausführlich AnwK-RVG/N. *Schneider*, § 5 Rn 44 ff.
5 ZB LG Gießen VersR 1981, 963; LG Trier AnwBl 1978, 350.
6 ZB OLG Frankfurt JurBüro 1995, 29 = MDR 1995, 103. Siehe im Einzelnen AnwK-RVG/N. *Schneider*, § 5 Rn 57 ff oder *Schneider/Thiel*, ABC der Kostenerstattung, „Hilfspersonen", jeweils mit vollständiger Auflistung der Rspr.

Die beiden Anwälte führen keinen gemeinschaftlichen Auftrag aus; jeder Anwalt führt vielmehr nur seinen eigenen Auftrag aus und wird daher entsprechend vergütet: der Prozessbevollmächtigte nach den Nr. 3100 ff VV, der Terminsvertreter nach den Nr. 3401 ff VV.

19 Ebenfalls nicht unter § 6 RVG fällt die Beauftragung einer **Sozietät** oder einer sonstigen Verbindung mehrerer Anwälte zur gemeinsamen Berufsausübung. Selbst wenn dann mehrere Anwälte in Arbeitsteilung den Auftrag ausführen, entsteht die Vergütung nur einmal, es sei denn, es ist etwas anderes vereinbart.

20 Für die Fälle gemeinschaftlicher Erledigung eines Auftrags ergibt sich aus § 6 RVG, dass es bei der vollen Vergütung jedes einzelnen Anwalts verbleibt und die Gebührentatbestände nicht etwa deswegen reduziert werden, weil sich mehrere Anwälte die Arbeit teilen. Nicht ausgeschlossen ist allerdings, dass bei Satz- oder Betragsrahmengebühren im Einzelfall die Arbeitsteilung zu einer geringeren Bemessung nach § 14 Abs. 1 RVG führen kann.

E. Mehrere Auftraggeber

I. Überblick

21 Wird der Anwalt für mehrere Auftraggeber tätig und handelt es sich dabei jeweils um eigene, also **verschiedene Angelegenheiten**, dann ergeben sich keine Probleme; der Anwalt kann seine Vergütung jeweils gesondert abrechnen.

Beispiel 4: Die als Gesamtschuldner haftenden A und B werden vor verschiedenen Gerichten verklagt und von demselben Anwalt vertreten.

Es liegen zwei verschiedene Angelegenheiten iSd § 15 RVG vor. Damit ist kein Fall des § 7 RVG gegeben. Der Anwalt kann von jedem Auftraggeber die volle Vergütung verlangen. Er erhält seine Gebühren und Auslagen also zweimal.

22 Wird der Anwalt dagegen für mehrere Auftraggeber in **derselben Angelegenheit** tätig, so kann er seine Gebühren nur einmal fordern (§ 7 Abs. 1 RVG). Der Mehraufwand der anwaltlichen Tätigkeit wird in diesen Fällen entweder durch eine Gebührenerhöhung nach Nr. 1008 VV oder durch eine Addition der einzelnen Gegenstandswerte nach § 23 Abs. 1 RVG iVm § 39 Abs. 1 GKG, § 33 Abs. 1 FamGKG, § 45 Abs. 1 GNotKG bzw nach § 22 Abs. 1 RVG ausgeglichen. Die Haftung des einzelnen Auftraggebers gegenüber dem Rechtsanwalt regelt dann § 7 Abs. 2 RVG (s. Rn 53 ff).

23 Die Berechnung der Vergütung bei mehreren Auftraggebern hängt davon ab, ob nach Wertgebühren abgerechnet wird oder nach Betragsrahmen- oder Festgebühren. Darüber hinaus ist die Gebührenerhöhung auch bei Gebührenbegrenzungen zu beachten.

II. Mehrere Auftraggeber

24 Mehrere Auftraggeber iSd § 7 Abs. 1 RVG, Nr. 1008 VV sind dann gegeben, wenn *„mehrere Personen"* Auftraggeber sind (s. Nr. 1008 VV). Das ist insbesondere der Fall bei

- Bruchteilsgemeinschaften,[7]
- Eheleuten,[8]
- Erbengemeinschaften,[9]
- Gesamtgläubigern,[10]
- Gesamthandsgläubigern,[11]

---

7 KG BRAGOreport 2002, 167; AnwK-RVG/*Volpert*, Nr. 1008 VV Rn 21–23.
8 BGH NJW 2005, 3786; AnwK-RVG/*Volpert*, Nr. 1008 VV Rn 23.
9 OLG Düsseldorf MDR 1996, 1300; AnwK-RVG/*Volpert*, Nr. 1008 VV Rn 18 f, 23; die Rspr des BGH zur Gesellschaft bürgerlichen Rechts und zur Wohnungseigentümergemeinschaft ist auf die Erbengemeinschaft nicht übertragbar, BGH NJW 2006, 3715 = FamRZ 2007, 41.
10 OLG München AnwBl 1988, 251 = JurBüro 1987, 1178; AnwK-RVG/*Volpert*, Nr. 1008 VV Rn 23.
11 AnwK-RVG/*Volpert*, Nr. 1008 VV Rn 23.

- Gesamtschuldnern,[12]
- Mehrheit von Mietern oder Vermietern,[13]
- Mitgläubigern,[14]
- einer Bedarfsgemeinschaft.[15]

Nur **ein Auftraggeber** ist dagegen die **Gesellschaft bürgerlichen Rechts**. Diese ist nach der 25 Rspr des BGH[16] teilweise rechts- und parteifähig, so dass sie den Anwalt in eigenem Namen beauftragen kann und damit eine Erhöhung nach Nr. 1008 VV vermeidet.[17] Zu beachten ist allerdings, dass dann, wenn dennoch die einzelnen Gesellschafter den Anwalt beauftragen, mehrere Auftraggeber vorliegen. Eine andere Frage ist, ob die hierdurch entstehende Gebührenerhöhung zu erstatten ist.[18] Dies wird im Aktivprozess abgelehnt – sofern die Gesellschaft hätte in eigenem Namen vorgehen können, weil die kostengünstigere Möglichkeit bestand, den Auftrag im Namen der Gesellschaft zu erteilen.[19] Im Passivprozess ist die Erhöhung dagegen zu erstatten.[20] Wird neben den einzelnen Gesellschaftern auch die Gesellschaft selbst in Anspruch genommen, liegt ein weiterer Auftraggeber vor.

Beispiel 5: a) Verklagt wird eine Gesellschaft bürgerlichen Rechts. – Der Anwalt vertritt nur einen Auftraggeber.

b) Verklagt werden die drei Gesellschafter einer Gesellschaft bürgerlichen Rechts persönlich. – Der Anwalt vertritt drei Auftraggeber.

c) Verklagt werden die drei Gesellschafter und die Gesellschaft selbst. – Der Anwalt vertritt vier Auftraggeber.

Auch die **Wohnungseigentümergemeinschaft** ist nach der neuen Rspr des BGH teilweise 26 rechts- und parteifähig.[21] Soweit dies der Fall ist und die Gemeinschaft den Anwalt im eigenen Namen beauftragt, gilt das Gleiche wie bei der Gesellschaft bürgerlichen Rechts. Es liegt nur ein Auftraggeber vor. Beauftragen dagegen die einzelnen Wohnungseigentümer den Anwalt, liegen mehrere Auftraggeber vor, wobei die Erhöhung im Aktivprozess idR nicht erstattungsfähig sein dürfte, sofern der Auftrag durch die Gemeinschaft selbst hätte erteilt werden können.[22] Im Passivprozess ist die Erhöhung dagegen uneingeschränkt erstattungsfähig.[23]

Eine Gebührenerhöhung kann auch bei einem **Parteiwechsel** vorkommen. 27

Beispiel 6: Der Kläger verklagt zunächst den A auf Zahlung. Im Rechtsstreit bemerkt er dann, dass die Forderung gar nicht gegen A, sondern gegen B besteht. Er erweitert die Klage daraufhin gegen B und nimmt die Klage gegen A zurück.

---

12 OLG München AnwBl 1988, 251; AnwK-RVG/*Volpert*, Nr. 1008 VV Rn 23.
13 BGH NJW 2005, 3786 = AGS 2006, 69 = AnwBl 2006, 74 = RVGreport 2005, 464; AnwK-RVG/*Volpert*, Nr. 1008 VV Rn 21.
14 AnwK-RVG/*Volpert*, Nr. 1008 VV Rn 23.
15 BSG AGS 2014, 458 = RVGreport 2014, 341; BSG AGS 2012, 69 = NJW 2012, 877 = SGb 2011, 641; LSG Schleswig-Holstein AGS 2007, 407; SG Berlin AGS 2011, 178 = JurBüro 2011, 252 = NJW-Spezial 2011, 283 = RVGreport 2011, 222; SG Duisburg AGS 2007, 42 = AnwBl 2006, 858; SG Hildesheim RVGreport 2006, 280; SG Düsseldorf AGS 2007, 617.
16 BGH, Versäumnisurt. v. 29.1.2001 (NJW 2001, 1056 = JurBüro 2001, 319), bestätigt durch Beschl. v. 18.2.2002 (NJW 2002, 1207).
17 AnwK-RVG/*Volpert*, Nr. 1008 VV Rn 12 ff mwN.
18 Siehe dazu *Schneider/Thiel*, ABC der Kostenerstattung, „Gesellschaft bürgerlichen Rechts".
19 OLG Frankfurt/M. RVG-Letter 2004, 130 = BauR 2004, 1997; *Schneider/Thiel*, ABC der Kostenerstattung, „Wohnungseigentümer" mwN.
20 OLG Köln JurBüro 2006, 248; *Schneider/Thiel*, ABC der Kostenerstattung, „Wohnungseigentümer" mwN.
21 BGH AGS 2005, 427 und 525 m. Anm. *Mock* = JurBüro 2005, 574 = NJW 2005, 2061.
22 OLG Köln AGS 2006, 255 = NJW 2006, 706; es sei denn, der Auftrag ist vor Bekanntwerden der Entscheidung des BGH (Rn 24) erteilt worden, OLG Zweibrücken AGS 2006, 623 = JurBüro 2006, 536 = RVGreport 2006, 463; zu einem Fall der Erstattungsfähigkeit s. AG München AGS 2008, 205.
23 So zum vergleichbaren Fall bei der BGB-Gesellschaft OLG Köln JurBüro 2006, 248.

Es liegt nur eine Angelegenheit vor, so dass auch nur eine Verfahrensgebühr anfällt, die dann aber nach Nr. 1008 VV zu erhöhen ist.[24]

28 Verstirbt im Laufe des Verfahrens die Partei und wird sie **von mehreren Personen beerbt**, so setzt sich der Anwaltsvertag mit den **Erben** fort. Dadurch erhöht sich die Verfahrensgebühr nach Nr. 1008 VV. Strittig ist insoweit, ob der Erblasser neben den Erben mitgezählt wird.

Beispiel 7: Der Anwalt hatte zunächst den Erblasser vertreten. Im Verlaufe des Verfahrens ist dieser verstorben und von seinen vier Kindern beerbt worden.

Dadurch, dass jetzt die vier Kinder als Erben in das Verfahren eingetreten sind, erhöht sich die Verfahrensgebühr. Rechnet man auch den Erblasser mit, so sind weitere vier Auftraggeber hinzugekommen, so dass eine Erhöhung von 1,2 vorzunehmen wäre.[25] Zutreffend ist es, nur eine Erhöhung von 0,9 anzunehmen, da die vier Erben anstelle des Erblassers im Wege der Gesamtrechtsnachfolge in seine Rechtsposition eingetreten sind und daher der Erblasser, an dessen Stelle sie eingetreten sind, nicht als zusätzliche Person mitgezählt werden darf.

Soweit man der Gegenauffassung folgt, muss eine Gebührenerhöhung nach Nr. 1008 VV auch schon dann angenommen werden, wenn der Erblasser von einer einzigen Person beerbt wird.[26]

Beispiel 7 a: Wie Beispiel 7; der Erblasser wird jedoch nur von einem einzigen Abkömmling beerbt.

Zählt man den Erblasser mit, so wäre hier eine Erhöhung um 0,3 bzw 30 % anzunehmen. Zutreffend ist es hier jedoch auch, nur einen Auftraggeber anzunehmen, da der Abkömmling mit allen Rechten und Pflichten in die Rechtsstellung des Erblassers eintritt.

III. Abrechnung bei Wertgebühren

1. Überblick

29 Richtet sich die Vergütung nach dem Gegenstandswert, ist zu differenzieren, und zwar danach, ob der Anwalt wegen verschiedener Gegenstände oder wegen desselben Gegenstands tätig ist. Möglich ist sogar beides. Die Abgrenzung, wann derselbe Gegenstand und wann verschiedene Gegenstände vorliegen, kann im Einzelfall schwierig sein. Hier ist Sorgfalt geboten.

2. Verschiedene Gegenstände

30 Ist der Anwalt von mehreren Auftraggebern wegen verschiedener Gegenstände beauftragt, kommt eine Erhöhung der Gebühren nach Nr. 1008 VV nicht in Betracht; vielmehr sind die Werte der einzelnen Gegenstände zu addieren (§ 23 Abs. 1 RVG iVm § 39 Abs. 1 GKG, § 33 Abs. 1 FamGKG, § 35 Abs. 1 GNotKG; § 22 Abs. 1 RVG).

Beispiel 8: Der Anwalt vertritt in einem Rechtsstreit zwei Pflichtteilsberechtigte, die jeweils ihren eigenen Pflichtteil geltend machen.

Jeder Pflichtteilsanspruch ist ein eigener Gegenstand. Deren Werte werden nach § 23 Abs. 1 S. 1 RVG iVm § 39 Abs. 1 GKG addiert. Eine Erhöhung der Gebühren nach Nr. 1008 VV kommt nicht in Betracht.[27]

31 Darüber hinaus kann sich nach §§ 22 Abs. 2 S. 2, 23 Abs. 1 S. 4 RVG der Gegenstandswert der anwaltlichen Tätigkeit bei mehreren Auftraggebern wegen verschiedener Gegen-

---

24 BGH AGS 2006, 583 m. Anm. *N. Schneider* = RVGreport 2007, 25.
25 So OLG Köln AGS 2014, 451 m. Anm. *N. Schneider* = ZEV 2014, 421 = MDR 2014, 1052 = RVGreport 2014, 362; ebenso Gerold/Schmidt/*Müller-Rabe*, Nr. 1008 VV Rn 76.
26 So SG Fulda AGS 2013, 398 m. abl. Anm. *N. Schneider* = NJW-Spezial 2013, 636 = NZS 2013, 840; Gerold/Schmidt/*Müller-Rabe*, Nr. 1008 VV Rn 76.
27 OLG Köln AnwBl 1993, 577 = JurBüro 1994, 730; KG AGS 2006, 274 = RVGreport 2006, 102.

stände über die Höchstgrenze des § 20 Abs. 1 RVG (30 Mio. €) auf bis zu 100 Mio. € erhöhen (s. § 7 Rn 14).

3. Derselbe Gegenstand

Ist der Anwalt dagegen für mehrere Auftraggeber wegen desselben Gegenstands tätig, kommt wegen der wirtschaftlichen Identität eine Zusammenrechnung der Werte nicht in Betracht. Dafür erhöht sich jetzt die Verfahrens- oder[28] die Geschäftsgebühr nach Nr. 1008 VV um 0,3 je weiterer Auftraggeber, höchstens jedoch um 2,0.   32

Beispiel 9: Der Anwalt vertritt zwei Gesamtschuldner, die auf Zahlung in Anspruch genommen werden.

Da der Schuldner seine Forderung nur einmal erhält und die Gesamtschuldner nur einmal zahlen müssen, liegt derselbe Gegenstand vor. Die Verfahrens- oder Geschäftsgebühr ist nach Nr. 1008 VV zu erhöhen.

Eine Erhöhung des Gegenstandswertes nach § 23 Abs. 1 RVG iVm § 39 Abs. 1 GKG, § 33 Abs. 1 FamGKG, § 35 Abs. 1 GNotKG; § 22 Abs. 1 RVG kommt in diesem Fall nicht in Betracht (s. § 7 Rn 14).   33

4. Derselbe Gegenstand und verschiedene Gegenstände

Möglich ist auch, dass der Anwalt hinsichtlich einzelner Gegenstände nur einen Auftraggeber vertritt und hinsichtlich anderer Gegenstände mehrere Auftraggeber. Umstritten ist allerdings die Berechnung in diesen Fällen (s. dazu Rn 45 ff).   34

5. Anwendungsbeispiele

Beispiele für **verschiedene Gegenstände**:   35

■ Mehrere Abkömmlinge machen **Pflichtteilsansprüche** geltend; jeder Pflichtteilsanspruch ist ein eigener Gegenstand.[29]

■ Mehrere **Unterhaltsgläubiger** machen Unterhalt oder Auskunft geltend; sowohl die Unterhaltsansprüche als auch die Auskunftsansprüche sind verschiedene Gegenstände.[30]

■ **Teilschuldner** oder **Teilgläubiger**; hier macht jeder seinen eigenen Anspruch geltend bzw wehrt ausschließlich den gegen ihn gerichteten Anspruch ab.[31]

■ Werden mehrere Personen auf **Unterlassung in Anspruch genommen**, so wird grundsätzlich jeder auf seine eigene Unterlassung in Anspruch genommen.[32] Ausnahmen sind jedoch möglich, nämlich dann, wenn die Zuwiderhandlung nur von allen gemeinsam begangen werden kann.

Beispiel 10: Der Anwalt vertritt ein Mieterehepaar, das auf Unterlassung der Untervermietung ohne Zustimmung des Klägers verklagt wird.[33]

■ Gleiches gilt idR, wenn mehrere Auftraggeber **Unterlassungsansprüche geltend machen**. Auch dann sind idR verschiedene Gegenstände gegeben, da jeder Auftraggeber in eigenen Rechten verletzt ist und damit einen eigenen Unterlassungsanspruch geltend macht und die Unterlassung nur gegenüber sich selbst, nicht auch für andere fordert;

---

28 Zur Auslegung des Wortes „oder" s. Rn 41.
29 KG AGS 2006, 274 = RVGreport 2006, 102; LG Mannheim AGS 2012, 324 = AnwBl 2013, 149 = NJW-Spezial 2012, 444 = RVGreport 2012, 414.
30 OLG Frankfurt MDR 2002, 236 = JurBüro 2002, 139; AnwK-RVG/*Volpert*, Nr. 1008 VV Rn 37 mwN.
31 AnwK-RVG/*Volpert*, Nr. 1008 VV Rn 23 („Teilgläubiger", „Teilschuldner").
32 BGH AGS 2008, 327; OLG Köln OLGR 2006, 134; AnwK-RVG/*Volpert*, Nr. 1008 VV Rn 39.
33 KG AGS 2007, 274 = RVGreport 2007, 102 = KGR 2007, 290.

es liegen dann verschiedene Gegenstände vor.[34] Ausnahmsweise ist es jedoch auch hier möglich, dass Unterlassungsansprüche gemeinschaftlich geltend gemacht werden.

Beispiel 11: Die aus mehreren Personen bestehende Erbengemeinschaft beauftragt den Anwalt, Unterlassungsansprüche geltend zu machen, die der Erbengemeinschaft zur gesamten Hand zustehen.[35]

36 **Derselbe Gegenstand** liegt dagegen insbesondere in folgenden Fällen vor:

- Die Erbengemeinschaft wird auf Pflichtteilsansprüche oder sonstige Forderungen in Anspruch genommen.[36]
- Für mehrere Erben wird die Erteilung eines gemeinschaftlichen Erbscheins beantragt.[37]
- Mehrere Gesamtgläubiger machen Forderungen geltend, insbesondere Eheleute.[38]
- Mehrere Mitmieter desselben Objekts machen Ansprüche geltend oder werden in Anspruch genommen,[39] auch im Falle der Räumung.[40]
- Mehrere Vermieter desselben Objekts machen Ansprüche geltend oder werden in Anspruch genommen; dies gilt auch für Räumungsansprüche.[41]
- Fahrer, Halter und Versicherer werden auf Schadensersatz verklagt.[42]

IV. Abrechnung bei Betragsrahmengebühren und Festgebühren

37 Bei Betragsrahmen- und bei Festgebühren ist nach Nr. 1008 VV eine gemeinschaftliche Beteiligung an demselben Gegenstand nicht erforderlich. Die Erhöhung tritt also immer ein, wenn mehrere Auftraggeber vorhanden sind. Bedeutung hat das für Strafsachen, Sozialsachen und die Beratungshilfe.

V. Gebührenbegrenzungen

38 Soweit das Gesetz Begrenzungen vorsieht, sind diese ebenfalls nach Nr. 1008 VV zu erhöhen (Anm. Abs. 4 zu Nr. 1008 VV). Das gilt insbesondere für die **Schwellengebühren** der Anm. zu Nr. 2300 VV und der Anm. zu Nr. 2302 VV,[43] für die Begrenzung der Verfahrensgebühr des **Verkehrsanwalts** (Nr. 3400 VV) und auch für die Höchstbeträge bei **Erstberatung, Beratung und Gutachten** (§ 34 Abs. 1 S. 3 RVG).[44] Nicht zu erhöhen ist die **Anrechnungsgrenze** der Vorbem. 3 Abs. 4 VV.[45] Siehe hierzu ausf. § 13 Rn 29 f.

VI. Erhöhungsfähige Gebühren

39 Nach dem Gesetzeswortlaut erhöhen sich lediglich die **Verfahrens- oder Geschäftsgebühren**. Solche Verfahrens- und Geschäftsgebühren sind nach dem Vergütungsverzeichnis in sämtlichen Angelegenheiten vorgesehen. Auch in Strafsachen gibt es Verfahrensgebühren, und zwar sowohl wertabhängige als auch wertunabhängige. Ebenso wird eine **Beratungs-**

---

34 Siehe hierzu zuletzt OLG Hamburg AGS 2001, 186; OLG Frankfurt/M. MDR 2002, 236 = JurBüro 2001, 139.
35 KG AGS 2005, 495 = JurBüro 2005, 589 = RVGreport 2006, 56 (hier: Leistungsschutzrecht nach §§ 73 ff, 96, 97 UrhG); KG KGR 2005, 883 (hier: einheitliches Schutzrecht aus eingetragenem Gebrauchsmuster gem. § 11 GebrMG).
36 BGH AGS 2004, 278 m. Anm. *Onderka* = JurBüro 2004, 375.
37 OLG München AGS 2006, 475 = JurBüro 2006, 312 = RVGreport 2006, 307.
38 AnwK-RVG/*Volpert*, Nr. 1008 VV Rn 23 („Gesamtgläubiger", „Teilschuldner").
39 BGH AGS 2006, 69 = AnwBl 2006, 74 = RVGreport 2005, 464 = NJW 2005, 3786.
40 BGH AGS 2006, 69 = NJW 2005, 3786 = RVGreport 2005, 464.
41 *N. Schneider*, NZM 2006, 361.
42 LG Flensburg JurBüro 1975, 764.
43 BSG AGS 2014, 458 = RVGreport 2014, 341.
44 *N. Schneider*, NJW 2006, 1905.
45 LG Düsseldorf AGS 2007, 381 = RVGreport 2007, 298 = JurBüro 2007, 480.

gebühr[46] und eine **Prüfungsgebühr**[47] erhöht, weil es sich hier jeweils um eine den Geschäfts- und Verfahrensgebühren vergleichbare Betriebsgebühr handelt.

Nicht erhöht werden Terminsgebühren, Grundgebühren etc. Ebenfalls nicht erhöht wird   40
die Beratungshilfegebühr nach Nr. 2500 VV. Vielmehr schuldet bei mehreren Auftraggebern jeder Rechtsuchende die Beratungshilfegebühr gesondert.[48]

Soweit aus dem Wortlaut, dass Verfahrens- „*oder*" Geschäftsgebühren zu erhöhen sind,   41
gefolgert wird, es könne in derselben Rechtssache nur eine Gebühr erhöht werden,[49] ist
dies unzutreffend. Die Geschäfts- und Verfahrensgebühren, die in derselben Sache, aber in
verschiedenen aufeinander folgenden Angelegenheiten anfallen, sind unabhängig voneinander erhöhungsfähig.[50]

Beispiel 12: Der Anwalt wird von zwei Eheleuten, die gemeinsam eine Wohnung vermietet haben, beauftragt, rückständige Mieten zunächst außergerichtlich geltend zu machen und später einzuklagen.

Sowohl die Geschäftsgebühr der Nr. 2300 VV als auch die Verfahrensgebühr der Nr. 3100 VV sind nach Nr. 1008 VV zu erhöhen. Die Erhöhung der Geschäftsgebühr schließt nicht die spätere Erhöhung der Verfahrensgebühr aus. Zur Anrechnung s. § 13 Rn 29 f.

VII. Umfang der Erhöhung

1. Überblick

Der Umfang der Erhöhung ist wiederum davon abhängig, ob es sich um Wertgebühren,   42
Betragsrahmen- oder Festgebühren handelt.

2. Wertgebühren

a) Berechnung bei gemeinschaftlicher Beteiligung

Bei Wertgebühren tritt eine feste Erhöhung von 0,3 je weiterer Auftraggeber ein. Im Ge-   43
gensatz zur früheren Rechtslage nach der BRAGO ist nach dem RVG der Umfang der Erhöhung damit unabhängig von der Ausgangsgebühr. Erhöht wird also nicht um einen
Bruchteil der Ausgangsgebühr, sondern stets um einen festen Satz.

Beispiel 13: In der Zwangsvollstreckung (0,3-Gebühr gem. Nr. 3309 VV) beläuft sich eine Verfahrensgebühr bei zwei Auftraggebern auf (0,3 + 0,3 =) 0,6.[51]

Beispiel 14: Eine 1,3-Verfahrensgebühr nach Nr. 3100 VV erhöht sich bei drei Auftraggebern auf
(1,3 + 0,3 + 0,3 =) 1,9.

Zu beachten ist, dass nach Anm. Abs. 3 zu Nr. 1008 VV mehrere Erhöhungen einen Satz   44
von 2,0 nicht übersteigen dürfen. Gemeint ist damit nur die Erhöhung selbst. Die erhöhte
Gebühr kann selbstverständlich über 2,0 liegen. Bemerkbar macht sich die Begrenzung daher erst ab dem achten Auftraggeber.

Beispiel 15: Die Verfahrensgebühr nach Nr. 3100 VV erhöht sich für die weiteren sechs Auftraggeber um 6 x 0,3 = 1,8. Der weitere siebte Auftraggeber (also insgesamt der achte) würde mit
weiteren 0,3 zu einer Erhöhung auf 2,1 führen. Da aber nicht um mehr als 2,0 erhöht werden

---

46 *Hergenröder*, AGS 2007, 53; aA KG AGS 2007, 312 = RVGreport 2007, 143; s. auch zB § 12 Rn 15 zur
    Beratungsgebühr in der Beratungshilfe.
47 *Hergenröder*, AGS 2007, 53; s. auch § 11 Rn 24 und 30.
48 AnwK-RVG/*Fölsch*, Nr. 2500 VV Rn 3.
49 So AG Düsseldorf AGS 2006, 593 m. abl. Anm. *N. Schneider* (aufgehoben durch LG Düsseldorf AGS 2007,
    381 = RVGreport 2007, 298 = JurBüro 2007, 480).
50 LG Düsseldorf AGS 2007, 381 = RVGreport 2007, 298 = JurBüro 2007, 480; AG Stuttgart AGS 2008, 78 =
    RVGreport 2008, 21; LG Ulm AGS 2008, 163 = AnwBl 2008, 73; *N. Schneider*, AGS 2006, 528.
51 OLG Stuttgart AGS 2007, 33; LG Hamburg AGS 2005, 497 m. Anm. *Mock*; LG Frankfurt/M. NJW 2004,
    3642 = AGS 2005, 18.

darf, werden für ihn nur weitere 0,2 berücksichtigt, so dass die Erhöhung ausgeschöpft ist. Insgesamt beträgt die Gebühr daher (1,3 + 2,0 =) 3,3.

Bei der Verfahrensgebühr der Nr. 3309 VV beträgt der Höchstsatz (0,3 + 2,0 =) 2,3.

b) Berechnung bei unterschiedlicher Beteiligung

45 Umstritten ist, wie bei einer unterschiedlichen Beteiligung zu rechnen ist. Solche Fälle kommen häufig in Verkehrsunfallprozessen mit Klage und Widerklage vor.

Beispiel 16: Fahrer und Halter werden auf Schadensersatz iHv 10.000 € als Gesamtschuldner verklagt; der Halter erhebt eine Widerklage gegen den Kläger auf Schadensersatz iHv 5.000 €.

46 Ein Teil der Rspr will in solchen Fällen eine nicht erhöhte Gebühr aus dem Gesamtwert abrechnen sowie eine Erhöhung aus dem Wert der gemeinschaftlichen Beteiligung.[52]

Der Gesamtwert beläuft sich auf 15.000 €, da die Werte von Klage und Widerklage nach § 23 Abs. 1 S. 1 RVG iVm § 45 Abs. 1 S. 1 GKG zusammengerechnet werden. Zu rechnen wäre danach:

1.	1,3-Verfahrensgebühr, Nr. 3100 VV (Wert: 15.000 €)	845,00 €
2.	0,3-Erhöhung, Nr. 1008 VV (Wert: 5.000 €)	90,90 €
	Gesamt	**935,90 €**

47 Diese Berechnungsart ist jedoch unzutreffend, weil die Erhöhung nach Nr. 1008 VV keinen eigenen Gebührentatbestand darstellt.[53] Es ist vielmehr nach § 15 Abs. 3 RVG zu verfahren. Der Anwalt erhält danach eine erhöhte Gebühr aus dem Wert, an dem mehrere Auftraggeber beteiligt sind, und eine einfache Gebühr aus dem Wert, an dem nur ein Auftraggeber beteiligt ist. Anschließend ist dann ggf nach § 15 Abs. 3 RVG zu kürzen:[54]

1.	1,6-Verfahrensgebühr, Nr. 3100, 1008 VV (Wert: 10.000 €)	892,80 €
2.	1,3-Verfahrensgebühr, Nr. 3100 VV (Wert: 5.000 €)	393,90 €
	gem. § 15 Abs. 3 RVG nicht mehr als eine 1,6-Gebühr aus 15.000 €	**1.040,00 €**

3. Betragsrahmengebühren

48 Bei Gebühren, die nur dem Mindest- und dem Höchstbetrag nach bestimmt sind (Betragsrahmengebühren), erhöhen sich die Gebühren um 30 % je weiterem Auftraggeber. Die Erhöhung wird dadurch vollzogen, dass sowohl der Mindest- als auch der Höchstbetrag je weiterem Auftraggeber um 30 % angehoben werden. Damit ergibt sich automatisch eine um 30 % erhöhte Mittelgebühr.

Beispiel 17: Im Verfahren vor dem Sozialgericht beläuft sich die Verfahrensgebühr der Nr. 3102 VV bei Vertretung zweier Auftraggeber an Stelle von 50 € bis 550 € (Mittelgebühr 300 €) jetzt auf 65 € bis 715 € (Mittelgebühr 390 €).

49 Bei Betragsrahmengebühren dürfen die Erhöhungen nicht mehr als das Doppelte der Ausgangsgebühr ergeben; mit anderen Worten: Die Erhöhung selbst darf maximal 200 % betragen. Auch insoweit gilt das zu den Wertgebühren Gesagte: Es kommt nicht auf den Gesamtgebührenbetrag an, sondern auf die Erhöhung. So wird bei bis zu sieben Auftraggebern um jeweils 30 % erhöht (6 x 30 % = 180 %). Für den achten Auftraggeber tritt dann noch eine Erhöhung um 20 % ein, so dass damit der Höchstsatz der Erhöhungen von 200 % erreicht ist. Der Gesamtbetrag selbst kann über 200 % liegen.

52 OLG Köln Rpfleger 1987, 175; OLG Frankfurt MDR 1983, 764; OLG Saarbrücken JurBüro 1988, 189; LG Freiburg Rpfleger 1982, 393; so jetzt auch wieder – im Gegensatz zu den Vorauflagen – Gerold/Schmidt/*Müller-Rabe*, Nr. 1008 VV Rn 203 ff.

53 KG AGS 2007, 466 = Rpfleger 2007, 553 = JurBüro 2007, 543 = RVGreport 2007, 299; KG AGS 2009, 4 = NJ 2008, 461 = Rpfleger 2008, 669 = JurBüro 2008, 585 = RVGreport 2008, 391; LG Düsseldorf AGS 2007, 381 = RVGreport 2007, 298 = JurBüro 2007, 480; AnwK-RVG/*Volpert*, Nr. 1008 VV Rn 2.

54 AG Augsburg AGS 2008, 434 = NJW-Spezial 2008, 636 = VRR 2008, 479; LG Saarbrücken AGS 2012, 56 = DAR 2012, 177 = NJW-Spezial 2012, 27; OLG Hamburg MDR 1978, 767; LG Bonn Rpfleger 1995, 384 m. Anm. N. *Schneider*; AnwK-RVG/N. *Schneider*, § 15 Rn 225 ff.

4. Festgebühren

Soweit Festgebühren vorgesehen sind, erhöhen diese sich um 30 %. Hauptanwendungsfall   50
ist die Geschäftsgebühr in der Beratungshilfe (s. § 12 Rn 18).

Beispiel 18: Die Geschäftsgebühr nach Nr. 2503 VV (85 €) erhöht sich bei zwei Auftraggebern auf 110,50 €, bei drei Auftraggebern auf 136 € etc.

Auch bei Festgebühren ist die Erhöhung auf das Doppelte der Ausgangsgebühr (200 %)   51
beschränkt, so dass sich im Ergebnis maximal das Dreifache ergeben kann.

5. Schwellengebühren

Klargestellt worden ist durch eine neue Anm. Abs. 4 zu Nr. 1008 VV,[55] dass auch die sog.   52
Schwellengebühren – also die Begrenzungen der Geschäftsgebühr bei weder umfangrei-
chen noch schwierigen Angelegenheiten (Anm. zu Nr. 2300 VV, Anm. zu Nr. 2302 VV) –
anzuheben sind, wenn der Anwalt mehrere Auftraggeber vertritt. So erhöht sich die
Schwellengebühr bei Vertretung zweier Auftraggeber auf 1,6 (Wertgebühren) bzw 390 €
(Rahmengebühren).

VIII. Die Haftung der einzelnen Auftraggeber im Innenverhältnis

Ist der Anwalt von mehreren Auftraggebern beauftragt worden, so steht ihm die Vergü-   53
tung insgesamt nur einmal zu (§ 7 Abs. 1 RVG). Jeder Auftraggeber haftet gem. § 7 Abs. 2
RVG allerdings nur auf die Gebühren, die entstanden wären, wenn er seinen Auftrag alleine erteilt hätte. Es entsteht hier also ein „eigenartiges" Gesamtschuldverhältnis.[56]

Beispiel 19: A und B haben eine gemeinschaftliche Forderung iHv 10.000 € eingeklagt. Die Ge-
samtvergütung (netto) des Anwalts berechnet sich wie folgt:

1.	1,6-Verfahrensgebühr, Nr. 3100, 1008 VV (Wert: 10.000 €)	892,80 €
2.	1,2-Terminsgebühr, Nr. 3104 VV (Wert: 10.000 €)	669,60 €
3.	Postentgeltpauschale, Nr. 7002 VV	20,00 €
	Zwischensumme netto	**1.582,40 €**

Die Einzelhaftung der jeweiligen Auftraggeber ergibt sich aus § 7 Abs. 2 S. 1 RVG wie folgt:

1.	1,3-Verfahrensgebühr, Nr. 3100 VV (Wert: 10.000 €)	725,40 €
2.	1,2-Terminsgebühr, Nr. 3104 VV (Wert: 10.000 €)	669,60 €
3.	Postentgeltpauschale, Nr. 7002 VV	20,00 €
	Zwischensumme netto	**1.415,00 €**

Um die **gesamtschuldnerische Haftung** zu berechnen, ist nunmehr wie folgt vorzugehen: 54
1. Die jeweiligen Einzelhaftungen nach § 7 Abs. 2 S. 1 RVG sind zu addieren.
2. Hiervon ist die Gesamthaftung abzuziehen.
3. Der danach verbleibende Differenzbetrag ergibt dann denjenigen Betrag, für den beide
   Parteien als Gesamtschuldner haften.

Im Beispiel beläuft sich die gesamtschuldnerische Haftung somit auf:

Einzelhaftung des A	1.415,00 €
Einzelhaftung des B	1.415,00 €
./. Gesamtvergütung	– 1.582,40 €
Gesamt	**1.247,60 €**

55   Eingefügt durch das 2. KostRMoG vom 23.7.2013 (BGBl. I S. 2586) mWz 1.8.2013.
56   OLG Düsseldorf AGS 2011, 534 = JurBüro 2011, 592.

55 Die **alleinige Haftung** der einzelnen Auftraggeber ergibt sich nunmehr daraus, dass man von der jeweiligen Einzelhaftung nach § 7 Abs. 2 S. 1 RVG den Gesamtschuldbetrag abzieht.[57]

Demnach haften die Auftraggeber alleine, also nicht gesamtschuldnerisch, iHv:

Alleinige Haftung des A:	
Haftung nach § 7 Abs. 2 S. 1 RVG	1.415,00 €
Gesamtschuld	– 1.247,60 €
Alleinige Haftung	**167,40 €**
Alleinige Haftung des B:	
ebenfalls	**167,40 €**
Insgesamt erhält der Anwalt somit:	
gesamtschuldnerisch von A und B	1.247,60 €
von A alleine	167,40 €
von B alleine	167,40 €
Gesamt	**1.528,40 €**

56 **Wichtig:** Jedem Auftraggeber muss eine auf ihn ausgestellte Rechnung über den ihn betreffenden Haftungsanteil mitgeteilt werden. Eine Gesamtabrechnung genügt nicht den Anforderungen des § 10 RVG, so dass die Vergütung dann von keinem Auftraggeber eingefordert werden könnte.[58]

---

57 AnwK-RVG/N. *Schneider*, § 11 Rn 246 ff; im Ergebnis ebenso, aber mit anderer Methode *Hansens* (BRAGO, § 6 Rn 21) und *Engels* (MDR 2001, 372, 377), die die Erhöhung nach Nr. 1008 VV von der Gesamtforderung so viele Male abziehen, wie Auftraggeber vorhanden sind. Diese Berechnungsmethode funktioniert aber nicht mehr bei unterschiedlichen Beteiligungen; völlig unzutreffend dagegen OLG Frankfurt NJW 1970, 2115; OLG Koblenz JurBüro 1988, 1662, wonach sich die Gesamtschuld nach dem Betrag richtet, den der Anwalt gleichmäßig von jedem einzelnen Auftraggeber zu fordern hätte (s. hierzu AnwK-RVG/N. *Schneider*, § 11 Rn 246 ff).
58 LG Mannheim AGS 2012, 324 = AnwBl 2013, 149 = RVGreport 2012, 414; AG Kerpen AGS 2014, 375 = zfs 2014, 588 m. Anm. *Hansens* = NJW-Spezial 2014, 508.

§ 5 Das Gebührensystem

A. Die Gebühren

I. Überblick

Das RVG kennt verschiedene Möglichkeiten, die Gebühren des Anwalts zu regeln. Vorgesehen sind: **1**

- Wertgebühren,
- Betragsrahmengebühren,
- Festgebühren,
- Pauschgebühren,
- Gebühren nach dem BGB,
- Gebühren nach der Steuerberatervergütungsverordnung (StBVV) und
- vereinbarte Gebühren.

II. Wertgebühren

1. Überblick

Soweit das Gesetz nichts anderes bestimmt, richten sich die Gebühren nach dem Wert der **2** anwaltlichen Tätigkeit, dem sog. **Gegenstandswert** (§§ 2 Abs. 1, 3 Abs. 1 S. 2 RVG). Man spricht dann von **Wertgebühren**. In diesem Fall ist zunächst der Gegenstandswert zu ermitteln[1] und dann anhand der Tabelle des § 13 Abs. 1 RVG (bzw im Falle der Prozess- oder Verfahrenskostenhilfe oder anderweitiger Beiordnung oder Bestellung bei Werten von über 4.000 € anhand der Tabelle des § 49 RVG) der jeweilige Gebührenbetrag abzulesen, nach dem sich die Gebühr des Anwalts richtet.

2. Dezimalgebühren

a) Die Gebührensätze

Berechnet werden grundsätzlich Dezimalgebühren (zB 0,5; 0,75; 1,0; 1,3; 1,6 etc.). Um **3** den jeweiligen Gebührenbetrag zu ermitteln, werden die sich nach dem jeweiligen Gegenstandswert ergebenden Tabellenbeträge aus § 13 RVG oder aus § 49 RVG mit der angegebenen Dezimalzahl des Gebührentatbestands multipliziert. Vorgesehen sind:

- **feste Gebührensätze**, zB für die Gebühren in gerichtlichen Verfahren (Nr. 3100 VV: 1,3; Nr. 3104 VV: 1,2) oder für die Einigungsgebühr (Nr. 1000, 1003, 1004 VV: 1,0, 1,3, 1,5).
- **Satzrahmen**, zB für die Geschäftsgebühr (Nr. 2300 VV: 0,5 bis 2,5). Hier steht dem Anwalt ein Rahmen zur Verfügung, aus dem er den im konkreten Fall angemessenen Gebührensatz nach § 315 BGB unter Berücksichtigung der Kriterien des § 14 Abs. 1 RVG selbst bestimmt. Bei Satzrahmen sind darüber hinaus auch **Höchstsätze** vorgesehen (sog. **Schwellengebühren**; Anm. zu Nr. 2300 VV). Danach darf ein bestimmter Gebührensatz nur unter besonderen Voraussetzungen (Umfang oder Schwierigkeit der Sache) überschritten werden.
- **abgeleitete Gebührensätze**, zB für die Gebühren des Verkehrsanwalts oder des Terminsvertreters (Nr. 3400, 3401 VV) oder für den Einvernehmensanwalt (Nr. 2200 VV). Hier steht dem Anwalt die gleiche Gebühr oder Anteil einer Gebühr zu, die der Hauptbevollmächtigte berechnen kann. Zum Teil finden sich auch hier wiederum **Höchstsätze** (so zB beim Verkehrsanwalt, der jedenfalls nicht mehr als 1,0 erhält).
- eine **Gebührenerhöhung nach Nr. 1008 VV** um 0,3 bei Vertretung mehrerer Auftraggeber. Es handelt sich entgegen der häufig anzutreffenden Ansicht **nicht** um eine **eigen-**

---

1 Zur Ermittlung und Berechnung des Gegenstandswertes s. § 7.

ständige (Erhöhungs-)Gebühr,[2] sondern lediglich um eine unselbstständige Erhöhung einer anderen Gebühr (zur Berechnung s. § 4 Rn 21 ff).

b) Die Gebührenbeträge

4   Die Beträge, aus denen der Anwalt seine Gebühr berechnet, ergeben sich aus **§ 13 Abs. 1 RVG** sowie aus der nach § 13 Abs. 1 S. 3 RVG dem Gesetz als Anlage 2 beigefügten Tabelle.

5   Ist der Anwalt im Rahmen der **Prozess- oder Verfahrenskostenhilfe** beigeordnet oder ist er anderweitig gerichtlich bestellt oder beigeordnet, so richten sich die Gebührenbeträge ab einem Wert von über 4.000 € nach der Tabelle des **§ 49 RVG**, die geringere Beträge vorsieht und bei einer Wertstufe von über 30.000 € endet.

6   Eine **Tabelle** zu den wichtigsten Gebührenbeträgen des Wahlanwalts bis zu einem Gegenstandswert von 2.500.000 € findet sich in Anhang I und zu den Prozesskostenhilfegebühren in Anhang II dieses Buches.

3. Hebegebühren

7   Auch die Hebegebühren richten sich nach dem Gegenstandswert. Hier sind jedoch keine Dezimalgebühren nach den Tabellen nach § 13 und § 49 RVG vorgesehen, sondern **gestaffelte Prozentsätze**, die sich unmittelbar nach dem Wert der Hauptsache richten (s. hierzu § 9 Rn 41 ff).

III. Betragsrahmengebühren

8   Neben den Wertgebühren finden sich im RVG auch Betragsrahmengebühren, und zwar in Strafsachen (Teil 4 VV), in Bußgeldsachen (Teil 5 VV), in Verfahren nach Teil 6 VV und in sozialrechtlichen Angelegenheiten, in denen das GKG nicht anzuwenden ist oder wenn der Auftraggeber nicht zu den in § 183 SGG genannten Personen gehört (§ 3 Abs. 1 S. 1 und 2, Abs. 2 RVG). Diese Gebühren sind **wertunabhängig**. Vorgegeben ist lediglich ein Mindest- und ein Höchstbetrag. Aus diesem vorgegebenen Rahmen bestimmt der Anwalt wiederum nach § 14 Abs. 1 RVG die im konkreten Fall angemessene Gebühr.

9   Die Gebührenrahmen sind in den einzelnen Vorschriften zT beziffert angegeben (zB Nr. 2302, 3102, 3106 VV) oder sie ergeben sich wiederum aus einer Inbezugnahme auf andere Gebührentatbestände (zB Nr. 1005, 1006, 3400, 3401 VV).

10 Auch hier sind mitunter **Höchstgrenzen** vorgegeben, so die sog. Schwellengebühr in sozialrechtlichen Angelegenheiten (Anm. zu Nr. 2302 VV) oder auch in Nr. 3400 VV für den Verkehrsanwalt.

11 Ebenso wie bei den Wertgebühren ist auch hier eine **Gebührenerhöhung** bei **mehreren Auftraggebern** vorgesehen. Nach Nr. 1008 VV erhöhen sich die Rahmen der Geschäfts- und Verfahrensgebühren um 30 % je weiterer Auftraggeber, höchstens um 200 %.

IV. Festgebühren

12 Neben den Betragsrahmengebühren sind zT auch feste Betragsgebühren vorgesehen, so zB im Rahmen der Beratungshilfe (Nr. 2500, 2501 ff VV), für den bestellten oder beigeordneten Anwalt in Straf- und Bußgeldsachen sowie in Verfahren nach Teil 6 VV. Auch hier kommt eine **Gebührenerhöhung** nach Nr. 1008 VV bei mehreren Auftraggebern in Betracht, soweit es sich um eine Geschäfts- oder Verfahrensgebühr handelt.

13 Eine besondere Art der Festgebühr findet sich in den Nr. 4141, 5115 und 6216 VV. Der Anwalt erhält hier immer eine Mittelgebühr (Anm. Abs. 3 S. 2 zu Nr. 4141 VV, Anm.

---

2   LG Düsseldorf AGS 2007, 381 = JurBüro 2007, 480; AnwK-RVG/*Volpert*, Nr. 1008 VV Rn 2.

Abs. 3 S. 2 zu Nr. 5115 VV, Anm. Abs. 3 S. 2 zu Nr. 6216 VV), was faktisch auf eine Festgebühr hinausläuft.[3]

V. Pauschgebühr

Anstelle der im VV geregelten Gebühren können in Straf- und Bußgeldsachen sowie in Verfahren nach Teil 6 VV Pauschgebühren bewilligt werden, wenn die gesetzlichen Gebühren wegen des besonderen Umfangs und der besonderen Schwierigkeit der Sache nicht ausreichen, um die anwaltliche Tätigkeit angemessen zu vergüten. Das gilt sowohl für den Wahlanwalt (§ 42 RVG) als auch den gerichtlich bestellten oder beigeordneten Anwalt (§ 51 RVG).   14

VI. Gebühren nach BGB

Für **Mediation, Beratung und Gutachten** enthält das RVG, obwohl eine anwaltliche Tätigkeit nach § 1 Abs. 1 RVG vorliegt, keine Gebührentatbestände. Das RVG empfiehlt in diesen Fällen eine Gebührenvereinbarung (§ 34 Abs. 1 S. 1 RVG) und verweist für den Fall, dass eine solche nicht getroffen wird, auf die Vorschriften des bürgerlichen Rechts, also auf die §§ 675, 612, 632 BGB (§ 34 Abs. 1 S. 2 RVG). Auch hier bestimmt der Anwalt die Höhe seiner Vergütung nach den Kriterien des § 14 Abs. 1 RVG (§ 34 Abs. 1 S. 3, 2. Hs. RVG).   15

Vorgesehen sind auch hier wiederum **Höchstbeträge**, wenn der Anwalt einen Verbraucher berät oder für ihn ein Gutachten erstattet, nämlich 250 €, und im Falle einer Erstberatung 190 € (§ 34 Abs. 1 S. 3 RVG).   16

VII. Gebühren nach der StBVV

Aufgrund der Verweisung in § 35 RVG gelten für die dort genannten steuerlichen Hilfeleistungen anstelle der RVG-Gebühren bestimmte Gebührenvorschriften der Steuerberatervergütungsverordnung (StBVV). Das kann sogar zur gesetzlichen Abrechnung nach Stunden führen (§ 13 StBVV).   17

VIII. Vereinbarte Gebühren

Möglich ist auch eine Gebührenvereinbarung, die unter Beachtung der Formvorschriften des § 3 a RVG mit dem Auftraggeber getroffen werden kann. Im Falle des § 34 Abs. 1 RVG (Mediation, Beratung und Gutachten) empfiehlt das RVG sogar selbst den Abschluss einer Gebührenvereinbarung (s. Rn 15).   18

B. Die Bestimmung der im Einzelfall angemessenen Gebühr bei Satz- oder Betragsrahmengebühren

I. Überblick

Sind Rahmengebühren (Satz- oder Betragsrahmen) vorgesehen, bestimmt der Anwalt gem. § 14 Abs. 1 RVG innerhalb des vorgegebenen Rahmens selbst, wie hoch er seine Gebühr bemisst (§ 315 BGB).   19

II. Bindungswirkung

An eine einmal ausgeübte Bestimmung bleibt der Anwalt grundsätzlich gebunden (§ 315 Abs. 1 BGB).[4] Der Anwalt kann nicht im Nachhinein seine Bestimmung nachbessern und   20

---

3 LG Düsseldorf AGS 2007, 36 = JurBüro 2007, 83; LG Dresden AG kompakt 2011, 15 = RVGreport 2010, 454.
4 BGH AnwBl 1987, 489; LG Köln DAR 1988, 392.

einen höheren Gebührenbetrag oder -satz abrechnen, es sei denn, nach der Abrechnung schließen sich weitere Tätigkeiten an, die bei der Abrechnung nicht berücksichtigt werden konnten.[5] Soweit die Auffassung vertreten wird, der Anwalt könne sich eine Anpassung seiner Bestimmung vorbehalten,[6] dürfte dies unzutreffend sein.[7] In seiner Schlussrechnung muss der Anwalt seine Gebühr bestimmen, so dass er damit sein Bestimmungsrecht verbraucht. Eine Bestimmung unter Vorbehalt wäre aber letztlich nichts anderes als ein Vorschuss. Den kann er aber nach Beendigung der Angelegenheit nicht mehr geltend machen.[8]

Praxistipp: Fordert der Anwalt auf eine **Rahmengebühr** einen **Vorschuss** an, sollte er ausdrücklich klarstellen, dass es sich um einen Vorschuss handelt und die Rechnung auch ausdrücklich als „**Vorschuss**" bezeichnen, da die Rspr anderenfalls bereits schon hier eine Bindungswirkung annimmt.[9]

21 Reduzieren darf der Anwalt seine Bestimmung dagegen im Nachhinein immer.

III. Die Bemessung

22 Die „Bestimmung" des Gebührensatzes oder -betrages nach § 14 Abs. 1 RVG darf der Anwalt nicht wahllos vornehmen. Er muss sein billiges Ermessen vielmehr unter Berücksichtigung aller Umstände, insbesondere der Kriterien des § 14 Abs. 1 RVG (s. Rn 29 ff), ausüben.

23 Die Praxis geht idR zunächst von der sog. **Mittelgebühr** aus. Diese errechnet sich, indem man den Mindestbetrag (Mindestsatz) und den Höchstbetrag (Höchstsatz) addiert und die Summe sodann halbiert.

24 Bei **Satzrahmen** wird die Mittelgebühr wie folgt gebildet:

$$\frac{\text{Mindestsatz} + \text{Höchstsatz}}{2} = \text{Mittelgebühr}$$

Beispiel 1: Der Anwalt vertritt den Auftraggeber außergerichtlich. Dem Anwalt steht ein Gebührenrahmen von 0,5 bis 2,5 offen (Nr. 2300 VV). Die Mittelgebühr berechnet sich wie folgt:

$$\frac{0,5 + 2,5}{2} = 1,5$$

25 Bei **Betragsrahmen** wird die Mittelgebühr wie folgt gebildet:

$$\frac{\text{Mindestbetrag} + \text{Höchstbetrag}}{2} = \text{Mittelgebühr}$$

Beispiel 2: Im Verfahren vor dem Sozialgericht ist für die Verfahrensgebühr der Nr. 3102 VV ein Gebührenrahmen von 50 € bis 550 € vorgesehen. Die Mittelgebühr berechnet sich wie folgt:

$$\frac{50 \text{ €} + 550 \text{ €}}{2} = 300 \text{ €}$$

26 Je nach Einzelfall wird dann die Mittelgebühr reduziert oder erhöht.

---

5 AnwK-RVG/*Onderka*, § 14 Rn 93; Gerold/Schmidt/*Mayer*, § 14 Rn 4; *Hansens/Braun/Schneider*, Teil 1 Rn 134.
6 AnwK-RVG/*Onderka*, § 14 Rn 93; Gerold/Schmidt/*Mayer*, § 14 Rn 4; *Hansens/Braun/Schneider*, Teil 1 Rn 134.
7 Siehe *N. Schneider*, Gebührenbestimmung unter Vorbehalt?, NJW-Spezial 2014, 91 f.
8 AG Lichtenberg AGS 2013, 274 = RVGreport 2013, 306.
9 OLG Köln AGS 2009, 525 = VRR 2010, 43 = RVGreport 2010, 138.

IV. Verbindlichkeit gegenüber dem Auftraggeber und dem Erstattungsschuldner

Gegenüber dem Auftraggeber ist die Bestimmung des Anwalts grundsätzlich verbindlich. 27
Nur dann, wenn sie unbillig ist, ist sie unverbindlich (§ 319 Abs. 1 S. 1 BGB) und wird
durch Urteil des Gerichts ersetzt (§ 319 Abs. 1 S. 2 BGB). Solange sie sich jedoch im Rahmen der Billigkeit bewegt, ist der Mandant zahlungspflichtig, auch dann, wenn sich mit
guten Gründen ebenso eine geringere Vergütung hätte begründen lassen. Die Rspr geht insoweit von einem **Toleranzbereich von 20 %** aus. Solange also die vom Anwalt bestimmte
Gebühr um nicht mehr als 20 % von der nach Auffassung des Gerichts angemessenen Gebühr abweicht, ist sie jedenfalls nicht unbillig.[10]

Die **Darlegungs- und Beweislast** gegenüber dem Auftraggeber für die Billigkeit seiner Ab- 28
rechnung liegt nach allgemeinen Grundsätzen beim Anwalt. Muss allerdings ein Dritter
die Gebühr ersetzen oder erstatten, so obliegt ihm die Darlegungs- und Beweislast für die
Unbilligkeit (§ 14 Abs. 1 S. 4 RVG), wobei auch hier für den Anwalt eine (eingeschränkte)
Darlegungslast besteht.

V. Die Bemessungskriterien

1. Überblick

Nach § 14 Abs. 1 S. 1 RVG sind als Bemessungskriterien insbesondere heranzuziehen: 29

- der **Umfang** der anwaltlichen Tätigkeit,
- die **Schwierigkeit** der anwaltlichen Tätigkeit,
- die **Bedeutung** der Angelegenheit,
- die **Einkommensverhältnisse** des Mandanten,
- die **Vermögensverhältnisse** des Mandanten.

Hinzu kommt nach § 14 Abs. 1 S. 2 RVG

- das besondere **Haftungsrisiko** des Rechtsanwalts.

Diese Aufzählung in § 14 Abs. 1 RVG ist nicht abschließend, wie aus der Formulierung 30
„vor allem" zum Ausdruck gebracht wird. Klargestellt werden soll durch die exemplari-
sche Aufzählung, dass den in § 14 Abs. 1 RVG genannten Kriterien eine **größere Bedeutung** zukommt als Kriterien, die dort nicht genannt sind.

2. Umfang der anwaltlichen Tätigkeit

Beim Umfang der anwaltlichen Tätigkeit ist in erster Linie auf den **zeitlichen Aufwand** des 31
Rechtsanwalts abzustellen, den dieser zur sachgerechten Bearbeitung der Angelegenheit
aufgewandt hat.[11] Umfangreiche Akten, Beiakten, Gutachten etc. können aber ebenso zu
berücksichtigen sein.

3. Schwierigkeit der anwaltlichen Tätigkeit

Die Beurteilung, ob eine anwaltliche Tätigkeit schwierig ist, richtet sich nach den zu er- 32
wartenden Kenntnissen eines durchschnittlichen Allgemeinanwalts, nicht nach den möglicherweise gegebenen Spezialkenntnissen des beauftragten Anwalts.[12]

4. Bedeutung der Angelegenheit

Die Bedeutung der Angelegenheit ist immer **subjektiv für den Auftraggeber** zu bestim- 33
men.[13] Ist die Sache für den Mandanten von besonderer Bedeutung, dann kann dies eine

---

10 BGH AGS 2012, 220; AnwK-RVG/*Onderka*, § 14 Rn 78 ff mwN.
11 Mayer/Kroiß/*Winkler*, § 14 Rn 16.
12 LG Karlsruhe AnwBl 1973, 367; LG Freiburg AnwBl 1965, 184; AG Köln AnwBl 1978, 63; Mayer/Kroiß/
    Winkler, § 14 Rn 22 f.
13 Mayer/Kroiß/*Winkler*, § 14 Rn 24 f.

überdurchschnittliche Gebührenbemessung selbst dann rechtfertigen, wenn ein objektiver Durchschnittsbürger der Sache keine besondere Bedeutung zumessen würde.

5. Einkommensverhältnisse des Auftraggebers

34 Zu berücksichtigen sind ferner die Einkommensverhältnisse des Auftraggebers. Zu beachten ist, dass überdurchschnittliche Einkommensverhältnisse kein extrem hohes Einkommen erfordern, sondern lediglich ein Einkommen, das über dem Durchschnitt liegt. Angesichts dessen, dass eine Vielzahl der Mandanten über kein eigenes Einkommen verfügt, sondern von Sozialhilfe, Arbeitslosengeld u.Ä. lebt, dürfen an ein durchschnittliches Einkommen keine zu hohen Anforderungen gestellt werden. Abzustellen ist auf die Einkommensverhältnisse zum **Zeitpunkt der Abrechnung.**[14]

6. Vermögensverhältnisse des Auftraggebers

35 Des Weiteren sind auch die Vermögensverhältnisse des Auftraggebers zu beachten. Maßgebend sind auch hier die Verhältnisse zum Zeitpunkt der Abrechnung. Berücksichtigt werden darf daher, dass der Anwalt seinem Auftraggeber zu Vermögen verholfen hat, indem er einen Pflichtteilsanspruch, einen Zugewinnausgleich oder eine sonstige Forderung durchgesetzt hat.

7. Haftungsrisiko des Rechtsanwalts

36 Bei der Berücksichtigung des Haftungsrisikos (§ 14 Abs. 1 S. 2 RVG) ist zu differenzieren:

- Bei **Betragsrahmengebühren** kann das Haftungsrisiko immer herangezogen werden, weil es, anders als bei Wertgebühren, ansonsten keinen Eingang in die Höhe der Gebühren finden würde. Klassischer Anwendungsfall dieses Merkmals dürften Rentenangelegenheiten sein, die äußerst haftungsträchtig sind.
- Bei **Wertgebühren** wird das Haftungsrisiko idR bereits durch einen entsprechend hohen Gegenstandswert erfasst. Das muss aber nicht sein. Entsprechen sich Gegenstandswert und Haftungsrisiko nicht, darf auch dies als Bemessungskriterium herangezogen werden. Ein solcher Fall ist zB bei einer außergerichtlichen Vertretung in Unterhaltssachen gegeben, bei der sich der Gegenstandswert für den laufenden Unterhalt auf den Betrag der nächsten zwölf Monate beschränkt (§ 23 Abs. 1 S. 3 RVG iVm § 51 Abs. 1 FamGKG), nicht jedoch die Haftung, die zeitlich unbegrenzt ist, ebenso bei außergerichtlicher Vertretung im Rahmen einer arbeitsrechtlichen Kündigung (Wertbegrenzung nach § 23 Abs. 1 S. 3 RVG iVm § 42 Abs. 2 GKG).

8. Sonstige Merkmale

37 Die Aufzählung in § 14 Abs. 1 RVG ist nicht abschließend. Soweit nicht bereits unter eines der vorstehenden Kriterien fallend, kann zB zusätzlich berücksichtigt werden: Arbeit an Samstagen, Sonntagen und Feiertagen, nach Feierabend, insbesondere Nachtarbeit,[15] besondere Eilbedürftigkeit,[16] die Vertretung der Interessen des Mandanten in der Öffentlichkeit, insbesondere gegenüber der Presse.[17] Auch der Erfolg der anwaltlichen Tätigkeit kann Berücksichtigung finden.[18]

---

14 Mayer/Kroiß/*Winkler*, § 14 Rn 29 f.
15 AnwK-RVG/*Onderka*, § 14 Rn 54; Gerold/Schmidt/*Mayer*, § 14 Rn 37; *Hansens/Braun/Schneider*, Teil 1 Rn 180, 184.
16 AnwK-RVG/*Onderka*, § 14 Rn 54; Gerold/Schmidt/*Mayer*, § 14 Rn 37; *Hansens/Braun/Schneider*, Teil 1 Rn 187.
17 LG Duisburg, Beschl. v. 16.5.1979 – Qs 206/79, n.v.
18 AG München DAR 2013, 733.

VI. Gesamtbetrachtung

Die einzelnen Kriterien des § 14 Abs. 1 RVG sind idR nicht im gleichen Rahmen vorhan- 38
den, also nicht durchweg über- oder unterdurchschnittlich. Vielmehr werden häufig einige
Kriterien als unterdurchschnittlich, andere dafür als überdurchschnittlich und andere wiederum als durchschnittlich anzusehen sein. Der Anwalt muss dann aufgrund einer Gesamtbetrachtung zu einer Abwägung kommen. Alle Merkmale sind **gleichwertig**. Dabei
können einzelne überdurchschnittliche Kriterien andere unterdurchschnittliche Kriterien
kompensieren (sog. **Kompensationstheorie**). Das führt dazu, dass nur in Ausnahmefällen
die Mindestgebühr zur Anwendung gelangt, nämlich wenn alle Kriterien des § 14 Abs. 1
RVG unterdurchschnittlich sind. Um überdurchschnittliche Gebühren abzurechnen, müssen dagegen nicht alle Kriterien überdurchschnittlich sein; auch für die Abrechnung der
Höchstgebühr ist nicht erforderlich, dass alle Kriterien im Höchstbereich liegen. Theore-
tisch kann schon ein einziges überragendes Kriterium den Ansatz der Höchstgebühr rechtfertigen.

VII. Toleranzgrenzen

Der Rechtsanwalt trifft bei seiner Entscheidung nach § 14 Abs. 1 RVG eine Ermessensent- 39
scheidung. Allgemein wird dem Anwalt ein Rahmen zugestanden, innerhalb dessen seine
Entscheidung durch das Gericht nicht überprüfbar ist. Mit dieser Toleranzgrenze wird
zum Ausdruck gebracht, dass eine „kleinliche" Nachprüfung des Ermessens nicht be-
zweckt ist. Allgemein werden Abweichungen in einem Rahmen von bis zu 20 % noch als
verbindlich angesehen.[19]

VIII. Gutachten des Vorstands der Rechtsanwaltskammer

In einem Rechtsstreit zwischen Anwalt und Auftraggeber hat das Gericht nach § 14 Abs. 2 40
S. 1 RVG ein kostenfreies Gutachten des Vorstands der Rechtsanwaltskammer einzuholen,
soweit die Höhe der Gebühr streitig ist. Zuständig ist die Rechtsanwaltskammer, der der
Anwalt angehört. Das Gutachten des Kammervorstands ist kein Sachverständigengutachten iSd § 411 Abs. 1 ZPO.[20] Das Gericht ist an das Gutachten nicht gebunden, sondern
kann davon auch abweichen.

In **anderen Prozessen** bedarf es nicht der Einholung eines Gutachtens, insbesondere nicht 41
im Erstattungsprozess gegen einen erstattungspflichtigen Dritten[21] oder im Freistellungs-
prozess gegen den Rechtsschutzversicherer.[22] Gleichwohl kann das Gericht auch in solchen Verfahren ein Gutachten einholen.[23]

C. Abgeltungsbereich der Gebühren

I. Überblick

Nach § 15 Abs. 1 S. 1 RVG entgelten die Gebühren – soweit nichts anderes bestimmt ist – 42
die gesamte Tätigkeit des Rechtsanwalts vom Anfang bis zur Erledigung der Angelegenheit. Ergänzend hierzu ordnet § 15 Abs. 2 RVG an, dass der Anwalt die Gebühren in derselben Angelegenheit grundsätzlich nur einmal fordern kann. Mit diesen beiden Regelungen wird der Grundsatz der **Einmaligkeit der Gebühren** und der **Pauschalcharakter der Gebühren** niedergelegt.

---

19 BGH AGS 2012, 220; AnwK-RVG/*Onderka*, § 14 Rn 78 ff mwN.
20 OLG Düsseldorf JurBüro 1990, 872.
21 AnwK-RVG/*Onderka*, § 14 Rn 96 f.
22 AnwK-RVG/*Onderka*, § 14 Rn 96 f.
23 AnwK-RVG/*Onderka*, § 14 Rn 96 f.

II. Einmaligkeit der Gebühren

1. Grundsatz

43 In jeder Angelegenheit (s. hierzu § 6) kann der Anwalt seine Gebühren – sofern nichts anderes bestimmt ist – nur einmal verlangen (§ 15 Abs. 2 RVG). So entsteht zB in gerichtlichen Verfahren grundsätzlich nur eine einzige **Verfahrensgebühr** (Vorbem. 3 Abs. 2 VV), die die gesamte Tätigkeit des Anwalts abgilt. Ausnahmen müssen gesetzlich geregelt sein. Eine solche Ausnahme findet sich zB in den Nr. 3305, 3308 VV. Danach können im Mahnverfahren ausnahmsweise zwei Verfahrensgebühren anfallen, nämlich eine für das Verfahren über den Antrag auf Erlass des Mahnbescheides und eine für das Verfahren auf Erlass des Vollstreckungsbescheides.

44 Der Grundsatz der Einmaligkeit der Gebühren gilt auch für sonstige Gebühren. In derselben Angelegenheit kann zB nur eine **Einigungsgebühr** anfallen, mag diese möglicherweise sich auch nach unterschiedlichen Sätzen berechnen. Selbst wenn in einer Angelegenheit mehrere Teilvergleiche geschlossen werden, entsteht nur eine einzige Einigungsgebühr.

Beispiel 3: Die Parteien schließen zunächst einen Vergleich über den Haftungsgrund und später auch einen Vergleich zur Höhe.

Es entsteht trotz zweier Vergleiche nur eine einzige Einigungsgebühr.

45 Auch bei mehreren Terminen entsteht grundsätzlich nur eine einzige **Terminsgebühr**. So erhält der Anwalt in einem gerichtlichen Verfahren lediglich eine Terminsgebühr, unabhängig davon, wie viele Termine er teilgenommen hat. Eine Ausnahme von diesem Grundsatz findet sich allerdings in Straf- und Bußgeldsachen sowie im Verfahren nach Teil 6 VV. Dort erhält der Anwalt die Terminsgebühr grundsätzlich für jeden Kalendertag, an dem er an einem Termin zur Hauptverhandlung teilgenommen hat.

2. Begrenzung bei Teilgebühren

46 Der Grundsatz der Einmaligkeit wird auch dann gewahrt, wenn aus einzelnen Gegenständen derselben Angelegenheit dieselbe Gebühr nach unterschiedlichen Gebührensätzen anfällt (§ 15 Abs. 3 RVG). Der Anwalt erhält dann die Gebühr nach den unterschiedlichen Sätzen aus den jeweiligen Teilwerten. Der Grundsatz der Einmaligkeit der Gebühr wird dann aber dadurch wiederhergestellt, dass die Summe der einzelnen Teilgebühren aus den Teilwerten nicht den Betrag einer Gebühr nach dem höchsten Gebührensatz aus dem Gesamtwert übersteigen darf (§ 15 Abs. 3 RVG).

Beispiel 4: Der Anwalt wird mit der außergerichtlichen Beitreibung einer Forderung iHv 10.000 € beauftragt. Die Parteien einigen sich und beziehen darin auch weitergehende Ansprüche iHv 2.000 € ein, die erstinstanzlich anhängig sind.

Die Einigungsgebühr entsteht jetzt zu zwei unterschiedlichen Sätzen, nämlich aus dem Wert der nicht anhängigen 10.000 € zu 1,5 (Nr. 1000 VV) und aus dem Wert der anhängigen 2.000 € zu 1,0 (Nr. 1003 VV). Diese Teilgebühren sind gem. § 15 Abs. 3 RVG zunächst getrennt zu berechnen. Insgesamt darf aber nicht mehr abgerechnet werden als eine Gebühr nach dem höchsten Gebührensatz (1,5) aus dem Gesamtwert (12.000 €).

1. 1,3-Geschäftsgebühr, Nr. 2300 VV (Wert: 12.000 €)		785,20 €
2. 1,5-Einigungsgebühr, Nr. 1000 VV (Wert: 10.000 €)	837,00 €	
3. 1,0-Einigungsgebühr, Nr. 1000, 1003 VV (Wert: 2.000 €)	150,00 €	
gem. § 15 Abs. 3 RVG nicht mehr als 1,5 aus 12.000 €		906,00 €
4. Postentgeltpauschale, Nr. 7002 VV		20,00 €
Zwischensumme	1.711,20 €	
5. 19 % Umsatzsteuer, Nr. 7008 VV		325,13 €
Gesamt		**2.036,33 €**

3. Erneuter Auftrag zu weiterer Tätigkeit

Eine weitere Ergänzung findet der Grundsatz der Einmaligkeit der Gebühren in § 15   47
Abs. 5 S. 1 RVG. War dem Anwalt ein Auftrag erteilt, der zunächst beendet worden ist,
etwa weil sich die Sache aus Sicht des Auftraggebers erledigt hatte, und erhält der Anwalt
dann in dieser Sache doch wieder einen Auftrag zu weiterer Tätigkeit, dann liegt insgesamt nur eine Angelegenheit vor.

Beispiel 5: Der Anwalt erhält von einer Ehefrau den Auftrag, die Scheidung einzureichen. Nach
vier Wochen teilt die Mandantin mit, sie habe sich mit ihrem Ehemann wieder versöhnt und bittet, die Sache abzuschließen und abzurechnen. Nach weiteren vier Wochen teilt die Mandantin
mit, die Versöhnung sei gescheitert. Sie wolle doch die Scheidung, die der Anwalt nunmehr wei-
terbetreiben solle.

Der erste Auftrag war zunächst beendet und ist später wieder aufgenommen worden. Nach § 15
Abs. 5 S. 1 RVG liegt nur eine Angelegenheit vor, so dass der Anwalt seine Gebühren nur einmal
erhält.

Beispiel 6: Das Ermittlungsverfahren wird von der Staatsanwaltschaft mangels Tatverdachts
nach § 170 Abs. 2 StPO eingestellt. Ein halbes Jahr später werden die Ermittlungen wieder aufgenommen.

Der erste Auftrag war mit der Einstellung des Verfahrens zunächst beendet und ist später wieder aufgenommen worden. Nach § 15 Abs. 5 S. 1 RVG liegt auch hier nur eine Angelegenheit vor,
so dass der Anwalt seine Gebühren nur einmal erhält.

Eine Ausnahme von diesem Grundsatz enthält § 15 Abs. 5 S. 2 RVG. Liegen zwischen der   48
Beendigung des ersten Auftrags und der Erteilung des Auftrags zu weiterer Tätigkeit **mehr
als zwei Kalenderjahre**, dann gilt der weitere Auftrag als neue Angelegenheit, so dass der
Anwalt seine Gebühren erneut erhält. Siehe dazu § 6 Rn 19.

III. Pauschalcharakter der Gebühren

Aus dem Grundsatz der Einmaligkeit der Gebühren folgt gleichzeitig auch der Pauschal-   49
charakter der Gebühren. Umfang und Dauer der anwaltlichen Tätigkeit etc. sind für den
Anfall des Gebührentatbestands grundsätzlich unerheblich. So spielt es zB für eine Terminsgebühr in einem zivilgerichtlichen Verfahren keine Rolle, wie lange der Termin gedau-
ert hat, wie viele Termine stattgefunden haben, was in dem Termin verhandelt worden ist,
ob streitig verhandelt wurde etc.

Auch hier sind allerdings Ausnahmen vorgesehen, in denen das Gesetz bestimmte Tätig-   50
keiten, die es als geringwertiger ansieht, folglich mit einem niedrigeren Gebührensatz aus-
weist. So wird bei den Verfahrensgebühren in Teil 3 VV vielfach differenziert, ob sich die
Tätigkeit für den Anwalt vorzeitig erledigt oder ob er lediglich verhandelt oder lediglich
protokolliert hat (zB in Nr. 3101, 3201, 3207 VV). Im Mahnverfahren muss ebenfalls ein
Minimum an Tätigkeiten entwickelt werden, um die volle Gebühr nach Nr. 3305 VV auszulösen (s. Nr. 3306 VV). In diesen Fällen sind in gesonderten Gebührentatbeständen ermäßigte Gebührensätze vorgesehen, wenn die Tätigkeit des Anwalts einen bestimmten
Umfang nicht erreicht. Auch sind ermäßigte Terminsgebühren vorgesehen, wenn der Anwalt an einem Termin teilnimmt, in dem der Gegner weder erscheint noch ordnungsgemäß
vertreten ist und sogleich ein Antrag auf Erlass eines Versäumnisurteils oder-beschlusses
gestellt wird (Nr. 3105, 3203, 3211 VV).

Soweit **Satz- oder Betragsrahmengebühren** vorgesehen sind, gilt auch hier der Pauschal-   51
charakter der Gebühren. Der Umfang der Tätigkeit etc. ist also für den Anfall eines Gebührentatbestands selbst völlig unerheblich. Hier sind allerdings über § 14 Abs. 1 RVG die
Umstände des Einzelfalles, insbesondere die Dauer, Schwierigkeit etc., für die Höhe der
Gebühr von Bedeutung.

IV. Begrenzung bei mehreren Einzeltätigkeiten

52 Schließlich enthält § 15 Abs. 6 RVG noch eine weitere Regelung, die auf die Einmaligkeit der Gebühren zurückgeht. Ist der Anwalt mit mehreren einzelnen Tätigkeiten beauftragt worden, dann darf er insgesamt nicht mehr verlangen, als wenn er von vornherein mit der gesamten Tätigkeit beauftragt worden wäre.

Beispiel 7: Der Anwalt wird in einer Strafsache beauftragt, eine Berufungsbegründung zu entwerfen. Später erhält er den Auftrag, den Verkehr mit dem auswärtigen Verteidiger zu führen. Der Anwalt erhält zwei Gebühren, nämlich eine nach Nr. 4301 Nr. 1 VV (Berufungsbegründung) und nach Nr. 4301 Nr. 3 VV (Verkehrstätigkeit). Gemäß Vorbem. 4.3 Abs. 3 S. 2 VV iVm § 15 Abs. 6 RVG erhält er jedoch nicht mehr als eine Gebühr nach Nr. 4124 VV zuzüglich Grundgebühr nach Nr. 4100 VV.

V. Einteilung in Angelegenheiten

53 Zu beachten ist, dass der Grundsatz der Einmaligkeit der Gebühren nur innerhalb der jeweiligen Angelegenheit gilt. Nur innerhalb derselben Angelegenheit können die Gebühren, soweit nichts anderes bestimmt ist, lediglich einmal anfallen. Liegen dagegen verschiedene Angelegenheiten vor, erhält der Anwalt seine Gebühren und Auslagen in jeder Angelegenheit gesondert. Dies folgt im Umkehrschluss aus § 15 Abs. 2 RVG. Daher ist es für die Abrechnungspraxis von entscheidender Bedeutung, zu erkennen, wann mehrere Angelegenheiten vorliegen, also wann der Anwalt seine Gebühren in den verschiedenen Angelegenheiten gesondert verlangen kann (s. hierzu § 6).

§ 6 Die Angelegenheit

A. Überblick

Grundlage des Vergütungssystems nach dem RVG ist die Einteilung der anwaltlichen Tätigkeit in verschiedene einzelne gebührenrechtliche Angelegenheiten. In **jeder Angelegenheit** kann der Anwalt die Gebühren und Auslagen gesondert erhalten (arg. e § 15 Abs. 1 RVG). In **derselben Angelegenheit** können die Gebühren und Auslagen dagegen gem. § 15 Abs. 2 RVG nur einmal entstehen, sofern nichts anderes bestimmt ist (**Grundsatz der Einmaligkeit der Gebühren**). Die Gebühren entgelten dann nach § 15 Abs. 1 RVG die gesamte Tätigkeit des Anwalts von der Annahme des Auftrags bis zur Erledigung der Angelegenheit (sog. **Pauschcharakter der Gebühren**). 1

Aus diesen Grundsatzregelungen folgt, dass die Abrechnung der anwaltlichen Vergütung nach einzelnen Angelegenheiten zu vollziehen ist. Bevor der Anwalt sich an die Abrechnung begibt, muss er sich also über die Anzahl der abzurechnenden Angelegenheiten und deren Umfang Klarheit verschaffen. Dies hat für fast alle Abrechnungsfragen Bedeutung. 2

- So erhält der Anwalt bei mehreren Angelegenheiten seine **Gebühren** gesondert.
- Auch die **Gebührenerhöhung bei mehreren Auftraggebern** nach Nr. 1008 VV kann in jeder Angelegenheit erneut greifen.[1]
- Verschiedene Angelegenheiten können **unterschiedliche Gegenstandswerte** haben. Daher ist in jeder Angelegenheit der Wert gesondert zu ermitteln.
- In jeder Angelegenheit entstehen die **Auslagen gesondert**.
  - Der Anwalt erhält also in jeder Angelegenheit insbesondere eine **gesonderte Postentgeltpauschale** nach Nr. 7002 VV, und zwar auch dann, wenn die Gebühren aufeinander angerechnet werden.
  - Die abzurechnenden Seiten für die **Dokumentenpauschale** werden **in jeder Angelegenheit neu gezählt** (Nr. 7000 VV).
- **Prozess- und Verfahrenskostenhilfe** muss für verschiedene Angelegenheiten ggf gesondert beantragt werden.
- In verschiedenen Angelegenheiten kann **verschiedenes Recht** anwendbar sein. Die Übergangsvorschriften der §§ 60 und 61 RVG knüpfen an den Auftrag zur jeweiligen Angelegenheit an. Zum Übergangsrecht s. § 8.
- Jede Angelegenheit kann einem **anderen Umsatzsteuersatz** unterliegen, da jede Angelegenheit eine eigene Leistung iSd UStG ist.
- Für jede Angelegenheit ist grundsätzlich auch eine **eigene Rechnung** (§ 10 RVG) zu erstellen, in der der jeweilige Leistungszeitraum der Angelegenheit anzugeben ist.
- Auch die **Fälligkeit** der anwaltlichen Vergütung (§ 8 Abs. 1 RVG) knüpft an die Angelegenheit an, nämlich an deren Beendigung oder Erledigung. Die Vergütung aus jeder Angelegenheit wird gesondert fällig (s. § 32 Rn 3).
- Die Konsequenz der Fälligkeit ist, dass die **Verjährungsfrist** (§ 195 BGB) hinsichtlich jeder Angelegenheit auch gesondert ablaufen kann (s. § 32 Rn 20 ff).

B. Horizontale Aufteilung

Trotz eines scheinbar einheitlichen Auftrags können mehrere nebeneinander laufende Gebührenangelegenheiten gegeben sein (horizontale Aufteilung). So sind zB die Regulierung eines Verkehrsunfallschadens mit dem Haftpflichtversicherer des Unfallverursachers sowie die Regulierung mit dem eigenen Kaskoversicherer des Auftraggebers jeweils eigene Angelegenheiten, so dass der Anwalt hier seine Vergütung jeweils nebeneinander gesondert er- 3

---

1 LG Düsseldorf AGS 2007, 381 = JurBüro 2007, 480 = RVGreport 2007, 298; AG Stuttgart AGS 2007, 385; LG Ulm AGS 2008, 163 = AnwBl 2008, 73.

hält.[2] Gleiches gilt für die Tätigkeit in einem Erbscheinverfahren und die gleichzeitige außergerichtliche Tätigkeit auf Erbauseinandersetzung,[3] für die Vertretung hinsichtlich Trennungsunterhalt und elterlicher Sorge oder Umgangsrecht,[4] für die Regulierung des Verkehrsunfallschadens mit dem Haftpflichtversicherer und die gleichzeitige Vertretung gegenüber dem eigenen Unfallversicherer auf Durchsetzung der sich aus dem Versicherungsvertrag ergebenden Ansprüche[5] etc.

4   Bei außergerichtlichen Tätigkeiten sind nach der Rspr drei **Abgrenzungskriterien** maßgebend:[6]

   ■ Der Tätigkeit des Anwalts muss ein **einheitlicher Auftrag** zugrunde liegen,
   ■ sie muss sich im **gleichen Rahmen** halten und
   ■ zwischen den einzelnen Handlungen oder Gegenständen der anwaltlichen Tätigkeit muss ein **innerer Zusammenhang** bestehen.

5   Während es bei der außergerichtlichen Tätigkeit häufig schwierig zu beurteilen ist, ob eine oder mehrere Angelegenheiten gegeben sind, ist dies in **gerichtlichen Verfahren** einfacher. Im gerichtlichen Verfahren bestimmt der prozessuale Rahmen den Umfang der Angelegenheit. Mehrere parallele Verfahren bilden auch mehrere Angelegenheiten.[7] Werden dagegen mehrere Gegenstände in demselben Verfahren geltend gemacht, so zB bei Klagenhäufung, Klage und Widerklage[8] oder im Verbundverfahren (§ 16 Nr. 4 RVG), handelt es sich dagegen nur um eine Angelegenheit. Ein bislang einheitliches gerichtliches Verfahren kann sich allerdings durch **Trennung** in verschiedene Angelegenheiten aufteilen. Umgekehrt kann sich nachträglich durch **Verbindung** aus mehreren Angelegenheiten eine einzige Angelegenheit ergeben. In diesen Fällen hat der Anwalt allerdings die Wahl, ob er seine Gebühren vor oder nach Verbindung bzw Trennung berechnet (s. Rn 21 f bzw 23 ff).

C. Vertikale Aufteilung

6   Mehrere Angelegenheiten sind aber auch dann gegeben, wenn die anwaltliche Tätigkeit nacheinander verschiedene Stadien durchläuft (vertikale Aufteilung). So bilden zB Beratung (§ 34 Abs. 1 RVG), nachfolgende außergerichtliche Vertretung (Nr. 2300 VV), Schlichtungsverfahren (Nr. 2303 VV), Mahnverfahren (Nr. 3305 ff VV), streitiges Verfahren (Nr. 3100 ff VV), Berufung (Nr. 3200 ff VV), Revision (Nr. 3210 ff VV) und Zwangsvollstreckung (Nr. 3309 ff VV) jeweils eigene Gebührenangelegenheiten, in denen der Anwalt seine Gebühren und Auslagen gesondert erhält.

7   In diesen nacheinander folgenden Angelegenheiten wird zwar häufig bestimmt, dass die Betriebsgebühr einer vorangegangenen Angelegenheit (zB Geschäftsgebühr, Mahnverfahrensgebühr) auf die entsprechende Betriebsgebühr einer nachfolgenden Angelegenheit anzurechnen ist (zB Vorbem. 3 Abs. 4 VV; Anm. zu Nr. 3305 VV; Anm. zu Nr. 3307 VV). Das ändert aber nichts daran, dass verschiedene Angelegenheiten vorliegen, die gesondert abzurechnen sind. Die Anrechnung ist nur eine Frage der Höhe des jeweiligen Gebührenaufkommens in der betreffenden Angelegenheit.

---

2   Zuletzt AG Limburg AGS 2006, 267 = NZV 2006, 605 = RVGreport 2006, 220.
3   AnwK-RVG/N. *Schneider*, § 15 Rn 51.
4   AnwK-RVG/N. *Schneider*, § 15 Rn 55.
5   BGH AGS 2006, 456 = NJW 2006, 1065 = AnwBl 2006, 357 = RVGreport 2006, 236.
6   Siehe ausf. AnwK-RVG/N. *Schneider*, § 15 Rn 22 ff.
7   Dies wird zT in der Verwaltungsgerichtsbarkeit gesetzeswidrig anders gehandhabt (s. § 17 Rn 33).
8   Auch bei Klage und Drittwiderklage: OLG Celle AGS 2015, 64; LG Düsseldorf AGS 2010, 321; OLG München AnwBl 1995, 47; AnwK-RVG/N. *Schneider*, § 15 Rn 115; Gerold/Schmidt/*Mayer*, § 60 Rn 13, 15; aA OLG Stuttgart AGS 2013, 324 = NJW-RR 2013, 63 = JurBüro 2013, 136.

D. Die gesetzlichen Regelungen

I. Die Regelungen der §§ 16 bis 19 RVG

In den §§ 16 bis 19 RVG enthält das Gesetz **vier umfangreiche Kataloge,** in denen geregelt   8
ist, wann mehrere Angelegenheiten gegeben sind und wann nur eine Angelegenheit vorliegt.

So ist in **§ 16 RVG** ein umfangreicher Katalog enthalten, wann mehrere Verfahren oder   9
Verfahrensabschnitte als **dieselbe Angelegenheit** gelten (zB das Verfahren über die Prozess-
kostenhilfe und das Verfahren, für das Prozesskostenhilfe beantragt worden ist – § 16
Nr. 2 RVG; eine Scheidungssache zusammen mit allen Folgesachen – § 16 Nr. 4 RVG).

In **§ 17 RVG** wiederum ist geregelt, welche Verfahren als **verschiedene Angelegenheiten**   10
anzusehen sind (zB ein Rechtsmittelverfahren und der vorausgegangene Rechtszug – § 17
Nr. 1 RVG; das Verwaltungsverfahren, das Widerspruchsverfahren und ein Eilverfahren
vor der Behörde – § 17 Nr. 1 a RVG; Mahnverfahren und streitiges Verfahren – § 17 Nr. 2
RVG; Hauptsache und Arrest, einstweilige Verfügung oder einstweilige Anordnung – § 17
Nr. 4 RVG; Urkunden- und Nachverfahren – § 17 Nr. 5 RVG; Strafverfahren und ein sich
nach dessen Einstellung anschließendes Bußgeldverfahren – § 17 Nr. 10 RVG).

Besondere Angelegenheiten sind wiederum in **§ 18 RVG** geregelt (zB jede Vollstreckungs-   11
maßnahme – § 18 Abs. 1 Nr. 1 RVG; jedes Beschwerdeverfahren – § 18 Abs. 1 Nr. 3 RVG).

Der Katalog des **§ 19 RVG** wiederum enthält **Tätigkeiten, die zum Rechtszug gehören,** ins-   12
besondere Vorbereitungs-, Neben- und Abwicklungstätigkeiten sowie solche Verfahren,
die mit dem jeweiligen Verfahren zusammenhängen (zB außergerichtliche Verhandlungen
– § 19 Abs. 1 S. 2 Nr. 2 RVG; die Streitwertfestsetzung – § 19 Abs. 1 S. 2 Nr. 3 RVG; die
Kostenfestsetzung – § 19 Abs. 1 S. 2 Nr. 14 RVG). Darüber hinaus werden ergänzend zu
§ 18 Abs. 1 Nr. 1 und 4 RVG (**Umfang der Angelegenheit in Vollstreckungs- und Vollzie-
hungstätigkeiten**) in § 19 Abs. 2 RVG noch verschiedene Tätigkeiten geregelt, die mit zur
jeweiligen Vollstreckungsangelegenheit zählen.

II. Verweisung, Abgabe und Zurückverweisung (§§ 20 und 21 RVG)

Ergänzend zu den §§ 16 bis 19 RVG regeln die §§ 20 und 21 RVG die Fälle der Verwei-   13
sung bzw Abgabe und der Zurückverweisung. Insoweit gilt Folgendes:

- Wird ein Verfahren an ein anderes Gericht derselben Instanz abgegeben oder verwiesen (sog. **Horizontalverweisung**), liegt stets nur eine einzige Angelegenheit vor (Fall des
  § 20 S. 1 RVG).
- Wird die Verweisung erst vom Rechtsmittelgericht ausgesprochen (sog. **Diagonalver-
  weisung**), liegt dagegen eine neue selbstständige Angelegenheit vor (Fall des § 20 S. 2
  RVG).
- Wird die Sache von einem Rechtsmittelgericht an ein untergeordnetes Gericht zurückverwiesen (sog. **Vertikalverweisung**), so ist das Verfahren nach Zurückverweisung eine
  neue Angelegenheit (Fall des § 21 Abs. 1 RVG). Hier können also drei Angelegenheiten
  vorliegen, nämlich
  - das Ausgangsverfahren,
  - das Rechtsmittelverfahren und
  - das Verfahren nach Zurückverweisung.

  In Verfahren nach Teil 3 VV ist dabei allerdings die Anrechnungsbestimmung der Vorbem. 3 Abs. 6 VV zu berücksichtigen. Die Verfahrensgebühr des Verfahrens vor Zurückverweisung wird auf die Verfahrensgebühr des Verfahrens nach Zurückverweisung angerechnet, wenn an ein Gericht zurückverwiesen wird, das mit der Sache bereits befasst war.
- Eine Sonderregelung findet sich in § 21 Abs. 2 RVG. Hat das FamG den Scheidungsantrag zurückgewiesen und hält das Rechtsmittelgericht den Scheidungsantrag für be-

gründet und verweist es die Sache an das FamG zurück, so bildet das weitere Verfahren vor dem FamG zusammen mit dem Verfahren vor Zurückverweisung nur eine einzige Angelegenheit.

14 Übersichtlich lassen sich die Regelungen der §§ 20 und 21 RVG an folgendem Ablaufschema deutlich machen:

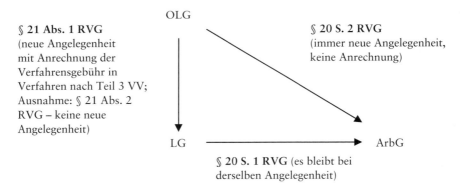

OLG

§ 21 Abs. 1 RVG
(neue Angelegenheit
mit Anrechnung der
Verfahrensgebühr in
Verfahren nach Teil 3 VV;
Ausnahme: § 21 Abs. 2
RVG – keine neue
Angelegenheit)

§ 20 S. 2 RVG
(immer neue Angelegenheit,
keine Anrechnung)

LG

ArbG

§ 20 S. 1 RVG (es bleibt bei
derselben Angelegenheit)

III. Abtrennung einer Folgesache aus dem Verbund (§ 21 Abs. 3 RVG)

15 Wird aus einem Scheidungsverbundverfahren eine Folgesache abgetrennt, so dass sie ihre Eigenschaft als Folgesache verliert und zu einem selbstständigen Verfahren und damit zu einer eigenen Angelegenheit iSd § 15 RVG wird, bilden das Verfahren vor und nach Abtrennung eine Angelegenheit, so dass der Anwalt aus dem Wert der abgetrennten Folgesache nur einmal abrechnen kann. Siehe dazu § 14 Rn 62 ff.

IV. Sonstige Fälle

16 Die Regelungen der §§ 16 ff RVG sind **nicht abschließend**. Soweit sich aus dem Gesetz keine eindeutige Regelung ergibt, ist auf die allgemeinen Abgrenzungskriterien (s. Rn 4) zurückzugreifen.

17 Ein sicheres **Indiz** dafür, dass mehrere Angelegenheiten vorliegen, sind **Anrechnungsbestimmungen**. Aus einer Anrechnungsbestimmung folgt immer, dass zwei verschiedene Angelegenheiten gegeben sein müssen, nämlich die Angelegenheit, aus der die anzurechnende Gebühr stammt, und die Angelegenheit, aus der die Gebühr stammt, auf die anzurechnen ist. Anderenfalls wären die Anrechnungsbestimmungen nämlich sinnlos. So ist zB im Gesetz nicht ausdrücklich geregelt, dass die **außergerichtliche Vertretung** und ein **nachfolgendes gerichtliches Verfahren** eigene Angelegenheiten sind. Dies folgt jedoch schon aus der Anrechnungsbestimmung der Vorbem. 3 Abs. 4 VV, abgesehen davon, dass sich die Gebühren in verschiedenen Teilen des RVG finden. Auch das **selbstständige Beweisverfahren** und der **zugehörige Hauptsacheprozess** sind verschiedene Angelegenheiten, obwohl eine ausdrückliche Regelung dazu fehlt. Nach der BRAGO (§ 37 Nr. 3 BRAGO) war insoweit nur eine Angelegenheit gegeben. Da die Vorbem. 3 Abs. 5 VV allerdings eine Anrechnung der Verfahrensgebühren zwischen selbstständigem Beweisverfahren und Hauptsacheverfahren vorsieht, folgt daraus, dass es sich um verschiedene Angelegenheiten handeln muss.[9]

18 Verschiedene Angelegenheiten sind auch immer dann gegeben, wenn die Gebühren aus verschiedenen Teilen des Vergütungsverzeichnisses stammen. Daher sind auch die Tätigkeiten in Straf- und Bußgeldverfahren immer verschiedene Angelegenheiten, unabhängig

---

9 AnwK-RVG/N. *Schneider*, § 15 Rn 160.

davon, ob ein Bußgeldverfahren in ein Strafverfahren übergeht (s. § 20 Rn 4) oder ob sich nach Einstellung des Strafverfahrens ein Bußgeldverfahren anschließt (s. § 21 Rn 12 ff).

V. Erneuter Auftrag nach Ablauf von zwei Kalenderjahren

Eine eigene Angelegenheit ist auch dann gegeben, wenn sich ein früherer Auftrag erledigt hat und dann nach **Ablauf von mehr als zwei Kalenderjahren** in derselben Sache ein neuer Auftrag erteilt wird. Der neue Auftrag gilt dann nach § 15 Abs. 5 S. 2 RVG als neue Angelegenheit, so dass der Anwalt seine Gebühren wiederum erneut erhält.[10]   19

Beispiel 1: Der Anwalt hatte im November 2012 für seinen Auftraggeber vor Gericht einen Vergleich geschlossen. Im Februar 2015 ficht der Gegner den Vergleich an. Das Gericht beraumt daraufhin Termin zur mündlichen Verhandlung an, in der über die Wirksamkeit der Anfechtung und die Fortsetzung des Verfahrens verhandelt wird.

Wird ein Vergleich angefochten, so wird die Frage der Wirksamkeit der Anfechtung im selben Prozess ausgetragen.[11] Soweit das Gericht die Anfechtung für unbegründet hält, stellt es die Wirksamkeit des Vergleichs fest; hält es die Anfechtung für begründet, setzt es den Rechtsstreit fort. Daher bilden das Verfahren vor und nach Anfechtung eines Vergleichs grundsätzlich eine Angelegenheit iSd § 15 RVG.[12]

Da hier allerdings zwischen dem Abschluss des Vergleichs und seiner Anfechtung mehr als zwei Kalenderjahre (2013 und 2014) vergangen waren, gilt die weitere Tätigkeit als neue Angelegenheit, so dass alle Gebühren erneut anfallen.[13]

Voraussetzung ist allerdings, dass der **erste Auftrag erledigt** war. Eine solche Erledigung   20
liegt nicht vor bei Aussetzung eines Verfahrens,[14] einer vorläufigen Einstellung,[15] einem Ruhen des Verfahrens[16] oder einer Unterbrechung.[17] Erledigt ist die Angelegenheit dagegen mit Abschluss eines Vergleichs, selbst wenn dieser nachträglich angefochten wird.[18] Das Mahnverfahren findet seine Erledigung, sobald Widerspruch eingelegt worden ist.[19]

VI. Verbindung mehrerer Verfahren

Werden mehrere Verfahren miteinander verbunden, so liegt ab dem Zeitpunkt der Verbindung nur noch eine einzige Angelegenheit iSd § 15 RVG vor. Bis zur Verbindung bleiben   21
die Verfahren dagegen selbstständige Angelegenheiten. Die Gebühren fallen bei Abrechnung nach dem Gegenstandswert vor der Verbindung aus den jeweiligen Werten der einzelnen Verfahren an, da es sich um eigene Angelegenheiten handelt; nach Verbindung entstehen die Gebühren dagegen nur ein einziges Mal (§ 15 Abs. 1, 2 RVG), und zwar aus dem Gesamtwert der Gegenstände (§ 23 Abs. 1 S. 1 RVG iVm §§ 39 Abs. 1, 45 Abs. 1 GKG, § 33 Abs. 1 FamGKG, § 35 Abs. 1 GNotKG).[20] Für die Abrechnung gilt dabei:

---

10 Siehe hierzu ausf. *N. Schneider*, Erneuter Auftrag nach Ablauf von zwei Kalenderjahren (§ 15 Abs. 5 S. 2 RVG), AGkompakt 2013, 135.
11 BGH NJW 1966, 1658 = JR 1967, 22 = MDR 1966, 742 = WM 1966, 793.
12 OLG Hamm AGS 2000, 170 = JurBüro 2000, 469; OLG Düsseldorf AGS 2005, 56 m. Anm. *N. Schneider*.
13 BGH AGS 2010, 477 = FamRZ 2010, 1723 = JurBüro 2010, 640 = RVGreport 2011, 17.
14 FG Baden Württemberg AGS 2010, 606 = EFG 2011, 373 = StE 2010, 729.
15 LG München I AGS 2013, 406 = RVGprof. 2013, 137.
16 BGH AGS 2006, 323 = RVGreport 2006, 219; OLG Nürnberg AGS 2004, 280 m. Anm. *N. Schneider* = JurBüro 2004, 317 m. Anm. *Enders*; OLG Köln AGS 2011, 321; FG Baden Württemberg AGS 2010, 606 = EFG 2011, 373 = StE 2010, 729; BayVGH NJW 2015, 648 = RVGreport 2015, 96; aA OLG Stuttgart AGS 2003, 19 m. Anm. *N. Schneider* = JurBüro 2002, 526.
17 Für Unterbrechung nach § 240 ZPO: Saarländisches FG AGS 2008, 290; OLG Hamm JurBüro 1989, 1403 = Rpfleger 1989, 525; OLG München JurBüro 1989, 977; für die Unterbrechung nach §§ 239 ff ZPO: LG Berlin JurBüro 1988, 601; OLG Bamberg JurBüro 1991, 239.
18 BGH AGS 2010, 477 = AnwBl 2010, 804 = RVGreport 2011, 17; OLG Frankfurt/M., Beschl. v. 18.2.2008 – 3 WF 281/07.
19 OLG München AGS 2001, 151 = AnwBl 2000, 698 = NJW-RR 2000, 1721.
20 BGH JurBüro 2010, 414 = NJW 2010, 3377; AnwK-RVG/*N. Schneider*, § 15 Rn 166 ff.

■ Soweit die Gebührentatbestände **sowohl vor als auch nach der Verbindung** ausgelöst worden sind, ist der Anwalt frei zu wählen, ob er seine Gebühren aus den Einzelwerten vor Verbindung oder aus dem Gesamtwert nach Verbindung berechnet.[21] In aller Regel ist es dabei aufgrund der Gebührendegression für den Anwalt günstiger, die getrennte Berechnung zu wählen.

■ Soweit einzelne Gebühren **nur vor der Verbindung**, nicht aber auch nach der Verbindung nochmals ausgelöst worden sind, können nur die Gebühren aus den getrennten Verfahren berechnet werden.[22] Ein Wahlrecht besteht hier nicht. Gleiches gilt, soweit einzelne Gebühren **nur nach der Verbindung** angefallen sind. Auch dann entsteht nur eine Gebühr nach dem Gesamtwert (§ 23 Abs. 1 S. 1 RVG iVm §§ 39 Abs. 1, 45 Abs. 1 GKG) des verbundenen Verfahrens.[23]

Beispiel 2: A klagt gegen B auf Zahlung von 6.000 € (Az 1/15). B erhebt gleichzeitig Klage gegen A auf Zahlung von 4.000 € (Az 2/15). Vor mündlicher Verhandlung wird die Klage des B als Widerklage zum Verfahren 2/15 verbunden. Anschließend wird verhandelt.

In beiden Verfahren ist die Verfahrensgebühr vor und nach der Verbindung angefallen. Insoweit besteht ein Wahlrecht. Die Terminsgebühr ist dagegen nur nach der Verbindung entstanden, so dass insoweit kein Wahlrecht besteht und eine getrennte Abrechnung dieser Gebühr unzulässig ist. Sie kann nur aus dem Gesamtwert (§ 23 Abs. 1 S. 1 RVG iVm § 45 Abs. 1 GKG) berechnet werden.

A. Gemeinsame Berechnung, verbundenes Verfahren 2/15

1.	1,3-Verfahrensgebühr, Nr. 3100 VV (Wert: 10.000 €)		725,40 €
2.	1,2-Terminsgebühr, Nr. 3104 VV (Wert: 10.000 €)		669,60 €
3.	Postentgeltpauschale, Nr. 7002 VV		20,00 €
	Zwischensumme	1.415,00 €	
4.	19 % Umsatzsteuer, Nr. 7008 VV		268,85 €
	Gesamt		**1.683,85 €**

B. Getrennte Abrechnung

I. Verfahren 1/15 vor Verbindung

1.	1,3-Verfahrensgebühr, Nr. 3100 VV (Wert: 6.000 €)		460,20 €
2.	Postentgeltpauschale, Nr. 7002 VV		20,00 €
	Zwischensumme	480,20 €	
3.	19 % Umsatzsteuer, Nr. 7008 VV		91,24 €
	Gesamt		**517,44 €**

II. Verfahren 2/15 vor Verbindung

1.	1,3-Verfahrensgebühr, Nr. 3100 VV (Wert: 4.000 €)		327,60 €
2.	1,2-Terminsgebühr, Nr. 3104 VV (Wert: 10.000 €)		669,60 €
3.	Postentgeltpauschale, Nr. 7002 VV		20,00 €
	Zwischensumme	1.017,20 €	
4.	19 % Umsatzsteuer, Nr. 7008 VV		193,27 €
	Gesamt		**1.210,47 €**
	Gesamt (1/15 + 2/15)		**1.727,91 €**

22   Auch bei Rahmengebühren bleiben die vor Verbindung entstandenen Gebühren erhalten. Bei der Abrechnung ist so zu verfahren, dass in dem hinzuverbundenen Verfahren die jeweilige Gebühr nach den bis zur Verbindung verwirklichten Kriterien berücksichtigt wird. In dem führenden Verfahren sind dann einerseits die Kriterien dieses Verfahrens bis zur Verbindung zu berücksichtigen sowie die Kriterien des führenden Verfahrens nach Verbindung.

---

21 VGH Kassel JurBüro 1987, 1360; AnwK-RVG/N. *Schneider*, § 15 Rn 175 ff.
22 AnwK-RVG/N. *Schneider*, § 15 Rn 175 ff.
23 AnwK-RVG/N. *Schneider*, § 15 Rn 175 ff.

Beispiel 3: Der Anwalt führt für den Mandanten zwei Anfechtungsklagen vor dem SG (Verfahren 1/15 und 2/15). Die Verfahren werden sodann miteinander verbunden. Führend ist das Verfahren 2/15. Hiernach wird mündlich verhandelt.

In beiden Verfahren ist zunächst eine Verfahrensgebühr angefallen. Im hinzuverbundenen Verfahren dürfte die Verfahrensgebühr wegen der vorzeitigen Beendigung leicht unterdurchschnittlich anzusetzen sein (hier angenommen mit 30 % unter der Mittelgebühr). Die Verfahrensgebühr des verbundenen Verfahrens dürfte dagegen wegen des später hinzugekommenen weiteren Gegenstands leicht überdurchschnittlich anzusetzen sein (hier angenommen mit 30 % über der Mittelgebühr). Die Terminsgebühr dürfe ebenfalls überdurchschnittlich anzusetzen sein (hier angenommen mit 50 % über der Mittelgebühr). Ausgehend davon ergibt sich folgende Berechnung:

I. Verfahren 1/15

1.	Verfahrensgebühr, Nr. 3102 VV		210,00 €
2.	Postentgeltpauschale, Nr. 7002 VV		20,00 €
	Zwischensumme	230,00 €	
3.	19 % Umsatzsteuer, Nr. 7008 VV		43,70 €
	Gesamt		**273,70 €**

II. Verfahren 2/15

1.	Verfahrensgebühr, Nr. 3102 VV		390,00 €
2.	Terminsgebühr, Nr. 3106 VV		420,00 €
3.	Postentgeltpauschale, Nr. 7002 VV		20,00 €
	Zwischensumme	830,00 €	
4.	19 % Umsatzsteuer, Nr. 7008 VV		157,70 €
	Gesamt		**987,70 €**

VII. Trennung eines Verfahrens

Wird ein Verfahren in mehrere einzelne Verfahren getrennt (zB nach § 145 ZPO), so sind ab dem Zeitpunkt der Trennung mehrere selbstständige Angelegenheiten iSd § 15 RVG gegeben. Bis zur Trennung bleibt es dagegen bei einer Angelegenheit.[24]   23

Bei **Wertgebühren** fallen die Gebühren vor der Trennung nur ein einziges Mal an (§ 15 Abs. 1, 2 RVG), und zwar aus dem Gesamtwert der Gegenstände (§ 23 Abs. 1 S. 3 RVG iVm §§ 39 Abs. 1, 45 Abs. 1 GKG; § 33 FamGKG; § 35 Abs. 1 GNotKG). Nach Trennung entstehen die Gebühren dagegen gesondert aus dem jeweiligen Wert der einzelnen Verfahren.[25] Auch hier gilt: 24

- Sind die Gebührentatbestände **sowohl vor als auch nach der Trennung** ausgelöst worden, kann der Anwalt wiederum frei entscheiden, ob er seine Gebühren einzeln nach der Trennung oder insgesamt aus dem Gesamtwert (§ 23 Abs. 1 S. 1 RVG iVm §§ 39 Abs. 1, 45 Abs. 1 GKG, § 33 Abs. 1 FamGKG, § 35 Abs. 1 GNotKG) vor Trennung berechnet.[26] In aller Regel ist es in diesem Fall günstiger, die getrennte Berechnung zu wählen.

- Soweit die Gebühren **nur nach der Trennung** anfallen, ergeben sich keine Probleme. Es entstehen nur die Gebühren aus den Einzelwerten. Soweit einzelne Gebühren nur vor der Trennung entstanden sind, nicht aber auch nach der Trennung nochmals ausgelöst werden, können nur die Gebühren aus dem gemeinsamen Verfahren berechnet werden.

---

24 AnwK-RVG/N. *Schneider*, § 15 Rn 167 ff.
25 AnwK-RVG/N. *Schneider*, § 15 Rn 167 ff.
26 OLG Düsseldorf AGS 2000, 84 = Rpfleger 2001, 136; AnwK-RVG/N. *Schneider*, § 15 Rn 167 ff.

Beispiel 4: A klagt in demselben Verfahren (Az 1/15) gegen B auf Zahlung einer Kaufpreisforderung iHv 2.000 € sowie auf Zahlung einer Darlehensforderung iHv 4.000 €. Nach mündlicher Verhandlung wird das Verfahren wegen der Darlehensforderung abgetrennt und als neue Sache (Az 2/15) geführt. Anschließend wird erneut verhandelt.

Sowohl die Verfahrens- als auch die Terminsgebühr sind vor und nach Trennung entstanden. Insoweit hat der Anwalt die Wahl, ob er getrennt nach Einzelwerten abrechnet oder gemeinsam aus dem Gesamtwert (§ 23 Abs. 1 S. 1 RVG iVm § 39 Abs. 1 GKG). Die getrennte Berechnung ist hier günstiger.

A. Gemeinsame Berechnung

1.	1,3-Verfahrensgebühr, Nr. 3100 VV (Wert: 6.000 €)	460,20 €
2.	1,2-Terminsgebühr, Nr. 3104 VV (Wert: 6.000 €)	424,80 €
3.	Postentgeltpauschale, Nr. 7002 VV	20,00 €
	Zwischensumme	905,00 €
4.	19 % Umsatzsteuer, Nr. 7008 VV	171,95 €
	Gesamt	**1.076,95 €**

B. Getrennte Berechnung

I. Verfahren 1/15 nach Trennung

1.	1,3-Verfahrensgebühr, Nr. 3100 VV (Wert: 2.000 €)	195,00 €
2.	1,2-Terminsgebühr, Nr. 3104 VV (Wert: 2.000 €)	180,00 €
3.	Postentgeltpauschale, Nr. 7002 VV	20,00 €
	Zwischensumme	395,00 €
4.	19 % Umsatzsteuer, Nr. 7008 VV	75,05 €
	Gesamt	**470,05 €**

II. Verfahren 2/15 nach Trennung

1.	1,3-Verfahrensgebühr, Nr. 3100 VV (Wert: 4.000 €)	327,60 €
2.	1,2-Terminsgebühr, Nr. 3104 VV (Wert: 4.000 €)	302,40 €
3.	Postentgeltpauschale, Nr. 7002 VV	20,00 €
	Zwischensumme	650,00 €
4.	19 % Umsatzsteuer, Nr. 7008 VV	123,50 €
	Gesamt	**773,50 €**
	Gesamt (1/15 + 2/15)	**1.243,55 €**

25 Auch bei **Betragsrahmengebühren** entstehen die Gebühren nach einer Trennung erneut. Hier bestehen zwei Möglichkeiten der Abrechnung:

■ Zum einen kann man in dem abgetrennten Verfahren die jeweilige Gebühr nur nach den nach der Abtrennung verwirklichten Kriterien des § 14 Abs. 1 RVG berücksichtigen und im führenden Verfahren einerseits die Kriterien des gesamten Verfahrens bis zur Trennung zu berücksichtigen sowie die Kriterien des führenden Verfahrens nach Verbindung.

■ Zweckmäßiger dürfte es sein, in dem abgetrennten Verfahren auch die Kriterien heranzuziehen, die aus diesem Gegenstand vor der Trennung verwirklicht worden sind. Dann darf man in dem anderen Verfahren aber nur die Kriterien berücksichtigen, die aus dem dortigen Gegenstand verwirklicht worden sind.

Beispiel 5: Der Anwalt verteidigt den Mandanten in einem Ermittlungsverfahren wegen des Verdachts eines Diebstahls und eines Betrugs (Az 1/15). Beide Taten werden angeklagt. Vor der Hauptverhandlung wird das Verfahren wegen des Diebstahls als neues Verfahren 2/15 abgetrennt. Zunächst wird im Verfahren 1/15 die Hauptverhandlung durchgeführt und später im Verfahren 2/15.

Im Ermittlungsverfahren erhält der Anwalt seine Gebühren und Auslagen nur einmal. Hier soll wegen der Mehrheit der Tatvorwürfe von einer jeweils um 30 % erhöhten Grund- und Verfahrensgebühr ausgegangen werden.

I. Vorbereitendes Verfahren 1/15

1. Grundgebühr, Nr. 4100 VV		260,00 €
2. Verfahrensgebühr, Nr. 4104 VV		214,50 €
3. Postentgeltpauschale, Nr. 7002 VV		20,00 €
Zwischensumme	494,50 €	
4. 19 % Umsatzsteuer, Nr. 7008 VV		93,96 €
Gesamt		**588,46 €**

Im gerichtlichen Verfahren sind infolge der Trennung zwei Verfahrensgebühren angefallen. Berücksichtigt man im Verfahren 1/15 alle Kriterien, die bis dahin angefallen sind, würde auch hier eine um 30 % erhöhte Verfahrensgebühr anzusetzen sein, im abgetrennten Verfahren dürften bei der Verfahrensgebühr nur die nach der Trennung verwirklichten Kriterien herangezogen werden, so dass hier von einer um 30 % reduzierten Mittelgebühr auszugehen wäre. Die Terminsgebühr wäre jeweils mit der Mittelgebühr anzusetzen.

II. Gerichtliches Verfahren 1/15

1. Verfahrensgebühr, Nr. 4106 VV		214,50 €
2. Verfahrensgebühr, Nr. 4104 VV		275,00 €
3. Postentgeltpauschale, Nr. 7002 VV		20,00 €
Zwischensumme	509,50 €	
4. 19 % Umsatzsteuer, Nr. 7008 VV		96,81 €
Gesamt		**606,31 €**

III. Gerichtliches Verfahren 2/15

1. Verfahrensgebühr, Nr. 4106 VV		115,50 €
2. Verfahrensgebühr, Nr. 4104 VV		275,00 €
3. Postentgeltpauschale, Nr. 7002 VV		20,00 €
Zwischensumme	410,50 €	
4. 19 % Umsatzsteuer, Nr. 7008 VV		78,00 €
Gesamt		**488,50 €**
Gesamt (1/15 + 2/15)		**1.094,81 €**

Würde man dagegen die hinsichtlich des Betrugsvorwurfs verwirklichten Kriterien dem abgetrennten Verfahren zuordnen, dann wären jeweils die Mittelgebühren anzusetzen. Es ergäbe sich dann folgende Berechnung:

I. Gerichtliches Verfahren 1/15

1. Verfahrensgebühr, Nr. 4106 VV		165,00 €
2. Verfahrensgebühr, Nr. 4104 VV		275,00 €
3. Postentgeltpauschale, Nr. 7002 VV		20,00 €
Zwischensumme	460,00 €	
4. 19 % Umsatzsteuer, Nr. 7008 VV		87,40 €
Gesamt		**547,40 €**

II. Gerichtliches Verfahren 2/15

1. Verfahrensgebühr, Nr. 4106 VV		165,00 €
2. Verfahrensgebühr, Nr. 4104 VV		275,00 €
3. Postentgeltpauschale, Nr. 7002 VV		20,00 €
Zwischensumme	460,00 €	
4. 19 % Umsatzsteuer, Nr. 7008 VV		87,40 €
Gesamt		**547,40 €**
Gesamt (1/15 + 2/15)		**1.094,80 €**

VIII. Parteiwechsel

26   Im Fall eines Parteiwechsels liegt sowohl für den Rechtsanwalt, der beide wechselnden Parteien vertritt bzw vertreten hat, als auch für den Anwalt des Gegners insgesamt nur eine Gebührenangelegenheit vor, so dass er seine Gebühren nur einmal erhält.[27] Allerdings erhöht sich für den Anwalt, auf dessen Seite sich der Parteiwechsel vollzieht, die Verfahrensgebühr nach Nr. 1008 VV wegen der damit verbundenen Auftraggebermehrheit.

Beispiel 6: Anwalt A vertritt den Kläger und erhebt für diesen Klage gegen X auf Zahlung eines Betrags iHv 8.000 €. X beauftragt Anwalt B mit der Abwehr der Klage. Dieser weist darauf hin, dass X nicht der richtige Schuldner sei. Darauf ändert der Kläger seine Klage und richtet sie im Wege des Parteiwechsels nunmehr gegen Z, der ebenfalls Anwalt B mit seiner Vertretung beauftragt.

Für Anwalt A liegt nur eine Angelegenheit mit einem Auftraggeber vor. Für Anwalt B liegt zwar auch nur eine Angelegenheit vor. Er hat jedoch (nacheinander) zwei Auftraggeber vertreten, so dass sich für ihn die Verfahrensgebühr der Nr. 3100 VV gem. Nr. 1008 VV um 0,3 erhöht.

A. Abrechnung Rechtsanwalt A

1.	1,3-Verfahrensgebühr, Nr. 3100 VV (Wert: 8.000 €)		592,80 €
2.	1,2-Terminsgebühr, Nr. 3104 VV (Wert: 8.000 €)		547,20 €
3.	Postentgeltpauschale, Nr. 7002 VV		20,00 €
	Zwischensumme	1.160,00 €	
4.	19 % Umsatzsteuer, Nr. 7008 VV		220,40 €
	Gesamt		**1.380,40 €**

B. Abrechnung Rechtsanwalt B

1.	1,6-Verfahrensgebühr, Nr. 3100, 1008 VV (Wert: 8.000 €)		729,60 €
2.	1,2-Terminsgebühr, Nr. 3104 VV (Wert: 8.000 €)		547,20 €
3.	Postentgeltpauschale, Nr. 7002 VV		20,00 €
	Zwischensumme	1.296,80 €	
4.	19 % Umsatzsteuer, Nr. 7008 VV		246,39 €
	Gesamt		**1.543,19 €**

---

27   BGH AGS 2006, 583 = JurBüro 2007, 76 = NJW 2007, 769; OLG Nürnberg AGS 2010, 167.

§ 7 Der Gegenstandswert

A. Überblick

Soweit für den Anwalt Wertgebühren gelten, richten sich diese nach dem Gegenstands- 1
wert, also dem Wert der anwaltlichen Tätigkeit (§ 2 Abs. 1 RVG). Wie dieser Wert zu ermitteln ist, ergibt sich aus Abschnitt 2 des RVG, den §§ 22 ff RVG. Das RVG regelt dabei
den Gegenstandswert nur in einigen Fällen selbst, zB in § 23 Abs. 2, Abs. 3 S. 2, 3 RVG
und in den §§ 23 a ff RVG. Ansonsten verweist das RVG auf andere Gesetze (§ 23 Abs. 1,
Abs. 3 S. 1 RVG), vornehmlich auf das Gerichtskostengesetz (GKG), das Gesetz über Gerichtskosten in Familiensachen (FamGKG) und das Gerichts- und Notarkostengesetz
(GNotKG). Zum Teil finden sich in besonderen Gesetzen auch Spezialvorschriften, so zB
in § 182 InsO und § 247 AktG.

B. Hinweispflicht des Rechtsanwalts

Nach § 49 b Abs. 5 BRAO muss der Anwalt den Auftraggeber vor Beginn des Mandats 2
darauf hinweisen, wenn sich die Gebühren nach dem Gegenstandswert berechnen. Es handelt sich insoweit nicht nur um eine berufsrechtliche Ordnungsvorschrift, sondern um eine
zivilrechtliche Nebenpflicht aus dem Anwaltsvertrag. Der Verstoß gegen diese Hinweispflicht kann zu Schadensersatzansprüchen des Mandanten führen.[1] Allerdings liegt die
Darlegungs- und Beweislast dafür, dass der Hinweis unterblieben ist, beim Auftraggeber.
Der Anwalt muss lediglich ansatzweise darlegen, wann und wie er den Hinweis erteilt haben will. Es ist dann Sache des Auftraggebers, den Beweis des fehlenden Hinweises zu er-
bringen.[2] Auch die Darlegungs- und Beweislast für einen aus dem unterlassenen Hinweis
entstandenen Vertrauensschaden liegt beim Auftraggeber. Er muss also konkret vortragen,
wie er sich verhalten hätte, wenn der Hinweis erteilt worden wäre.

Die Verpflichtung des Anwalts besteht nur darin, auf die Abrechnung nach dem Gegen- 3
standswert hinzuweisen. Der Anwalt muss nicht ungefragt über die Höhe des Wertes Auskunft erteilen. Das muss er grundsätzlich erst auf Nachfrage. Nur dann, wenn der Gegenstandswert ungewöhnlich hoch ist und der Auftraggeber damit nicht rechnet oder wenn
der Gegenstandswert unverhältnismäßig hoch ist, so dass die Sache für den Auftraggeber
wirtschaftlich nicht sinnvoll ist, nimmt die Rspr eine vertragliche Nebenpflicht zur Aufklä-
rung des Mandanten an.[3]

C. Vereinbarungen zum Gegenstandswert

Im Rahmen zulässiger Vergütungsvereinbarungen können auch Vereinbarungen über die 4
Höhe des zugrunde zu legenden Gegenstandswertes getroffen werden.[4] Dies bietet sich immer dann an, wenn die Bewertung schwierig oder unklar ist. Zu beachten sind in diesem
Zusammenhang die Formvorschriften der §§ 3 a ff RVG, soweit ein anderer als der gesetzliche Wert vereinbart werden soll. Zur Vergütungsvereinbarung s. die Erl. in § 3.

---

1 BGH AGS 2007, 386 = NJW 2007, 2332 = JurBüro 2007, 478 = RVGreport 2007, 316; OLG Hamm, Urt.
   v. 11.10.2012 – 28 U 88/11; LG Magdeburg, Urt. v. 21.10.2010 – 9 O 613/10.
2 BGH AGS 2008, 9 m. Anm. *Schons*; LG Magdeburg, Urt. v. 21.10.2010 – 9 O 613/10.
3 BGH NJW 1998, 3486; BGH NJW 2007, 2332; BGH AGS 2010, 216 = BRAK-Mitt. 2009, 19.
4 Siehe *N. Schneider*, Die Vergütungsvereinbarung, Rn 821 ff.

D. Die Ermittlung der gesetzlichen Wertvorschriften (Prüfungsreihenfolge)

5 Bei der Ermittlung der im konkreten Fall einschlägigen Wertvorschrift ist in folgender **Prüfungsreihenfolge** vorzugehen:

6 **1.** Zunächst einmal ist zu prüfen, ob das **RVG** selbst besondere Wertvorschriften oder Verweisungen enthält, die den sonstigen Vorschriften und Verweisungen vorgehen. Solche Vorschriften sind enthalten in den §§ 23 Abs. 2, 23 a bis 31 b, §§ 37 Abs. 2 S. 2, 38 Abs. 1 S. 2 RVG. Ebenfalls hierhin gehört die Verweisung in § 35 RVG auf die Wertvorschriften der StBVV (s. § 19 Rn 4), die den Bewertungen nach den §§ 22 ff RVG vorgehen. Darüber hinaus enthält das RVG auch vorrangige Berechnungsregeln, so in § 22 Abs. 2 S. 2 RVG für die Anhebung des Höchstwertes bei mehreren Auftraggebern. Diese Vorschrift gilt auch dann, wenn sich die Berechnung des Gegenstandswertes nach anderen Gesetzen richtet (§ 23 Abs. 1 S. 4 RVG).

7 **2.** Sind die vorstehenden speziellen Wertvorschriften des RVG nicht einschlägig, so ist auf die Vorschriften des **GKG**, des **FamGKG**, des **GNotKG** oder ggf eines **anderen Gesetzes** abzustellen, wenn es sich

a) um ein **gerichtliches Verfahren** handelt,
  – in dem sich die **Gerichtsgebühren nach dem Gegenstandswert** richten (§ 23 Abs. 1 S. 1 RVG), zB Zivilprozess, Familiensachen, arbeitsgerichtliches Verfahren, Verwaltungsgerichtsverfahren oder auch Strafsachen (so zB im Strafprozess, soweit es um vermögensrechtliche Ansprüche geht [s. Nr. 3700 KV GKG], oder in Strafvollzugssachen [Nr. 3810 ff KV GKG]);
  – in dem **Festgebühren** vorgesehen sind (§ 23 Abs. 1 S. 2 RVG), zB in Verfahren mit Auslandsbezug in Familiensachen (Nr. 1710 KV FamGKG);
  – in dem gar **keine Gerichtsgebühren** erhoben werden (§ 23 Abs. 1 S. 2 RVG), zB in einem Räumungsfristverfahren nach den §§ 721, 794 a ZPO; oder
b) um eine **außergerichtliche Tätigkeit** handelt, die auch Gegenstand eines gerichtlichen Verfahrens sein könnte (§ 23 Abs. 1 S. 3 RVG).

8 **3.** Ist auch ein Fall des § 23 Abs. 1 RVG nicht gegeben, so ist als Nächstes zu prüfen, ob § 23 Abs. 3 S. 1 RVG einschlägig ist. Danach sind **bestimmte Vorschriften des GNotKG** entsprechend heranzuziehen, und zwar die Bewertungsvorschriften (= Kapitel 1 Abschnitt 7 Unterabschnitt 3 [= §§ 46 bis 54 GNotKG]) sowie die §§ 37, 38, 42 bis 45 und 99 bis 102 GNotKG.

9 **4.** Ist auch § 23 Abs. 3 S. 1 RVG iVm den vorstehenden Vorschriften des GNotKG (s. Rn 8) nicht ergiebig, so ist wiederum zu differenzieren:

a) Handelt es sich um eine **nichtvermögensrechtliche Streitigkeit**, gilt ein Auffangwert iHv 5.000 € (§ 23 Abs. 3 S. 2, 2. Hs. RVG), der je nach Lage des Einzelfalles niedriger oder höher angenommen werden kann, jedoch 500.000 € nicht übersteigen darf.
b) In sonstigen Fällen ist
  – der Gegenstand nach **billigem Ermessen** zu schätzen (§ 23 Abs. 3 S. 2, 1. Hs. RVG) und,
  – sofern für die Ausübung des billigen Ermessens keine Anhaltspunkte gegeben sind, ebenfalls der **Auffangwert** iHv 5.000 € anzunehmen, der wiederum herauf- oder herabgesetzt werden kann (§ 23 Abs. 3 S. 2, 2. Hs. RVG).

Abbildung: Systematik der Wertvorschriften   10

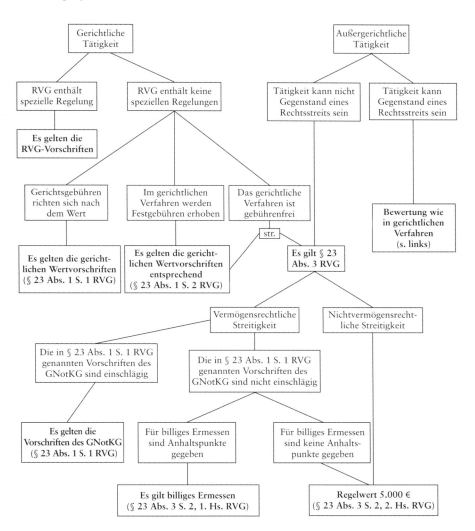

E. Zusammenrechnung bei mehreren Gegenständen

Umfasst eine Angelegenheit iSd § 15 RVG mehrere Gegenstände, so sind die Werte der ein-   11
zelnen Gegenstände zunächst gesondert nach den für sie geltenden Wertvorschriften zu ermitteln. Hiernach werden die Werte der einzelnen Gegenstände zusammengerechnet (zB
nach § 23 Abs. 1 S. 3 RVG iVm § 44 Abs. 2 S. 1 FamGKG in Scheidungsverbundverfahren;
nach § 23 Abs. 1 S. 3 RVG iVm § 45 Abs. 1 S. 1 GKG, § 39 Abs. 1 S. 1 FamGKG bei Kla-
ge/Antrag und Widerklage/Widerantrag, die nicht denselben Gegenstand betreffen; oder
nach § 23 Abs. 1 S. 3 RVG iVm § 39 Abs. 1 GKG oder § 33 Abs. 1 FamGKG; § 35 Abs. 1
GNotKG; § 22 Abs. 1 RVG in sonstigen Fällen).

12   Zusammenrechnung bedeutet aber nicht immer Addition der Werte. So gibt es zahlreiche **Additionsverbote** (zB bei Stufenklagen oder -anträgen – § 44 GKG/§ 38 FamGKG; bei Klage und Widerklage bzw Antrag und Widerantrag, die denselben Gegenstand betreffen – § 45 Abs. 1 S. 3 GKG/§ 39 Abs. 1 S. 3 FamGKG; bei Nebenforderungen, die neben der Hauptforderung geltend gemacht werden – § 43 Abs. 1 GKG/§ 37 Abs. 1 FamGKG).

13   Probleme bereitet in der Praxis die Wertberechnung, wenn sich der Gegenstandswert während des Verfahrens einerseits infolge **Klage- oder Antragsrücknahme** oder **Hauptsacheerledigung** ermäßigt, andererseits aber durch eine **Klage- oder Antragserweiterung** wiederum erhöht. Der Gebührenstreitwert richtet sich in diesem Fall nicht nach dem höchsten anhängigen Wert, sondern nach der Summe aller Gegenstände, die im Verlauf des Verfahrens anhängig waren (§ 39 Abs. 1 GKG/§ 33 Abs. 2 FamGKG).[5] Für jede Gebühr ist allerdings der Gegenstandswert gesondert zu ermitteln.

Beispiel 1: Der Kläger klagt zunächst auf Zahlung von fünf Monatsmieten (Januar bis Mai) zu 2.000 €, insgesamt also 10.000 €. Später nimmt er die Klage wegen der Januarmiete zurück. Vor der mündlichen Verhandlung erweitert er die Klage um die zwischenzeitlich rückständige Junimiete.

Obwohl nie mehr als 10.000 € zugleich anhängig waren, liegt der Gegenstandswert für die Verfahrensgebühr jedoch höher. Zu bewerten sind alle Gegenstände, die im Verlaufe des Verfahrens anhängig waren, also insgesamt 12.000 € (Mieten Januar bis Juni). Die Terminsgebühr ist dagegen nur nach dem Wert der Mieten Februar bis Juni, also 5 x 2.000 €, angefallen.

1. 1,3-Verfahrensgebühr, Nr. 3100 VV (Wert: 12.000 €)		785,20 €
2. 1,2-Terminsgebühr, Nr. 3104 VV (Wert: 10.000 €)		669,60 €
3. Postentgeltpauschale, Nr. 7002 VV		20,00 €
Zwischensumme	1.474,80 €	
4. 19 % Umsatzsteuer, Nr. 7008 VV		280,21 €
Gesamt		**1.755,01 €**

F. Höchstwerte

I. Allgemeine Begrenzung auf 30 Mio. €/100 Mio. €

14   Der Gegenstandswert der Anwaltsgebühren darf nach § 22 Abs. 2 S. 1 RVG und nach § 23 Abs. 1 S. 4 RVG iVm § 39 Abs. 2 GKG/§ 33 Abs. 2 FamGKG je Auftraggeber **höchstens 30 Mio. €** betragen, soweit durch Gesetz kein niedrigerer Höchstwert bestimmt ist.

15   Wird der Anwalt in derselben Angelegenheit von **mehreren Personen** mit **verschiedenen Gegenständen** beauftragt, so beträgt der Gegenstandswert je Person höchstens 30 Mio. €, insgesamt jedoch nicht mehr als 100 Mio. € (§ 22 Abs. 2 S. 2; § 23 Abs. 1 S. 4 iVm Abs. 2 S. 2 RVG).[6] Bei Beauftragung durch mehrere Auftraggeber wegen **desselben Gegenstands** scheidet eine Wertaddition nach § 22 Abs. 2 S. 2 RVG dagegen aus. Insoweit greift allerdings die Gebührenerhöhung nach Nr. 1008 VV.

II. Besondere Begrenzungen

16   Daneben kennt das Gesetz auch noch spezielle Höchstwerte (zB 500.000 € in nichtvermögensrechtlichen Streitigkeiten – § 23 Abs. 3 S. 2 RVG; 2.000 € im Verfahren auf Abgabe der Vermögensauskunft nach § 802 c ZPO – § 25 Abs. 1 Nr. 4 RVG; 1 Mio. € in nichtvermögensrechtlichen Streitigkeiten – § 23 Abs. 1 RVG iVm § 48 Abs. 2 S. 2 GKG); 3.000 € in Kindschaftssachen als Folgesache (§ 44 Abs. 2 S. 1 FamGKG).

---

5   OLG Koblenz AGS 2007, 151 = WuM 2006, 45; OLG Hamm OLGR 2007, 324; KG JurBüro 2008, 148; aA OLG Düsseldorf AGS 2011, 86 = JurBüro 2010, 648.
6   Zu den Unklarheiten dieser Regelung s. AnwK-RVG/N. *Schneider*, § 22 Rn 25 ff.

G. Mindestwerte

Des Weiteren sind im Gesetz zT auch Mindestwerte vorgesehen, zB 1.000 € in Versorgungsausgleichssachen (§ 50 Abs. 1 S. 2 FamGKG); 3.000 € in Ehe- oder Lebenspartnerschaftssachen – § 23 Abs. 1 RVG iVm § 43 Abs. 1 S. 2 GKG; 1.500 € in Verfahren vor den Finanzgerichten – § 23 Abs. 1 RVG iVm § 52 Abs. 4 GKG. **17**

H. Regelwerte

Darüber hinaus sieht das Gesetz Regelwerte vor, so insbesondere in Familiensachen (§§ 42 Abs. 1 und 2, 44 Abs. 2, 45 Abs. 1, 48 Abs. 1 und 2 FamGKG). Im Regelfall ist von diesen Werten auszugehen, ohne dass das Gericht dies besonders zu begründen braucht. Das Gericht kann allerdings im Einzelfall auch einen niedrigeren oder höheren Wert annehmen. **18**

I. Festwerte

Schließlich kann das Gesetz auch feste Werte vorsehen, die unabänderlich sind. Das war bei den früheren Werten in Familiensachen der Fall (zB 900 € für Kindessachen im Scheidungsverbund – § 48 Abs. 3 S. 3 GKG aF; 2.000 € in Kindschaftssachen – § 48 Abs. 3 S. 3 GKG aF). Nach derzeitiger Rechtslage sind keine absoluten Festwerte mehr vorgesehen. **19**

J. Die Wertfestsetzung

I. Gerichtliche Verfahren

1. Überblick

Ist der Anwalt in einem gerichtlichen Verfahren tätig, werden darin die Gegenstandswerte, nach denen auch der Anwalt abrechnen muss, festgesetzt. In Betracht kommen zwei Verfahren, nämlich **20**

- das Verfahren nach § 32 RVG iVm § 63 GKG, § 55 FamGKG oder § 79 GNotKG (Wertfestsetzung für die Gerichtsgebühren),
- das Verfahren nach § 33 RVG (Wertfestsetzung für die Rechtsanwaltsgebühren).

2. Wertfestsetzung für die Gerichtsgebühren

a) Überblick

Richten sich in einem gerichtlichen Verfahren die Gerichtsgebühren nach dem Streitwert (§ 3 Abs. 1 GKG), dem Verfahrenswert (§ 3 Abs. 1 FamGKG) oder dem Geschäftswert (§ 3 Abs. 1 GNotKG), so muss das Gericht einen Wert festsetzen (§ 63 Abs. 3 GKG; § 55 Abs. 3 FamGKG; § 79 GNotKG). Diese Wertfestsetzung ist für den Anwalt und seinen Auftraggeber **bindend** (§ 32 Abs. 1 RVG). Der Anwalt muss seine Gebühren nach diesem Gegenstandswert abrechnen, selbst dann, wenn dieser Wert **unzutreffend** ist. Allerdings hat er die Möglichkeit, nach § 32 Abs. 2 RVG iVm § 68 Abs. 1 GKG, § 59 FamGKG oder § 83 GNotKG gegen die Wertfestsetzung des Gerichts in eigenem Namen **Beschwerde** zu erheben, wenn er den Wert für zu gering hält (s. Rn 26 ff). **21**

b) Endgültige Wertfestsetzung

Sobald eine Entscheidung über den gesamten Streit- oder Verfahrensgegenstand ergangen ist oder sich das Verfahren anderweitig erledigt hat, muss der Streit-, Verfahrens- oder Geschäftswert vom Gericht endgültig festgesetzt werden, und zwar auch dann, wenn als Gegenstand des Verfahrens eine bestimmte Geldsumme in Euro oder ein gesetzlicher Festwert vorgesehen ist (§ 63 Abs. 2 GKG; § 55 Abs. 2 FamGKG; § 79 GNotKG). Eine Wertfestsetzung ist allerdings entbehrlich, wenn eine **Entscheidung nach § 62 GKG oder § 78 GNotKG vorangegangen** ist. Das ist der Fall, wenn der Streitwert für die Entscheidung über die Zuständigkeit des Prozessgerichts oder die Zulässigkeit eines Rechtsmittels festge- **22** setzt worden ist und die Wertvorschriften für die Zuständigkeit des Prozessgerichts oder die Zulässigkeit eines Rechtsmittels nicht von den Vorschriften des GKG, des FamGKG oder des GNotKG abweichen. Dann ist die vorangegangene Festsetzung auch für die Gerichts- und Anwaltsgebühren bindend. Hier ist allerdings stets zu prüfen, ob der Wert für die Gerichts- und Anwaltsgebühren nicht abweichend zu beurteilen ist. So richtet sich zB der Zuständigkeitsstreitwert einer Räumungsklage oder einer Klage auf Mieterhöhung nach dem 3,5fachen Jahreswert (§ 9 ZPO),[7] während für die Gerichts- und Anwaltsgebühren nur der Jahreswert oder gar ein geringerer Wert zugrunde zu legen ist (§ 23 Abs. 1 RVG iVm § 41 Abs. 2, 5 GKG).

23   Ist eine Entscheidung nach § 62 GKG bzw § 54 FamGKG oder § 78 GNotKG nicht ergangen, so setzt das Gericht mit Abschluss des Verfahrens den Streitwert bzw Verfahrenswert oder Geschäftswert fest. Der Wert ist grundsätzlich **von Amts wegen** festzusetzen (§ 63 Abs. 2 S. 1 GKG, § 55 Abs. 2 S. 1 FamGKG). In Verfahren vor den Gerichten für Arbeitssachen oder der Finanzgerichtsbarkeit wird der Wert nur festgesetzt, wenn ein Zahlungspflichtiger oder die Staatskasse dies beantragt oder wenn dem Gericht die Festsetzung angemessen erscheint (§ 63 Abs. 2 S. 2 GKG). Gleiches gilt nach § 79 Abs. 2 S. 3 GNotKG.

24   Das Gericht kann die Festsetzung **nachträglich abändern** (§ 63 Abs. 3 S. 2 GKG; § 55 Abs. 2 S. 2 FamGKG; § 79 Abs. 1 S. 3 GNotKG). Insoweit gilt der Grundsatz der **Streitwertwahrheit**. Erkennt das Gericht später, dass seine Festsetzung unzutreffend war, kann es neu festsetzen. Der Wert der Neufestsetzung kann dabei höher oder niedriger liegen. Das Verschlechterungsverbot gilt hier nicht, da von Amts wegen richtig festzusetzen ist.

25   Die Abänderung ist zulässig innerhalb von sechs Monaten, nachdem die Entscheidung in der Hauptsache Rechtskraft erlangt oder sich das Verfahren anderweitig erledigt hat (§ 63 Abs. 3 S. 2 GKG; § 55 Abs. 3 S. 2 FamGKG; § 79 Abs. 2 S. 2 GNotKG). Auch ein Rechtsmittelgericht kann jederzeit den Streitwert der Vorinstanz abändern, wenn es mit der Sache befasst ist (§ 63 Abs. 3 S. 1 GKG; § 55 Abs. 2 S. 1 FamGKG; § 79 Abs. 2 Nr. 2 GNotKG); es darf aber nicht erstmals für die untere Instanz festsetzen.

c) Beschwerde gegen die endgültige Wertfestsetzung

26   Die endgültige Wertfestsetzung nach § 63 Abs. 2 GKG, § 55 Abs. 2 FamGKG oder § 79 Abs. 1 GNotKG kann mit der (einfachen) Beschwerde gem. § 68 Abs. 1 GKG, § 59 Abs. 1 FamGKG, § 83 Abs. 1 GNotKG angefochten werden. Voraussetzung ist, dass der Wert des Beschwerdegegenstands den Betrag von 200 € übersteigt (§ 68 Abs. 1 S. 1 GKG; § 59 Abs. 1 S. 1 FamGKG; § 83 Abs. 1 S. 1 GNotKG) oder das Gericht die Beschwerde in seinem Wertfestsetzungsbeschluss zugelassen hat (§ 68 Abs. 1 S. 2 GKG; § 59 Abs. 1 S. 2 FamGKG; § 83 Abs. 1 S. 2 GNotKG). Eine nachträgliche Zulassung ist nicht möglich.

27   Der Wert des Beschwerdegegenstands bemisst sich nach dem Kosteninteresse des Beschwerdeführers, nicht nach der Differenz des festgesetzten zum beantragten Streitwert.[8] Bei einer Beschwerde des Anwalts ist auf die Differenz seines Gebührenaufkommens abzustellen, das sich aus dem festgesetzten Wert und dem beabsichtigten höheren Wert ergibt. Bei einer Beschwerde der Partei ist ggf auch die Differenz der Gerichtskosten und einer eventuellen Kostenerstattungspflicht zu berücksichtigen. Maßgebend ist die Differenz der gesetzlichen Gebühren, nicht die ermäßigten Gebührenbeträge des § 49 RVG.[9]

Beispiel 2: In einem Rechtsstreit hat das Gericht nach mündlicher Verhandlung den Streitwert auf 9.000 € festgesetzt. Der Anwalt ist der Auffassung, der Streitwert müsse sich auf 10.000 € belaufen.

---

7   BGH AGS 2007, 428; BGH AGS 2003, 489 = JurBüro 2004, 207 = AnwBl 2003, 597.
8   OLG Karlsruhe AGS 2006, 30 = OLGR 2005, 562 = JurBüro 2005, 542.
9   OLG Frankfurt AGS 2012, 347 = FamRZ 2012, 1970 = NJW-Spezial 2012, 443; OLG Celle FamRZ 2006, 1690 = FuR 2006, 423; unzutr. OLG Rostock, Beschl. v. 28.3.2011 – 3 W 52/11.

Ausgehend von einer 1,3-Verfahrensgebühr (Nr. 3100 VV) und einer 1,2-Terminsgebühr (Nr. 3104 VV) würde sich die Differenz zwischen den Gebühren aus 9.000 € und 10.000 € auf 151,73 € einschließlich Umsatzsteuer belaufen. Der Wert des Beschwerdegegenstands wäre für den Anwalt nicht erreicht.

Beispiel 3: Das Gericht hat nach mündlicher Verhandlung den Gegenstandswert auf 10.000 € festgesetzt. Die unterlegene Partei ist der Auffassung, der Streitwert müsse sich auf 9.000 € belaufen.

Für die Partei sind auch die Kostenerstattung und die Differenz der Gerichtskosten zu berücksichtigen. Für sie ergibt sich ein Wert des Beschwerdegegenstands iHv 151,73 € + 151,73 € + 78,00 € = 381,46 €. Die Beschwerde wäre daher zulässig.

Sinkt der Wert des Beschwerdegegenstands infolge einer Teilabhilfe auf unter 200,01 €, wird die Beschwerde unzulässig, so dass das Ausgangsgericht abschließend entscheidet, es sei denn, die Beschwerde ist zugelassen. **28**

d) Gegenvorstellung gegen die endgültige Wertfestsetzung

Ist eine Beschwerde mangels Erreichens des Wertes und mangels Zulassung nicht zulässig oder ohnehin ausgeschlossen (zB bei Wertfestsetzungen eines OLG oder des BGH), kommt lediglich eine Gegenvorstellung in Betracht. Hierauf muss das Gericht reagieren, da nach § 63 Abs. 3 S. 1 GKG, § 55 Abs. 2 S. 1 FamGKG; § 79 Abs. 2 S. 1 GNotKG jederzeit bei besserer Erkenntnis eine fehlerhafte Wertfestsetzung von Amts wegen korrigiert werden muss, solange die Frist des § 63 Abs. 3 S. 2 GKG, § 55 Abs. 2 S. 2 FamGKG, § 79 Abs. 2 S. 2 GNotKG noch nicht abgelaufen ist. **29**

e) Weitere Beschwerde gegen die endgültige Wertfestsetzung

Das LG als Beschwerdegericht kann die weitere Beschwerde zum OLG zulassen (§ 68 Abs. 1 S. 5 iVm § 66 Abs. 4 S. 1 GKG; § 83 Abs. 1 S. 5 iVm § 81 Abs. 4 S. 1 GNotKG). Im Übrigen ist eine weitere Beschwerde nicht möglich, da eine Beschwerde an einen Obersten Gerichtshof des Bundes ebenso wenig statthaft ist (§ 68 Abs. 1 S. 5 iVm § 66 Abs. 4 S. 3 GKG; § 83 Abs. 1 S. 5 iVm § 81 Abs. 4 S. 4, Abs. 3 S. 3 GNotKG) wie eine Rechtsbeschwerde.[10] **30**

Die weitere Beschwerde ist **befristet**. Sie muss innerhalb eines Monats ab Zustellung der Beschwerdeentscheidung eingelegt werden (§ 68 Abs. 1 S. 6 GKG; § 83 Abs. 1 S. 6 GNotKG). Eine Wiedereinsetzung in den vorigen Stand bei schuldloser Versäumung der Frist ist möglich (§ 68 Abs. 2 S. 1 GKG; § 83 Abs. 2 S. 1 GNotKG). Ein Fehlen des Verschuldens wird vermutet, wenn eine Rechtsbehelfsbelehrung unterblieben oder fehlerhaft ist (§ 68 Abs. 2 S. 2 GKG; § 83 Abs. 2 S. 2 GNotKG). **31**

f) Kosten und Kostenerstattung

Die Verfahren über die Wertfestsetzung und die Beschwerde sind gerichtsgebührenfrei (§ 68 Abs. 3 S. 1 GKG; § 58 Abs. 3 S. 1 FamGKG; § 83 Abs. 3 S. 1 GNotKG). Kosten werden nicht erstattet (§ 68 Abs. 3 S. 2 GKG; § 58 Abs. 3 S. 2 FamGKG; § 83 Abs. 3 S. 2 GNotKG). Strittig ist allerdings, ob bei einer unstatthaften Beschwerde Gerichtsgebühren zu erheben sind. Der BGH[11] ist der Auffassung, die Gebührenfreiheit gelte nur für statthafte Beschwerden. Für unstatthafte Bechwerden sei daher eine Gebühr zu erheben. **31a**

---

10 BGH AGS 2004, 120; BGH AGS 2004, 202 = RVGreport 2004, 440.
11 BGH AGS 2014, 232 = NJW 2014, 1597 = MDR 2014, 610 = RVGreport 2014, 208; BGH NJW 2003, 69 = MDR 2003, 115 = JurBüro 2003, 95; BGH, Beschl. v. 22.2.1989 – IVb ZB 2/89; BGH, Beschl. v. 7.12.2010 – VIII ZB 77/10; aA OLG Koblenz AGS 2013, 28 = MDR 2012, 1315 = JurBüro 2012, 662; OLG Frankfurt AGS 2012, 395 = MDR 2012, 811 = NJW-RR 2012, 1022.

3. Wertfestsetzung für die Anwaltsgebühren

a) Festsetzungsverfahren

32 Ist das gerichtliche Verfahren **gerichtsgebührenfrei**, etwa

- bei einem Vergleich im arbeitsgerichtlichen Verfahren (Vorbem. 8 S. 1 KV GKG),
- in Verfahren über eine Räumungsfrist nach den §§ 721, 794 a ZPO;

oder sind für die Gerichtsgebühren **Festwerte** vorgesehen, zB

- in einem Verfahren mit Auslandsbezug in Familiensachen oder
- in der Zwangsvollstreckung,

setzt das Gericht von Amts wegen keinen Wert für die Gerichtsgebühren fest. Allerdings sind der Anwalt und die Parteien nach § 33 Abs. 1 RVG berechtigt, eine Wertfestsetzung zu **beantragen**, da sich die Anwaltsgebühren nach dem Wert richten. Das Gericht muss dann einen Gegenstandswert festsetzen, der nur für die anwaltlichen Gebühren gilt.

33 Gleiches gilt auch, wenn sich die Gebühren des gerichtlichen Verfahrens zwar nach dem Gegenstandswert richten, diese aber für bestimmte anwaltliche Tätigkeiten nicht gelten.
Beispiel 4: Eingeklagt sind 10.000 €. Im Termin verhandeln die Parteien auch über weitere nicht anhängige Forderungen, ohne dass es zu einer Einigung kommt.
Da die Verfahrens- und Terminsgebühren sich auch nach dem Wert der weitergehenden Ansprüche richten (Nr. 3101 Nr. 2, 2. Alt. VV; Nr. 3104 VV), muss insoweit ein Gegenstandswert festgesetzt werden.[12] Diese Festsetzung des „Mehrwertes" erfolgt im Verfahren nach § 33 RVG.

Beispiel 5: Der Anwalt vertritt einen von zwei Erben, die einen gemeinschaftlichen Erbschein beantragen. Der Wert des Nachlasses beträgt 40.000 €, so dass das Nachlassgericht den Geschäftswert auf 40.000 € festsetzt.
Da der Anwalt nur einen der beiden Erben vertritt und für diesen nur dessen Anteil am Nachlass wertbestimmend ist, kann nach § 33 Abs. 1 RVG beim Nachlassgericht eine gesonderte Wertfestsetzung beantragt werden. Das Gericht müsste dann den Gegenstandswert im Verhältnis des Anwalts zu seinem Auftraggeber auf 20.000 € festsetzen.[13]

34 **Antragsberechtigt** sind der Anwalt und sein Auftraggeber sowie ein erstattungspflichtiger Gegner und im Falle des § 45 RVG auch die Staatskasse (§ 33 Abs. 2 S. 2 RVG). Zulässig ist der Antrag erst, wenn die Vergütung des Anwalts **fällig** ist (§ 33 Abs. 2 S. 1 RVG), was sich wiederum nach § 8 Abs. 1 RVG bestimmt. Eine vorläufige Wertfestsetzung – etwa zur Abrechnung eines Vorschusses nach § 9 RVG – ist nicht vorgesehen und wäre unzulässig.[14]

35 Im Gegensatz zur Wertfestsetzung nach § 68 GKG, § 55 FamGKG oder § 79 GNotKG, bei der innerhalb der Frist der § 68 Abs. 3 GKG, § 55 Abs. 3 FamGKG, § 79 Abs. 2 S. 2 GNotKG jederzeit eine Änderung von Amts wegen möglich ist, weil es sich um ein Amtsverfahren handelt (s. Rn 24), kommt eine Abänderung durch das Gericht im Verfahren nach § 33 RVG nicht in Betracht, da es sich um ein reines **Antragsverfahren** handelt. Daher ist hier auch eine **Gegenvorstellung ausgeschlossen.**

b) Beschwerde gegen die Festsetzung

36 Auch gegen die Wertfestsetzung nach § 33 RVG ist die Beschwerde gegeben, wenn der Wert des Beschwerdegegenstandes einen Betrag iHv 200 € übersteigt oder die Beschwerde zugelassen ist (§ 33 Abs. 3 RVG). Eine Beschwerde zu einem obersten Gericht des Bundes ist allerdings ebenso unzulässig (§ 33 Abs. 4 S. 3 RVG) wie eine Rechtsbeschwerde, die das RVG nicht vorsieht.

---

12 AG Siegburg AGS 2008, 361; OVG Brandenburg 2013, 422; aA LAG Baden-Württemberg AGS 2012, 299.
13 BGH NJW 1968, 2334; AG Mannheim AGS 2011, 304 = NJW-Spezial 2011, 317.
14 LAG Schleswig-Holstein NZA-RR 2006, 320 = NZA 2006, 1007.

Zu beachten ist, dass die Beschwerde nach § 33 Abs. 3 RVG **fristgebunden** ist. Sie muss   37
innerhalb von zwei Wochen ab Zustellung des Wertfestsetzungsbeschlusses eingelegt werden (§ 33 Abs. 3 S. 3 RVG). Mangelt es an einer Zustellung, wird die Frist nicht in Gang
gesetzt. Möglich ist auch eine Wiedereinsetzung in den vorigen Stand bei schuldloser Versäumung der Frist (§ 33 Abs. 5 S. 1 RVG). Insoweit wird ein Fehlen des Verschuldens vermutet, wenn eine Rechtsbehelfsbelehrung unterblieben oder fehlerhaft ist (§ 33 Abs. 5 S. 2
RVG).

Da eine Änderung von Amts wegen im Verfahren nach § 33 RVG nicht möglich ist, ist   38
eine Verschlechterung im Beschwerdeverfahren ausgeschlossen. Es gilt das Verschlechterungsverbot (Verbot der reformatio in peius).[15]

c) Weitere Beschwerde gegen die Festsetzung

Gegen die Entscheidung des LG als Beschwerdegericht kann, sofern zugelassen, die weite-   39
re Beschwerde erhoben werden (§ 33 Abs. 6 S. 1 RVG). Zuständig ist dann das OLG. Die
weitere Beschwerde muss innerhalb von zwei Wochen nach Zustellung der Beschwerdeentscheidung eingelegt werden (§ 33 Abs. 6 S. 4, Abs. 3 S. 3 RVG). Möglich ist auch hier
eine Wiedereinsetzung in den vorigen Stand (§ 33 Abs. 6 S. 4 iVm Abs. 5 S. 1 RVG), wobei
auch hier ein Fehlen des Verschuldens vermutet wird, wenn eine Rechtsbehelfsbelehrung
unterblieben oder fehlerhaft ist (§ 33 Abs. 6 S. 4 iVm Abs. 5 S. 2 RVG).

II. Außergerichtliche Tätigkeiten

Für außergerichtliche Tätigkeiten kommt eine gerichtliche Wertfestsetzung nicht in Be-   40
tracht, da diese immer ein gerichtliches Verfahren voraussetzt. Mittelbar tritt hier aber
auch eine Bindungswirkung nach §§ 32, 33 RVG ein. Soweit der Gegenstand der außergerichtlichen Tätigkeit mit dem gerichtlichen Gegenstand übereinstimmt (s. § 23 Abs. 1 S. 3
RVG), gilt die gerichtliche Wertfestsetzung auch für die außergerichtlich entstandenen Gebühren des Anwalts.

---

15 LAG Hamm AGS 2006, 301.

§ 8 Übergangsrecht

A. Überblick

1 Die Regelungen zum Übergangsrecht sind in Abschnitt 9 („Übergangs- und Schlussvorschriften") des RVG enthalten, und zwar in den §§ 60 und 61 RVG.

- Die Vorschrift des § 60 RVG regelt die Frage, welche Fassung des RVG anzuwenden ist, wenn
  - zwischen Mandatsbeginn und -ende die Vorschriften des RVG geändert worden sind (§ 60 Abs. 1 S. 1 und 2 RVG) oder
  - Vorschriften geändert wurden, auf die das RVG verweist (§ 60 Abs. 1 S. 3 RVG).
- Die Vorschrift des § 61 RVG betrifft dagegen die Übergangsfälle BRAGO/RVG, regelt also, in welchen Fällen noch die BRAGO anzuwenden ist und wann bereits das zum 1.7.2004 eingeführte RVG gilt. Diese Vorschrift hat fast zehn Jahren seit Inkrafttreten des RVG kaum noch Bedeutung.

B. Übergangsfälle anlässlich des 2. KostRMoG

I. Überblick

2 Bei der Frage, welches Recht anzuwenden ist, ist nach der gesetzlichen Systematik zunächst einmal davon auszugehen, dass nach dem Recht abzurechnen ist, das am Tag der Abrechnung gilt. Ausnahmsweise gilt eine frühere Fassung des RVG, wenn sich dies aus § 60 RVG ergibt:

- Diese Vorschrift enthält zum einen den **allgemeinen Grundsatz** (§ 60 Abs. 1 S. 1 RVG).
- Eine Sonderregelung für **Rechtsmittelverfahren** findet sich in § 60 Abs. 1 S. 2 RVG.
- Den Fall, dass das RVG auf **andere Kostengesetze verweist** und diese zwischenzeitlich geändert worden sind, regelt § 60 Abs. 1 S. 3 RVG.
- Den Sonderfall, dass sich nach den vorstehenden Grundsätzen die Gebühren **aus einem Teilwert nach neuem** und **aus einem anderen Teilwert nach altem Recht** richten würden, regelt § 60 Abs. 3 RVG.

3 Besondere Bedeutung hat § 60 RVG derzeit, da zum **1.8.2013** das RVG infolge des **2. KostRMoG** zahlreiche Änderungen erfahren hat und insbesondere fast alle Gebührenbeträge angehoben worden sind.

II. Allgemeiner Grundsatz (§ 60 Abs. 1 S. 1 RVG)

1. Unbedingter Auftrag, Bestellung oder Beiordnung

4 Wie in allen bisherigen Übergangsfällen gilt auch hier, dass es grundsätzlich auf den Tag der unbedingten Auftragserteilung zur Erledigung derselben Angelegenheit iSd § 15 RVG ankommt bzw auf den Tag der Bestellung oder Beiordnung (§ 60 Abs. 1 S. 1 RVG). Vereinfacht ausgedrückt:

- Ist dem Anwalt der Auftrag vor dem 1.8.2013 erteilt worden, ist er vor diesem Tag bestellt oder beigeordnet worden, dann gilt nach wie vor noch altes Recht.
- Ist der Anwalt nach dem 31.7.2013 beauftragt, beigeordnet oder bestellt worden, gilt bereits neues Recht.

5 War lediglich ein **bedingter Auftrag** erteilt worden, so ist nach § 60 Abs. 1 RVG der spätere Zeitpunkt des Bedingungseintritts (§ 158 BGB) maßgebend.[1] Häufigster Anwendungsfall ist der, dass der Anwalt mit einer bestimmten Tätigkeit beauftragt worden ist und für

---

1 OLG Bamberg JurBüro 1987, 1678; OLG Bamberg JurBüro 1989, 497.

den Fall, dass diese zu keinem Erfolg führe, er bereits den Auftrag zu weiterer Tätigkeit erhalten hat.[2]

Beispiel 1: Der Anwalt hatte vom Mandanten im Juli 2013 den Auftrag erhalten, einen Schuldner anzumahnen und für den Fall, dass dieser nicht bis zum 2.8.2013 zahle, Klage zu erheben.

Die außergerichtliche Vertretung richtet sich nach altem Recht, da der Auftrag hierzu noch vor dem 1.8.2013 erteilt worden ist. Der Auftrag zur Klage ist zwar auch noch vor dem 1.8.2013 erteilt worden; er stand jedoch unter einer Bedingung, nämlich der Nichtzahlung seitens des Schuldners. Erst mit Eintritt der Bedingung (§ 158 BGB), also mit Ablauf des 2.8.2013, wurde dieser Auftrag zu einem unbedingten. Damit gilt insoweit also neues Recht.

Gleiches gilt für einen Auftrag zum **Mahnverfahren** und den gleichzeitig bedingten Auftrag zur Durchführung des **streitigen Verfahrens,** da es sich um zwei verschiedene Angelegenheiten iSd § 15 RVG handelt (§ 17 Nr. 2 RVG); der Anwalt erhält für das Mahnverfahren die Vergütung nach altem Recht, für das streitige Verfahren nach neuem Recht, wenn die Bedingung (Mitteilung des Widerspruchs) erst nach dem Stichtag eingetreten ist. 6

Hiervon ist zu unterscheiden eine **Bedingung innerhalb der Angelegenheit.** In diesem Fall bleibt es bei dem bisherigen Recht. 7

Beispiel 2: Der Anwalt hatte vom Mandanten im Juli 2013 den Auftrag erhalten, dem Schuldner die Zwangsvollstreckung anzudrohen, wenn er nicht bis zum 2.8.2013 zahle. Der Schuldner zahlte nicht, so dass vollstreckt wurde.

Die Zwangsvollstreckung richtet sich nach altem Recht, da der Auftrag zur Vollstreckungsandrohung maßgebend ist. Androhung (als Vorbereitung) und Durchführung der Zwangsvollstreckung sind dieselbe Angelegenheit (§ 18 Abs. 1 Nr. 1 RVG). Mit dem Eintritt der Bedingung für die Durchführung der Zwangsvollstreckung ist daher keine neue Angelegenheit ausgelöst worden.

Um einen solchen Fall der bedingten Auftragserteilung handelt es sich auch dann, wenn dem Anwalt zunächst nur der Auftrag erteilt worden ist, **Prozess- oder Verfahrenskostenhilfe** zu beantragen, und für den Fall der Bewilligung der Auftrag zur **Durchführung des Verfahrens,** da das Prozesskostenhilfeprüfungsverfahren bereits zum Rechtszug gehört (§ 16 Nr. 2 RVG). Siehe dazu Rn 26. 8

Bei aufeinander **anzurechnenden Gebühren** liegen grundsätzlich verschiedene Angelegenheiten vor. Dies gilt insbesondere für zeitlich aufeinander folgende Tätigkeiten wie Beratung, außergerichtliche Vertretung, Mahnverfahren etc. Für die jeweilige Angelegenheit ist der Tag ihrer Auftragserteilung maßgebend. In der neuen Angelegenheit werden dann aber nur die Beträge nach altem Recht angerechnet. Es kann nicht mehr angerechnet werden, als der Anwalt erhalten hat. 9

Beispiel 3: Der Anwalt war im Mai 2013 beauftragt worden, den Mandanten außergerichtlich zu vertreten. Im August 2013 hat der Anwalt Klageauftrag erhalten.

Für die außergerichtliche Vertretung gilt altes Recht, für die gerichtliche Vertretung gilt neues Recht. Die Geschäftsgebühr ist nach den alten Beträgen hälftig auf die Verfahrensgebühr anzurechnen (Vorbem. 3 Abs. 4 VV).

I. Außergerichtliche Vertretung

1.	1,5-Geschäftsgebühr, Nr. 2300 VV (Wert: 6.000 €)	507,00 €
2.	Postentgeltpauschale, Nr. 7002 VV	20,00 €
	Zwischensumme 527,00 €	
3.	19 % Umsatzsteuer, Nr. 7008 VV	100,13 €
	Gesamt	**627,13 €**

II. Gerichtliches Verfahren

1.	1,3-Verfahrensgebühr, Nr. 3100 VV (Wert: 6.000 €)	460,20 €

---

2 OLG Nürnberg JurBüro 1976, 1643; OLG Bamberg JurBüro 1989, 497; LG Berlin JurBüro 1988, 752 = Rpfleger 1988, 123; OLG Koblenz AGS 1995, 133 = MDR 1995, 1173.

2. gem. Vorbem. 3 Abs. 4 S. 1 VV anzurechnen 0,75 aus 6.000 €		– 253,50 €
3. Postentgeltpauschale, Nr. 7002 VV		20,00 €
Zwischensumme	226,70 €	
4. 19 % Umsatzsteuer, Nr. 7008 VV		43,07 €
Gesamt		**269,77 €**

10   Die Vorschrift des § 60 RVG gilt auch für **Auslagen** des Rechtsanwalts.[3] Nach der Legaldefinition des § 1 Abs. 1 S. 1 RVG sind unter dem Begriff „Vergütung" sowohl die Gebühren als auch die Auslagen zu verstehen.

2. Einzelfälle A–Z

11   **Anfechtung eines Prozessvergleichs.** Das Verfahren vor und nach Anfechtung eines Prozessvergleichs ist eine einzige Angelegenheit. Daher bleibt es beim alten Gebührenrecht, wenn der Vergleich vor dem 31.7.2013 geschlossen und danach angefochten worden ist. Etwas anderes gilt nur dann, wenn der Anwalt erstmals mit der Anfechtung des Vergleichs beauftragt worden ist. Neues Recht ist nach § 15 Abs. 5 S. 2 RVG allerdings anzuwenden, wenn zwischen Vergleich und Anfechtung mehr als zwei Kalenderjahre vergangen sind (s. „Zwei-Jahres-Frist", Rn 48).[4]

12   **Anwalt in eigener Sache.** Wird ein Anwalt in eigener Sache tätig, so kann er seine Kosten nach neuem Gebührenrecht erstattet verlangen (§ 91 Abs. 2 S. 3 ZPO), wenn seine Tätigkeit nach dem Stichtag begonnen hat.[5]

13   **Anwaltswechsel.** Bei einem Anwaltswechsel kann der neue Anwalt, sofern er nach dem Stichtag beauftragt worden ist, nach neuem Recht abrechnen.[6] Nach der Rspr sind in diesem Fall allerdings nur die Kosten nach altem Recht zu erstatten, wenn der Anwaltswechsel nicht ausnahmsweise notwendig war.[7]

14   **Arrest- und einstweilige Verfügungsverfahren.** Diese beiden Verfahren stellen nach § 17 Nr. 4 Buchst. a) und b) RVG gegenüber dem Hauptsacheverfahren eine eigene Angelegenheit dar. Ist vor dem 1.8.2013 ein Arrest- oder einstweiliges Verfügungsverfahren eingeleitet worden und erst nach dem 31.7.2013 das Hauptsacheverfahren, so stehen dem Anwalt zwar im Hauptsacheverfahren die Gebühren nach neuem Recht zu; für das Arrest- oder einstweilige Verfügungsverfahren gilt dagegen noch altes Recht.

Wird umgekehrt vor dem Stichtag das Hauptsacheverfahren betrieben und erhält der Anwalt erst nach dem Inkrafttreten der Gebührenänderung den Auftrag für ein Arrest- oder einstweiliges Verfügungsverfahren, so erhält er hierfür die Vergütung nach neuem Recht.

Anders verhält es sich bei **Anordnungs- und Abänderungs- oder Aufhebungsverfahren**, da insoweit nur eine Angelegenheit vorliegt (§ 16 Nr. 5 RVG).

15   **Aussetzung des Verfahrens.** Ist das Verfahren vor dem 1.8.2013 ausgesetzt und erst nach dem 31.7.2013 wieder aufgenommen worden, bleibt es beim bisherigen Recht. Auf den Zeitpunkt der Wiederaufnahme kommt es nicht an, selbst wenn zwischenzeitlich zwei Kalenderjahre abgelaufen sind.

16   **Beratungshilfe.** Bei der Beratungshilfe wird der Anwalt nicht beigeordnet. Für ihn ist allein auf den Zeitpunkt der Auftragserteilung abzustellen, nicht auf den Zeitpunkt der Bewilligung.[8]

---

3   OLG Koblenz JurBüro 1989, 208; OLG Schleswig SchlHA 1989, 80; VG Braunschweig JurBüro 1989, 806.
4   BGH AGS 2010, 477 = JurBüro 2010, 640 = RVGreport 2011, 17; OLG Frankfurt, Beschl. v. 18.2.2008 – 3 WF 281/07.
5   OLG München AGS 2005, 342; KG JurBüro 1976, 762.
6   OLG München MDR 1995, 967 = OLGR 1995, 264 = JurBüro 1995, 415; OLG Nürnberg JurBüro 1995 475.
7   LG Berlin JurBüro 1988 752 = Rpfleger 1988, 123; OLG München JurBüro 1989, 977; LG Duisburg AGS 2005, 446 m. Anm. *Schons* und *N. Schneider*.
8   AnwK-RVG/*N. Schneider*, § 61 Rn 17, 61.

Bußgeldverfahren. Siehe „Straf- und Bußgeldverfahren" (Rn 30).   16a

Einstweilige Anordnung. Soweit einstweilige Anordnungen nach § 17 Nr. 4 Buchst. b)   17
RVG selbstständige Angelegenheiten darstellen, gilt das Gleiche wie bei einer einstweiligen
Verfügung. Werden mehrere einstweilige Anordnungen beantragt, ist für jede das Datum
der Auftragserteilung gesondert festzustellen. Anordnungs- und Abänderungsverfahren
sind auch hier dieselbe Angelegenheit (§ 16 Nr. 5 RVG), so dass es gegebenenfalls beim alten Recht bleibt.

Erinnerung. Die Erinnerung ist kein Rechtsmittel, sondern nur ein Rechtsbehelf, so dass   18
§ 60 Abs. 1 S. 2 RVG nicht greift. Nur dann, wenn die Erinnerung eine eigene Angelegenheit darstellt (§ 18 Abs. 1 Nr. 3 RVG), gilt für sie neues Recht, wenn der Auftrag hierzu
nach dem Stichtag liegt. Bei anderen Erinnerungen stellt sich die Frage des Gebührenrechts
nicht, da solche Verfahren keine neue Angelegenheit darstellen (§ 19 Abs. 1 S. 2 Nr. 5
RVG), es sei denn, der Anwalt ist ausschließlich mit der Erinnerung beauftragt worden;
dann gilt § 60 Abs. 1 S. 1 RVG.

Erneuter Auftrag. War der nach bisherigem Recht erteilte Auftrag beendet (zB infolge   19
Mandatsniederlegung) und hat der Anwalt später einen erneuten Auftrag erhalten, in der
Sache wieder tätig zu werden, bleibt es bei der Anwendung des bisherigen Rechts (§ 15
Abs. 5 S. 1 RVG), es sei denn, es liegt ein Fall des § 15 Abs. 5 S. 2 RVG vor (s. „Zwei-
Jahres-Frist", Rn 48).

Hinzutreten weiterer Auftraggeber. Wird der Anwalt neben dem bisherigen Auftraggeber   20
nach Inkrafttreten der Gesetzesänderung von weiteren Auftraggebern beauftragt, so ist zu
differenzieren:

- Stellt der Auftrag des weiteren Auftraggebers eine eigene Angelegenheit iSd § 15 RVG
  dar, richtet sich die Vergütung nach neuem Recht.
- Wird durch das Hinzutreten des neuen Auftraggebers jedoch lediglich die bereits bestehende Angelegenheit erweitert, ist nach § 60 Abs. 1 RVG einheitlich nach bisherigem Gebührenrecht abzurechnen.[9]
- Kommt es infolge des Hinzutretens des weiteren Auftraggebers zu einer Gebührenerhöhung nach Nr. 1008 VV, bleibt es auch für die Erhöhung beim bisherigen Recht.[10]

  Beispiel 4: Im April 2013 war gegen den Fahrzeughalter Klage auf Schadensersatz aus
  einem Verkehrsunfall erhoben worden. Nachdem der Beklagte seinen Fahrer als Zeugen benannt hat, wurde die Klage am 10.8.2013 erweitert und auch der Fahrer verklagt. Beide Beklagten lassen sich durch denselben Anwalt vertreten.

  Die gesamten Gebühren, also auch die Erhöhung nach Nr. 1008 VV, berechnen sich nach bisherigem Recht, da nur eine einzige Angelegenheit vorliegt.

Klageerweiterung. Die Klageerweiterung eröffnet weder für den Anwalt des Klägers noch   21
für den des bisherigen Beklagten eine neue Angelegenheit, sondern stellt nur eine Erweite-
rung der bisherigen Angelegenheit dar, so dass es bei der Anwendung des bisherigen
Rechts verbleibt.[11] Wird allerdings durch die Klageerweiterung erstmals ein Dritter in den
Rechtsstreit einbezogen, kann für seinen Anwalt neues Gebührenrecht gelten, wenn er den
Auftrag zum Tätigwerden erst nach dem Stichtag erhält.[12] Es kommt dann zu gespaltenem
Kostenrecht.

Mahnverfahren. Erhält der Anwalt den Auftrag zum Mahnverfahren vor dem Stichtag   22
und den Auftrag zur Durchführung des streitigen Verfahrens nach Inkrafttreten der Gesetzesänderung, gilt für das Mahnverfahren altes Recht und für das streitige Verfahren neues
Recht, da es sich um zwei verschiedene Angelegenheiten handelt (§ 17 Nr. 2 RVG). Das

---

9   OLG Karlsruhe MDR 1976, 676; OLG München JurBüro 1978, 1492.
10 BGH AGS 2006, 583; OVG Berlin, Beschl. v. 8.8.2005 – 1 K 74.05.
11 OLG Hamburg JurBüro 1976, 489; OLG Karlsruhe MDR 1976, 676; OLG Hamm JurBüro 1976, 1493 u.
    1644; KG JurBüro 1976, 1056; OLG München JurBüro 1978, 1491; OLG Frankfurt JurBüro 1979, 1503.
12 OLG Düsseldorf JurBüro 1988, 1680 = AnwBl 1989, 61.

gilt auch dann, wenn der Anwalt schon zusammen mit dem Auftrag für das Mahnverfahren den Auftrag erhält, bei Einlegung eines Widerspruchs oder Einspruchs das streitige Verfahren durchzuführen. Es handelt sich insoweit nämlich um einen bedingten Auftrag (s. Rn 5).

23 **Mehrere Anwälte.** Werden nebeneinander mehrere Anwälte beauftragt, gilt § 5 RVG. Jeder Anwalt kann seine Vergütung gesondert nach dem für ihn geltenden Recht abrechnen.

24 **Nichtzulassungsbeschwerde.** Eine Nichtzulassungsbeschwerde stellt gegenüber der Vorinstanz nach § 17 Nr. 1 RVG und gegenüber dem auf die Beschwerde hin zugelassenen Rechtsmittel nach § 17 Nr. 9 RVG eine eigene Angelegenheit dar, so dass hier Änderungen des Gebührenrechts zu beachten sind.

Beispiel 5: Auf die im Januar 2013 eingereichte Klage hatte das OLG im Juni 2013 ein Urteil erlassen und die Revision nicht zugelassen. Hiergegen hatte der Anwalt auftragsgemäß Nichtzulassungsbeschwerde erhoben, die Erfolg hatte.

Das Berufungsverfahren richtet sich nach altem Recht, ebenso das Verfahren über die Nichtzulassungsbeschwerde. Für die Revision gilt dagegen neues Recht. Anzurechnen sind die alten Beträge (Anm. zu Nr. 3506 VV).

25 **Parteiwechsel.** Wird nach einem Parteiwechsel derselbe Anwalt, der die austretende Partei vertreten hat, auch für die eintretende Partei tätig, so liegt nach der Rspr des BGH[13] keine neue Angelegenheit vor, so dass sich die Vergütung gegenüber der neuen Partei ebenfalls nach altem Recht richtet.

25a **Pflichtverteidiger.** Ist der Anwalt nach dem 31.7.2013 als Pflichtverteidiger bestellt worden, richtet sich seine Vergütung nach neuem Recht. Das gilt auch dann, wenn der Anwalt bereits vor dem 1.8.2013 als Wahlverteidiger beauftragt war.[14]

26 **Prozesskostenhilfe.** Hatte der Anwalt den Auftrag, zunächst Prozesskostenhilfe zu beantragen, richtet sich sowohl die Vergütung für das Prozesskostenhilfeprüfungsverfahren (Nr. 3335 VV) als auch für das Hauptsacheverfahren (Nr. 3100 ff VV) nach bisherigem Recht, wenn der Auftrag vor Inkrafttreten der Gesetzesänderung erteilt worden ist. Das gilt auf jeden Fall, wenn mit dem Prozesskostenhilfeantrag bereits unbedingt der Hauptsacheantrag gestellt worden ist.[15] Das Gleiche gilt nach zutreffender Ansicht aber auch dann, wenn dem Anwalt zunächst nur der Auftrag für das Prozesskostenhilfeverfahren erteilt worden ist und nur bedingt für den Fall der Prozesskostenhilfebewilligung auch der Prozessauftrag, da es sich insoweit um einen bedingten Auftrag innerhalb derselben Angelegenheit handelt (§ 16 Nr. 2 RVG).[16] Ein Großteil der Rspr sieht dies anders und stellt auf den Zeitpunkt der Bewilligung ab.[17] Das ist jedoch unzutreffend (zum bedingten Auftrag s. Rn 5).

Beispiel 6: Der Anwalt war im Mai 2013 beauftragt worden, für eine Klage Prozesskostenhilfe zu beantragen. Soweit Prozesskostenhilfe bewilligt werde, sollte der Anwalt dann auch Klage erheben. Im August 2013 ist Prozesskostenhilfe bewilligt und der Anwalt beigeordnet worden.

Der Anwalt erhält insgesamt seine Vergütung nach altem Recht.

27 **Räumungsfrist.** Stellt das Verfahren über die Gewährung einer Räumungsfrist nach Nr. 3334 VV eine selbstständige Angelegenheit dar, so ist hierfür – unabhängig vom Hauptsacheverfahren – die Anwendung des maßgebenden Gebührenrechts gesondert zu prüfen.

---

13 BGH AGS 2006, 58.
14 AG Pirmasens AGS 2014, 232 = RVGreport 2014, 187 = NJW-Spezial 2014, 349.
15 OLG Saarbrücken AGS 2014, 275 = MDR 2014, 932 = RVGreport 2014, 310.
16 OLG Köln AGS 2005, 448; OLG Zweibrücken AGS 2006, 81; LG Berlin AGS 2005, 403; OLG Koblenz AGS 2006, 183.
17 OLG Dresden AGS 2007, 625; KG AGS 2006, 79; AG Tempelhof-Kreuzberg JurBüro 2005, 365.

Ruhen des Verfahrens. Wurde das Verfahren vor dem 1.8.2013 zum Ruhen gebracht und 28 wird es erst nach dem 31.7.2013 wieder fortgeführt, bleibt es bei der Anwendung alten Rechts. Auf den Zeitpunkt der Wiederaufnahme kommt es nicht an, selbst wenn zwischenzeitlich zwei Kalenderjahre abgelaufen sind (§ 15 Abs. 5 S. 2 RVG).

Selbstständiges Beweisverfahren und Hauptsacheverfahren sind jeweils eigene Angelegen- 29 heiten. Daher ist die Anwendung des jeweiligen Gebührenrechts gesondert zu prüfen.[18]

Beispiel 7: Der Mandant hatte dem Anwalt im Januar 2013 den Auftrag zur Durchführung eines selbstständigen Beweisverfahrens erteilt. Nach Abschluss des Beweisverfahrens erteilte der Mandant im August 2013 den Auftrag zur Hauptsacheklage.

Das Beweisverfahren ist nach altem Recht abzurechnen, das Hauptsacheverfahren nach neuem Recht. Angerechnet (Vorbem. 3 Abs. 5 VV) werden die Beträge nach altem Recht.

Straf- und Bußgeldverfahren. Nach Auffassung des BGH[19] bildeten in Straf- und Bußgeld- 30 sachen das vorbereitende Verfahren und das gerichtliche Verfahren nach altem Recht (bis 31.7.2013) eine Angelegenheit. Danach wäre die Änderung des Gebührenrechts unerheblich, wenn der Auftrag zur Verteidigung im Ermittlungsverfahren bereits vor dem 1.8.2013 erteilt worden ist, für das gerichtliche Verfahren aber erst nach dem 31.7.2013. Dass es sich nach neuem Recht um eine eigene Angelegenheit handelt, ist unerheblich.[20] Anders verhält es sich, wenn man zutreffender Weise schon nach altem Recht von gesonderten Angelegenheiten ausgeht. Dann wäre die Änderung des Gebührenrechts zu beachten.

Wird das Strafverfahren eingestellt und die Sache als Ordnungswidrigkeit weiter verfolgt, ist eine zwischenzeitliche Gebührenänderung dagegen zu beachten, da es sich hier um zwei verschiedene Angelegenheiten handelt (§ 17 Nr. 10 RVG).

Beispiel 8: Der Anwalt hatte im Mai 2013 den Auftrag zur Verteidigung in einem Verfahren wegen fahrlässiger Körperverletzung im Straßenverkehr erhalten. Das Verfahren ist am 6.8.2103 eingestellt und an die Verwaltungsbehörde abgegeben worden, die ein Bußgeldverfahren wegen des Verdachts einer Vorfahrtsverletzung eingeleitet hat.

Für das Strafverfahren erhält der Anwalt die Gebühren nach altem Recht; für das Bußgeldverfahren berechnet sich die Vergütung dagegen nach neuem Recht.

Eine zusätzliche Gebühr für das Strafverfahren soll dagegen in diesem Fall nicht entstehen, da nach Auffassung des BGH diese Gebühr nach altem Recht nicht entstehen konnte.[21]

Streitverkündung. Die Streitverkündung eröffnet keine neue Angelegenheit. Der Anwalt 31 des Streitverkündeten erhält allerdings, sofern er bislang im Rechtsstreit noch nicht tätig war, seine Gebühren nach neuem Recht, wenn er den Auftrag zum Tätigwerden erst nach dem Stichtag erhalten hat, unabhängig davon, wann den Anwälten der Hauptparteien der Auftrag erteilt worden ist.

Stufenklage/Stufenantrag. Im Falle der Stufenklage/eines Stufenantrags kommt es nur auf 32 den Zeitpunkt des Auftrags zur Einleitung des Stufenverfahrens an. Unerheblich ist, wann der Leistungsanspruch beziffert und verlesen wird.[22]

Terminsvertreter. Für den Terminsvertreter ist die Anwendung des maßgebenden Gebüh- 33 renrechts unabhängig davon zu prüfen, wann dem Prozessbevollmächtigten der Auftrag erteilt worden ist.[23] Umgekehrt richtet sich die Vergütung des Prozessbevollmächtigten nur nach dem für ihn maßgebenden Gebührenrecht, unabhängig davon, welches Gebüh-

---

18 BGH AGS 2007, 357; AGS 2007, 459.
19 BGH AGS 2013, 56.
20 LG Hildesheim AGS 2014, 183 = NdsRpfl 2014, 100 = RVGreport 2014, 147 = NJW-Spezial 2014, 252.
21 AG Wiesbaden AGS 2014, 64 = StRR 2014, 83.
22 AG Koblenz AGS 2008, 349.
23 OLG Nürnberg JurBüro 1977, 346; LG Berlin JurBüro 1987, 1827 = Rpfleger 1987, 123.

renrecht für den Terminsvertreter gilt. Hier kann es also zu unterschiedlichem Gebührenrecht kommen.

34 **Trennung des Verfahrens.** Nach der Trennung eines Verfahrens verbleibt es auch nach der Trennung grundsätzlich beim bisherigen Recht, auch wenn zwischenzeitlich eine Gebührenänderung eingetreten ist. Infolge der Verfahrenstrennung erhält der Anwalt keinen neuen Auftrag. Aus dem ursprünglich gemeinsamen Auftrag werden infolge der Trennung jetzt lediglich zwei verschiedene Angelegenheiten.

35 **Unterbrechung des Verfahrens.** Wird das Verfahren unterbrochen und später wieder fortgeführt, so bleibt das ursprüngliche Auftragsdatum weiterhin maßgebend. Durch die Fortsetzung des Rechtsstreits entsteht keine neue Angelegenheit, auch nicht, wenn zwischenzeitlich zwei Kalenderjahre vergangen sind. Die Regelung des § 15 Abs. 5 S. 2 RVG greift hier nicht (s. „Zwei-Jahres-Frist", Rn 48).

36 **Urkunden-, Wechsel- oder Scheckprozess.** Das Nachverfahren stellt gegenüber dem Urkunden-, Wechsel- oder Scheckprozess eine gesonderte Angelegenheit dar (§ 17 Nr. 5 RVG). Der Anwalt erhält daher für das Nachverfahren bereits die Gebühren nach neuem Recht, wenn er den Auftrag hierzu erst nach dem 31.7.2013 erhalten hat oder die Bedingung hierzu erst nach dem 31.7.2013 eingetreten ist. Zum bedingten Auftrag s. Rn 5.

Beispiel 9: Der Anwalt hatte im April 2013 den Auftrag erhalten, im Urkundenverfahren zu klagen und gegebenenfalls auch das ordentliche Verfahren oder das Nachverfahren durchzuführen. Im August 2013 hat der Beklagte die Forderung unter Vorbehalt seiner Rechte im Nachverfahren anerkannt. Das Nachverfahren ist dann im September 2013 eingeleitet worden.

Die Vergütung im Urkundenverfahren richtet sich nach altem Recht. Die Vergütung im Nachverfahren richtet sich dagegen nach neuem Recht, da die Bedingung (Eintritt der Voraussetzungen für das Nachverfahren) erst nach dem 31.7.2013 eingetreten ist.

37 **Verbindung des Verfahrens.** Werden mehrere selbstständige Verfahren miteinander verbunden, für die unterschiedliches Gebührenrecht gilt, so berechnen sich nach Verbindung die Gebühren gem. § 60 Abs. 2 RVG nach dem ältesten Recht. Siehe hierzu Rn 50.

38 **Verbundverfahren.** Im Verbundverfahren erhält der Anwalt die Gebühren jeweils nur einmal. Das gesamte Scheidungsverbundverfahren bildet gebührenrechtlich eine einzige Angelegenheit (§ 16 Nr. 4 RVG). Die jeweiligen Gebühren sind daher aus den nach § 23 Abs. 1 RVG iVm § 44 Abs. 2 S. 2 FamGKG zusammengerechneten Werten von Ehe- und Folgesachen zu berechnen. Daher gilt für das gesamte Verbundverfahren altes Recht, wenn der Auftrag vor dem 1.8.2013 erteilt worden ist. Auch für Folgesachen, zu denen der Anwalt den Auftrag erst nach dem 31.7.2013 erhält, gilt das frühere Gebührenrecht.[24] Werden gesonderte Verfahren anhängig gemacht, die nicht zum Verbund zählen (zB Trennungsunterhalt), oder werden einstweilige Anordnungsverfahren eingeleitet, ist die Anwendung des jeweiligen Gebührenrechts für die isolierten Verfahren gesondert zu prüfen.

39 **Verfahrenskostenhilfe.** Es gilt das Gleiche wie zur Prozesskostenhilfe (s. „Prozesskostenhilfe", Rn 26).

40 **Verkehrsanwalt.** Die Anwendung des maßgeblichen Gebührenrechts für einen Verkehrsanwalt richtet sich nach dem Datum des ihm erteilten Auftrags, unabhängig davon, wann der Hauptbevollmächtigte beauftragt worden ist.

41 **Verweisung.** Durch eine Verweisung entsteht grundsätzlich keine neue Angelegenheit (§ 20 S. 1 RVG), so dass weiterhin das bisherige Gebührenrecht fort gilt. Eine Ausnahme greift nur dann, wenn nach § 20 S. 2 RVG eine neue Angelegenheit beginnt.

42 **Verwaltungsverfahren.** Verwaltungsverfahren und Nachprüfungsverfahren sind zwei verschiedene Angelegenheiten (§ 17 Nr. 1 a RVG). Ist der der Auftrag für das Verwaltungsverfahren vor dem 1.8.2013 erteilt worden ist, gilt ungeachtet dessen für das Nachprüfungs-

---

24   OLG Düsseldorf JurBüro 1996, 253; OLG Nürnberg RVGreport 2005, 220.

verfahren neues Recht (einschließlich der Anrechnung nach Vorbem. 2.3 Abs. 4 VV), wenn der Auftrag für das Nachprüfungsverfahren erst nach dem 31.7.2013 erteilt worden ist.

Widerklage. Für eine Widerklage gilt das Gleiche wie für die Klageerweiterung (s. „Klageerweiterung", Rn 21). Auch die Widerklage eröffnet keine Angelegenheit. Es gilt einheitlich bisheriges Recht, auch wenn der Auftrag zur Widerklage nach dem Stichtag erteilt worden ist.[25] Nur dann, wenn eine bisher nicht beteiligte Partei einbezogen wird, also durch eine Drittwiderklage, gilt für deren Anwalt neues Gebührenrecht, wenn er bislang noch nicht tätig war.[26]   43

Wiederaufnahmeverfahren. Das Wiederaufnahmeverfahren stellt unabhängig von dem zugrunde liegenden Rechtsstreit eine eigene Angelegenheit dar, so dass die Anwendung des maßgebenden Gebührenrechts gesondert zu prüfen ist.   44

Zulassung eines Rechtsmittels. Das Verfahren auf Zulassung eines Rechtsmittels ist bereits Teil des Rechtsmittelverfahrens und bildet mit dem zugelassenen Rechtsmittel eine einzige Angelegenheit (§ 16 Nr. 11 RVG). Eine Änderung des Gebührenrechts zwischen dem Auftrag zum Zulassungsantrag und der Zulassung des Rechtsmittels ist daher unerheblich. Anders verhält es sich allerdings im Falle der Nichtzulassungsbeschwerde (s. „Nichtzulassungsbeschwerde", Rn 24).   45

Zurückverweisung. Wird ein Verfahren nach dem 31.7.2013 zurückverwiesen, so richten sich die Gebühren im Verfahren nach Zurückverweisung nach neuem Recht,[27] und zwar in allen Verfahren, also auch in Strafsachen.[28] Hier ist allerdings in Verfahren nach Teil 3 VV bei Zurückverweisung an ein bereits mit der Sache befasstes Gericht nach Vorbem. 3 Abs. 6 VV die Anrechnung der (alten) Verfahrensgebühr zu beachten.   46

Beispiel 10: Das Verfahren aus 2012 (Wert: 5.000 €) ist im August 2013 vom Berufungsgericht an die erste Instanz zurückverwiesen worden. Der Anwalt erhält:

I. Verfahren vor Zurückverweisung

1. 1,3-Verfahrensgebühr, Nr. 3100 VV		391,30 €
2. 1,2-Terminsgebühr, Nr. 3104 VV		361,20 €
3. Postentgeltpauschale, Nr. 7002 VV		20,00 €
Zwischensumme	777,50 €	
4. 19 % Umsatzsteuer, Nr. 7008 VV		146,78 €
Gesamt		**919,28 €**

II. Verfahren nach Zurückverweisung

1. 1,3-Verfahrensgebühr, Nr. 3100 VV		393,90 €
2. gem. Vorbem. 3 Abs. 6 VV anzurechnen		– 391,30 €
3. 1,2-Terminsgebühr, Nr. 3104 VV		363,60 €
4. Postentgeltpauschale, Nr. 7002 VV		20,00 €
Zwischensumme	386,20 €	
5. 19 % Umsatzsteuer, Nr. 7008 VV		73,48 €
Gesamt		**459,58 €**

Zwangsvollstreckung. Eine eigene Angelegenheit stellt auch die Zwangsvollstreckung dar. Dabei gilt jede Vollstreckung als gesonderte Angelegenheit (§ 18 Abs. 1 Nr. 1 RVG). Hier kommt es also auf den jeweiligen Vollstreckungsauftrag an: 47

---

25 OLG Bamberg JurBüro 1978, 364; OLG Hamm JurBüro 1979, 45; OLG Düsseldorf JurBüro 1980, 852.
26 OLG Bamberg AnwBl 1989, 627.
27 LG München AGS 2007, 459; OLG München AGS 2007, 624; OLG Düsseldorf AGS 2008, 242.
28 KG AGS 2005, 449; OLG Düsseldorf JurBüro 1988, 1352.

■ Einen Vollstreckungsauftrag vor Erlass des Vollstreckungstitels wird man idR als bedingten Auftrag (s. Rn 5) ansehen müssen, so dass es auf den Zeitpunkt ankommt, in dem der Anwalt von der Existenz des Titels Kenntnis erhält.

■ Bei mehreren Vollstreckungsverfahren (Mobiliarpfändung, Lohnpfändung, Vermögensauskunft) ist jeweils auf den einzelnen Auftrag abzustellen.

■ Wird von vornherein ein genereller Auftrag zur Vollstreckung erteilt, so ist dieser idR als unbedingter Auftrag zu einer ersten Vollstreckungsmaßnahme (zB Mobiliarvollstreckung) zu verstehen und als bedingter Auftrag zu weiteren Vollstreckungen (zB Verfahren auf Abgabe der Vermögensauskunft nach Erhalt der Fruchtlosigkeitsbescheinigung). Hier ist also auch die zwischenzeitliche Gebührenänderung zu berücksichtigen.

Beispiel 11: Der Anwalt hatte im Mai 2013 einen sog. Kombi-Auftrag erhalten. Er beauftragt zunächst den Gerichtsvollzieher, der im August 2013 die Fruchtlosigkeit feststellt und sodann antragsgemäß das Verfahren auf Abgabe der Vermögensauskunft einleitet.

Das Mobiliarvollstreckungsverfahren ist nach den alten Beträgen abzurechnen, das Verfahren auf Abgabe der Vermögensauskunft dagegen nach den neuen Beträgen und dem neuen Höchstwert des § 25 Abs. 1 Nr. 4 RVG.

48 **Zwei-Jahres-Frist.** Erhält der Anwalt nach Ablauf von zwei Kalenderjahren, nachdem der Erstauftrag erledigt ist, den Auftrag zu weiterer Tätigkeit, so gilt diese weitere Tätigkeit nach § 15 Abs. 5 S. 2 RVG als neue Angelegenheit. Die Gebühren richten sich in diesem Fall nach dem 31.7.2013 für die weitere Tätigkeit nach dem neuen RVG.[29] Die Vorschrift ist nicht anzuwenden bei bloßem Ruhen des Verfahrens (s. Rn 28) oder bei einer Aussetzung des Verfahrens (s. Rn 15).[30]

III. Rechtsmittelverfahren (§ 60 Abs. 1 S. 2 RVG)

49 In Rechtsmittelverfahren gilt der allgemeine Grundsatz des § 60 Abs. 1 S. 1 RVG (s. Rn 4 ff) nicht uneingeschränkt. Hier ist zu differenzieren, ob der Anwalt vorinstanzlich tätig war oder nicht.

■ War der Anwalt **vorinstanzlich nicht tätig**, bleibt es beim allgemeinen Grundsatz des § 60 Abs. 1 S. 1 RVG. Es kommt auf die Auftragserteilung an.

■ War der Anwalt **bereits in der Vorinstanz tätig**, dann gilt für den Anwalt des Rechtsmittelführers nach § 60 Abs. 1 S. 2 RVG abweichend von dem allgemeinen Grundsatz nicht das Datum der Auftragserteilung, sondern der Tag, an dem das Rechtsmittel eingelegt worden ist, wenn die Einlegung nach dem 31.7.2013 erfolgte. Ansonsten bleibt es auch hier bei der Auftragserteilung.

IV. Zusammengerechnete Werte (§ 60 Abs. 2 RVG)

50 Berechnen sich die Gebühren nach dem zusammengerechneten Wert mehrerer Gegenstände, so gilt für die gesamte Vergütung das bisherige Recht, wenn dies nach § 60 Abs. 2 S. 1 RVG nur für einen Teil der Gegenstände gelten würde. Der Anwendungsbereich dieser Vorschrift beschränkt sich ausschließlich auf **Verfahrensverbindung**, was zumeist verkannt wird.

51 Werden mehrere selbstständige Verfahren miteinander verbunden, so berechnen sich nach Verbindung die Gebühren aus den zusammengerechneten Werten der verbundenen Verfahren. Soweit für das eine Verfahren altes Recht galt und für das andere bereits neues Recht, gilt nach Verbindung gem. § 60 Abs. 2 RVG fortan neues Recht; auf das Datum der einzelnen Auftragserteilungen kommt es nicht an.

29 BGH AGS 2010, 477; OLG München AGS 2006, 369.
30 OLG Köln AGS 2011, 321; FG Baden Württemberg AGS 2010, 606 = EFG 2011, 373 = StE 2010, 729.

114

Beispiel 12: Der Anwalt hatte im April 2013 Klage gegen B erhoben, die im Mai 2013 zugestellt worden ist. Im August 2013 erhebt B eine selbstständige Klage gegen A. Beide Verfahren sind im September gem. § 145 ZPO verbunden und gemeinsam verhandelt worden.

Die Vergütung im Klageverfahren des A richtet sich nach altem Recht; die Vergütung im Klageverfahren des B nach neuem Recht. Da sich nach der Verbindung die Gebühren gem. § 23 Abs. 1 S. 1 RVG iVm § 45 Abs. 1 GKG aus den zusammengerechneten Werten richten, gilt nach § 60 Abs. 2 RVG für die weiteren Gebühren, die nach der Verbindung entstehen, neues Recht. Für die bis zur Verbindung angefallenen Gebühren bleibt es dagegen bei § 60 Abs. 1 S. 1 RVG. Es gilt hier gespaltenes Kostenrecht.

C. Übergangsfälle bei Änderungen anderer Kostengesetze

Soweit andere Kostengesetze geändert worden sind, auf die das RVG Bezug nimmt, gilt §60 Abs. 1 S. 3 RVG. Das betrifft insbesondere die Ersetzung der KostO durch das GNotKG oder auch Änderungen von Wertvorschriften im GKG oder FamGKG. Es gilt dann jeweils die Fassung, die bei Auftragserteilung an den Anwalt galt. Das kann zur Folge haben, dass für Gericht und Anwalt unterschiedliche Wert gelten.[31] **52**

Beispiel 13: Im Juli 2013 ist die Scheidung eingereicht worden. Das Gericht setzt den Verfahrenswert auf den Mindestwert des § 43 Abs. 1 S. 2 FamGKG aF fest (2.000 €). Der Anwalt ist vom Antragsgegner im September 2013 beauftragt worden.

Auch er ist an den Mindestwert gebunden. Nach § 60 Abs. 1 S. 3 RVG gilt für ihn jedoch der neue Mindestwert des § 43 Abs. 1 S. 2 FamGKG nF iHv 3.000 €.

D. Übergangsfälle BRAGO/RVG

§ 61 RVG regelt das Übergangsrecht anlässlich des Inkrafttretens des RVG. Diese Vorschrift orientiert sich an § 60 RVG, so dass auf die Ausführungen in Rn 4 ff verwiesen werden kann. Auch hier kommt es für die Beantwortung der Frage, welches Recht anzuwenden ist, auf den Tag der **Auftragserteilung zur jeweiligen Angelegenheit** iSd § 15 RVG ab. Das bedeutet, dass die Prüfung für jede gebührenrechtliche Angelegenheit gesondert vorzunehmen ist. **53**

Beispiel 14: Der Anwalt hatte im Mai 2004 den Auftrag erhalten, Klage einzureichen, und im Februar 2005, gegen das ergangene Urteil Berufung einzulegen.

Die Vergütung für das Klageverfahren richtet sich nach der BRAGO; für das Berufungsverfahren gilt gem. § 61 RVG bereits das RVG.

Maßgebend ist grundsätzlich der Tag der (unbedingten) **Auftragserteilung**. Das Recht, das an diesem Tag galt, ist für die gesamte Angelegenheit anzuwenden, unabhängig davon, wie lange diese Angelegenheit dauert. Ist dem Anwalt ein **bedingter Auftrag** erteilt worden, dann kommt es nicht auf die Erteilung des Auftrags an, sondern auf den Eintritt der Bedingung. **54**

Ist der Anwalt im Rahmen der **Prozesskostenhilfe** (§ 121 Abs. 1 ZPO) oder anderweitig (zB § 11 a ArbGG) beigeordnet worden, ist auch hier nach zutreffender Ansicht das Datum der Auftragserteilung maßgebend, sofern dies vor der Beiordnung liegt. Das gilt auch dann, wenn der Auftrag zur Hauptsache nur bedingt für den Fall erteilt worden ist, dass insoweit Prozesskostenhilfe bewilligt werde. Der Auftrag für das Prozesskostenhilfeverfahren und der für den Fall der Bewilligung bedingte Auftrag zum Hauptsacheverfahren betreffen nämlich dieselbe Angelegenheit (§ 16 Nr. 2 RVG).[32] **55**

---

31 AG Meiningen AG kompakt 2013, 101 = JurBüro 2012, 146.
32 Str.; wie hier: zuletzt OLG Koblenz AGS 2006, 183 = JurBüro 2006, 198; aA, wonach es auf die Beiordnung ankomme: zuletzt OLG Dresden AGS 2007, 625 = FamRZ 2007, 1671.

Beispiel 15: Der Anwalt hatte im Mai 2004 den Auftrag erhalten, Prozesskostenhilfe zu beantragen; im Juli 2004 wurde Prozesskostenhilfe bewilligt und der Anwalt beigeordnet. Der Auftrag ist bereits vor dem 1.7.2004 erteilt worden. Abzurechnen ist nach der BRAGO.

56 Im Falle einer **gerichtlichen Bestellung** – insbesondere beim Pflichtverteidiger – verhält es sich anders. Hier kommt es auch dann auf die Bestellung an, wenn der Rechtsanwalt den Auftrag zum Wahlanwaltsmandat bereits vor dem 1.7.2004 erhalten hatte, da das Mandat zur Wahlverteidigung mit der Bestellung zum Pflichtverteidiger endet. In diesem Fall erhält der Anwalt die Wahlverteidigervergütung nach BRAGO und die Pflichtverteidigervergütung nach RVG.[33]

57 Sind Gebühren nach dem **zusammengerechneten Wert** mehrerer Gegenstände zu bemessen, gilt für die gesamte Vergütung das bisherige Recht auch dann, wenn dies nach § 61 Abs. 1 RVG nur für einen der Gegenstände gelten würde (§§ 61 Abs. 1 S. 3, 60 Abs. 2 S. 1 RVG). Dies betrifft insbesondere die Verbindung eines BRAGO- mit einem RVG-Verfahren. Ab Verbindung setzt sich das ältere Gebührenrecht durch.

58 Eine Besonderheit gilt in **Anrechnungsfällen.** Dort ist zunächst einmal jede Angelegenheit nach ihrem eigenen Recht zu berechnen und dann die BRAGO-Gebühr auf die RVG-Gebühr anzurechnen.

Beispiel 16: Der Anwalt hatte im Mai 2004 den Auftrag für ein Klageverfahren vor dem AG (Wert: 5.000 €) erhalten. Im August 2005 erging ein Urteil, gegen das Berufung eingelegt wurde. Das LG hob im November 2006 das Urteil des AG auf und verwies die Sache an das AG zur erneuten Entscheidung zurück. Dort wurde erneut verhandelt.

Für das Verfahren vor Zurückverweisung ist gem. § 61 Abs. 1 RVG noch die BRAGO anzuwenden, während für das Verfahren nach Zurückverweisung bereits das RVG gilt. Die BRAGO-Prozessgebühr ist jetzt analog Vorbem. 3 Abs. 6 VV auf die RVG-Verfahrensgebühr anzurechnen.[34]

I. Verfahren vor der Zurückverweisung (BRAGO)

1.	10/10-Prozessgebühr, § 31 Abs. 1 Nr. 1 BRAGO	301,00 €
2.	10/10-Verhandlungsgebühr, § 31 Abs. 1 Nr. 2 BRAGO	301,00 €
3.	Postentgeltpauschale, § 26 S. 2 BRAGO	20,00 €
	Zwischensumme	622,00 €
4.	16 % Umsatzsteuer, § 25 Abs. 2 BRAGO[35]	99,52 €
	Gesamt	**721,52 €**

II. Verfahren nach der Zurückverweisung (RVG)

1.	1,3-Verfahrensgebühr, Nr. 3100 VV	393,90 €
2.	gem. Vorbem. 3 Abs. 6 VV anzurechnen	– 301,00 €
3.	1,2-Terminsgebühr, Nr. 3104 VV	363,60 €
4.	Postentgeltpauschale, Nr. 7002 VV	20,00 €
	Zwischensumme	476,50 €
5.	19 % Umsatzsteuer, Nr. 7008 VV	90,54 €
	Gesamt	**567,04 €**

---

33 OLG Bamberg AGS 2005, 399 = RVGreport 2005, 260.
34 OLG München AGS 2007, 624; LG München AGS 2007, 459.
35 Hier gilt noch der frühere Steuersatz von 16 %.

Teil 3:
Gebühren und Auslagen

§ 9 Allgemeine Gebühren

A. Überblick

In Teil 1 VV sind allgemeine Gebühren geregelt, also solche Gebühren, die neben den besonderen Gebühren der Teile 2 bis 6 VV anfallen können (Vorbem. 1 VV). **1**

Geregelt sind hier zunächst die **Einigungsgebühr** (Nr. 1000 ff VV), die **Aussöhnungsgebühr** (Nr. 1001 ff VV) und die **Erledigungsgebühr** (Nr. 1002 ff VV). Diese Gebühren können nie isoliert entstehen, sondern setzen immer eine entsprechende Betriebsgebühr voraus (zB Nr. 2300, Nr. 3100, Nr. 3500 VV). **2**

Des Weiteren ist in Nr. 1009 VV die **Hebegebühr** geregelt, die bei Auszahlen von Geldern (Anm. Abs. 1 zu Nr. 1009 VV) bzw bei Ablieferung oder Rücklieferung von Kostbarkeiten oder Wertgegenständen (Anm. Abs. 4 zu Nr. 1009 VV) anfällt. Jede Auszahlung, Ablieferung oder Rücklieferung ist dabei eine eigene Angelegenheit iSd § 15 RVG. **3**

Darüber hinaus ist mit dem 2. KostRMoG zum 1.8.2013 eine **Zusatzgebühr für besonders umfangreiche Beweisaufnahmen** (Nr. 1010 VV) eingeführt worden. Systematisch gehört diese Gebühr an sich in Teil 3 VV, da sie nur für Verfahren nach diesem Teil gilt. **4**

Schließlich ist in Nr. 1008 VV die **Gebührenerhöhung bei mehreren Auftraggebern** geregelt. Entgegen dem Wortlaut der Überschrift zu Teil 1 VV handelt es sich insoweit aber nicht um eine eigene Gebühr, sondern lediglich um eine Hilfsvorschrift, die zur Erhöhung anderer Gebühren führt (s. hierzu § 4 Rn 21 ff). Da diese Erhöhung jedoch für alle Geschäfts- und Verfahrensgebühren der Teile 2 bis 6 VV gilt, war es zweckmäßig, diese Vorschrift in Teil 1 VV zu regeln. **5**

B. Einigungsgebühr

I. Überblick

Neben den jeweiligen besonderen Gebühren kann der Anwalt in den meisten Angelegenheiten zusätzlich eine Einigungsgebühr nach den Nr. 1000 ff VV verdienen. **Ausgeschlossen** ist die Einigungsgebühr nach Nr. 1000 VV **6**

- gem. Anm. Abs. 5 zu Nr. 1000 VV in Ehesachen (§ 121 FamFG) und in Lebenspartnerschaftssachen (§ 269 Abs. 1 Nr. 1 und 2 FamFG). Insoweit kommt nur die Aussöhnungsgebühr in Betracht. Möglich ist dagegen eine Einigung über Folgesachen;
- gem. Anm. Abs. 4 zu Nr. 1000 VV bei Rechtsverhältnissen des öffentlichen Rechts, soweit über die Ansprüche nicht verfügt werden kann. Möglich ist allerdings die Erledigungsgebühr nach Nr. 1002 VV.

Werden in einem Verfahren **mehrere Einigungen** geschlossen, etwa zunächst eine Einigung zum Haftungsgrund und später zur Schadenshöhe, oder mehrere Teileinigungen, so entsteht die Gebühr aus dem Gesamtwert (§ 22 Abs. 1 RVG) nur einmal (§ 15 Abs. 2 RVG). **7**

Seit dem 1.8.2013 sieht Nr. 1000 VV zwei Varianten der Einigungsgebühr vor. Danach entsteht eine Einigungsgebühr sowohl für den Abschluss einer Einigung (Anm. Abs. 1 S. 1 **Nr. 1** zu Nr. 1000 VV) als auch für den Abschluss einer Zahlungsvereinbarung (Anm. 1 S. 1 **Nr. 2** Nr. 1000 VV). **8**

II. Einigung

Voraussetzung ist – im Gegensatz zur früheren Vergleichsgebühr des § 23 BRAGO – nicht mehr der Abschluss eines „echten Vergleichs" iSd § 779 BGB. Es genügt vielmehr, „wenn **9** durch Vertrag der Streit oder die Ungewissheit der Parteien über ein Rechtsverhältnis beseitigt wird". Die Einigung setzt damit den **Abschluss eines gegenseitigen Vertrages** voraus. Dieser Vertrag muss nicht notwendigerweise mit der Gegenpartei geschlossen werden. Auch die Einigung mit einem Dritten kann ausreichen.[1]

10 Weitere Voraussetzung ist, dass zwischen den Parteien **Streit oder Ungewissheit über ein Rechtsverhältnis** bestanden haben muss. Daran fehlt es beim bloßen Abschluss eines Vertrages oder eines Aufhebungsvertrages. Mangels Streit über ein Rechtsverhältnis entsteht keine Einigungsgebühr,[2] es sei denn, durch den Vertrag oder Aufhebungsvertrag soll ein Streit darüber vermieden werden, ob ein Anspruch auf Abschluss eines solchen Vertrages bestand (etwa ein Anspruch aus einem Vorvertrag).

11 Der Streit oder die Ungewissheit der Parteien muss durch das **Nachgeben** zumindest einer Partei beseitigt werden, wobei ein vollständiges Nachgeben in Form eines Anerkenntnisses oder ein vollständiger Verzicht für sich genommen noch nicht ausreicht (Anm. Abs. 1 zu Nr. 1000 VV). So reicht aber eine Einigung darüber, dass die eine Partei die Klageforderung teilweise anerkenne und die andere Partei die Klage im Übrigen zurücknehme.[3]

12 Weiterhin erforderlich ist eine **Mitwirkung** des Anwalts beim Abschluss der Einigung. In welcher Form der Anwalt mitgewirkt hat, ist unerheblich. Ausreichend ist grundsätzlich jede mitursächliche Tätigkeit, die zum Abschluss der Einigung führt.[4] Die Teilnahme an Vertragsverhandlungen reicht aus, es sei denn, die Teilnahme war für den späteren Abschluss des Vertrages nicht ursächlich (Anm. Abs. 2 zu Nr. 1000 VV). Auch für weitere Anwälte kann die Einigungsgebühr anfallen, wenn sie mitursächlich für den Abschluss der Einigung waren. Dies gilt insbesondere für den Verkehrsanwalt oder einen Terminsvertreter.[5]

13 Die **Beweislast** für die Mitwirkung an der Einigung liegt grundsätzlich beim Rechtsanwalt. Lediglich dann, wenn er an Vertragsverhandlungen teilgenommen hat, kehrt sich die Beweislast um. Seine Mitwirkung wird vermutet (Anm. Abs. 2 zu Nr. 1000 VV). Der Auftraggeber muss dann die fehlende Ursächlichkeit beweisen.

14 Wird die Einigung unter einem **Widerrufsvorbehalt** geschlossen, so entsteht die Einigungsgebühr erst, wenn die Einigung nicht mehr widerrufen werden kann (Anm. Abs. 3 zu Nr. 1000 VV). Ist die Einigung vom **Eintritt einer Bedingung** abhängig, so entsteht die Gebühr erst mit Eintritt der Bedingung. Ein späterer **Rücktritt** vom Einigungsvertrag lässt die entstandene Gebühr unberührt, da diese nicht die Wirksamkeit des Vertrages berührt.[6] Eine **Anfechtung** nach §§ 119 ff BGB beseitigt dagegen den Vertrag und führt somit auch zum Wegfall der Einigungsgebühr.[7]

III. Zahlungsvereinbarung

15 Mit dem 2. KostRMoG ist zum 1.8.2013 eine Einigungsgebühr für eine sog. Zahlungsvereinbarung eingeführt worden. Mit dieser Variante nach Anm. Abs. 1 S. 1 **Nr. 2** zu Nr. 1000 VV sollen die Fälle erfasst werden, in denen

---

1 AnwK-RVG/*Onderka/Schafhausen/Schneider/Thiel*, Nr. 1000 VV Rn 35.
2 OLG Düsseldorf AGS 2003, 496 m. Anm. *N. Schneider*; OLG Düsseldorf JurBüro 2001, 87 = OLGR 2001, 259; LG Köln AGS 2002, 64, 210 = JurBüro 2001, 643; Bischof u.a./*Bischof*, Nr. 1000 Rn 60 ff; AnwK-RVG/ *Onderka/Schafhausen/Schneider/Thiel*, Nr. 1000 VV Rn 63.
3 BGH AGS 2007, 366 = AnwBl 2007, 551 = RVGreport 2007, 275.
4 Siehe hierzu AnwK-RVG/*N. Schneider*, Nr. 1000 VV Rn 125.
5 OLG München AGS 2008, 52 = JurBüro 2007, 595 = RVGreport 2007, 392; OLG München JurBüro 2009, 487 = RVGreport 2009, 315 = FamRZ 2009, 1782 = FamRB 2009, 345; AG Köln AGS 2007, 133 = AnwBl 2007, 239 = JurBüro 2007, 139; AG Berlin-Mitte JurBüro 2006, 422 = AnwBl 2007, 91.
6 OLG Koblenz JurBüro 1986, 1526.
7 OLG München MDR 1991, 263 = AnwBl 1991, 273; aA OLG Schleswig JurBüro 1991, 932 (Bestehenbleiben der Einigungsgebühr).

- kein Streit über den Bestand der Forderung (mehr) besteht,
- dem Schuldner die Forderung gestundet oder ihm nachgelassen wird, die Forderung in Raten zu zahlen, und
- der Gläubiger auf eine Vollstreckung der Forderung vorläufig verzichtet.

Gleichzeitig ist in § 31 b RVG klargestellt worden, dass eine solche Einigung nicht mit dem Wert der Hauptsache zu bewerten ist, sondern lediglich mit 20 % der Hauptsache. **16**

Beispiel 1: Der Anwalt macht für seinen Mandaten eine Forderung iHv 5.000 € geltend. Der Schuldner erkennt die Forderung an, erklärt aber, nicht zahlen zu können. Er bietet eine Ratenzahlungsvereinbarung an, der der Anwalt zustimmt und für den Fall der pünktlichen Ratenzahlung auf eine Titulierung verzichtet.

Die Geschäftsgebühr entsteht aus dem vollen Wert, die Einigungsgebühr dagegen nur aus dem Wert von 20 % der Forderung.

1.	1,3-Geschäftsgebühr, Nr. 2300 VV (Wert: 5.000 €)	393,90 €
2.	1,5-Einigungsgebühr, Nr. 1000 VV (Wert: 1.000 €)	120,00 €
3.	Postentgeltpauschale, Nr. 7002 VV	20,00 €
	Zwischensumme 533,90 €	
4.	Umsatzsteuer, Nr. 7008 VV	101,44 €
	Gesamt	**635,34 €**

Beispiel 2: Der Anwalt hat für seinen Mandaten einen rechtskräftigen Vollstreckungsbescheid über 1.860 € erwirkt und droht die Zwangsvollstreckung an. Daraufhin meldet sich der Gegner und bietet eine Ratenzahlungsvereinbarung an, der der Anwalt zustimmt und für den Fall der pünktlichen Ratenzahlung auf Vollstreckungsmaßnahmen verzichtet.

Der Anwalt erhält die Verfahrensgebühr der Nr. 3309 VV aus dem vollen Wert, die Einigungsgebühr dagegen nur aus dem Wert iHv 20 % des Anspruchs (§ 31 b RVG), also aus dem Wert von 372 €.

1.	0,3-Verfahrensgebühr, Nr. 3309 VV (Wert: 1.860 €)	45,00 €
2.	1,5-Einigungsgebühr, Nr. 1000, VV (Wert: 372 €)	67,50 €
3.	Postentgeltpauschale, Nr. 7002 VV	20,00 €
	Zwischensumme 132,50 €	
4.	Umsatzsteuer, Nr. 7008 VV	25,18 €
	Gesamt	**157,68 €**

Wäre der Vollstreckungsauftrag bereits erteilt gewesen, dann wäre die Einigungsgebühr nur zu einem Satz von 1,0 angefallen (Nr. 1003 VV).

Setzt der **Gerichtsvollzieher** einen **Zahlungsplan nach § 802 b Abs. 2 S. 2 ZPO** fest, löst dies keine Einigungsgebühr nach Anm. Abs. 1 S. 1 Nr. 2 zu Nr. 1000 VV aus, selbst wenn der Anwalt des Gläubigers sich damit einverstanden erklärt.[8] Die Rspr begründet dies damit, dass es an einem Vertrag zwischen Gläubiger und Schuldner fehle und der Anwalt an dem Zahlungsplan nicht mitwirke. Darauf kommt es letztlich gar nicht an, da es an dem „vorläufigem Verzicht auf Vollstreckungsmaßnahmen" fehlt, da der Gläubiger bei einem Ratenzahlungsplan des Gerichtsvollziehers gerade nicht auf die bereits eingeleitete Vollstreckungsmaßnahme verzichtet, sondern diese weiter durchführen will, indem er vom Gerichtsvollzieher die Raten einziehen lässt. **17**

Hinweis: Nach der Rspr des BGH[9] sind die Kosten eines im Zwangsvollstreckungsverfahren geschlossenen Vergleichs in entsprechender Anwendung von § 98 S. 1 ZPO als gegeneinander aufgehoben anzusehen, wenn nicht die Parteien ein anderes vereinbart haben. Bei **18**

---

8 AG Augsburg DGVZ 2014, 25; AG Düsseldorf DGVZ 2013, 219; LG Duisburg AGS 2013, 577 = FoVo 2013, 195 = RVGreport 2013, 431 = NJW-Spezial 2014, 27.
9 BGH AGS 2007, 302 = NJW 2007, 1213 = RVGreport 2007, 276.

Abschluss einer Ratenzahlungsvereinbarung sollte daher auf jeden Fall auch vereinbart werden, dass der Schuldner die Kosten der Einigung übernimmt.

IV. Gebührenhöhe

1. Abrechnung nach dem Gegenstandswert

19 Soweit sich die Gebühren gem. § 2 Abs. 1 RVG nach dem Gegenstandswert richten, sind **drei Gebührensätze** vorgesehen:

■ Nr. 1000 VV: 1,5-Gebühr (Grundsatz);

■ Nr. 1003 VV: 1,0-Gebühr bei Einigung über anhängige Gegenstände, es sei denn, diese sind anhängig

  – lediglich in einem Beweisverfahren oder in einem darauf gerichteten Prozess- oder Verfahrenskostenhilfeprüfungsverfahren (dann gilt Nr. 1000 VV),

  – in einem Berufungs- oder Revisionsverfahren oder in einem Beschwerde- oder Rechtsbeschwerdeverfahren nach Vorbem. 3.2.1 VV und Vorbem. 3.2.2 VV (dann gilt Nr. 1004 VV);

■ Nr. 1004 VV: 1,3-Gebühr bei Einigung über Gegenstände, die in einem Berufungs- oder Revisionsverfahren oder einem gleichgestellten Verfahren anhängig sind.

20 Abgestellt wird nur darauf, ob der Gegenstand, über den sich die Parteien einigen, anhängig ist und ggf in welcher Instanz. Darauf, wo sich die Parteien einigen (außergerichtlich, erstinstanzlich oder in einem Berufungsverfahren), kommt es für die Höhe nicht an.

Beispiel 3: Der Anwalt vertritt außergerichtlich den Schuldner und einigt sich mit dem Gläubiger über eine Forderung, über die dieser bereits einen Mahnbescheid beantragt hat.

Obwohl der Anwalt außergerichtlich tätig war, entsteht nur die 1,0-Einigungsgebühr nach Nr. 1003 VV, weil der Gegenstand bereits gerichtlich anhängig war.

21 Hinsichtlich der Einigungsgebühr kann es auch zu **Mischfällen** kommen, also wenn die Parteien sich sowohl über anhängige als auch über nicht anhängige Gegenstände einigen oder über Ansprüche, die sowohl in erster Instanz als auch im Berufungs- oder Revisionsverfahren anhängig sind. Zu verfahren ist in solchen Fällen nach § 15 Abs. 3 RVG. Soweit unterschiedliche Gebührensätze anfielen, sind also zunächst nach den jeweiligen Gebührensätzen Teilgebühren zu berechnen. Insgesamt darf der Anwalt jedoch nicht mehr fordern als eine Gebühr aus dem höchsten Gebührensatz nach dem Gesamtwert.

Beispiel 4: Der Anwalt hat für den Auftraggeber 10.000 € eingeklagt. Im Termin vergleichen sich die Parteien sodann unter Mitwirkung des Anwalts auch über weitere 8.000 €, die nicht anhängig sind.

Es entstehen jetzt unter Beachtung des § 15 Abs. 3 RVG zwei Teilgebühren:

1. 1,0-Einigungsgebühr, Nr. 1000, 1003 VV (Wert: 10.000 €)	558,00 €
2. 1,5-Einigungsgebühr, Nr. 1000 VV (Wert: 8.000 €)	684,00 €
gem. § 15 Abs. 3 RVG nicht mehr als 1,5 aus 18.000 €	1.044,00 €

Beispiel 5: Im Berufungsverfahren einigen sich die Parteien im Termin über die dort anhängigen 10.000 € sowie über weitere 8.000 €, die erstinstanzlich anhängig sind.

1. 1,3-Einigungsgebühr, Nr. 1000, 1004 VV (Wert: 10.000 €)	725,40 €
2. 1,0-Einigungsgebühr, Nr. 1000, 1003 VV (Wert: 8.000 €)	456,00 €
gem. § 15 Abs. 3 RVG nicht mehr als 1,3 aus 18.000 €	904,80 €

22 In Anm. Abs. 1 S. 1 zu Nr. 1003 VV wird klargestellt, dass eine Anhängigkeit auch dann gegeben ist, wenn ein Verfahren über die Prozess- oder Verfahrenskostenhilfe anhängig ist, soweit nicht lediglich

■ Prozess- oder Verfahrenskostenhilfe für ein selbstständiges Beweisverfahren oder

■ die gerichtliche Protokollierung des Vergleichs beantragt wird oder

■ sich die Beiordnung kraft Gesetzes auf den Abschluss eines Vertrages iSd Nr. 1000 VV (§ 48 Abs. 3 RVG) erstreckt (Folgenvereinbarung in Verbundverfahren).

Der Antrag auf Prozess- oder Verfahrenskostenhilfe zur Durchführung eines Verfahrens 23 (sei es als Kläger/Antragsteller oder Beklagter/Antragsgegner) führt also bereits zur Reduzierung auf 1,0 oder 1,3. Wird dagegen die Prozess- oder Verfahrenskostenhilfe nur für den Mehrwert eines Vergleichs beantragt oder erstreckt sie sich kraft Gesetzes (§ 48 Abs. 3 RVG) auf den Mehrwert, bleibt es bei der 1,5-Einigungsgebühr, soweit der Mehrwert nicht anderweitig anhängig ist.

Beispiel 6: Der Anwalt ist im Rahmen der Prozesskostenhilfe beigeordnet und hat für den Auftraggeber 1.700 € eingeklagt. Im Termin vergleichen sich die Parteien sodann unter Mitwirkung des Anwalts auch über weitere 1.300 €, die nicht anhängig sind. Für den Mehrwert des Vergleichs wird Prozesskostenhilfe bewilligt.

Die Reduzierung der Nr. 1003 VV gilt nur für die anhängigen 1.700 €, nicht auch für den Mehrwert des Vergleichs. Es entstehen jetzt unter Beachtung des § 15 Abs. 3 RVG also wieder zwei Teilgebühren:

1. 1,0-Einigungsgebühr, Nr. 1000, 1003 VV (Wert: 1.700 €)	133,00 €	
2. 1,5-Einigungsgebühr, Nr. 1000 VV (Wert: 1.300 €)	157,50 €	
gem. § 15 Abs. 3 RVG nicht mehr als 1,5 aus 3.000 €		283,50 €

Der **Gegenstandswert** der Einigungsgebühr der Anm. Abs. 1 S. 1 **Nr. 1** zu Nr. 1000 VV bemisst sich danach, **über welche streitigen Ansprüche** sich die Parteien bzw Beteiligten geeinigt haben. Es kommt **nicht** darauf an, **worauf** sich die Parteien bzw Beteiligten geeinigt haben, also welche Leistungen im Wege der Einigung übernommen worden sind.[10]

Beispiel 7: Eingeklagt sind 5.000 €. Die Parteien einigen sich, dass zum Ausgleich der Klageforderung 2.500 € gezahlt werden.

Der Gegenstandswert der Einigung beträgt 5.000 €.

Beispiel 8: Im Kündigungsschutzprozess (Monatseinkommen 1.500 €) einigen sich die Parteien auf eine Abfindung iHv 7.500 €.

Der Gegenstandswert der Einigung beträgt 4.000 € (Quartalseinkommen – § 42 Abs. 2, 1. Hs. GKG). Der höhere Wert der Abfindung ist unerheblich (§ 42 Abs. 1, 2. Hs. GKG).

Beispiel 9: Im Räumungsprozess (Monatsmiete 600 €) einigen sich die Parteien auf eine „Umzugsbeihilfe" iHv 5.000 €.

Der Gegenstandswert der Einigung beträgt 7.200 € (Jahresmiete – § 41 Abs. 1 und 2 GKG). Der höhere Wert der Umzugsbeihilfe ist unerheblich.[11]

Der **Gegenstandswert** der Einigungsgebühr der Anm. Abs. 1 S. 1 **Nr. 2** zu Nr. 1000 VV beläuft sich gem. § 31 b RVG auf 20 % der Forderung. Der Wert der Forderung bemisst sich grundsätzlich nach § 23 Abs. 1 RVG iVm §§ 3 ff ZPO, § 35 FamGKG. Im Falle der Zwangsvollstreckung bemisst sich der Wert nach § 25 Abs. 1 Nr. 1 RVG, so dass hier Zinsen und Kosten vorangegangener Vollstreckungsversuche hinzuzurechnen sind.

2. Abrechnung nach Gebührenrahmen in sozialrechtlichen Angelegenheiten

Soweit sich die Gebühren in sozialrechtlichen Angelegenheiten gem. § 3 Abs. 1 und 2 RVG 26 nicht nach dem Gegenstandswert richten, sind im Gegensatz zu dem bis zum 31.7.2013 geltenden Recht keine eigenen Gebührenrahmen mehr vorgesehen. Stattdessen wird auf die Gebührenrahmen der jeweiligen Geschäfts- oder Verfahrensgebühr verwiesen. Damit sind faktisch neue Gebührenrahmen für Einigung und Erledigung geschaffen worden. Zudem hat sich die Abrechnung vereinfacht, weil sich die Höhe der Einigungs- bzw Erledi-

---

10 Schneider/Herget/*Kurpat*, Streitwert-Kommentar, Rn 5485.
11 OLG Karlsruhe AGS 2008, 569 = JurBüro 2008, 651 = NZM 2009, 296; OLG Hamm AGS 2011, 448 = NJW-RR 2011, 1224 = MietRB 2011, 345.

gungsgebühr jetzt immer an dem konkreten Rahmen der Verfahrensgebühr orientiert und keinen eigenen Ermessensspielraum mehr eröffnet.

27 Um Streitigkeiten über die angemessene Höhe der Einigungs- oder Erledigungsgebühr zu vermeiden, ist dazu in Anm. Abs. 1 zu Nr. 1005 VV und Anm. Abs. 1 zu Nr. 1006 VV geregelt, dass die Höhe der Einigungs- oder Erledigungsgebühr nicht nur an den Rahmen der Geschäfts- oder Verfahrensgebühr angebunden wird, sondern darüber hinaus auch an die im konkreten Einzelfall gem. § 14 Abs. 1 RVG bestimmte Höhe der jeweiligen Geschäfts- oder Verfahrensgebühr. Damit besteht also für die Einigungs- und Erledigungsgebühr – nicht mehr wie nach dem bis zum 31.7.2013 geltenden Recht – ein eigener Gebührenrahmen, der nach den Kriterien des § 14 Abs. 1 RVG auszufüllen ist. Vielmehr handelt es sich faktisch um eine Festgebühr in Höhe der zuvor bestimmten Geschäfts- oder Verfahrensgebühr. Wegen der Einzelheiten wird insoweit auf die Darstellung der Abrechnung in sozialrechtlichen Angelegenheiten nach Betragsrahmengebühren verwiesen (s. § 18 Rn 8 ff).

3. Abrechnung im Privatklageverfahren

28 In Privatklagesachen können sich die Parteien auch hinsichtlich der Straffolgen einigen. Hier beläuft sich die Höhe der Einigungsgebühr nach Nr. 1000 VV gem. **Nr. 4147 VV** auf die Höhe der jeweiligen Verfahrensgebühr (s. Anm. Abs. 1 S. 3 zu Nr. 1000 VV). Daneben bleibt die Wertgebühr der Nr. 1000 VV unmittelbar anwendbar, wenn dort eine Einigung über vermögensrechtliche Ansprüche erzielt wird (Anm. S. 1 zu Nr. 4147 VV).

C. Aussöhnungsgebühr

29 In Ehesachen (§ 121 FamFG) und in Lebenspartnerschaftssachen (§ 269 Abs. 1 Nr. 1 und 2 FamFG) ist eine Einigung nicht möglich (Anm. Abs. 5 S. 1 zu Nr. 1000 VV). Stattdessen kann der Anwalt aber nach Nr. 1001 VV eine Aussöhnungsgebühr verdienen, wenn er daran mitwirkt, dass sich die Eheleute oder Lebenspartner aussöhnen. Ein ausdrücklicher Auftrag ist nicht erforderlich. Die Auftragserteilung kann sich auch konkludent aus den Umständen des Falles ergeben.[12] **Voraussetzung** ist, dass

- entweder eine Scheidungssache oder ein Verfahren auf Aufhebung der Ehe anhängig ist oder
- dass zumindest der ernstliche Wille eines Ehegatten hervorgetreten ist, ein solches Verfahren anhängig zu machen (Anm. zu Nr. 1001, 2. Alt. VV).

30 Die Lebensgemeinschaft muss auf eine **gewisse Dauer** fortgesetzt oder wieder aufgenommen werden. Eine versuchsweise Aussöhnung reicht nicht aus. Wird die Aussöhnung an **Bedingungen oder Vorbehalte** geknüpft, erwächst die Gebühr nach Nr. 1001 VV erst dann, wenn die Bedingungen erfüllt oder die Vorbehalte entfallen sind (analog Anm. Abs. 3 zu Nr. 1000 VV). Unerheblich ist es, wenn die Aussöhnung letztlich nicht auf Dauer ist und die Ehe oder Partnerschaft am Ende doch scheitert.

31 Weiterhin ist erforderlich, dass der Rechtsanwalt an der Aussöhnung **mitgewirkt** hat. Hohe Anforderungen sind nicht zu stellen. Der Anwalt muss insbesondere nicht ursächlich gewesen sein. Seine Tätigkeit muss lediglich, wenn auch begleitend, dazu geführt haben, dass die Parteien sich ausgesöhnt haben. Hierzu kann auch schon eine beratende Tätigkeit des Anwalts genügen.

32 Die **Höhe** der Aussöhnungsgebühr beläuft sich grundsätzlich auf 1,5 (Nr. 1001 VV). Ist die Ehesache oder ein Prozesskostenhilfeantrag hierzu bereits anhängig, reduziert sich die Gebühr auf 1,0 (Anm. S. 1 zu Nr. 1003 VV). Ist die Ehesache in einem Berufungs- oder Revisionsverfahren anhängig, erhält der Anwalt eine 1,3-Gebühr (Nr. 1004 VV).

---

12 LG Duisburg AGS 2104, 456 = JurBüro 2011, 245.

Der **Gegenstandswert** der Aussöhnung bemisst sich nach dem für die Ehesache festgesetz- 33
ten Wert, der sich nach § 43 Abs. 1 FamGKG berechnet. Im Falle einer Aussöhnung vor
Anhängigkeit der Ehesachen gilt gem. § 23 Abs. 1 S. 3 RVG der Wert, der im Falle des
Scheidungsantrags der Ehesache zugrunde zu legen gewesen wäre.

D. Erledigungsgebühr

In verwaltungsrechtlichen Angelegenheiten einschließlich der sozial- oder steuerrechtlichen 34
Angelegenheiten ist eine Einigungsgebühr häufig nicht möglich, weil über die Ansprüche
vertraglich nicht verfügt werden kann (Anm. Abs. 4 zu Nr. 1000 VV). Stattdessen kann
unter den Voraussetzungen der **Nr. 1002 VV** eine Erledigungsgebühr entstehen.

Voraussetzung ist, dass sich eine Rechtssache durch anwaltliche Mitwirkung ganz oder 35
teilweise

- durch Aufhebung oder Änderung des mit einem Rechtsbehelf angefochtenen Verwaltungsakts oder
- durch Erlass eines bisher abgelehnten Verwaltungsakts

erledigt.

Eine **Erledigung** iSv Nr. 1002 VV liegt vor, wenn eine abschließende Entscheidung in der 36
Hauptsache ganz oder teilweise nicht mehr notwendig ist.[13]

Für den Rechtsanwalt fällt die Erledigungsgebühr nur an, wenn er an der Erledigung **mit-** 37
gewirkt hat. Die Mitwirkung muss über das hinausgehen, was von dem Anwalt im Allgemeinen im Rahmen einer Bevollmächtigung zu erwarten ist.[14] Der Anwalt muss eine über
die Einlegung und Begründung des Widerspruchs hinausgehende besondere Tätigkeit ent-
faltet haben, die über das Maß desjenigen hinausgeht, das schon durch den allgemeinen
Gebührentatbestand für das anwaltliche Auftreten im sozialrechtlichen Widerspruchsverfahren abgegolten wird.[15] Welche Anforderungen im Einzelnen zu stellen sind, ist allerdings äußerst umstritten. Eine einheitliche Linie ist in der Rspr nicht zu erkennen, außer,
dass hier sehr restriktiv verfahren wird und die Anforderungen teilweise überspannt werden, was damit zusammenhängt, dass gerichtliche Entscheidungen hier in aller Regel im
Rahmen der Kostenerstattung zulasten einer Behörde oder im Rahmen der Prozesskostenhilfe ergehen und von dem offensichtlichen Bestreben geprägt sind, die öffentlichen Kassen
zu entlasten.

Hinsichtlich der **Höhe der Erledigungsgebühr** kann auf die Ausführungen zur Einigungs- 38
gebühr Bezug genommen werden, und zwar sowohl zu den Wertgebühren als auch zu den
Betragsrahmengebühren (s. Rn 19 ff).

E. Zusatzgebühr für besonders umfangreiche Beweisaufnahmen

Seit Wegfall der früheren Beweisgebühr zum 1.7.2004 wurde ständig kritisiert, dass das 39
RVG für umfangreiche Beweisaufnahmen, insbesondere solche, die sich über mehrere Termine erstrecken, keine angemessene Vergütung vorhalte. Der Gesetzgeber hat sich gegen
eine generelle Beweisgebühr entschieden, andererseits aber einen Ausgleich für besonders
umfangreiche Beweisaufnahmen durch eine Zusatzgebühr in Nr. 1010 VV geschaffen. Voraussetzungen der Zusatzgebühr sind:

- eine besonders umfangreiche Beweisaufnahme und
- mindestens drei gerichtliche Termine, in denen Sachverständige oder Zeugen vernommen werden. Die Teilnahme am Termin ist nicht erforderlich.

---

13 AnwK-RVG/*Schafhausen*, Nr. 1002 VV Rn 13; Mayer/Kroiß/*Mayer*, Nr. 1002 Rn 12.
14 VGH München AGS 2007, 622; BSG AGS 2007, 195; s. dazu auch AnwK-RVG/*Schafhausen*, Nr. 1002 VV
    Rn 20 f.
15 BSG RVGreport 2011, 256.

40 Die Höhe der Gebühr beträgt bei Wertgebühren 0,3. Bei Abrechnung nach Betragsrahmengebühren erhöht sich die Terminsgebühr um 30 %.

F. Hebegebühren

41 Wickelt der Anwalt Zahlungen über sein Konto ab oder leitet er Wertpapiere oder Kostbarkeiten weiter, so kann er hierfür Hebegebühren nach Nr. 1009 VV berechnen. Zu beachten ist, dass der Anwalt die Hebegebühren nur von **Aus- oder Zurückzahlungen** bzw **Ablieferungen und Rücklieferungen** berechnen kann, nicht auch von Zahlungseingängen. Unbare Zahlungen, also zB Überweisungen, Scheckübergabe oder -übersendung, stehen der Barauszahlung gleich. Jede Auszahlung ist dabei eine eigene Angelegenheit iSd § 15 RVG.

42 Die **Höhe der Hebegebühren** errechnet sich nach Nr. 1009 Nr. 1 bis 3 VV wie folgt: Bei Aus- oder Rückzahlungen erhält der Anwalt

– bis einschließlich 2.500,00 € (Nr. 1)   1 %
– aus dem Mehrbetrag bis einschließlich 10.000,00 € (Nr. 2)   0,5 %
– und aus dem Mehrbetrag über 10.000,00 € (Nr. 3)   0,25 %

43 Die Hebegebühren lassen sich je nach Höhe mit folgenden **Formeln** berechnen:

(1) Beträge oder Werte bis einschließlich 2.500,00 €

Betrag x 1 %

oder

$$\frac{Betrag}{100}$$

(2) Beträge oder Werte von 2.500,01 € bis einschließlich 10.000,00 €

(Betrag – 2.500,00 €) x 0,5 % + 25,00 €

oder

$$\frac{(Betrag - 2.500,00\ €)}{200} + 25,00\ €$$

(3) Beträge oder Werte über 10.000,00 €

(Betrag – 10.000,00 €) x 0,25 % + 62,50 €

oder

$$\frac{(Betrag - 10.000,00\ €)}{400} + 62,50\ €$$

44 Die **Mindestgebühr** beträgt 1,00 €. Ab 0,5 Cent wird aufgerundet, darunter wird abgerundet (§ 2 Abs. 2 S. 2 RVG).

45 Der **Gegenstandswert** richtet sich auch hier nach den §§ 22 ff RVG. Maßgebend ist im Falle einer Geldzahlung der ausgezahlte Betrag. Ein Additionsverbot greift hier nicht. Ausgezahlte **Zinsen und Kosten** sind Wert erhöhend, Kosten allerdings dann nicht, soweit sie an ein Gericht oder eine Behörde weitergeleitet oder eingezogene Kosten an den Auftraggeber abgeführt werden (Anm. Abs. 5 zu Nr. 1009 VV). Werden Wertgegenstände ausgehändigt, so gilt deren Verkehrswert (§ 23 Abs. 3 S. 1 RVG iVm § 46 Abs. 1 GNotKG).

Beispiel 10: Der Anwalt erhält vom Gegner eine Zahlung iHv 15.000 € und leitet diese an den Mandanten weiter. Der Anwalt kann für die Auszahlung berechnen:

1.	Hebegebühr,	
	1 % aus 2.500,00 €, Nr. 1009 Nr. 1 VV	25,00 €
	0,5 % aus 7.500,00 €, Nr. 1009 Nr. 2 VV	37,50 €
	0,25 % aus 5.000,00 €, Nr. 1009 Nr. 3 VV	12,50 €
2.	Postentgeltpauschale, Nr. 7002 VV	15,00 €
	Zwischensumme	90,00 €
3.	19 % Umsatzsteuer, Nr. 7008 VV	17,10 €
	Gesamt	**107,10 €**

Der Anwalt ist berechtigt, die ihm zustehenden Hebegebühren unmittelbar bei Weiterleitung der Fremdgelder an den Auftraggeber zu **entnehmen** (Anm. Abs. 2 S. 2 zu Nr. 1009 VV). Ein Einverständnis des Auftraggebers ist nicht erforderlich. Es handelt sich bei dieser Vorschrift um ein spezielles Vorschussrecht, denn auch die Hebegebühr wird gem. § 8 Abs. 1 S. 1 RVG erst mit Beendigung des Auftrags fällig, also mit Ablieferung des Geldes.[16] Das Entnahmerecht entbindet den Anwalt daher auch nicht davon, die Hebegebühr nachträglich gem. § 10 Abs. 2 S. 1, Abs. 3 RVG ordnungsgemäß abzurechnen. — 46

Beispiel 11: Der Anwalt will im vorangegangenen Beispiel 10 seine Hebegebühr vorab entnehmen.

Der Anwalt erhält auch in diesem Fall die Hebegebühr aus 15.000 €, obwohl er diesen Betrag nicht in voller Höhe weiterleitet.

Er darf aus dem weiterzuleitenden Betrag iHv	15.000,00 €
seine Hebegebühren nebst Auslagen entnehmen,	− 107,10 €
so dass nur noch auszuzahlen sind	**14.892,90 €**

Die Höhe der zu entnehmenden Gebühr berechnet sich in diesen Fällen – entgegen dem Wortlaut – also nicht nach dem ausgezahlten Betrag, sondern nach dem ohne Entnahme auszuzahlenden Betrag, auch wenn dieser infolge der Entnahme – wie hier – nicht mehr in voller Höhe ausgezahlt wird. — 47

Die Hebegebühr kann auch nach §§ 788, 91 ZPO zu **erstatten** sein.[17] — 48

---

16 AnwK-RVG/*N. Schneider*, Nr. 1009 VV Rn 60.
17 Siehe hierzu *Schneider/Thiel*, ABC der Kostenerstattung, „Hebegebühr".

§ 10 Auslagen

A. Überblick

1 Neben den Gebühren erhält der Anwalt auch seine Auslagen vergütet. **Allgemeine Geschäftskosten** werden dagegen durch die Gebühren mit abgegolten und sind nicht gesondert zu vergüten (Vorbem. 7 Abs. 1 S. 1 VV). Zu den allgemeinen Geschäftskosten zählen Büromiete, Unterhaltungskosten für EDV-Anlage oder Kopierer, Kosten für Zeitschriften und Fachliteratur etc.[1]

2 Als **besondere Geschäftskosten**, die der Anwalt abrechnen kann, kennt das RVG:

- Dokumentenpauschalen (Nr. 7000 VV),
- Entgelte für Post- und Telekommunikationsdienstleistungen (Nr. 7001, 7002 VV),
- Reisekosten (Nr. 7003 bis 7006 VV),
- anteilige Haftpflichtversicherungsprämie (Nr. 7007 VV) sowie
- anlässlich des Auftrags entstandene Aufwendungen nach den §§ 675, 670 BGB (Vorbem. 7 Abs. 1 S. 2 VV).
- Schließlich behandelt das RVG auch die Umsatzsteuer als Auslagentatbestand (Nr. 7008 VV).

B. Dokumentenpauschale

I. Überblick

3 Die Dokumentenpauschale entsteht für die Herstellung und das Überlassen von Dokumenten, und zwar

- für Kopien und Ausdrucke (Nr. 7000 Nr. 1 VV) sowie
- für die Überlassung von elektronisch gespeicherten Dateien oder deren Bereitstellung zum Abruf (Nr. 7000 Nr. 2 VV).

II. Herstellung und Überlassen von Kopien und Ausdrucken

1. Anfall der Dokumentenpauschale

4 Für das Herstellen von **Kopien und Ausdrucken** erhält der Anwalt die Dokumentenpauschale nach Nr. 7000 Nr. 1 VV. Eine Übermittlung durch den Rechtsanwalt **per Telefax** steht der Herstellung einer Kopie gleich (Anm. Abs. 1 S. 2 zu Nr. 7000 VV). Damit ist ausdrücklich nur die Übermittlung erfasst. Das Entgegennehmen von Telefaxen und deren Ausdruck lösen keine Dokumentenpauschale aus.[2] Dagegen entsteht die Dokumentenpauschale, wenn die Vervielfältigung durch Einscannen und Abspeichern als Datei hergestellt wird.[3]

5 Geregelt sind vier Fälle, in denen die Dokumentenpauschale anfällt. Sie entsteht für das Anfertigen von Kopien und Ausdrucken nach

- **Nr. 7000 Nr. 1 Buchst. a) VV** aus Behörden- und Gerichtsakten, soweit deren Herstellung zur sachgemäßen Bearbeitung der Rechtssache geboten war; ob dies der Fall ist, ist grundsätzlich dem Anwalt zu überlassen. Ein kleinlicher Maßstab ist hier fehl am Platz;

---

1 AnwK-RVG/N. *Schneider*, Vorbem. 7 VV Rn 7 ff.
2 KG AGS 2007, 611 = RVGreport 2007, 391 = zfs 2007, 583; ausf. zur Dokumentenpauschale bei Telefaxen: *Hansens*, RVGreport 2007, 201.
3 OLG Bamberg AGS 2006, 432 = NJW 2006, 3504 = JurBüro 2006, 588; BayLSG AGS 2013, 121 = RVGreport 2013, 153 = NZS 2013, 399; LG Dortmund AGS 2101, 125 = zfs 2010, 107 = RVGreport 2010, 108; AG Dortmund AGS 2010, 125 = RVGreport 2010, 108; aA SG Dortmund AGS 2010, 13; AG Hannover AGS 2014, 273 = JurBüro 2014, 358 = NJW-Spezial 2014, 413.

- **Nr. 7000 Nr. 1 Buchst. b) VV** zur Zustellung oder Mitteilung an Gegner oder Beteiligte und Verfahrensbevollmächtigte aufgrund einer Rechtsvorschrift oder nach Aufforderung durch das Gericht, die Behörde oder die sonst das Verfahren führende Stelle, soweit hierfür mehr als 100 Seiten zu fertigen waren;
- **Nr. 7000 Nr. 1 Buchst. c) VV** zur notwendigen Unterrichtung des Auftraggebers, soweit hierfür mehr als 100 Seiten zu fertigen waren;
- **Nr. 7000 Nr. 1 Buchst. d) VV** in sonstigen Fällen, wenn sie im Einverständnis mit dem Auftraggeber zusätzlich, auch zur Unterrichtung Dritter, angefertigt wurden.

Der Auslagentatbestand der Nr. 7000 Nr. 1 Buchst. b) VV gilt nur für Kopien und Ausdrucke zur Zustellung an den Gegner **aufgrund einer Rechtsvorschrift**; er erfasst weder die für das Gericht bestimmten Kopien und Ausdrucke noch die zusätzlich dem Gegner zur Verfügung gestellten Kopien und Ausdrucke oder die vom Prozessbevollmächtigten für seine eigenen Handakten gefertigten Kopien und Ausdrucke.[4]   6

Eine Vergütung nach Nr. 7000 Nr. 1 Buchst. b) und Buchst. c) VV wird erst ausgelöst, wenn für den Auftraggeber oder für sonstige Beteiligte **mehr als 100 Kopien und Ausdrucke** angefertigt worden sind. Vergütet werden dann allerdings nicht alle Kopien und Ausdrucke, sondern nur die, die über 100 Seiten hinausgehen, also Kopien und Ausdrucke ab der 101. Seite.[5]   7

Beispiel 1: Der Anwalt fertigt im Rahmen eines Rechtsstreits

a) 90 Seiten Ausdrucke zum Zwecke der Zustellung für weitere Beteiligte,
b) zur Unterrichtung des Auftraggebers 160 Seiten Kopien.

In beiden Fällen sind die ersten 100 Seiten durch die Gebühren abgegolten. Im Fall a) kann der Anwalt daher keine Vergütung beanspruchen. Im Fall b) erhält der Anwalt erst eine Vergütung ab der Seite 101, also für 60 Seiten.

2. Höhe der Dokumentenpauschale

a) Einfarbige Kopien und Ausdrucke

Der Anwalt erhält in jeder Angelegenheit für die ersten (abzurechnenden) 50 Seiten an einfarbigen Kopien und Ausdrucken eine Vergütung iHv 0,50 € je Seite und für jede darüber hinausgehende weitere Seite eine Vergütung iHv 0,15 €. Gezählt werden alle abrechnungsfähigen Kopien, unabhängig davon, nach welchem Tatbestand sie angefallen sind.   8

Beispiel 2: Der Anwalt fertigt 130 Seiten Schwarz-Weiß-Kopien zur Zustellung an weitere Beteiligte und 140 Seiten zur Unterrichtung des Auftraggebers.

Zunächst ist getrennt abzurechnen: Für Kopien iSd Nr. 7000 Nr. 1 Buchst. b) VV hat der Anwalt 130 Kopien gefertigt, so dass davon 30 Seiten zu vergüten sind. Für Kopien iSd Nr. 7000 Nr. 1 Buchst. c) VV hat der Anwalt 140 Seiten gefertigt, so dass davon 40 Kopien zu vergüten sind.

Von den insgesamt 70 vergütungspflichtigen Kopien erhält der Anwalt für die ersten 50 Seiten jeweils 0,50 € je Seite (25 €) und für die weiteren 20 Kopien jeweils 0,15 € je Seite (3 €), insgesamt somit 28 €.

b) Mehrfarbige Kopien und Ausdrucke

Fertigt der Anwalt mehrfarbige Kopien und Ausdrucke, erhält er in jeder Angelegenheit für die ersten (abzurechnenden) 50 Seiten eine Vergütung iHv 1,00 € je Seite und für jede darüber hinausgehende weitere Seite eine Vergütung iHv 0,30 €. Gezählt werden auch hier alle abrechnungsfähigen Kopien, unabhängig davon, nach welchem Tatbestand sie angefallen sind.   9

---

4 KG AGS 2006, 274 = RVGreport 2006, 102.
5 LG Berlin AGS 2006, 72 = RVGreport 2005, 391; OLG Hamburg MDR 2011, 1014 = AG kompakt 2011, 127.

c) Sonderformate

10 Nach bisheriger Auffassung geht die Vorschrift der Nr. 7000 VV von gewöhnlichen Formaten aus, also bis DIN-A4-Format. Soweit der Anwalt größere Formate vervielfältigt, soll er eine entsprechend höhere Vergütung verlangen, also für **DIN-A3-Seiten** 1,00 € bzw ab der 50. Seite 0,30 €. Werden noch **größere Kopien** gefertigt, etwa von Bauplänen oder Bauzeichnungen, ist entsprechend höher abzurechnen. Sofern die Kopien außer Haus gefertigt werden, kann der Anwalt nach §§ 675, 670 BGB die konkreten Kosten umlegen. Auch für **Farbkopien** dürfte eine entsprechend höhere Vergütung anzusetzen sein. Ob diese Auffassung noch vertretbar ist, nachdem der Gesetzgeber sowohl im KV GKG (Nr. 9000), im KV FamGKG (Nr. 2000) als auch im KV GNotKG (Nr. 32000, 32003) klargestellt hat, dass die dortigen Beträge für Formate bis DIN A3 gelten, ist fraglich. Hinzu kommt, dass der Gesetzgeber dort eine gesonderte Vergütung für Formate über DIN A3 geregelt hat, nicht aber im RVG. Der Umkehrschluss könnte daher dafür sprechen, dass hier nicht nach Formaten zu unterscheiden ist.

III. Überlassung von elektronisch gespeicherten Daten

11 Für die Überlassung von elektronisch gespeicherten Daten erhält der Anwalt **je Datei** eine Vergütung iHv 1,50 € (Nr. 7000 Nr. 2 VV). Sofern die Dateien in einem Arbeitsgang überlassen, bereitgestellt oder in einem Arbeitsgang auf denselben Datenträger übertragen werden, erhält der Anwalt jedoch insgesamt höchstens 5,00 €.

12 Sofern die Datei mittels Diskette, CD-ROM oder anderem Datenträger verschickt wird, können die **Kosten für den Datenträger** zusätzlich nach § 670 BGB iVm Vorbem. 7 Abs. 1 VV verlangt werden.[6]

13 Soweit der Anwalt die elektronische Fassung in einer Datei erst noch herstellen muss, erhält er zwar auch die Vergütung nach Nr. 7000 Nr. 2 VV. Der danach vorgesehene Betrag iHv 1,50 € kann sich jedoch als unangemessen erweisen, wenn eine Vielzahl von einzelnen Seiten (zB ein umfangreiches Vertragswerk) eingescannt werden muss. In diesem Fall kann er für das Einscannen mindestens den Betrag erheben, der auch bei der Fertigung einer Kopie oder bei der Übermittlung per Fax nach Nr. 7000 Nr. 1 VV angefallen wäre (Anm. Abs. 2 zu Nr. 7000 VV).

C. Post- und Telekommunikationsentgelte

I. Überblick

14 Die Kosten für Post- und Telekommunikationsentgelte sind neben den Gebühren immer gesondert zu vergüten. Hierzu zählen insbesondere die Portokosten, auch für besondere Versendungsarten, wie Einschreiben, förmliche Zustellungen, Päckchen und Pakete, sowie die Gebühren für Orts- und Ferngespräche, Online-Verbindungen (E-Mail, Internet etc.) und Telefax.[7] Die Portokosten für die **Übersendung seiner Rechnung** kann der Anwalt dagegen nicht abrechnen (Anm. zu Nr. 7001 VV).

15 Der Anwalt hat die Wahl zwischen einer **konkreten Abrechnung** (Nr. 7001 VV) und einer **Pauschale** (Nr. 7002 VV). Soweit ein Mandat aus mehreren gebührenrechtlichen Angelegenheiten iSd § 15 RVG besteht, kann der Anwalt in jeder Angelegenheit sein Wahlrecht gesondert ausüben.[8]

---

6 KG AGS 2014, 50.
7 Siehe ausf. AnwK-RVG/N. *Schneider*, Nr. 7001, 7002 VV Rn 6 ff.
8 AnwK-RVG/N. *Schneider*, Nr. 7001, 7002 VV Rn 11 f.

II. Konkrete Abrechnung

Der Anwalt kann die angefallenen Entgelte **konkret** abrechnen (Nr. 7001 VV) – dies ist in aller Regel mit erheblichem Aufwand verbunden und rentiert sich daher nicht. Dafür ist hier andererseits **keine Begrenzung** vorgesehen.   16

III. Pauschale Abrechnung

Anstelle der konkreten Abrechnung bietet Nr. 7002 VV die Möglichkeit, **Pauschalen** anzu-   17
setzen, und zwar je Angelegenheit iHv 20 % der angefallenen Gebühren, höchstens jedoch 20 €, die schon bei einem Gebührenaufkommen von 100 € erreicht werden. Voraussetzung für den Ansatz der Pauschale ist, dass mindestens 1 Cent an Post- oder Telekommunikationsentgelten angefallen ist, der nach Nr. 7001 VV abgerechnet werden könnte.[9] Sind keine Post- und Telekommunikationsentgelte angefallen, besteht auch kein Anspruch auf die Pauschale, da dann nichts zu pauschalieren ist.[10]

Die Pauschale berechnet sich grundsätzlich nach den **gesetzlichen Gebühren**, im Falle der   18
Prozess- oder Verfahrenskostenhilfe nach den ermäßigten **Prozesskostenhilfegebühren**; in **Beratungshilfesachen** ist auf die Gebühren der Nr. 2501 ff VV abzustellen (Anm. Abs. 2 zu Nr. 7002 VV). Aus der **Beratungshilfegebühr** der Nr. 2500 VV darf keine Pauschale berechnet werden, da die Auslagen in der Gebühr bereits enthalten sind (Anm. zu Nr. 2500 VV).

Zu beachten ist, dass die Postentgeltpauschale in **jeder Angelegenheit gesondert** entsteht.   19
Sie entsteht zB im Mahnverfahren und im anschließenden streitigen Verfahren jeweils gesondert[11] oder auch nach einer Zurückverweisung.[12] Dies wird in der Praxis häufig übersehen und führt in der Summe zu nicht unerheblichen Beträgen, die verschenkt werden.[13]

In **Anrechnungsfällen** errechnet sich das für die Berechnung der Postentgeltpauschale maß-   20
gebliche Gebührenaufkommen aus den gesetzlichen Gebühren **vor Anrechnung** und nicht aus einem nach Anrechnung verbleibenden rechnerischen Differenzbetrag, selbst wenn nach Anrechnung keine Gebühren mehr verbleiben.[14]

Beispiel 3: Der Anwalt mahnt zunächst eine Forderung iHv 3.000 € außergerichtlich an. Anschließend wird das Mahnverfahren durchgeführt.

Von der Verfahrensgebühr des Mahnverfahrens verbleibt nach Anrechnung zwar nur ein Betrag iHv 47,25 €. Ungeachtet dessen berechnet sich die Postentgeltpauschale nach dem Gebührenaufkommen vor Anrechnung.

I. Außergerichtliche Vertretung

1. 1,5-Verfahrensgebühr, Nr. 2300 VV (Wert: 3.000 €)		301,50 €
2. Postentgeltpauschale, Nr. 7002 VV		20,00 €
Zwischensumme	321,50 €	
3. 19 % Umsatzsteuer, Nr. 7008 VV		61,09 €
Gesamt		**382,59 €**

II. Mahnverfahren

1. 1,0-Mahnverfahrensgebühr, Nr. 3305 VV (Wert: 3.000 €)		201,00 €
2. anzurechnen gem. Anm. zu Nr. 3305 VV, 0,75 aus 3.000 €		– 150,75 €

---

9 Daher löst die Übersendung seiner Rechnung auch noch nicht die Postentgeltpauschale aus (Anm. zu Nr. 7001 VV).
10 AnwK-RVG/N. *Schneider*, Nr. 7001, 7002 VV Rn 19.
11 BGH AGS 2004, 343; AGS 2005, 26; AnwK-RVG/N. *Schneider*, Nr. 7001, 7002 VV Rn 33 ff.
12 LG Dresden AGS 2006, 169.
13 Siehe im Einzelnen AnwK-RVG/N. *Schneider*, Nr. 7001, 7002 VV Rn 33 ff.
14 Zuletzt AG Kassel AGS 2007, 133 = JurBüro 2006, 592; AnwK-RVG/N. *Schneider*, Nr. 7001, 7002 VV Rn 40 ff.

3. Postentgeltpauschale, Nr. 7002 VV (Wert: 201 €)		20,00 €
Zwischensumme	70,25 €	
4. 19 % Umsatzsteuer, Nr. 7008 VV		13,35 €
Gesamt		**83,60 €**

D. Reisekosten

I. Überblick

21 Auslagen für Geschäftsreisen des Anwalts werden nach den Nr. 7003 bis 7006 VV vergütet. Erfasst werden:

- Fahrtkosten für den **eigenen Pkw** (Nr. 7003 VV),
- Kosten für **sonstige Verkehrsmittel** (Nr. 7004 VV),
- **Tage- und Abwesenheitsgelder** (Nr. 7005 VV) und
- **sonstige Auslagen**, soweit sie angemessen sind (Nr. 7006 VV).

22 Eine **Geschäftsreise** liegt nach der Legaldefinition der Vorbem. 7 Abs. 2 VV vor, wenn der Anwalt das Gebiet der politischen Gemeinde, in der er wohnt oder in der er seine Kanzlei unterhält, verlässt.[15] Auf die Entfernung kommt es dabei nicht an. So fallen selbst bei großen Entfernungen innerhalb derselben Stadt (zB Berlin oder Hamburg) keine Reisekosten an und zwar selbst dann nicht, wenn der Anwalt in einen anderen Amtsgerichtsbezirk fährt. Dagegen können bei kürzester Entfernung Reisekosten anfallen, wenn die Grenze der politischen Gemeinde überschritten wird.[16]

23 **Verlegt der Anwalt** nach Entgegennahme des Auftrags **seine Kanzlei**, so kann er seine Reisekosten nur insoweit verlangen, als sie auch vom früheren Kanzleisitz aus angefallen wären (Vorbem. 7 Abs. 3 S. 2 VV). Diese Regelung gilt allerdings nicht für den Pflichtverteidiger.[17]

II. Benutzung des eigenen Kraftfahrzeugs

24 Fahrtkosten für die Benutzung eines **eigenen** Kraftfahrzeugs erhält der Anwalt nach Nr. 7003 VV vergütet. Um welche Art von Kraftfahrzeug es sich handelt, ist unerheblich. Auch Motorräder und Mofas zählen hierzu.[18] Bei Benutzung eines **fremden** Fahrzeugs, etwa eines Mietwagens, scheidet Nr. 7003 VV aus; es ist dann nach Nr. 7004 VV konkret abzurechnen. Die Kosten für die Benutzung des eigenen Kraftfahrzeugs sind stets zu erstatten. Der Anwalt kann grundsätzlich nicht darauf verwiesen werden, er hätte ein günstigeres Transportmittel benutzen können.[19]

25 Die Höhe der abzurechnenden Fahrtkosten beläuft sich auf 0,30 € für jeden gefahrenen Kilometer. Vergütet werden sämtliche gefahrenen Kilometer, also sowohl der Hin- als auch der Rückweg. Maßgebend ist die **tatsächliche Fahrtstrecke**[20] und nicht die fiktive Entfernung von Ortsmitte zu Ortsmitte.[21] Grundsätzlich muss der Anwalt den kürzesten Weg nehmen. Zweckmäßige Umwege, etwa bei Benutzung einer Autobahn zur Zeitersparnis, sind jedoch zulässig,[22] insbesondere wenn dadurch ein geringeres Tages- und Abwesenheitsgeld anfällt.[23]

---

15 Das Wort „oder" ist alternativ zu verstehen. Siehe OLG Düsseldorf AGS 2012, 167 = zfs 2012, 287.
16 SG Neuruppin AGS 2011, 256.
17 AG Tiergarten AGS 2013, 17 = RVGreport 2013, 20.
18 AnwK-RVG/N. *Schneider*, Nr. 7003–7006 VV Rn 16.
19 OLG Bamberg JurBüro 1981, 1350; OLG Frankfurt, Beschl. v. 16.2.2006 – 12 W 196/05; AnwK-RVG/ N. *Schneider*, Nr. 7003–7006 VV Rn 14.
20 OLG Celle NdsRpfl 1967, 63.
21 AA LG Ansbach NJW 1966, 1762.
22 OLG Hamm JurBüro 1981, 1681; VG Würzburg JurBüro 2000, 77; KG AGS 2004, 12.
23 KG AGS 2004, 12.

III. Benutzung anderer Verkehrsmittel

Bei der Benutzung anderer Verkehrsmittel erhält der Anwalt die tatsächlichen Aufwendun- 26
gen ersetzt, soweit sie angemessen sind (Nr. 7004 VV). **Flugreisen** sind nach der Rspr nur
angemessen, wenn dadurch erhebliche Zeit erspart wird.[24]

Wer eine **Bahncard** benutzt, darf nach der überwiegenden Rspr nur die tatsächlichen Kos- 27
ten abrechnen, nicht anteilig auch die Anschaffungskosten der Bahncard. Die Anschaffungskosten der Bahncard zählen zu den allgemeinen Geschäftskosten nach Vorbem. 7
Abs. 1 S. 1 VV und können nicht – auch nicht anteilig – neben dem Fahrpreis verlangt
werden.[25]

IV. Tages- und Abwesenheitsgelder

Als Tages- und Abwesenheitsgeld erhält der Anwalt bei einer Abwesenheit von nicht mehr 28
als vier Stunden 25 €, von vier bis acht Stunden 40 € und bei mehr als acht Stunden 70 €
(Nr. 7005 VV). Entscheidend ist die Zeit, die der Anwalt von seiner Kanzlei **abwesend** ist,
also grundsätzlich von der Abreise bis zur Rückkehr, ggf einschließlich der Zeit für die
Einnahme eines Mittagessens.[26] Erstreckt sich die Abwesenheit über mehrere Kalenderta-
ge, so werden die Abwesenheitsstunden für jeden Tag gesondert berechnet.[27] Bei **Aus-
landsreisen** kann der Anwalt zu den vorgenannten Beträgen einen Zuschlag iHv bis zu
50 % berechnen (Anm. zu Nr. 7005 VV).

Übersicht: Tages- und Abwesenheitsgeld   29

Abwesenheit	Inland	Ausland
bis zu 4 Stunden	25,00 €	bis 37,50 €
4 bis 8 Stunden	40,00 €	bis 60,00 €
über 8 Stunden	70,00 €	bis 105,00 €

V. Sonstige Auslagen anlässlich der Geschäftsreise

Darüber hinaus sind dem Anwalt **Übernachtungskosten, Parkgebühren** u.a. in Höhe der 30
tatsächlichen Aufwendungen zu erstatten, soweit sie angemessen sind (Nr. 7006 VV). Kosten eines Frühstücks sind aus den Übernachtungskosten herauszunehmen.[28]

VI. Geschäftsreise in mehreren Angelegenheiten

Unternimmt der Anwalt eine Geschäftsreise in mehreren Angelegenheiten, so sind die Ge- 31
samtkosten nach Vorbem. 7 Abs. 3 S. 1 VV **verhältnismäßig** aufzuteilen. Dies gilt insbesondere für sog. **Rundreisen**, bei denen für mehrere Auftraggeber auf einer Reise mehrere
Ziele angefahren werden. Jeder Auftraggeber haftet bei einer solchen gemeinsamen Geschäftsreise nur für seinen Anteil und nicht etwa für die Kosten, die entstanden wären,
wenn der Anwalt allein für ihn gereist wäre. Eine Haftung der Auftraggeber als Gesamtschuldner oder nach § 7 Abs. 2 S. 1 RVG kommt hier nicht in Betracht, da der Anwalt
nicht in derselben Angelegenheit tätig wird.

---

24 Nachw. zur Rspr bei AnwK-RVG/N. *Schneider*, Nr. 7003–7006 VV Rn 28 f.
25 KG AGS 2003, 310 m. Anm. *N. Schneider*; AnwK-RVG/N. *Schneider*, Nr. 7003–7006 VV Rn 25 mwN; aA
    OLG Frankfurt AGS 2007, 136 und 155 = NJW 2006, 2337: Erstattungsfähigkeit der Kosten für den Er-
    werb einer Bahncard 100 bis zu der Grenze der Kosten einer regulären Fahrkarte, wenn der Anwalt darlegt,
    in welchem Umfang die Bahncard innerhalb der Geltungsdauer genutzt wurde.
26 VG Stuttgart AnwBl 1984, 323 und 562.
27 OLG Düsseldorf JurBüro 1993, 674 = Rpfleger 1993, 463.
28 OLG Düsseldorf AGS 2012 561 = JurBüro 2012, 591 = NJW-RR 2012, 1470.

32 Bei der Berechnung des auf die jeweilige Angelegenheit entfallenden Anteils ist in folgenden Schritten vorzugehen:

1. Zunächst sind die tatsächlichen (erstattungsfähigen) Gesamtkosten zu berechnen.
2. Sodann sind die fiktiven Einzelreisekosten zu ermitteln, die angefallen wären, wenn der Anwalt die Reisen für jeden Mandanten einzeln durchgeführt hätte.
3. Schließlich muss noch die Summe der Kosten der fiktiven einzelnen Reisen errechnet werden.
4. Alsdann werden die fiktiven Einzelreisekosten des Mandanten mit der Summe der tatsächlichen erstattungsfähigen Reisekosten multipliziert und durch den Gesamtbetrag aller fiktiven Reisekosten dividiert.

Es gilt also folgende **Formel:**

$$\frac{\text{Fiktive Einzelreisekosten des Mandanten x tatsächliche erstattungsfähige Gesamtreisekosten}}{\text{Summe aller fiktiven Einzelreisekosten}}$$

Beispiel 4: Der Anwalt hat seine Kanzlei in Köln. Für Mandant A fährt er zum LG Bonn und anschließend für Mandant B zum LG Koblenz. Das LG Bonn liegt 30 km von der Kanzlei entfernt, das LG Koblenz 120 km, die Entfernung zwischen LG Bonn und LG Koblenz beträgt 100 km. Es ergibt sich folgende Berechnung:

(1) Tatsächliche erstattungsfähige Gesamtreisekosten

Fahrtkosten, Nr. 7003 VV ([30 km + 100 km + 120 km] x 0,30 €/km)	75,00 €
Tages- und Abwesenheitsgeld 4 bis 8 Stunden, Nr. 7005 Nr. 2 VV	40,00 €
Gesamt	**115,00 €**

(2) Fiktive Einzelreisekosten

Mandant A:

Fahrtkosten, Nr. 7003 VV (2 x 30 km x 0,30 €/km)	18,00 €
Tages- und Abwesenheitsgeld bis 4 Stunden, Nr. 7005 Nr. 1 VV	25,00 €
Gesamt	**43,00 €**

Mandant B:

Fahrtkosten, Nr. 7003 VV (2 x 120 km x 0,30 €/km)	72,00 €
Tages- und Abwesenheitsgeld 4 bis 8 Stunden, Nr. 7005 Nr. 2 VV	40,00 €
Gesamt	**112,00 €**
(3) Summe der fiktiven Einzelreisekosten (43 € + 112 € =)	**155,00 €**

(4) Anteilige Kosten

Mandant A hat zu zahlen: 43 € x 115 € ./. 155 €	= 31,90 €
Mandant B hat zu zahlen: 112 € x 115 € ./. 155 €	= 83,10 €
Gesamt (Kontrolle)	**115,00 €**

33 Insbesondere bei den sog. **Rundreisen** können Kosten anfallen, die der Anwalt bei einzelner Betrachtung der Reise an sich nicht erstattet verlangen könnte (zB Übernachtungskosten), die aber bei einer Gesamtbetrachtung letztlich zur Vermeidung anderer Kosten geführt haben.

Beispiel 5: Der Anwalt hat seine Kanzlei in Köln. Für Mandant A nimmt er am 10.9. an einem Termin in Frankfurt teil. Von dort fährt er weiter nach Freiburg, wo er übernachtet (100 €) und am nächsten Tag für Mandant B vor dem LG an einem Verhandlungstermin teilnimmt. Von dort fährt er dann wieder nach Köln zurück.

Es ergibt sich folgende Berechnung (Entfernungen: Köln – Frankfurt 200 km; Frankfurt – Freiburg 250 km; Freiburg – Köln 440 km):

(1) Tatsächliche Gesamtreisekosten

Fahrtkosten, Nr. 7003 VV ([200 km + 250 km + 440 km] x 0,30 €/km)	267,00 €
2 Tages- und Abwesenheitsgeld über 8 Stunden, Nr. 7005 Nr. 3 VV	140,00 €
Übernachtungskosten	100,00 €
Gesamt	**507,00 €**

(2) Fiktive Einzelreisekosten

Mandant A:

Fahrtkosten, VV 7003 (2 x 200 km x 0,30 €/km)	120,00 €
Tages- und Abwesenheitsgeld bis 8 Stunden, Nr. 7005 Nr. 2 VV	40,00 €
Gesamt	**160,00 €**

Mandant B:

Fahrtkosten, VV 7003 (2 x 440 km x 0,30 €/km)	264,00 €
Tages- und Abwesenheitsgeld über 8 Stunden, VV 7005 Nr. 3	70,00 €
Gesamt	**334,00 €**
(3) Summe der fiktiven Einzelreisekosten (160 € + 334 € =)	**494,00 €**

Da die Übernachtungskosten als solche hier nicht erstattungsfähig wären, kann der Anwalt diese Kosten nur insoweit abrechnen, als er hierdurch die Kosten einer zusätzlichen Hin- und Rückfahrt vermieden hat. Er darf also seine tatsächlichen Kosten nur in Höhe der fiktiven Einzelreisekosten von 494 € abrechnen. Daher ist auch nur dieser Betrag in die Formel einzusetzen. Würde man auch hier die vollen tatsächlichen Kosten berücksichtigen, würde der Anwalt benachteiligt, da er dann im Ergebnis nicht einmal die erstattungsfähigen Kosten erhalten würde, sondern nur einen Bruchteil hiervon:

Mandant A hat zu zahlen: 160 € x 507 € ./. 494 €	164,21 €
Mandant B hat zu zahlen: 334 € x 507 € ./. 494 €	324,79 €
Gesamt	**507,00 €**

Letztlich muss also jede Partei die vollen fiktiven Einzelreisekosten tragen. Der fehlende Differenzbetrag iHv (507 € – 494 € =) 13 € verbleibt beim Anwalt als Ausfall.

E. Haftpflichtversicherungsprämie

Darüber hinaus kann der Anwalt die im Einzelfall gezahlte Prämie einer Haftpflichtversicherung für Vermögensschäden auf den Auftraggeber umlegen, soweit die Prämie auf Haftungsbeträge von mehr als 30 Mio. € entfällt (Nr. 7007 VV). Die Prämie bis zu einem Haftungsrisiko von 30 Mio. € ist nach Vorbem. 7 Abs. 1 VV durch die allgemeinen Geschäftskosten abgedeckt. **34**

Sofern der Anwalt im Einzelfall eine **Schlussversicherung** als ergänzende Versicherung über das bereits allgemein versicherte Risiko von 30 Mio. € abschließt, dürfte die Berechnung keine Probleme bereiten (Anm. Alt. 1 zu Nr. 7007 VV). Die anfallende Prämie ist in voller Höhe umlagefähig. **35**

Ist eine konkrete Abrechnung nicht möglich, so ist verhältnismäßig abzurechnen (Anm. Alt. 2 zu Nr. 7007 VV). Es muss der Mehrbetrag ermittelt werden zwischen der Versicherungsprämie für Schäden bis 30 Mio. € und der Versicherungsprämie für Schäden in Höhe des versicherten Höchstbetrags. Dabei ist zu unterscheiden, ob eine Grund- oder eine Anschlussversicherung abgeschlossen wird.[29] **36**

---

29 Zu den Vor- und Nachteilen s. *Zimmermann*, AnwBl 2006, 55.

37 Im Falle einer **Grundversicherung** ist nach folgender Dreisatz-Formel zu rechnen:[30]

$$\text{Gesamtprämie} \times \frac{\text{Versicherungssumme} - 30 \text{ Mio. €}}{\text{Versicherungssumme}} = \text{verhältnismäßiger Anteil}$$

Erläuterung:

Gesamtprämie:	insgesamt gezahlte oder zu zahlende Versicherungsprämie aus dem Gesamthaftungsrisiko
Versicherungssumme:	versichertes Haftungsrisiko
verhältnismäßiger Anteil:	abzurechnender Auslagenbetrag nach Nr. 7007 VV

Beispiel 6: Der Anwalt hat zur Abdeckung des Haftungsrisikos von 50 Mio. € in einem bestimmten Mandat eine Haftpflichtversicherung mit einer Deckungssumme von 50 Mio. € abgeschlossen. Hierfür zahlt er einen Jahresbeitrag von 45.000 €.

Nach Nr. 7007 VV kann er vom Mandanten die Beiträge für die 30 Mio. € übersteigende Versicherungssumme, also für weitere 20 Mio. €, fordern.

Zu rechnen ist wie folgt:

$$45.000 \text{ € } \times \frac{50 \text{ Mio. € } - 30 \text{ Mio. €}}{50 \text{ Mio. €}} = 18.000 \text{ €}$$

38 Im Falle einer **Anschlussversicherung** muss beachtet werden, dass die Grundversicherung bereits ein Haftungsrisiko abdeckt, so dass die weitergehende Versicherung nicht mehr die vollen ersten 30 Mio. € erfasst. Es ist nach folgender Dreisatz-Formel zu rechnen:

$$\text{Gesamtprämie} \times \frac{\begin{array}{c}\text{weitere Versicherungssumme} - 30 \text{ Mio. €}\\ - \text{ Grundversicherungssumme}\end{array}}{\text{weitere Versicherungssumme}} = \text{verhältnismäßiger Anteil}$$

Erläuterung:

Gesamtprämie:	insgesamt gezahlte oder zu zahlende Versicherungsprämie aus dem Gesamthaftungsrisiko
weitere Versicherungssumme:	über die Grundversicherung hinausgehendes versichertes Haftungsrisiko
Grundversicherungssumme:	bereits durch die nach § 51 Abs. 1 BRAO bestehende Grundversicherung abgedecktes Haftungsrisiko
verhältnismäßiger Anteil:	abzurechnender Auslagenbetrag nach Nr. 7007 VV

Beispiel 7: Der Anwalt unterhält eine allgemeine Haftpflichtversicherung über ein Risiko von 5 Mio. €. Zur Abdeckung des Haftungsrisikos von insgesamt 40 Mio. € in einem bestimmten Mandat schließt der Anwalt eine Anschluss-Haftpflichtversicherung mit einer Deckungssumme von weiteren 35 Mio. € ab. Hierfür zahlt er einen Jahresbeitrag von 25.000 €.

Nach Nr. 7007 VV kann der Anwalt vom Mandanten anteilig den Beitrag für die 30 Mio. € übersteigende Versicherungssumme, also für weitere 10 Mio. €, fordern.

Zu rechnen ist wie folgt:

$$25.000 \text{ € } \times \frac{35 \text{ Mio. € } - (30 \text{ Mio. € } - 5 \text{ Mio. €})}{35 \text{ Mio. €}} = 7.142,86 \text{ €}$$

---

30 AnwK-RVG/N. *Schneider*, Nr. 7007 VV Rn 17 ff.

F. Aufwendungen nach §§ 675, 670 BGB

Soweit kein Fall der Nr. 7000 ff VV gegeben ist und es sich auch nicht um allgemeine Ge- 39
schäftskosten nach Vorbem. 7 Abs. 1 S. 1 VV handelt, kann der Anwalt seine Aufwendungen gem. §§ 675, 670 BGB ersetzt verlangen (Vorbem. 7 Abs. 1 S. 2 VV). Dies gilt insbesondere für vorgelegte Gerichts- und Gerichtsvollzieherkosten sowie für Kosten von **Mel-
deamts- und Registeranfragen** und für **Aktenversendungspauschalen**. Zur Umsatzsteuer-
pflicht in diesen Fällen s. Rn 42. Auch die Anschaffungskosten für Compact-Discs kann
der Anwalt konkret abrechnen.[31]

G. Umsatzsteuer

Nach Nr. 7008 VV kann der Anwalt seinem Auftraggeber die Umsatzsteuer in Rechnung 40
stellen. Dies setzt voraus, dass der Anwalt umsatzsteuerpflichtig ist. Hieran fehlt es, wenn
er Kleinunternehmer iSd § 19 Abs. 1 UStG ist. Auch bei Fällen mit Auslandsberührung
kann die Tätigkeit des Anwalts umsatzsteuerfrei sein.[32]

Umsatzsteuerpflichtig ist die gesamte Vergütung (Gebühren, Auslagen und Vorschüsse). 41
Auch die PKH-Vergütung, die Pflichtverteidigervergütung und die Beratungshilfevergütung sind umsatzsteuerpflichtig.

Bei der Frage, ob auf **verauslagte Beträge** Umsatzsteuer abgeführt und damit dem Man- 42
danten nach Nr. 7008 VV in Rechnung gestellt werden muss, ist zu differenzieren. Soweit
der Auftraggeber Schuldner der verauslagten Beträge ist, handelt es sich lediglich um
durchlaufende Posten, auf die keine Umsatzsteuer erhoben wird. Soweit der Anwalt dagegen selbst Schuldner der verauslagten Beträge ist, muss er Umsatzsteuer abführen, wenn er
diese Beträge dem Mandanten in Rechnung stellt.

- Eindeutig ist die Rechtslage hinsichtlich **verauslagter Gerichtskosten**. Insoweit ist der-
  jenige Schuldner, der die Einleitung des Verfahrens in der Instanz beantragt hat
  (§§ 22 ff GKG; §§ 21 ff FamGKG; §§ 22 ff GNotKG). Das ist eindeutig der Auftraggeber. Hier ist daher keine Umsatzsteuer zu erheben.
- Gleiches gilt für die **Kosten eines Gerichtsvollziehers**, der im Namen des Auftraggebers
  beauftragt wird (§ 13 Abs. 1 Nr. 1 GvKostG).
- Ebenso eindeutig verhält es sich mit der **Aktenversendungspauschale** nach Nr. 9003
  KV GKG; Nr. 2003 KV FamGKG; Nr. 31003 KV GNotKG. Diese Auslagen schuldet
  nur, wer die Versendung oder die elektronische Übermittlung der Akte beantragt hat
  (§ 28 Abs. 2 GKG; § 23 Abs. 2 FamGKG; § 26 Abs. 2 GNotKG). Das aber ist nach
  ganz einhelliger Rspr der Anwalt, nicht der Mandant.[33] Folglich ist auf diese Position
  Umsatzsteuer zu erheben.[34] Das Gleiche gilt für sonstige Aktenversendungspauschalen
  von Behörden.
- Auch bei **Einwohnermeldeamts-, Gewerbeamtsanfragen, Anfragen beim Handelsregis-
  ter oder Grundbuchamt** ist zu differenzieren:
  - Hat der Anwalt die Anfrage **in eigenem Namen** gestellt, dann handelt es sich um
    eine steuerbare Leistung, so dass Umsatzsteuer zu erheben ist.[35]
  - Hat der Anwalt die Anfrage **im Namen des Mandanten** gestellt, dann handelt es
    sich um einen durchlaufenden Posten, so dass keine Umsatzsteuer zu erheben ist.[36]

---

31 KG AGS 2014, 21 = zfs 2014, 108 = RVGreport 2014, 73.
32 Ausführlich AnwK-RVG/N. *Schneider*, Nr. 7008 VV Rn 6 ff.
33 BayVGH AGS 2007, 574; LAG Mainz AGS 2007, 636; *Hartmann*, KostG, § 28 GKG Rn 6.
34 BGH AGS 2011, 262 = JurBüro 2011, 412 = Rpfleger 2011, 563 = RVGreport 2011, 215.
35 So für Abschriften unveröffentlichter gerichtlicher Entscheidungen VG Schwerin AGS 2013, 409 = NJW-
    Spezial 2013, 540.
36 So LG Mannheim AGS 2011, 587 = JurBüro 2008, 533, das davon ausgeht, dass der Auftrag grundsätzlich
    stillschweigend im Namen des Mandanten erteilt wird.

43 Die **Höhe** der Umsatzsteuer beläuft sich seit dem 1.1.2007 auf 19 % (§ 12 UStG). Kommt es zu Änderungen des Steuersatzes, ist nicht das Datum der Auftragserteilung maßgebend (§ 60 Abs. 1 RVG); auch kommt es nicht darauf an, wann die Rechnung erstellt wird; das UStG stellt vielmehr auf den **Zeitpunkt** oder **Zeitraum der Leistung** ab. Da es sich bei der anwaltlichen Tätigkeit idR um eine Dauertätigkeit handelt, ist das Ende des Leistungszeitraums maßgebend. Dieser Zeitpunkt entspricht idR dem Zeitpunkt der Fälligkeit iSd § 8 Abs. 1 S. 1 RVG, also der Beendigung oder Erledigung des Mandats.[37]

44 **Wichtig:** Soweit in **Reisekosten** oder **verauslagten Kosten** Umsatzsteuer enthalten ist, darf der Anwalt zunächst nur die Netto-Beträge in seine Rechnung einstellen. Erst danach ist darauf einheitlich nach Nr. 7008 VV 19 % Umsatzsteuer zu berechnen.[38] Das gilt auch dann, wenn in den Reisekosten keine Umsatzsteuer enthalten ist oder nur in Höhe von 7 %.[39]

---

37 AnwK-RVG/N. *Schneider,* Nr. 7008 VV Rn 67 ff m. Nachw. der Rspr zu früheren Änderungen des Steuersatzes.
38 BGH AGS 2012, 268 m. Anm. *N. Schneider.*
39 KG AGS 2014, 21 = zfs 2014, 108 = RVGreport 2014, 73.

§ 11 Außergerichtliche Tätigkeiten außerhalb der Vertretung (Beratung, Gutachten, Mediation, Prüfung der Erfolgsaussicht eines Rechtsmittels)

A. Beratung

I. Überblick

Für Beratungstätigkeiten sieht das Vergütungsverzeichnis keine Gebühren vor. Es gilt vielmehr § 34 RVG. **1**

Wie sich aus der **Legaldefinition** des § 34 Abs. 1 S. 1 RVG ergibt, ist unter einer **Beratung** die Erteilung eines mündlichen oder schriftlichen Rates oder einer Auskunft zu verstehen. Die Grenze zwischen Rat und Auskunft ist fließend. Auf die Unterscheidung kommt es in der Praxis nicht an. **2**

- Ein **Rat** ist die für die Beurteilung einer Rechtsangelegenheit bedeutsame Empfehlung des Anwalts, wie sich der Auftraggeber in einer bestimmten Lage verhalten soll.[1] **3**
- Von einer **Auskunft** spricht man dagegen, wenn der Anwalt eine Frage allgemeiner Art, losgelöst vom konkreten Fall, beantworten soll. Hierzu zählen zB Anfragen, wann Gewährleistungsrechte verjähren, ob bestimmte Vereinbarungen der notariellen Form bedürfen oder an welche Behörden sich der Mandant mit bestimmten Anliegen wenden muss.

Zur **Geschäftstätigkeit** (Teil 2 Abschnitt 3 VV) wird die Beratung dadurch **abgegrenzt,** dass sich die **Beratung** auf Tätigkeiten **im Verhältnis zum eigenen Auftraggeber beschränkt,** während die Geschäftstätigkeit auf die Vertretung nach außen hin gerichtet ist. Sobald also der Anwalt gegenüber einem Dritten tätig wird, ist der Anwendungsbereich der Beratungsgebühr verlassen und die Tätigkeit des Anwalts ist als Geschäftstätigkeit zu vergüten. Solange der Anwalt jedoch nicht nach außen hin tätig wird, liegt nur eine Beratungstätigkeit vor (ausgenommen die Mitwirkung an der Errichtung eines Vertrages, s. dazu Rn 5). Daher löst der **Entwurf eines Schreibens** durch den Rechtsanwalt für seinen Mandanten, das dieser dann in eigenem Namen verschickt, keine Geschäftstätigkeit aus, sondern ist der Beratung zuzuordnen.[2] Auch die Mitwirkung bei der **Errichtung von Urkunden** (insbesondere von **Testamenten**) ist noch der Beratung zuzuordnen ist.[3] Vorbem. 2 Abs. 3 VV spricht nur von der Mitwirkung bei der Gestaltung eines „Vertrags", nicht aber auch einer Urkunde. Der Anwalt sollte vorsorglich durch eine Vereinbarung mit dem Auftraggeber Klarheit schaffen. **4**

Eine **Geschäftstätigkeit** nach Teil 2 Abschnitt 3 VV liegt dagegen trotz fehlender Außenwirkung dann vor, wenn der Anwalt bei der **Gestaltung eines Vertrags** mitwirkt. Hierfür entsteht eine Geschäftsgebühr (Vorbem. 2.3 Abs. 3 VV). Erforderlich ist aber eine „Mitwirkung an der Gestaltung". Der Anwalt muss also auf die Gestaltung selbst Einfluss nehmen oder zumindest Einfluss nehmen können. Die bloße beratende Tätigkeit, ob der Mandant einen Vertrag abschließen soll, oder die Beratung anlässlich eines vom Mandanten selbst ausgehandelten Vertrags dürfte wohl noch zur Beratung zählen. Die Abgrenzung kann schwierig sein. Auch hier sollte der Anwalt vorsorglich durch eine Vereinbarung mit dem Auftraggeber Klarheit schaffen. **5**

Bei mehreren Beratungen mit mehreren Gesprächsterminen in der gleichen Angelegenheit entsteht die Beratungsgebühr nur einmal (§ 15 Abs. 2 RVG).[4] **5a**

---

1 BGHZ 7, 351.
2 OLG Nürnberg AGS 2010, 480 = AnwBl 2010, 805 = NJW 2011, 621 = RVGreport 2010, 459.
3 OLG Düsseldorf AGS 2012, 454 = JurBüro 2012, 583; AG Hamburg Altona AGS 2008, 166.
4 OLG Düsseldorf, Urt. v. 27.6.2014 – 4 U 222/12.

II. Gebührenvereinbarung

6   Nach § 34 Abs. 1 S. 1 RVG soll der Anwalt für Beratungstätigkeiten mit seinem Auftraggeber eine Gebührenvereinbarung treffen. In welcher Art er seine Gebührenvereinbarung trifft, bleibt ihm unbenommen. Er kann eine bestimmte Gebühr nach dem Gegenstandswert vereinbaren, einen Betragsrahmen, eine Pauschale, Zeitvergütungen o.Ä.; Kombinationen sind ebenso möglich (s. § 3 Rn 20). Die Vereinbarung bedarf nicht der Form des § 3a Abs. 1 S. 1 und 2 RVG (§ 3a Abs. 1 S. 4 RVG), solange sie sich nur über die für die Beratung zu zahlende Gebühr verhält.[5] Sofern die Vereinbarung auch weitere Vergütungen regelt, etwa Auslagen oder eine Einigungsgebühr, ist die Form des § 3a RVG dagegen zu wahren.

III. Fehlen einer Gebührenvereinbarung

7   Hat der Anwalt mit seinem Auftraggeber keine Gebührenvereinbarung getroffen, so gilt § 34 Abs. 1 S. 2 RVG. Der Anwalt erhält eine Vergütung nach den Vorschriften des bürgerlichen Rechts. Einschlägig ist in diesem Fall § 612 Abs. 2 BGB. Der Anwalt erhält also eine angemessene (ortsübliche) Vergütung. Die Höhe dieser Vergütung richtet sich nach den Kriterien des § 14 Abs. 1 RVG (§ 34 Abs. 1 S. 3, 2. Teilsatz RVG). Das AG Bielefeld[6] geht von einem angemessenen Stundensatz iHv 190 € aus.

7a   Nach Auffassung des AG Stuttgart[7] ist eine anwaltliche Gebührenbestimmung gegenüber einem **Verbraucher** (§ 13 BGB) für eine **Erstberatung** unbillig, wenn sie rein zeitabhängig und ohne Berücksichtigung des Gegenstandswerts erfolgt. Auch wenn es mangels einer gesetzlichen Gebührenregelung zulässig ist, kostenfreie Erstberatungen anzubieten,[8] darf der Mandant nicht ohne Weiteres von einer unentgeltlichen Tätigkeit ausgehen, sondern muss wissen, dass er der Verkehrssitte entsprechend grundsätzlich für die Tätigkeit des Anwalts ein Entgelt schuldet.[9]

8   Zu beachten ist, dass die BGB-Vergütung auf 250 € begrenzt ist, wenn der Anwalt einen Verbraucher iSd § 13 BGB berät (§ 34 Abs. 1 S. 3, 1. Teilsatz RVG), und im Falle eines **ersten Beratungsgesprächs** sogar auf 190 € (§ 34 Nr. 1 S. 3, 3. Teilsatz RVG). Unter einem ersten Beratungsgespräch (sog. **Erstberatung**) versteht man eine erste überschlägige mündliche „Einstiegsberatung", eine pauschale überschlägige Information des Auftraggebers, die es ihm ermöglicht, sich einen ersten Überblick über die Rechtslage zu verschaffen, aufgrund dessen er dann beurteilen kann, ob er dem Anwalt ein weitergehendes Mandat erteilt oder nicht.[10] Die Begrenzung greift grundsätzlich nicht ein, wenn es zu einem zweiten oder gar weiteren Beratungstermin kommt oder wenn (auch) schriftlich beraten wird.[11]

IV. Einigungs- und Erledigungsgebühr

9   Kommt es aufgrund der Beratung zu einer Einigung oder einer Erledigung, kann der Anwalt auch eine Einigungsgebühr nach den Nr. 1000 ff VV oder eine Erledigungsgebühr nach den Nr. 1002 ff VV verdienen.[12]

---

5   OLG Hamm, Urt. v. 11.10.2012 – 28 U 88/11.
6   AG Bielefeld AGS 2010, 160 = ErbR 2010, 222.
7   AG Stuttgart AGS 2014, 381 = JurBüro 2014, 473 = RVGreport 2014, 304.
8   AnwGH Hamm NJW-RR 2014, 1335 = NJW-Spezial 2014, 478.
9   AG Steinfurt AGS 2014, 379 = AnwBl 2014, 364 = RVGreport 2014, 307.
10   AnwK-RVG/*Onderka*, § 34 Rn 111.
11   AG Ludwigshafen zfs 1997, 148; AnwK-RVG/*Onderka*, § 34 Rn 111.
12   AG Neumünster AGS 2011, 475 = zfs 2011, 406; AnwK-RVG/*Onderka/Schafhausen/Schneider/Thiel*, Nr. 1000 VV Rn 8 mwN.

V. Auslagen

Hinzu kommen Auslagen nach Teil 7 VV, wobei eine Postentgeltpauschale nach Nr. 7002   10
VV nur anfallen kann, wenn tatsächlich auch Post- oder Telekommunikationsentgelte
beim Anwalt anfallen (s. § 10 Rn 17), was bei einer mündlichen Beratung idR nicht vor-
kommen wird. Sofern im Rahmen einer mündlichen Beratung Auslagen anfallen, kann der
Anwalt diese allerdings abrechnen. Das ist zB der Fall, wenn der Anwalt zum Zwecke der
Beratung Gerichtsakten zur Einsichtnahme anfordert.[13]

VI. Anrechnung

Unabhängig davon, ob der Anwalt mit dem Auftraggeber eine Gebührenvereinbarung ge-   11
troffen hat oder ob sich die Vergütung für die Beratung nach bürgerlichem Recht richtet,
ist die Gebühr, die der Anwalt für die Beratung erhält, nach § 34 Abs. 2 RVG auf die Betriebsgebühr (Geschäfts- oder Verfahrensgebühr) einer nachfolgenden Tätigkeit anzurechnen. Diese Vorschrift ist allerdings dispositives Recht. Der Anwalt kann (und sollte) Abweichendes vereinbaren und die Anrechnung ganz oder teilweise ausschließen. Versäumt
er den Ausschluss, gehen sämtliche Gebühren für die Beratung letztlich in der Gebühr der
nachfolgenden Tätigkeit (Geschäftsgebühr bei außergerichtlicher Vertretung, Verfahrensgebühr bei Vertretung im Rechtsstreit o.Ä.) auf.

Beispiel 1: Der Mandant hatte sich wegen der Kündigung seines Mietverhältnisses vom Anwalt
beraten lassen. Die Parteien hatten für die Beratung eine pauschale Gebühr iHv 400 € zuzüglich
Auslagen und Umsatzsteuer vereinbart. Nachdem Räumungsklage erhoben wurde, beauftragte
der Mandant den Anwalt, ihn im gerichtlichen Verfahren zu vertreten (Wert: 6.000 €).

Da nichts Abweichendes vereinbart worden ist, ist die Beratungsgebühr in voller Höhe auf die
Vergütung im Rechtsstreit anzurechnen.

I. Beratung

1. Beratungsgebühr, § 34 Abs. 1 RVG		400,00 €
2. Postentgeltpauschale, Nr. 7002 VV		20,00 €
Zwischensumme	420,00 €	
3. 19 % Umsatzsteuer, Nr. 7008 VV		79,80 €
Gesamt		**499,80 €**

II. Gerichtliche Vertretung

1. 1,3-Verfahrensgebühr, Nr. 3100 VV (Wert: 6.000 €)		460,20 €
2. gem. § 34 Abs. 2 RVG anzurechnen		– 400,00 €
3. 1,2-Terminsgebühr, Nr. 3104 VV (Wert: 6.000 €)		424,80 €
4. Postentgeltpauschale, Nr. 7002 VV		20,00 €
Zwischensumme	505,00 €	
5. 19 % Umsatzsteuer, Nr. 7008 VV		95,95 €
Gesamt		**600,95 €**

B. Gutachten

Auch für die Ausarbeitung eines Gutachtens enthält das Vergütungsverzeichnis seit dem   12
30.6.2006 keine gesetzlichen Gebühren mehr. Nur die speziellen Gutachtentätigkeiten sind
weiterhin geregelt:

- **Prüfung der Erfolgsaussicht eines Rechtsmittels**, verbunden mit der Erstellung eines
  Gutachtens (Nr. 2101 und 2103 VV; s. Rn 19 ff);
- **Übersendung der Handakten** an den Rechtsmittelanwalt, verbunden mit gutachterli-
  chen Äußerungen (Anm. zu Nr. 3400 VV; s. § 13 Rn 264 ff).

---

13 AG Königs Wusterhausen AGS 2012, 188 = NJW-Spezial 2012, 220.

13 Der Anwalt ist auch hier nach § 34 Abs. 1 S. 1 RVG gehalten, eine Gebührenvereinbarung zu treffen. Anderenfalls richtet sich die Vergütung wiederum nach bürgerlichem Recht (§ 34 Abs. 1 S. 2 RVG), idR nach § 632 Abs. 2 BGB, da die Gutachtentätigkeit gewöhnlich als Geschäftsbesorgung mit Werkvertragscharakter angesehen wird. Die Höhe der BGB-Gebühr ist wiederum nach § 14 Abs. 1 RVG zu bestimmen.

14 Zu beachten ist auch hier die **Höchstgrenze** von 250 €, wenn der Anwalt ein Gutachten für einen **Verbraucher** iSd § 13 BGB erstellt. Eine weitere Begrenzung wie bei der **Erstbera-tung** ist hier ebenso wenig vorgesehen wie die **Anrechnung** auf eine nachfolgende Angele-genheit.

15 Auch bei der Gutachtentätigkeit kann der Anwalt **Auslagen** nach Teil 7 VV abrechnen, so-weit diese anfallen.

C. Mediation

16 Die Mediation, also die Tätigkeit des Anwalts **als Mediator**, ist ebenfalls in § 34 Abs. 1 RVG geregelt. Erfasst sind nur die Fälle, in denen der Anwalt als Mediator tätig wird, also als Vermittler im Auftrage beider bzw aller Parteien, der im Rahmen eines außergerichtli-chen Beratungsverfahrens die Parteien dahin gehend unterstützen soll, eine für sie passen-de rechtsverbindliche Vereinbarung über einen Rechtsstreit auszuarbeiten.[14] Wird der An-walt dagegen als Parteivertreter in einem Mediationsverfahren tätig, gelten die allgemei-nen Gebühren für Vertretungen, also für die außergerichtliche Vertretung Nr. 2300 VV und im gerichtlichen Verfahren die Gebühren nach Teil 3 VV, wobei die Tätigkeit in einem gerichtsnahen Mediationsverfahren mit den Gebühren der Hauptsache abgegolten werden (§ 19 Abs. 1 S. 1 RVG).[15]

17 Auch für die Tätigkeiten als Mediator soll der Anwalt eine Gebührenvereinbarung treffen (§ 34 Abs. 1 S. 1 RVG). Geschieht dies nicht, gelten gem. § 34 Abs. 1 S. 2 RVG wiederum die Vorschriften des bürgerlichen Rechts iVm § 14 Abs. 1 RVG (§ 34 Abs. 1 S. 3, 2. Teil-satz RVG). Abzustellen ist dann auf die angemessene Vergütung nach § 612 Abs. 2 BGB. Im Gegensatz zu Beratung und Gutachten sind hier **keine Höchstbeträge** vorgesehen. Also auch dann, wenn der Anwalt die Mediation für Verbraucher durchführt, tritt also eine Be-grenzung der BGB-Vergütung nicht ein.

18 Die Frage der **Anrechnung** dürfte sich in der Praxis schon deshalb nicht stellen, weil der Anwalt, der die Mediation betrieben hat, nachträglich nicht eine Partei vertreten darf.

D. Prüfung der Erfolgsaussicht eines Rechtsmittels

I. Überblick

19 Wird der Anwalt **ausschließlich mit der Prüfung** der Erfolgsaussicht eines Rechtsmittels beauftragt, gilt Teil 2 Abschnitt 1 VV. Der Anwalt erhält die Gebühren der Nr. 2100 ff VV. Ihm darf allerdings noch **kein unbedingter Prozessauftrag** für das Rechtsmittelverfahren erteilt worden sein. Anderenfalls wird seine Tätigkeit durch die entsprechenden Verfah-rensgebühren des Rechtsmittelverfahrens erfasst, die auch eine Prüfung mit abgelten (Vor-bem. 3 Abs. 2 VV; § 19 Abs. 1 S. 1 RVG).

20 Anzuwenden ist Teil 2 Abschnitt 1 VV auch dann, wenn der Mandant bereits den Auftrag zum Rechtsmittel für den Fall erteilt hatte, dass der Anwalt zu dem Ergebnis komme, es bestehe Aussicht auf Erfolg. Insoweit liegt nur ein **bedingter Rechtsmittelauftrag** vor, der erst mit dem Eintritt der Bedingung (positives Prüfungsergebnis) wirksam wird (§ 158 Abs. 1 BGB). Soweit der Anwalt vom Rechtsmittel abrät, kommt mangels Bedingungsein-

---

14 OLG Braunschweig AGS 2007, 381 = RVGreport 2007, 27.
15 OLG Braunschweig AGS 2007, 381 = RVGreport 2007, 27; OLG Rostock AGS 2007, 126 und 343 = RVGreport 2007, 28.

tritts der Rechtsmittelauftrag nicht zustande, so dass es bei der Vergütung nach den Nr. 2100 ff VV verbleibt.[16] Kommt der Anwalt dagegen zu einem positiven Prüfungsergebnis, wird der Rechtsmittelauftrag wirksam, so dass hierdurch die Verfahrensgebühr des jeweiligen Rechtsmittels entsteht. Die Prüfungsgebühr ist dann auf die Gebühr des Rechtsmittelverfahrens anzurechnen (s. Rn 26 ff).

Ob der mit der Prüfung beauftragte Anwalt im **vorangegangenen Verfahren** bereits als **Verfahrensbevollmächtigter** beauftragt war, ist – anders als noch in § 20 Abs. 2 BRAGO – unerheblich. Die Gebühr nach Nr. 2100 VV kann insbesondere auch dann anfallen, wenn die Prüfung der Erfolgsaussicht eines Rechtsmittels durch den vorinstanzlichen Prozessbevollmächtigten erfolgt.[17] Ebenso ist es unerheblich, zu welchem Prüfungsergebnis der Anwalt gelangt und ob das Rechtsmittel nach der Prüfung eingelegt wird oder nicht. **21**

Hinsichtlich der abzurechnenden Gebühren ist auch bei der Prüfung der Erfolgsaussicht eines Rechtsmittels danach zu differenzieren, **22**

- ob sich die Gebühren **nach dem Gegenstandswert** richten (§§ 2 Abs. 1, 3 Abs. 1 S. 2 RVG) – dann gelten die Nr. 2100, 2101 VV; oder
- ob sich die Gebühren **nach Betragsrahmen** richten (§ 3 Abs. 1 RVG; Teil 4 bis 6 VV) – dann gelten die Nr. 2102, 2103 VV.

Die Bewilligung von Prozesskostenhilfe für die Prüfungstätigkeit kommt nicht in Betracht.[18] Wohl kann insoweit Beratungshilfe beantragt werden.[19] **23**

II. Prüfung der Erfolgsaussicht eines Rechtsmittels bei Abrechnung nach Wertgebühren

1. Die Vergütung

Soll der Anwalt die Erfolgsaussicht eines Rechtsmittels für ein Verfahren prüfen, in dem sich die Gebühren nach dem Gegenstandswert richten (§ 2 Abs. 1 RVG oder § 3 Abs. 1 S. 2 RVG), so erhält er eine Gebühr nach Nr. 2100 VV iHv 0,5 bis 1,3 (Mittelgebühr 0,75), und wenn die Prüfung mit der Ausarbeitung eines schriftlichen Gutachtens verbunden sein soll, iHv 1,3. Ist der Anwalt von **mehreren Auftraggebern** beauftragt, erhöhen sich die Gebühren nach Nr. 1008 VV, soweit der Gegenstand der Prüfung derselbe ist. **24**

2. Anrechnung

Wird der Anwalt anschließend mit der Vertretung im Rechtsmittelverfahren beauftragt, ist die Prüfungsgebühr nach Anm. zu Nr. 2100 VV auf die Verfahrensgebühr des nachfolgenden Rechtsstreits **anzurechnen**. **25**

Wird nach der Prüfung das Rechtsmittel **uneingeschränkt** eingelegt, sind die Gegenstände von Prüfung und Rechtsmittel also identisch, wird in vollem Umfang angerechnet. **26**

Beispiel 2: Gegen seine erstinstanzliche Verurteilung iHv 20.000 € will der Beklagte Berufung einlegen und lässt sich beraten, ob die Berufung Aussicht auf Erfolg hat. Der beauftragte Anwalt prüft dies und bejaht die Erfolgsaussicht, so dass ihm hiernach der Auftrag zur Berufung erteilt und diese auch durchgeführt wird.

---

16 LG Köln AGS 2012, 385 = NJW-RR 2012, 1471.
17 OLG Düsseldorf AGS 2006, 482; LG Berlin AGS 2006, 73; AnwK-RVG/N. *Schneider*, Nr. 2100 VV Rn 6; aA KG AGS 2006, 433 m. abl. Anm. *N. Schneider.*
18 BGH AGS 2007, 360 m. Anm. *Schons* = AnwBl 2007, 634 = RVGreport 2007, 353.
19 OLG Düsseldorf AGS 2005, 567 m. Anm. *Schons*; OLG Düsseldorf AnwBl 2005, 656.

I. Prüfung der Erfolgsaussicht (Wert: 20.000 €)

1. 0,75-Prüfungsgebühr, Nr. 2100 VV		556,50 €
2. Postentgeltpauschale, Nr. 7002 VV		20,00 €
Zwischensumme	576,50 €	
3. 19 % Umsatzsteuer, Nr. 7008 VV		109,54 €
Gesamt		**686,04 €**

II. Berufungsverfahren (Wert: 20.000 €)

1. 1,6-Verfahrensgebühr, Nr. 3200 VV		1.187,20 €
2. gem. Anm. zu Nr. 2100 VV anzurechnen 0,75 aus 20.000 €		– 556,50 €
3. 1,2-Terminsgebühr, Nr. 3202 VV		890,40 €
4. Postentgeltpauschale, Nr. 7002 VV		20,00 €
Zwischensumme	1.541,10 €	
5. 19 % Umsatzsteuer, Nr. 7008 VV		292,81 €
Gesamt		**1.833,91 €**

27 Wird der Anwalt nach der Prüfung lediglich beauftragt, **teilweise Rechtsmittel** einzulegen, etwa weil er nur teilweise zum Rechtsmittel rät und im Übrigen abrät, so findet analog Vorbem. 3 Abs. 4 S. 3 VV eine Anrechnung nur nach dem entsprechenden Wert statt.

Beispiel 3: Wie vorangegangenes Beispiel 2; der Anwalt bejaht die Erfolgsaussicht jedoch nur iHv 10.000 €. In dieser Höhe wird ihm der Auftrag zur Berufung erteilt und diese auch durchgeführt.

I. Prüfung der Erfolgsaussicht (Wert: 20.000 €)

1. 0,75-Prüfungsgebühr, Nr. 2100 VV		556,50 €
2. Postentgeltpauschale, Nr. 7002 VV		20,00 €
Zwischensumme	576,50 €	
3. 19 % Umsatzsteuer, Nr. 7008 VV		109,54 €
Gesamt		**686,04 €**

II. Berufungsverfahren (Wert: 10.000 €)

1. 1,6-Verfahrensgebühr, Nr. 3200 VV		892,80 €
2. gem. Anm. zu Nr. 2100 VV anzurechnen 0,75 aus 10.000 €		– 418,50 €
3. 1,2-Terminsgebühr, Nr. 3202 VV		669,60 €
4. Postentgeltpauschale, Nr. 7002 VV		20,00 €
Zwischensumme	1.163,90 €	
5. 19 % Umsatzsteuer, Nr. 7008 VV		221,14 €
Gesamt		**1.385,04 €**

III. Prüfung der Erfolgsaussicht eines Rechtsmittels bei Abrechnung nach Betragsrahmengebühren

1. Die Vergütung

28 Für die Prüfung der Erfolgsaussicht eines Rechtsmittels in sozialrechtlichen Angelegenheiten, in denen das GKG nicht anzuwenden ist und daher im gerichtlichen Verfahren Betragsrahmengebühren entstehen (§ 3 Abs. 1 RVG), sowie in Straf- und Bußgeldsachen und in Verfahren nach Teil 6 VV richten sich die Gebühren für die Prüfung der Erfolgsaussicht nach den Nr. 2102, 2103 VV.

29 Für die bloße Prüfung der Erfolgsaussicht eines Rechtsmittels (ohne Gutachtenauftrag) entsteht nach Nr. 2102 VV eine Gebühr iHv 30 € bis 320 € (Mittelgebühr 175 €) und wenn die Prüfung mit der Ausarbeitung eines schriftlichen Gutachtens verbunden ist (Nr. 2103 VV), iHv 50 € bis 550 € (Mittelgebühr 300 €).

Bei **mehreren Auftraggebern** sind die Gebührenrahmen nach Nr. 1008 VV um jeweils 30 % je weiteren Auftraggeber zu erhöhen.[20]   30

2. Anrechnung

Kommt es anschließend zur Einlegung des Rechtsmittels, werden auch diese Prüfungsge-   31
bühren auf die Verfahrensgebühr des nachfolgenden Rechtsmittelverfahrens **angerechnet**
(Anm. zu Nr. 2103 VV).

Beispiel 4: Der Anwalt wird beauftragt, die Aussicht einer Revision gegen das Urteil des Landes-
sozialgerichts zu prüfen und rät zur Revision, die auch durchgeführt wird.

I. Prüfung der Erfolgsaussicht

1.	Prüfungsgebühr, Nr. 2102 VV		175,00 €
2.	Postentgeltpauschale, Nr. 7002 VV		20,00 €
	Zwischensumme	195,00 €	
3.	19 % Umsatzsteuer, Nr. 7008 VV		37,05 €
	Gesamt		**232,05 €**

II. Revisionsverfahren

1.	Verfahrensgebühr, Nr. 3212 VV		480,00 €
2.	gem. Anm. zu Nr. 2102 VV anzurechnen		– 175,00 €
3.	Terminsgebühr, Nr. 3213 VV		455,00 €
4.	Postentgeltpauschale, Nr. 7002 VV		20,00 €
	Zwischensumme	780,00 €	
5.	19 % Umsatzsteuer, Nr. 7008 VV		148,20 €
	Gesamt		**928,20 €**

---

20 AnwK-RVG/N. *Schneider*, Nr. 2102 VV Rn 3.

§ 12 Beratungshilfe

A. Gesetzliche Regelung

1 Die **Gebühren**, die der Anwalt in Beratungshilfemandaten erhält, richten sich ausschließlich nach Teil 2 VV, und zwar nach Abschnitt 5 (**Nr. 2500–2508 VV**). Gebühren anderer Abschnitte können nicht entstehen (s. Vorbem. 2.5 VV). Anzuwenden sind jedoch die allgemeinen Gebühren nach Teil 1 VV, soweit Teil 2 Abschnitt 5 VV keine vorrangigen Regelungen enthält (zB in Nr. 2508 VV).

2 Neben den Gebühren erhält der Anwalt Ersatz seiner **Auslagen** nach Teil 7 VV, soweit sie notwendig waren (§ 46 RVG).

3 Zur **Festsetzung der Vergütung** (§§ 55 ff RVG) s. § 33 Rn 2 ff. Zur weitergehenden **Inanspruchnahme Dritter** (§ 9 BerHG) s. Rn 27 ff.

B. Vergütungsansprüche gegenüber dem Auftraggeber (Rechtsuchenden)

4 Soweit Beratungshilfe bewilligt worden ist, darf der Anwalt den Auftraggeber (genannt „der Rechtsuchende") hinsichtlich der für das Mandat anfallenden Gebühren und Auslagen nicht in Anspruch nehmen (§ 8 Abs. 2 BerHG). Es steht ihm lediglich nach Nr. 2500 VV eine **Beratungshilfegebühr iHv 15 €** zu. Diese Gebühr schuldet ausschließlich der Rechtsuchende, nicht auch die Staatskasse (§ 44 S. 2 RVG). Die Gebühr kann dem Rechtsuchenden **erlassen** werden (Anm. S. 2 zu Nr. 2500 VV). Zur Möglichkeit, den Auftraggeber nach Aufhebung der Beratungshilfe unmittelbar in Anspruch zu nehmen, s. Rn 31 ff.

5 In der Beratungshilfegebühr sind alle **Auslagen** bereits enthalten (Anm. S. 1 zu Nr. 2500 VV), also auch die Umsatzsteuer. Die Beratungshilfe versteht sich damit als **Bruttogebühr**.[1] **Netto** beläuft sie sich auf **12,60 €**. Der Anwalt muss diese Gebühr ordnungsgemäß verbuchen und die Umsatzsteuer daraus selbstverständlich abführen.

6 Vertritt der Anwalt im Rahmen der Beratungshilfe **mehrere Rechtsuchende**, so gilt für die Beratungshilfegebühr nicht die Erhöhung nach Nr. 1008 VV. Vielmehr schuldet jeder Rechtsuchende die Beratungshilfegebühr gesondert.[2]

6a Ebenso erhält der Anwalt die Gebühr der Nr. 2500 VV mehrmals, wenn er im Rahmen der Beratungshilfe in **mehreren Angelegenheiten** beauftragt wird. Auf die Anzahl der Beratungshilfescheine kommt es auch hier nicht an.

C. Die Vergütung aus der Staatskasse

I. Umfang der Angelegenheit

7 Beratung und außergerichtliche Vertretung sind auch im Rahmen der Beratungshilfe stets verschiedene Angelegenheiten iSd § 15 RVG, wie sich schon aus der Anrechnungsvorschrift der Anm. zu Nr. 2501 VV ergibt.

8 Darüber hinaus können auch mehrere Beratungen oder mehrere Vertretungen verschiedene Angelegenheiten darstellen, wenn sie unterschiedliche Gegenstände betreffen. Grundsätzlich gilt auch hier § 15 Abs. 1 RVG, wonach nur dann von einer Angelegenheit auszugehen ist, wenn

- der Tätigkeit des Anwalts ein einheitlicher Auftrag zugrunde liegt,
- die Tätigkeit sich im gleichen Rahmen hält und
- zwischen den einzelnen Handlungen oder Gegenständen der anwaltlichen Tätigkeit ein innerer Zusammenhang besteht (s. § 5 Rn 4).

---

1 AnwK-RVG/*Fölsch*, Nr. 2500 VV Rn 1.
2 AnwK-RVG/*Fölsch*, Nr. 2500 VV Rn 3.

Hier ist jedoch zu beobachten, dass der Rahmen in verfassungsrechtlich bedenklicher Weise[3] ausgedehnt wird und aus fiskalischen Gründen Zusammenhänge zwischen einzelnen Tätigkeiten bejaht werden, die an sich als verschiedene Angelegenheiten anzusehen sind.[4] Insbesondere in Familiensachen wurde von der Rspr zT ein „Beratungshilfe-Verbund" angenommen, so dass Vertretungen und Beratungen, die sich anlässlich der Trennung ergeben, grundsätzlich als eine Angelegenheit der Beratungshilfe zusammengefasst werden.[5] Die überwiegende Rspr nimmt hier inzwischen zu Recht verschiedene Angelegenheiten an.[6]

9

II. Die Gebühren

1. Überblick

Der Anwalt kann im Rahmen der Beratungshilfe erhalten:

10

- Beratungsgebühren (Nr. 2501 f VV),[7]
- Geschäftsgebühren (Nr. 2503 ff VV),
- Einigungs- und Erledigungsgebühren (Nr. 2508 VV).

Bei allen Gebühren handelt es sich um **Festgebühren**.

11

---

3 BVerfG AGS 2002, 273 = NJW 2002, 429.
4 Siehe hierzu AnwK-RVG/*Fölsch*, Vor 2.5 VV Rn 150 ff.
5 OLG Nürnberg (Scheidung und Folgesachen) MDR 2004, 1186 = FamRZ 2005, 740.
6 OLG Stuttgart (für Trennung und Scheidung mit Folgesachen) AGS 2007, 97 = JurBüro 2007, 21; OLG Hamm (Ehegatten- und Kindesunterhalt) FamRZ 2005, 532 = AGS 2005, 350; OLG Düsseldorf (Umgangsrecht und Unterhalt) AGS 2007, 147 = JurBüro 2007, 377; OLG Köln AGS 2009, 422 = FamRZ 2009, 1345 (Fragen des Ehegattenunterhalts, des Kindesunterhalts, des Umgangsrechts und des ehelichen Güterrechts einschl. Haushalt und Vermögensauseinandersetzung ist eine Beratung in vier verschiedenen Angelegenheiten); LG Mönchengladbach AGS 2009, 80 = MDR 2009, 534 = FamRZ 2009, 1086 (Kindesunterhalt und Umgangsrecht); AG Bad Schwalbach JurBüro 2009, 95 (Umgangsrecht, Auskunft und Haushalt); OLG Dresden AGS 2011, 138 = NJW-RR 2011, 713 = FamRZ 2011, 1684; OLG Düsseldorf AGS 2009, 79 = JurBüro 2009, 39 = FamRZ 2009, 1244 (Scheidungs- und Scheidungsfolgesachen); OLG Rostock AGS 2011, 80 = FamRZ 2011, 834 = NJW-RR 2011, 871 = RVGreport 2011, 106 (Scheidungs- und Folgesachen); OLG Frankfurt AGS 2009, 593 = FamRZ 2010, 230 = RVGreport 2010, 143 (verschiedene Trennungsfolgen – Ehegattenunterhalt, Kindesunterhalt, Haushaltsteilung, Auflösung der Ehewohnung); OLG Brandenburg FamRZ 2010, 833 (Scheidung und Folgesachen); AG Merzig AGS 2008, 136 (Kindesunterhalt und Umgangsrecht); KG AGS 2010, 612 = RVGreport 2010, 141 (Ehescheidung, Haushalt/Wohnungszuweisung und Umgangsrecht/Sorgerecht); AG Eisleben AGS 2011, 554 = FamRZ 2012, 327 = NJW-Spezial 2011, 763 (jede Familiensache aus dem Katalog des § 111 FamFG); OLG München AGS 2012, 25 = MDR 2011, 1386 = FamRZ 2012, 326 (Scheidung und Folgesachen); OLG Rostock AGS 2011, 80 = NJW-RR 2011, 871 (§ 16 Nr. 4 RVG findet keine Anwendung); OLG Stuttgart AGS 2012, 589 = FamRZ 2013, 726 (bis zu vier Angelegenheiten: Scheidung als solche; persönliches Verhältnis zu den Kindern [Personensorge, Umgangsrecht]; Fragen im Zusammenhang mit Ehewohnung und Hausrat; finanzielle Auswirkungen von Trennung und Scheidung [Unterhaltsansprüche, Güterrecht, Vermögensauseinandersetzung]); OLG Düsseldorf AGS 2013, 591 = FamRZ 2013, 725 (Beratungshilfe für Trennungsunterhalt, Kindesunterhalt, Versorgungsausgleich, Vermögensauseinandersetzung, Scheidung, Besuchsrecht bei den Kindern, elterliche Sorge und Hausrat – hier insgesamt acht Angelegenheiten); OLG Schleswig AGS 2013, 301 = NJW-Spezial 2013, 476 (bis zu vier mögliche Angelegenheiten: Scheidung als solche; persönliches Verhältnis zu den Kindern [Personensorge, Umgangsrecht]; Fragen im Zusammenhang mit der Ehewohnung und dem Hausrat; finanzielle Auswirkungen von Trennung und Scheidung [Unterhalt, Güterrecht, Vermögensauseinandersetzung]); OLG Naumburg AGS 2013, 353 (bis zu sechs verschiedene Angelegenheiten: Ehesachen iSv §§ 111 Nr. 1, 121 FamFG; Kindschaftssachen iSv §§ 111 Nr. 2, 151 FamFG [ggf auch § 111 Nr. 10 iVm § 266 Abs. 1 Nr. 4 und 5 FamFG]; Ehewohnungs- und Haushaltssachen iSv §§ 111 Nr. 5, 200 FamFG; Versorgungsausgleichssachen iSv §§ 111 Nr. 7, 217 FamFG; Unterhaltssachen iSv §§ 111 Nr. 8, 231 FamFG [dh sowohl Kindes- als auch Ehegattenunterhalt]; Güterrecht iSv §§ 111 Nr. 9, 261 FamFG und sonstige Vermögensauseinandersetzungen [ggf auch § 111 Nr. 10 iVm § 266 Abs. 1 Nr. 4 FamFG]); LG Dessau-Roßlau AGS 2013, 484 (vier Komplexe: Scheidung als solche, Angelegenheiten im Zusammenhang mit dem persönlichen Verhältnis zu den Kindern [Personensorge, Umgangsrecht], Angelegenheiten im Zusammenhang mit der Ehewohnung und dem Hausrat; finanzielle Auswirkungen von Trennung und Scheidung [Unterhaltsansprüche, Güterrecht und Vermögensauseinandersetzung]).
7 Gutachtentätigkeit wird von der Beratungshilfe nicht übernommen.

12 Unterschieden wird zwischen
- allgemeinen Tätigkeiten und
- Tätigkeiten im Schuldenbereinigungsverfahren.

2. Beratungsgebühr

13 Für eine Beratung, die nicht mit einer anderen gebührenpflichtigen Tätigkeit zusammenhängen darf (Anm. Abs. 1 zu Nr. 2501 VV), erhält der Anwalt nach Nr. 2501 VV eine Gebühr iHv 35 €. Zu dieser Beratung gehört in der Beratungshilfe auch die **Prüfung der Erfolgsaussicht eines Rechtsmittels**, für die der Wahlanwalt die besonderen Gebühren der Nr. 2100 ff VV erhält.[8]

Beispiel 1: Der Rechtsuchende lässt sich beraten. Das Beratungsergebnis wird schriftlich zusammengefasst und ihm zugeschickt.

1.	Beratungsgebühr, Nr. 2501 VV	35,00 €
2.	Postentgeltpauschale, Nr. 7002 VV[9]	7,00 €
	Zwischensumme	42,00 €
3.	19 % Umsatzsteuer, Nr. 7008 VV	7,98 €
	Gesamt	**49,98 €**

14 Bezieht sich die Beratung auf das Ziel einer außergerichtlichen Einigung mit den Gläubigern über die **Schuldenbereinigung** auf der Grundlage eines Planes (§ 305 Abs. 1 Nr. 1 InsO), so erhält der Anwalt die höhere Gebühr nach Nr. 2502 VV. Im Gegensatz zur Geschäftstätigkeit (s. Rn 20) ist eine Staffelung der Gebühren nach der Zahl der Gläubiger hier nicht vorgesehen.

15 Bei Beratung **mehrerer Auftraggeber** erhöht sich die Gebühr nach Nr. 1008 VV um 30 % je weiteren Auftraggeber.[10] Eine gemeinschaftliche Beteiligung ist nicht erforderlich, da es sich um eine Festgebühr handelt.

16 Schließt sich an die Beratungstätigkeit eine weitere Tätigkeit an, etwa eine außergerichtliche Vertretung oder eine Vertretung im Rechtsstreit, so ist die Beratungsgebühr der Nr. 2501 VV in voller Höhe auf die Gebühren einer nachfolgenden Angelegenheit **anzurechnen** (Anm. Abs. 2 zu Nr. 2501 VV).

3. Geschäftsgebühr

17 Entsprechend der Geschäftsgebühr des Wahlanwalts nach den Nr. 2300 bis 2303 VV erhält der Anwalt in der Beratungshilfe ebenfalls eine Geschäftsgebühr, die sich aus Nr. 2503 VV ergibt. Sie beträgt 85 € und entsteht für das **Betreiben des Geschäfts** einschließlich der Entgegennahme der Information (Anm. Abs. 1 zu Nr. 2503 VV). Sie entsteht auch im obligatorischen Güteverfahren nach § 15 a EGZPO (§ 1 Abs. 1 BerHG).

Beispiel 2: Der Mandant erscheint mit einem Beratungshilfeschein und beauftragt den Anwalt, ihn wegen einer Forderungsbeitreibung zu vertreten.

1.	Geschäftsgebühr, Nr. 2503 VV	85,00 €
2.	Postentgeltpauschale, Nr. 7002 VV	17,00 €
	Zwischensumme	102,00 €
3.	19 % Umsatzsteuer, Nr. 7008 VV	19,38 €
	Gesamt	**121,38 €**

---

8 OLG Düsseldorf AnwBl 2005, 656; OLG Düsseldorf AGS 2005, 567 m. Anm. *Schons*; OLG Frankfurt/M. AGS 2006, 137 = RVGreport 2005, 280.

9 Da durch die Übersendung des Beratungsergebnisses Portokosten angefallen sind, kann der Anwalt die Postentgeltpauschale nach Nr. 7002 VV abrechnen (s. Rn 26 und § 10 Rn 17).

10 AA KG AGS 2007, 312 = RVGreport 2007, 143; AG Koblenz AGS 2008, 356; zum gesamten Streitstand s. AnwK-RVG/*Fölsch*, Nr. 2501 VV Rn 3. Zur vergleichbaren Problematik bei Nr. 2503 VV s. Rn 18.

Wird der Anwalt für **mehrere Rechtsuchende** tätig, erhöht sich die Geschäftsgebühr gem. Nr. 1008 VV um 30 % je weiteren Auftraggeber.[11]   18

Beispiel 3: Der Anwalt vertritt die rechtskräftig geschiedene Ehefrau sowie die beiden minderjährigen Kinder, die Unterhalt gegen den geschiedenen Ehemann und Kindesvater geltend machen.

Es liegen zwar gesonderte Gegenstände vor, weil jeder Unterhaltsanspruch ein eigener Gegenstand ist. Da bei Festgebühren aber auf eine gemeinschaftliche Beteiligung und denselben Streitgegenstand nicht abgestellt wird, ist auch hier zu erhöhen (s. Rn 15), und zwar um zweimal 30 %.

1.	Geschäftsgebühr, Nr. 2503, 1008 VV	136,00 €
2.	Postentgeltpauschale, Nr. 7002 VV	20,00 €
	Zwischensumme 156,00 €	
3.	19 % Umsatzsteuer, Nr. 7008 VV	29,64 €
	Gesamt	**185,64 €**

Ist der Vertretung eine Beratung vorangegangen, so ist die Beratungsgebühr der Nr. 2501 VV in voller Höhe auf die Gebühren **anzurechnen** (Anm. Abs. 2 zu Nr. 2501 VV).   19

Beispiel 4: Der Anwalt wird vom Mandanten im Rahmen der Beratungshilfe beauftragt, ihn wegen einer Forderung zu beraten. Später erteilt er den Auftrag, die Forderung außergerichtlich geltend zu machen.

Es entsteht sowohl die Beratungsgebühr nach Nr. 2501 VV als auch die Geschäftsgebühr nach Nr. 2503 VV. Die Beratungsgebühr der Nr. 2501 VV ist gem. Anm. Abs. 2 zu Nr. 2501 VV auf die Geschäftsgebühr anzurechnen.

I.	**Beratung**	
1.	Beratungsgebühr, Nr. 2501 VV	35,00 €
2.	Postentgeltpauschale, Nr. 7002 VV[12]	7,00 €
	Zwischensumme 42,00 €	
3.	19 % Umsatzsteuer, Nr. 7008 VV	7,98 €
	Gesamt	**49,98 €**
II.	**Außergerichtliche Vertretung**	
1.	Geschäftsgebühr, Nr. 2503 VV	85,00 €
2.	gem. Anm. Abs. 2 zu Nr. 2501 VV anzurechnen	− 35,00 €
3.	Postentgeltpauschale, Nr. 7002 VV[13]	17,00 €
	Zwischensumme 67,00 €	
4.	19 % Umsatzsteuer, Nr. 7008 VV	12,73 €
	Gesamt	**79,73 €**

Bezieht sich die anwaltliche Tätigkeit auf das Ziel einer außergerichtlichen Einigung mit den Gläubigern über die **Schuldenbereinigung** auf der Grundlage eines Planes (§ 305 Abs. 1 Nr. 1 InsO), so erhält der Anwalt höhere Geschäftsgebühren nach den Nr. 2504 ff VV. Die Gebührenhöhe ist nach der Zahl der Gläubiger gestaffelt. Der Anwalt erhält bei einer Vertretung gegenüber   20

–	bis zu 5 Gläubigern, Nr. 2504 VV	270 €,
–	6 bis 10 Gläubigern, Nr. 2505 VV	405 €,
–	11 bis 15 Gläubigern, Nr. 2506 VV	540 €,
–	über 15 Gläubigern, Nr. 2507 VV	675 €.

---

11 KG AGS 2007, 466 = RVGreport 2007, 299 = JurBüro 2007, 543; OLG Düsseldorf AGS 2006, 244; OLG Oldenburg AGS 2007, 45 = JurBüro 2007, 140 = RVGreport 2006, 465.

12 Zur Frage, wann im Rahmen der Beratung eine Postentgeltpauschale anfällt, s. Rn 26 und § 10 Rn 17.

13 Die Postentgeltpauschale berechnet sich aus dem Gebührenaufkommen vor Anrechnung (s. § 10 Rn 20).

4. Anrechnung der Geschäftsgebühr

21 Die Geschäftsgebühr der Nr. 2503 VV ist gem. Anm. Abs. 2 S. 1 zu Nr. 2503 VV **zur Hälfte** auf die Gebühren eines nachfolgenden behördlichen oder gerichtlichen Verfahrens grundsätzlich **anzurechnen**.

Beispiel 5: Der Anwalt wird vom Rechtsuchenden beauftragt, ihn wegen einer Forderung iHv 1.500 € außergerichtlich zu vertreten. Nach Scheitern der außergerichtlichen Bemühungen wird Klage erhoben, über die mündlich verhandelt wird.

I.	**Außergerichtliche Vertretung**	
1.	Geschäftsgebühr, Nr. 2503 VV	85,00 €
2.	Postentgeltpauschale, Nr. 7002 VV	17,00 €
	Zwischensumme	102,00 €
3.	19 % Umsatzsteuer, Nr. 7008 VV	19,38 €
	Gesamt	**121,38 €**
II.	**Gerichtliche Vertretung**	
1.	1,3-Verfahrensgebühr, Nr. 3100 VV (Wert: 1.500 €)	149,50 €
2.	gem. Anm. Abs. 1 S. 2 zu Nr. 2503 VV anzurechnen	– 42,50 €
3.	1,2-Terminsgebühr, Nr. 3104 VV (Wert: 1.500 €)	138,00 €
4.	Postentgeltpauschale, Nr. 7002 VV	20,00 €
	Zwischensumme	265,00 €
5.	19 % Umsatzsteuer, Nr. 7008 VV	50,35 €
	Gesamt	**315,35 €**

5. Einigungs- und Erledigungsgebühr

22 Führt die Beratungs- oder Geschäftstätigkeit im Rahmen der Beratungshilfe zu einer Einigung iSd Nr. 1000 VV oder zu einer Erledigung iSd Nr. 1002 VV, so erhält der Anwalt auch eine Einigungs- oder Erledigungsgebühr nach Nr. 2508 VV. Deren Höhe beläuft sich stets auf 150 €. Höhere Gebühren in Verfahren auf außergerichtliche Einigung mit den Gläubigern über die **Schuldenbereinigung** auf der Grundlage eines Planes (§ 305 Abs. 1 Nr. 1 InsO) sind hier nicht vorgesehen.

Beispiel 6: Der Mandant erscheint mit einem Beratungshilfeschein und beauftragt den Anwalt, eine Forderung abzuwehren. Der Anwalt erzielt eine Einigung mit dem Gegner.

1.	Geschäftsgebühr, Nr. 2503 VV	85,00 €
2.	Einigungsgebühr, Nr. 2508 VV	150,00 €
3.	Postentgeltpauschale, Nr. 7002 VV	20,00 €
	Zwischensumme	255,00 €
4.	19 % Umsatzsteuer, Nr. 7008 VV	48,45 €
	Gesamt	**303,45 €**

6. Aussöhnungsgebühr

23 Strittig ist, ob im Rahmen der Beratungshilfe eine **Aussöhnungsgebühr** für die Aussöhnung von Eheleuten oder Lebenspartnern entsprechend Nr. 1001 VV anfallen kann. Da eine ausdrückliche Regelung in Nr. 2508 VV fehlt, verneint die hM eine solche Gebühr in der Beratungshilfe.[14] Ein Grund dafür, die Aussöhnungsgebühr aus dem Bereich der Beratungshilfe auszunehmen, ist allerdings nicht erkennbar, so dass Nr. 2508 VV auch bei einer Aussöhnung anfallen dürfte.[15]

---

14 LG Darmstadt KostRspr. BRAGO § 132 Nr. 47; AG Meppen NdsRpfl 1995, 105; LG Kleve JurBüro 1985, 1844.
15 AnwK-RVG/*Fölsch*, Nr. 2508 VV Rn 12; AnwK-RVG/*Schneider/Thiel*, Nr. 1001 VV Rn 36.

III. Auslagen

Zu den vorstehend aufgeführten Gebühren kommen Auslagen nach Teil 7 VV hinzu, es sei denn, sie waren zur sachgemäßen Durchführung der Angelegenheit nicht erforderlich (§ 46 Abs. 1 RVG). Zu übernehmen sind also zB notwendige Kopierkosten (Nr. 7000 VV), Reisekosten (Nr. 7003 VV) etc. 24

Auch eine **Postentgeltpauschale** nach Nr. 7002 VV ist aus der Staatskasse zu übernehmen, sofern Postentgelte angefallen sind.[16] Die Höhe der Postentgeltpauschale richtet sich nach den Beratungshilfegebühren und nicht nach den (fiktiven) gesetzlichen Wahlanwaltsgebühren (Anm. Abs. 2 zu Nr. 7002 VV). 25

Da die **Umsatzsteuer** als Auslagentatbestand behandelt wird (Nr. 7008 VV), erhält der Anwalt nach § 46 RVG iVm Nr. 7008 VV auch die auf die Vergütung anfallende Umsatzsteuer. Ob der Rechtsuchende ggf zum Vorsteuerabzug berechtigt ist, ist unerheblich, da er nicht Rechnungsempfänger ist. 26

D. Ansprüche gegen den Gegner

Als Ausgleich dafür, dass die Beratungshilfevergütung äußerst gering bemessen und eine Inanspruchnahme des Rechtsuchenden nicht möglich ist, gehen kraft Gesetzes Ersatzansprüche des Rechtsuchenden, die dieser gegen Dritte hat (§ 9 S. 1 BerHG), auf den Anwalt nach § 9 S. 2 BerHG über. Der Rechtsanwalt kann also die Erstattungsansprüche im eigenen Namen geltend machen. Da der Anspruchsübergang gesetzlich vorgeschrieben ist, wäre eine Klage des Rechtsuchenden unbegründet, was in der Praxis vielfach nicht beachtet wird. 27

Der Anspruchsübergang kann nicht zum Nachteil des Rechtsuchenden geltend gemacht werden (§ 9 S. 3 BerHG). Das bedeutet zum einen, dass der Anwalt gegen den ersatzpflichtigen Dritten keine Ansprüche geltend machen kann, solange noch Ansprüche des Rechtsuchenden gegen den Gegner bestehen. Zum anderen sind Zahlungen der Gegenseite – entgegen den §§ 367, 366 BGB – zunächst einmal auf die Forderung des Rechtsuchenden einzuziehen.[17] 28

Auch hinsichtlich der Gebühr nach Nr. 2500 VV ist der Rechtsuchende bevorrechtigt. Soweit ihm ein Ersatzanspruch gegen den Gegner zusteht und er die Gebühr nach Nr. 2500 VV bereits an den Anwalt gezahlt hat, bleibt der Erstattungsanspruch bei ihm.[18] 29

Einwendungen des erstattungspflichtigen Dritten, die aus dem Verhältnis zu dem Rechtsuchenden resultieren, sind im Rahmen des § 9 BerHG – im Gegensatz zur Prozesskostenhilfe nach § 126 Abs. 2 S. 1 ZPO (s. § 33 Rn 24) – nicht ausgeschlossen, sondern können nach §§ 412, 406 BGB geltend gemacht werden. 30

E. Inanspruchnahme des Rechtsuchenden nach Aufhebung oder Ablehnung der Beratungshilfe

I. Überblick

Wird die Beratungshilfe aufgehoben oder wird ein nachträglich eingereichter Antrag abgelehnt, kann der Anwalt vom Rechtsuchenden u.U. die **gesetzliche Vergütung** verlangen oder sogar eine **vereinbarte Vergütung**. Soweit der Rechtsuchende die Beratungshilfegebühr (Nr. 2500 VV) bereits bezahlt hat, ist diese auf den Vergütungsanspruch anzurechnen (§ 8 a Abs. 2 S. 2 BerHG). 31

---

16 AG Königs Wusterhausen AGS 2012, 188 = NJW-Spezial 2012, 220; AG Magdeburg JurBüro 2005, 651.
17 *Lindemann/Trenk-Hinterberger*, § 9 BerHG Rn 2.
18 *Schoreit/Dehn*, § 9 BerHG Rn 3; aA *Lindemann/Trenk-Hinterberger*, § 9 BerHG Rn 5.

II. Aufhebung von Amts wegen

32 Das Gericht kann nach § 6 a Abs. 1 BerHG die Beratungshilfe von Amts wegen aufheben, wenn die Voraussetzungen für die Beratungshilfe zum Zeitpunkt der Bewilligung nicht vorgelegen haben und seit der Bewilligung nicht mehr als ein Jahr vergangen ist.

33 Wird die Beratungshilfe aufgehoben und hatte der Anwalt **Kenntnis oder grob fahrlässige Unkenntnis** davon, dass die Bewilligungsvoraussetzungen im Zeitpunkt der Beratungshilfeleistung nicht vorlagen, steht ihm kein Anspruch gegen die Staatskasse zu. Der Anwalt kann sich dann nur an den Rechtsuchenden halten und mit ihm die gesetzliche Vergütung abrechnen.

34 Hatte der Anwalt **keine Kenntnis und auch keine grob fahrlässige Unkenntnis** davon, dass die Bewilligungsvoraussetzungen im Zeitpunkt der Beratungshilfeleistung nicht vorlagen, hat er nach § 8 a BerHG ein **Wahlrecht:**

■ Er kann seine Vergütung nach den Nr. 2501 ff VV mit der Staatskasse abrechnen; dann darf er aber den Rechtsuchenden nicht in Anspruch nehmen (§ 8 a Abs. 1 BerHG).

■ Er kann mit dem Auftraggeber die gesetzliche Vergütung abrechnen (§ 8 a Abs. 2 BerHG); dann darf er aber nicht auch mit der Staatskasse abrechnen und muss, wenn er schon abgerechnet hat, gezahlte Beträge zuvor zurückgewähren.

III. Aufhebung auf Antrag des Anwalts

35 Nach § 6 a Abs. 2 BerHG kann der Anwalt die Aufhebung der Beratungshilfe beantragen, wenn der Rechtsuchende aufgrund der Beratung oder Vertretung, für die ihm Beratungshilfe bewilligt wurde, etwas erlangt hat. Der Antrag kann nur gestellt werden, wenn der Anwalt

■ noch keine Beratungshilfevergütung nach § 44 S. 1 RVG beantragt hat und

■ er den Rechtsuchenden bei der Mandatsübernahme auf die Möglichkeit der Antragstellung und der Aufhebung der Bewilligung sowie auf die sich für die Vergütung ergebenden Folgen in Textform hingewiesen hat.

36 Soweit die Beratungshilfe danach auf Antrag des Anwalts aufgehoben wird, kann der Anwalt vom Rechtsuchenden die gesetzliche Vergütung verlangen oder auch eine für diesen Fall vereinbarte Vergütung.

IV. Ablehnung bei nachträglicher Antragstellung

37 Wird im Fall nachträglicher Antragstellung nach § 6 Abs. 2 BerHG die beantragte Beratungshilfe nicht bewilligt, kann der Anwalt vom Rechtsuchenden wiederum die Vergütung nach den allgemeinen Vorschriften verlangen. Voraussetzung ist allerdings, dass der Anwalt den Rechtsuchenden bei der Mandatsübernahme darauf hingewiesen hat. Für diesen Hinweis ist eine Form – insbesondere Textform – nicht vorgeschrieben.

§ 13 Vertretung in zivilrechtlichen Angelegenheiten

A. Überblick

Die Vertretung in zivilrechtlichen Angelegenheiten kann sich auf außergerichtliche Tätig- 1
keiten oder gerichtliche Verfahren[1] erstrecken. Die **außergerichtliche Vertretung** ist in
Teil 2 VV geregelt, die Vertretung in **gerichtlichen Verfahren** in Teil 3 VV.

B. Außergerichtliche Vertretung

I. Überblick

Die Gebühren für die außergerichtliche Vertretung sind in Teil 2 VV geregelt. Vorausset- 2
zung ist, dass der **Auftrag** auf die Vertretung **außerhalb eines gerichtlichen Verfahrens** gerichtet ist. Soweit bereits ein unbedingter Auftrag für ein gerichtliches Verfahren besteht,
gilt nicht Teil 2 VV, sondern Teil 3 VV, selbst dann, wenn es gar nicht mehr zum gerichtlichen Verfahren kommt (Vorbem. 3 Abs. 1 VV).

Beispiel 1: Der Anwalt erhält den Auftrag, eine Forderung einzuklagen. Bevor es dazu kommt,
werden nochmals außergerichtliche Verhandlungen mit dem Gegner geführt.

Obwohl es nicht zur Klageerhebung gekommen ist, sondern die Sache sich außergerichtlich erledigt hat, ist nicht nach Teil 2 VV abzurechnen, sondern nach Teil 3 VV (s. Vorbem. 3 Abs. 1 VV,
§ 19 Abs. 1 S. 2 Nr. 1 RVG).

Ein **bedingter Auftrag** für ein gerichtliches Verfahren steht dagegen der Anwendbarkeit 3
von Teil 2 VV nicht entgegen.

Beispiel 2: Der Anwalt erhält den Auftrag, eine Forderung außergerichtlich geltend zu machen
und für den Fall, dass bis zu einem bestimmten Termin nicht gezahlt wird, Klage zu erheben.

Zwar liegt ein Klageauftrag vor, der nach Teil 3 VV abzurechnen wäre. Dieser Klageauftrag ist
jedoch nur bedingt erteilt. Der Anwalt erhält also zunächst für die außergerichtliche Vertretung
seine Vergütung nach Teil 2 VV und nur im Falle des Bedingungseintritts (§ 158 BGB), also wenn
der Schuldner die gesetzte Frist fruchtlos verstreichen lässt, für die weitere Tätigkeit die Vergütung nach Teil 3 VV.

Unterschieden wird in Teil 2 VV nach 4

- allgemeiner Geschäftstätigkeit (Nr. 2300 ff VV) und
- Vertretung in einem Güte- oder Schlichtungsverfahren (Nr. 2303 VV).

II. Allgemeine Geschäftstätigkeit

1. Übersicht

Für die außergerichtliche Vertretung außerhalb eines Güte- oder Schlichtungsverfahrens 5
erhält der Anwalt eine **Geschäftsgebühr** nach Nr. 2300 VV nebst **Auslagen** nach Teil 7 VV.
Hinzu kommen kann eine **Einigungsgebühr** nach den Nr. 1000 ff VV.

Sonstige Gebühren sind **nicht** vorgesehen. Insbesondere ist hier – im Gegensatz zur frühe- 6
ren BRAGO – eine gesonderte Gebühr für die Teilnahme an Besprechungen ist hier nicht
vorgesehen. Solche Tätigkeiten werden sämtlich durch die Geschäftsgebühr mit abgegolten. Völlig unzutreffend ist es daher, neben der Geschäftsgebühr eine Terminsgebühr nach
Nr. 3104 VV abzurechnen.[2] Auch wenn die Terminsgebühr nach Vorbem. 3 Abs. 3 S. 3
Nr. 2 VV für die **Mitwirkung an Besprechungen zur Vermeidung eines gerichtlichen Verfahrens** entsteht, kann sie nicht im Rahmen einer außergerichtlichen Vertretung anfallen.
Zwar ist eine Anhängigkeit für den Anfall einer Terminsgebühr nicht erforderlich, jedoch

---

1 Dazu gehören auch die Verfahren der Zwangsvollstreckung, für die der Gerichtsvollzieher zuständig ist.
2 AG Altenkirchen AGS 2007, 557 = NJW-Spezial 2007, 556.

muss ein unbedingter Verfahrensauftrag erteilt worden sein (Vorbem. 3 Abs. 1 VV),[3] was bei einer außergerichtlichen Vertretung gerade nicht der Fall sein kann, sondern ihm entgegenstehen würde.

2. Umfang der Angelegenheit

7 Die außergerichtliche Vertretung ist eine **eigene selbstständige Angelegenheit** gegenüber

- einer vorangegangenen Beratung (§ 34 RVG),
- einem nachfolgenden Güte- oder Schlichtungsverfahren (Nr. 2303 VV),
- einem nachfolgenden gerichtlichen Verfahren (Nr. 3100 ff VV).

8 Die außergerichtliche Vertretung muss einem gerichtlichen Verfahren nicht vorangehen, obwohl dies der Regelfall ist. Sie kann auch einem gerichtlichen Verfahren nachfolgen. Auch dann handelt es sich um eine eigene selbstständige Angelegenheit.

Beispiel 3: Nach einer Auskunftsklage wird aufgrund der erteilten Auskünfte die Forderung berechnet und außergerichtlich geltend gemacht.

Beispiel 4: In einem Rechtsstreit werden nicht anhängige Gegenstände im Rahmen von Vergleichsverhandlungen miterörtert. Die Verhandlungen scheitern, so dass die nicht anhängigen Gegenstände anschließend außergerichtlich geltend gemacht werden.

In **beiden Beispielen** handelt es sich beim Rechtsstreit und der nachfolgenden außergerichtlichen Tätigkeit um jeweils eigene Angelegenheiten. Im Beispiel 4 ist allerdings die Anrechnungsvorschrift der Vorbem. 3 Abs. 4 S. 1 VV zu beachten (s. Rn 35).

9 Nur eine einzige außergerichtliche Angelegenheit liegt dagegen vor, wenn der Anwalt den Mandanten außergerichtlich vertritt, es dann zu einem gerichtlichen Verfahren kommt und hiernach die außergerichtliche Vertretung fortgesetzt wird.

Beispiel 5: Der Anwalt ist außergerichtlich mit der Durchsetzung von Gewährleistungsansprüchen beauftragt. Da über den Umfang der Mängel Streit besteht, wird ein selbstständiges Beweisverfahren durchgeführt. Nach Erhalt des Sachverständigengutachtens werden die außergerichtlichen Verhandlungen zur Höhe fortgesetzt.

Die außergerichtliche Vertretung vor und nach dem Beweisverfahren ist eine einzige Angelegenheit. Es entsteht nur eine Geschäftsgebühr. Die weitere Tätigkeit nach Abschluss des Beweisverfahrens ist im Rahmen des § 14 Abs. 1 RVG zu berücksichtigen.

Beispiel 6: Der Anwalt ist außergerichtlich mit einer Abmahnung beauftragt. Es kommt hiernach zu einem einstweiligen Verfügungsverfahren. Nach Abschluss des einstweiligen Verfügungsverfahrens wird der Anwalt mit einem sog. Abschlussschreiben beauftragt.

Mit der Abmahnung wird der Hauptsacheanspruch geltend gemacht. Das einstweilige Verfügungsverfahren betrifft dagegen die Eilsache und damit einen anderen Gegenstand. Mit dem Abschlussschreiben wird die noch nicht erledigte Hauptsache wieder aufgegriffen, so dass insgesamt nur eine außergerichtliche Angelegenheit vorliegt. Der Mehraufwand durch das Abschlussschreiben löst daher keine neue Geschäftsgebühr aus, sondern kann nur im Rahmen des § 14 Abs. 1 RVG berücksichtigt werden.

10 Die außergerichtliche Vertretung kann ihrerseits wiederum mehrere Angelegenheiten umfassen, mit der Folge, dass die Geschäftsgebühr mehrfach entsteht. Die Frage, ob außergerichtlich eine Angelegenheit gegeben ist oder ob mehrere Angelegenheiten vorliegen, richtet sich nach § 15 RVG (s. § 6 Rn 3 ff). **Eine Angelegenheit** ist danach gegeben, wenn

- der Tätigkeit des Anwalts ein **einheitlicher Auftrag** zugrunde liegt,
- die Tätigkeit sich im **gleichen Rahmen** hält und
- zwischen den einzelnen Handlungen oder Gegenständen der anwaltlichen Tätigkeit ein **innerer Zusammenhang** besteht.

---

3 BGH AGS 2007, 166 = AnwBl 2007, 381 = RVGreport 2007, 143.

Ob nach diesen Kriterien nur eine Angelegenheit gegeben ist, muss im Einzelfall sorgfältig   11
geprüft werden. So gelten zB als jeweils eigene außergerichtliche Angelegenheiten die
Haftpflichtschaden- und Kaskoregulierung,[4] die Kündigung eines Mietverhältnisses und
ein Mieterhöhungsverlangen,[5] die Regulierung eines Verkehrsunfallschadens mit dem
Haftpflichtversicherer und die gleichzeitige Vertretung gegenüber dem eigenen Unfallversicherer[6] etc.[7]

3. Geschäftsgebühr

a) Entstehen der Gebühr, Abgeltungsbereich

Die Geschäftsgebühr der Nr. 2300 VV erhält der Anwalt für das Betreiben des Geschäfts   12
einschließlich der Information und für die Mitwirkung bei der Gestaltung eines Vertrages
(Vorbem. 2.3 Abs. 3 VV). Die Gebühr entsteht mit der ersten Tätigkeit nach Auftragserteilung, idR mit der Entgegennahme der Information. Sie deckt alle Tätigkeiten im Rahmen
der außergerichtlichen Vertretung ab, insbesondere die Korrespondenz mit dem Gegner
oder einem Dritten, die Teilnahme an Besprechungen oder an Beweiserhebungen, die Einholung von Auskünften,[8] die Einholung und Auswertung von Gutachten etc.

b) Höhe der Gebühr
aa) Der Gebührenrahmen der Nr. 2300 VV

Nach Nr. 2300 VV ist ein Gebührenrahmen von 0,5 bis 2,5 vorgesehen. Die Mittelgebühr   13
beträgt 1,5. Aus diesem Rahmen bestimmt der Anwalt die im Einzelfall angemessene Gebühr unter Berücksichtigung der Kriterien des § 14 Abs. 1 RVG (s. dazu § 5 Rn 19 ff,
29 ff). Vertritt der Anwalt **mehrere Auftraggeber** wegen desselben Gegenstands, so erhöht
sich die Geschäftsgebühr um 0,3 je weiterer Auftraggeber, höchstens um 2,0 (Nr. 1008
VV).

Insbesondere zur Bemessung der Höhe der Geschäftsgebühr ergibt sich regelmäßig Streit   14
zwischen Anwalt und Mandant, Rechtsschutzversicherer oder erstattungspflichtigem Dritten, wie die Fülle von veröffentlichten Gerichtsentscheidungen belegt. Der Anwalt sollte
daher stets die Höhe der Gebühr anhand der Kriterien des § 14 Abs. 1 RVG sorgfältig ermitteln und in einem Begleitschreiben zur Rechnung kurz begründen. Entscheidend
kommt es auf den konkreten Einzelfall an. Allgemeine Erwägungen sind hier grundsätzlich fehl am Platz. Der Anwalt sollte stets die Besonderheiten seines eigenen Falles vor Au-
gen haben.

Lediglich in **einigen Rechtsgebieten** haben sich zwischenzeitlich **Regelsätze** ergeben.   15

■ So ist nach der Rspr des BGH in einer **Kfz-Haftpflichtschadenregulierung** grundsätzlich von einer Gebühr iHv 1,3 auszugehen.[9] Der Anwalt braucht hier nur Ausführungen zu machen, wenn er eine höhere Gebühr verlangen will. Dann ist er darlegungs-
   und beweispflichtig. Will der Auftraggeber oder ein erstattungspflichtiger Dritter weniger als 1,3 zahlen, so ist dieser darlegungs- und beweispflichtig dafür, dass die Tätigkeit nur mit einem geringeren Satz zu vergüten ist.
■ In **Wettbewerbssachen** geht die Rspr zT davon aus, dass für Abmahnungen regelmäßig
   eine Gebühr von 1,8 und höher angemessen ist.[10]

---

4 AG Limburg AGS 2006, 267 = RVGreport 2006, 220; AG Erfurt zfs 1999, 31; aA AG Bad Homburg zfs
   1987, 173; ausf. N. *Schneider*, AGS 2003, 292.
5 AnwK-RVG/N. *Schneider*, § 15 Rn 65.
6 BGH AGS 2006, 456 = NJW 2006, 1065 = AnwBl 2006, 357 = RVGreport 2006, 236.
7 Siehe ausf. AnwK-RVG/N. *Schneider*, § 15 Rn 22 ff, 37 ff.
8 BGH AGS 2004, 151 = JurBüro 2004, 315 = RVGreport 2004, 109.
9 AGS 2007, 28 = JurBüro 2007, 72 = AnwBl 2007, 154 = RVGreport 2007, 21.
10 LG Köln AGS 2007, 499.

- Auch in **Vergabesachen** geht die Rspr grundsätzlich von einem überdurchschnittlichen Gebührensatz aus, idR iHv 2,0.[11]

16 Aber auch diese Regelsätze sollten den Anwalt jedoch nicht dazu verleiten, den konkreten Einzelfall aus dem Blick zu verlieren und auf eine Begründung seiner Gebührenbestimmung zu verzichten.

bb) Die sog. Schwellengebühr (Anm. zu Nr. 2300 VV)

17 Gestaltet sich die Geschäftstätigkeit weder umfangreich noch schwierig, so ist die **Anm. zu Nr. 2300 VV** zu beachten. Der Anwalt darf dann keinen höheren Gebührensatz als 1,3 verlangen (sog. **Schwellengebühr**). Es handelt sich insoweit aber nicht um einen eigenen selbstständigen Gebührentatbestand oder einen gesonderten Gebührenrahmen (0,5 bis 1,3 mit einer Mittelgebühr von 0,9). Die Anm. zu Nr. 2300 VV stellt lediglich eine **Kappungsgrenze** dar, die im Rahmen der Bestimmung nach § 14 Abs. 1 RVG zu beachten ist.

18 Zunächst einmal muss der Anwalt anhand der gesamten Kriterien des § 14 Abs. 1 RVG ermitteln, welche Gebühr im Einzelfall angemessen wäre. Gelangt er zu einer Gebühr von 1,3 oder weniger, stellt sich die Frage der Begrenzung der Anm. zu Nr. 2300 VV erst gar nicht. Gelangt er jedoch zu einem höheren Gebührensatz als 1,3, muss er sich anschließend die Kontrollfrage stellen, ob die Tätigkeit auch umfangreich oder schwierig war. Ist diese Frage zu verneinen, wird die Gebühr auf 1,3 begrenzt. Ist allerdings Schwierigkeit oder Umfang gegeben – eines dieser Kriterien reicht bereits aus –, bleibt die höhere Bestimmung maßgebend.

Beispiel 7: Der Anwalt vertritt einen Auftraggeber, der ein erhebliches Vermögen hat und ein weit überdurchschnittliches Einkommen erzielt. Die Sache ist für den Auftraggeber von immenser Bedeutung und das besondere Haftungsrisiko des Anwalts ist erheblich. Gerechtfertigt wäre danach bereits ein Gebührensatz von 2,0.

Ist die Angelegenheit aber weder umfangreich noch schwierig, so helfen die vier übrigen herausragenden Kriterien nichts. Der Anwalt darf nach Anm. zu Nr. 2300 VV nicht mehr als 1,3 verlangen.

19 Eine **Toleranzgrenze** (s. § 5 Rn 27) greift nicht bei der Schwellengebühr. Daher kann ein Überschreiten der 1,3-Gebühr nicht mit einer Toleranz begründet werden. Seine zwischenzeitliche gegenteilige Rspr, mit der der BGH eine Toleranz bejaht hatte,[12] hat er zwischenzeitlich wieder aufgegeben.[13]

20 Vertritt der Anwalt **mehrere Auftraggeber** wegen desselben Gegenstands, so erhöht sich auch die sog. Schwellengebühr, also die Kappungsgrenze der Anm. zu Nr. 2300 VV, nach Nr. 1008 VV um 0,3 je weiteren Auftraggeber, höchstens um 2,0 (Anm. Abs. 4 zu Nr. 1008 VV). Die Kappungsgrenze beträgt also zB bei zwei Auftraggebern 1,6.

cc) Einfaches Schreiben (Nr. 2302 VV)

21 Beschränkt sich der Auftrag auf die Fertigung eines einfachen Schreibens, erhält der Anwalt nur eine Geschäftsgebühr iHv 0,3 (Nr. 2302 VV). Unter einem solchen **Schreiben einfacher Art** versteht das RVG ein Schreiben, das weder schwierige rechtliche Ausführungen noch größere sachliche Auseinandersetzungen enthält (Anm. zu Nr. 2302 VV). Hierzu gehören insbesondere Schreiben, die nur dem äußeren Betreiben des Verfahrens dienen und keine juristische Auseinandersetzung erfordern, also zB eine Sachstandsanfrage oder ein bloßes Erinnerungsschreiben. Mit der Gebühr nach Nr. 2302 VV sind dann auch die übli-

11 Zuletzt OLG München, Urt. v. 22.3.2010 – Verg 20/09; OLG Naumburg, Beschl. v. 1.10.2009 – 1 Verg 6/09.
12 BGH AGS 2011, 120 = RVGreport 2011, 136; BGH AGS 2012, 220 = AnwBl 2012, 662 = NJW-RR 2012, 887 = RVGreport 2012, 258.
13 BGH AGS 2012, 373; BGH AGS 2013, 295 = AnwBl 2013, 295 = RVGreport 2013, 185.

cherweise zur Fertigung eines einfachen Schreibens erforderlichen Vorbereitungen und Prüfungen durch den Rechtsanwalt abgegolten.[14]

Zu beachten ist, dass es hier nicht auf die Tätigkeit des Anwalts ankommt, sondern auf   22 den Auftrag. Der Auftrag des Mandanten muss sich also von vornherein darauf beschränken, dass der Anwalt für ihn nur ein einfaches Schreiben fertigen soll. Es muss sich also um einen **Auftrag zu einer Einzeltätigkeit** handeln (vergleichbar den Nr. 3403, 3404 VV). Erteilt der Auftraggeber dem Anwalt dagegen einen umfassenden Vertretungsauftrag, so ist Nr. 2302 VV auch dann nicht anwendbar, wenn der Anwalt letztlich nur ein einfaches Schreiben verfasst.

Beispiel 8: Der Anwalt wird mit einem bloßen Erinnerungsschreiben beauftragt (Wert: 800 €).

Da sich der Auftrag von vornherein auf ein einfaches Schreiben beschränkt, gilt der Gebührensatz der Nr. 2302 VV. Der Anwalt erhält lediglich eine 0,3-Geschäftsgebühr.

1. 0,3-Geschäftsgebühr, Nr. 2300, 2302 VV (Wert: 800 €)   24,00 €
2. Postentgeltpauschale, Nr. 7002 VV   4,80 €
   Zwischensumme   28,80 €
3. 19 % Umsatzsteuer, Nr. 7008 VV   5,47 €
   Gesamt   **34,27 €**

Beispiel 9: Der Anwalt erhält den Auftrag, eine Forderung beizutreiben. Bereits nach der ersten einfachen Mahnung zahlt der Schuldner.

Die Mahnung mag zwar ein einfaches Schreiben sein; da jedoch der Auftrag zur Beitreibung der Forderung erteilt worden war und nicht nur ein (Einzel-)Auftrag für ein einfaches Schreiben, ist Nr. 2302 VV unanwendbar. Es gilt der volle Rahmen der Nr. 2300 VV.

Vertritt der Anwalt **mehrere Auftraggeber** wegen desselben Gegenstands, so erhöht sich   23 nach Nr. 1008 VV auch die 0,3-Geschäftsgebühr der Nr. 2300, 2302 VV um 0,3 je weiteren Auftraggeber, höchstens um 2,0. Die Geschäftsgebühr für ein einfaches Schreiben beträgt also zB bei zwei Auftraggebern zB 0,6.

Von der Frage, welche Gebühr angefallen ist, ist zu unterscheiden, welche Gebühr vom   24 Gegner zu **erstatten** ist. So nimmt die Rspr zT an, dass es ein Gläubiger im Regelfall nicht für erforderlich halten darf, einen Rechtsanwalt mit einer weiter reichenden außergerichtlichen Tätigkeit als dem Versand einer einfachen anwaltlichen Zahlungsaufforderung zu beauftragen, wenn der Schuldner auf Mahnungen des Gläubigers zuvor keine Einwendungen gegen die Einziehung der Forderung erhoben hat. In diesem Fall wird die Geschäftsgebühr dann nur iHv 0,3 als ersatzfähig angesehen.[15]

c) Anrechnung auf die Geschäftsgebühr

Ist der außergerichtlichen Vertretung eine **Beratung vorangegangen**, so ist die Gebühr für   25 die Beratung – gleich ob es sich um eine vereinbarte Gebühr oder um eine Gebühr nach bürgerlichem Recht handelt (§ 34 Abs. 1 S. 2 RVG) – gem. § 34 Abs. 2 RVG auf die Geschäftsgebühr anzurechnen, es sei denn, die Anrechnung der Beratungsgebühr ist ausgeschlossen worden (s. § 11 Rn 11).

4. Einigungsgebühr

Neben der Geschäftsgebühr kann eine Einigungsgebühr nach den Nr. 1000 ff VV entste-   26 hen. Die Höhe der Gebühr hängt davon ab, ob der Gegenstand, über den sich die Parteien einigen, anhängig ist oder nicht. In der Regel wird der Gegenstand nicht anhängig sein, so dass eine 1,5-Einigungsgebühr anfällt. Zwingend ist dies jedoch nicht. Die Einigungsgebühr beläuft sich nicht schon deshalb auf 1,5, weil die Einigung außergerichtlich geschlos-

---

14 AG Meldorf AGS 2011, 311.
15 AG Meldorf AGS 2011, 311.

sen worden ist. Außergerichtlich können sich Parteien auch über anhängige Gegenstände einigen.

Beispiel 10: Der Anwalt wird mit der außergerichtlichen Beitreibung einer Forderung iHv 8.000 € beauftragt. Die Parteien einigen sich.

1.	1,5-Geschäftsgebühr, Nr. 2300 VV (Wert: 8.000 €)	684,00 €
2.	1,5-Einigungsgebühr, Nr. 1000 VV (Wert: 8.000 €)	684,00 €
3.	Postentgeltpauschale, Nr. 7002 VV	20,00 €
	Zwischensumme	1.388,00 €
4.	19 % Umsatzsteuer, Nr. 7008 VV	263,72 €
	Gesamt	**1.651,72 €**

Beispiel 11: Der Anwalt wird mit der außergerichtlichen Abwehr einer Forderung iHv 8.000 € beauftragt. Die Parteien einigen sich. Allerdings hatte der Gegner bereits einen Prozesskostenhilfeantrag gestellt.

Jetzt entsteht die Einigungsgebühr nach Nr. 1003 VV nur zu 1,0, da der Gegenstand der Einigung gerichtlich anhängig ist. Bereits der Prozesskostenhilfeantrag führt zur Anhängigkeit iSd Nr. 1003 VV (Anm. S. 1 zu Nr. 1003 VV). Ungeachtet dessen liegt für den Anwalt ein außergerichtlicher Auftrag vor, da er noch nicht im PKH-Prüfungsverfahren beauftragt war.

1.	1,5-Geschäftsgebühr, Nr. 2300 VV (Wert: 8.000 €)	684,00 €
2.	1,0-Einigungsgebühr, Nr. 1000, 1003 VV (Wert: 8.000 €)	456,00 €
3.	Postentgeltpauschale, Nr. 7002 VV	20,00 €
	Zwischensumme	1.160,00 €
4.	19 % Umsatzsteuer, Nr. 7008 VV	220,40 €
	Gesamt	**1.380,40 €**

III. Anrechnung der Geschäftsgebühr

1. Anrechnung nach Vorbem. 2.3 Abs. 6 VV

27 Kommt es nach der außergerichtlichen Vertretung zu einem Güte- oder Schlichtungsverfahren iSd § 17 Nr. 7 Buchst. a) oder d) RVG, ist die Geschäftsgebühr der Nr. 2300 VV auf die nachfolgende Geschäftsgebühr der Nr. 2303 VV hälftig anzurechnen, höchstens zu 0,75 (s. Rn 44). Eine weitere Anrechnung der Geschäftsgebühr nach Nr. 2300 VV auch auf die Verfahrensgebühr eines späteren gerichtlichen Verfahrens ist in diesem Fall ausgeschlossen (Vorbem. 3 Abs. 4 S. 2 VV).

2. Anrechnung auf die Verfahrensgebühr eines nachfolgenden gerichtlichen Verfahrens

28 Schließt sich an die außergerichtliche Vertretung unmittelbar ein gerichtliches Verfahren an, ist die Geschäftsgebühr nach Vorbem. 3 Abs. 4 S. 1 VV hälftig auf die dort entstehende Verfahrensgebühr anzurechnen, höchstens jedoch mit einem Satz von 0,75.

Beispiel 12: Der Anwalt macht außergerichtlich für den Auftraggeber eine Forderung iHv 8.000 € geltend. Die Sache ist weder umfangreich noch schwierig. Der Schuldner zahlt nicht. Der Anwalt erhebt daraufhin auftragsgemäß Klage, über die verhandelt wird.

Die Geschäftsgebühr für die außergerichtliche Vertretung wird jetzt zur Hälfte angerechnet, also nach einem Gebührensatz von 0,65.

I. Außergerichtliche Vertretung (Wert: 8.000 €)

1.	1,3-Geschäftsgebühr, Nr. 2300 VV	592,80 €
2.	Postentgeltpauschale, Nr. 7002 VV	20,00 €
	Zwischensumme	612,80 €
3.	19 % Umsatzsteuer, Nr. 7008 VV	116,43 €
	Gesamt	**729,23 €**

II. Gerichtliches Verfahren (Wert: 8.000 €)
1. 1,3-Verfahrensgebühr, Nr. 3100 VV   592,80 €
2. gem. Vorbem. 3 Abs. 4 VV anzurechnen 0,65 aus 8.000 €   − 296,50 €
3. 1,2-Terminsgebühr, Nr. 3104 VV   547,20 €
4. Postentgeltpauschale, Nr. 7002 VV   20,00 €
   Zwischensumme   863,60 €
5. 19 % Umsatzsteuer, Nr. 7008 VV   164,08 €
   Gesamt   **1.027,68 €**

Beispiel 13: Der Anwalt macht außergerichtlich für den Auftraggeber eine Forderung iHv 8.000 € geltend. Die Sache ist äußerst umfangreich und schwierig, so dass ein Gebührensatz von 2,0 angemessen ist. Der Schuldner zahlt nicht. Der Anwalt erhebt daraufhin auftragsgemäß Klage, über die verhandelt wird.

Liegt die Geschäftsgebühr über 1,5, so greift die Begrenzung der Anrechnung auf höchstens eine 0,75-Gebühr. Faktisch ist damit der über 1,5 hinausgehende Teil der Geschäftsgebühr anrechnungsfrei.

I. Außergerichtliche Vertretung (Wert: 8.000 €)
1. 2,0-Geschäftsgebühr, Nr. 2300 VV   912,00 €
2. Postentgeltpauschale, Nr. 7002 VV   20,00 €
   Zwischensumme   932,00 €
3. 19 % Umsatzsteuer, Nr. 7008 VV   177,08 €
   Gesamt   **1.109,08 €**

II. Gerichtliches Verfahren (Wert: 8.000 €)
1. 1,3-Verfahrensgebühr, Nr. 3100 VV   592,80 €
2. gem. Vorbem. 3 Abs. 4 VV anzurechnen 0,75 aus 8.000 €   − 342,00 €
3. 1,2-Terminsgebühr, Nr. 3104 VV   547,20 €
4. Postentgeltpauschale, Nr. 7002 VV   20,00 €
   Zwischensumme   818,00 €
5. 19 % Umsatzsteuer, Nr. 7008 VV   155,42 €
   Gesamt   **973,42 €**

Auch bei **mehreren Auftraggebern** bleibt die Anrechnung auf 0,75 begrenzt. Weder ist die **29** Erhöhung selbst anzurechnen noch erhöht sich die Anrechnungsgrenze der Vorbem. 3 Abs. 4 S. 1 VV.[16]

Beispiel 14: Der Anwalt ist von zwei Mietern mit der außergerichtlichen Abwehr eines Räumungsverlangens beauftragt worden (Wert: 6.000 €). Ausgehend von einer 1,3-Gebühr rechnet er bei zwei Auftraggebern eine 1,6-Geschäftsgebühr ab. Anschließend kommt es zum Rechtsstreit.

Anzurechnen ist auch hier nicht mehr als 0,75.

I. Außergerichtliche Vertretung (Wert: 6.000 €)
1. 1,6-Geschäftsgebühr, Nr. 2300, 1008 VV   566,40 €
2. Postentgeltpauschale, Nr. 7002 VV   20,00 €
   Zwischensumme   586,40 €
3. 19 % Umsatzsteuer, Nr. 7008 VV   111,42 €
   Gesamt   **697,82 €**

II. Gerichtliches Verfahren (Wert: 6.000 €)
1. 1,6-Verfahrensgebühr, Nr. 3100, 1008 VV   566,40 €
2. gem. Vorbem. 3 Abs. 4; Nr. 1008 VV anzurechnen 0,75 aus 6.000 € − 265,50 €

---

16 KG AGS 2009, 4 = JurBüro 2008, 585 = RVGreport 2008, 391; LG Ulm AGS 2008, 163 = AnwBl 2008, 73 = NJW-Spezial 2008, 155; LG Saarbrücken AGS 2009, 315 = NJW-Spezial 2009, 429; LG Düsseldorf AGS 2007, 381 = JurBüro 2007, 480 = RVGreport 2007, 298; AG Stuttgart AGS 2007, 385.

3. 1,2-Terminsgebühr, Nr. 3104 VV		424,80 €
4. Postentgeltpauschale, Nr. 7002 VV		20,00 €
Zwischensumme	745,70 €	
5. 19 % Umsatzsteuer, Nr. 7008 VV		141,68 €
Gesamt		**887,38 €**

30 Zu beachten ist, dass die **Höhe der Anrechnung** zudem begrenzt ist durch die Höhe der Verfahrensgebühr, die im nachfolgenden Verfahren entsteht. Fällt also im nachfolgenden gerichtlichen Verfahren die Verfahrensgebühr nur zu einem geringen Gebührensatz an, kann sich die Anrechnung auch nur auf diesen Satz erstrecken. Die Anrechnung kann höchstens dazu führen, dass sich die nachfolgende Verfahrensgebühr und die Anrechnung gegeneinander aufheben. Die Anrechnung kann dagegen nie zu einem negativen Ergebnis führen.

Beispiel 15: Der Anwalt wehrt außergerichtlich für den Auftraggeber eine Forderung iHv 8.000 € ab. Die Sache ist umfangreich, aber durchschnittlich. Der Gegner erwirkt daraufhin einen Mahnbescheid, gegen den der Anwalt Widerspruch einlegt.

Im Mahnverfahren ist nur eine 0,5-Verfahrensgebühr nach Nr. 3307 VV angefallen (s. Rn 76). Da die hälftige Geschäftsgebühr immer noch über diesem Satz liegt, wird die Anrechnung auf 0,5 beschränkt.

I. Außergerichtliche Vertretung (Wert: 8.000 €)

1. 1,5-Geschäftsgebühr, Nr. 2300 VV		684,00 €
2. Postentgeltpauschale, Nr. 7002 VV		20,00 €
Zwischensumme	704,00 €	
3. 19 % Umsatzsteuer, Nr. 7008 VV		133,76 €
Gesamt		**837,76 €**

II. Mahnverfahren (Wert: 8.000 €)

1. 0,5-Verfahrensgebühr, Nr. 3307 VV		228,00 €
2. gem. Vorbem. 3 Abs. 4 VV anzurechnen 0,5 aus 8.000 €		− 228,00 €
3. Postentgeltpauschale, Nr. 7002 VV[17]		20,00 €
Zwischensumme	20,00 €	
4. 19 % Umsatzsteuer, Nr. 7008 VV		3,80 €
Gesamt		**23,80 €**

31 Die Anrechnung erfolgt nach dem Wert des Gegenstands, der auch Gegenstand des gerichtlichen Verfahrens wird (Vorbem. 3 Abs. 4 S. 5 VV), also nur, soweit die Gegenstände der außergerichtlichen und gerichtlichen Vertretung identisch sind.

Beispiel 16: Der Anwalt macht außergerichtlich für den Auftraggeber eine Forderung iHv 8.000 € geltend. Die Sache ist äußerst umfangreich, aber ansonsten durchschnittlich. Der Schuldner zahlt nicht. Der Anwalt erhebt daraufhin auftragsgemäß Klage. Der Beklage erhebt Widerklage iHv 4.000 €. Über Klage und Widerklage wird verhandelt.

Hat die nachfolgende Angelegenheit einen höheren Gegenstandswert (hier nach § 45 Abs. 1 S. 1 GKG), so wird gleichwohl nur die Gebühr nach dem geringeren Gegenstandswert des vorangegangenen Verfahrens angerechnet. Es kann nur angerechnet werden, soweit die Gegenstände sich decken.

I. Außergerichtliche Vertretung (Wert: 8.000 €)
(wie Beispiel 15)

II. Gerichtliches Verfahren (Wert: 12.000 €)

1. 1,3-Verfahrensgebühr, Nr. 3100 VV		785,20 €
2. gem. Vorbem. 3 Abs. 4 VV anzurechnen 0,75 aus 8.000 €		− 342,00 €
3. 1,2-Terminsgebühr, Nr. 3104 VV		724,80 €

---

17 Die Postentgeltpauschale berechnet sich aus dem Gebührenaufkommen vor Anrechnung (s. § 10 Rn 20).

4. Postentgeltpauschale, Nr. 7002 VV		20,00 €
Zwischensumme	1.188,00 €	
5. 19 % Umsatzsteuer, Nr. 7008 VV		225,72 €
Gesamt		**1.413,72 €**

Beispiel 17: Der Anwalt macht außergerichtlich für den Auftraggeber gegen den Schuldner eine Forderung iHv 8.000 € geltend. Der Schuldner zahlt 4.000 €. Im Übrigen scheitern die außergerichtlichen Verhandlungen. Der Anwalt erhebt daraufhin auftragsgemäß Klage iHv lediglich 4.000 €, über die verhandelt wird.

Hat die nachfolgende Angelegenheit einen geringeren Gegenstandswert, so gilt ebenfalls Vorbem. 3 Abs. 4 S. 5 VV. Die anzurechnende Gebühr wird nur nach dem Gegenstandswert der nachfolgenden Angelegenheit angerechnet.

I. Außergerichtliche Vertretung (Wert: 8.000 €)
   (wie Beispiel 15)
II. Gerichtliches Verfahren, (Wert: 4.000 €)

1. 1,3-Verfahrensgebühr, Nr. 3100 VV		327,60 €
2. gem. Vorbem. 3 Abs. 4 VV anzurechnen 0,75 aus 4.000 €		− 189,00 €
3. 1,2-Terminsgebühr, Nr. 3104 VV		302,40 €
4. Postentgeltpauschale, Nr. 7002 VV		20,00 €
Zwischensumme	461,00 €	
5. 19 % Umsatzsteuer, Nr. 7008 VV		87,59 €
Gesamt		**548,59 €**

Kommt die Anrechnung der ersten Gebühr bei der unmittelbar nachfolgenden Angelegenheit nicht voll zum Tragen, weil der Gegenstandswert oder der Gebührensatz der nachfolgenden Angelegenheit geringer ist (s. Rn 31), kommt es dann aber zu einer nachnachfolgenden Angelegenheit, auf die auch anzurechnen ist, so wird der bisher nicht angerechnete Restbetrag nunmehr angerechnet.[18]   **32**

Beispiel 18: Der Anwalt war zunächst nach einem Wert von 12.000 € außergerichtlich tätig. Anschließend wurde ein selbstständiges Beweisverfahren über einen Teilbetrag iHv 6.000 € geführt, da nur insoweit Beweisbedürftigkeit bestand. Im Rechtsstreit werden wiederum die vollen 12.000 € geltend gemacht.

Die Geschäftsgebühr ist auf die Verfahrensgebühr des selbstständigen Beweisverfahrens anzurechnen, allerdings nur nach einem Wert von 6.000 € (s. Rn 31). Der nach Anrechnung im Beweisverfahren verbliebene Restbetrag der Geschäftsgebühr ist anschließend im Rechtsstreit anzurechnen.

I. Außergerichtliche Vertretung (Wert: 12.000 €)

1. 1,3-Geschäftsgebühr, Nr. 2300 VV		785,20 €
2. Postentgeltpauschale, Nr. 7002 VV		20,00 €
Zwischensumme	805,20 €	
3. 19 % Umsatzsteuer, Nr. 7008 VV		152,99 €
Gesamt		**958,19 €**

II. Selbstständiges Beweisverfahren (Wert: 6.000 €)

1. 1,3-Verfahrensgebühr, Nr. 3100 VV		460,20 €
2. anzurechnen gem. Vorbem. 3 Abs. 4 VV, 0,65 aus 6.000 €		− 230,10 €
3. Postentgeltpauschale, Nr. 7002 VV		20,00 €
Zwischensumme	250,10 €	
4. 19 % Umsatzsteuer, Nr. 7008 VV		47,52 €
Gesamt		**297,62 €**

---

18 OLG München AGS 2009, 438 m. Anm. *N. Schneider* = NJW-Spezial 2009, 588 = JurBüro 2009, 475; OLG Köln AGS 2009, 476 = OLGR Köln 2009, 853 = NJW-Spezial 2009, 716.

III. Rechtsstreit

1. 1,3-Verfahrensgebühr, Nr. 3100 VV (Wert: 12.000 €)		785,20 €
2. anzurechnen gem. Vorbem. 3 Abs. 5 VV, 1,3 aus 6.000 €		– 460,20 €
3. anzurechnen gem. Vorbem. 3 Abs. 4 VV, 0,65 aus 12.000 €	– 392,60 €	
./. davon bereits im Beweisverfahren angerechneter	230,10 €	
		– 162,50 €
4. Terminsgebühr, Nr. 3104 VV (Wert: 12.000 €)		724,80 €
5. Postentgeltpauschale, Nr. 7002 VV		20,00 €
Zwischensumme	907,30 €	
6. 19 % Umsatzsteuer, Nr. 7008 VV		172,39 €
Gesamt		**1.079,69 €**

Beispiel 19: Der Anwalt wehrt außergerichtlich für den Auftraggeber eine Forderung iHv 8.000 € ab. Die Sache ist umfangreich, aber durchschnittlich. Der Gegner erwirkt daraufhin einen Mahnbescheid, gegen den der Anwalt Widerspruch einlegt. Hiernach kommt es zum streitigen Verfahren, in dem verhandelt wird.

Ausgehend von einer 1,5-Geschäftsgebühr wäre diese zu einem Gebührensatz von 0,75 anzurechnen. Da der Anwalt im Mahnverfahren aber nur 0,5 erhält (Nr. 3307 VV), kann nicht mehr angerechnet werden. Der nicht verbrauchte Anrechnungsbetrag iHv 0,25 ist jetzt auf das streitige Verfahren zu „übertragen" und dort anzurechnen. Daneben ist auch die 0,5-Verfahrensgebühr der Nr. 3307 VV anzurechnen.

I. Außergerichtliche Vertretung (Wert: 8.000 €)

1. 1,5-Geschäftsgebühr, Nr. 2300 VV		684,00 €
2. Postentgeltpauschale, Nr. 7002 VV		20,00 €
Zwischensumme	704,00 €	
3. 19 % Umsatzsteuer, Nr. 7008 VV		133,76 €
Gesamt		**837,76 €**

II. Mahnverfahren (Wert: 8.000 €)

1. 0,5-Verfahrensgebühr, Nr. 3307 VV		228,00 €
2. gem. Vorbem. 3 Abs. 4 VV anzurechnen 0,5 aus 8.000 €		– 228,00 €
3. Postentgeltpauschale, Nr. 7002 VV		20,00 €
Zwischensumme	20,00 €	
4. 19 % Umsatzsteuer, Nr. 7008 VV		3,80 €
Gesamt		**23,80 €**

III. Gerichtliches Verfahren (Wert: 8.000 €)

1. 1,3-Verfahrensgebühr, Nr. 3100 VV		592,80 €
2. gem. Anm. zu Nr. 3307 VV anzurechnen 0,5 aus 8.000 €		– 228,00 €
3. gem. Vorbem. 3 Abs. 4 VV anzurechnen 0,75 aus 8.000 €	– 342,00 €	
./. davon bereits angerechneter 0,5 aus 8.000 €	226,00 €	
		– 116,00 €
4. 1,2-Terminsgebühr, Nr. 3104 VV		547,20 €
5. Postentgeltpauschale, Nr. 7002 VV		20,00 €
Zwischensumme	816,00 €	
6. 19 % Umsatzsteuer, Nr. 7008 VV		155,04 €
Gesamt		**971,04 €**

33 Unerheblich für eine Anrechnung ist, ob die Verfahrensgebühr im gerichtlichen Verfahren in voller Höhe oder in ermäßigter Höhe anfällt. Anzurechnen ist also zB auch auf eine nach Nr. 3101 VV ermäßigte Verfahrensgebühr.[19]

---

19 BGH AGS 2008, 539 = NJW 2008, 3641 = MDR 2009, 112 = RVGreport 2008, 455.

Beispiel 20: Der Anwalt macht außergerichtlich für den Auftraggeber eine Forderung iHv 8.000 € geltend. Die außergerichtlichen Verhandlungen scheitern, so dass der Anwalt daraufhin den Auftrag zur Klageerhebung erhält. Vor Einreichung der Klage zahlt der Schuldner die 8.000 €, so dass die Klage nicht mehr erhoben wird.

Im Rechtsstreit entsteht jetzt nur die 0,8-Verfahrensgebühr nach Nr. 3101 Nr. 1 VV. Auf diese Gebühr ist die Geschäftsgebühr hälftig anzurechnen, so dass also letztlich nur 0,05 verbleiben.

I. Außergerichtliche Vertretung (Wert: 8.000 €)
   (wie Beispiel 15)
II. Gerichtliches Verfahren

1. 0,8-Verfahrensgebühr, Nr. 3101 Nr. 1 VV (Wert: 8.000 €)		364,80 €
2. gem. Vorbem. 3 Abs. 4 VV anzurechnen 0,75 aus 8.000 €		− 342,00 €
3. Postentgeltpauschale, Nr. 7002 VV[20]		20,00 €
Zwischensumme	42,80 €	
4. 19 % Umsatzsteuer, Nr. 7008 VV		8,13 €
Gesamt		**50,93 €**

Ausgeschlossen ist die Anrechnung, wenn zwischen der Beendigung der außergerichtlichen Tätigkeit und dem Beginn des gerichtlichen Verfahrens **mehr als zwei Kalenderjahre** vergangen sind (§ 15 Abs. 5 S. 2 RVG). In diesem Fall verbleibt die Geschäftsgebühr anrechnungsfrei. 34

3. Anrechnung auf die Verfahrensgebühr eines vorangegangenen gerichtlichen Verfahrens

Eine Besonderheit ergibt sich, wenn in einem gerichtlichen Verfahren nicht anhängige Gegenstände zum Zwecke von Vergleichsverhandlungen miterörtert werden, die Vergleichsverhandlungen aber scheitern und sich daran dann die außergerichtliche Vertretung anschließt. Auch in diesem Fall soll nach dem Wortlaut des Gesetzes und dem Willen des Gesetzgebers die Geschäftsgebühr auf die Verfahrensgebühr des vorangegangenen Verfahrens angerechnet werden. Diese Rückwärtsanrechnung ist systemwidrig und führt mitunter zu erheblichen – insbesondere steuerrechtlichen – Problemen.[21] 35

Beispiel 21: In einem Rechtsstreit über 10.000 € verhandeln die Parteien über die anhängigen 10.000 € sowie über weitere nicht anhängige 8.000 €, hinsichtlich derer der Anwalt außergerichtlich bislang nicht tätig war. Eine Einigung scheitert. Es wird dann über die 10.000 € durch Urteil entschieden. Wegen der 8.000 € wird der Anwalt anschließend außergerichtlich beauftragt.

Die Anrechnung nach Vorbem. 3 Abs. 4 S. 1 VV führt dazu, dass „rückwärts" angerechnet wird, dass sich also die bereits entstandene verdiente und ggf bezahlte gerichtliche Verfahrensgebühr nachträglich wieder durch Anrechnung reduziert. Dies hat zur Folge, dass der Anwalt eine Gutschrift erteilen muss, die er dann wiederum auf die folgende außergerichtliche Tätigkeit verrechnen kann:

I. Gerichtliches Verfahren (erste Abrechnung)

1. 1,3-Verfahrensgebühr, Nr. 3100 VV (Wert: 10.000 €)	725,40 €	
2. 0,8-Verfahrensgebühr, Nr. 3101 Nr. 2 VV (Wert: 8.000 €)	364,80 €	
gem. § 15 Abs. 3 RVG nicht mehr als 1,3 aus 18.000 €		904,80 €
3. 1,2-Terminsgebühr, Nr. 3104 VV (Wert: 18.000 €)		835,20 €
4. Postentgeltpauschale, Nr. 7002 VV		20,00 €
Zwischensumme	1.760,00 €	

---

20   Die Postentgeltpauschale berechnet sich aus dem Gebührenaufkommen vor Anrechnung (s. § 10 Rn 20).
21   Siehe *N. Schneider*, ZAP Fach 24, S. 1019 ff.

5. 19 % Umsatzsteuer, Nr. 7008 VV		334,40 €
Gesamt		**2.094,40 €**
II. Außergerichtliche Vertretung		
1. 1,5-Geschäftsgebühr, Nr. 2300 VV (Wert: 8.000 €)		684,00 €
2. Postentgeltpauschale, Nr. 7002 VV		20,00 €
Zwischensumme	704,00 €	
3. 19 % Umsatzsteuer, Nr. 7008 VV		133,76 €
Gesamt		**837,76 €**
III. Gerichtliches Verfahren (Nachberechnung)		
1. 1,3-Verfahrensgebühr, Nr. 3100 VV (Wert: 10.000 €)		725,40 €
2. 0,8-Verfahrensgebühr, Nr. 3101 Nr. 2 VV (Wert: 8.000 €)	364,80 €	
3. gem. Vorbem. 3 Abs. 4 VV anzurechnen 0,75 aus 8.000 €		− 342,00 €
es verbleiben		22,80 €
(die Begrenzung des § 15 Abs. 3 RVG, nicht mehr als 1,3 aus 18.000 € = 904,80 €, ist nicht überschritten)		
4. 1,2-Terminsgebühr, Nr. 3104 VV (Wert: 18.000 €)		835,20 €
5. Postentgeltpauschale, Nr. 7002 VV		20,00 €
Zwischensumme	1.603,40 €	
6. 19 % Umsatzsteuer, Nr. 7008 VV		302,65 €
Gesamt		**1.908,05 €**
hierauf bereits gezahlt		− 2.094,40 €
Gutschrift		**− 186,35 €**
Insgesamt erhält der Anwalt		
I. Gerichtliches Verfahren	2.094,40 €	
II. Gutschrift	− 186,35 €	
Zwischensumme	1.908,05 €	
III. Außergerichtliche Vertretung	837,76 €	
Gesamt		**2.745,81 €**

Möglich wäre es auch, die Anrechnung der Geschäftsgebühr bei der Geschäftsgebühr selbst zu berücksichtigen (§ 15 a Abs. 1 RVG). Dann würde sich jedoch ein geringeres Gebührenaufkommen ergeben, da dann im gerichtlichen Verfahren zusätzlich die Kürzung nach § 15 Abs. 3 RVG greifen würde (s. dazu Rn 99).

IV. Anhang: Abrechnung nach Abrechnungsgrundsätzen

36   Im Rahmen der **Verkehrsunfallschadenregulierung** bieten einige Versicherer zur Abrechnung der außergerichtlichen Anwaltskosten **individuelle Abrechnungsgrundsätze**[22] an, auf die sich der Anwalt berufen kann. Die Abrechnungsgrundsätze betreffen zwar nur das **Erstattungsverhältnis**, haben aber auch mittelbar Einfluss auf die Abrechnung mit dem Mandanten. Hinsichtlich der Höhe der Gebühren werden zwei verschiedene Modelle angeboten.

37   Einige Versicherer[23] bieten ein Modell auf der Ausgangsbasis einer **1,8-Geschäftsgebühr** an. Grundsätzlich wird danach eine Gebühr iHv 1,8 erstattet, bei mehreren Auftraggebern iHv 2,4. Hier ist es im Gegensatz zu Nr. 1008 VV nicht erforderlich, dass der Anwalt hinsichtlich der verschiedenen Auftraggeber wegen desselben Gegenstands tätig wird. Sofern **auch Personenschäden** betroffen sind und der Erledigungswert den Betrag von 10.000 € erreicht, erhöht sich der Gebührensatz bei einem Auftraggeber auf 2,1 und bei mehreren Auftraggebern auf 2,7.

---

22   Die einzelnen Abrechnungsgrundsätze der Versicherer sind nachgewiesen in AnwK-RVG/N. *Schneider*, Anhang IV. Rn 9 ff.
23   DEVK, Öffentliche Landesbrandkasse Versicherungen Oldenburg und VGH Versicherungen.

Übersicht: Abrechnungsgrundsätze auf Basis 1,8

	ein Auftraggeber	mehrere Auftraggeber
Nur Sachschaden	1,8	2,4
Personenschaden (und Sachschaden) bei einem Gesamterledigungswert unter 10.000 €	1,8	2,4
Personenschaden (und Sachschaden) ab einem Gesamterledigungswert von 10.000 €	2,1	2,7

Andere Versicherer[24] bieten ein Modell auf der Ausgangsbasis einer 1,5-Geschäftsgebühr an. Grundsätzlich wird danach eine **1,5-Geschäftsgebühr** erstattet, bei mehreren Auftraggebern iHv 2,0. Auch hier ist es im Gegensatz zu Nr. 1008 VV nicht erforderlich, dass der Anwalt hinsichtlich der verschiedenen Auftraggeber wegen desselben Gegenstands tätig wird. Sofern **auch Personenschäden** betroffen sind und der Erledigungswert den Betrag von 10.000 € erreicht, erhöht sich der Gebührensatz bei einem Auftraggeber auf 1,75 und bei mehreren Auftraggebern auf 2,25. 38

Übersicht: Abrechnungsgrundsätze auf Basis 1,5

	ein Auftraggeber	mehrere Auftraggeber
Nur Sachschaden	1,5	2,0
Personenschaden (und Sachschaden) bei einem Gesamterledigungswert unter 10.000 €	1,5	2,0
Personenschaden (und Sachschaden) ab einem Gesamterledigungswert von 10.000 €	1,75	2,25

Mit diesen pauschalierten Geschäftsgebühren sind alle gesetzlichen Gebühren der Nr. 2300, 1000, 1009 VV abgegolten, unabhängig davon, ob eine Besprechung oder Einigung stattgefunden hat. Zusätzlich zu der Geschäftsgebühr sind dem Rechtsanwalt nur seine **Auslagen** nach den gesetzlichen Vorschriften zu ersetzen. 39

Abgerechnet wird im Rahmen der Abrechnungsgrundsätze nach dem Entschädigungsbetrag, also dem sog. **Erledigungswert**. Maßgebend ist also nur, welche Beträge von dem Haftpflichtversicherer anerkannt oder gezahlt worden sind. Auf die geltend gemachten Beträge kommt es nicht an. Insoweit können sich aber weiter gehende Ansprüche gegen den Mandanten ergeben. 40

Beispiel 22: Geltend gemacht werden 10.000 € Sachschaden. Ersetzt werden lediglich 8.000 €, sei es, weil eine Mithaftung besteht oder die Ansprüche übersetzt sind. Angemessen ist nach Nr. 2300 VV iVm § 14 Abs. 1 RVG eine 1,5-Geschäftsgebühr.

Nach dem RVG könnte der Anwalt aus dem Wert von 10.000 € abrechnen:

1. 1,5-Geschäftsgebühr, Nr. 2300 VV (Wert: 10.000 €)   837,00 €
2. Postentgeltpauschale, Nr. 7002 VV   20,00 €
    Zwischensumme   857,00 €
3. 19 % Umsatzsteuer, Nr. 7008 VV   162,83 €
    Gesamt   **1.019,83 €**

---

24 HUK Coburg und Bruderhilfe Versicherung.

Nach den Abrechnungsgrundsätzen erhält er aus dem Wert von 8.000 €:

1. 1,8-Geschäftsgebühr, Nr. 2300 VV (Wert: 8.000 €)	820,80 €
2. Postentgeltpauschale, Nr. 7002 VV	20,00 €
Zwischensumme	840,80 €
3. 19 % Umsatzsteuer, Nr. 7008 VV	159,75 €
Gesamt	**1.000,55 €**

Die Differenz der gesetzlichen Vergütung aus dem Erledigungs- und dem Auftragswert kann der Anwalt vom Mandanten jetzt noch verlangen:[25]

1. 1,5-Geschäftsgebühr, Nr. 2300 VV (Wert: 10.000 €)	837,00 €
2. Postentgeltpauschale, Nr. 7002 VV	20,00 €
3. ./. 1,5-Geschäftsgebühr, Nr. 2300 VV (Wert: 8.000 €)	– 684,00 €
4. ./. Postentgeltpauschale, Nr. 7002 VV	– 20,00 €
Restbetrag	153,00 €
5. 19 % Umsatzsteuer, Nr. 7008 VV	29,07 €
Gesamt	**182,07 €**

C. Vertretung in einem Güte- und Schlichtungsverfahren

I. Umfang der Angelegenheit

41 Wird der Anwalt in einem der nach § 17 Nr. 7 Buchst. a) oder d) RVG genannten Güte- oder Schlichtungsverfahren tätig (insbesondere in einem Schlichtungsverfahren nach § 15 a Abs. 3 EGZPO), handelt es sich um eine eigene Angelegenheit iSd § 15 RVG. Soweit der Anwalt außergerichtlich tätig wird, im Schlichtungsverfahren und im nachfolgenden Rechtsstreit, liegen also drei Angelegenheiten vor, nämlich

■ die außergerichtliche Vertretung (Nr. 2300 VV),
■ die Vertretung im Güte- und Schlichtungsverfahren (Nr. 2303 VV) und
■ die Tätigkeit im nachfolgenden Rechtsstreit (Nr. 3100 ff VV).

II. Geschäftsgebühr

42 Für seine Tätigkeit im Güte- oder Schlichtungsverfahren erhält der Anwalt eine 1,5-Geschäftsgebühr nach Nr. 2303 VV. Es handelt sich insoweit – im Gegensatz zu Nr. 2300 VV – um einen **festen Gebührensatz**, der in allen Fällen gilt. Weder ist hier eine sog. Schwellengebühr vorgesehen noch eine Ermäßigung bei vorzeitiger Erledigung. Unabhängig davon, ob die Sache umfangreich und schwierig ist, und unabhängig von den sonstigen Kriterien des § 14 Abs. 1 RVG ist immer eine 1,5-Geschäftsgebühr anzusetzen. Vertritt der Anwalt allerdings **mehrere Auftraggeber** wegen desselben Gegenstands, erhöht sich auch diese Geschäftsgebühr gem. Nr. 1008 VV um 0,3 je weiterer Auftraggeber, höchstens um 2,0.

43 Für eine **Terminsteilnahme** entsteht weder eine weitere Gebühr noch erhöht sich der Gebührensatz der Geschäftsgebühr.

III. Anrechnung auf die Geschäftsgebühr

44 Sofern dem Güte- oder Schlichtungsverfahren eine **Beratungstätigkeit** vorangegangen ist, wird die Beratungsgebühr nach § 34 Abs. 2 RVG angerechnet, wenn die Anrechnung nicht ausgeschlossen worden ist.

---

25 OLG Düsseldorf AGS 2005, 372 m. Anm. *N. Schneider* = JurBüro 2005, 476 m. Anm. *Enders* = RVGreport 2005, 348; AG Ahaus AnwBl 1989, 295.

Ist der Vertretung im Güte- oder Schlichtungsverfahren eine **außergerichtliche Vertretung** 45
vorangegangen, wird die vorangegangene Geschäftsgebühr der Nr. 2300 VV zur Hälfte,
höchstens zu 0,75, angerechnet (Vorbem. 2.3 Abs. 6 VV).

Beispiel 23: Der Anwalt wird in einer Nachbarschaftssache beauftragt, außergerichtlich tätig zu
werden. Die Sache ist weder umfangreich noch schwierig (Gegenstandswert: 5.000 €). Anschließend wird das obligatorische Streitschlichtungsverfahren nach § 15 a EGZPO durchgeführt.

I. Außergerichtliche Vertretung (Wert: 5.000 €)

1. 1,3-Geschäftsgebühr, Nr. 2300 VV		393,90 €
2. Postentgeltpauschale, Nr. 7002 VV		20,00 €
Zwischensumme	413,90 €	
3. 19 % Umsatzsteuer, Nr. 7008 VV		78,64 €
Gesamt		**492,54 €**

II. Schlichtungsverfahren (Wert: 5.000 €)

1. 1,5-Geschäftsgebühr, Nr. 2303 Nr. 1 VV		454,50 €
2. gem. Vorbem. 2.3 Abs. 6 VV anzurechnen 0,65 aus 5.000 €		− 196,95 €
3. Postentgeltpauschale, Nr. 7002 VV		20,00 €
Zwischensumme	277,55 €	
4. 19 % Umsatzsteuer, Nr. 7008 VV		52,74 €
Gesamt		**330,29 €**

IV. Einigungsgebühr

Neben der Geschäftsgebühr kann der Anwalt eine Einigungsgebühr verdienen, die sich 46
grundsätzlich auf 1,5 beläuft (Nr. 1000 VV), da in diesem Stadium der Gegenstand idR
noch nicht anhängig ist.

Beispiel 24: Der Anwalt vertritt den Mandanten in einem Schlichtungsverfahren (Gegenstandswert: 2.500 €). Es kommt zu einer Einigung.

1. 1,5-Geschäftsgebühr, Nr. 2303 Nr. 1 VV (Wert: 2.500 €)		301,50 €
2. 1,5-Einigungsgebühr, Nr. 1000 VV (Wert: 2.500 €)		301,50 €
3. Postentgeltpauschale, Nr. 7002 VV		20,00 €
Zwischensumme	623,00 €	
4. 19 % Umsatzsteuer, Nr. 7008 VV		118,37 €
Gesamt		**741,37 €**

V. Anrechnung der Geschäftsgebühr

Kommt es nach einem Güte- oder Schlichtungsverfahren zur Durchführung eines gerichtli- 47
chen Verfahrens, ist die im Güte- oder Schlichtungsverfahren angefallene Geschäftsgebühr
hälftig, also mit 0,75, anzurechnen. Bei mehreren Auftraggebern bleibt die Anrechnung
auch hier auf 0,75 begrenzt (s. Rn 29 und Beispiel 14).

War der Anwalt sowohl außergerichtlich tätig, im folgenden Güte- oder Schlichtungsver- 48
fahren und auch im nachfolgenden gerichtlichen Verfahren, so ist jede Geschäftsgebühr jeweils auf die nachfolgende Angelegenheit anzurechnen.

Beispiel 25: Wie Beispiel 23. Das Schlichtungsverfahren ist erfolglos, so dass sich der Rechtsstreit anschließt, in dem verhandelt wird.

I. Außergerichtliche Vertretung (Wert: 5.000 €)
(wie Beispiel 23)

II. Schlichtungsverfahren (Wert: 5.000 €)
(wie Beispiel 23)

III. Rechtsstreit (Wert: 5.000 €)

1. 1,3-Verfahrensgebühr, Nr. 3100 VV		393,30 €
2. gem. Vorbem. 3 Abs. 4 VV anzurechnen 0,75 aus 400 €		− 196,65 €
3. 1,2-Terminsgebühr, Nr. 3104 VV		363,60 €

4. Postentgeltpauschale, Nr. 7002 VV		20,00 €
Zwischensumme	579,95 €	
5. 19 % Umsatzsteuer, Nr. 7008 VV		110,19 €
Gesamt		**690,14 €**

D. Exkurs: Anrechnung der Geschäftsgebühr im Kostenfestsetzungsverfahren (§ 15a RVG)

I. Grundsatz

49 Nach § 15 a Abs. 2 RVG kann sich der erstattungspflichtige Dritte grundsätzlich nicht auf eine Gebührenanrechnung berufen. Daher ist eine Verfahrensgebühr im gerichtlichen Verfahren unbeschadet der Anrechnung einer vorangegangenen Geschäftsgebühr grundsätzlich in voller Höhe festzusetzen. Die frühere gegenteilige Rspr des BGH,[26] die im Kostenfestsetzungsverfahren immer anrechnen wollte, ist damit nicht mehr vertretbar.

Beispiel 26: Der Beklagte war vorgerichtlich auf Zahlung eines Betrages iHv 8.000 € in Anspruch genommen worden und hatte durch seinen Anwalt die Forderung abwehren lassen. Angemessen war insoweit eine 1,3-Geschäftsgebühr (Anm. zu Nr. 2300 VV). Hiernach kam es zum Rechtsstreit. Die Klage wurde abgewiesen. Die Kosten des Rechtsstreits hatte der Kläger zu tragen.

Während nach der früheren Rspr des BGH der Beklagte im Kostenfestsetzungsverfahren nur noch die Verfahrensgebühr abzüglich der nach Vorbem. 3 Abs. 4 VV hälftig anzurechnenden Geschäftsgebühr (also 1,3 – 0,65 = 0,65) verlangen konnte, kann sich der erstattungspflichtige Kläger nach § 15 a Abs. 2 RVG auf diese Anrechnung nicht mehr berufen.

Der Beklagte kann also anrechnungsfrei zur Festsetzung anmelden:

1. 1,3-Verfahrensgebühr, Nr. 3100 VV (Wert: 8.000 €)		592,80 €
2. 1,2-Terminsgebühr, Nr. 3100 VV (Wert: 8.000 €)		547,20 €
3. Postentgeltpauschale, Nr. 7002 VV		20,00 €
Zwischensumme	1.160,00 €	
4. 19 % Umsatzsteuer, Nr. 7008 VV		220,40 €
Gesamt		**1.380,40 €**

II. Ausnahmen

50 Geregelt sind in § 15 a Abs. 2 RVG **drei Ausnahmefälle**. Nur dann, wenn der Erstattungspflichtige

- selbst die anzurechnende Gebühr bereits erfüllt hat (1. Var.),
- diese gegen ihn bereits tituliert ist (2. Var.) oder
- sie in demselben Verfahren gegen ihn geltend gemacht wird (3. Var.),

kann er sich auf die Anrechnung berufen.

1. Geschäftsgebühr ist bereits gezahlt oder anderweitig erfüllt (§ 15 a Abs. 2, 1. Var. RVG)

51 Hat Erstattungspflichtige die Geschäftsgebühr bereits gezahlt oder anderweitig erfüllt (zB durch eine Aufrechnung),[27] kann er sich im Kostenfestsetzungsverfahren auf die Anrechnung berufen.

Beispiel 27: Im Rechtsstreit klagt der Kläger die Hauptforderung (8.000 €) sowie eine vorgerichtlich daraus entstandene 1,3-Geschäftsgebühr ein. Der Gegner zahlt während des Rechtsstreits sowohl die Hauptforderung als auch die Kosten. Daraufhin wird der Rechtsstreit übereinstimmend in der Hauptsache für erledigt erklärt. Die Kosten wurden dem Beklagten auferlegt.

---

26 Grundlegend BGH AGS 2008, 158 = NJW 2008, 1323 = FamRZ 2008, 878 = RVGreport 2008, 148.
27 OLG Köln AGS 2011, 619 = JurBüro 2012, 22 = NJW-Spezial 2011, 764 = RVGreport 2012, 33.

Da der Beklagte die Geschäftsgebühr bereits gezahlt hat, kann er sich jetzt im Kostenfestsetzungsverfahren auf die Anrechnung berufen.

Der Kläger kann daher zur Festsetzung lediglich folgende Kosten anmelden:

1.	1,3-Verfahrensgebühr, Nr. 3100 VV (Wert: 8.000 €)	592,80 €
2.	gem. Vorbem. 3 Abs. 4 VV anzurechnen 0,65 aus 8.000 €	– 296,40 €
3.	Postentgeltpauschale, Nr. 7002 VV	20,00 €
	Zwischensumme 316,40 €	
4.	19 % Umsatzsteuer, Nr. 7008 VV	60,12 €
	Gesamt	**376,52 €**

Beispiel 27 a: Im Rechtsstreit klagt der Kläger die Hauptforderung (8.000 €) sowie eine vorgerichtlich daraus entstandene 1,3-Geschäftsgebühr ein. Der Gegner erklärt die Aufrechnung mit einer Gegenforderung iHv 10.000 €. Daraufhin wird der Rechtsstreit übereinstimmend in der Hauptsache für erledigt erklärt. Die Kosten wurden dem Beklagten auferlegt.

Da die Geschäftsgebühr jetzt infolge der Aufrechnung erfüllt ist, kann sich der Beklagte nun ebenfalls im Kostenfestsetzungsverfahren auf die Anrechnung berufen.

Abzurechnen ist wie im vorangegangenen Beispiel 27.

2. Titulierung der Geschäftsgebühr (§ 15 a Abs. 2, 2. Var. RVG)

Besteht hinsichtlich der anzurechnenden Geschäftsgebühr gegen den Erstattungspflichtigen **52** bereits ein Vollstreckungstitel, kann er sich ebenfalls im Kostenfestsetzungsverfahren auf die Anrechnung berufen.

Beispiel 28: Der Beklagte ist verurteilt worden, die Klageforderung iHv 8.000 € zu zahlen sowie eine vorgerichtlich daraus entstandene 1,3-Geschäftsgebühr.

Auch jetzt kann sich der Beklagte auf die Anrechnung berufen. Er ist in der Hauptsache bereits zur Zahlung der Geschäftsgebühr verurteilt worden, muss also die 1,3-Geschäftsgebühr zahlen. Dann kann von ihm aber im Kostenfestsetzungsverfahren nicht noch einmal die 1,3-Verfahrensgebühr verlangt werden.

Der Kläger kann daher zur Festsetzung lediglich folgende Kosten anmelden:

1.	1,3-Verfahrensgebühr, Nr. 3100 VV (Wert: 8.000 €)	592,80 €
2.	gem. Vorbem. 3 Abs. 4 VV anzurechnen 0,65 aus 8.000 €	– 296,40 €
3.	1,2-Terminsgebühr, Nr. 3100 VV (Wert: 8.000 €)	547,20 €
4.	Postentgeltpauschale, Nr. 7002 VV	20,00 €
	Zwischensumme 863,60 €	
5.	19 % Umsatzsteuer, Nr. 7008 VV	164,08 €
	Gesamt	**1.027,68 €**

Ist neben der Hauptforderung auch die Geschäftsgebühr mit eingeklagt worden und haben **53** die Parteien dann einen **Gesamtvergleich** über Hauptsache und Kosten geschlossen, wird die Geschäftsgebühr nur dann als tituliert angesehen und in der Kostenfestsetzung angerechnet, wenn im Vergleich geregelt ist, inwieweit die Geschäftsgebühr in der Vergleichssumme enthalten ist. Anderenfalls unterbleibt eine Anrechnung.[28] Ausreichend ist, wenn sich aus einer Auslegung des Vergleichs zweifelsfrei die Titulierung der Geschäftsgebühr ergibt.[29]

---

28 BGH AGS 2011, 6 = MDR 2011, 135 = NJW 2011, 861 = JurBüro 2011, 188; OLG Koblenz AGS 2014, 43 = Rpfleger 2014, 109 = NJW-Spezial 2014, 28; OLG Köln, Beschl. v. 28.6.2010 – 17 W 134/10.

29 OLG Düsseldorf AGS 2012, 357 = JurBüro 2012, 141 = NJW-Spezial 2012, 316; OLG Koblenz AGS 2010, 465 = JurBüro 2010, 585 = NJW-RR 2011, 432.

3. Zeitgleiche Geltendmachung (§ 15 a Abs. 2, 3. Var. RVG)

54 Schließlich kann sich ein Erstattungspflichtiger auch dann auf die Anrechnung berufen, wenn gleichzeitig zwei Gebühren geltend gemacht werden, die aufeinander anzurechnen sind.

Beispiel 29: Der Kläger hatte zur Feststellung von Mietmängeln (Wert: 8.000 €) zunächst ein selbstständiges Beweisverfahren eingeleitet. Nach Abschluss des Beweisverfahrens werden die Mängel beseitigt. Der Kläger klagt nunmehr als Schadensersatz die Kosten des Beweisverfahrens sowie die dazugehörige vorgerichtliche 1,3-Geschäftsgebühr ein.

Auch jetzt muss der Kläger die Anrechnung gegen sich gelten lassen; er kann insgesamt nur verlangen:

I. Vorgerichtliche Vertretung

1. 1,3-Geschäftsgebühr, Nr. 2300 VV (Wert: 8.000 €)		592,80 €
2. Postentgeltpauschale, Nr. 7002 VV		20,00 €
Zwischensumme	612,80 €	
3. 19 % Umsatzsteuer, Nr. 7008 VV		116,43 €
Gesamt		**729,23 €**

II. Beweisverfahren

1. 1,3-Verfahrensgebühr, Nr. 3100 VV (Wert: 8.000 €)		592,80 €
2. gem. Vorbem. 3 Abs. 4 VV anzurechnen 0,75 aus 8.000 €		− 296,40 €
3. 1,2-Terminsgebühr, Nr. 3100 VV (Wert: 8.000 €)		547,20 €
4. Postentgeltpauschale, Nr. 7002 VV[30]		20,00 €
Zwischensumme	863,60 €	
5. 19 % Umsatzsteuer, Nr. 7008 VV		164,08 €
Gesamt		**1.027,68 €**
Summe I + II		**1.756,91 €**

Beispiel 30: Der Anwalt vertritt den Kläger in einem Schlichtungsverfahren nach § 15 a EGZPO wegen einer Forderung iHv 500 €. Hiernach kommt es zum Rechtsstreit vor dem AG. Der Klage wird stattgegeben. Die Kosten werden dem Beklagten auferlegt. Der Kläger beantragt daraufhin neben der Festsetzung der Verfahrensgebühr auch die Festsetzung der im Schlichtungsverfahren angefallenen Geschäftsgebühr.

Die Geschäftsgebühr für das Schlichtungsverfahren nach Nr. 2303 VV kann nach zutreffender Ansicht gem. §§ 103 ff ZPO festgesetzt werden.[31] Diese Gebühr ist allerdings gem. Vorbem. 3 Abs. 4 VV zur Hälfte auf die Verfahrensgebühr des nachfolgenden gerichtlichen Verfahrens anzurechnen. Daher können zwar die beiden Gebühren zur Festsetzung angemeldet werden, allerdings nur um den Anrechnungsbetrag gekürzt.

Der Kläger kann also zur Festsetzung nur noch anmelden:

I. Schlichtungsverfahren

1. 1,5-Verfahrensgebühr, Nr. 2303 VV (Wert: 500 €)		67,50 €
2. Postentgeltpauschale, Nr. 7002 VV		13,50 €
Zwischensumme	81,00 €	
3. 19 % Umsatzsteuer, Nr. 7008 VV		15,39 €
Gesamt		**96,39 €**

II. Rechtsstreit

1. 1,3-Verfahrensgebühr, Nr. 3100 VV (Wert: 500 €)		58,50 €
2. gem. Vorbem. 3 Abs. 4 VV anzurechnen 0,75 aus 500 €		− 33,75 €
3. 1,2-Terminsgebühr, Nr. 3100 VV (Wert: 500 €)		54,00 €

---

30 Die Postentgeltpauschale berechnet sich aus dem Gebührenaufkommen vor Anrechnung (s. § 10 Rn 20).

31 OLG Köln AGS 2010, 46 = Rpfleger 2010, 164 = JurBüro 2010, 206 = RVGreport 2010, 191; OLG Düsseldorf AGS 2009, 352 = JurBüro 2009, 366; OLG Karlsruhe AGS 2009, 98 = JurBüro 2008, 538.

4. Postentgeltpauschale, Nr. 7002 VV		20,00 €
Zwischensumme	98,75 €	
5. 19 % Umsatzsteuer, Nr. 7008 VV		18,76 €
Gesamt		**117,51 €**
Summe I + II		**213,90 €**

4. Berücksichtigung, wenn die Geschäftsgebühr nur teilweise zugesprochen wird

Wird die Geschäftsgebühr lediglich zu einem geringeren Gebührensatz oder nach einem 55
geringeren Wert zugesprochen als geltend gemacht, dann wird die Geschäftsgebühr im
Kostenfestsetzungsverfahren auch nur nach dem Gebührensatz oder Gebührenwert hälftig
angerechnet, der zugesprochen worden ist.

a) Geschäftsgebühr wird nach geringerem Gebührensatz zugesprochen

Wird die Geschäftsgebühr lediglich zu einem geringeren Gebührensatz zugesprochen als 56
eingeklagt, dann wird die Geschäftsgebühr im Kostenfestsetzungsverfahren nur nach dem
Gebührensatz hälftig angerechnet, der zugesprochen worden ist.

Beispiel 31: Der Anwalt klagt neben der Hauptsache (8.000 €) eine 1,5-Geschäftsgebühr
(Nr. 2300 VV) daraus ein. Das Gericht spricht neben den 8.000 € nur eine 1,3-Gebühr daraus zu
und weist die Klage im Übrigen ab.

Anzurechnen ist die Geschäftsgebühr nur in Höhe der Hälfte des zugesprochenen Satzes, also
iHv 0,65.

I. Der Mandant erhält als **materiellrechtlichen Kostenerstattungsanspruch:**		
1. 1,3-Geschäftsgebühr, Nr. 2300 VV (Wert: 8.000 €)		592,80 €
2. Postentgeltpauschale, Nr. 7002 VV		20,00 €
Zwischensumme	612,80 €	
3. 19 % Umsatzsteuer, Nr. 7008 VV		116,43 €
Gesamt		**729,23 €**
II. Im Wege der **Kostenfestsetzung/-ausgleichung** sind zu berücksichtigen:		
1. 1,3-Verfahrensgebühr, Nr. 3100 VV (Wert: 8.000 €)		592,80 €
2. gem. Vorbem. 3 Abs. 4 VV anzurechnen 0,65 aus 8.000 €		– 296,40 €
3. 1,2-Terminsgebühr, Nr. 3104 VV (Wert: 8.000 €)		547,20 €
4. Postentgeltpauschale, Nr. 7002 VV		20,00 €
Zwischensumme	863,60 €	
5. 19 % Umsatzsteuer, Nr. 7008 VV		164,08 €
Gesamt		**1.027,68 €**

b) Geschäftsgebühr wird nach geringerem Gegenstandswert zugesprochen

Wird die Geschäftsgebühr zwar nach dem vollen Gebührensatz zugesprochen, jedoch nach 57
einem geringeren Gegenstandswert, wird die Geschäftsgebühr im Kostenfestsetzungsverfahren hälftig nach dem Wert angerechnet, nach dem sie zugesprochen worden ist.

Beispiel 32: Der Anwalt klagt neben der Hauptsache (8.000 €) eine 1,5-Geschäftsgebühr
(Nr. 2300 VV) daraus ein. Das Gericht spricht lediglich 4.000 € sowie eine 1,5-Gebühr daraus zu
und weist die Klage im Übrigen ab.

Anzurechnen ist die Geschäftsgebühr nur in Höhe der Hälfte des zugesprochenen Satzes, also
iHv 0,75, allerdings nur aus dem zugesprochenen Wert.

I. Der Mandant erhält als **materiellrechtlichen Kostenerstattungsanspruch:**		
1. 1,5-Geschäftsgebühr, Nr. 2300 VV (Wert: 4.000 €)		378,00 €
2. Postentgeltpauschale, Nr. 7002 VV		20,00 €
Zwischensumme	398,00 €	

3.	19 % Umsatzsteuer, Nr. 7008 VV	75,62 €
	Gesamt	**473,62 €**

II. Im Wege der **Kostenfestsetzung/-ausgleichung** sind zu berücksichtigen:

1.	1,3-Verfahrensgebühr, Nr. 3100 VV (Wert: 8.000 €)		592,80 €
2.	gem. Vorbem. 3 Abs. 4 VV anzurechnen 0,75 aus 4.000 €		– 189,00 €
3.	1,2-Terminsgebühr, Nr. 3104 VV (Wert: 8.000 €)		547,20 €
4.	Postentgeltpauschale, Nr. 7002 VV		20,00 €
	Zwischensumme	971,00 €	
5.	19 % Umsatzsteuer, Nr. 7008 VV		184,49 €
	Gesamt		**1.155,49 €**

c) Geschäftsgebühr wird sowohl nach geringerem Gebührensatz als auch nach geringerem Gegenstandswert zugesprochen

58 Möglich sind auch Kombinationen. Wird vom Gericht sowohl der Gebührensatz gekürzt als auch lediglich ein geringerer Gegenstandswert zugestanden, dann ist die Geschäftsgebühr hälftig nach dem zugesprochenen geringeren Gebührensatz und Gegenstandswert anzurechnen.

Beispiel 33: Der Anwalt klagt neben der Hauptsache (8.000 €) eine 1,5-Geschäftsgebühr (Nr. 2300 VV) daraus ein. Das Gericht spricht lediglich 4.000 € sowie eine 1,3-Gebühr daraus zu und weist die Klage im Übrigen ab.

Anzurechnen ist die Geschäftsgebühr nur in Höhe der Hälfte des zugesprochenen Satzes, also iHv 0,65, allerdings nur aus dem zugesprochenen Wert.

I. Der Mandant erhält daher als **materiellrechtlichen Kostenerstattungsanspruch:**

1.	1,3-Geschäftsgebühr, Nr. 2300 VV (Wert: 4.000 €)		327,60 €
2.	Postentgeltpauschale, Nr. 7002 VV		20,00 €
	Zwischensumme	347,60 €	
3.	19 % Umsatzsteuer, Nr. 7008 VV		66,04 €
	Gesamt		**413,64 €**

II. Im Wege der **Kostenfestsetzung/-ausgleichung** sind zu berücksichtigen:

1.	1,3-Verfahrensgebühr, Nr. 3100 VV (Wert: 8.000 €)		592,80 €
2.	gem. Vorbem. 3 Abs. 4 VV anzurechnen 0,65 aus 4.000 €		– 163,80 €
3.	1,2-Terminsgebühr, Nr. 3104 VV (Wert: 8.000 €)		547,20 €
4.	Postentgeltpauschale, Nr. 7002 VV		20,00 €
	Zwischensumme	996,20 €	
5.	19 % Umsatzsteuer, Nr. 7008 VV		189,28 €
	Gesamt		**1.185,48 €**

E. Mahnverfahren

I. Überblick

59 Die Vergütung für die Tätigkeit im Mahnverfahren ist im Teil 3 Abschnitt 3 Unterabschnitt 2 VV geregelt, also in den **Nr. 3305 ff VV**. Unterschieden wird dabei zwischen der Vertretung des **Antragstellers** und der des **Antragsgegners**.

II. Die Vertretung des Antragstellers

1. Mahnverfahren

a) Verfahrensgebühr
aa) Volle Verfahrensgebühr

60 Vertritt der Anwalt im Mahnverfahren den Antragsteller, so erhält er hierfür eine **1,0-Verfahrensgebühr** nach Nr. 3305 VV.

Beispiel 34: Der Anwalt erwirkt für den Mandanten einen Mahnbescheid über 10.000 €.

1.	1,0-Verfahrensgebühr, Nr. 3305 VV (Wert: 10.000 €)		558,00 €
2.	Postentgeltpauschale, Nr. 7002 VV		20,00 €
	Zwischensumme	578,00 €	
3.	19 % Umsatzsteuer, Nr. 7008 VV		109,82 €
	Gesamt		**687,82 €**

Vertritt der Anwalt **mehrere Auftraggeber** wegen desselben Gegenstands, also zB Gesamt- **61** gläubiger, so erhöht sich die Verfahrensgebühr um 0,3 je weiteren Auftraggeber, höchstens um 2,0.

bb) Ermäßigte Verfahrensgebühr

Endet der Auftrag vorzeitig, bevor der Anwalt einen verfahrenseinleitenden Antrag, einen **62** Schriftsatz, der Sachanträge oder die Zurücknahme des Mahnantrags enthält, eingereicht hat, reduziert sich die Gebühr der Nr. 3305 VV auf 0,5 (Nr. 3306 VV). Auch hier greift die Erhöhung nach Nr. 1008 VV um 0,3 je **weiteren Auftraggeber,** höchstens um 2,0, sofern derselbe Gegenstand betroffen ist.

cc) Anrechnung auf die Verfahrensgebühr

Soweit dem Mahnverfahren eine Beratungstätigkeit vorangegangen ist, muss – sofern **63** nichts Abweichendes vereinbart ist – die Beratungsgebühr gem. § 34 Abs. 2 RVG angerechnet werden (s. § 11 Rn 11). Ebenso ist eine vorangegangene Geschäftsgebühr (Nr. 2300 VV) für eine außergerichtliche Vertretung oder eine Tätigkeit in einem Güte- oder Schlichtungsverfahren (Nr. 2303 VV) nach Vorbem. 3 Abs. 4 VV anzurechnen, allerdings nur zur Hälfte, höchstens zu 0,75 (s. Rn 27 ff).

dd) Anrechnung der Verfahrensgebühr

Die Verfahrensgebühr des Mahnverfahrens ist ihrerseits wiederum auf die Verfahrensge- **64** bühr eines nachfolgenden Rechtsstreits (Nr. 3100 VV) **anzurechnen** (Anm. zu Nr. 3305 VV).

Beispiel 35: Der Anwalt erhält den Auftrag für ein Mahnverfahren über 7.500 €. Der Antragsgegner legt fristgerecht Widerspruch ein. Nach Abgabe an das zuständige LG wird mündlich verhandelt.

I. Mahnverfahren

1.	1,0-Verfahrensgebühr, Nr. 3305 VV (Wert: 7.500 €)		456,00 €
2.	Postentgeltpauschale, Nr. 7002 VV		20,00 €
	Zwischensumme	476,00 €	
3.	19 % Umsatzsteuer, Nr. 7008 VV		90,44 €
	Gesamt		**566,44 €**

II. Streitiges Verfahren

1.	1,3-Verfahrensgebühr, Nr. 3100 VV (Wert: 7.500 €)		592,80 €
2.	anzurechnen gem. Anm. zu Nr. 3305 VV, 1,0 aus 7.500 €		– 456,00 €
3.	1,2-Terminsgebühr, Nr. 3104 VV (Wert: 7.500 €)		547,20 €
4.	Postentgeltpauschale, Nr. 7002 VV		20,00 €
	Zwischensumme	704,00 €	
5.	19 % Umsatzsteuer, Nr. 7008 VV		133,76 €
	Gesamt		**837,76 €**

Analog Vorbem. 3 Abs. 4 VV richtet sich die Anrechnung nach dem Wert derjenigen Ge- **65** genstände, die in das streitige Verfahren übergehen. Hier ist besondere Sorgfalt geboten, da es häufig durch Teilzahlungen zu unterschiedlichen Werten kommt, wenn das Mahnverfahren einen höheren Gegenstandswert hat als das streitige Verfahren, so dass trotz der vollen Anrechnung der Verfahrensgebühr ein nicht anzurechnender Teil im Mahnverfahren verbleibt.

Beispiel 36: Der Anwalt erhält den Auftrag für ein Mahnverfahren über 7.500 €. Der Antragsgegner zahlt 2.500 € und legt im Übrigen Widerspruch ein, so dass es zur Durchführung des streitigen Verfahrens nur wegen einer Forderung iHv 5.000 € kommt.

I. Mahnverfahren

(wie Beispiel 35)

II. Streitiges Verfahren

1. 1,3-Verfahrensgebühr, Nr. 3100 VV (Wert: 5.000 €)		393,90 €
2. anzurechnen gem. Anm. zu Nr. 3305 VV, 1,0 aus 5.000 €		– 303,00 €
3. Postentgeltpauschale, Nr. 7002 VV		20,00 €
Zwischensumme	110,90 €	
4. 19 % Umsatzsteuer, Nr. 7008 VV		21,07 €
Gesamt		**131,97 €**

66 Die Anrechnung unterbleibt, wenn zwischen der Beendigung des Mahnverfahrens und dem streitigen Verfahren mehr als **zwei Kalenderjahre** liegen (§ 15 Abs. 5 S. 2 RVG).[32]

b) Terminsgebühr

aa) Entstehen der Terminsgebühr

67 Neben der Verfahrensgebühr kann im Mahnverfahren auch eine **1,2-Terminsgebühr** anfallen. Dies ergibt sich aus Vorbem. 3.3.2 VV, wonach sich die Terminsgebühr nach Teil 3 Abschnitt 1 VV, also nach Nr. 3104 VV, bestimmt. Da im Mahnverfahren keine gerichtlichen Termine stattfinden und auch Sachverständigentermine nicht vorkommen, kann eine Terminsgebühr hier nur nach Vorbem. 3 Abs. 3 S. 3 Nr. 2 VV anfallen, nämlich dadurch, dass der Anwalt Besprechungen führt, die auf die Erledigung des Mahnverfahrens und/oder die Vermeidung des streitigen Verfahrens gerichtet sind. Wirkt der Anwalt an solchen Besprechungen mit, erhält er eine 1,2-Terminsgebühr nach Nr. 3104 VV.[33]

Beispiel 37: Der Anwalt erwirkt für den Mandanten einen Mahnbescheid über 7.500 €. Anschließend führt er mit dem Gegner telefonische Einigungsverhandlungen, die jedoch zu keinem Ergebnis führen. Daraufhin legt der Gegner Widerspruch ein.

1. 1,0-Verfahrensgebühr, Nr. 3305 VV (Wert: 7.500 €)		456,00 €
2. 1,2-Terminsgebühr, Nr. 3104 VV (Wert: 7.500 €)		547,20 €
3. Postentgeltpauschale, Nr. 7002 VV		20,00 €
Zwischensumme	1.023,32 €	
4. 19 % Umsatzsteuer, Nr. 7008 VV		194,41 €
Gesamt		**1.217,61 €**

bb) Anrechnung der Terminsgebühr

68 Auch die im Mahnverfahren entstandene Terminsgebühr ist anzurechnen, wenn es im streitigen Verfahren erneut zum Anfall einer Terminsgebühr kommt (Anm. Abs. 4 zu Nr. 3104 VV).

Beispiel 38: Wie Beispiel 37. Aufgrund des Widerspruchs wird das Verfahren an das zuständige LG abgegeben, vor dem mündlich verhandelt wird.

I. Mahnverfahren

(wie Beispiel 37)

---

32 OLG München AGS 2001, 51 = AnwBl 2000, 698 = JurBüro 2000, 469.
33 OLG Brandenburg AGS 2007, 560 = RVGreport 2007, 226; OLG Nürnberg AGS 2006, 594.

II. Streitiges Verfahren

1. 1,3-Verfahrensgebühr, Nr. 3100 VV (Wert: 7.500 €) 592,80 €
2. anzurechnen gem. Anm. zu Nr. 3305 VV, 1,0 aus 7.500 € − 456,00 €
3. 1,2-Terminsgebühr, Nr. 3104 VV (Wert: 7.500 €) 547,20 €
4. anzurechnen gem. Anm. Abs. 4 zu Nr. 3104 VV, 1,2 aus 7.500 € − 547,20 €
5. Postentgeltpauschale, Nr. 7002 VV 20,00 €
   Zwischensumme 156,80 €
6. 19 % Umsatzsteuer, Nr. 7008 VV 29,79 €
   Gesamt **186,59 €**

cc) Aufnahme in den Vollstreckungsbescheid

Kommt es nach einer Besprechung zum Erlass eines Vollstreckungsbescheids, muss auf 69 Antrag die durch die Besprechung ausgelöste Terminsgebühr in den Vollstreckungsbescheid mit aufgenommen werden.[34] Geschieht dies nicht, ist dagegen die Erinnerung oder Beschwerde nach § 11 Abs. 2 RPflG gegeben.

c) Einigungsgebühr

Möglich ist auch eine 1,0-Einigungsgebühr (Nr. 1000, 1003 VV), wenn die Parteien sich 70 über die im Mahnverfahren anhängigen Ansprüche einigen, und iHv 1,5, soweit sich die Parteien auch über nicht anhängige Gegenstände einigen. Zu beachten ist dann § 15 Abs. 3 RVG.

Kommt es nach einer Einigung noch zum Erlass eines Vollstreckungsbescheids – etwa auf- 71 grund einer Zahlungsvereinbarung (s. § 9 Rn 15) –, muss auch die Einigungsgebühr auf Antrag in den Vollstreckungsbescheid mit aufgenommen werden.[35] Geschieht dies nicht, ist auch hier die Erinnerung oder Beschwerde nach § 11 RPflG gegeben.

2. Verfahren auf Erlass des Vollstreckungsbescheids

Für die Vertretung im Verfahren auf Erlass des Vollstreckungsbescheids erhält der Anwalt 72 eine weitere 0,5-Verfahrensgebühr nach Nr. 3308 VV. Eine Reduzierung bei **vorzeitiger Erledigung** ist hier nicht vorgesehen.

Beispiel 38 a: Der Anwalt erwirkt für den Mandanten einen Mahnbescheid über 7.500 €. Da der Antragsgegner keinen Widerspruch einlegt, beantragt er den Erlass eines Vollstreckungsbescheids.

Neben der Verfahrensgebühr der Nr. 3305 VV entsteht zusätzlich noch eine Verfahrensgebühr nach Nr. 3308 VV.

1. 1,0-Verfahrensgebühr, Nr. 3305 VV (Wert: 7.500 €) 456,00 €
2. 0,5-Verfahrensgebühr, Nr. 3308 VV (Wert: 7.500 €) 228,00 €
3. Postentgeltpauschale, Nr. 7002 VV 20,00 €
   Zwischensumme 704,00 €
4. 19 % Umsatzsteuer, Nr. 7008 VV 133,76 €
   Gesamt **837,76 €**

In der Regel wird die Verfahrensgebühr nach Nr. 3308 VV neben einer Verfahrensgebühr 73 nach Nr. 3305 VV entstehen. Sie kann aber auch isoliert anfallen, wenn der Anwalt nur mit dem Erlass des Vollstreckungsbescheids beauftragt worden ist.[36]

---

34 LG Bonn/AG Euskirchen AGS 2007, 265 m. Anm. *N. Schneider*; LG Bonn AGS 2007, 447; LG Lüneburg AGS 2007, 646.
35 KG AGS 2006, 65 = RVGreport 2005, 383; OLG München AGS 2008, 100 = JurBüro 2007, 593 = RVGreport 2007, 395.
36 LG Bonn AGS 2005, 340 m. Anm. *N. Schneider* = RVGreport 2005, 350 (Beauftragung des Anwalts mit der öffentlichen Zustellung des Vollstreckungsbescheids).

74 Wie sich aus der Anm. S. 1 zu Nr. 3308 VV ergibt, entsteht die Verfahrensgebühr nach Nr. 3308 VV nur dann, wenn innerhalb der Widerspruchsfrist „kein Widerspruch" erhoben oder der Widerspruch gem. § 703 a Abs. 2 Nr. 4 ZPO beschränkt worden ist und hiernach der Antrag auf Erlass eines Vollstreckungsbescheids gestellt wird. Ob der Vollstreckungsbescheid erlassen wird, ist unerheblich. Der Anwalt erhält die Gebühr also auch dann, wenn er zwar nach Fristablauf den Antrag gestellt hat, dann aber doch noch ein nach § 694 ZPO zu beachtender Widerspruch eingeht, der den Erlass des Vollstreckungsbescheids hindert.[37] Die Gebühr entsteht selbstverständlich auch dann, wenn zunächst Widerspruch eingelegt worden ist, dieser dann aber zurückgenommen wird und nunmehr der Anwalt den Erlass eines Vollstreckungsbescheids beantragt.[38]

75 Die Gebühr entsteht dagegen nicht, wenn der Anwalt nach Ablauf der Frist des § 692 Nr. 3 ZPO den Erlass eines Vollstreckungsbescheids beantragt, vom Gegner jedoch fristgerecht Widerspruch eingelegt worden war, wovon der Anwalt aber keine Kenntnis hatte.[39]

75a Vertritt der Anwalt **mehrere Auftraggeber** wegen desselben Gegenstands, so erhöht sich die Verfahrensgebühr um 0,3 je weiterem Auftraggeber, höchstens um 2,0. Die Erhöhung tritt allerdings nur ein, wenn der Anwalt die Erhöhung nicht schon im Verfahren auf Erlass des Mahnbescheids verdient hatte. Anderenfalls ist die Erhöhung ausgeschlossen (Anm. S. 2 zu Nr. 3308 VV).

Beispiel 38 b: Wie Beispiel 38 a, jedoch vertritt der Anwalt zwei Antragsteller als Gesamtgläubiger.

Nur die Verfahrensgebühr der Nr. 3305 VV erhöht sich nach Nr. 1008 VV, nicht auch die Verfahrensgebühr der Nr. 3308 VV.

1.	1,3-Verfahrensgebühr, Nr. 3305, 1008 VV (Wert: 7.500 €)	592,80 €
2.	0,5-Verfahrensgebühr, Nr. 3308 VV (Wert: 7.500 €)	228,00 €
3.	Postentgeltpauschale, Nr. 7002 VV	20,00 €
	Zwischensumme	840,00 €
4.	19 % Umsatzsteuer, Nr. 7008 VV	159,75 €
	Gesamt	**1.000,55 €**

III. Vertretung des Antragsgegners

1. Verfahrensgebühr

76 Vertritt der Anwalt den Antragsgegner, erhält er zunächst eine 0,5-Verfahrensgebühr nach Nr. 3307 VV. Diese Gebühr deckt die Vertretung im gesamten Verfahren ab. Nicht erforderlich ist, dass Widerspruch eingelegt wird. Die Gebühr für die Vertretung entsteht auch dann und soweit, als der Anwalt dem Antragsgegner von der Erhebung des Widerspruchs abrät.

Beispiel 39: Der Mandant hat einen Mahnbescheid iHv 3.000 € erhalten und beauftragt daraufhin einen Anwalt mit seiner Vertretung.

a) Der Anwalt legt Widerspruch ein.

b) Der Anwalt empfiehlt, den Mahnbescheid zu akzeptieren. Widerspruch wird nicht eingelegt.

1.	0,5-Verfahrensgebühr, Nr. 3307 VV (Wert: 3.000 €)	100,50 €
2.	Postentgeltpauschale, Nr. 7002 VV	20,00 €
	Zwischensumme	120,50 €
3.	19 % Umsatzsteuer, Nr. 7008 VV	22,90 €
	Gesamt	**143,40 €**

---

37 OLG Hamburg MDR 2000, 473 = JurBüro 2000, 473; AnwK-RVG/*Mock*, Nr. 3308 VV Rn 13.
38 Mayer/Kroiß/*Gierl*, Nr. 3308 Rn 13.
39 OLG Hamm JurBüro 1975, 1085; OLG Hamburg MDR 2000, 473 = JurBüro 200, 473; AnwK-RVG/*Mock*, Nr. 3308 VV Rn 11.

Eine Ermäßigung der Verfahrensgebühr nach Nr. 3307 VV bei **vorzeitiger Erledigung** ist nicht vorgesehen. Wohl erhöht sich auch diese Gebühr um 0,3 je **weiteren Auftraggeber**, sofern der Gegenstand der anwaltlichen Tätigkeit derselbe ist. **77**

Auch die Verfahrensgebühr der Nr. 3307 VV ist **anzurechnen**, wenn es nach Durchführung des Mahnverfahrens zum streitigen Verfahren kommt (Anm. zu Nr. 3307 VV). **78**

Beispiel 40: Wie Beispiel 39. Anschließend kommt es zum streitigen Verfahren, in dem mündlich verhandelt wird.

I. Mahnverfahren (Wert: 3.000 €)
   (wie Beispiel 39 Fall a)
II. Streitiges Verfahren

1.	1,3-Verfahrensgebühr, Nr. 3100 VV (Wert: 3.000 €)	261,30 €
2.	gem. Anm. zu Nr. 3307 VV anzurechnen 0,5-Gebühr aus 3.000 €	− 100,50 €
3.	1,2-Terminsgebühr, Nr. 3104 VV (Wert: 3.000 €)	241,20 €
4.	Postentgeltpauschale, Nr. 7002 VV	20,00 €
	Zwischensumme 422,00 €	
5.	19 % Umsatzsteuer, Nr. 7008 VV	80,18 €
	Gesamt	**502,18 €**

Die Anrechnung erfolgt auch hier nach dem Wert derjenigen Gegenstände, die Mahnverfahren und streitigem Verfahren gemeinsam sind.

Beispiel 41: Gegen den Mandanten ist ein Mahnbescheid iHv 3.000 € ergangen. Er beauftragt seinen Anwalt mit der Vertretung. Der Anwalt legt nach Beratung Widerspruch nur iHv 2.000 €. Das streitige Verfahren erledigt sich ohne einen Termin.

I. Mahnverfahren (Wert: 3.000 €)
   (wie Beispiel 39)
II. Streitiges Verfahren

1.	1,3-Verfahrensgebühr, Nr. 3100 VV (Wert: 2.000 €)	195,00 €
2.	anzurechnen gem. Anm. zu Nr. 3307 VV, 0,5 aus 2.000 €	− 75,00 €
3.	Postentgeltpauschale, Nr. 7002 VV	20,00 €
	Zwischensumme 140,00 €	
4.	19 % Umsatzsteuer, Nr. 7008 VV	26,60 €
	Gesamt	**166,60 €**

2. Terminsgebühr

Auch der Anwalt des Antragsgegners kann nach Vorbem. 3.3.2 iVm Nr. 3104 VV eine **1,2-Terminsgebühr** verdienen, wenn er gem. Vorbem. 3 Abs. 3 S. 3 Nr. 2 VV Besprechungen zur Erledigung des Mahnverfahrens oder Vermeidung des streitigen Verfahrens führt (s. Beispiel 37). Auch für den Anwalt des Antragsgegners gilt die **Anrechnung** der Terminsgebühr nach Anm. Abs. 4 zu Nr. 3104 VV. **79**

3. Einigungsgebühr

Ebenso kann der Anwalt des Antragsgegners eine Einigungsgebühr verdienen, wenn es zu einer Einigung kommt. **80**

Beispiel 42: Gegen den Mandanten ist ein Mahnbescheid iHv 3.000 € ergangen. Der Anwalt legt hiergegen Widerspruch ein. Anschließend führt er mit dem Gegner Verhandlungen, die mit einer Einigung enden.

1.	0,5-Verfahrensgebühr, Nr. 3307 VV (Wert: 3.000 €)	100,50 €
2.	1,2-Terminsgebühr, Nr. 3104 VV (Wert: 3.000 €)	241,20 €
3.	1,0-Einigungsgebühr, Nr. 1000, 1003 VV (Wert: 3.000 €)	201,00 €

4. Postentgeltpauschale, Nr. 7002 VV		20,00 €
Zwischensumme	562,70 €	
5. 19 % Umsatzsteuer, Nr. 7008 VV		106,91 €
Gesamt		**669,61 €**

IV. Gesonderte Angelegenheiten

81 Eigene Angelegenheiten anlässlich des Mahnverfahrens sind

■ die Erinnerung gegen den Nichterlass des Mahnbescheids,

■ die sofortige Beschwerde gegen den Nichterlass des Vollstreckungsbescheids und

■ die Erinnerung gegen den Nichterlass des Vollstreckungsbescheids hinsichtlich der Kosten.

82 Insoweit gelten die Gebühren nach Teil 3 Abschnitt 5 VV (Nr. 3500 ff VV).

F. Rechtsstreit erster Instanz

I. Überblick

83 Die Vergütung in erstinstanzlichen gerichtlichen Verfahren richtet sich nach Teil 3 Abschnitt 1 VV. Die Gebühren dieses Abschnitts entstehen in allen Verfahren, soweit keine gesonderten Gebühren bestimmt sind (Vorbem. 3.1 Abs. 1 VV). Vorgesehen sind eine Verfahrensgebühr sowie eine Terminsgebühr. Hinzu kommen können eine Einigungsgebühr nach Nr. 1000 ff VV sowie eine Zusatzgebühr für besonders umfangreiche Beweisaufnahmen (Nr. 1010 VV).

84 Welche Tätigkeiten zum Rechtszug gehören und damit durch die Gebühren der Nr. 3100 ff VV mit abgegolten werden, ergibt sich aus § 16 und § 19 Abs. 1 RVG.

85 Nach § 16 RVG sind insbesondere dieselbe Angelegenheit ein gerichtliches Verfahren und

■ ein Verfahren über die Prozesskostenhilfe (Nr. 2),

■ mehrere Verfahren über die Prozesskostenhilfe in demselben Rechtszug (Nr. 3),

■ das Verfahren zur Bestimmung des zuständigen Gerichts (Nr. 3 a).

86 Nach § 19 Abs. 1 RVG wiederum gehören Vorbereitungs-, Neben- und Abwicklungstätigkeiten mit zur **Angelegenheit**, insbesondere

■ außergerichtliche Verhandlungen einschließlich eines gerichtsnahen Mediationsverfahrens (§ 19 Abs. 1 S. 2 Nr. 2 RVG),[40]

■ Zwischenstreite und Streitwertfestsetzung (§ 19 Abs. 1 S. 2 Nr. 3 RVG),

■ die Mitwirkung bei der Erbringung der Sicherheitsleistung und das Verfahren wegen deren Rückgabe (§ 19 Abs. 1 S. 2 Nr. 7 RVG),

■ die Entgegennahme von Entscheidungen und Rechtsmittelschriften (§ 19 Abs. 1 S. 2 Nr. 9 RVG),

■ die Kostenfestsetzung (§ 19 Abs. 1 S. 2 Nr. 14 RVG).

87 Wird der Anwalt ausschließlich mit solchen Nebentätigkeiten beauftragt, entsteht entweder die Vergütung nach Teil 3 Abschnitt 3 Unterabschnitt 6 VV (Nr. 3324–3338 VV; s. Rn 224 ff) oder es liegt ein Auftrag zur Einzeltätigkeit nach Nr. 3403 VV vor (s. Rn 282 ff).

---

40 OLG Rostock AGS 2007, 124; OLG Rostock AGS 2007, 126 = JurBüro 2007, 194 = RVGreport 2008, 54; OLG Braunschweig AGS 2007, 127 = AnwBl 2007, 88 = JurBüro 2007, 196.

II. Verfahrensgebühr

1. Überblick

Für das Betreiben des Geschäfts (Vorbem. 3 Abs. 2 VV) erhält der Anwalt zunächst einmal 88 eine Verfahrensgebühr nach Nr. 3100 VV. Die Gebühr entsteht mit Auftragserteilung und Entgegennahme der Information und deckt sämtliche Tätigkeiten im Rahmen des Verfahrens mit ab, insbesondere die nach § 19 RVG zum Rechtszug gehörenden Tätigkeiten, sowie ein Verfahren über die Prozesskostenhilfe (§ 16 Nr. 2 RVG).

Die Höhe der Verfahrensgebühr beträgt nach Nr. 3100 VV grundsätzlich 1,3. Allerdings 89 ist nach Nr. 3101 VV in bestimmten Fällen eine Ermäßigung auf 0,8 vorgesehen. Möglich ist auch, dass sowohl eine volle 1,3-Verfahrensgebühr als auch eine ermäßigte 0,8-Verfahrensgebühr anfällt. In diesem Fall ist dann die Begrenzung nach § 15 Abs. 3 RVG zu beachten.

Zu berücksichtigen ist, dass in vielen Fällen Gebühren vorangegangener Angelegenheiten 90 auf die Verfahrensgebühr **anzurechnen** sind (s. Rn 107). Bei vorangegangenem Mahnverfahren kann auch eine Terminsgebühr anzurechnen sein (Anm. Abs. 4 zu Nr. 3104 VV).

2. Volle Verfahrensgebühr

Nach Nr. 3100 VV erhält der Anwalt grundsätzlich eine 1,3-Verfahrensgebühr. Systema- 91 tisch ist die volle Verfahrensgebühr nicht an besondere Voraussetzungen geknüpft, sondern der Regelfall. Nur dann, wenn ein Ausnahmefall nach Nr. 3101 VV vorliegt, ermäßigt sich die Verfahrensgebühr auf 0,8. Ist ein solcher Ermäßigungstatbestand nicht gegeben, bleibt es bei der 1,3-Verfahrensgebühr.

3. Ermäßigte Verfahrensgebühr

a) Vorzeitige Beendigung

Endet der Auftrag vorzeitig, also bevor der Rechtsanwalt 92

- die Klage oder einen verfahrenseinleitenden Antrag eingereicht hat,
- einen Schriftsatz, der Sachanträge oder Sachvortrag, die Klagerücknahme oder die Zurücknahme eines Antrags enthält, eingereicht hat oder
- für seine Partei einen gerichtlichen Termin wahrgenommen hat,

ermäßigt sich die Verfahrensgebühr gem. Nr. 3101 Nr. 1 VV auf 0,8.

Ein solcher Fall ist insbesondere dann gegeben, wenn sich die Sache für den Kläger vor 93 Einreichung der Klage erledigt oder wenn der Beklagtenanwalt sich zunächst nur bestellt und die Klage dann zurückgenommen wird, bevor er einen Zurückweisungsantrag gestellt hat. Die bloße Bestellung reicht noch nicht aus, um die volle Verfahrensgebühr auszulösen, ebenso wenig die Anzeige der Verteidigungsbereitschaft.[41]

Beispiel 43: Der Anwalt erhält den Auftrag, eine Klage über 10.000 € einzureichen. Er entwirft die Klageschrift. Diese wird jedoch nicht mehr eingereicht, da sich die Angelegenheit vorzeitig erledigt hat.

1. 0,8-Verfahrensgebühr, Nr. 3100, 3101 Nr. 1 VV (Wert: 10.000 €)		446,40 €
2. Postentgeltpauschale, Nr. 7002 VV		20,00 €
Zwischensumme	466,40 €	
3. 19 % Umsatzsteuer, Nr. 7008 VV		88,62 €
Gesamt		**555,02 €**

---

41 LG Stuttgart ; *N. Schneider*, NJW-Spezial 2014, 731.

Beispiel 44: Der Beklagte erhält eine Klageschrift über 10.000 € zugestellt und beauftragt einen Anwalt mit der Abwehr. Dieser bestellt sich, zeigt die Verteidigungsbereitschaft an und kündigt an, Anträge durch gesonderten Schriftsatz zu stellen. Einen Tag später wird die Klage zurückgenommen.

Da der Anwalt des Beklagten noch keinen Antrag gestellt hat, entsteht für ihn nur eine 0,8-Verfahrensgebühr nach Nr. 3100, 3101 Nr. 1 VV.[42] Abzurechnen ist wie im vorangegangenen Beispiel 43.

b) Bloßer Antrag auf Protokollierung einer Einigung der Parteien über nicht anhängige Gegenstände

94 Nach Nr. 3101 Nr. 2, 1. Alt. VV ermäßigt sich die Verfahrensgebühr ebenfalls auf 0,8, soweit der Rechtsanwalt **lediglich** damit beauftragt wird, eine **Einigung der Parteien oder mit Dritten** über in diesem Verfahren nicht rechtshängige Ansprüche zu Protokoll zu nehmen oder nach § 278 Abs. 6 ZPO feststellen zu lassen.

Beispiel 45: In einem Rechtsstreit über 10.000 € einigen sich die Parteien unter Mitwirkung ihrer Anwälte über die Klageforderung. Gleichzeitig wird eine zwischen den Parteien ohne Mitwirkung ihrer Anwälte geschlossene Einigung über weitergehende nicht anhängige 5.000 € mitprotokolliert.

Aus dem Wert der anhängigen Ansprüche (10.000 €) entsteht die 1,3-Verfahrensgebühr; aus dem Wert der nicht anhängigen Gegenstände (5.000 €) entsteht dagegen nur eine 0,8-Verfahrensgebühr nach Nr. 3101 Nr. 2, 1. Alt. VV. Zu beachten ist § 15 Abs. 3 RVG.

1. 1,3-Verfahrensgebühr, Nr. 3100 VV (Wert: 10.000 €)   725,40 €
2. 0,8-Verfahrensgebühr, Nr. 3101 Nr. 2 VV (Wert: 5.000 €)   242,40 €
     gem. § 15 Abs. 3 RVG nicht mehr als 1,3 aus 15.000 €   845,00 €
3. (zu den weiteren Gebühren s. Rn 142)

c) Bloße Verhandlungen vor Gericht über nicht anhängige Gegenstände

95 Des Weiteren entsteht nur die 0,8-Verfahrensgebühr, soweit der Anwalt über Gegenstände, die in diesem Verfahren nicht anhängig sind, **lediglich verhandelt** (Nr. 3101 Nr. 2, 1. Hs. VV). Hiervon erfasst sind also die erfolglosen Einigungsverhandlungen, bei denen es lediglich bei einem Verhandeln bleibt und es nicht zu einer Einigung kommt. Da insoweit keine Gerichtsgebühren anfallen, ist der Mehrwert der Verhandlungen ggf auf Antrag des Anwalts oder des Auftraggebers vom Gericht festzusetzen.[43]

Beispiel 46: In einem Rechtsstreit über 10.000 € versuchen sich die Parteien, unter Mitwirkung ihrer Anwälte im Termin über die Klageforderung und über weitergehende nicht anhängige 5.000 € zu einigen. Eine Einigung kommt nicht zustande.

Aus dem Wert der anhängigen Ansprüche (10.000 €) entsteht eine 1,3-Verfahrensgebühr; aus dem Wert der nicht anhängigen Gegenstände (5.000 €) nur eine 0,8-Verfahrensgebühr nach Nr. 3101 Nr. 2, 1. Hs. VV. Zu beachten ist § 15 Abs. 3 RVG. Abzurechnen ist wie im vorangegangenen Beispiel 45.

96 Kommt es später zu einem gerichtlichen Verfahren über die zuvor lediglich mitverhandelten Gegenstände, ist die 0,8-Verfahrensgebühr bzw der nach § 15 Abs. 3 RVG davon verbleibende Betrag auf das nachfolgende Verfahren **anzurechnen** (Anm. Abs. 1 zu Nr. 3101 VV). Siehe dazu Rn 107 mit Beispiel 51.

---

42   LG Stuttgart AGS 2014, 501; *N. Schneider*, NJW-Spezial 2014, 731.
43   AG Siegburg AGS 2008, 361.

d) Protokollierung einer Einigung oder Feststellung eines Vergleichs über nicht anhängige Gegenstände

Des Weiteren entsteht nur die 0,8-Verfahrensgebühr, soweit über Gegenstände, die in die- 97 sem Verfahren nicht anhängig sind, eine Einigung erzielt und diese **gerichtlich protokolliert** wird (Nr. 3101 Nr. 2, 2. Hs., 1. Alt. VV).

Dem steht es gleich, wenn der Anwalt für seine Partei einen Vergleich schließt und dessen 98 Zustandekommen dann nach § 278 Abs. 6 ZPO **gerichtlich festgestellt** wird (Nr. 3101 Nr. 2, 2. Hs., 2. Alt. VV).

Beispiel 47: In einem Rechtsstreit über 10.000 € einigen sich die Parteien unter Mitwirkung ihrer Anwälte über die Klageforderung und über weitergehende nicht anhängige 5.000 €.

a) Die Einigung wird im Termin protokolliert.

b) Das Zustandekommen der Einigung wird nach § 278 Abs. 6 ZPO gerichtlich festgestellt.

Aus dem Wert der anhängigen Ansprüche (10.000 €) entsteht eine 1,3-Verfahrensgebühr, aus dem Wert der nicht anhängigen Gegenstände (5.000 €) nur eine 0,8-Verfahrensgebühr nach Nr. 3101 Nr. 2, 2. Hs. VV. Zu beachten ist § 15 Abs. 3 RVG. Abzurechnen ist wie im Beispiel 45.

e) Anrechnung bei voller und ermäßigter Verfahrensgebühr

Problematisch ist die Abrechnung, wenn im gerichtlichen Verfahren die Verfahrensgebühr 99 sowohl aus dem vollen als auch aus dem ermäßigten Satz anfällt, so dass eine Kürzung nach § 15 Abs. 3 RVG vorzunehmen wäre, die Geschäftsgebühr aber aus einem Teilwert anzurechnen ist. Es ist dann erst anzurechnen und dann die Kürzung nach § 15 Abs. 3 RVG zu prüfen.[44]

Beispiel 48: Der Anwalt war für den Kläger nach einem Gegenstandswert von 120.000 € außergerichtlich tätig geworden und hatte dafür eine Mittelgebühr (1,5) abgerechnet.

1.	1,5-Geschäftsgebühr, Nr. 2300 VV (Wert: 120.000 €)		2.382,00 €
2.	Postentgeltpauschale, Nr. 7002 VV		20,00 €
	Zwischensumme	2.402,00 €	
3.	19 % Umsatzsteuer, Nr. 7008 VV		456,38 €
	Gesamt		**2.858,38 €**

Hiernach kam es zum Rechtsstreit, der durch einen nach § 278 Abs. 6 ZPO festgestellten Vergleich erledigt wurde. In diesen Vergleich wurde auch eine weitere nicht anhängige Forderung iHv 23.452 € mit aufgenommen.

Unzutreffend wäre es, zuerst nach § 15 Abs. 3 RVG zu kürzen und dann anzurechnen:

1.	1,3-Verfahrensgebühr, Nr. 3100 VV (Wert: 120.000 €)		2.064,00 €
2.	0,8-Verfahrensgebühr, Nr. 3100, 3101 VV (Wert: 23.452 €)		630,40 €
	gem. § 15 Abs. 3 RVG nicht mehr als 1,3 aus 143.452 €		2.285,40 €
3.	gem. Vorbem. 3 Abs. 4 VV anzurechnen 0,75 aus 120.000 €		– 1.191,00 €
4.	... (weitere Gebühren spielen hier keine Rolle)		
	Gesamt		**1.094,40 €**

Zutreffend ist es, erst anzurechnen und dann ggf nach § 15 Abs. 3 RVG zu kürzen. Dies ergibt folgende Berechnung:

1.	1,3-Verfahrensgebühr, Nr. 3100 VV (Wert: 120.000 €)		2.064,00 €
2.	gem. Vorbem. 3 Abs. 4 VV anzurechnen 0,75 aus 120.000 €	– 1.191,00 €	873,00 €
3.	0,8-Verfahrensgebühr, Nr. 3100, 3101 VV (Wert: 23.452 €)		630,40 €
4.	... (weitere Gebühren spielen hier keine Rolle)		
	Gesamt		**1.503,40 €**

---

44 OLG Stuttgart AGS 2009, 56 = RVGreport 2009, 103; OLG Karlsruhe AGS 2011, 165 und AGS 2013, 436; OLG München AGS 2012, 231 = JurBüro 2012, 355 = RVGreport 2012, 176.

Die Höchstgrenze des § 15 Abs. 3 RVG, nicht mehr als 1,3 aus 143.452 € (= 2.285,40 €), ist nicht überschritten.

4. Erhöhung bei mehreren Auftraggebern

100 Vertritt der Anwalt mehrere Auftraggeber **wegen desselben Gegenstands,** so erhöht sich die Verfahrensgebühr um 0,3 je weiteren Auftraggeber, höchstens jedoch um 2,0. Bei zwei Auftraggebern erhöht sich also die 1,3-Verfahrensgebühr der Nr. 3100 VV auf 1,6 und die 0,8-Verfahrensgebühr nach Nr. 3101 VV auf 1,1. Die Erhöhung greift auch dann, wenn der Anwalt bereits außergerichtlich tätig war und dort eine nach Nr. 1008 VV erhöhte Geschäftsgebühr verdient hatte.[45]

101 Vertritt der Anwalt mehrere Auftraggeber wegen **verschiedener Gegenstände,** so kommt eine Erhöhung nach Nr. 1008 VV nicht in Betracht. Stattdessen sind die Werte der einzelnen Gegenstände nach § 23 Abs. 1 S. 1 RVG iVm § 39 Abs. 1 GKG zu addieren.

102 Strittig ist die Berechnung bei **unterschiedlicher Beteiligung** mehrerer Auftraggeber, also wenn der Anwalt von mehreren Auftraggebern sowohl wegen desselben als auch wegen verschiedener Gegenstände beauftragt wird. Solche Konstellationen kommen häufig in **Verkehrsunfallprozessen** bei Klage und Widerklage vor.

Beispiel 49: Der Anwalt erhält für den geschädigten Eigentümer und Halter den Auftrag, Schadensersatz iHv 12.000 € einzuklagen. Daraufhin erhebt der Unfallgegner Widerklage iHv 7.000 € gegen den Kläger sowie Drittwiderklage gegen den Fahrer und den Haftpflichtversicherer. Der Anwalt erhält auch das Mandat für die Widerklage.

Der Anwalt ist nach einem Gegenstandswert von 19.000 € tätig geworden, da die Werte von Klage und Widerklage addiert werden, soweit sie nicht denselben Gegenstand betreffen (§ 23 Abs. 1 S. 1 RVG iVm § 45 Abs. 1 S. 1 GKG). Der Anwalt ist dabei nach einem Gegenstandswert von 12.000 € für einen Auftraggeber (Kläger) und nach einem Gegenstandswert iHv 7.000 € für drei Auftraggeber (Kläger, Fahrer und Haftpflichtversicherer) tätig geworden.

103 Wie sich diese unterschiedliche Beteiligung auf die Gebührenerhöhung auswirkt, ist umstritten. Nach einem Teil der Rspr[46] ist aus dem Gesamtwert eine 1,3-Verfahrensgebühr zu berechnen und aus dem Wert der gemeinschaftlichen Beteiligung eine „Erhöhungsgebühr" nach Nr. 1008 VV:

1. 1,3-Verfahrensgebühr, Nr. 3100 VV (Wert: 19.000 €)   904,80 €
2. 0,6-Erhöhungsgebühr, Nr. 1008 VV (Wert: 7.000 €)   243,00 €
   Gesamt   **1.147,80 €**

104 Diese Form der Abrechnung ist jedoch unzutreffend, da es keine „Erhöhungsgebühr" gibt. Schon der Wortlaut der Nr. 1008 VV ist eindeutig: *„Die Verfahrens- oder Geschäftsgebühr erhöht sich …"* Die zutreffende Berechnung ergibt sich in diesen Fällen vielmehr aus der Anwendung des § 15 Abs. 3 RVG. Für jeden Teilstreitwert sind gesonderte Gebühren zu berechnen, wobei die Summe der Einzelgebühren nicht höher liegen darf als eine nach dem höchsten angefallenen Gebührensatz berechnete Gebühr aus dem Gesamtstreitwert. Soweit diese Grenze überschritten wird, ist entsprechend zu kürzen:[47]

1. 1,3-Verfahrensgebühr, Nr. 3100 VV (Wert: 12.000 €)   785,20 €
2. 1,9-Verfahrensgebühr, Nr. 3100, 1008 VV (Wert: 7.000 €)   769,50 €
   gem. § 15 Abs. 3 RVG nicht mehr als 1,9 aus 19.000 €   **1.322,40 €**

---

45 LG Düsseldorf AGS 2007, 381 = JurBüro 2007, 480; AG Stuttgart AGS 2007, 385; LG Ulm AGS 2008, 163 = AnwBl 2008, 73.
46 OLG Köln Rpfleger 1987, 175; OLG Hamburg MDR 2001, 56; OLG Celle AGS 2014, 165 = RVGreport 2014, 151; neuerdings auch wieder Gerold/Schmidt/*Müller-Rabe,* Nr. 1008 VV Rn 234 ff.
47 LG Saarbrücken AGS 2012, 56 = DAR 2012, 177 = NJW-Spezial 2012, 27; AG Augsburg AGS 2008, 434 = DAR 2008, 673 = NJW-Spezial 2008, 636; OLG Hamburg MDR 1978, 767; LG Bonn Rpfleger 1995, 384 m. Anm. *N. Schneider;* AnwK-RVG/*N. Schneider,* § 15 Rn 225 ff.

5. Gegenstandswert

Der Gegenstandswert der Verfahrensgebühr bemisst sich nach dem Wert aller Gegenstän- 105
de, die im Verlaufe des Verfahrens anhängig waren. Es kommt nicht darauf an, dass diese
zeitgleich anhängig waren.[48]

Beispiel 50: Der Anwalt erhält den Auftrag, Mieten iHv jeweils 1.000 € für die Monate Januar,
Februar und März geltend zu machen. Im Prozess stellt sich heraus, dass die Mieten für Januar
und Februar bereits gezahlt waren, so dass insoweit die Klage zurückgenommen wird. Wegen
zwischenzeitlich weiterer Rückstände für April und Mai wird die Klage erweitert.

Der Gegenstandswert der Verfahrensgebühr beläuft sich auf 5.000 €, da im Verlaufe des
Rechtsstreites insgesamt fünf Mieten zu jeweils 1.000 € anhängig waren. Darauf, dass nie mehr
als drei Mieten iHv insgesamt 3.000 € zeitgleich anhängig waren, kommt es nicht an.

Der Gegenstandswert der Verfahrensgebühr kann niemals geringer sein als der einer ande- 106
ren Gebühr, da jede Tätigkeit im Verfahren immer auch ein Betreiben des Geschäfts iSd
Vorbem. 3 Abs. 2 VV darstellt.

6. Anrechnung auf die Verfahrensgebühr

Auf die Verfahrensgebühr des gerichtlichen Verfahrens können andere Gebühren anzu- 107
rechnen sein:

- Ist eine **Beratung** vorangegangen, so ist die Beratungsgebühr – unabhängig davon, ob
  sie sich nach BGB berechnet oder aus einer Vereinbarung ergibt – nach § 34 Abs. 2
  RVG in voller Höhe anzurechnen, sofern nichts Abweichendes vereinbart ist (s. § 11
  Rn 11).
- Ist eine **außergerichtliche Vertretung** (auch im Schlichtungsverfahren, Nr. 2303 VV)
  vorangegangen, so ist die dort angefallene Geschäftsgebühr gem. Vorbem. 3 Abs. 4 VV
  hälftig auf die Verfahrensgebühr anzurechnen, höchstens jedoch zu 0,75 (s. Rn 27 ff
  und 47 f).
- Ist ein **Mahnverfahren** vorangegangen, ist sowohl die 1,0-Verfahrensgebühr des An-
  tragstellers (Nr. 3305 VV) als auch die 0,5-Verfahrensgebühr des Antragsgegners
  (Nr. 3307 VV) anzurechnen (Anm. zu Nr. 3305 VV; Anm. zu Nr. 3307 VV).
- Darüber hinaus ist die Verfahrensgebühr eines vorangegangenen **Beweisverfahrens** anzurechnen (Vorbem. 3 Abs. 5 VV).
- Ebenso ist die Verfahrensgebühr eines vorangegangenen **Wechsel-, Scheck- oder Ur-
  kundenverfahrens** anzurechnen (Anm. Abs. 2 zu Nr. 3100 VV). Siehe Rn 223.
- Des Weiteren ist gem. Vorbem. 3 Abs. 6 VV im Falle einer **Zurückverweisung** die Verfahrensgebühr aus dem vorangegangenen erstinstanzlichen Verfahren anzurechnen (s.
  § 6 Rn 13).
- Schließlich ist auch die ermäßigte Verfahrensgebühr der Nr. 3101 Nr. 2, 1. Hs. VV anzurechnen (Anm. Abs. 1 zu Nr. 3101 VV), wenn es **nach gescheiterten Einigungsverhandlungen** über nicht anhängige Gegenstände zu einem gerichtlichen Verfahren über
  diese Gegenstände kommt.

Beispiel 51: In einem Rechtsstreit (Az 1/15) über 10.000 € versuchen sich die Parteien, unter Mitwirkung ihrer Anwälte im Termin über die Klageforderung und über weitergehende nicht anhängige 5.000 € zu einigen. Eine Einigung kommt nicht zustande. Die 5.000 € werden anschließend eingeklagt (Az 2/15).

Im Verfahren 1/15 entsteht unter Beachtung des § 15 Abs. 3 RVG aus den nicht anhängigen
5.000 € die Verfahrensgebühr zu 0,8 (s. Rn 95).

---

48 OLG Koblenz AGS 2007, 151 = WuM 2006, 45; OLG Hamm OLGR 2007, 324; KG AGS 2008, 188 =
    JurBüro 2008, 148; OLG Celle AGS 2008, 466 = NJW-Spezial 2008, 668; LAG Baden-Württemberg AGS
    2014, 562; s. auch AnwK-RVG/N. *Schneider*, § 22 Rn 12; aA OLG Dresden OLGR 2007, 470 = JurBüro
    2007, 315; OLG Düsseldorf AGS 2011, 86 = JurBüro 2010, 648; OLG Schleswig SchlHA 2012, 263 u. 351.

1. 1,3-Verfahrensgebühr, Nr. 3100 VV (Wert: 10.000 €)	725,40 €	
2. 0,8-Verfahrensgebühr, Nr. 3101 Nr. 2 VV (Wert: 5.000 €)	242,40 €	
gem. § 15 Abs. 3 RVG nicht mehr als 1,3 aus 15.000 €		845,00 €
3. (zu den weiteren Gebühren s. Rn 141)		

Zunächst ist der durch die Einbeziehung der nicht anhängigen 5.000 € ausgelöste, nach Anm. Abs. 1 zu Nr. 3101 VV anzurechnende Betrag zu ermitteln:

Gesamtbetrag nach § 15 Abs. 3 RVG	845,00 €
./. 1,3-Verfahrensgebühr, Nr. 3100 VV (Wert: 10.000 €)	– 725,40 €
anzurechnen	119,60 €

Dieser Betrag ist nunmehr im nachfolgenden Verfahren (Az 1/15) auf die dortige Verfahrensgebühr anzurechnen:

1. 1,3-Verfahrensgebühr, Nr. 3100 VV (Wert: 10.000 €)	725,40 €
2. gem. Anm. Abs. 1 zu Nr. 3101 VV anzurechnen	– 119,60 €
3. (zu den weiteren Gebühren s. Rn 141)	

III. Terminsgebühr

1. Überblick

108 Neben der Verfahrensgebühr kann eine Terminsgebühr nach Nr. 3104 VV entstehen.

109 Mit dem 2. KostRMoG hat der Gesetzgeber das System der Terminsgebühren in Teil 3 VV neu strukturiert, um damit Klarheit herbeizuführen und insbesondere einer verfehlten Rspr des BGH in mehreren Fällen entgegenzuwirken. Das Gesetz unterscheidet seither – auch wenn dies nicht so glücklich im Gesetzestext zum Ausdruck kommt –

- zwischen **Terminen nach Vorbem. 3 Abs. 3 VV** und
- sonstigen Terminen („…, wenn nichts anderes bestimmt ist", s. Vorbem. 3 Abs. 3 S. 1 aE VV).

2. Termine nach Vorbem. 3 Abs. 3 VV

110 Die Termine nach Vorbem. 3 Abs. 3 VV wiederum sind unterteilt in:

- **gerichtliche Termine** (Vorbem. 3 Abs. 3 S. 1, 2 VV) und
- **außergerichtliche Termine** (Vorbem. 3 Abs. 3 S. 3 VV).

a) Gerichtliche Termine

111 Die Terminsgebühr entsteht zunächst einmal bei Vertretung in einem gerichtlichen Termin. Anstelle der früheren Aufzählung von Verhandlungs-, Erörterungs- und Beweisaufnahmeterminen und der damit verbundenen Ausgrenzung anderer Termine ist jetzt nur noch die Rede von *„gerichtlichen Terminen"* (Vorbem. 3 Abs. 3 S. 1 VV). Alle gerichtlichen Termine sollen nach dem Willen des Gesetzgebers[49] eine Terminsgebühr auslösen. Diese Neuregelung sollte insbesondere die bislang vom Wortlaut nicht gedeckten Anhörungs- oder Protokollierungstermine erfassen.

112 Eine Ausnahme gilt nur für bloße **Verkündungstermine** (Vorbem. 3 Abs. 3 S. 2 VV); diese lösen nach wie vor keine Terminsgebühr aus.

---

49 Auszug aus der Gesetzesbegründung (BT-Drucks. 17/11471 (neu), S. 274 re. Sp.): „Der neu gefasste Absatz 3 soll zweierlei bewirken. Zum einen sollen künftig auch Anhörungstermine unter die Regelung für die Terminsgebühr fallen, zum anderen (…). Der geltende Wortlaut des Absatzes 3 nennt lediglich die Vertretung in einem Verhandlungs-, Erörterungs- oder Beweisaufnahmetermin als Voraussetzung für den Anfall der Terminsgebühr im gerichtlichen Verfahren. Es ist aber sachgerecht, auch die Teilnahme an einem Anhörungstermin in gleicher Weise zu entgelten wie die Teilnahme an einem Erörterungstermin. Der Aufwand und die Verantwortung des Anwalts ist in beiden Fällen vergleichbar."

Für das Entstehen der Terminsgebühr ist es unerheblich, ob verhandelt wird oder nicht.   113
Die Teilnahme am Termin (nach Aufruf der Sache) genügt. Daher entsteht die Terminsgebühr auch dann, wenn die Klage **im Termin zurückgenommen** wird.[50] Nicht ausreichend ist es dagegen – anders als in Straf- und Bußgeldsachen –, wenn der Anwalt in Unkenntnis der Terminsaufhebung zum Termin anreist und erscheint.

Des Weiteren kann die Terminsgebühr anfallen, wenn im Termin die **Hauptsache überein-**   114
stimmend für erledigt erklärt wird.

Ebenso wie bei der Verfahrensgebühr müssen die Gegenstände nicht anhängig sein. Die   115
Terminsgebühr entsteht auch dann, wenn über nicht anhängige Gegenstände erörtert wird. Dagegen entsteht keine Terminsgebühr, soweit im Termin lediglich eine Einigung der Parteien oder mit Dritten (also ohne Beteiligung des Anwalts abgeschlossen) über nicht anhängige Gegenstände protokolliert wird (Anm. Abs. 3 zu Nr. 3104 VV). War der Anwalt dagegen auch an den Einigungsverhandlungen im Termin beteiligt, entsteht die Terminsgebühr.

Beispiel 51 a: Der Anwalt nimmt in einem Räumungsrechtsstreit (Wert: 10.000 €) an der mündlichen Verhandlung teil. Im Termin

a) einigen sich die Parteien unter Mitwirkung ihrer Anwälte über die Durchführung von Renovierungskosten im Wert von 5.000 €.

b) protokolliert der Anwalt eine Einigung der Parteien über die Durchführung von Renovierungskosten, die die Parteien untereinander ohne ihre Anwälte bereits zuvor getroffen hatten.

Im **Fall a)** erhält der Anwalt unter Beachtung des § 15 Abs. 3 RVG eine Verfahrensdifferenzgebühr aus weiteren 5.000 €. Die Terminsgebühr entsteht aus dem Gesamtwert iHv 15.000 €. Darüber hinaus auch unter Beachtung des § 15 Abs. 3 RVG eine 1,5-Einigungsgebühr aus dem Mehrwert.

1.	1,3-Verfahrensgebühr, Nr. 3100 VV (Wert: 10.000 €)	725,40 €	
2.	0,8-Verfahrensgebühr, Nr. 3101 Nr. 2 VV (Wert: 5.000 €)	242,40 €	
	gem. § 15 Abs. 3 RVG nicht mehr als 1,3 aus 15.000 €		845,00 €
3.	1,2-Terminsgebühr, Nr. 3104 VV (Wert: 15.000 €)		780,00 €
4.	1,0-Einigungsgebühr, Nr. 1000, 1003 VV (Wert: 10.000 €)	558,00 €	
5.	0,8-Verfahrensgebühr, Nr. 3101 Nr. 2 VV (Wert: 5.000 €)	454,50 €	
	gem. § 15 Abs. 3 RVG nicht mehr als 1,5 aus 15.000 €		975,00 €
6.	Postentgeltpauschale, Nr. 7002 VV		20,00 €
	Zwischensumme	2.620,00 €	
7.	19 % Umsatzsteuer, Nr. 7008 VV		497,80 €
	Gesamt		**3.117,80 €**

Im **Fall b)** entsteht zwar auch die Verfahrensdifferenzgebühr aus den weiteren 5.000 €, da die Einigung protokolliert worden ist. Es entsteht aber mangels Mitwirkung an der Einigung weder eine Einigungsgebühr noch eine Terminsgebühr (Anm. Abs. 3 zu Nr. 3104 VV).

1.	1,3-Verfahrensgebühr, Nr. 3100 VV (Wert: 10.000 €)	725,40 €	
2.	0,8-Verfahrensgebühr, Nr. 3101 Nr. 2 VV (Wert: 5.000 €)	242,40 €	
	gem. § 15 Abs. 3 RVG nicht mehr als 1,3 aus 15.000 €		845,00 €
3.	1,2-Terminsgebühr, Nr. 3104 VV (Wert: 10.000 €)		780,00 €
4.	1,0-Einigungsgebühr, Nr. 1000, 1003 VV (Wert: 10.000 €)		558,00 €
5.	Postentgeltpauschale, Nr. 7002 VV		20,00 €
	Zwischensumme	2.203,00 €	
6.	19 % Umsatzsteuer, Nr. 7008 VV		418,57 €
	Gesamt		**2.621,57 €**

---

50 LAG Baden-Württemberg AGS 2010, 528 = RVGreport 2010, 386.

b) Außergerichtliche Termine

116 Von den außergerichtlichen Terminen werden erfasst:

- die **Teilnahme an Sachverständigenterminen** (Vorbem. 3 Abs. 3 S. 3 Nr. 1 VV) und
- die **Mitwirkung an Besprechungen zur Vermeidung und Erledigung eines Verfahrens** (Vorbem. 3 Abs. 3 S. 3 Nr. 2 VV).

aa) Wahrnehmung eines von einem gerichtlich bestellten Sachverständigen anberaumten Termins

117 Die Terminsgebühr kann auch dann anfallen, wenn der Anwalt an einem von einem gerichtlich bestellten Sachverständigen anberaumten Termin teilnimmt. Insoweit hat sich an der bisherigen Rechtslage nichts geändert. Die frühere Vorbem. 3 Abs. 3, 2. Var. VV ist lediglich versetzt und zur neuen **Vorbem. 3 Abs. 3 S. 3 Nr. 1 VV** geworden. Diese Variante hat nur Bedeutung, wenn es nicht mehr zu einem gerichtlichen Termin kommt oder der Anwalt daran nicht teilgenommen hatte.

Beispiel 52: In einem Rechtsstreit erlässt das Gericht nach § 358 a ZPO vorbereitend einen Beweisbeschluss. Der Sachverständige beraumt daraufhin einen Ortstermin an, an dem beide Anwälte teilnehmen. Nach Erhalt des Gutachtens wird die Klage zurückgenommen.

Obwohl es nicht zu einem gerichtlichen Termin gekommen ist, haben beide Anwälte nach Vorbem. 3 Abs. 3 S. 3 Nr. 1 VV die Terminsgebühr verdient, da sie an einem gerichtlichen Sachverständigentermin teilgenommen haben.

bb) Mitwirkung an auf die Vermeidung oder Erledigung des Verfahrens gerichteten Besprechungen auch ohne Beteiligung des Gerichts

118 Die Terminsgebühr entsteht auch dann, wenn der Anwalt mit dem Gegner oder einem Dritten eine Besprechung zur Vermeidung oder Erledigung eines Verfahrens führt. Diese Variante der früheren Vorbem. 3 Abs. 3, 3. Var. VV ist jetzt in **Vorbem. 3 Abs. 3 S. 3 Nr. 2 VV** geregelt. Besprechungen mit dem Auftraggeber reichen nicht aus. Ebenso wenig genügen Gespräche mit dem Richter.[51]

119 Die Besprechung muss auf die Erledigung des Verfahrens oder seine Vermeidung gerichtet sein. Dabei sind an eine solche – auch telefonisch durchführbare – Besprechung keine besonderen Anforderungen zu stellen. Die Gebühr entsteht bereits dann, wenn sich der Gegner auf das Gespräch einlässt, indem er die ihm unterbreiteten Vorschläge zur Kenntnis nimmt und deren Prüfung und Weiterleitung an seine Partei zur Kenntnis zusagt.[52] **Sachstandsanfragen** o.Ä. reichen daher **nicht** aus. Auch Absprachen über die weitere Verfahrensweise genügen nicht.[53]

120 Unerheblich ist, ob die Besprechung erfolgreich war, also ob sie tatsächlich zur Erledigung oder Vermeidung geführt hat oder nicht.[54]

121 Entgegen der Ansicht des BGH[55] zur vorherigen Fassung kommt es nicht darauf an, ob im Verfahren eine mündliche Verhandlung vorgeschrieben ist. Diese Einschränkung der obligatorischen mündlichen Verhandlung gilt nur für die Terminsgebühr nach Anm. Abs. 1 Nr. 1 zu Nr. 3104 VV (s. Rn 124 ff), nicht aber auch für die nach Vorbem. 3 Abs. 3 S. 3 Nr. 2 VV. Der Gesetzgeber hat insoweit mit dem 2. KostRMoG klargestellt, dass die Ter-

---

51 FG Baden-Württemberg, Beschl. v. 4.12.2014 – 8 KO 2155/14.
52 OLG Jena AGS 2105, 66.
53 OVG NRW AGS 2015, 65.
54 BGH AGS 2007, 292 = AnwBl 2007, 461 = JurBüro 2007, 303 = RVGreport 2007, 183.
55 BGH AGS 2007, 298 = FamRZ 2007, 637 = JurBüro 2007, 252; BGH AGS 2007, 397 = NJW 2007, 2644 = JurBüro 2007, 525; teilweise bereits einschränkend BGH AGS 2012, 10 = NJW-Spezial 2012, 156 = FamRZ 2012, 110 = NJW 2012, 459 = JurBüro 2012, 137 = RVGreport 2012, 59; BGH AGS 2012, 124 = NJW-RR 2012, 314 = JurBüro 2012, 242 = RVGreport 2012, 148; dann aber wieder zu seiner strengen Auffassung zurückkehrend BGH AGS 2012, 274 m. Anm. *N. Schneider* = NJW 2012, 1294 = FamRZ 2012, 708 = AnwBl 2012, 470 = zfs 2012, 342 = RVGreport 2012, 184.

minsgebühr für die Mitwirkung an Besprechungen zur Vermeidung oder Erledigung eines Verfahrens **kein Verfahren mit obligatorischer mündlicher Verhandlung voraussetzt**, weil es sich um „echte" Termine handelt.[56]

Beispiel 53: In einem selbstständigen Beweisverfahren (Wert: 8.000 €) führen die Anwälte eine Besprechung, mit der sie das Beweisverfahren erledigen und ein Hauptsacheverfahren vermeiden wollen.

Nach Auffassung des BGH wäre nach altem Recht eine Terminsgebühr nicht angefallen, weil eine mündliche Verhandlung nicht vorgeschrieben ist. Nach neuem Recht ist eine Terminsgebühr angefallen.

1.	1,3-Verfahrensgebühr, Nr. 3100 VV (Wert: 8.000 €)		592,80 €
2.	1,2-Terminsgebühr, Nr. 3104 VV (Wert: 8.000 €)		547,20 €
3.	Postentgeltpauschale, Nr. 7002 VV		20,00 €
	Zwischensumme	1.160,00 €	
4.	19 % Umsatzsteuer, Nr. 7008 VV		220,40 €
	Gesamt		**1.380,40 €**

Darüber hinaus ist klargestellt worden, dass diese Variante der Terminsgebühr nur dann anfallen kann, wenn ein **unbedingter gerichtlicher Auftrag** erteilt worden ist (Vorbem. 3 Abs. 1 S. 1 VV).[57] Klargestellt worden ist damit insbesondere, dass im Rahmen einer außergerichtlichen Vertretung nach Teil 2 VV keine Terminsgebühr anfallen kann.[58] Es ist also schlechterdings unmöglich, dass neben einer Geschäftsgebühr eine Terminsgebühr anfällt. Die Betriebsgebühr für eine Terminsgebühr kann nur eine Verfahrensgebühr sein.

122

---

56 Auszug aus der Gesetzesbegründung (BT-Drucks. 17/11471 (neu), S. 274 re. Sp.): „Der neu gefasste Absatz 3 soll zweierlei bewirken. Zum einen (…), zum anderen soll klargestellt werden, dass die Terminsgebühr für die Mitwirkung an auf die Vermeidung eines Verfahrens gerichtete außergerichtliche Besprechungen unabhängig davon entsteht, ob für das gerichtliche Verfahren eine mündliche Verhandlung vorgeschrieben ist. (…) – Der Neuaufbau des Absatzes 3 soll einen Streit in der Rechtsprechung zum Anfall der Terminsgebühr für Besprechungen dahingehend entscheiden, dass die Terminsgebühr für die Mitwirkung an auf die Vermeidung oder Erledigung des Verfahrens gerichtete außergerichtliche Besprechungen auch dann entsteht, wenn die gerichtliche Entscheidung ohne mündliche Verhandlung durch Beschluss ergeht. Diese Auffassung entspricht den Entscheidungen des OLG München vom 27. August 2010 (AGS 2010, 420 f.) und 25. März 2011 (AGS 2011, 213 ff.), die einer Entscheidung des BGH vom 1. Februar 2007 (AGS 2007, 298 ff.) entgegentreten. Der BGH hat seine Entscheidung mit Beschluss vom 2. November 2011 (XII ZB 458/10, nachgewiesen unter juris) dahingehend eingeschränkt, dass die Terminsgebühr jedenfalls dann anfällt, wenn in dem Verfahren eine mündliche Verhandlung für den Fall vorgeschrieben ist, dass eine Partei sie beantragt. Die nunmehr vorgeschlagene Klärung der Streitfrage entspricht der Intention des Gesetzgebers, wie sich aus Vorbemerkung 3.3.2 ableiten lässt. Nach dieser Vorbemerkung bestimmt sich die Terminsgebühr im Mahnverfahren nach Teil 3 Abschnitt 1. Diese Bestimmung würde keinen Sinn ergeben, wenn eine mündliche Verhandlung in dem Verfahren vorgeschrieben sein müsste oder zumindest auf Antrag stattfinden müsste. Der erste Satz verdeutlicht, dass die Terminsgebühr sowohl durch gerichtliche als auch durch außergerichtliche anwaltliche Tätigkeiten unabhängig voneinander anfallen kann."

57 Auszug aus der Gesetzesbegründung (BT-Drucks. 17/11471 (neu), S. 274 re. Sp.): „Die Grenzziehung zwischen der Anwendung des Teils 2 VV für außergerichtliche Tätigkeiten und des Teils 3 VV für das gerichtliche Verfahren führt in der Praxis immer wieder zu Unsicherheiten. So ist die Entscheidung des BGH vom 1. Juli 2010 (AGS 2010, 483) bereits in der Anmerkung zu dieser Entscheidung (AGS 2010, 485) kritisiert worden. Mit dem nunmehr vorgeschlagenen neuen Absatz 1 Satz 1 der Vorbemerkung 3 soll für den Übergang von der vorgerichtlichen zur gerichtlichen Tätigkeit klargestellt werden, dass die Anwendung des Teils 3 VV einen unbedingten Auftrag für ein gerichtliches Verfahren voraussetzt. Es bestehen keine Bedenken, wenn dies dazu führt, dass der bereits mit unbedingtem Klageauftrag versehene Verfahrensbevollmächtigte des Klägers für eine Besprechung mit dem Beklagten vor Klageeinreichung eine Terminsgebühr erhält, während der Vertreter der Gegenseite mangels eines unbedingten Prozessauftrags seine Gebühren nach Teil 2 abrechnen muss. Die in Teil 2 VV für die Vertretung vorgesehene Gebührenspanne sowohl außergerichtlicher Vertretung in Nummer 2300 VV ermöglicht die gleichen Gebühren wie die Regelungen in Teil 3, setzt allerdings eine entsprechend umfangreiche und schwierige Tätigkeit voraus. Der Regelungsgehalt des geltenden Absatzes 1 ist in dem vorgeschlagenen Satz 2 enthalten."

58 So möglicherweise der BGH in AGS 2010, 483 = FamRZ 2010, 1656 = AnwBl 2010, 719 = DAR 2010, 613 = MDR 2010, 1219 = JurBüro 2010, 580 = Rpfleger 2010, 699 = NJW 2011, 530 = BRAK-Mitt 2010, 226 = RVGreport 2010, 385 = FamRB 2010, 367 = ArbRB 2010, 372 = FF 2010, 508.

Beispiel 54: Der Anwalt ist außergerichtlich mit der Abwehr einer Forderung beauftragt. Es kommt zu einer Verhandlung mit dem Gläubiger und einer Einigung, so dass ein gerichtliches Verfahren vermieden wird.

Es entsteht nur eine Geschäftsgebühr, da kein Auftrag für ein gerichtliches Verfahren erteilt worden war. Eine Terminsgebühr kann daneben nicht entstehen. Der erhöhte Aufwand, der mit der Besprechung verbunden ist, kann nur im Rahmen des § 14 Abs. 1 RVG berücksichtigt werden.

Beispiel 55: Dem Anwalt ist der Auftrag erteilt worden, Klage auf Zahlung eines Betrags iHv 8.000 € einzureichen. Bevor die Klage eingereicht werden kann, führen die Anwälte eine Besprechung, worauf der Gegner die Forderung ausgleicht.

Jetzt ist Teil 3 VV anzuwenden und folgerichtig kann nunmehr auch eine Terminsgebühr ausgelöst werden:

1.	0,8-Verfahrensgebühr, Nr. 3100, 3101 Nr. 1 VV (Wert: 8.000 €)	364,80 €
2.	1,2-Terminsgebühr, Nr. 3104 VV (Wert: 8.000 €)	547,20 €
3.	Postentgeltpauschale, Nr. 7002 VV	20,00 €
	Zwischensumme 932,00 €	
4.	19 % Umsatzsteuer, Nr. 7008 VV	177,08 €
	Gesamt	**1.109,08 €**

123 Entgegen einer häufig anzutreffenden Ansicht muss es sich nicht um einen Klageauftrag handeln. Grundsätzlich reicht jeder Auftrag zur Einleitung eines gerichtlichen Verfahrens. So reicht der Auftrag zur Vertretung in einem Mahnverfahren oder der Auftrag, als Streitverkündeter beizutreten.

c) Sonstige Termine
aa) Überblick

124 Mit den „sonstigen Terminen" („…, wenn nichts anderes bestimmt ist", s. Vorbem. 3 Abs. 3 S. 1 aE VV) will der Gesetzgeber die in den **Nr. 3104 und 3105 VV** bzw in den vergleichbaren Vorschriften für Rechtsmittelverfahren geregelten **fiktiven Termine** erfassen, für die es eine Terminsgebühr gibt, obwohl gar kein Termin stattgefunden hat.[59] Damit werden erstinstanzlich erfasst:

- Entscheidungen im schriftlichen Verfahren im Einverständnis der Parteien (Anm. Abs. 1 Nr. 1 zu Nr. 3104 VV),
- Anerkenntnisurteil ohne mündliche Verhandlung gem. § 307 ZPO (Anm. Abs. 1 Nr. 1 zu Nr. 3104 VV),
- Entscheidung im Verfahren nach § 495 a ZPO (Anm. Abs. 1 Nr. 1 zu Nr. 3104 VV),
- Mitwirkung beim Abschluss eines schriftlichen Vergleichs (Anm. Abs. 1 Nr. 1 zu Nr. 3104 VV),
- Versäumnisurteil im schriftlichen Vorverfahren (Anm. Abs. 3 zu Nr. 3105 VV),

125 Für diese Termine hat der Gesetzgeber jetzt auch noch einmal durch Änderung des Gesetzeswortlauts klargestellt, dass diese Terminsgebühren nur entstehen können, wenn im Verfahren eine **mündliche Verhandlung vorgeschrieben** ist. Nach der früheren Gesetzesfassung war dies nicht eindeutig geregelt. Im Gegensatz zu den „echten" Terminen nach Vorbem. 3 Abs. 3 VV soll also für die **fiktiven Termine** eine Gebühr nur ausgelöst werden, wenn tatsächlich eine mündliche Verhandlung vorgeschrieben ist.

bb) Entscheidung ohne mündliche Verhandlung

126 Wird im Einverständnis mit den Parteien (insbesondere nach § 128 Abs. 2 ZPO) oder gem. § 307 ZPO (Anerkenntnis im schriftlichen Verfahren) oder gem. § 495 a ZPO ohne münd-

---

59 Auszug aus der Gesetzesbegründung (BT-Drucks. 17/11471 (neu), S. 275 li. Sp.): „Mit dem Zusatz, ‚wenn nichts anderes bestimmt ist', sollen die Fälle der ‚fiktiven Terminsgebühr', bei denen kein Termin wahrgenommen wird, erfasst werden."

liche Verhandlung entschieden, entsteht die Terminsgebühr (Anm. Abs. 1 Nr. 1 zu Nr. 3104 VV). Zwei **Voraussetzungen** sind zu beachten:

- Es muss sich um ein **Verfahren handeln, für das eine mündliche Verhandlung vorge-schrieben** ist. Ist für das Verfahren eine mündliche Verhandlung nicht vorgeschrieben, kann eine Terminsgebühr nach Anm. Abs. 1 Nr. 1 zu Nr. 3104 VV nicht entstehen.
- Die **Entscheidung** muss aufgrund des Einverständnisses der Parteien (insbesondere nach § 128 Abs. 2 ZPO) oder gem. § 307 ZPO (Anerkenntnis im schriftlichen Verfah-ren) oder gem. § 495 a ZPO ohne mündliche Verhandlung ergangen sein. Es muss sich also um eine Entscheidung handeln, **die ansonsten nur aufgrund mündlicher Verhand-lung hätte ergehen dürfen.** Hätte die Entscheidung ohnehin ohne mündliche Verhand-lung ergehen können, kann eine Terminsgebühr nach Anm. Abs. 1 Nr. 1 zu Nr. 3104 VV wiederum nicht entstehen. Das ist zB dann der Fall, wenn nur noch über die Kos-ten entschieden wird,[60] da eine solche Entscheidung nach § 128 Abs. 3 ZPO ohne mündliche Verhandlung ergehen kann (§ 128 Abs. 3 ZPO). Gleiches gilt für die Ver-werfung eines Einspruchs gegen einen Vollstreckungsbescheid (§§ 700 Abs. 1, 341 Abs. 2 ZPO).[61]

Bei der Entscheidung muss es sich nicht um eine Endentscheidung handeln. Vielmehr ge-nügt jede Entscheidung, durch die die beabsichtigte Endentscheidung wesentlich sachlich vorbereitet wird, wie zB ein Hinweis- oder Beweisbeschluss, nicht jedoch eine Entschei-dung zur Prozess- und Sachleitung.[62]

cc) Schriftlicher Vergleich

Darüber hinaus entsteht die Terminsgebühr auch dann, wenn in einem Verfahren, für das eine mündliche Verhandlung vorgeschrieben ist, ein schriftlicher Vergleich geschlossen wird (Anm. Abs. 1 Nr. 1 zu Nr. 3104 VV). Dies betrifft insbesondere den Fall der **schriftli-chen Vergleichsprotokollierung nach § 278 Abs. 6 ZPO.**[63] Ausreichend ist nach dem Wort-laut des Gesetzes aber auch ein privatschriftlicher Vergleich.[64] 127

3. Höhe der Terminsgebühr

a) Grundsatz

Die Höhe der Terminsgebühr beläuft sich **grundsätzlich auf 1,2** (Nr. 3104 VV). Eine Un-terscheidung zwischen streitiger und nicht streitiger Verhandlung kennt das RVG nicht. 128

b) Ermäßigte Terminsgebühr

Lediglich in den Fällen der Nr. 3105 VV ermäßigt sich die Terminsgebühr auf 0,5. Die Er-mäßigung tritt danach ein, wenn 129

- die Gegenpartei nicht erschienen oder nicht ordnungsgemäß vertreten ist und
- lediglich ein Antrag auf Erlass eines Versäumnisurteils oder zur Prozess- und Sachlei-tung gestellt wird (Nr. 3105 VV) oder das Gericht von Amts wegen zur Prozess- und Sachleitung entscheidet (Anm. Abs. 1 zu Nr. 3105 VV).

Beispiel 56: Im Termin zur mündlichen Verhandlung (Streitwert: 8.000 €) erscheint der Beklag-te nicht.

a) Der Kläger beantragt daraufhin den Erlass eines Versäumnisurteils.
b) Der Kläger beantragt daraufhin Vertagung.
c) Das Gericht vertagt von Amts wegen.

---

60 BGH AGS 2007, 610 = RVGreport 2007, 460 = JurBüro 2008, 23 = NJW 2008, 668.
61 OLG Koblenz AGS 2011, 482 = JurBüro 2011, 590; AG Ansbach 2006, 544 = RVGreport 2006, 388.
62 AnwK-RVG/*Onderka/Wahlen*, Nr. 3104 VV Rn 61 ff.
63 BGH AGS 2007, 341 = JurBüro 2007, 360 = RVGreport 2007, 229; BGH AGS 2006, 488 = AnwBl 2006, 676 = RVGreport 2006, 387; BGH AGS 2005, 540 = JurBüro 2006, 73 = RVGreport 2005, 471.
64 LAG Hamburg RVGprof. 2010, 192 = RVGreport 2011, 110; *N. Schneider*, NJW-Spezial 2014, 283.

In allen drei Fällen entsteht nur eine 0,5-Terminsgebühr nach Nr. 3104, 3105 VV.

1. 1,3-Verfahrensgebühr, Nr. 3100 VV (Wert: 8.000 €)		592,80 €
2. 0,5-Terminsgebühr, Nr. 3104, 3105 VV (Wert: 8.000 €)		228,00 €
3. Postentgeltpauschale, Nr. 7002 VV		20,00 €
Zwischensumme	840,80 €	
4. 19 % Umsatzsteuer, Nr. 7008 VV		159,75 €
Gesamt		**1.000,55 €**

130 Die Ermäßigung ist bei einer Entscheidung im **schriftlichen Verfahren** entsprechend anzuwenden (Anm. Abs. 2 zu Nr. 3105 VV), also insbesondere im Falle eines Versäumnisurteils gem. § 331 Abs. 3 ZPO nach Ausbleiben der Verteidigungsanzeige.

Beispiel 57: Der Kläger reicht eine Klage über 8.000 € ein und beantragt für den Fall, dass die Verteidigungsbereitschaft nicht angezeigt wird, den Erlass eines Versäumnisurteils. Der Beklagte zeigt die Verteidigungsbereitschaft nicht an, so dass ein Versäumnisurteil im schriftlichen Vorverfahren ergeht.

Abzurechnen ist wie in Beispiel 56.

Der Anwalt erhält die Gebühr sogar dann, wenn das Gericht das Versäumnisurteil erlässt, obwohl kein entsprechender Antrag gestellt worden war.[65]

131 Die Vorschrift des § 333 ZPO (Nichtverhandeln trotz Erscheinens) ist nicht entsprechend anzuwenden (Anm. Abs. 3 zu Nr. 3105 VV). In diesem Fall bleibt es bei der vollen 1,2-Terminsgebühr.[66]

Beispiel 58: Der Anwalt des Beklagten erscheint im Termin zur mündlichen Verhandlung und erklärt, er trete heute nicht auf. Sodann ergeht gegen den Beklagten ein Versäumnisurteil.

Da die Reduzierung nach Nr. 3105 VV nur eintritt, wenn der Beklagte nicht erschienen und auch nicht ordnungsgemäß vertreten ist, fällt die volle 1,2-Terminsgebühr an.

132 Strittig ist die Anwendung der Anm. Abs. 3 zu Nr. 3105 VV im Falle einer Entscheidung im schriftlichen Verfahren nach § 495 a ZPO, wenn der Beklagte sich nicht meldet.

Beispiel 59: Das Gericht ordnet das schriftliche Verfahren nach § 495 a ZPO an (Streitwert: 500 €). Der Beklagte meldet sich nicht, so dass das Gericht in diesem Verfahren ein endgültiges Urteil erlässt.

133 Zum Teil wird vertreten, nach Anm. Abs. 2 zu Nr. 3105 VV iVm Anm. Abs. 1 Nr. 1 zu Nr. 3104 VV entstehe nur eine 0,5-Terminsgebühr.[67] Das ist jedoch unzutreffend, da hier gerade kein Antrag auf Erlass eines Versäumnisurteils gestellt wird und auch kein Versäumnisurteil ergeht, sondern ein endgültiges Urteil. Es fällt daher eine 1,2-Terminsgebühr an.[68]

134 Wird vor Erlass eines Versäumnisurteils mit dem Gericht[69] oder mit der zwar erschienenen, aber nicht postulationsfähigen Partei[70] zunächst erörtert, greift die Ermäßigung ebenfalls nicht, da dann nicht „lediglich" ein Antrag auf Erlass eines Versäumnisurteils gestellt wird.

Beispiel 60: Im Termin zur mündlichen Verhandlung vor dem LG erscheint der Beklagte nicht. Das Gericht hat Bedenken gegen die Schlüssigkeit der Klage. Aufgrund der Erörterung mit dem

---

65 OLG Jena AGS 2006, 227 = JurBüro 2006, 254; aA OLG Oldenburg AGS 2008, 386 = RVGreport 2008, 263.
66 KG AGS 2006, 117 = JurBüro 2006, 134 = RVGreport 2006, 66; KG RVGreport 2006, 184; OLG Köln AGS 2008, 439 = RVGreport 2008, 306 = NJW-Spezial 2008, 604; OLG Köln OLGR 2007, 325.
67 AG München AGS 2007, 442 m. abl. Anm. *Schons*; AG Cloppenburg JurBüro 2007, 79; AG Freising 2008, 71 m. abl. Anm. *N. Schneider* = JurBüro 2008, 142.
68 OLG Düsseldorf AGS 2009, 172 = JurBüro 2009, 364 = RVGreport 2009, 185; AG Kleve 2006, 542.
69 KG AGS 2006, 117 = JurBüro 2006, 134 = RVGreport 2006, 66; OLG Koblenz AGS 2005, 190 = RVGreport 2005, 231; OLG Naumburg AGS 2014, 388 = JurBüro 2014, 581 = NJW-Spezial 2014, 539.
70 BGH AGS 2007, 226 = AnwBl 2007, 383 = JurBüro 2007, 304 = RVGreport 2007, 187.

Anwalt lässt sich das Gericht von der Schlüssigkeit der Klage überzeugen und erlässt ein Versäumnisurteil gegen den Beklagten.

Es entsteht die volle 1,2-Terminsgebühr nach Nr. 3104 VV.

Beispiel 60 a: Im Termin zur mündlichen Verhandlung vor dem LG erscheint der Beklagte persönlich, jedoch ohne anwaltliche Vertretung. Das Gericht erörtert die Sache dennoch mit den Parteien. Hiernach beantragt der Anwalt dann den Erlass eines Versäumnisurteils gegen den Beklagten.

Es entsteht die volle 1,2-Terminsgebühr nach Nr. 3104 VV.

Kein Erörtern in diesem Sinne ist der bloße Hinweis des Gerichts, dass die Partei nicht 135 postulationsfähig sei und keinen Antrag stellen könne. In diesem Fall entsteht nur die ermäßigte Terminsgebühr nach Nr. 3105 VV.[71]

Ergeht zunächst im ersten Termin oder im schriftlichen Vorverfahren ein Versäumnisurteil, 136 so dass hier nur die 0,5-Terminsgebühr nach Nr. 3105 VV ausgelöst worden ist, und wird dann **auf Einspruch** ein **neuer Termin** anberaumt, zu dem der Beklagte oder sein Vertreter erscheint, so entsteht insgesamt nur eine 1,2-Terminsgebühr. Die zunächst angefallene 0,5-Terminsgebühr erstarkt dann zu einer 1,2-Gebühr und kann nicht gesondert neben der vollen Terminsgebühr verlangt werden.

Ergeht nach Einspruch ein **zweites Versäumnisurteil**, so entsteht ebenfalls eine 1,2-Terminsgebühr, wenn der Anwalt am ersten Versäumnisurteil beteiligt war. Das gilt unabhängig davon, ob das erste Versäumnisurteil im schriftlichen Vorverfahren[72] oder in einem Termin ergangen ist.[73] Lediglich dann, wenn der Anwalt am ersten Versäumnisurteil nicht beteiligt war oder das zweite Versäumnisurteil auf einen Vollstreckungsbescheid hin ergeht (§§ 700 Abs. 1, 345 ZPO),[74] bleibt es bei einer 0,5-Terminsgebühr.

Beispiel 60 b: Im ersten Verhandlungstermin ist gegen den säumigen Beklagten ein Versäumnisurteil über 10.000 € ergangen. Hiergegen hat er Einspruch eingelegt. In dem daraufhin anberaumten Termin zur mündlichen Verhandlung erscheint er wieder nicht, so dass zweites Versäumnisurteil nach § 345 ZPO ergeht.

Die Terminsgebühr beläuft sich auf 1,2.

1. 1,3-Verfahrensgebühr, Nr. 3100 VV (Wert: 10.000 €)		725,40 €
2. 1,2-Terminsgebühr, Nr. 3104 VV (Wert: 10.000 €)		669,60 €
3. Postentgeltpauschale, Nr. 7002 VV		20,00 €
Zwischensumme	1.415,00 €	
4. 19 % Umsatzsteuer, Nr. 7008 VV		268,85 €
Gesamt		**1.683,85 €**

Beispiel 60 c: Im Mahnverfahren ergeht ein Vollstreckungsbescheid über 10.000 €. Hiergegen legt der Beklagte Einspruch ein. Im daraufhin anberaumten Termin bleibt er säumig, so dass sein Einspruch durch zweites Versäumnisurteil nach §§ 700 Abs. 6 S. 1, 345 ZPO verworfen wird.

Jetzt entsteht nur eine 0,5-Terminsgebühr, da es an einem zweiten Termin fehlt.

I. Mahnverfahren

1. 1,0-Verfahrensgebühr, Nr. 3305 VV (Wert: 10.000 €)		558,00 €
2. 0,5-Verfahrensgebühr, Nr. 3307 VV (Wert: 10.000 €)		279,00 €
3. Postentgeltpauschale, Nr. 7002 VV		20,00 €
Zwischensumme	857,00 €	
4. 19 % Umsatzsteuer, Nr. 7008 VV		162,83 €
Gesamt		**1.019,83 €**

---

71 OLG Köln AGS 2007, 238 = NJW 2007, 1694 = RVGreport 2007, 188.
72 BGH AGS 2006, 366 = AnwBl 2006, 674 = JurBüro 2006, 585 = RVGreport 2006, 304.
73 BGH AGS 2006, 487 = AnwBl 2006, 675 = JurBüro 2006, 639.
74 OLG Köln AGS 2007, 296; AG Kaiserslautern JurBüro 2005, 475.

II. Streitiges Verfahren

1.	1,3-Verfahrensgebühr, Nr. 3100 VV (Wert: 10.000 €)	725,40 €
2.	gem. Anm. zu Nr. 3305 VV anzurechnen, 1,0 aus 10.000 €	− 558,00 €
3.	0,5-Terminsgebühr, Nr. 3104, 3105 VV (Wert: 10.000 €)	279,00 €
4.	Postentgeltpauschale, Nr. 7002 VV	20,00 €
	Zwischensumme	466,40 €
5.	19 % Umsatzsteuer, Nr. 7008 VV	88,62 €
	Gesamt	**555,02 €**

c) Mischfälle

138 Möglich ist auch, dass aus einem Teil der Gegenstände die volle 1,2-Terminsgebühr anfällt und aus einem anderen Teil nur die ermäßigte 0,5-Terminsgebühr. In diesem Fall ist nach § 15 Abs. 3 RVG zu verfahren.[75]

Beispiel 61: Gegen den Beklagten ergeht im schriftlichen Vorverfahren ein Versäumnisurteil iHv 10.000 €. Er legt gegen das Urteil Einspruch ein, soweit er zu mehr als 4.000 € verurteilt worden ist.

Für den Anwalt des Klägers entsteht die Terminsgebühr zunächst iHv 0,5 aus 10.000 €. Durch die Verhandlung erhöht sie sich auf 1,2 aus dem Teilwert von 6.000 €. Zu beachten ist § 15 Abs. 3 RVG.

1.	1,3-Verfahrensgebühr, Nr. 3100 VV (Wert: 10.000 €)	725,40 €
2.	0,5-Terminsgebühr, Nr. 3104, 3105 VV (Wert: 4.000 €)	126,00 €
3.	1,2-Terminsgebühr, Nr. 3104 VV (Wert: 6.000 €)	424,80 €
	(der Höchstbetrag gem. § 15 Abs. 3 RVG, nicht mehr als 1,2 aus 10.000 € = 669,60 €, ist nicht überschritten)	
4.	Postentgeltpauschale, Nr. 7002 VV	20,00 €
	Zwischensumme	1.296,20 €
5.	19 % Umsatzsteuer, Nr. 7008 VV	246,28 €
	Gesamt	**1.542,48 €**

Beispiel 62: Im Termin zur mündlichen Verhandlung erscheint der Beklagte nicht und ist auch nicht anwaltlich vertreten. Das Gericht weist darauf hin, dass zwar der Klageantrag zu 1) über 4.000 € schlüssig sei, nicht jedoch der Klageantrag zu 2) über 6.000 €. Durch die Erörterung lässt sich das Gericht überzeugen und erlässt das Versäumnisurteil über die Gesamtforderung.

Aus dem Teilwert von 4.000 € ist nur die 0,5-Terminsgebühr nach Nr. 3104, 3105 VV angefallen, da insoweit nur ein Antrag auf Erlass eines Versäumnisurteils gestellt worden ist. Aus dem weiteren Teilwert von 6.000 € ist die 1,2-Terminsgebühr entstanden, da insoweit vor Erlass des Versäumnisurteils erörtert worden ist. Abzurechnen ist daher wie im vorangegangenen Beispiel 61.

Nach aA[76] soll in diesem Fall die Ermäßigung ganz ausgeschlossen sein, so dass die volle Terminsgebühr aus dem Gesamtwert anfällt. Danach wäre in diesem Beispiel wie folgt zu rechnen:

1.	1,3-Verfahrensgebühr, Nr. 3100 VV (Wert: 10.000 €)	725,40 €
2.	1,2-Terminsgebühr, Nr. 3104 VV (Wert: 10.000 €)	669,60 €
3.	Postentgeltpauschale, Nr. 7002 VV	20,00 €
	Zwischensumme	1.415,00 €
4.	19 % Umsatzsteuer, Nr. 7008 VV	268,85 €
	Gesamt	**1.683,85 €**

139 Diese Abrechnung gilt auch, wenn nur über eine Nebenforderung erörtert wird.[77]

---

75 N. *Schneider*, Mischfälle der Terminsgebühr – volle und ermäßigte Gebühr, RVGreport 2013, 82.
76 ArbG Siegburg AGS 2011, 479 = NJW-Spezial 2011, 668; *Schons* in Anm. zu OLG Köln AGS 2006, 24.
77 OLG Köln AGS 2006, 24 = JurBüro 2006, 254 = RVGreport 2006, 104.

Beispiel 63: Im Termin zur mündlichen Verhandlung weist das Gericht darauf hin, dass die Klage iHv 10.000 € zwar schlüssig sei, nicht jedoch der Zinsantrag (Streitwert: 500 €). Nach Erörterung wird der Zinsantrag zurückgenommen. Der Kläger beantragt im Übrigen ein Versäumnisurteil.

Angefallen ist eine 0,5-Terminsgebühr aus der Hauptsache und eine 1,2-Terminsgebühr aus dem Wert der Zinsen (§ 23 Abs. 1 S. 1 RVG iVm § 43 Abs. 2 GKG). Insgesamt darf nicht mehr abgerechnet werden als eine 1,2-Terminsgebühr aus dem Gesamtwert, der sich nach § 23 Abs. 1 S. 1 RVG iVm § 43 Abs. 1 GKG auf 10.000 € beläuft.

1.	1,3-Verfahrensgebühr, Nr. 3100 VV (Wert: 10.000 €)	725,40 €
2.	1,2-Terminsgebühr, Nr. 3104 VV (Wert: 500 €)	54,00 €
3.	0,5-Terminsgebühr, Nr. 3104, 3105 VV (Wert: 10.000 €)	279,00 €
	(der Höchstbetrag gem. § 15 Abs. 3 RVG, nicht mehr als 1,2 aus	
	10.000 € = 669,60 €, ist nicht überschritten)	
4.	Postentgeltpauschale, Nr. 7002 VV	20,00 €
	Zwischensumme 1.078,40 €	
5.	19 % Umsatzsteuer, Nr. 7008 VV	204,90 €
	Gesamt	**1.283,30 €**

Die Gegenauffassung (s. Rn 138) würde auch hier eine volle 1,2-Terminsgebühr aus dem Gesamtwert annehmen.

d) Gegenstandswert

Der Gegenstandswert der Terminsgebühr bemisst sich nach dem Gesamtbetrag aller Gegenstände, aus denen im Verlaufe des Verfahrens die Gebühr ausgelöst worden ist. Der Wert kann geringer sein als der der Verfahrensgebühr, niemals aber höher, da mit jeder Teilnahme an einem Termin oder einer Besprechung zugleich auch das Verfahren iSd Vorbem. 3 Abs. 2 VV betrieben wird.   140

4. Anrechnung auf die Terminsgebühr

Auf die Terminsgebühr des gerichtlichen Verfahrens kann die Terminsgebühr eines vorangegangenen Verfahrens anzurechnen sein.   141

■ Ist ein **Mahnverfahren** vorangegangen, ist eine dort nach Vorbem. 3.3.2 iVm Vorbem. 3 Abs. 3 S. 3 Nr. 2 VV angefallene 1,2-Terminsgebühr (Nr. 3104 VV) anzurechnen (Anm. Abs. 4 zu Nr. 3104 VV).

■ Schließlich ist eine Terminsgebühr anteilig anzurechnen (Anm. Abs. 2 zu Nr. 3104 VV), wenn es **nach gescheiterten Einigungsverhandlungen** in einem anderen Rechtsstreit über nicht anhängige Gegenstände zu einem Verfahren über diese kommt.

Beispiel 64: In einem Rechtsstreit (Az 1/15) über 10.000 € versuchen sich die Parteien, unter Mitwirkung ihrer Anwälte im Termin über die Klageforderung und über weitergehende nicht anhängige 5.000 € zu einigen. Eine Einigung kommt nicht zustande. Die 5.000 € werden anschließend eingeklagt (Az 2/15).

Im Verfahren 1/15 entsteht eine Terminsgebühr aus dem Gesamtwert von 15.000 €.

... (zur Berechnung der Verfahrensgebühr s. Beispiel 51)

3.	1,2-Terminsgebühr, Nr. 3104 VV (Wert: 15.000 €)	780,00 €

Jetzt ist der durch die Einbeziehung der nicht anhängigen 5.000 € ausgelöste und nach Anm. Abs. 2 zu Nr. 3104 VV anzurechnende Mehrbetrag der Terminsgebühr zu ermitteln:

	1,2-Terminsgebühr, Nr. 3104 VV (Wert: 15.000 €)	780,00 €
./.	1,2-Terminsgebühr, Nr. 3104 VV (Wert: 10.000 €)	− 669,60 €
	anzurechnen	**110,40 €**

Dieser Betrag ist nunmehr im nachfolgenden Verfahren (Az 2/15) auf die dortige Verfahrensgebühr anzurechnen:

... (zur Berechnung der Verfahrensgebühr s. Beispiel 51)

3.	1,2-Terminsgebühr, Nr. 3104 VV (Wert: 5.000 €)	363,60 €
	gem. Anm. Abs. 2 zu Nr. 3104 VV anzurechnen	– 110,40 €

■ Weitere Anrechnungsfälle sind – im Gegensatz zur Verfahrensgebühr – nicht vorgesehen, insbesondere also nicht bei vorangegangenem Beweisverfahren, Wechsel-, Scheckoder Urkundenverfahren oder im Falle einer Zurückverweisung. Hier bleibt die zuvor angefallene Terminsgebühr anrechnungsfrei bestehen.

IV. Einigungsgebühr

142 Hinzu kommen kann noch eine Einigungsgebühr, wenn die Parteien im Rechtsstreit eine Einigung iSd Nr. 1000 VV treffen. Die Höhe der Einigungsgebühr beläuft sich auf 1,0, soweit die Gegenstände, über die die Parteien sich einigen, in dem betreffenden Verfahren oder einem anderen erstinstanzlichen Verfahren anhängig sind (Nr. 1003 VV). Soweit nicht anhängige Gegenstände in die Einigung mit einbezogen werden, entsteht eine 1,5-Gebühr (Nr. 1000 VV), und soweit die mit einbezogenen Gegenstände in einem Berufungs- oder Revisionsverfahren anhängig sind, eine 1,3-Einigungsgebühr (Nr. 1004 VV). Auch hier ist wiederum § 15 Abs. 3 RVG zu berücksichtigen. Die Summe der Einigungsgebühren darf nicht höher liegen als eine Einigungsgebühr nach dem höchsten Gebührensatz aus dem Gesamtwert.

Beispiel 65: Eingeklagt worden sind 10.000 €. Die Parteien einigen sich unter Beteiligung ihrer Anwälte über die Klageforderung.

Neben Verfahrens- und die Terminsgebühr entsteht eine 1,0-Einigungsgebühr nach Nr. 1000, 1003 VV.

1.	1,3-Verfahrensgebühr, Nr. 3100 VV (Wert: 10.000 €)		725,40 €
2.	1,2-Terminsgebühr, Nr. 3104 VV (Wert: 10.000 €)		669,60 €
3.	1,0-Einigungsgebühr, Nr. 1000, 1003 VV (Wert: 10.000 €)		558,00 €
4.	Postentgeltpauschale, Nr. 7002 VV		20,00 €
	Zwischensumme	1.973,00 €	
5.	19 % Umsatzsteuer, Nr. 7008 VV		374,87 €
	Gesamt		**2.347,87 €**

Beispiel 66: Eingeklagt worden sind 10.000 €. Die Parteien einigen sich unter Beteiligung ihrer Anwälte über die Klageforderung und weitere 5.000 €, die nicht anhängig sind.

Aus dem Mehrwert von 5.000 € entstehen die Verfahrensdifferenzgebühr der Nr. 3101 Nr. 2, 2. Hs. VV und eine 1,5-Einigungsgebühr (Nr. 1000 VV), jeweils unter Beachtung des § 15 Abs. 3 RVG. Die Terminsgebühr entsteht aus dem vollen Wert.

1.	1,3-Verfahrensgebühr, Nr. 3100 VV (Wert: 10.000 €)		725,40 €
2.	0,8-Verfahrensgebühr, Nr. 3100, 3101 VV (Wert: 5.000 €)	364,80 €	
	gem. § 15 Abs. 3 RVG nicht mehr als 1,3-Gebühr aus 15.000 €		845,00 €
3.	1,2-Terminsgebühr, Nr. 3104 VV (Wert: 15.000 €)		780,00 €
4.	1,0-Einigungsgebühr, Nr. 1000, 1003 VV (Wert: 10.000 €)	558,00 €	
5.	1,5-Einigungsgebühr, Nr. 1000 VV (Wert: 5.000 €)	454,40 €	
	gem. § 15 Abs. 3 RVG nicht mehr als 1,5-Gebühr aus 15.000 €		975,00 €
6.	Postentgeltpauschale, Nr. 7002 VV		20,00 €
	Zwischensumme	2.620,00 €	
7.	19 % Umsatzsteuer, Nr. 7008 VV		497,80 €
	Gesamt		**3.117,80 €**

V. Zusatzgebühr für besonders umfangreiche Beweisaufnahmen

Schließlich kann der Anwalt im gerichtlichen Verfahren auch eine Zusatzgebühr nach 143 Nr. 1010 VV verdienen, wenn im Verfahren eine besonders umfangreiche Beweisaufnahme stattgefunden hat und es zu mindestens drei Terminen gekommen ist. Zu Einzelheiten s. § 9 Rn 39.

G. Berufungsverfahren

I. Gesetzliche Regelung

Im Berufungsverfahren erhält der Anwalt seine Gebühren nach Teil 3 Abschnitt 2 Unter- 144 abschnitt 1 VV (Nr. 3200 ff VV). Hinzu kommen kann eine Einigungsgebühr nach Nr. 1000 VV, wobei sich die Höhe der Einigungsgebühr nach Nr. 1004 VV richtet, soweit die Gegenstände im Berufungsverfahren anhängig sind.

II. Umfang der Angelegenheit

Das Berufungsverfahren stellt gegenüber dem erstinstanzlichen Verfahren eine **eigene An-** 145 **gelegenheit** dar (§ 17 Nr. 1 RVG). **Wechselseitig geführte Berufungen**, die miteinander verbunden werden, sind eine Angelegenheit.[78] Die Gebühren entstehen dann insgesamt nur einmal. Die Tätigkeit des Anwalts im Hinblick auf die **Zulassung der Revision** durch das Berufungsgericht zählt noch zum Rechtszug (§ 19 Abs. 1 S. 1 RVG). Erst die Nichtzulassungsbeschwerde ist nach § 18 Abs. 1 Nr. 3 RVG eine neue Angelegenheit. Zum Verfahren auf vorläufige Vollstreckbarerklärung nach § 537 ZPO s. Rn 247 ff.

Soweit der Anwalt noch nicht den Auftrag hatte, die Berufung einzulegen, sondern zu- 146 nächst die **Erfolgsaussicht der Berufung prüfen** sollte, ist nicht Teil 3 VV, sondern Teil 2 VV einschlägig. Der Anwalt erhält eine Prüfungsgebühr nach Nr. 2100 VV iHv 0,5 bis 1,0 und, wenn die Prüfung der Erfolgsaussicht mit der Ausarbeitung eines Gutachtens verbunden ist, eine 1,3-Gebühr nach Nr. 2101 VV (s. hierzu § 11 Rn 19 ff).

III. Gebühren

1. Verfahrensgebühr

Für das Betreiben des Geschäfts (Vorbem. 3 Abs. 2 VV) erhält der Anwalt nach Nr. 3200 147 VV zunächst einmal eine **1,6-Verfahrensgebühr**. Vertritt er **mehrere Auftraggeber** gemeinschaftlich wegen desselben Gegenstands, erhöht sich die Verfahrensgebühr nach Nr. 1008 VV um 0,3 je weiterer Auftraggeber. So beläuft sich die Verfahrensgebühr bei Vertretung zweier Auftraggeber auf 1,9.

Erledigt sich das Berufungsverfahren vorzeitig, also bevor der Rechtsanwalt die Berufung 148 eingelegt oder einen Schriftsatz, der Sachanträge, Sachvortrag, die Zurücknahme der Klage oder die Zurücknahme der Berufung enthält, eingereicht oder bevor er für seine Partei einen gerichtlichen Termin wahrgenommen hat, so reduziert sich die Verfahrensgebühr gem. Anm. S. 1 Nr. 1 zu Nr. 3201 VV auf 1,1. Der häufigste Anwendungsfall der vorzeitigen Erledigung ist beim Anwalt des Berufungsbeklagten gegeben, nämlich dann, wenn der Berufungskläger zunächst nur fristwahrend Berufung eingelegt, diese dann aber vor Ablauf der Begründungsfrist wieder zurückgenommen hat. Der Anwalt des Berufungsbeklagten, der sich in dieser Phase nur bestellt, aber noch nicht die Zurückweisung beantragt, erhält nur eine 1,1-Gebühr nach Anm. S. 1 Nr. 1 zu Nr. 3201 VV.[79]

---

78 AnwK-RVG/N. *Schneider*, § 15 Rn 108.
79 Wird in dieser Phase bereits die Zurückweisung der Berufung beantragt, wird zwar die volle 1,6-Verfahrensgebühr ausgelöst. Diese ist jedoch nur iHv 1,1 erstattungsfähig (BGH AGS 2007, 537 = JurBüro 2008, 35 = RVGreport 2007, 427 mwN). Siehe zu Einzelheiten der Erstattungsfähigkeit der Verfahrensgebühr nach Rücknahme der Berufung *Schneider/Thiel*, ABC der Kostenerstattung, „Rücknahme der Berufung“.

Beispiel 67: Gegen seine erstinstanzliche Verurteilung zur Zahlung von 15.000 € legt der Beklagte fristwahrend Berufung ein. Der Kläger beauftragt einen Anwalt, der sich im Berufungsverfahren zunächst nur bestellt.

Der Anwalt des Klägers erhält im Berufungsverfahren:

1. 1,1-Verfahrensgebühr, Anm. S. 1 Nr. 1 zu Nr. 3201 VV (Wert: 15.000 €)		715,00 €
2. Postentgeltpauschale, Nr. 7002 VV		20,00 €
Zwischensumme	735,00 €	
3. 19 % Umsatzsteuer, Nr. 7008 VV		139,65 €
Gesamt		**874,65 €**

149 Ebenso entsteht neben der 1,6-Verfahrensgebühr eine 1,1-Verfahrensgebühr, soweit eine **Einigung der Parteien oder mit Dritten über in diesem Verfahren nicht rechtshängige Ansprüche** geschlossen wird oder das **Zustandekommen eines Vergleichs nach** § 278 Abs. 6 ZPO festgestellt wird. Des Weiteren entsteht nur die 1,1-Verfahrensgebühr, soweit **lediglich Verhandlungen zur Einigung über solche Ansprüche** geführt werden (Anm. S. 1 Nr. 2 zu Nr. 3201 VV). In diesen Fällen ist § 15 Abs. 3 RVG zu beachten. Die Summe aus der Verfahrensgebühr nach Nr. 3200 VV und der aus Nr. 3201 VV darf den Betrag einer 1,6-Gebühr aus dem Gesamtwert nicht übersteigen.

150 Hinsichtlich der Gebühr der Anm. S. 1 Nr. 2 zu Nr. 3201 VV ist zudem in Anm. S. 2 zu Nr. 3201 VV wiederum vorgesehen, dass diese nach dem Wert der nicht rechtshängigen Ansprüche auf eine Verfahrensgebühr, die wegen desselben Gegenstands in einem anderen Verfahren entsteht, angerechnet wird.

2. Terminsgebühr

151 Hinzu kommen kann nach Nr. 3202 VV eine **Terminsgebühr.** Diese Gebühr entsteht zunächst einmal unter den Voraussetzungen der Vorbem. 3 Abs. 3 VV, also insbesondere bei **Wahrnehmung eines gerichtlichen Termins** (Vorbem. 3 Abs. 3 S. 1 VV) oder auch für die **Mitwirkung an auf die Vermeidung oder Erledigung des Berufungsverfahrens gerichteten Besprechungen** auch ohne Beteiligung des Gerichts (Vorbem. 3 Abs. 3 S. 3 Nr. 2 VV).[80]

152 Mit dem 2. KostRMoG ist klargestellt worden, dass im Berufungsverfahren immer eine Terminsgebühr bei einer Besprechung zur Erledigung des Verfahrens entsteht. Der BGH wollte die Terminsgebühr dann nicht gewähren, wenn das Gericht bereits angekündigt hatte, nach § 522 ZPO entscheiden zu wollen.[81] Diese Rspr ist nach der Neufassung des Gesetzes nicht mehr haltbar.

Beispiel 68: Nach Einlegung der Berufung (Wert: 20.000 €) erlässt das Gericht einen Hinweisbeschluss, dass die Berufung keine Aussicht auf Erfolg habe und es beabsichtige, die Berufung nach § 522 Abs. 2 ZPO durch Beschluss zurückzuweisen. Daraufhin führen die Anwälte Vergleichsverhandlungen, allerdings ohne Ergebnis.

Nach der bisherigen verfehlten Rspr des BGH[82] wäre keine Terminsgebühr angefallen. Nach der neuen Gesetzesfassung durch das 2. KostRMoG ist klargesellt, dass die Terminsgebühr ausgelöst wird.

1. 1,6-Verfahrensgebühr, Nr. 3200 VV		1.187,20 €
2. 1,2-Terminsgebühr, Nr. 3202 VV		890,40 €
3. Postentgeltpauschale, Nr. 7002 VV		20,00 €
Zwischensumme	2.097,60 €	

---

80 BGH AGS 2007, 292 = AnwBl 2007, 461 = RVGreport 2007, 183; BGH AGS 2007, 115 = JurBüro 2007, 26 = AnwBl 2007, 238.
81 BGH AGS 2007, 397 = NJW 2007, 2644 = RVGreport 2007, 271; BGH AGS 2012, 124 m. Anm. *N. Schneider* = NJW-RR 2012, 314 = AnwBl 2012, 286 = RVGreport 2012, 148; BGH AGS 2012, 274 m. Anm. *N. Schneider* = NJW 2012, 1294 = AnwBl 2012, 470 = NJW-Spezial 2012, 317.
82 BGH AGS 2007, 397 = NJW 2007, 2644 = AnwBl 2007, 631 = RVGreport 2007, 271.

4. 19 % Umsatzsteuer, Nr. 7008 VV	398,54 €
Gesamt	**2.496,14 €**

Die Terminsgebühr entsteht ferner unter den Voraussetzungen der Anm. Abs. 1 zu **153**
Nr. 3202 VV iVm Anm. Abs. 1 zu Nr. 3104 VV, wenn in einem Verfahren, für das eine
mündliche Verhandlung vorgeschrieben ist, im Einverständnis mit den Parteien oder gem.
§ 307 ZPO **ohne mündliche** Verhandlung entschieden oder in einem solchen Verfahren ein
schriftlicher Vergleich geschlossen wird. Kein Fall der Anm. Abs. 1 zu Nr. 3202 iVm Anm.
Abs. 1 zu Nr. 3104 VV liegt vor, wenn das Gericht im Verfahren nach § 522 Abs. 2 ZPO
entscheidet[83] oder wenn gem. § 128 Abs. 3 ZPO nur noch über die Kosten entschieden
wird (s. Rn 126).

Die Terminsgebühr entsteht im Berufungsverfahren grundsätzlich zu 1,2 (Nr. 3202 VV). **154**
Auch hier ist jedoch eine Ermäßigung vorgesehen (Nr. 3203 VV). Erscheint der Anwalt
des **Berufungsklägers** nicht und stellt der Anwalt des Berufungsbeklagten daraufhin lediglich einen Antrag

- ▪ auf Erlass eines Versäumnisurteils gegen den Berufungskläger oder
- ▪ zur Prozess- oder Sachleitung,

entsteht die Terminsgebühr lediglich iHv 0,5 (Nr. 3202, 3203 VV). Das Gleiche gilt, wenn
das Gericht von Amts wegen zur Prozess- oder Sachleitung entscheidet (Anm. zu Nr. 3203
VV iVm Anm. Abs. 1 Nr. 1 zu Nr. 3105 VV).

Beispiel 69: Gegen seine erstinstanzliche Verurteilung zur Zahlung von 15.000 € legt der Beklagte Berufung ein. Im Termin zur mündlichen Verhandlung erscheint sein Prozessbevollmächtigter nicht, so dass ein die Berufung zurückweisendes Versäumnisurteil ergeht. Der Anwalt des
Berufungsbeklagten erhält:

1. 1,6-Verfahrensgebühr, Nr. 3200 VV (Wert: 15.000 €)		1.040,00 €
2. 0,5-Terminsgebühr, Nr. 3203, 3202 VV (Wert: 15.000 €)		325,00 €
3. Postentgeltpauschale, Nr. 7002 VV		20,00 €
Zwischensumme	1.385,00 €	
4. 19 % Umsatzsteuer, Nr. 7008 VV		263,15 €
Gesamt		**1.648,15 €**

Bei der vollen Terminsgebühr bleibt es dagegen, wenn der **Anwalt des Berufungsbeklagten** **155**
nicht erscheint und gegen ihn ein Versäumnisurteil ergeht (arg. e Nr. 3203 VV).

3. Einigungsgebühr

Wird im Berufungsverfahren eine Einigung geschlossen, so erhalten die daran beteiligten **156**
Anwälte eine **Einigungsgebühr** nach Nr. 1000 VV, und zwar iHv 1,3 (Nr. 1004 VV), soweit der Gegenstand der Einigung im Berufungsverfahren anhängig ist.

Beispiel 70: Der Beklagte legt gegen seine erstinstanzliche Verurteilung zur Zahlung von
15.000 € Berufung ein. In der mündlichen Verhandlung einigen sich die Parteien, dass zum Ausgleich der Klageforderung 8.000 € gezahlt werden:

1. 1,6-Verfahrensgebühr, Nr. 3200 VV		1.040,00 €
2. 1,2-Terminsgebühr, Nr. 3202 VV		780,00 €
3. 1,3-Einigungsgebühr, Nr. 1000, 1004 VV		845,00 €
4. Postentgeltpauschale, Nr. 7002 VV		20,00 €
Zwischensumme	2.685,00 €	
5. 19 % Umsatzsteuer, Nr. 7008 VV		510,15 €
Gesamt		**3.195,15 €**

---

83 BGH AGS 2007, 397 = NJW 2007, 2644 = AnwBl 2007, 631 = RVGreport 2007, 271.

157 Werden weitergehende Ansprüche mit einbezogen, so hängt die Höhe der Einigungsgebühr insoweit davon ab, ob und wo die mit einbezogenen Ansprüche anhängig sind (s. § 9 Rn 19 ff).

IV. Gegenstandswert

158 Der Gegenstandswert im Berufungsverfahren richtet sich nach den Anträgen des Berufungsführers (§ 47 S. 1 GKG).[84] Endet das Verfahren ohne solche Anträge, ist die Beschwer maßgebend (§ 47 Abs. 1 S. 2 GKG).[85] Das gilt auch, wenn vor Rücknahme einer Berufung rechtsmissbräuchlich ein beschränkter Antrag gestellt wird.[86] Zu beachten ist, dass der Streitwert des Rechtsmittelverfahrens durch den Streitwert der ersten Instanz beschränkt wird (§ 47 Abs. 2 S. 1 GKG), es sei denn, der Streitgegenstand wird in der Rechtsmittelinstanz erweitert (§ 47 Abs. 2 S. 2 GKG).

159 Wird von beiden Parteien wechselseitig Berufung eingelegt, berechnet sich der Streitwert des Berufungsverfahrens aus den zusammengerechneten Werten (§ 45 Abs. 2, Abs. 1 S. 1 GKG), es sei denn, es liegt derselbe Gegenstand zugrunde, dann gilt nur der höhere Wert (§ 45 Abs. 2, Abs. 1 S. 3 GKG).[87]

H. Nichtzulassungsbeschwerde nach § 544 ZPO

I. Umfang der Angelegenheit

160 Das Verfahren über die Nichtzulassungsbeschwerde nach § 544 ZPO stellt zunächst gegenüber dem Berufungsverfahren eine **eigene gebührenrechtliche Angelegenheit** dar (§ 18 Abs. 1 Nr. 3 RVG). Das sich an eine erfolgreiche Nichtzulassungsbeschwerde anschließende Revisionsverfahren stellt wiederum eine **weitere Angelegenheit** dar (§ 17 Nr. 9 RVG). Insgesamt können also **drei Angelegenheiten** gegeben sein:

- das Berufungsverfahren,
- das Nichtzulassungsbeschwerdeverfahren und
- das Revisionsverfahren.

II. Die Gebühren

1. Verfahrensgebühr

161 Für das Betreiben des Verfahrens (Vorbem. 3 Abs. 2 VV) erhält der Anwalt eine **2,3-Verfahrensgebühr** nach Nr. 3506, 3508 VV, da sich die Parteien nach § 78 Abs. 1 S. 4 ZPO nur durch einen am BGH zugelassenen Anwalt vertreten lassen können.

Beispiel 71: Der Anwalt legt Nichtzulassungsbeschwerde beim BGH ein, die zurückgewiesen wird.

1. 2,3-Verfahrensgebühr, Nr. 3506, 3508 VV (Wert: 50.000 €)		2.674,90 €
2. Postentgeltpauschale, Nr. 7002 VV		20,00 €
Zwischensumme	2.694,90 €	
3. 19 % Umsatzsteuer, Nr. 7008 VV		512,03 €
Gesamt		**3.206,93 €**

162 **Endet der Auftrag vorzeitig** iSd Anm. S. 1 Nr. 1 zu Nr. 3201 VV, so ermäßigt sich die Verfahrensgebühr auf 1,8 (Nr. 3507, 3509 VV). Vertritt der Anwalt **mehrere Auftraggeber**, so erhöht sich die Verfahrensgebühr um 0,3 je weiteren Auftraggeber, sofern diese am Streitgegenstand gemeinschaftlich beteiligt sind.

---

84 BGH AGS 2013, 524 = RVGreport 2013, 484.
85 KG AGS 2011, 244 = MDR 2011, 880 = RVGreport 2011, 268.
86 OLG Schleswig SchlHA 2004, 191 = JurBüro 2004, 140; OLG Köln AGS 2012, 531.
87 LG Berlin JurBüro 1988, 462 = MDR 1988, 329 m. Anm. *Herget*.

Kommt es nach erfolgreicher Nichtzulassungsbeschwerde zur Durchführung der Revision, wird die Verfahrensgebühr der Nr. 3508 VV nach Anm. zu Nr. 3506 VV auf die Verfahrensgebühr des nachfolgenden Revisionsverfahrens **angerechnet** (s. Rn 168 ff, 172). **163**

Wird im Nichtzulassungsbeschwerdeverfahren der **nicht postulationsfähige Anwalt** der Vorinstanz für den Beschwerdegegner tätig, so erhält dieser nach der Rspr des BGH nur eine 0,8-Verfahrensgebühr nach Nr. 3403 VV für eine Einzeltätigkeit,[88] uU auch nur eine 0,3-Verfahrensgebühr nach Nr. 3404 VV.[89] **164**

2. Terminsgebühr

Unter den Voraussetzungen der Vorbem. 3 Abs. 3 VV erhält der Anwalt eine **1,2-Terminsgebühr** nach Nr. 3516 VV. Da im Verfahren nach § 544 ZPO eine mündliche Verhandlung nicht vorgesehen ist, wird die Gebühr idR nur bei der Mitwirkung an Gesprächen zur Erledigung oder Vermeidung des Verfahrens (Vorbem. 3 Abs. 3 S. 3 Nr. 2 VV) anfallen.[90] **165**

3. Einigungsgebühr

Kommt es im Verfahren der Nichtzulassungsbeschwerde zu einer Einigung, so entsteht zusätzlich eine Einigungsgebühr nach Nr. 1000 VV, die sich gem. Nr. 1004 VV auf 1,3 beläuft. **166**

III. Gegenstandswert

Im Verfahren der Nichtzulassungsbeschwerde richtet sich der Streitwert nach § 47 Abs. 3 GKG. Es gelten die gleichen Regeln wie im Berufungsverfahren (s. Rn 158 f). **167**

I. Revision

1. Umfang der Angelegenheit

Das Revisionsverfahren ist ein **neuer Rechtszug** (§ 17 Nr. 1 RVG), auch gegenüber einem vorangegangenen Nichtzulassungsbeschwerdeverfahren (§ 16 Nr. 11 RVG). **Wechselseitig geführte Revisionen**, die miteinander verbunden werden, sind eine Angelegenheit. Die Gebühren entstehen nur einmal (§ 15 Abs. 2 RVG). **168**

II. Verfahrensgebühr

Der Anwalt erhält für das Betreiben des Geschäfts (Vorbem. 3 Abs. 2 VV) eine 2,3-Verfahrensgebühr (Nr. 3206, 3208 VV), da sich die Parteien nach § 78 Abs. 1 S. 4 ZPO nur durch einen beim BGH zugelassenen Anwalt vertreten lassen können. **169**

Beispiel 72: Der Anwalt legt auftragsgemäß gegen die Verurteilung des Berufungsbeklagten zur Zahlung von 50.000 € Revision ein. Diese wird durch Beschluss gem. § 552 Abs. 2 ZPO als unzulässig verworfen.

1. 2,3-Verfahrensgebühr, Nr. 3206, 3208 VV (Wert: 50.000 €)		2.674,90 €
2. Postentgeltpauschale, Nr. 7002 VV		20,00 €
Zwischensumme	2.694,90 €	
3. 19 % Umsatzsteuer, Nr. 7008 VV		512,03 €
Gesamt		**3.206,93 €**

---

88 BGH AGS 2006, 491 = NJW 2006, 2266 = RVGreport 2006, 348 = JurBüro 2007, 27; BGH AGS 2007, 298 = NJW 2007, 1461 = JurBüro 2007, 252 = RVGreport 2007, 269; OLG Köln AGS 2010, 530 = JurBüro 2010, 654 = NJW-Spezial 2010, 731 = Rpfleger 2011, 181; OLG Bamberg BauR 2012, 1684; OLG Naumburg RVGreport 2013, 397.

89 OLG Brandenburg AGS 2013, 224 = RVGreport 2013, 186 (Zustimmung zu Fristverlängerungsantrag).

90 Unzutreffend und dem Wortlaut des Gesetzes widersprechend: BGH AGS 2007, 298 = JurBüro 2007, 252 = RVGreport 2007, 269.

170 Soweit sich die Partei im Revisionsverfahren durch einen nicht zugelassenen Anwalt vertreten lässt, dürfte für diesen wiederum die Gebühr der Nr. 3403 VV anfallen.[91] Siehe hierzu auch Rn 164.

171 **Endet der Auftrag vorzeitig,** so erhält der Anwalt nach Nr. 3206, 3207, 3209 VV lediglich eine 1,8-Verfahrensgebühr. Vertritt er **mehrere Auftraggeber** wegen desselben Gegenstands, so erhöht sich die Verfahrensgebühr um 0,3 je weiteren Auftraggeber.

172 War dem Revisionsverfahren eine erfolgreiche **Nichtzulassungsbeschwerde** nach § 544 ZPO vorangegangen, so wird die dort verdiente Verfahrensgebühr (Nr. 3506 VV) auf die Verfahrensgebühr des Revisionsverfahrens **angerechnet** (Anm. zu Nr. 3506 VV).

III. Terminsgebühr

173 Für die Wahrnehmung eines Termins iSv Vorbem. 3 Abs. 3 VV erhält der Anwalt nach Nr. 3210 VV eine **1,5-Terminsgebühr.** Darüber hinaus entsteht gem. Anm. zu Nr. 3210 VV die Gebühr auch unter den Voraussetzungen der Anm. Abs. 1 zu Nr. 3104 VV (s. hierzu Rn 108 ff).

174 Erscheint der Anwalt des **Revisionsklägers** nicht oder ist der Revisionskläger nicht ordnungsgemäß vertreten und stellt der Anwalt des Revisionsbeklagten daraufhin lediglich einen Antrag

- auf Erlass eines Versäumnisurteils gegen den Revisionskläger oder
- zur Prozess- oder Sachleitung,

entsteht für ihn die Terminsgebühr nach Nr. 3211 VV lediglich iHv 0,8 (Anm. zu Nr. 3211 VV). Das Gleiche gilt, wenn das Gericht von Amts wegen zur Prozess- oder Sachleitung entscheidet (Anm. zu Nr. 3211 VV iVm Anm. Abs. 1 Nr. 1 zu Nr. 3105 VV).

IV. Einigungsgebühr

175 Wird im Revisionsverfahren eine Einigung über die dort anhängigen Ansprüche getroffen, so entsteht insoweit nach Nr. 1000, 1004 VV eine 1,3-Einigungsgebühr.

V. Gegenstandswert

176 Im Revisionsverfahren richtet sich der Streitwert nach den Anträgen des Revisionsführers (§ 47 S. 1 GKG). Es gilt das Gleiche wie im Berufungsverfahren (s. Rn 158 f).

J. Arrest und einstweilige Verfügung

I. Umfang der Angelegenheit

177 Verfahren über einen Antrag auf Anordnung eines Arrestes oder auf Erlass einer einstweiligen Verfügung sind gem. § 17 Nr. 4 Buchst. b) RVG gegenüber dem Hauptsacheverfahren eine **besondere Angelegenheit** iSd § 15 RVG. **Mehrere, durch gesonderte Anträge** eingeleitete Arrest- oder einstweilige Verfügungsverfahren gelten jeweils als gesonderte Angelegenheiten. Mehrere Angelegenheiten liegen auch dann vor, wenn ein **Arrest- oder Verfügungsantrag wiederholt** wird, etwa weil ein früheres Gesuch zurückgewiesen worden oder weil die zeitliche Befristung einer einstweiligen Verfügung oder die Vollziehungsfrist abgelaufen ist.[92]

178 Verfahren über die **Abänderung oder Aufhebung eines Arrestes** sind zwar ebenfalls gegenüber der Hauptsache eine gesonderte Angelegenheiten (§ 17 Nr. 4 Buchst d) RVG). Gegen-

---

91 OLG Nürnberg AGS 2010, 622 = FamRZ 2011, 498, das allerdings die Erstattungsfähigkeit im konkreten Fall abgelehnt hat.
92 OLG Hamburg JurBüro 1991, 1084.

über dem zugrunde liegenden Anordnungsverfahren sind sie jedoch nicht gesondert abzurechnen; es liegt insoweit vielmehr nur eine Angelegenheit vor (§ 16 Nr. 5 RVG).

II. Die Gebühren im erstinstanzlichen Verfahren

1. Überblick

Im erstinstanzlichen Arrest- und einstweiligen Verfügungsverfahren erhält der Anwalt die Gebühren nach den Nr. 3100 ff VV. Dies gilt auch dann, wenn das erstinstanzliche Arrest- oder Verfügungsverfahren vor dem Berufungsgericht als Gericht der Hauptsache (§ 943 ZPO) stattfindet (Vorbem. 3.2 Abs. 2 S. 1 VV). **179**

2. Verfahrensgebühr

Ebenso wie im Erkenntnisverfahren erhält der Anwalt zunächst einmal eine **1,3-Verfahrensgebühr** nach Nr. 3100 VV. Hier gelten grundsätzlich keine Besonderheiten. **Erledigt sich die Angelegenheit** vorzeitig, also bevor der Antrag eingereicht, ein Sachantrag gestellt oder ein Termin wahrgenommen worden ist, entsteht nur eine 0,8-Verfahrensgebühr nach Nr. 3101 Nr. 1 VV. **180**

Eine (0,8-)Verfahrensgebühr entsteht insbesondere für den Rechtsanwalt auf Antragsgegnerseite, wenn er die Antragsschrift entgegengenommen hat, um die Rechtsverteidigung vorzubereiten und es infolge Antragsrücknahme nicht mehr zur Einreichung eines Schriftsatzes bei Gericht kommt,[93] oder wenn er empfiehlt, den Arrestbeschluss oder die einstweilige Verfügung zu akzeptieren. **181**

Beispiel 73: Der Mandant erscheint mit einer einstweiligen Verfügung, die ihm zugestellt worden ist (Wert: 50.000 €). Der Anwalt empfiehlt, diese zu akzeptieren und nichts Weiteres zu veranlassen.

Während dem Anwalt des Antragstellers eine 1,3-Verfahrensgebühr nach Nr. 3100 VV zusteht, erhält der Anwalt des Antragsgegners nur eine 0,8-Verfahrensgebühr nach Nr. 3101 Nr. 1 VV.

Wird der Anwalt von vornherein lediglich damit beauftragt, einen auf die Kosten beschränkten Widerspruch einzulegen, so entsteht nur die 1,3-Verfahrensgebühr aus dem Wert der Kosten, nicht auch – unter Berücksichtigung des § 15 Abs. 3 RVG – eine 0,8-Verfahrensgebühr aus dem Wert der Hauptsache.[94] **182**

Beispiel 74: Gegen den Mandanten ist eine einstweilige Verfügung ergangen (Wert: 20.000 €). Er will diese akzeptieren, ist jedoch der Auffassung, dass er mangels ordnungsgemäßer Abmahnung nicht die Kosten des Verfahrens tragen müsse und beauftragt seinen Anwalt gegen die Kosten (Wert: 1.860 €) Widerspruch einzulegen.

Die 1,3-Verfahrensgebühr entsteht nur aus dem Wert der Kosten.

1.	1,3-Verfahrensgebühr, Nr. 3100 VV (Wert: 1.860 €)	195,00 €
2.	Postentgeltpauschale, Nr. 7002 VV	20,00 €
	Zwischensumme	215,00 €
3.	19 % Umsatzsteuer, Nr. 7008 VV	40,85 €
	Gesamt	**255,85 €**

Wird der Anwalt dagegen nach Erlass eines Arrests oder einer einstweiligen Verfügung zunächst uneingeschränkt beauftragt und rät er dann lediglich zu einem Kostenwiderspruch, entsteht unter Berücksichtigung des § 15 Abs. 3 RVG eine 0,8-Verfahresngebühr aus dem Wert der Hauptsache und 1,3-Verfahrensgebühr aus dem Wert der Kosten.[95] **183**

---

93 OLG Hamm AGS 2005, 338 = AnwBl 2005, 587 = JurBüro 2005, 593 = RVGreport 2005, 230.
94 BGH AGS 2013 = NJW 2013, 3104 = AnwBl 2013, 828.
95 BGH AGS 2013 = NJW 2013, 3104 = AnwBl 2013, 828 (allerdings Erstattungsfähigkeit verneint).

Beispiel 75: Gegen den Mandanten ist eine einstweilige Verfügung ergangen (Wert: 20.000 €). Er beauftragt den Anwalt, ihn in diesem Verfahren zu vertreten. Der Anwalt rät, die Verfügung zu akzeptieren, jedoch gegen die Kosten des Verfahrens (Wert: 1.860 €) Widerspruch einzulegen.

Auch jetzt entsteht die 1,3-Verfahrensgebühr nur aus dem Wert der Kosten; aus dem Wert der Hauptsache entsteht daneben noch eine 0,8-Verfahrensgebühr nach Nr. 3100, 3101 Nr. 1 VV. Insgesamt darf der Anwalt jedoch nicht mehr abrechnen als eine 1,3-Gebühr aus dem Gesamtwert, der sich wegen des Additionsverbots des § 43 Abs. 3 GKG nur auf den Wert der Hauptsache beläuft.

1.	1,3-Verfahrensgebühr, Nr. 3100 VV (Wert: 1.860 €)	195,00 €
2.	0,8-Verfahrensgebühr, Nr. 3100, 3101 Nr. 1 VV (Wert: 50.000 €)	930,40 €
	(die Grenze des § 15 Abs. 3 RVG, nicht mehr als 1,3 aus 50.000 € = 1.511,90 €, ist nicht überschritten)	
3.	Postentgeltpauschale, Nr. 7002 VV	20,00 €
	Zwischensumme	1.145,40 €
4.	19 % Umsatzsteuer, Nr. 7008 VV	217,63 €
	Gesamt	**1.363,03 €**

184 Vertritt der Anwalt mehrere Auftraggeber wegen desselben Gegenstands, erhöht sich die Verfahrensgebühr gem. Nr. 1008 VV um 0,3 je weiterer Auftraggeber.

185 Ist eine Geschäftstätigkeit vorangegangen, so ist die **Geschäftsgebühr** der Nr. 2300 VV gem. Vorbem. 3 Abs. 4 VV zur Hälfte, höchstens mit 0,75, auf die Verfahrensgebühr des Arrest- oder Verfügungsverfahrens **anzurechnen.** Voraussetzung ist, dass die Geschäftstätigkeit denselben Gegenstand betraf wie das Arrest- oder Verfügungsverfahren (also die Eilsache); betraf die Geschäftstätigkeit dagegen die Hauptsache, unterbleibt eine Anrechnung, weil es dann an demselben Gegenstand fehlt.[96]

3. Terminsgebühr

186 Die Terminsgebühr (Nr. 3104 VV) entsteht unter den gleichen Voraussetzungen wie im Erkenntnisverfahren (Vorbem. 3 Abs. 3 VV). Insoweit kann auf die dortigen Ausführungen Bezug genommen werden (s. Rn 108 ff). Möglich ist auch die **ermäßigte Terminsgebühr** nach Nr. 3105 VV.

187 Eine Terminsgebühr kann ferner unter den Voraussetzungen der Anm. Abs. 1 zu Nr. 3104 VV anfallen. Wird die einstweilige Verfügung ohne mündliche Verhandlung erlassen oder wird der Antrag auf Erlass eines Arrestes oder einer einstweiligen Verfügung ohne mündliche Verhandlung zurückgewiesen, löst dies allerdings noch keine Terminsgebühr aus, da über den Erlass und auch die Zurückweisung ohne mündliche Verhandlung entschieden werden kann (§ 922 Abs. 1 ZPO). Dagegen entsteht bei Erlass eines Anerkenntnisurteils im schriftlichen Verfahren eine Terminsgebühr.[97]

188 Problematisch ist der Anfall der Terminsgebühr nach Anm. Abs. 1 Nr. 1 zu Nr. 3104 VV, wenn eine Einigung nach § 278 Abs. 6 ZPO geschlossen wird. Nach OLG München[98] soll in diesem Fall keine Terminsgebühr entstehen, weil eine mündliche Verhandlung im Verfahren auf Erlass einer einstweiligen Anordnung nicht vorgeschrieben sei. Das trifft in dieser pauschalen Form nicht zu, da nach einem Widerspruch mündlich verhandelt werden muss oder auch dann, wenn das Gericht die einstweilige Verfügung nicht ohne mündliche Verhandlung erlassen will. Jedenfalls in diesen Stadien muss auch im Falle des § 278 Abs. 6 ZPO eine Terminsgebühr anfallen.[99]

---

96 BGH AGS 2009, 261 = AnwBl 2009, 462 = NJW 2009, 2068 = RVGreport 2009, 261.
97 OLG Zweibrücken AGS 2015, 16 = NJW-Spezial 2014, 732 = RVGreport 2015, 20.
98 AGS 2005, 486 = AnwBl 2006, 147 = RVGreport 2005, 427.
99 In diese Richtung geht auch die Entscheidung des BGH zur früher vergleichbaren Fallkonstellation bei einstweiligen Anordnungen in Familiensachen: AGS 2012, 10 = FamRZ 2012, 110 = Rpfleger 2012, 102.

Maßgeblich für die Terminsgebühr ist auch hier nur der **Wert**, über den verhandelt oder 189
erörtert wird. Ist zB gegen eine einstweilige Verfügung lediglich wegen eines Teils Widerspruch eingelegt worden oder nur wegen der Kosten, so gilt für die Verhandlung ein reduzierter Wert.

Beispiel 76: Der Anwalt des Antragstellers erwirkt eine einstweilige Verfügung wegen zweier Wettbewerbsverstöße (Wert: jeweils 10.000 €). Der Antragsgegner lässt durch seinen Anwalt Widerspruch einlegen und nimmt vor der mündlichen Verhandlung den Widerspruch hinsichtlich eines Wettbewerbsverstoßes wieder zurück. Verhandelt wird daher nur über den anderen Verstoß.

Während die Verfahrensgebühr aus dem Gesamtwert entsteht, fällt die Terminsgebühr nur noch aus dem Wert des anhängig gebliebenen Verstoßes an.

1.	1,3-Verfahrensgebühr, Nr. 3100 VV (Wert: 20.000 €)	964,60 €
2.	1,2-Terminsgebühr, Nr. 3104 VV (Wert: 10.000 €)	669,60 €
3.	Postentgeltpauschale, Nr. 7002 VV	20,00 €
	Zwischensumme	1.654,20 €
4.	19 % Umsatzsteuer, Nr. 7008 VV	314,30 €
	Gesamt	**1.968,50 €**

4. Einigungsgebühr

Auch die **Einigungsgebühr** nach den Nr. 1000 ff VV kann in Arrest- und einstweiligen Ver- 190
fügungsverfahren anfallen. Es gelten hier grundsätzlich keine Besonderheiten.

Zu beachten ist, dass ein Mehrwert vorliegt, wenn im einstweiligen Arrest- oder Verfü- 190a
gungsverfahren die Hauptsache (mit-)verglichen wird. Eilsache und Hauptsache sind verschiedene Gegenstände, so dass die Gebühren aus beiden Werten anfallen (§ 23 Abs. 1 S. 3 RVG, § 39 Abs. 1 GKG).[100]

Beispiel 76 a: Der Anwalt beantragt für den Antragsteller den Erlass einer einstweiligen Verfügung (Wert: 1.500 €). Das Gericht beraumt Termin zur mündlichen Verhandlung an. Dort verhandeln die Anwälte auch über die Hauptsache (Wert: 6.000 €) und erzielen eine Einigung, die im Termin dann protokolliert wird. Das Hauptsacheverfahren war noch nicht anhängig.

Der Anwalt erhält aus dem Mehrwert unter Beachtung des § 15 Abs. 3 RVG eine 0,8-Verfahrensdifferenzgebühr. Die Terminsgebühr entsteht aus dem Gesamtwert. Die Einigungsgebühr entsteht ebenfalls aus dem Gesamtwert, allerdings zu 1,0 aus dem Wert des Verfügungsverfahrens und zu 1,5 aus dem Wert der Hauptsache.

1.	1,3-Verfahrensgebühr, Nr. 3100 VV (Wert: 1.500 €)	149,50 €
2.	0,8-Verfahrensgebühr, Nr. 3100, 3101 Nr. 1 VV (Wert: 6.000 €)	283,20 €
	der Höchstbetrag des § 15 Abs. 3 RVG, 1,3 aus 7.500 € (592,80 €), wird nicht überschritten	
3.	1,2-Terminsgebühr, Nr. 3104 VV (Wert: 7.500 €)	547,20 €
4.	1,0-Einigungsgebühr, Nr. 1000, 1003 VV (Wert: 1.500 €)	115,00 €
5.	1,5-Einigungsgebühr, Nr. 1000 VV (Wert: 6.000 €)	531,00 €
	die Begrenzung des § 15 Abs. 3 RVG, nicht mehr als 1,5 aus 7.500 € (684 €), ist nicht überschritten	
6.	Postentgeltpauschale, Nr. 7002 VV	20,00 €
	Zwischensumme	1.645,90 €
7.	19 % Umsatzsteuer, Nr. 7008 VV	312,72 €
	Gesamt	**1.958,62 €**

---

100   OLG München AnwBl 1993, 530; OLG Hamburg MDR 1991, 904 = JurBüro 1991, 1065.

III. Schutzschrift

191 Wird der Anwalt vom potenziellen Antragsgegner beauftragt, eine Schutzschrift einzureichen, so zählt diese Tätigkeit für ihn bereits zum Arrest- oder Verfügungsverfahren. Der Anwalt verdient damit bereits die **Verfahrensgebühr**, da er den Auftrag hat, im Verfahren tätig zu werden. Mit Einreichung der Schutzschrift wird auch bereits die volle **1,3-Verfahrensgebühr** nach Nr. 3100 VV ausgelöst und nicht etwa nur die ermäßigte 0,8-Verfahrensgebühr nach Nr. 3100, 3101 Nr. 1 VV. Mangels Anhängigkeit kann der Anwalt zwar noch keinen Sachantrag stellen; andererseits enthält die Schutzschrift bereits Sachvortrag, so kein Fall der Nr. 3101 Nr. 1 VV vorliegt.[101]

192 Werden **mehrere Schutzschriften** bei verschiedenen Gerichten wegen desselben drohenden Arrestes oder derselben drohenden einstweiligen Verfügung eingereicht, weil ungewiss ist, vor welchem Gericht der Arrest oder die einstweilige Verfügung beantragt wird, liegt nur eine Angelegenheit iSd § 15 RVG vor. Der Anwalt erhält daher seine Gebühren nur einmal; auch Auslagen kann er nicht gesondert berechnen.[102]

193 Kommt es nach Einreichung der Schutzschrift zur Durchführung des Arrest- oder Verfügungsverfahrens, erhält der Anwalt des Antragsgegners keine weitere Verfahrensgebühr, da für ihn bereits die volle 1,3-Verfahrensgebühr nach Nr. 3100 VV entstanden ist und das (weitere) Verfügungsverfahren keine neue Angelegenheit auslöst (§ 15 Abs. 1 S. 1 RVG).

IV. Berufung

194 Im Verfahren über die **Berufung gegen den Erlass oder die Zurückweisung eines Arrest- oder Verfügungsantrags** erhält der Anwalt die Gebühren nach Teil 3 Abschnitt 2 VV (Nr. 3200 ff VV), also eine 1,6-Verfahrensgebühr nach Nr. 3200 VV, eine 1,2-Terminsgebühr nach Nr. 3202 VV sowie eine 1,3-Einigungsgebühr (Nr. 1000, 1003 VV). Es gilt das Gleiche wie im Erkenntnisverfahren (s. Rn 144 ff).

V. Sofortige Beschwerde

195 Weist das Gericht den Antrag auf Erlass einer einstweiligen Verfügung oder eines Arrestes ohne mündliche Verhandlung durch Beschluss zurück und wird hiergegen sofortige Beschwerde (§ 567 Abs. 1 ZPO) erhoben, stellt das Beschwerdeverfahren gem. §§ 17 Nr. 1, 18 Abs. 1 Nr. 3 RVG eine **eigene Angelegenheit** dar, die nach den Nr. 3500 ff VV zu vergüten ist. Es entsteht insoweit zunächst eine **0,5-Verfahrensgebühr** nach Nr. 3500 VV und unter den Voraussetzungen der Vorbem. 3 Abs. 3 VV eine **0,5-Terminsgebühr** nach Nr. 3513 VV. Wird allerdings vom Beschwerdegericht eine mündliche Verhandlung anberaumt, erhält der Anwalt die volle **1,2-Terminsgebühr** nach Nr. 3514 VV.[103]

Beispiel 77: Das LG lehnt den Erlass einer einstweiligen Verfügung ohne vorherige mündliche Verhandlung ab (Wert: 5.000 €). Im Beschwerdeverfahren beraumt das OLG mündliche Verhandlung an, an der der Anwalt teilnimmt.

1.	0,5-Verfahrensgebühr, Nr. 3500 VV (Wert: 5.000 €)	151,50 €
2.	1,2-Terminsgebühr, Nr. 3513, 3514 VV (Wert: 5.000 €)	363,60 €
3.	Postentgeltpauschale, Nr. 7002 VV	20,00 €
	Zwischensumme	535,10 €
4.	19 % Umsatzsteuer, Nr. 7008 VV	101,67 €
	Gesamt	**636,77 €**

---

101 BGH AGS 2008, 274 = RVGreport 2008, 223; OLG Hamburg AGS 2007, 448.
102 OLG Hamburg AGS 2014, 58 = MDR 2013, 1477.
103 Nach der früheren Fassung der Nr. 3514 VV sollte die Terminsgebühr nur anfallen, wenn durch Urteil entschieden wurde. Der Gesetzgeber hat erkannt, dass im Falle einer mündlichen Verhandlung nicht unbedingt ein Urteil ergehen muss, sondern auch eine Erledigung der Hauptsache erklärt oder ein Verglich geschlossen werden kann.

VI. Gegenstandswert

Der Gegenstandswert für das Arrest- oder einstweilige Verfügungsverfahren ist gesondert 196
festzusetzen. Die Bewertung richtet sich nach § 53 Abs. 1 GKG. Keinesfalls darf ohne Weiteres der Wert der Hauptsache angesetzt werden. In aller Regel ist vom Wert der Hauptsache auszugehen und ein entsprechender Abschlag vorzunehmen.[104]

VII. Vollziehung

Für die Vollziehung einer einstweiligen Verfügung oder eines Arrestes gelten die Gebühren 197
der Zwangsvollstreckung (Nr. 3309, 3310 VV), wie sich aus der Überschrift zu Teil 3 Abschnitt 3 Unterabschnitt 3 VV ergibt (s. § 28 Rn 3). Für die Vollziehung einer Gebots-, Verbots- oder Unterlassungsverfügung durch Zustellung steht dem Anwalt gem. §§ 18 Abs. 1 Nr. 2, 19 Abs. 1 S. 2 Nr. 16 RVG allerdings keine gesonderte Gebühr zu. Diese Tätigkeit wird noch durch die Verfahrensgebühr des Arrest- bzw einstweiligen Verfügungsverfahrens abgegolten. Ist der Anwalt ausschließlich mit der Zustellung eines Arrestes oder einer einstweiligen Verfügung beauftragt, entsteht allerdings eine gesonderte 0,3-Verfahrensgebühr nach Nr. 3309 VV, die ggf auch erstattungsfähig ist.[105]

VIII. Abschlussschreiben

Ein sog. Abschlussschreiben, also ein Schreiben, mit dem der Rechtsanwalt den Antrags- 198
gegner nach Erlass einer einstweiligen Verfügung auffordert, den Verfügungsanspruch anzuerkennen und auf seine Rechte gegen die Verfügung zu verzichten, zählt nicht mehr zur Gebühreninstanz des Verfügungsverfahrens. Diese Tätigkeit betrifft vielmehr bereits die Hauptsache.[106] Insoweit ist zu differenzieren:

Variante 1: Hatte der Anwalt **bereits Klageauftrag** zur Hauptsache, dann zählt das Ab- 199
schlussschreiben zur Instanz der Hauptsache (§ 19 Abs. 1 S. 2 Nr. 1 RVG), so dass er durch das Abschlussschreiben eine 0,8-Verfahrensgebühr nach Nr. 3101 Nr. 1 VV aus der Hauptsache verdient.[107]

Beispiel 78: Nach Erlass einer einstweiligen Verfügung (Wert: 7.500 €), die der Anwalt für seinen Mandanten im Beschlussverfahren ohne mündliche Verhandlung erwirkt hat, erhält er den Auftrag zur Hauptsacheklage (Wert: 30.000 €). Er fordert vorsorglich den Antragsgegner nochmals auf, den Verfügungsanspruch anzuerkennen und auf seine Rechte gegen die Verfügung zu verzichten, was dann auch geschieht.

I. Verfügungsverfahren		
1. 1,3-Verfahrensgebühr, Nr. 3100 VV (Wert: 7.500 €)		592,80 €
2. Postentgeltpauschale, Nr. 7002 VV		20,00 €
Zwischensumme	612,80 €	
3. 19 % Umsatzsteuer, Nr. 7008 VV		116,43 €
Gesamt		**729,23 €**
II. Abschlussschreiben		
1. 0,8-Verfahrensgebühr, Nr. 3100, 3101 Nr. 1 VV (Wert: 30.000 €)		690,40 €
2. Postentgeltpauschale, Nr. 7002 VV		20,00 €
Zwischensumme	710,40 €	
3. 19 % Umsatzsteuer, Nr. 7008 VV		134,98 €
Gesamt		**845,38 €**

Kommt es dann noch zur Hauptsache, geht die 0,8-Verfahrensgebühr in der 1,3-Verfah- 200
rensgebühr der Hauptsache auf.

---

104 Siehe ausf. Schneider/Herget/*Onderka*, Streitwert-Kommentar, Rn 1104 ff und 1973 ff.
105 OLG Celle AGS 2008, 283 m. Anm. *N. Schneider* = RVGreport 2008, 224.
106 BGH AGS 2008, 270 = RVGreport 2008, 184.
107 Zur vergleichbaren Lage nach der BRAGO: OLG Hamm MDR 1991, 545 = NJW-RR 1991, 1335.

Beispiel 79: Wie Beispiel 78. Der Gegner rührt sich nicht, so dass Hauptsacheklage erhoben wird.

Die 0,8-Verfahrensgebühr der Nr. 3100, 3101 Nr. 1 VV erstarkt jetzt zu einer 1,3-Verfahrensgebühr nach Nr. 3100 VV.

I. Verfügungsverfahren
(wie Beispiel 78)

II. Hauptsacheverfahren

1. 1,3-Verfahrensgebühr, Nr. 3100 VV (Wert: 30.000 €)		1.121,90 €
2. 1,2-Terminsgebühr, Nr. 3104 VV		1.035,60 €
3. Postentgeltpauschale, Nr. 7002 VV		20,00 €
Zwischensumme	2.177,50 €	
4. 19 % Umsatzsteuer, Nr. 7008 VV		413,73 €
Gesamt		**2.591,23 €**

201 **Variante 2:** Hatte der Anwalt noch **keinen Klageauftrag,** so löst das Abschlussschreiben eine Geschäftsgebühr nach Nr. 2300 VV aus,[108] die ggf nach Vorbem. 3 Abs. 4 VV zur Hälfte, höchstens mit 0,75, auf das Hauptsacheverfahren anzurechnen ist.

Beispiel 80: Wie Beispiel 78; jedoch wird der Anwalt beauftragt, den Antragsgegner zunächst außergerichtlich aufzufordern, den Verfügungsanspruch anzuerkennen und auf seine Rechte gegen die Verfügung zu verzichten, was dann auch geschieht.

Für die außergerichtliche Tätigkeit entsteht jetzt eine Geschäftsgebühr nach Nr. 2300 VV.

I. Verfügungsverfahren
(wie Beispiel 78)

II. Abschlussschreiben

1. 1,5-Geschäftsgebühr, Nr. 2300 VV (Wert: 30.000 €)		1.294,50 €
2. Postentgeltpauschale, Nr. 7002 VV		20,00 €
Zwischensumme	1.314,50 €	
3. 19 % Umsatzsteuer, Nr. 7008 VV		249,76 €
Gesamt		**1.564,26 €**

Beispiel 81: Wie Beispiel 80; jedoch rührt sich der Gegner nicht, so dass die Hauptsacheklage eingereicht wird.

Neben der Vergütung zu I. und II. (s. Beispiel 80) erhält der Anwalt jetzt noch:

III. Hauptsacheverfahren

1. 1,3-Verfahrensgebühr, Nr. 3100 VV (Wert: 30.00 €)		1.121,90 €
2. gem. Vorbem. 3 Abs. 4 VV anzurechnen 0,75 aus 30.000 €		– 647,25 €
3. 1,2-Terminsgebühr, Nr. 3104 VV (Wert: 30.000 €)		1.035,60 €
4. Postentgeltpauschale, Nr. 7002 VV		20,00 €
Zwischensumme	1.530,25 €	
5. 19 % Umsatzsteuer, Nr. 7008 VV		290,75 €
Gesamt		**1.821,00 €**

K. Selbstständiges Beweisverfahren

I. Überblick

202 Das selbstständige Beweisverfahren ist gegenüber dem Hauptsacheverfahren eine eigene **Gebührenangelegenheit** (arg. e Vorbem. 3 Abs. 5 VV), und zwar unabhängig davon, ob das Beweisverfahren vor oder während des Rechtsstreits durchgeführt wird. Der Anwalt kann daher im selbstständigen Beweisverfahren und im Rechtsstreit – vorbehaltlich der Anrechnung der Verfahrensgebühr (Vorbem. 3 Abs. 5 VV; s. Rn 208) – sämtliche Gebüh-

---

108 BGH AGS 2011, 316 = JurBüro 2010, 591 = RVGreport 2010, 382; OLG Hamburg MDR 1981, 944 = WRP 1981, 470.

ren gesondert verdienen. Die Vergütung richtet sich nach Teil 3 VV. Der Anwalt erhält die gleichen Gebühren wie im Hauptsacheverfahren.

II. Die Vergütung

1. Verfahrensgebühr

a) Entstehen der Gebühr

Im selbstständigen Beweisverfahren erhält der Anwalt für das Betreiben des Verfahrens 203 (Vorbem. 3 Abs. 2 VV) die gleiche Verfahrensgebühr wie im Hauptsacheverfahren. Findet das Beweisverfahren vor dem erstinstanzlichen Gericht statt, entsteht eine **1,3-Verfahrensgebühr** nach Nr. 3100 VV.

Beispiel 82: Der Anwalt vertritt den Auftraggeber in einem selbstständigen Beweisverfahren, in dem ein schriftliches Gutachten ohne Beweistermin erstellt wird (Wert: 3.000 €).

1.	1,3-Verfahrensgebühr, Nr. 3100 VV (Wert: 3.000 €)	261,30 €
2.	Postentgeltpauschale, Nr. 7002 VV	20,00 €
	Zwischensumme	281,30 €
3.	19 % Umsatzsteuer, Nr. 7008 VV	53,45 €
	Gesamt	**334,75 €**

Die Verfahrensgebühr ermäßigt sich nach Nr. 3101 Nr. 1 VV im Falle einer vorzeitigen Erledigung, etwa wenn der Beweisantrag nicht mehr eingereicht wird. Gleiches gilt, soweit lediglich über nicht anhängige Gegenstande im Rahmen des Beweisverfahrens zum Zwecke einer Einigung verhandelt wird (Nr. 3101 Nr. 2, 2. Hs., 1. Alt. VV) oder eine Einigung mit einem Mehrwert protokolliert wird (Nr. 3101 Nr. 2, 2. Hs., 2. Alt. VV). 204

Findet das Beweisverfahren ausnahmsweise vor dem Berufungsgericht statt, entsteht die 205 Verfahrensgebühr nach den Nr. 3200, 3201 VV.

Vertritt der Anwalt **mehrere Auftraggeber** wegen desselben Gegenstands, erhöht sich die 206 jeweilige Verfahrensgebühr nach Nr. 1008 VV um 0,3 je weiterer Auftraggeber, höchstens um 2,0.

b) Anrechnung einer vorangegangenen Geschäftsgebühr

Ist dem selbstständigen Beweisverfahren eine außergerichtliche Vertretung vorangegangen, 207 so ist die Geschäftsgebühr der Nr. 2300 VV nach Vorbem. 3 Abs. 4 VV hälftig auf die Verfahrensgebühr der Nr. 3100 VV anzurechnen, höchstens jedoch zu 0,75.[109] Allerdings wird die Geschäftsgebühr dann nicht mehr auch noch auf die Verfahrensgebühr des Hauptsacheverfahrens angerechnet. Insoweit wird allerdings die Verfahrensgebühr des selbstständigen Beweisverfahrens angerechnet (s. Rn 208 ff).

c) Anrechnung einer vorangegangenen Verfahrensgebühr

Ist bereits Hauptsacheklage erhoben und wird das selbstständige Beweisverfahren während der Anhängigkeit der Hauptsache eingeleitet, dann wird die im Hauptsacheverfahren angefallene Verfahrensgebühr auf die Verfahrensgebühr des Beweisverfahrens angerechnet (Vorbem. 3 Abs. 5 VV). 208

2. Terminsgebühr

Auch im selbstständigen Beweisverfahren kann der Anwalt eine **1,2-Terminsgebühr** nach 209 Nr. 3104 VV (bei Anhängigkeit der Hauptsache im Berufungsverfahren nach Nr. 3202 VV) verdienen. Auch hier gilt Vorbem. 3 Abs. 3 VV. Die Terminsgebühr entsteht, wenn der Anwalt

---

109   BGH AGS 2008, 441 = RVGreport 2008, 310; OLG Stuttgart AGS 2008, 384.

- an einem gerichtlichen Termin teilnimmt (Vorbem. 3 Abs. 3 S. 1 VV), etwa im Fall des § 492 Abs. 3 ZPO,
- an einem von dem gerichtlichen Sachverständigen anberaumten Termin teilnimmt (Vorbem. 3 Abs. 3 S. 3 Nr. 1 VV),
- an Besprechungen oder Terminen auch ohne Beteiligung des Gerichts mit dem Gegner teilnimmt, um eine weitere Auseinandersetzung im Beweisverfahren oder einen nachfolgenden Rechtsstreit zu vermeiden (Vorbem. 3 Abs. 3 S. 3 Nr. 2 VV). Dass im selbstständigen Beweisverfahren eine mündliche Verhandlung nicht vorgeschrieben ist, ist unerheblich (s. Rn 118).

210 Eine Terminsgebühr im Falle einer schriftlichen Entscheidung oder bei Abschluss eines schriftlichen Vergleichs nach Anm. Abs. 1 Nr. 1 zu Nr. 3104 VV kommt dagegen nicht in Betracht, da im selbstständigen Beweisverfahren eine mündliche Verhandlung nicht vorgeschrieben ist.

3. Einigungsgebühr

211 **Wichtig:** Kommt es im Beweisverfahren zu einer Einigung, so entsteht nach Nr. 1000 VV eine Einigungsgebühr. Die Höhe der Gebühr beläuft sich grundsätzlich auf 1,5. Die Anhängigkeit im Beweisverfahren führt nicht zu einer Reduzierung der Einigungsgebühr (Nr. 1003 VV), ebenso wenig wie ein Antrag auf Bewilligung von Prozesskostenhilfe für ein Beweisverfahren. Lediglich dann, wenn die Hauptsache bereits anhängig ist, entsteht die Einigungsgebühr nur iHv 1,0 (Nr. 1003 VV) bzw bei Anhängigkeit im Rechtsmittelverfahren iHv 1,3 (Nr. 1004 VV).

Beispiel 83: Der Anwalt führt ein Beweisverfahren mit einem Gegenstandswert iHv 30.000 € durch. Nach Erhalt des Gutachtens verhandeln die Anwälte telefonisch zur Vermeidung eines Hauptsacheverfahrens und erzielen eine Einigung.

1.	1,3-Verfahrensgebühr, Nr. 3100 VV (Wert: 30.000 €)	1.121,90 €
2.	1,2-Terminsgebühr, Nr. 3104 VV (Wert: 30.000 €)	1.035,60 €
3.	1,5-Einigungsgebühr, Nr. 1000 VV (Wert: 30.000 €)	1.294,50 €
4.	Postentgeltpauschale, Nr. 7002 VV	20,00 €
	Zwischensumme	3.472,00 €
5.	19 % Umsatzsteuer, Nr. 7008 VV	659,68 €
	Gesamt	**4.131,68 €**

4. Zusatzgebühr für besonders umfangreiche Beweisaufnahmen

212 Auch im selbstständigen Beweisverfahren kann der Anwalt eine Zusatzgebühr nach Nr. 1010 VV verdienen, wenn im Verfahren eine besonders umfangreiche Beweisaufnahme stattgefunden hat und es zu mindestens drei Terminen gekommen ist. Zu Einzelheiten s. § 9 Rn 39 f.

5. Gegenstandswert

213 Nach zwischenzeitlich wohl einhelliger Auffassung ist im Beweisverfahren der volle Hauptsachewert anzusetzen.[110]

6. Vergütung im nachfolgenden Verfahren

214 Kommt es nach dem Beweisverfahren zu einem Hauptsacheverfahren, wird die Verfahrensgebühr des Beweisverfahrens auf die des Hauptsacheverfahrens angerechnet (Vor-

---

110 Siehe Schneider/Herget/*Onderka*, Streitwert-Kommentar, Rn 4939 ff mwN.

bem. 3 Abs. 5 VV).[111] Eine im Beweisverfahren angefallene Terminsgebühr wird dagegen nicht angerechnet.

Beispiel 84: Der Anwalt hatte ein Beweisverfahren mit einem Gegenstandswert iHv 30.000 € durchgeführt und an dem Sachverständigentermin teilgenommen. Anschließend kommt es zum Hauptsacheverfahren, in dem mündlich verhandelt wird.

I. Selbstständiges Beweisverfahren (Wert: 30.000 €)

1.	1,3-Verfahrensgebühr, Nr. 3100 VV		1.121,90 €
2.	1,2-Terminsgebühr, Nr. 3104 VV		1.035,60 €
3.	Postentgeltpauschale, Nr. 7002 VV		20,00 €
	Zwischensumme	2.177,50 €	
4.	19 % Umsatzsteuer, Nr. 7008 VV		413,73 €
	Gesamt		**2.591,23 €**

II. Rechtsstreit (Wert: 30.000 €)

1.	1,3-Verfahrensgebühr, Nr. 3100 VV		1.121,90 €
2.	gem. Vorbem. 3 Abs. 5 VV anzurechnen 1,3 aus 30.000 €		− 1.121,90 €
3.	1,2-Terminsgebühr, Nr. 3104 VV		1.035,60 €
4.	Postentgeltpauschale, Nr. 7002 VV		20,00 €
	Zwischensumme	1.055,60 €	
5.	19 % Umsatzsteuer, Nr. 7008 VV		200,56 €
	Gesamt		**1.256,16 €**

Hat der Rechtsstreit einen geringeren Wert, etwa weil sich nicht alle Beweisfragen bestätigt oder sich einige Gegenstände zwischenzeitlich erledigt haben, ist nur nach dem geringeren Wert anzurechnen. **215**

Beispiel 85: Im selbstständigen Beweisverfahren werden Baumängel iHv 100.000 € behauptet. Der Sachverständige stellt Baumängel nur iHv 10.000 € fest. Anschließend wird Hauptsacheklage auf Beseitigung der festgestellten Baumängel iHv lediglich 10.000 € erhoben.

I. Selbstständiges Beweisverfahren (Wert: 100.000 €)

1.	1,3-Verfahrensgebühr, Nr. 3100 VV		1.953,90 €
2.	1,2-Terminsgebühr, Nr. 3104 VV		1.803,60 €
3.	Postentgeltpauschale, Nr. 7002 VV		20,00 €
	Zwischensumme	3.777,50 €	
4.	19 % Umsatzsteuer, Nr. 7008 VV		717,73 €
	Gesamt		**4.495,23 €**

II. Rechtsstreit (Wert: 10.000 €)

1.	1,3-Verfahrensgebühr, Nr. 3100 VV		725,40 €
2.	gem. Vorbem. 3 Abs. 5 VV anzurechnen 1,3 aus 10.000 €		− 725,40 €
3.	1,2-Terminsgebühr, Nr. 3104 VV		669,60 €
4.	Postentgeltpauschale, Nr. 7002 VV		20,00 €
	Zwischensumme	689,60 €	
5.	19 % Umsatzsteuer, Nr. 7008 VV		131,02 €
	Gesamt		**820,63 €**

Eine Anrechnung unterbleibt allerdings gem. § 15 Abs. 5 S. 2 RVG, wenn zwischen Abschluss des Beweisverfahrens und Einleitung des Hauptsacheverfahrens **mehr als zwei Kalenderjahre** liegen.[112] **216**

War der Anwalt auch schon vorgerichtlich tätig, so ist die Geschäftsgebühr der Nr. 2300 VV auf die Verfahrensgebühr des Beweisverfahrens anzurechnen (Vorbem. 3 Abs. 4 VV) **217**

---

111 Zur Berechnung s. OLG Stuttgart AGS 2008, 383 und 386.
112 AnwK-RVG/N. *Schneider*, § 15 Rn 270 ff; so auch schon zum früheren Recht: OLG Zweibrücken JurBüro 1999, 414.

und diese wiederum auf die Verfahrensgebühr des Rechtsstreits (Vorbem. 3 Abs. 5 VV).[113] Anzurechnen ist nicht etwa nur der im Beweisverfahren verbleibende Restbetrag nach Anrechnung der Geschäftsgebühr.[114]

Beispiel 86: Der Anwalt ist zunächst außergerichtlich tätig gewesen (Wert: 30.000 €). Anschließend führt der Anwalt das selbstständige Beweisverfahren durch, in dem er an dem Sachverständigentermin teilnimmt. Hiernach kommt es zum Hauptsacheverfahren mit mündlicher Verhandlung.

I. Außergerichtliche Tätigkeit (Wert: 30.000 €)

1.	1,5-Geschäftsgebühr, Nr. 2300 VV	1.294,50 €
2.	Postentgeltpauschale, Nr. 7002 VV	20,00 €
	Zwischensumme 1.314,50 €	
3.	19 % Umsatzsteuer, Nr. 7008 VV	249,76 €
	Gesamt	**1.564,26 €**

II. Selbstständiges Beweisverfahren (Wert: 30.000 €)

1.	1,3-Verfahrensgebühr, Nr. 3100 VV	1.121,90 €
2.	gem. Vorbem. 3 Abs. 4 VV anzurechnen 0,75 aus 30.000 €	– 647,25 €
3.	1,2-Terminsgebühr, Nr. 3104 VV	1.035,60 €
4.	Postentgeltpauschale, Nr. 7002 VV	20,00 €
	Zwischensumme 1.530,25 €	
5.	19 % Umsatzsteuer, Nr. 7008 VV	290,75 €
	Gesamt	**1.821,00 €**

III. Rechtsstreit (Wert: 30.000 €)

1.	1,3-Verfahrensgebühr, Nr. 3100 VV	1.121,90 €
2.	gem. Vorbem. 3 Abs. 5 VV anzurechnen 1,3 aus 30.000 €	– 1.121,90 €
3.	1,2-Terminsgebühr, Nr. 3104 VV	1.035,60 €
4.	Postentgeltpauschale, Nr. 7002 VV	20,00 €
	Zwischensumme 1.055,60 €	
5.	19 % Umsatzsteuer, Nr. 7008 VV	200,56 €
	Gesamt	**1.256,16 €**

L. Urkunden-, Wechsel- und Scheckprozess

I. Überblick

218 Für die Vergütung im Urkunden-, Wechsel- und Scheckprozess gelten grundsätzlich keine Besonderheiten. Die Gebühren richten sich wie in einem gewöhnlichen gerichtlichen Verfahren nach Teil 3 VV. Insoweit wird auf die Ausführungen in Rn 83 ff verwiesen.

219 Allerdings gelten nach § 17 Nr. 5 RVG der Urkunden-, Wechsel- oder Scheckprozess und das ordentliche Verfahren, das nach Abstandnahme oder nach Erlass eines Vorbehaltsurteils anhängig bleibt, als jeweils eigene **selbstständige Gebührenangelegenheit**. Dies hat zur Folge, dass vorbehaltlich der Anrechnung nach der Verfahrensgebühr (Anm. Abs. 2 zu Nr. 3100 VV) **sämtliche Gebühren** sowohl im Urkunden-, Wechsel- und Scheckprozess einerseits als auch im ordentlichen Verfahren nach Abstandnahme oder nach Erlass eines Vorbehaltsurteils andererseits gesondert anfallen können. Auch die Auslagen nach Teil 7 VV entstehen gesondert. Insbesondere erhält der Anwalt jeweils eine gesonderte **Postentgeltpauschale** (Nr. 7002 VV) für den Urkunden-, Wechsel- oder Scheckprozess einerseits und für das Nachverfahren bzw das ordentliche Verfahren nach Abstandnahme andererseits.[115]

---

113 OLG Stuttgart AGS 2008, 386 = RVGreport 2008, 346; AnwK-RVG/N. *Schneider*, § 15 a Rn 64; OLG München AGS 2009, 438 = JurBüro 2009, 475; Gerold/Schmidt/*Müller-Rabe*, § 15 a Rn 237.
114 BGH AGS 2010, 621 = MDR 2011, 137 = JurBüro 2011, 80 = NJW 2011, 1368; OLG Hamm AGS 2014, 453 = NJW-Spezial 2014, 637; *N. Schneider*, AnwBl 2015, 220.
115 LG Aachen AnwBl 1969, 414; LG Kiel AnwBl 1969, 354 = MDR 1969, 1021.

II. Die Gebühren

1. Verfahrensgebühr

Der Anwalt erhält zunächst einmal eine 1,3-Verfahrensgebühr nach Nr. 3100 VV, die aller-　**220**
dings nach Anm. Abs. 2 zu Nr. 3100 VV auf die Verfahrensgebühr des Nachverfahrens
oder des ordentlichen Verfahrens nach Abstandnahme **angerechnet** wird. Die Verfahrensgebühr kann sich nach Nr. 3101 VV ermäßigen und bei **mehreren Auftraggebern** nach
Nr. 1008 VV erhöhen.

2. Terminsgebühr

Neben der Verfahrensgebühr entsteht unter den Voraussetzungen der Vorbem. 3 Abs. 3　**221**
VV oder der Anm. Abs. 1 zu Nr. 3104 VV die 1,2-Terminsgebühr nach Nr. 3104 VV, ggf
nach Nr. 3105 VV nur iHv 0,5. Infolge des erweiterten Anwendungsbereichs der **Terminsgebühr** gegenüber der früheren Verhandlungsgebühr reicht auch schon die **bloße Erklärung** des Klägervertreters im Termin, er nehme **vom Urkundenprozess Abstand**, um die
Terminsgebühr auszulösen.[116] Für die **Terminsgebühr** (Nr. 3104 VV) ist **keine Anrechnung**
vorgesehen. Diese kann also sowohl im Urkunden-, Wechsel- oder Scheckprozess als auch
im Nachverfahren oder im ordentlichen Verfahren nach Abstandnahme gesondert entstehen.

3. Einigungsgebühr

Möglich ist darüber hinaus auch eine Einigungsgebühr nach den Nr. 1000 ff VV.　**222**

III. Die Anrechnung im Nachverfahren oder im ordentlichen Verfahren nach Abstandnahme

Kommt es nach dem Urkundenverfahren zum Nachverfahren, zum ordentlichen Verfahren　**223**
oder zum Verfahren nach Abstandnahme, entstehen die Gebühren erneut (§ 17 Nr. 5
RVG). Die Verfahrensgebühr des Urkunden-, Wechsel- oder Scheckverfahrens wird dabei
allerdings auf die des ordentlichen Verfahrens oder des Nachverfahrens angerechnet. Die
Terminsgebühr entsteht dagegen anrechnungsfrei erneut.

Beispiel 87: Auf eine Scheckklage über 5.000 € ergeht nach mündlicher Verhandlung ein Vorbe-
haltsurteil. Der Kläger beantragt, das Urteil für vorbehaltlos zu erklären. Im daraufhin anberaumten Nachverfahren wird erneut verhandelt.

I. Scheckverfahren (Wert: 5.000 €)		
1. 1,3-Verfahrensgebühr, Nr. 3100 VV		393,90 €
2. 1,2-Terminsgebühr, Nr. 3104 VV		363,60 €
3. Postentgeltpauschale, Nr. 7002 VV		20,00 €
Zwischensumme	777,50 €	
4. 19 % Umsatzsteuer, Nr. 7008 VV		147,73 €
Gesamt		**925,23 €**
II. Nachverfahren (Wert: 5.000 €)		
1. 1,3-Verfahrensgebühr, Nr. 3100 VV		393,90 €
2. gem. Anm. Abs. 2 zu Nr. 3100 VV anzurechnen 1,3 aus 5.000 €		− 393,90 €
3. 1,2-Terminsgebühr, Nr. 3104 VV		363,60 €
4. Postentgeltpauschale, Nr. 7002 VV		20,00 €
Zwischensumme	383,60 €	
5. 19 % Umsatzsteuer, Nr. 7008 VV		72,88 €
Gesamt		**456,48 €**

116　*N. Schneider*, AGS 2005, 99.

M. Besondere Verfahren nach Teil 3 Abschnitt 3 Unterabschnitt 6 VV

I. Überblick

224   In Teil 3 Abschnitt 3 Unterabschnitt 6 VV sind mehrere Verfahren geregelt, die an sich nach § 19 Abs. 1 RVG mit zum Rechtszug gehören (**Räumungsfristverfahren, Prozesskostenhilfeverfahren, Verfahren auf Vollstreckbarerklärung**). Soweit der Anwalt jedoch ausschließlich in einem solchen Verfahren tätig ist, etwa weil er in der Hauptsache nicht beauftragt ist oder weil es insoweit nicht zur Hauptsache gekommen ist, stellen diese Verfahren **gesonderte Angelegenheiten** iSd § 15 RVG dar und lösen daher gesonderte Gebühren aus. Eine Besonderheit stellt insoweit lediglich das **Verfahren auf vorläufige Einschränkung, Beschränkung oder Aufhebung der Zwangsvollstreckung** dar, das nur im Falle einer gesonderten mündlichen Verhandlung eine eigene Angelegenheit neben der Hauptsache darstellt.

II. Verfahren auf vorläufige Einstellung, Beschränkung oder Aufhebung der Zwangsvollstreckung

225   Verfahren auf vorläufige Einstellung, Beschränkung oder Aufhebung der Zwangsvollstreckung gehören gem. § 19 Abs. 1 S. 2 Nr. 11 RVG zum Rechtszug, sofern keine gesonderte mündliche Verhandlung stattfindet.[117] Findet dagegen eine **abgesonderte mündliche Verhandlung** statt, so zählt das Verfahren als eigene Angelegenheit, in der der Anwalt neben den Gebühren der Hauptsache eine gesonderte Vergütung erhält.

226   Nach Nr. 3328 VV entsteht eine gesonderte 0,5-**Verfahrensgebühr**. Wird der Antrag sowohl bei dem Vollstreckungsgericht als auch bei dem Prozessgericht gestellt, erhält der Anwalt die Verfahrensgebühr nur einmal (Anm. Abs. 2 S. 2 zu Nr. 3328 VV). Hinzu kommt dann auch noch eine 0,5-**Terminsgebühr** Nr. 3332 VV.

227   Der **Gegenstandswert** für die Gebühren der Nr. 3328, 3332 VV bemisst sich nicht nach dem Wert der Hauptsache oder des Teils der Hauptsache, hinsichtlich dessen die einstweilige Einstellung begehrt wird, sondern nach dem Interesse des Schuldners an der zeitlich begrenzten Verhinderung der Zwangsvollstreckung.[118]

Beispiel 88: Der Anwalt ist in einem Berufungsverfahren (Wert: 80.000 €) tätig und beantragt, die Zwangsvollstreckung einzustellen. Das Gericht ordnet eine mündliche Verhandlung zunächst nur über den Einstellungsantrag an und später dann zur Hauptsache. Den Streitwert für das Verfahren auf Einstellung der Zwangsvollstreckung setzt das Gericht auf 8.000 € fest.

I. Berufungsverfahren (Wert: 80.000 €)

1. 1,6-Verfahrensgebühr, Nr. 3200 VV		2.132,80 €
2. 1,2-Terminsgebühr, Nr. 3202 VV		1.599,60 €
3. Postentgeltpauschale, Nr. 7002 VV		20,00 €
Zwischensumme	3.752,40 €	
4. 19 % Umsatzsteuer, Nr. 7008 VV		712,96 €
Gesamt		**4.465,36 €**

II. Verfahren auf Einstellung der Zwangsvollstreckung (Wert: 8.000 €)

1. 0,5-Verfahrensgebühr, Nr. 3328 VV		228,00 €
2. 0,5-Terminsgebühr, Nr. 3332 VV		228,00 €
3. Postentgeltpauschale, Nr. 7002 VV		20,00 €
Zwischensumme	476,00 €	
4. 19 % Umsatzsteuer, Nr. 7008 VV		90,44 €
Gesamt		**566,44 €**

---

117   OLG Hamburg MDR 2001, 1441; LAG München AGS 2008, 18.
118   Schneider/Herget/*Onderka*, Streitwert-Kommentar, Rn 1968 ff.

III. Prozesskostenhilfeverfahren

1. Überblick

Für die Tätigkeit im Prozesskostenhilfeverfahren ist eine gesonderte Vergütung vorgese- 228
hen. Diese gilt aber nur dann, wenn der Anwalt nicht bereits in der Hauptsache beauftragt
ist. Anderenfalls wird die Tätigkeit des Anwalts im Prozesskostenhilfeverfahren durch die
Gebühren der Hauptsache mit abgegolten (§ 16 Nr. 2 RVG). In mehreren Prozesskostenhilfeverfahren desselben Rechtszugs erhält der Anwalt die Gebühren nur einmal (§ 16
Nr. 3 RVG).

2. Verfahrensgebühr

Im Verfahren über die Bewilligung von Prozesskostenhilfe verdient der Anwalt nach 229
Nr. 3335 VV eine **Verfahrensgebühr** in Höhe der Verfahrensgebühr des Hauptsacheverfahrens, höchstens jedoch eine 1,0-Gebühr.

Erledigt sich der Auftrag vorzeitig, so ermäßigt sich die Verfahrensgebühr der Nr. 3335 230
VV nach Anm. Nr. 1 zu Nr. 3337 VV auf 0,5, sofern die volle Gebühr nicht geringer ist (s.
Rn 229). Das Gleiche gilt, soweit beantragt ist, eine Einigung der Parteien zu Protokoll zu
nehmen (Anm. Nr. 2 zu Nr. 3337 VV).

Soweit der Anwalt **mehrere Auftraggeber** wegen desselben Gegenstands vertritt, erhöht 231
sich die Verfahrensgebühr nach Nr. 1008 VV um jeweils 0,3 je weiterer Auftraggeber,
höchstens um 2,0.

3. Terminsgebühr

Kommt es im Prozesskostenhilfeverfahren zu einem Termin iSd Vorbem. 3 Abs. 3 VV, er- 232
hält der Anwalt nach Vorbem. 3.3.6 S. 2 VV eine Terminsgebühr nach den für dasjenige
Verfahren geltenden Vorschriften, für das die Prozesskostenhilfe beantragt worden ist.

Eine Terminsgebühr nach Anm. Abs. 1 zu Nr. 3104 VV kommt nicht in Betracht, da in 233
diesem Verfahren keine mündliche Verhandlung vorgeschrieben ist. Das gilt auch, wenn
im Prozesskostenhilfeverfahren ein Vergleich nach § 278 Abs. 6 ZPO geschlossen wird.[119]
Gegenteilige Ansicht ist das KG,[120] das eine Terminsgebühr mit der Begründung annimmt,
das Gericht solle nach § 118 Abs. 1 S. 2 ZPO einen Termin anberaumen, wenn eine Einigung in Betracht komme, so dass damit im Falle eines Vergleichsschlusses eine mündliche
Verhandlung vorgeschrieben sei. Auf jeden Fall ist hier eine Terminsgebühr aber möglich,
wenn der Anwalt an Besprechungen mitwirkt, die auf die Vermeidung oder Erledigung des
Verfahrens gerichtet sind. Die frühere gegenteilige Rspr des BGH[121] ist angesichts der
Neufassung der Vorbem. 3 Abs. 3 VV durch das 2. KostRMoG (s. dazu auch Rn 110)
nicht mehr vertretbar.

4. Einigungsgebühr

Hinzu kommen kann auch eine Einigungsgebühr nach den Nr. 1000 ff VV. Soweit sich die 234
Parteien über die im Prozesskostenhilfeverfahren anhängigen Gegenstände einigen, entsteht die Gebühr nur zu 1,0 (Anm. S. 1 zu Nr. 1003 VV). Ausgenommen hiervon ist ein
Verfahren über die Prozesskostenhilfe für ein beabsichtigtes selbstständiges Beweisverfahren (Nr. 1003 VV).

Beispiel 89: Der Anwalt wird von der bedürftigen Partei beauftragt, für eine beabsichtigte Klage iHv 5.000 € Prozesskostenhilfe zu beantragen. Das Gericht ordnet mündliche Verhandlung
im Prozesskostenhilfeverfahren an. Dort einigen sich die Parteien, ohne dass Prozesskostenhilfe
bewilligt wird.

---

119 BGH NJW 2012, 1294 = AnwBl 2012, 470 = RVGreport 2012, 184 = NJW-Spezial 2012, 317.
120 AA KG AGS 2008, 68 = JurBüro 2008, 29.
121 BGH AGS 2012, 274 = NJW 2012, 1294 = AnwBl 2012, 470 = RVGreport 2012, 184.

1. 1,0-Verfahrensgebühr, Nr. 3335 VV (Wert: 5.000 €)	303,00 €
2. 1,2-Terminsgebühr, Nr. 3104 VV (Wert: 5.000 €)	363,60 €
3. 1,0-Einigungsgebühr, Nr. 1000, 1003 VV (Wert: 5.000 €)	303,00 €
4. Postentgeltpauschale, Nr. 7002 VV	20,00 €
Zwischensumme	989,60 €
5. 19 % Umsatzsteuer, Nr. 7008 VV	188,02 €
Gesamt	**1.177,62 €**

235 Soweit nicht anhängige Gegenstände in die Einigung einbezogen werden, entsteht unter Beachtung des § 15 Abs. 3 RVG zusätzlich eine 1,5-Einigungsgebühr.

5. Anschließendes Hauptsacheverfahren

236 War der Anwalt zunächst nur im Prozesskostenhilfeverfahren beauftragt und kommt es anschließend zum Hauptsacheverfahren, gilt § 16 Nr. 2 RVG. Danach zählen das Prozesskostenhilfeverfahren und das Hauptsacheverfahren als eine einzige Angelegenheit, so dass der Anwalt seine Gebühren und Auslagen nur einmal erhält (§ 15 Abs. 2 RVG). Die im Prozesskostenhilfeverfahren entstandenen Gebühren gehen dann in den Gebühren der Hauptsache auf. Es handelt sich – entgegen des häufig anzutreffenden Sprachgebrauchs – nicht um eine Anrechnung, da insgesamt nur eine Angelegenheit vorliegt (§ 16 Nr. 2 RVG).

6. Beschwerdeverfahren

237 Das Verfahren über die Beschwerde gegen die Ablehnung der Prozesskostenhilfebewilligung ist eine gesonderte Angelegenheit (§ 18 Abs. 1 Nr. 3 RVG). Dafür erhält der Anwalt die Gebühren nach den Nr. 3500, 3513 VV.

7. Gegenstandswert

238 Im Verfahren auf Bewilligung oder Aufhebung der Prozesskostenhilfe beläuft sich der Gegenstandswert auf den Wert der Hauptsache (§ 23 a Abs. 1 S. 1 RVG). Der Wert der Hauptsache ist auch dann maßgebend, wenn es nur um die Frage der Beiordnung eines Anwalts geht.[122] Der Hauptsachewert gilt auch in Beschwerdeverfahren.[123] Wird die Prozesskostenhilfe nur hinsichtlich eines Teils der Hauptsache beantragt, so ist dieser Wert maßgebend.

239 In sonstigen Verfahren, die nicht auf Bewilligung, Aufhebung oder Abänderung gerichtet sind, also in den Verfahren nach § 124 Nr. 2 bis 4 ZPO, ergibt sich der Gegenstandswert aus dem Kosteninteresse und ist nach billigem Ermessen zu bestimmen (§ 23 a Abs. 1, 2. Hs. RVG). Grund hierfür ist, dass in den Fällen des § 124 Nr. 2–4 ZPO die Erfolgsaussichten der Hauptsache keine Rolle spielen. Hier geht es um die Aufhebung der Prozesskostenhilfe aus anderen Gründen.

IV. Verfahren auf Bewilligung, Verlängerung oder Verkürzung einer Räumungsfrist (§§ 721, 794 a ZPO)

240 Das Verfahren auf Bewilligung, Verlängerung oder Verkürzung einer Räumungsfrist (§§ 721, 794 a ZPO) zählt als besondere Angelegenheit, wenn es mit dem Verfahren über die Hauptsache nicht verbunden ist. Entscheidet das Prozessgericht dagegen im Räumungsurteil zugleich auch über die Bewilligung einer Räumungsfrist, so ist keine gesonderte Angelegenheit gegeben; die Tätigkeit des Anwalts wird dann vielmehr durch die Gebühren des Rechtsstreits mit abgegolten. Wird dagegen die Räumungsfrist, deren Verlän-

---

122 BGH AGS 2010, 549 = MDR 2010, 1350 = FamRZ 2010, 1892 = RVGreport 2011, 72.
123 BGH AGS 2010, 549 = MDR 2010, 1350 = FamRZ 2010, 1892 = RVGreport 2011, 72.

gerung oder Verkürzung erst nach Erlass des Räumungsurteils oder -vergleichs beantragt, so liegt eine gesonderte Angelegenheit vor, weil das Verfahren in einem solchen Fall von der Hauptsache getrennt durchgeführt wird.[124] Mehrere Räumungsfristverfahren gelten jeweils als besondere Angelegenheiten, so dass dort also die Gebühren jeweils erneut anfallen.[125]

Als Vergütung erhält der Anwalt nach Nr. 3334 VV eine **1,0-Verfahrensgebühr**, die sich bei **vorzeitiger Erledigung** auf 0,5 ermäßigt (Nr. 3337 VV). Kommt es zu einem Termin iSd Vorbem. 3 Abs. 3 VV, entsteht eine 1,2-**Terminsgebühr** nach Nr. 3104 VV (Vorbem. 3.3.6 S. 1 VV).   241

Der **Gegenstandswert** bemisst sich nach der Miete bzw Nutzungsentschädigung für die Dauer der begehrten Frist.[126]   242

Beispiel 90: Nach Abschluss des Räumungsrechtsstreits durch Vergleich beantragt der Räumungsschuldner später gem. § 794 a ZPO eine Räumungsfrist von sechs Monaten (Monatsmiete 600 €). Das Gericht entscheidet ohne mündliche Verhandlung.

I. Räumungsrechtsstreit (Wert: 7.200 €)

1. 1,3-Verfahrensgebühr, Nr. 3100 VV		592,80 €
2. 1,2-Terminsgebühr, Nr. 3104 VV		547,20 €
3. Postentgeltpauschale, Nr. 7002 VV		20,00 €
Zwischensumme	1.160,00 €	
4. 19 % Umsatzsteuer, Nr. 7008 VV		220,40 €
Gesamt		**1.380,40 €**

II. Räumungsfristverfahren (Wert: 3.600 €)

1. 1,0-Verfahrensgebühr, Nr. 3334 VV		252,00 €
2. Postentgeltpauschale, Nr. 7002 VV		20,00 €
Zwischensumme	272,00 €	
3. 19 % Umsatzsteuer, Nr. 7008 VV		51,68 €
Gesamt		**323,68 €**

V. Verfahren über eine Rüge wegen der Verletzung des Anspruchs auf rechtliches Gehör (insb. § 321 a ZPO, § 12 a RVG, § 69 a GKG)

Soweit der Anwalt bereits in der Hauptsache tätig ist, bestimmt § 19 Abs. 1 S. 2 Nr. 5 Buchst. b) RVG, dass die Tätigkeit betreffend einer Gehörsrüge zur Hauptsache zählt und keine gesonderte Vergütung auslöst.[127] Das gilt auch dann, wenn der Anwalt zunächst mit der Vertretung im Verfahren über die Rüge beauftragt wird und nach Erfolg der Rüge auch im anschließenden fortgesetzten Verfahren. Dann liegt ebenfalls nur eine einzige Angelegenheit vor. Die Vergütung des Gehörsrügeverfahrens geht dann in der anschließenden Vergütung des Hauptsacheverfahrens auf. Ist der Anwalt dagegen **ausschließlich mit der Gehörsrüge** oder mit der Abwehr einer vom Gegner erhobenen Rüge beauftragt, so erhält er die Vergütung nach Teil 3 Abschnitt 3 Unterabschnitt 6 VV.   243

Der Anwalt erhält für die isolierte Gehörsrüge einmal nach Nr. 3330 VV eine **Verfahrensgebühr** in Höhe der Verfahrensgebühr der Hauptsache, höchstens jedoch 0,5. Das gilt auch dann, wenn die Gehörsrüge im Rechtsmittelverfahren erhoben wird. Die Verfahrensgebühr erhöht sich nach Nr. 1008 VV bei **mehreren Auftraggebern** um jeweils 0,3 je weiteren Auftraggeber. Eine Reduzierung der Verfahrensgebühr bei **vorzeitiger Erledigung** ist nicht vorgesehen (arg. e Nr. 3337 VV).   244

---

124 AnwK-RVG/N. *Schneider*, Nr. 3334 VV Rn 7 ff.
125 AnwK-RVG/N. *Schneider*, Nr. 3334 VV Rn 22.
126 OLG Braunschweig Rpfleger 1964, 66; LG Kempten AnwBl 1968, 58.
127 OLG Brandenburg AGS 2008, 223.

Beispiel 91: Der Mandant hatte den Prozess (Streitwert: 400 €) selbst betrieben und beauftragt nach Klageabweisung einen Anwalt, Gehörsrüge zu erheben. Die Rüge wird ohne mündliche Verhandlung zurückgewiesen.

1. 0,5-Verfahrensgebühr, Nr. 3330 VV (Wert: 400 €)		22,50 €
2. Postentgeltpauschale, Nr. 7002 VV		4,50 €
Zwischensumme	27,00 €	
3. 19 % Umsatzsteuer, Nr. 7008 VV		5,13 €
Gesamt		**32,13 €**

245 Findet im Verfahren über die Gehörsrüge ein Termin iSd Vorbem. 3 Abs. 3 VV statt, so erhält der Anwalt nach Nr. 3331 VV eine **Terminsgebühr** in Höhe der Terminsgebühr des Hauptsacheverfahrens, höchstens jedoch wiederum 0,5. Auch diese Gebühr geht in einer späteren Terminsgebühr der Hauptsache auf.

246 Möglich ist auch der Anfall einer **Einigungsgebühr** nach Nr. 1000 VV. Da der Gegenstand im Verfahren der Gehörsrüge noch anhängig iSd Nr. 1003 VV ist, entsteht die Gebühr nur zu 1,0, bei Anhängigkeit im Rechtsmittelverfahren zu 1,3 (Nr. 1003 VV).

VI. Verfahren auf Vollstreckbarerklärung der durch Rechtsmittelanträge nicht angefochtenen Teile eines Urteils (§§ 537, 558 ZPO)

1. Umfang der Angelegenheit

247 Der Antrag auf Vollstreckbarerklärung der durch Rechtsmittelanträge nicht angefochtenen Teile eines Urteils (§§ 537, 558 ZPO) zählt grundsätzlich nach § 19 Abs. 1 S. 2 Nr. 9 RVG zum Rechtszug. Voraussetzung ist, dass der Gegenstand, hinsichtlich dessen die vorläufige Vollstreckbarkeit beantragt wird, **Gegenstand des Rechtsmittelverfahrens** ist oder war. Dies sind die Fälle, in denen

- der Rechtsmittelführer sein Rechtsmittel auf den ursprünglich nicht angefochtenen Teil erweitert,
- der Rechtsmittelführer das Rechtsmittel nachträglich beschränkt oder
- die Parteien sich auch über den nicht angegriffenen Teil des Urteils einigen und diesen somit zum Gegenstand des Rechtsmittelverfahrens machen.[128]

248 War der nicht angegriffene Teil des Urteils dagegen **niemals Gegenstand des Rechtsmittelverfahrens** gewesen, ist § 19 Abs. 1 S. 2 Nr. 9 RVG nicht anwendbar. Die Tätigkeit des Anwalts wird vielmehr gesondert vergütet.[129]

2. Die Vergütung im selbstständigen Verfahren

249 Der Anwalt erhält zunächst eine **0,5-Verfahrensgebühr** (Nr. 3329 VV). Diese Gebühr deckt die gesamte Tätigkeit des Anwalts ab. Bei **mehreren Auftraggebern** erhöht sich die Gebühr nach Nr. 1008 VV um 0,3 je weiterer Auftraggeber.

250 Für die Wahrnehmung eines Termins entsteht zusätzlich eine **0,5-Terminsgebühr** nach Nr. 3332 VV iHv 0,5.

251 Denkbar ist auch eine **Einigungsgebühr**, die sich dann nach Nr. 1004 VV richtet (Gebührensatz 1,3), da die Tätigkeit im Verfahren auf Vollstreckbarerklärung bereits zur Rechtsmittelinstanz zählt.[130]

252 Der **Gegenstandswert** für die Gebühren der Nr. 3329, 3332 VV richtet sich nach dem vollen Wert des für vorläufig vollstreckbar zu erklärenden Teils des Urteils ohne Nebenforderungen.[131]

---

128 OLG Hamburg JurBüro 1982, 1512.
129 LG Bonn MDR 2001, 416.
130 OLG München AGS 1993, 12 = JurBüro 1993, 156; OLG Düsseldorf JurBüro 1980, 62.
131 LG Bonn MDR 2001, 416; AnwK-RVG/N. *Schneider*, Nr. 3329 VV Rn 24 ff.

Beispiel 92: Der Beklagte wird vom LG zur Zahlung eines Betrages von 40.000 € verurteilt. Er legt Berufung ein und beantragt jetzt nur noch, die Klage iHv 30.000 € abzuweisen. Daraufhin beantragt der Berufungsanwalt des Klägers, das landgerichtliche Urteil iHv 10.000 € für vorläufig vollstreckbar zu erklären. In der mündlichen Verhandlung ergeht der beantragte Beschluss.

I. Berufungsverfahren (Wert: 30.000 €)
1.	1,6-Verfahrensgebühr, Nr. 3200 VV	1.380,80 €
2.	1,2-Terminsgebühr, Nr. 3202 VV	1.035,60 €
3.	Postentgeltpauschale, Nr. 7002 VV	20,00 €
	Zwischensumme	2.436,40 €
4.	19 % Umsatzsteuer, Nr. 7008 VV	462,92 €
	Gesamt	**2.899,32 €**

II. Verfahren auf Vollstreckbarerklärung (Wert: 10.000 €)
1.	0,5-Verfahrensgebühr, Nr. 3329 VV	279,00 €
2.	0,5-Terminsgebühr, Nr. 3332 VV	279,00 €
3.	Postentgeltpauschale, Nr. 7002 VV	20,00 €
	Zwischensumme	578,00 €
4.	19 % Umsatzsteuer, Nr. 7008 VV	109,82 €
	Gesamt	**687,82 €**

N. Weitere beteiligte Anwälte

I. Verkehrsanwalt

1. Überblick

Die Vergütung des Verkehrsanwalts ist in Teil 3 Abschnitt 4 VV geregelt. Das RVG kennt zwei verschiedene Tätigkeiten als Verkehrsanwalt, nämlich   253

- den Rechtsanwalt, der lediglich den Verkehr der Partei mit dem Prozessbevollmächtigten führt (Nr. 3400 VV), und
- den Rechtsanwalt, der seine Handakten an den Rechtsanwalt eines höheren Rechtszugs übersendet und dies mit gutachterlichen Äußerungen verbindet (Anm. zu Nr. 3400 VV).

2. Verkehrsanwalt, der lediglich den Verkehr der Partei mit dem Prozessbevollmächtigten führt

a) Begriff des Verkehrsanwalts

Unter dem Verkehrsanwalt iSd Nr. 3400 VV versteht das Gesetz denjenigen Anwalt, der   254
den Verkehr mit der Partei führt. Voraussetzung ist also ein **Drei-Personen-Verhältnis** (Auftraggeber – Verkehrsanwalt – Prozessbevollmächtigter). Fehlt es daran, ist Nr. 3400 VV nicht anwendbar. Daher kann zB ein Anwalt nie Verkehrsanwalt in eigener Sache sein.[132]

b) Die Höhe der Vergütung
aa) Verfahrensgebühr

Der Verkehrsanwalt erhält die gleiche Verfahrensgebühr wie der Hauptbevollmächtigte,   255
allerdings mit der Maßgabe, dass seine Gebühr auf einen **Höchstsatz von 1,0** beschränkt ist.

- Soweit der Hauptbevollmächtigte nicht mehr als eine 1,0-Verfahrensgebühr erhält (zB in einem Beschwerdeverfahren, in dem nur die 0,5-Gebühren anfallen), ist die Verfahrensgebühr des Verkehrsanwalts somit identisch mit der des Hauptbevollmächtigten.
- Soweit der Hauptbevollmächtigte einen höheren Gebührensatz als 1,0 erhält, kann der Verkehrsanwalt nicht mehr als 1,0 abrechnen.

---

132 AnwK-RVG/N. *Schneider*, Nr. 3400 VV Rn 23 mwN.

Beispiel 93: In einem Rechtsstreit über eine Forderung von 10.000 € beauftragt die Partei einen ortsansässigen Anwalt, der den Verkehr mit auswärtigen Prozessbevollmächtigten führen soll.

I. Prozessbevollmächtigter (Wert: 10.000 €)

1. 1,3-Verfahrensgebühr, Nr. 3100 VV		725,40 €
2. 1,2-Terminsgebühr, Nr. 3104 VV		669,60 €
3. Postentgeltpauschale, Nr. 7002 VV		20,00 €
Zwischensumme	1.415,00 €	
4. 19 % Umsatzsteuer, Nr. 7008 VV		268,85 €
Gesamt		**1.683,85 €**

II. Verkehrsanwalt (Wert: 10.000 €)

1. 1,0-Verfahrensgebühr, Nr. 3400, 3100 VV		558,00 €
2. Postentgeltpauschale, Nr. 7002 VV		20,00 €
Zwischensumme	578,00 €	
3. 19 % Umsatzsteuer, Nr. 7008 VV		109,82 €
Gesamt		**687,82 €**

256   Dies alles gilt aber nur bei einem Auftraggeber. Vertritt der Verkehrsanwalt **mehrere Auftraggeber**, so erhöht sich gem. Nr. 1008 VV die Grenze von 1,0 um 0,3 je weiteren Auftraggeber, höchstens um 2,0, so dass die maximale Gebühr 3,0 betragen kann.

bb) Ermäßigte Verfahrensgebühr

(1) Ermäßigung beim Hauptbevollmächtigten

257   Soweit der Hauptbevollmächtigte nur eine ermäßigte Verfahrensgebühr verdient, zB nach den Nr. 3101, 3201 VV etc., erhält der Verkehrsanwalt ebenfalls nur diese ermäßigte Verfahrensgebühr, soweit sich seine Tätigkeit auch auf diese Gegenstände erstreckt hat. Dies gilt insbesondere dann, wenn nicht anhängige Gegenstände in eine Einigung miteinbezogen werden.

(2) Ermäßigung beim Verkehrsanwalt

258   Unter den Voraussetzungen der Nr. 3405 Nr. 1 VV reduziert sich die Höchstgrenze für den Verkehrsanwalt auf eine 0,5-Verfahrensgebühr. Das ist der Fall, wenn sich der Verkehrsanwaltsauftrag erledigt, bevor

- der Verfahrensbevollmächtigte beauftragt oder
- der Verkehrsanwalt gegenüber dem Verfahrensbevollmächtigten tätig

geworden ist.

cc) Terminsgebühr

259   Eine Terminsgebühr kann der Verkehrsanwalt nicht verdienen, weil diese für den Verkehrsanwalt nicht vorgesehen ist und begrifflich sich die Tätigkeit des Verkehrsanwalts gerade nicht auf die Teilnahme an Verhandlungen erstreckt. Möglich ist allerdings, dass dem Verkehrsanwalt ein weiterer Auftrag als Terminsvertreter (s. Rn 267 ff) erteilt wird.

dd) Einigungsgebühr

260   Hinzu kommen kann eine Einigungsgebühr (Nr. 1000 ff VV), da die Gebühren nach Teil 1 VV in allen Angelegenheiten gelten, also auch für den Verkehrsanwalt. Der Verkehrsanwalt erhält daher eine Einigungsgebühr, wenn er an dem Zustandekommen einer Einigung mitwirkt. Dies kann etwa dadurch geschehen, dass der Verkehrsanwalt dem Hauptbevollmächtigten die Vorgaben an die Hand gibt, wie und in welchem Umfang er eine Einigung mit dem Gegner suchen und abschließen soll.[133] Die Einigungsgebühr entsteht aber auch dann, wenn der Hauptbevollmächtigte einen Vergleich unter Widerrufsvorbehalt schließt

---

133   AnwK-RVG/N. *Schneider*, Nr. 3400 VV Rn 61 ff.

und der Verkehrsanwalt dann die Sache mit dem Mandanten bespricht und ihm vom Widerruf abrät.[134]

ee) Zusatzgebühr für besonders umfangreiche Beweisaufnahmen

Darüber hinaus kann auch der Verkehrsanwalt die Zusatzgebühr nach Nr. 1010 VV verdienen, wenn im Verfahren eine besonders umfangreiche Beweisaufnahme stattgefunden hat und es zu mindestens drei Terminen gekommen ist. Zu Einzelheiten s. § 9 Rn 39. **261**

c) Mehrere Angelegenheiten

Die Verfahrensgebühr der Nr. 3400 VV entsteht für den Verkehrsanwalt in **jeder Angelegenheit gesondert**. Wenn sich seine gesamte Tätigkeit also über mehrere Angelegenheiten erstreckt, in denen er den Verkehr mit dem Hauptbevollmächtigten führt, erhält er auch mehrere Verfahrensgebühren. **262**

Dabei ist wiederum zu berücksichtigen, wenn für den Hauptbevollmächtigten Verfahrensgebühren aufeinander anzurechnen sind. Dann gilt dies auch für den Verkehrsanwalt. **263**

Beispiel 94: Der Verkehrsanwalt wird im erstinstanzlichen Verfahren tätig und anschließend im Berufungsverfahren. Das erstinstanzliche Urteil wird aufgehoben und das Verfahren wird an das Erstgericht zurückverwiesen. Dort wird der Verkehrsanwalt erneut tätig.

Es liegen drei Angelegenheiten vor. Der Verkehrsanwalt erhält also drei Verfahrensgebühren, nämlich eine für das Verfahren vor Zurückverweisung, eine für das Berufungsverfahren und eine für das erstinstanzliche Verfahren nach Zurückverweisung (§ 21 Abs. 1 RVG). Ebenso wie beim Hauptbevollmächtigten ist die Verfahrensgebühr des Verfahrens vor der Zurückverweisung allerdings auf die Verfahrensgebühr nach Zurückverweisung anzurechnen (Vorbem. 3 Abs. 6 VV).

3. Verkehrsanwalt, der die Handakten mit gutachterlichen Äußerungen an den Rechtsmittelanwalt übersendet

Eine besondere Verkehrsanwaltsgebühr kann nach Anm. zu Nr. 3400 VV entstehen, wenn der Verfahrensbevollmächtigte seine Handakten an den Rechtsmittelanwalt versendet. Die bloße Übersendung der Handakten an den Rechtsanwalt eines höheren Rechtszugs löst die Verkehrsanwaltsgebühr allerdings noch nicht aus; diese Tätigkeit zählt nach § 19 Abs. 1 S. 2 Nr. 17 RVG noch zum Rechtszug. Erforderlich ist vielmehr, dass der Anwalt die Übersendung mit gutachterlichen Äußerungen verbindet und hierzu ein ausdrücklicher Auftrag bestand.[135] **264**

Auch hier erhält der Anwalt die gleiche **Verfahrensgebühr** wie der Hauptbevollmächtigte, höchstens jedoch 1,0. Der übersendende Anwalt nimmt an der höheren Gebühr des Rechtsmittelverfahrens also nicht teil. **Erledigt sich der Auftrag**, reduziert sich die Höchstgebühr auf 0,5 (Nr. 3405 Nr. 1 VV), also wenn es nicht mehr dazu kommt, dass die gutachterlichen Äußerungen an den Prozessbevollmächtigten des höheren Rechtszugs abgesendet werden. Bei Vertretung **mehrerer Auftraggeber** erhöht sich die Gebühr wiederum nach Nr. 1008 VV um 0,3 je weiterer Auftraggeber, höchstens um 2,0. **265**

Gegenstandswert ist hier der Wert derjenigen Gegenstände, gegen die sich das Rechtsmittel richten soll. **266**

---

134 OLG Frankfurt AnwBl 1983, 186; OLG Schleswig JurBüro 1989, 632.
135 BGH NJW 1991, 2084 = JurBüro 1991, 1647.

II. Terminsvertreter

1. Überblick

267 Wird der Anwalt vom Mandanten lediglich damit beauftragt, einen Termin iSd Vorbem. 3 Abs. 3 VV wahrzunehmen, ohne dass er mit der Prozessführung insgesamt beauftragt ist, erhält er seine Vergütung nach Teil 3 Abschnitt 4 VV. Unerheblich ist, welche Art Termin der Terminsvertreter wahrnehmen soll. Die Gebühr entsteht also sowohl dann,

- wenn der Terminsvertreter einen gerichtlichen Termin wahrnehmen soll, mit Ausnahme eines bloßen Verkündungstermins (Vorbem. 3 Abs. 3 S. 1, 2 VV);
- wenn er an einem von einem gerichtlichen Sachverständigen anberaumten Termin teilnehmen soll (Vorbem. 3 Abs. 3 S. 3 Nr. 1 VV); oder auch
- wenn er außergerichtliche Verhandlungen mit dem Gegner führen soll (Vorbem. 3 Abs. 3 S. 3 Nr. 2 VV).

268 Der Terminsvertreter muss dabei im Auftrag des Mandanten tätig werden. Nimmt ein Anwalt im Auftrag eines anderen Anwalts für diesen einen Termin wahr, ist das RVG gar nicht anwendbar. Die Vergütung zwischen den beiden Anwälten ist vielmehr frei vereinbar.[136]

2. Die Gebühren

a) Verfahrensgebühr

269 Der Terminsvertreter erhält zunächst einmal eine Verfahrensgebühr in Höhe der Hälfte der Verfahrensgebühr eines Hauptbevollmächtigten. Auch hier ist also zunächst einmal zu ermitteln, welche Gebühr einem Hauptbevollmächtigten zustehen würde. Da es für den Terminsvertreter nicht erforderlich ist, dass ein Hauptbevollmächtigter bestellt wird oder werden soll – der Terminsvertreter kann auch für die sich im Übrigen selbst vertretende Partei tätig werden –, kommt es darauf an, welche Vergütung der Terminsvertreter erhalten hätte, wenn er Hauptbevollmächtigter gewesen wäre. Der Terminsvertreter erhält dann eine Verfahrensgebühr in Höhe des halben Gebührensatzes.

Beispiel 95: Im erstinstanzlichen Verfahren vor dem auswärtigen AG wird ein Terminsvertreter bestellt.

Der Hauptbevollmächtigte erhält eine 1,3-Verfahrensgebühr, der Terminsvertreter die Hälfte hiervon, also eine 0,65-Verfahrensgebühr.

Beispiel 96: Im Berufungsverfahren vor dem auswärtigen OLG wird ein Terminsvertreter bestellt.

Der Hauptbevollmächtigte erhält eine 1,6-Verfahrensgebühr, der Terminsvertreter die Hälfte hiervon, also eine 0,8-Verfahrensgebühr.

270 Vertritt der Terminsvertreter **mehrere Auftraggeber,** so erhöht sich seine Verfahrensgebühr um 0,3 je weiterer Auftraggeber.

Beispiel 97: Im erstinstanzlichen Verfahren vor dem auswärtigen AG wird ein Terminsvertreter für zwei als Gesamtschuldner in Anspruch genommene Beklagten bestellt.

Der Hauptbevollmächtigte erhält eine 1,6-Verfahrensgebühr, der Terminsvertreter die Hälfte von einer 1,3-Gebühr zuzüglich 0,3 (Nr. 1008 VV), also eine 0,95-Verfahrensgebühr.

271 Endet der Auftrag, **bevor** der **Termin** begonnen hat, ermäßigt sich die Verfahrensgebühr nach Nr. 3405 Nr. 2 VV auf einen Höchstsatz von 0,5, die sich bei mehreren Auftraggebern wiederum nach Nr. 1008 VV um 0,3 je weiterer Auftraggeber erhöht.

Beispiel 98: Im erstinstanzlichen Verfahren vor dem auswärtigen LG wird ein Terminsvertreter bestellt (Streitwert: 8.000 €). Wenige Tage vor dem anberaumten Termin wird die Klage zurückgenommen.

---

136 BGH AGS 2001, 51 = AnwBl 2001, 302; BGH AGS 2006, 471 = RVGreport 2006, 438.

1. 0,5-Verfahrensgebühr, Nr. 3401, 3100, 3405 Nr. 2 VV (Wert: 8.000 €)   228,00 €
2. Postentgeltpauschale, Nr. 7002 VV   20,00 €
    Zwischensumme   248,00 €
3. 19 % Umsatzsteuer, Nr. 7008 VV   47,12 €
    Gesamt   **295,12 €**

b) Terminsgebühr

Nimmt der Terminsvertreter an einem Termin teil, so erhält er nach Nr. 3402 VV die Terminsgebühr, die einem Verfahrensbevollmächtigten für die Wahrnehmung des Termins zustehen würde. Die Terminsgebühr entsteht also in voller Höhe. Erstinstanzlich erhält der Terminsvertreter also grundsätzlich eine 1,2-Terminsgebühr bzw im Falle der Nr. 3105 VV iHv 0,5.   **272**

Beispiel 99: Wie Beispiel 98; der Terminsvertreter nimmt an dem Termin teil.

1. 0,65-Verfahrensgebühr, Nr. 3401, 3100 VV (Wert: 8.000 €)   296,40 €
2. 1,2-Terminsgebühr, Nr. 3402, 3104 VV (Wert: 8.000 €)   547,20 €
3. Postentgeltpauschale, Nr. 7002 VV   20,00 €
    Zwischensumme   863,60 €
4. 19 % Umsatzsteuer, Nr. 7008 VV   164,08 €
    Gesamt   **1.027,68 €**

Nimmt der Terminsvertreter in derselben Angelegenheit an **mehreren Terminen** teil, entsteht nur eine Terminsgebühr (§ 15 Abs. 2 RVG).   **273**

c) Einigungsgebühr

Soweit der Terminsvertreter an einer Einigung mitwirkt, erhält er auch eine Einigungsgebühr. Solche Fälle sind insbesondere dann gegeben, wenn der Terminsvertreter   **274**

- im Termin eine Einigung abschließt, an der der Hauptbevollmächtigte auch mitgewirkt hat, indem er zur Annahme eines Vergleichsvorschlags des Gerichts geraten hat, der dem später im Termin ausgehandelten Vergleich im Wesentlichen entspricht;[137]
- im Termin einen Vergleich unter Widerrufsvorbehalt abschließt und der Hauptbevollmächtigte nach Prüfung der Partei vom Widerruf abrät, so dass der Vergleich bestandskräftig wird;[138]
- in einer Sitzungspause mit dem Hauptbevollmächtigten telefoniert und den Inhalt eines abzuschließenden Vergleichs abstimmt.[139]

Die **Höhe** der Einigungsgebühr beläuft sich auf 1,0 bzw 1,3 (Nr. 1003, 1004 VV) bzw auf 1,5, soweit nicht anhängige Gegenstände in die Einigung mit einbezogen werden.   **275**

Beispiel 100: Der Terminsvertreter nimmt zusammen mit der Partei an der mündlichen Verhandlung teil (Wert: 8.000 €). Dort wird ein Vergleich geschlossen.

Die Einigungsgebühr entsteht nur beim Terminsvertreter, nicht auch beim Hauptbevollmächtigten, da er an der Einigung nicht mitgewirkt hat.

I. Prozessbevollmächtigter (Wert: 8.000 €)

1. 1,3-Verfahrensgebühr, Nr. 3100 VV   592,80 €
2. Postentgeltpauschale, Nr. 7002 VV   20,00 €
    Zwischensumme   612,80 €
3. 19 % Umsatzsteuer, Nr. 7008 VV   116,43 €
    Gesamt   **729,23 €**

---

137   OLG München JurBüro 2009, 487 = RVGreport 2009, 315 = FamRZ 2009, 1782.
138   BGH AGS 2014, 202 = AnwBl 2014, 454 = NJW-RR 2014, 763 = JurBüro 2014, 367 = RVGreport 2014, 234; AG Köln AGS 2007, 133 = AnwBl 2007, 239 = JurBüro 2007, 132; AG Charlottenburg, Beschl. v. 14.12.2012 – 216 C 206/12; LG Osnabrück AGkompakt 2012, 104.
139   OLG München AGS 2008, 52 u. 102 = RVGreport 2007, 392 = NJW-Spezial 2008, 60.

II. Terminsvertreter (Wert: 8.000 €)

1. 0,65-Verfahrensgebühr, Nr. 3401, 3100 VV	296,40 €
2. 1,2-Terminsgebühr, Nr. 3402, 3104 VV	547,20 €
3. 1,0-Einigungsgebühr, Nr. 1000, 1003 VV	456,00 €
4. Postentgeltpauschale, Nr. 7002 VV	20,00 €
Zwischensumme 1.319,60 €	
5. 19 % Umsatzsteuer, Nr. 7008 VV	250,72 €
Gesamt	**1.570,32 €**

Beispiel 101: Der Terminsvertreter schließt einen Vergleich unter dem Vorbehalt des Widerrufs und unterrichtet den Prozessbevollmächtigten. Dieser bespricht die Sache mit der Partei und rät vom Widerruf ab. Der Vergleich wird bestandskräftig.

Jetzt hat auch der Prozessbevollmächtigte eine Einigungsgebühr verdient, da das Abraten vom Widerruf bereits die Einigungsgebühr auslöst. Die Gebühr ist auch erstattungsfähig.[140]

I. Prozessbevollmächtigter (Wert: 8.000 €)

1. 1,3-Verfahrensgebühr, Nr. 3100 VV	592,80 €
2. 1,0-Einigungsgebühr, Nr. 1000, 1003 VV	456,00 €
3. Postentgeltpauschale, Nr. 7002 VV	20,00 €
Zwischensumme 1.068,80 €	
4. 19 % Umsatzsteuer, Nr. 7008 VV	203,07 €
Gesamt	**1.271,87 €**

II. Terminsvertreter
(s. Beispiel 100)

d) Zusatzgebühr für besonders umfangreiche Beweisaufnahmen

276 Darüber hinaus kann auch der Terminsvertreter eine Zusatzgebühr nach Nr. 1010 VV verdienen, wenn im Verfahren eine besonders umfangreiche Beweisaufnahme stattgefunden hat und es zu mindestens drei Terminen gekommen ist. Der Terminsvertreter muss dabei nicht an allen Terminen teilgenommen haben. Entscheidend ist nur, dass er die umfangreiche Beweisaufnahme im Rahmen seiner Tätigkeit berücksichtigen musste. Zu Einzelheiten s. § 9 Rn 39 f.

3. Gegenstandswert

277 Der Gegenstandswert der Tätigkeit des Terminsvertreters bestimmt sich danach, hinsichtlich welcher Gegenstände er an dem Termin teilnehmen soll. In der Regel wird dies der volle Hauptsachewert sein. Sofern sich das Verfahren jedoch infolge Klagerücknahme o.Ä. teilweise erledigt, bevor der Terminsvertreter beauftragt wird, gilt für ihn nur der ermäßigte Wert. Gleiches gilt, wenn die Klage später erweitert wird. Ein geringerer Wert für den Terminsvertreter kann auch dann anfallen, wenn über einen Teil des Streitgegenstands verhandelt oder Beweis erhoben wird.

Beispiel 102: In einem umfangreichen Bauprozess wird hinsichtlich eines Gewerks vor dem auswärtigen Gericht ein Zeuge vernommen. Hieran soll der Terminsvertreter teilnehmen. Der Gegenstandswert für die Gebühren des Terminsvertreters richtet sich nur nach dem Wert dieses Gewerks, nicht nach dem Gesamtwert.

4. Mehrere Angelegenheiten

278 Auch der Terminsvertreter erhält seine Vergütung in jeder Angelegenheit gesondert. Wird er also in mehreren Verfahrensabschnitten tätig (zB Urkunden- und Nachverfahren, erste

---

140 OLG München AGS 2008, 52 = JurBüro 2007, 595 = RVGreport 2007, 392; AG Köln AGS 2007, 133 = AnwBl 2007, 239 = JurBüro 2007, 139.

Instanz und Berufung), kann er jeweils die Gebühren nach Teil 3 Abschnitt 4 VV abrechnen. Allerdings sind für ihn ebenfalls die Anrechnungsvorschriften des RVG zu beachten.

5. Erstattungsfähigkeit

Nach der Rspr sind die Kosten eines Terminsvertreters über den Wortlaut des § 91 Abs. 2   279
S. 2 ZPO hinaus zu erstatten, wenn die Gesamtkosten, also die des Hauptbevollmächtigten und des Terminsvertreters, diejenigen Kosten nicht wesentlich übersteigen, die entstanden wären, wenn der Hauptbevollmächtigte umfassend tätig geworden wäre.[141] Als unwesentlich werden dabei Überschreitungen von bis zu 10 % angesehen.[142] Abzustellen ist dabei auf die Kostenerwartung zum Zeitpunkt der Beauftragung.[143]

Erstattungsfähig sein kann auch die beim Hauptbevollmächtigten und beim Terminsvertre-   280
ter anfallende doppelte Einigungsgebühr.[144] Die Rspr verlangt zur Glaubhaftmachung die Vorlage einer Rechnung des Terminsvertreters. Die Vorlage einer Kostenberechnung allein des Prozessbevollmächtigten mit Einstellung der für den Terminvertreter angesetzten Gebühren und Auslagen lässt er ebenso wenig genügen wie dessen anwaltliche Versicherung.[145]

6. Die Vergütung des Hauptbevollmächtigten

Der Prozessbevollmächtigte selbst erhält keine zusätzliche Vergütung dafür, dass er den   281
Terminsvertreter mit der Wahrnehmung des Termins betraut. Die in der BRAGO dafür früher vorgesehene zusätzliche Verhandlungsgebühr ist weggefallen. Wohl kann der Hauptbevollmächtigte die Terminsgebühr verdienen, wenn er selbst einen Tatbestand der Vorbem. 3 Abs. 3 S. 3 Nr. 2 VV verwirklicht.

Beispiel 103: In einem Rechtsstreit (8.000 €) nimmt der Terminsvertreter am Termin zur mündlichen Verhandlung teil. Hiernach führt der Hauptbevollmächtigte mit dem Gegenanwalt telefonische Vergleichsverhandlungen und erzielt doch noch eine Einigung.

Neben der Terminsgebühr des Terminsvertreters fällt gem. Vorbem. 3 Abs. 3 S. 3 Nr. 2 VV für den Hauptbevollmächtigten auch eine Terminsgebühr an.

I. Prozessbevollmächtigter (Wert: 8.000 €)

1.	1,3-Verfahrensgebühr, Nr. 3100 VV		592,80 €
2.	1,2-Terminsgebühr, Nr. 3402, 3104 VV		547,20 €
3.	Postentgeltpauschale, Nr. 7002 VV		20,00 €
	Zwischensumme	1.160,00 €	
4.	19 % Umsatzsteuer, Nr. 7008 VV		220,40 €
	Gesamt		**1.380,40 €**

II. Terminsvertreter (Wert: 8.000 €)

1.	0,65-Verfahrensgebühr, Nr. 3401, 3100 VV		296,40 €
2.	1,2-Terminsgebühr, Nr. 3402, 3104 VV		547,20 €
3.	Postentgeltpauschale, Nr. 7002 VV		20,00 €
	Zwischensumme	863,60 €	
4.	19 % Umsatzsteuer, Nr. 7008 VV		164,08 €
	Gesamt		**1.027,68 €**

---

141   BGH AGS 2003, 97 = FamRZ 2003, 441 = JurBüro 2003, 202 = NJW 2003, 898.
142   BGH AGS 2003, 97 = FamRZ 2003, 441 = JurBüro 2003, 202 = NJW 2003, 898; BGH RVGreport 2004,
      74; LG Köln AGS 2005, 524 = JurBüro 2005, 654; OLG Bamberg AGS 2007, 49 = JurBüro 2006, 541 =
      Rpfleger 2007, 47.
143   BGH AGS 2012, 452 = NJW 2012, 2888 = AnwBl 2012, 850 = zfs 2012, 645 = RVGreport 2012, 423.
144   OLG München AGS 2008, 52 u. 102 = JurBüro 2007, 595 = RVGreport 2007, 392 = NJW-Spezial 2008,
      60; OLG München JurBüro 2009, 487 = RVGreport 2009, 315 = FamRZ 2009, 1782; AG Köln AGS
      2007, 133 = AnwBl 2007, 239 = JurBüro 2007, 132.
145   BGH AGS 2011, 568 = zfs 2011, 582 = AnwBl 2011, 787 = JurBüro 2012, 29 = RVGreport 2011, 389.

III. Nur mit einer Einzeltätigkeit beauftragter Anwalt

282 Soweit der Anwalt in einem gerichtlichen Verfahren nur mit einer Einzeltätigkeit beauftragt ist, insbesondere mit dem Einreichen, Anfertigen oder Unterzeichnen von Schriftsätzen, oder mit der ausschließlichen Vertretung in Annexverfahren, für die keine besonderen Gebühren vorgesehen sind, wie zB für das Kostenfestsetzungsverfahren oder das Vergütungsfestsetzungsverfahren nach § 11 RVG,[146] oder das isolierte Gerichtsstandsbestimmungsverfahren,[147] richtet sich die Vergütung ebenfalls nach Teil 3 Abschnitt 4 VV, und zwar nach Nr. 3403 VV. Voraussetzung ist, dass der Anwalt nicht Verfahrensbevollmächtigter ist und auch kein Fall der vorrangigen Nr. 3400, 3401 VV gegeben ist (Anm. zu Nr. 3403 VV). Der Anwalt erhält danach für eine Einzeltätigkeit eine **0,8-Verfahrensgebühr** nach Nr. 3403 VV. Eine Terminsgebühr kann für ihn nicht entstehen.

283 Die Rspr wendet diesen Tatbestand auch auf den vorinstanzlichen Anwalt an, der in einem Revisions- oder Rechtsbeschwerdeverfahren oder in einem Verfahren über eine Nichtzulassungsbeschwerde gegenüber dem BGH tätig wird, dort aber mangels Postulationsfähigkeit nicht wirksam vertreten kann (s. Rn 164, 170). Diese Gebühr kann auch erstattungsfähig sein.[148]

284 Soweit der Anwalt in einem gerichtlichen Verfahren nur mit einer Einzeltätigkeit beauftragt ist, insbesondere mit dem Einreichen, Anfertigen oder Unterzeichnen von Schriftsätzen, oder mit der ausschließlichen Vertretung in Annexverfahren, für die keine besonderen Gebühren vorgesehen sind, wie zB für das Kostenfestsetzungsverfahren oder das Vergütungsfestsetzungsverfahren nach § 11 RVG,[149] oder das isolierte Gerichtsstandsbestimmungsverfahren,[150] richtet sich die Vergütung ebenfalls nach Teil 3 Abschnitt 4 VV, und zwar nach Nr. 3403 VV.

Beispiel 104: Der Anwalt wird vom Mandanten beauftragt, einen Vergütungsfestsetzungsantrag seines früheren Anwalts über 700 € abzuwehren.

1.	0,8-Verfahrensgebühr, Nr. 3403 VV (Wert: 700 €)		64,00 €
2.	Postentgeltpauschale, Nr. 7002 VV		12,80 €
	Zwischensumme	76,80 €	
3.	19 % Umsatzsteuer, Nr. 7008 VV		14,59 €
	Gesamt		**91,39 €**

285 **Erledigt sich der Auftrag vorzeitig,** so erhält der Anwalt nach Nr. 3405 VV nur die Verfahrensgebühr iHv 0,5 (Anm. zu Nr. 3405 VV).

286 In Ergänzung zu Nr. 3403 VV regelt Nr. 3404 VV die Höhe der Vergütung für ein **einfaches Schreiben.** Danach erhält der Anwalt für eine Einzeltätigkeit, die sich auftragsgemäß auf ein einfaches Schreiben beschränkt, nur eine 0,3-Verfahrensgebühr.[151] Zu beachten sein kann hier die Mindestgebühr des § 13 Abs. 2 RVG.

287 Vertritt der Anwalt **mehrere Auftraggeber,** so erhöht sich die Verfahrensgebühr der Nr. 3403 VV gem. Nr. 1008 VV um 0,3 je weiteren Auftraggeber, höchstens um 2,0.

Beispiel 105: Der Anwalt wird von drei Mandanten beauftragt, einen gegen sie als Gesamtschuldner gerichteten Vergütungsfestsetzungsantrag ihres früheren Anwalts über 700 € abzuwehren.

---

146 AnwK-RVG/N. *Schneider*, Nr. 3403–3404 VV Rn 21 mwN.
147 OLG Köln AGS 2007, 229 = JurBüro 2007, 302 = NJW 2008, 385.
148 BGH AGS 2006, 491 = NJW 2006, 2266 = RVGreport 2006, 348; OLG München AGS 2010, 217 = AnwBl 2010, 68; OLG Naumburg RVGreport 2013, 397; OLG Bamberg BauR 2012, 1684; OLG Nürnberg AGS 2010, 622; OLG Köln AGS 2010, 530 = JurBüro 2010, 654; OLG Brandenburg AGS 2013, 224 = RVGreport 2013, 186 (nur Gebühr nach Nr. 3404 VV).
149 AnwK-RVG/N. *Schneider*, Nr. 3403–3404 VV Rn 21 mwN.
150 OLG Köln AGS 2007, 229 = JurBüro 2007, 302 = NJW 2008, 385.
151 OLG Brandenburg AGS 2013, 224 = RVGreport 2013, 186 (bloße Zustimmung zu einem Fristverlängerungsantrag im Rechtsmittelverfahren).

1.	1,1-Verfahrensbühr, Nr. 3403, 1008 VV (Wert: 700 €)		88,00 €
2.	Postentgeltpauschale, Nr. 7002 VV		17,60 €
	Zwischensumme	105,60 €	
3.	19 % Umsatzsteuer, Nr. 7008 VV		20,06 €
	Gesamt		**125,66 €**

Eine Terminsgebühr kann bei einer Einzeltätigkeit nach Nr. 3403 VV nicht anfallen. Wenn auftragsgemäß auch ein Termin wahrgenommen werden soll, liegt immer eine Terminsvertretung nach Nr. 3401 VV vor. **288**

Im Einzelfall kann auch bei einer Einzeltätigkeit eine **Einigungsgebühr** nach den Nr. 1000 ff VV anfallen. **289**

Wird der Anwalt im Verlauf eines Verfahrens mit **mehreren Einzeltätigkeiten** beauftragt, so liegen für ihn zunächst einmal mehrere Angelegenheiten vor, die jeweils eine Gebühr nach Nr. 3403 VV auslösen. Zu beachten ist anschließend § 15 Abs. 6 RVG. Der Anwalt erhält nicht mehr, als wenn er von vornherein mit der gesamten Angelegenheit beauftragt worden wäre (s. § 5 Rn 52). **290**

O. Allgemeine Beschwerdeverfahren

I. Überblick

Beschwerdeverfahren in zivilrechtlichen Angelegenheiten richten sich grundsätzlich nach Teil 3 Abschnitt 5 VV. Davon gibt es aber zahlreiche Ausnahmen, die den Regelungen der Nr. 3500 ff VV vorgehen: **291**

- Für die **Rechtsbeschwerde nach § 574 ZPO** gelten die Nr. 3502, 3503, 3516 VV (s. Rn 304 ff).
- Für die **Nichtzulassungsbeschwerde nach § 544 ZPO** gelten die Nr. 3506 ff, 3516 VV (s. Rn 160 ff).
- Darüber hinaus sind in der Vorbem. 3.2.1 VV Beschwerden in besonderen Verfahrensarten geregelt. Insoweit wird auf § 31 verwiesen.
- Schließlich sind in Nr. 3510 VV noch bestimmte **Beschwerdeverfahren vor dem Bundespatentgericht** gesondert geregelt (s. hierzu § 31 Rn 5).

II. Umfang der Angelegenheit

Beschwerdeverfahren sind immer **besondere Angelegenheiten** (§ 18 Abs. 1 Nr. 3 RVG). Ist eine **weitere Beschwerde** gegeben, so ist auch diese eine eigene selbstständige Angelegenheit (§ 17 Nr. 1 RVG).[152] **Mehrere Beschwerden**, die in einem Verfahren verbunden werden, zählen als eine Angelegenheit. Der Anwalt erhält die Gebühren nur einmal. **292**

Eine Besonderheit gilt nach § 16 Nr. 10 RVG für **Beschwerden gegen den Kostenansatz** einerseits **und die Kostenfestsetzung** andererseits. Hier zählen mehrere Beschwerden im selben Beschwerdezug gebührenrechtlich immer als eine Angelegenheit, auch wenn sie nicht miteinander verbunden sind.[153] **293**

III. Die Gebühren

1. Verfahrensgebühr

Im Beschwerdeverfahren erhält der Anwalt zunächst einmal eine **0,5-Verfahrensgebühr** nach Nr. 3500 VV. **294**

Beispiel 106: Der Anwalt wird mit der Beschwerde gegen die Kostenfestsetzung wegen eines Betrages iHv 1.500 € beauftragt.

---

152 OLG München AGS 2006, 475 = JurBüro 2006, 312 = RVGreport 2006, 307.
153 Zu Einzelheiten s. AnwK-RVG/N. *Schneider*, § 16 Rn 152 ff.

1. 0,5-Verfahrensgebühr, Nr. 3500 VV (Wert: 1.500 €)		57,50 €
2. Postentgeltpauschale, Nr. 7002 VV		11,50 €
Zwischensumme	69,00 €	
3. 19 % Umsatzsteuer, Nr. 7008 VV		13,11 €
Gesamt		**82,11 €**

295 Eine Reduzierung bei **vorzeitiger Erledigung** ist ebenso wenig vorgesehen wie bei bloßem **Verhandeln oder Protokollieren nicht anhängiger Gegenstände.** Es bleibt hier bei einer vollen 0,5-Verfahrensgebühr. Vertritt der Anwalt **mehrere Auftraggeber** wegen desselben Gegenstands, so erhöht sich die Verfahrensgebühr nach Nr. 1008 VV um 0,3 je weiteren Auftraggeber.[154]

296 Die Verfahrensgebühr entsteht auch hier bereits mit **Entgegennahme der Information** (Vorbem. 3 Abs. 2 VV). Für die Entstehung dieser Gebühr ist eine irgendwie geartete Tätigkeit im Beschwerdeverfahren, insbesondere die Prüfung, ob etwas zu veranlassen ist, ausreichend. Die Einreichung eines Schriftsatzes ist nicht erforderlich.[155]

297 Für den Anwalt des Beschwerdegegners entsteht die Vergütung, sobald er auftragsgemäß in irgendeiner Form im Beschwerdeverfahren tätig wird. Die bloße Entgegennahme der Beschwerde und deren Mitteilung an die Partei genügt hierfür allerdings nicht (§ 19 Abs. 1 S. 2 Nr. 9 RVG).[156] Ausreichend ist es jedoch, wenn der Anwalt die Beschwerdeschrift entgegennimmt und prüft, ob etwas zu veranlassen ist, selbst dann, wenn er nichts Weiteres unternimmt.[157] Voraussetzung ist allerdings immer ein **gesonderter Auftrag** für das Beschwerdeverfahren,[158] der auch konkludent erteilt werden kann.

2. Terminsgebühr

298 Kommt es im Beschwerdeverfahren zu einem Termin, so erhält der Anwalt nach Nr. 3513 VV eine 0,5-Terminsgebühr. Die Terminsgebühr kann in allen Fällen der Vorbem. 3 Abs. 3 VV anfallen.

Beispiel 107: In einem Beschwerdeverfahren (Streitwert: 1.500 €) wird mündlich verhandelt.

1. 0,5-Verfahrensgebühr, Nr. 3500 VV (Wert: 1.500 €)		57,50 €
2. 0,5-Terminsgebühr, Nr. 3513 VV (Wert: 1.500 €)		57,50 €
3. Postentgeltpauschale, Nr. 7002 VV		20,00 €
Zwischensumme	135,00 €	
4. 19 % Umsatzsteuer, Nr. 7008 VV		25,65 €
Gesamt		**160,65 €**

299 Eine **Terminsgebühr im schriftlichen Verfahren** entsprechend Anm. Abs. 1 zu Nr. 3104 VV ist hier nicht vorgesehen, zumal im Beschwerdeverfahren eine mündliche Verhandlung grundsätzlich nicht vorgeschrieben ist. Daher kommt auch im Fall des § 278 **Abs. 6 ZPO** eine Terminsgebühr nicht in Betracht.

300 In dem besonderen Fall der Beschwerde gegen den Nichterlass eines Arrestes oder einer einstweiligen Verfügung kann auch eine 1,2-Terminsgebühr nach Nr. 3514 VV in Betracht kommen (wegen des Sachzusammenhangs s. Rn 186 f).

3. Einigungsgebühr

301 Neben der Verfahrens- und ggf einer Terminsgebühr kann auch eine Einigungsgebühr (Nr. 1000 VV) hinzukommen. Die Gebühr entsteht – soweit sie die **im Beschwerdeverfah-**

---

154 OLG München AGS 2006, 475 = JurBüro 2006, 312 = RVGreport 2006, 307.
155 OLG Rostock RVGreport 2006, 308 = MDR 2006, 1194; AG Meißen JurBüro 2005, 594.
156 LG Berlin JurBüro 1984, 62.
157 OLG Hamburg MDR 1994, 522; missverständlich im Leitsatz, zutreffend aber in der Begründung: OLG Koblenz AGS 2004, 67 m. Anm. *N. Schneider* = JurBüro 2004, 32.
158 AnwK-RVG/*N. Schneider*, Nr. 3500 VV Rn 14 f.

ren **anhängigen Gegenstände** betrifft – zu 1,0 (Nr. 1003 VV). Eine Erhöhung nach Nr. 1004 VV für Beschwerdeverfahren, jedenfalls für allgemeine Beschwerdeverfahren, ist nicht vorgesehen.[159] Möglich ist auch eine 1,5-Einigungsgebühr, wenn weitergehende nicht anhängige Gegenstände in eine Einigung einbezogen werden.

4. Gegenstandswert

Soweit in Beschwerdeverfahren Gerichtsgebühren nach dem Wert erhoben werden, gilt § 23 Abs. 1 S. 1 RVG iVm den Wertvorschriften des GKG. **302**

Sofern im Beschwerdeverfahren Gerichtsgebühren unabhängig vom Ausgang des Verfahrens nicht erhoben werden oder sich nicht nach dem Wert richten und sich auch aus dem RVG nichts anderes ergibt, gilt § 23 Abs. 2 S. 1 RVG. Der Wert ist unter Berücksichtigung des Interesses des Beschwerdeführers nach § 23 Abs. 3 S. 2 RVG zu bestimmen. Er kann jedoch nicht höher liegen als der Wert des zugrunde liegenden Verfahrens (§ 23 Abs. 2 S. 1 RVG). Die Werte wechselseitiger Beschwerden werden zusammengerechnet (§ 23 Abs. 2 RVG iVm §§ 39 Abs. 1, 45 Abs. 2 GKG). Im Falle einer Beschwerde in einem Prozesskostenhilfeverfahren ist die vorrangige Regelung des § 23 a RVG zu beachten. **303**

P. Rechtsbeschwerde nach § 574 ZPO

Das Verfahren über eine Rechtsbeschwerde nach § 574 ZPO ist eine eigene selbstständige Angelegenheit (§ 17 Nr. 1 RVG). Der Anwalt erhält eine **1,0-Verfahrensgebühr** nach Nr. 3502 VV iHv 1,0. **304**

Beispiel 108: Der Anwalt wird im Kostenfestsetzungsverfahren beauftragt, gegen die Beschwerdeentscheidung des LG, mit der Kosten für ein vorgerichtliches Gutachten iHv 3.000 € abgesetzt worden sind, Rechtsbeschwerde einzulegen.

1. 1,0-Verfahrensgebühr, Nr. 3502 VV (Wert: 3.000 €)		201,00 €
2. Postentgeltpauschale, Nr. 7002 VV		20,00 €
Zwischensumme	221,00 €	
3. 19 % Umsatzsteuer, Nr. 7008 VV		41,99 €
Gesamt		**262,99 €**

Bei **vorzeitiger Beendigung** des Auftrags ermäßigt sich die Gebühr der Nr. 3502 VV auf eine 0,5-Gebühr (Nr. 3503 VV). Die Anm. zu Nr. 3201 VV gilt entsprechend (Anm. zu Nr. 3503 VV). Sofern der Anwalt für **mehrere Auftraggeber** wegen desselben Gegenstands tätig wird, erhöht sich die Gebühr um 0,3 je weiteren Auftraggeber (Nr. 1008 VV), höchstens um 2,0. **305**

Hinzu kommen kann eine **Terminsgebühr** (Nr. 3516 VV). Auch wenn hier kein gerichtlicher Termin vorgesehen ist und daher auch bei einer Entscheidung im schriftlichen Verfahren keine Terminsgebühr nach Anm. Abs. 1 Nr. 1 zu Nr. 3104 VV anfallen kann, können die Anwälte doch außergerichtliche Verhandlungen zur Vermeidung oder Erledigung iSd Vorbem. 3 Abs. 3 S. 3 Nr. 2 VV führen. **306**

Des Weiteren kann eine **Einigungsgebühr** (Nr. 1000 VV) anfallen. Deren Höhe ergibt sich aus Nr. 1003 VV; eine analoge Anwendung der Nr. 1004 VV kommt nicht in Betracht.[160] **307**

Q. Erinnerung

I. Überblick

Erinnerungen in Verfahren nach Teil 3 VV sind – ebenso wie die Beschwerdeverfahren – in Teil 3 Abschnitt 5 VV, den Nr. 3500 ff VV, geregelt. Die Regelungen, wann Erinnerungs- **308**

---

159 AnwK-RVG/N. *Schneider*, Nr. 3500 VV Rn 39 f.
160 AnwK-RVG/N. *Schneider*, Anhang zu Nr. 1003, 1004 VV Rn 48.

verfahren eine eigene Angelegenheit darstellen, sind allerdings verworren. Abzugrenzen sind die Erinnerungsverfahren sowohl gegenüber der Hauptsache als auch gegenüber anderen Erinnerungsverfahren.

309 **Gegenüber der Hauptsache** ist wie folgt zu differenzieren:

■ **Erinnerungen gegen Entscheidungen des Rechtspflegers** sind grundsätzlich eine eigene Angelegenheit (§ 18 Abs. 1 Nr. 3 RVG); Ausnahme: Vollstreckungserinnerung gem. § 766 ZPO (s. § 28 Rn 38).

■ **Erinnerungen gegen die Kostenfestsetzung** sind ebenfalls eine eigene Angelegenheit (§ 18 Abs. 1 Nr. 3 RVG); Bedeutung hat diese Alternative in den Fällen, in denen die Kostenfestsetzung nicht vom Rechtspfleger vorgenommen wird, sondern zB vom Urkundsbeamten der Geschäftsstelle.

■ **Sonstige Erinnerungen**, also soweit sie sich nicht gegen Entscheidungen des Rechtspflegers richten und auch nicht die Kostenfestsetzung betreffen, sind nach § 19 Abs. 1 S. 2 Nr. 5 RVG Teil des Hauptsacheverfahrens und werden neben den Gebühren der Hauptsache nicht gesondert vergütet. Soweit der Anwalt in diesen Verfahren allerdings **ausschließlich mit der Erinnerung** beauftragt ist, gelten wiederum die Nr. 3500, 3513 VV.

310 Für **mehrere Erinnerungsverfahren untereinander** gilt Folgendes:

■ **Grundsätzlich** zählt jede Erinnerung als eigene Angelegenheit (§ 18 Abs. 1 Nr. 3 RVG).

■ **Wechselseitige Erinnerungen**, die im selben Verfahren geführt werden, gelten als eine Angelegenheit.

■ Bei mehreren Erinnerungsverfahren gegen den Kostenansatz einerseits und die Kostenfestsetzung andererseits ist wiederum zu differenzieren (§ 16 Nr. 10 Buchst. a) RVG):

– Mehrere Erinnerungen gegen den **Kostenansatz**

– zählen, soweit sie **dieselbe Kostenrechnung** betreffen, als eine einzige Angelegenheit. Dies gilt sowohl dann, wenn von derselben Partei mehrere Erinnerungen eingelegt werden, als auch dann, wenn wechselseitig von verschiedenen Parteien Erinnerung eingelegt wird.[161]

– sind jeweils eigene Angelegenheiten, wenn sie sich gegen **verschiedene Kostenrechnungen** richten.[162]

– Mehrere Erinnerungen gegen die **Kostenfestsetzung**

– aus **demselben Kostenfestsetzungsbeschluss** sind wiederum nur eine Angelegenheit iSd § 15 RVG. Die Gebühren entstehen nur einmal; Gleiches gilt, wenn **gegen den auf die Erinnerung ergangenen Abhilfebeschluss** des Rechtspflegers **erneut Erinnerung** eingelegt wird; Verfahrensgegenstand bleibt auch dann die ursprüngliche Festsetzung, jetzt in der Fassung der Abhilfeentscheidung;[163]

– aus **verschiedenen Kostenfestsetzungsbeschlüssen** sind wiederum verschiedene Angelegenheiten.[164]

■ Erinnerungen gegen den Kostenansatz einerseits und Erinnerungen gegen die Kostenfestsetzung andererseits sind stets unterschiedliche Angelegenheiten.

311 Für alle Erinnerungsverfahren gilt, dass das Verfahren mit der ersten Tätigkeit beginnt und ein eventuelles Abhilfeverfahren miterfasst.

Beispiel 109: Der Anwalt legt gegen einen Kostenfestsetzungsbeschluss Erinnerung ein.

a) Der Rechtspfleger hilft der Erinnerung ab.

b) Der Rechtspfleger hilft der Erinnerung nicht ab und legt sie dem Richter vor.

In beiden Fällen liegt nur eine Angelegenheit vor.

---

161 AnwK-RVG/N. *Schneider*, § 16 Rn 206.
162 AnwK-RVG/N. *Schneider*, § 16 Rn 206.
163 BPatGE 27, 235 = MittdtschPatAnw 1986, 151; AnwK-RVG/N. *Schneider*, Nr. 3500 VV Rn 67 mwN.
164 AnwK-RVG/N. *Schneider*, § 16 Rn 212.

Das gilt auch dann, wenn der Richter die Sache dem Rechtspfleger zur erneuten Abhilfe- 312
entscheidung zurückgibt.[165]

Beispiel 110: Der Anwalt legt gegen einen Kostenfestsetzungsbeschluss Erinnerung ein. Der Rechtspfleger hilft der Erinnerung nicht ab und legt sie dem Richter vor. Dieser gibt die Sache zur erneuten Abhilfeentscheidung an den Rechtspfleger zurück, worauf dieser die Sache dem Richter wieder vorlegt, der nunmehr endgültig entscheidet.

Es liegt nur eine Angelegenheit der Erinnerung vor; insbesondere ist kein Fall des § 21 Abs. 1 RVG gegeben.

Wird gegen einen auf eine Erinnerung ergangenen Abhilfebeschluss des Rechtspflegers 313
nunmehr von der Gegenpartei Erinnerung eingelegt, liegt nach § 16 Nr. 10 RVG nur eine
Angelegenheit vor.[166] Verfahrensgegenstand bleibt die ursprüngliche Festsetzung, jetzt in
der Fassung der Abhilfe.

Beispiel 111: Der Anwalt des Klägers legt gegen einen Kostenfestsetzungsbeschluss Erinnerung ein, da nach seiner Auffassung 100 € zu viel festgesetzt worden sind. Der Rechtspfleger hilft der Beschwerde ab. Hiergegen legt der Anwalt des Beklagten für diesen nunmehr Erinnerung ein.

Es liegt nur eine Angelegenheit vor. Die Gebühren entstehen nur einmal.

Ergeht auf eine Beschwerde hin eine Abhilfeentscheidung und wird dagegen nunmehr Er- 314
innerung eingelegt, liegen wiederum zwei verschiedene Angelegenheiten vor, so dass die
Gebühren gesondert entstehen können.

Beispiel 112: Der Anwalt des Klägers legt gegen einen Kostenfestsetzungsbeschluss Beschwerde ein, da nach seiner Auffassung 500 € zu viel festgesetzt worden sind. Der Rechtspfleger hilft der Beschwerde ab. Hiergegen legt der Anwalt des Beklagten für diesen nunmehr Erinnerung ein und wehrt sich dagegen, dass mehr als 400 € abgesetzt worden sind.

Für das Beschwerdeverfahren entsteht die 0,5-Verfahrensgebühr aus Nr. 3500 VV nach einem Wert von 500 €. Mit der Abhilfeentscheidung des Rechtspflegers ist dieses Verfahren beendet. Die hiergegen eingelegte Erinnerung gilt nach § 18 Nr. 3 RVG als neue Angelegenheit.[167]

II. Gebühren

Im Erinnerungsverfahren erhält der Anwalt zunächst einmal eine **0,5-Verfahrensgebühr** 315
nach Nr. 3500 VV.

Beispiel 113: Der Anwalt legt für den Beklagten gegen einen Kostenfestsetzungsbeschluss Erinnerung ein und wendet sich gegen den Ansatz einer Terminsgebühr iHv 226,80 €.

1. 0,5-Verfahrensgebühr, Nr. 3500 VV (Wert: 226,80 €)		22,50 €
2. Postentgeltpauschale, Nr. 7002 VV		4,50 €
Zwischensumme	27,00 €	
3. 19 % Umsatzsteuer, Nr. 7008 VV		5,13 €
Gesamt		**32,13 €**

Eine Ermäßigung bei **vorzeitiger Erledigung** oder Einbeziehung nicht anhängiger Gegen- 316
stände ist nicht vorgesehen. Eine der Nr. 3101 VV vergleichbare Regelung fehlt. Vertritt
der Anwalt **mehrere Auftraggeber** wegen desselben Gegenstands, so erhöht sich die Verfahrensgebühr um 0,3 je weiterer Auftraggeber (Nr. 1008 VV), höchstens jedoch um
2,0.[168]

165 N. *Schneider*, AGS 2005, 187.
166 BPatGE 27, 235 = MittdtschPatAnw 1986, 151; AnwK-RVG/N. *Schneider*, Nr. 3500 VV Rn 67 mwN.
167 AnwK-RVG/N. *Schneider*, Nr. 3500 VV Rn 67.
168 AnwK-RVG/N. *Schneider*, Nr. 3500 VV Rn 73.

Beispiel 114: Wie Beispiel 113; jedoch vertritt der Anwalt zwei Beklagte, die als Gesamtschuldner haften.

1.	0,8-Verfahrensgebühr, Nr. 3500, 1008 VV (Wert: 226,80 €)	36,00 €
2.	Postentgeltpauschale, Nr. 7002 VV	7,20 €
	Zwischensumme	43,20 €
3.	19 % Umsatzsteuer, Nr. 7008 VV	8,21 €
	Gesamt	**51,41 €**

317   Findet im Erinnerungsverfahren ausnahmsweise ein Termin iSd Vorbem. 3 Abs. 3 VV statt, so erhält der Anwalt nach Nr. 3513 VV eine **0,5-Terminsgebühr**.[169] Möglich ist auch eine **Einigungsgebühr** (Nr. 1000, 1003 VV), auch wenn diese die Ausnahme sein dürfte.

III. Gegenstandswert

318   Der Gegenstandswert des Erinnerungsverfahrens muss nicht mit dem des Hauptverfahrens identisch sein. Sofern keine gesetzliche Regelung besteht, ist das Interesse des Erinnerungsführers maßgebend, das dieser verfolgt (§ 23 Abs. 2 S. 3 iVm Abs. 2 S. 1 und 2, Abs. 3 S. 2 RVG).

R. Besondere zivilrechtliche Verfahren

I. Aufgebotsverfahren

319   Die Vertretung im Aufgebotsverfahren ist in Teil 3 Abschnitt 1 Unterabschnitt 6 VV geregelt.

320   Der Anwalt erhält für die Vertretung im Aufgebotsverfahren zunächst eine **1,0-Verfahrensgebühr** nach Nr. 3324 VV. Die Gebühr entsteht mit der ersten Tätigkeit, idR mit der Entgegennahme der Informationen nach Auftragserteilung (Vorbem. 3 Abs. 2 VV). Bei **vorzeitiger Erledigung** ermäßigt sich die Verfahrensgebühr gem. Nr. 3337 VV auf 0,5. Vertritt der Anwalt **mehrere Auftraggeber**, so erhöht sich sowohl die 1,0-Verfahrensgebühr der Nr. 3324 VV als auch die 0,5-Verfahrensgebühr der Nr. 3337 VV für jeden weiteren Auftraggeber nach Nr. 1008 VV um 0,3, höchstens um 2,0.

321   Darüber hinaus kann der Anwalt eine **0,5-Terminsgebühr** nach Nr. 3332 VV verdienen. Die Gebühr entsteht insbesondere für die Wahrnehmung des Aufgebotstermins. Sie kann auch unter den weiteren Voraussetzungen der Vorbem. 3 Abs. 3 VV und denen der Anm. Abs. 1 zu Nr. 3104 VV entstehen. Stellt der Anwalt schriftlich vor dem Termin den Antrag auf Erlass eines Ausschlussurteils nach § 952 Abs. 2 ZPO, entsteht ebenfalls die Terminsgebühr, denn dieser Antrag steht einem in der Sitzung gestellten Antrag nach § 952 Abs. 2 ZPO gleich.

322   Zusätzlich kann für die Mitwirkung beim Abschluss einer Einigung eine **Einigungsgebühr** anfallen, bei anhängigen Aufgebotsverfahren eine 1,0-Gebühr nach Nr. 1003 VV, ansonsten iHv 1,5 nach Nr. 1000 VV.

323   Der **Streitwert** des Aufgebotsverfahrens wird von dem Gericht nach freiem Ermessen festgesetzt (§ 3 ZPO). Er richtet sich regelmäßig nach dem Interesse des Antragstellers, das sich nicht mit dem Wert des auszuschließenden Rechts decken muss.[170] Ist unbekannt, in welcher Höhe das Recht valutiert, so entspricht der Streitwert dem Nennbetrag des Rechts.[171]

---

169   AnwK-RVG/N. *Schneider*, Nr. 3500 VV Rn 76.
170   LG Hildesheim NJW 1964, 1232.
171   LG Potsdam AGS 2008, 361.

II. Verfahren nach § 148 Abs. 1 und 2, §§ 246 a, 319 Abs. 6 AktG, auch iVm § 327e Abs. 2 AktG, oder nach § 16 Abs. 3 UmwG

In Verfahren nach § 148 Abs. 1 und 2, §§ 246 a, 319 Abs. 6 AktG, auch iVm § 327 e Abs. 2 AktG, oder nach § 16 Abs. 3 UmwG erhält der Anwalt eine **Verfahrensgebühr** iHv 0,75. Die Verfahrensgebühr der Nr. 3235 VV entsteht dem Prozessbevollmächtigten gesondert neben den Gebühren für das Klageverfahren und ist auch nicht auf diese anzurechnen. Im Falle der **vorzeitigen Beendigung** des Auftrags reduziert sich die Verfahrensgebühr gem. Nr. 3337 VV auf 0,5. Bei Vertretung **mehrerer Auftraggeber** erhöht sich die Gebühr um 0,3 je weiterer Auftraggeber, höchstens um 2,0.   324

Hinzu kommen kann eine 0,5-**Terminsgebühr** nach Nr. 3332 VV, die unter den Voraussetzungen der Vorbem. 3 Abs. 3 VV entstehen kann.   325

Der **Streitwert** bestimmt sich nach § 3 ZPO (§ 53 Abs. 1 S. 1 Nr. 4 und 5 GKG). Er darf jedoch ein Zehntel des Grundkapitals oder Stammkapitals des übertragenden oder formwechselnden Rechtsträgers oder, falls der übertragende oder formwechselnde Rechtsträger ein Grundkapital oder Stammkapital nicht hat, ein Zehntel des Vermögens dieses Rechtsträgers, höchstens jedoch 500.000 €, nur insoweit übersteigen, als die Bedeutung der Sache für die Parteien höher zu bewerten ist (§ 53 Abs. 1 S. 2 GKG).   326

III. Verfahrensgebühr für ein Verteilungsverfahren außerhalb der Zwangsversteigerung und der Zwangsverwaltung

1. Anwendungsbereich

Für gerichtliche Verteilungsverfahren außerhalb der Zwangsversteigerung und der Zwangsverwaltung erhält der Anwalt die Vergütung nach Nr. 3333 VV. Anwendbar ist die Vorschrift nur soweit, als das RVG keine eigenen Regelungen enthält. Daher ist Nr. 3333 VV nicht anwendbar   327

- in Verteilungsverfahren gem. §§ 858 Abs. 5, 872 bis 877, 882 ZPO (es gelten die Nr. 3309, 3310 VV);
- in Schifffahrtsrechtlichen Verteilungsverfahren (es gelten die Nr. 3313 ff VV; s. § 31 Rn 55 ff).

2. Vergütung

Für die Vertretung in dem gesamten – gerichtlichen und/oder außergerichtlichen – Verteilungsverfahren erhält der Anwalt eine 0,4-**Verfahrensgebühr** gem. Nr. 3333 VV. Eine Ermäßigung der Gebühr bei vorzeitiger Erledigung ist nicht vorgesehen.   328

Eine **Terminsgebühr** ist nach Anm. S. 2 zu Nr. 3333 VV ausdrücklich ausgeschlossen. Hinzu kommen kann jedoch eine **Einigungsgebühr** nach den Nr. 1000 ff VV. Die **Auslagen** richten sich nach Teil 7 VV. Der **Gegenstandswert** für die Tätigkeit bestimmt sich gem. Anm. S. 1 zu Nr. 3333 VV nach § 26 Nr. 1 und 2 RVG.   329

IV. Verfahren vor dem OLG nach § 16 Abs. 4 UrhWG

In Verfahren vor dem OLG nach § 16 Abs. 4 UrhWG erhält der Anwalt eine 1,6-**Verfahrensgebühr** nach Nr. 3300 Nr. 1 VV. Die Gebühr entsteht unter den Voraussetzungen der Vorbem. 3 Abs. 2 VV. Im Falle **vorzeitiger Beendigung** des Auftrags reduziert sich der Gebührensatz auf 1,0 (Nr. 3301 VV). Hinsichtlich der Voraussetzungen der Ermäßigung wird auf die Anm. zu Nr. 3201 VV Bezug genommen (Anm. zu Nr. 3301 VV).   330

Hat der Anwalt den Auftraggeber bereits in dem nach § 15 Abs. 1 UrhWG vor Klageerhebung vorgeschriebenen Verfahren vor der Schiedsstelle (§ 14 UrhWG) vertreten, ist die dort verdiente Geschäftsgebühr der Nr. 2303 Nr. 1 VV hälftig auf die Verfahrensgebühr der Nr. 3300 VV **anzurechnen** (Vorbem. 3 Abs. 4 VV).   331

332   Unter den Voraussetzungen der Vorbem. 3 Abs. 3 VV erhält der Anwalt gem. Vorbem.
       3.3.1 VV eine **1,2-Terminsgebühr** nach Nr. 3104 VV.

333   Der **Streitwert** richtet sich nach § 23 Abs. 1 RVG iVm § 48 Abs. 1 S. 1 GKG, § 3 ZPO.

V. Verfahren vor dem OLG oder dem BGH wegen überlanger Verfahrensdauer

334   In erstinstanzlichen Verfahren nach dem Gesetz über den Rechtsschutz bei überlangen Ge-
       richtsverfahren und strafrechtlichen Ermittlungsverfahren[172] richtet sich die Vergütung,
       obwohl es sich um erstinstanzliche Verfahren handelt, nicht nach Teil 3 Abschnitt 1 VV
       (also nach den Nr. 3100, 3101 VV), sondern nach Teil 3 Abschnitt 3 Unterabschnitt 1 VV
       (also den Nr. 3300, 3301 VV).

335   Der Anwalt erhält eine **1,6-Verfahrensgebühr** nach Nr. 3300 Nr. 3 VV, die sich nach
       Nr. 3301 VV im Falle der vorzeitigen Beendigung unter den Voraussetzungen der Anm.
       Abs. 2 zu Nr. 3201 VV auf 1,0 ermäßigt. Die 1,6-Verfahrensgebühr gilt auch in erstin-
       stanzlichen Verfahren vor dem BGH. Soweit der Anwalt mehrere Auftraggeber vertritt,
       die denselben Entschädigungsanspruch geltend machen, erhöht sich die Verfahrensgebühr
       um 0,3 je weiteren Auftraggeber (Nr. 1008 VV).

336   War der Anwalt zunächst außergerichtlich tätig und hatte er dort eine Geschäftsgebühr
       verdient, so ist diese Geschäftsgebühr gem. Vorbem. 3 Abs. 4 VV hälftig, höchstens zu
       0,75, auf die Verfahrensgebühr anzurechnen.

337   Die **Terminsgebühr** ist nicht gesondert geregelt. Sie bestimmt sich vielmehr gem. Vorbem.
       3.3.1 VV nach Teil 3 Abschnitt 1 VV. Ihre Höhe beläuft sich gem. Nr. 3104 VV auf 1,2
       und in den Fällen der Nr. 3105 VV auf 0,5. Soweit hier eine Entscheidung im schriftlichen
       Verfahren ergeht oder ein schriftlicher Vergleich geschlossen wird, kann die Terminsge-
       bühr nach Anm. Abs. 1 Nr. 1 zu Nr. 3104 VV auch ohne mündliche Verhandlung entste-
       hen, da es sich durchweg um Verfahren mit vorgeschriebener mündlicher Verhandlung
       handelt. Selbstverständlich kann die Terminsgebühr auch durch Besprechungen iSd Vor-
       bem. 3 Abs. 3 S. 3 Nr. 2 VV ausgelöst werden.

338   Im Falle einer **Einigung** entsteht lediglich eine 1,0-Gebühr nach Nr. 1000, 1003 VV, da es
       sich um erstinstanzliche Verfahren handelt. Auf eine Anhebung des Gebührensatzes für die
       Einigungsgebühr hat der Gesetzgeber bewusst verzichtet.

339   Für die **Revisionen** und **Nichtzulassungsbeschwerden** in diesen Verfahren bleibt es bei den
       allgemeinen Regelungen. Hier gelten jeweils die Gebühren nach Teil 3 Abschnitt 2 VV
       (Nr. 3206 ff VV), die auch in sonstigen zivilrechtlichen Revisions- und Nichtzulassungsbe-
       schwerdeverfahren anzuwenden sind.

---

172   Vom 24.11.2011 (BGBl. I S. 2302).

§ 14 Vertretung in Familiensachen

A. Überblick

In Familiensachen gelten grundsätzlich die gleichen Vergütungsregelungen wie in allgemeinen Zivilsachen. Zu beachten sind jedoch zahlreiche **spezielle Regelungen**, die sich aus den besonderen Verfahrensgestaltungen in Familiensachen ergeben.

1

B. Außergerichtliche Vertretung

Für die außergerichtliche Vertretung gelten keine Besonderheiten. Der Anwalt erhält auch hier für das Betreiben des Geschäfts einschließlich der Mitwirkung an der Gestaltung eines Vertrages, zB eines Ehevertrages (Vorbem. 2 Abs. 3 VV), eine **Geschäftsgebühr** nach Nr. 2300 VV. Insoweit kann auf die Ausführungen in § 13 Rn 2 ff Bezug genommen werden.

2

Hinzu kommen kann eine **Einigungsgebühr** nach Nr. 1000 VV (s. dazu § 9 Rn 9 ff). Eine Einigungsgebühr ist in Ehesachen und in Lebenspartnerschaftssachen (§ 269 Abs. 1 Nr. 1 und 2 FamFG) nicht möglich (Anm. Abs. 5 S. 1 zu Nr. 1000 VV); stattdessen kann allerdings eine **Aussöhnungsgebühr** nach Nr. 1001 VV anfallen (s. § 9 Rn 29 ff). In Kindschaftssachen (§§ 151 ff FamFG) ist dagegen eine Einigung möglich, wie sich aus Anm. Abs. 5 S. 3 zu Nr. 1000 VV ergibt.

3

Kann der Gegenstand der außergerichtlichen Vertretung auch **Gegenstand eines gerichtlichen Verfahrens** sein, gilt auch hier § 23 Abs. 1 S. 3 RVG, wonach auf den Wert des entsprechenden gerichtlichen Verfahrens abzustellen ist. Das kann ggf Schwierigkeiten bereiten, wenn mehrere gerichtliche Verfahren in Betracht kommen (zB Umgangsrecht als isoliertes Verfahren oder als Folgesache im Verbund). Hier wird man grundsätzlich auf den Wert eines isolierten Verfahrens abstellen.

4

Kann der Gegenstand der außergerichtlichen Vertretung **nicht Gegenstand eines gerichtlichen Verfahrens** sein, gilt § 23 Abs. 3 RVG. Hier ist insbesondere die Verweisung auf § 100 Abs. 1 S. 1 GNotKG für die **Mitwirkung an Eheverträgen** von Bedeutung.

5

C. Vertretung in erstinstanzlichen gerichtlichen Verfahren

I. Überblick

Die Vergütung des Anwalts in erstinstanzlichen gerichtlichen Verfahren richtet sich auch in Familiensachen nach **Teil 3 Abschnitt 1 VV** (Nr. 3100 ff VV). Hinzu kommen die **Allgemeinen Gebühren** nach Teil 1 VV (insbesondere Einigungs- und Aussöhnungsgebühr, Nr. 1000, 1001 VV).

6

II. Ehesache

Der Anwalt erhält im Falle einer **isolierten Ehesache** eine Verfahrensgebühr (Nr. 3100 VV) sowie eine Terminsgebühr (Nr. 3104 VV). Eine Reduzierung der Terminsgebühr auf 0,5 (Nr. 3105 VV) kommt nur für den Anwalt des Antragsgegners in Betracht, da der Scheidungsantrag durch Versäumnisbeschluss zwar als zurückgenommen abgewiesen (§ 130 FamFG), nicht aber zugesprochen werden kann. Auch eine Einigungsgebühr kann nicht entstehen (Anm. Abs. 5 S. 1 zu Nr. 1000 VV). Es kommt allerdings die Aussöhnungsgebühr nach Nr. 1001 VV in Betracht (s. § 9 Rn 29 ff), die sich gem. Nr. 1003 VV lediglich auf 1,0 beläuft.

7

Der **Verfahrenswert** richtet sich nach § 43 FamGKG. Das Gericht hat den Wert unter Berücksichtigung aller Umstände des Einzelfalles, insbesondere des Umfangs und der Bedeutung der Sache sowie der Vermögens- und Einkommensverhältnisse der Ehegatten, zu bemessen (§ 43 Abs. 1 S. 1 FamGKG). Hinsichtlich der Einkommensverhältnisse ist auf das

8

in drei Monaten erzielte Nettoeinkommen beider Eheleute abzustellen (§ 43 Abs. 2 FamGKG). Welche Einkünfte hier im Einzelnen zu berücksichtigen sind, ist in der Rspr umstritten.[1] Unterschiedlich gehandhabt wird zudem, ob Freibeträge für Kinder abzuziehen sind.[2] Der Wert der Scheidung muss mindestens 3.000 € betragen, er darf jedoch den Betrag von 1 Mio. € nicht übersteigen (§ 43 Abs. 2 S. 2 FamGKG). Eine pauschale Bewertung mit dem Mindestwert im Falle beiderseitiger Verfahrenskostenhilfe ist verfassungswidrig.[3]

III. Isolierte Familienstreitsachen

1. Überblick

9   In isolierten Familienstreitsachen gelten die Gebühren nach Teil 3 Abschnitt 1 VV (Nr. 3100 ff VV). Der Verfahrenswert richtet sich nach dem FamGKG.

2. Unterhalt

10   In Verfahren auf **Ehegatten- oder Kindesunterhalt** erhält der Anwalt die Gebühren nach den Nr. 3100 ff VV, also eine 1,3-Verfahrensgebühr sowie eine 1,2-Terminsgebühr, wobei eine Ermäßigung nach Nr. 3105 VV in Betracht kommt. Die 0,5-Terminsgebühr kann auch bei einem Versäumnisbeschluss im schriftlichen Vorverfahren entstehen.[4] Möglich ist auch eine Einigungsgebühr (Nr. 1000 ff VV).

11   Der **Verfahrenswert** richtet sich nach §§ 35, 51 FamGKG. Maßgebend ist für den laufenden Unterhalt der Betrag, der für die auf die Antragseinreichung folgenden zwölf Monate verlangt wird, höchstens jedoch der Gesamtbetrag der geforderten Leistung (§ 51 Abs. 1 S. 1 FamGKG). Bei Unterhaltsansprüchen nach den §§ 1612 a bis 1612 c BGB ist vom prozentualen Mindestbetrag der Altersstufe auszugehen, der im Zeitpunkt der Einreichung des Antrags maßgebend ist (§ 51 Abs. 1 S. 2 FamGKG). Die bei Einreichung des Antrags fälligen Beträge sind hinzuzurechnen (§ 51 Abs. 2 S. 1 FamGKG). Da der Unterhalt am Ersten eines Monats im Voraus zu zahlen ist (§ 1612 Abs. 3 S. 1 BGB), ist auch der Wert des laufenden Monats hinzuzurechnen.

Beispiel 1: Die Antragstellerin reicht im Mai 2014 einen Antrag auf Zahlung von 500 € Unterhalt monatlich ab Mai 2014 ein.

Für die Monate Juni 2014 bis Mai 2015 ist ein Wert iHv 12 x 500 € = 6.000 € anzusetzen. Hinzu kommt der fällige Betrag für den Monat Juni 2014, so dass sich ein Gesamtwert iHv 6.500 € ergibt.

12   Bei einem **Stufenantrag** sind die Werte für jeden einzelnen Stufenantrag gesondert zu ermitteln. Es wird dann allerdings entgegen § 33 Abs. 1 FamGKG nicht addiert. Maßgebend ist vielmehr gem. § 38 FamGKG nur der höhere Wert. Allerdings kann bei einem sog. steckengebliebenen Stufenantrag für die Terminsgebühr nur der geringere Wert des Auskunftsantrags maßgebend sein. Dieser Wert ist dann ggf. im Verfahren nach § 33 RVG gesondert festzusetzen.[5]

Beispiel 2: Die Antragstellerin verlangt Unterhalt und geht im Wege des Stufenantrags (Auskunft und Zahlung) gegen den Antragsgegner vor. Über den Auskunftsantrag wird verhandelt. Sodann wird die Auskunft erteilt und der Stufenantrag zurückgenommen. Die Werte werden wie folgt festgesetzt: Auskunft 1.500 €; Leistung 6.000 €.

---

1   Siehe dazu Schneider/Herget/*Thiel*, Streitwert-Kommentar, Rn 7085; Schneider/Volpert/Fölsch/*Thiel*, FamGKG, § 43 Rn 10 ff.
2   Siehe dazu Schneider/Herget/*Thiel*, Streitwert-Kommentar, Rn 7170 ff; Schneider/Volpert/Fölsch/*Thiel*, FamGKG, § 43 Rn 64 ff.
3   BVerfG AGS 2005, 424 = NJW 2005, 2980 = FamRZ 2006, 24; BVerfG AGS 2006, 352 = RVGreport 2006, 238.
4   OLG Hamm AGS 2012, 16 = FamRZ 2012, 246 = NJW-Spezial 2011, 699 = RVGreport 2012, 108.
5   OLG Köln AG kompakt 2012, 31.

Die Verfahrensgebühr (Nr. 3100 VV) ist aus dem höheren Wert des Zahlungsantrags angefallen. Die Terminsgebühr (Nr. 3104 VV) ist dagegen nur aus dem geringeren Wert des Auskunftsantrags entstanden.

1. 1,3-Verfahrensgebühr, Nr. 3100 VV (Wert: 6.000 €)	460,20 €
2. 1,2-Terminsgebühr, Nr. 3104 VV (Wert: 1.500 €)	138,00 €
3. Postentgeltpauschale, Nr. 7002 VV	20,00 €
Zwischensumme	618,20 €
4. 19 % Umsatzsteuer, Nr. 7008 VV	117,46 €
Gesamt	**735,66 €**

Kommt es **nicht** zu einer **Bezifferung**, so sind für die Bewertung des Zahlungsanspruchs die Vorstellungen des Antragstellers bei Einleitung des Verfahrens maßgebend.[6] Sind auch dafür keine Anhaltspunkte gegeben, ist auf den Auffangwert des § 42 Abs. 3 FamGKG abzustellen.[7]   **12a**

Wird lediglich **Abänderung** des Unterhalts verlangt, so gelten die gleichen Bewertungsgrundsätze. Es kommt dann allerdings nur auf die verlangten Abänderungsbeträge an. Wird **wechselseitig Abänderung** verlangt, sind die Werte von Antrag- und Widerantrag zusammenzurechnen (§ 39 Abs. 1 S. 1 FamGKG). Es liegt nicht derselbe Verfahrensgegenstand zugrunde.[8]   **13**

Wird ein Verfahren auf **Feststellung der Vaterschaft** mit einem Antrag auf Unterhalt verbunden, so gilt nach § 33 Abs. 1 S. 2 FamGKG nur der höhere Wert, idR also der Wert des Unterhaltsantrags, so dass der Wert der Vaterschaftsfeststellung dann außer Ansatz bleibt.[9]   **13a**

3. Zugewinnausgleich

Wird Zugewinnausgleich verlangt, erhält der Anwalt wiederum eine 1,3-Verfahrensgebühr (Nr. 3100 VV) sowie eine 1,2-Terminsgebühr (Nr. 3104 VV), wobei eine Ermäßigung nach Nr. 3105 VV möglich ist. Im Falle der Einigung kommt eine 1,0-Einigungsgebühr (Nr. 1000 VV) hinzu.   **14**

Der **Verfahrenswert** richtet sich nach dem Wert der beantragten Zugewinnausgleichsforderung (§ 35 FamGKG). Wird **wechselseitig Zugewinn** verlangt, sind die Verfahrenswerte von Antrag und Widerantrag zu addieren (§ 39 Abs. 1 S. 1 FamGKG). Es liegt nicht derselbe Verfahrensgegenstand zugrunde.[10] Bei einem Stufenantrag gilt auch hier nur der höhere Wert (§ 38 FamGKG).   **15**

Verlangt der Beklagte hilfsweise die **Stundung der Zugewinnforderung** oder die **Zuweisung bestimmter Vermögensgegenstände** unter Anrechnung auf den Zugewinn, so handelt es sich insoweit um einen eigenen selbstständigen Gegenstand, der den Verfahrenswert erhöht, soweit eine Entscheidung darüber ergeht (§ 52 FamGKG). Maßgeblich ist für den Stundungsantrag das Interesse des Antragsgegners, die Kosten einer Finanzierung der Forderung zu ersparen,[11] und für den Zuweisungsantrag der Verkehrswert der betreffenden Gegenstände.[12]   **16**

---

6   OLG Jena AGS 2013, 469 = JurBüro 2013, 26 = FamRZ 2013, 489; OLG Hamm AGS 2014, 523; OLG Stuttgart AGS 2012, 33 = FamRZ 2012, 393.
7   OLG Hamm AGS 2012, 194 = FamRZ 2011, 582; OLG Hamm AGS 2013, 589.
8   OLG München AGS 2007, 364 = FamRZ 2007; aA OLG Hamm AGS 2004, 32 m. abl. Anm. N. *Schneider*.
9   OLG Hamm JurBüro 1984, 1214 = FamRZ 1984, 820.
10 OLG Celle AGS 2010, 614 = FamRZ 2011, 134 = NJW-RR 2011, 223 = RVGreport 2011, 237; OLG Stuttgart AGS 2007, 47 = FamRZ 2006, 1055; OLG Köln FamRZ 2001, 1386 = MDR 2001, 941; OLG Köln AGS 2014, 282 = JurBüro 2014, 535 = FamRZ 2014, 1800; aA (es gilt nur der höhere Wert) OLG Hamm RVGreport 2007, 38.
11 OLG Köln AGS 2003, 362 m. Anm. N. *Schneider*; Schneider/Volpert/Fölsch/N. *Schneider*, FamGKG, § 53 Rn 56.
12 Schneider/Volpert/Fölsch/N. *Schneider*, FamGKG, § 53 Rn 57.

4. Sonstige Familienstreitsachen

17 In sonstigen Familienstreitsachen nach § 266 FamFG erhält der Anwalt die Gebühren nach den Nr. 3100 ff VV.

18 Zu solchen Verfahren zählen insbesondere Streitigkeiten im Zusammenhang mit der **steuerlichen Veranlagung der Ehegatten** (Zustimmung zum Realsplitting oder Abgabe der Anlage U zur Einkommensteuererklärung, Schadensersatz wegen unterlassener gemeinsamer Steuerveranlagung etc.). Der Verfahrenswert ist gem. § 42 Abs. 1 FamGKG nach dem Steuervorteil zu bemessen, der sich für den Antragsteller bei Abgabe der Zustimmungserklärung ergibt. Ein Abschlag, weil „nur" die Abgabe einer Willenserklärung beantragt wird, ist nicht vorzunehmen.

19 Wird anlässlich der Trennung oder Scheidung **Freistellung gemeinschaftlich eingegangener Verpflichtungen** verlangt, bemisst sich der Verfahrenswert nach dem Wert der Forderungen, von denen der Antragsteller freigestellt werden will. Sofern nur die hälftige Freistellung beantragt wird, ist auch nur der hälftige Wert anzusetzen.

19a Bei einem Antrag auf **vorzeitigen Zugewinnausgleich** (§§ 1385 ff BGB) richtet sich der Wert nach § 42 Abs. 1 FamGKG. Es ist idR nicht der volle Wert anzusetzen, sondern nur ein Bruchteil, da es sich um einen Gestaltungsantrag handelt.[13] Fehlen konkrete Angaben, ist der Regelwert des § 42 Abs. 3 FamGKG mit 5.000 € anzusetzen.[14]

19b Wird ein Antrag auf Zahlung einer **Nutzungsentschädigung** für die Zeit nach Rechtskraft der Scheidung gestellt, richtet sich der Wert nach § 42 Abs. 1 FamGKG. Dabei ist in entsprechender Anwendung des § 51 FamGKG der Wert der zukünftigen Beträge mit dem Jahreswert anzusetzen. Fällige Beträge sind hinzuzusetzen.[15]

IV. Isolierte Familiensachen der freiwilligen Gerichtsbarkeit

1. Überblick

20 Auch in isolierten Familiensachen der freiwilligen Gerichtsbarkeit richten sich die Gebühren ebenfalls nach **Teil 3 Abschnitt 1 VV.** Der Anwalt erhält also auch hier eine **Verfahrensgebühr** nach Nr. 3100 VV. Eine Ermäßigung nach Nr. 3101 Nr. 1 und 2 VV ist möglich.

21 Darüber hinaus kommt eine Ermäßigung auf 0,8 nach Nr. 3101 Nr. 3 VV in Betracht, wenn der Anwalt in einer Familiensache der freiwilligen Gerichtsbarkeit

- lediglich einen Antrag gestellt hat und
- eine Entscheidung des Gerichts entgegengenommen wird.

22 Die Ermäßigung gilt erst recht, wenn nur ein Antrag gestellt oder nur eine Entscheidung des Gerichts entgegengenommen wird. Ausgeschlossen ist der Ermäßigungstatbestand der Nr. 3101 Nr. 3 VV nach Abs. 2 der Anm. zu Nr. 3101 VV für **streitige Verfahren** der freiwilligen Gerichtsbarkeit; er gilt also nur für nichtstreitige Verfahren, zB Genehmigungsverfahren. Zu Sinn und Zweck dieser Regelung s. § 16 Rn 13.

23 Des Weiteren entsteht unter den Voraussetzungen der Vorbem. 3 Abs. 3 VV oder der Anm. Abs. 1 Nr. 1 zu Nr. 3104 VV eine **1,2-Terminsgebühr** nach Nr. 3104 VV. Eine Ermäßigung auf eine 0,5-Terminsgebühr nach Nr. 3105 VV kommt in Familiensachen der freiwilligen Gerichtsbarkeit nicht in Betracht, da ein Versäumnisbeschluss nicht möglich ist.

---

13 BGH NJW 1973, 369; OLG Karlsruhe AGS 2015, 34.
14 OLG Schleswig AGS 2012, 35 = FamRZ 2012, 897 = RVGreport 2012, 197; OLG Köln AGS 2014, 567 = MDR 2014, 1091 = NJW-Spezial 2015, 27.
15 OLG Naumburg AGS 2015, 36 = NJW-Spezial 2015, 59; aA OLG Frankfurt AGS 2013, 341 = FamRZ 2014, 1732 = NJW-Spezial 2013, 539, das § 9 ZPO analog anwendet; unzutreffend OLG Hamm AGS 2013, 183 = FamRZ 2013, 1421 = NJW-Spezial 2013, 285, das § 48 Abs. 1 FamGKG analog anwenden will.

Strittig ist hier, ob eine **Terminsgebühr** nach **Anm. Abs. 1 Nr. 1 zu Nr. 3104 VV** bei einer Entscheidung **ohne mündliche Verhandlung** oder bei Abschluss eines **schriftlichen Vergleichs** anfallen kann. Hintergrund ist, dass in Familiensachen der freiwilligen Gerichtsbarkeit eine mündliche Verhandlung grundsätzlich nicht vorgesehen ist, da in Verfahren der freiwilligen Gerichtsbarkeit nicht mündlich verhandelt, sondern erörtert wird (vgl § 32 FamFG). Diese Erörterung in Familiensachen der freiwilligen Gerichtsbarkeit steht aber der Verhandlung in den sonstigen Verfahren gleich, so dass die Anm. Abs. 1 Nr. 1 zu Nr. 3104 VV so zu lesen ist, dass es sich um ein Verfahren handeln muss, in dem eine **Erörterung** vorgeschrieben ist. Dabei wiederum reicht es aus, dass das Gesetz davon spricht, es *solle* erörtert werden. Die gesetzliche Formulierung „soll" bedeutet in diesem Zusammenhang, dass das Gericht mündlich erörtern muss, wenn einer der Beteiligten dies beantragt. Nur wenn alle Beteiligten durch Unterlassen des Antrags im Termin konkludent zu erkennen geben, dass sie mit einer Entscheidung im schriftlichen Verfahren einverstanden sind, darf das Gericht ohne Erörterungstermin entscheiden. Auch Sinn und Zweck der Anm. Abs. 1 Nr. 1 zu Nr. 3104 VV sprechen für deren Anwendung. Es wäre beim besten Willen nicht einzusehen, wieso für die Anwälte ein Anreiz geschaffen werden soll, in Familienstreitsachen den obligatorischen gerichtlichen Termin entbehrlich zu machen, in Familiensachen der freiwilligen Gerichtsbarkeit den obligatorischen Erörterungstermin aber nicht. Diese Gesetzesauslegung würde nicht dem Willen des Gesetzgebers entsprechen, durch einen Gebührenanreiz eine Vereinfachung und Beschleunigung der Verfahren und eine Entlastung der Gerichte zu erreichen. Dies alles spricht dafür, Anm. Abs. 1 Nr. 1 zu Nr. 3104 VV in diesen Fällen **entsprechend anzuwenden** und eine Terminsgebühr zu gewähren.[16] 24

Hinzu kommen kann eine **Einigungsgebühr** nach den Nr. 1000 ff VV. 25

2. Vermittlungsverfahren nach § 165 FamFG

Im Vermittlungsverfahren nach § 165 FamFG erhält der Anwalt die Vergütung nach den Nr. 3100 ff VV, also eine 1,3-Verfahrensgebühr nach Nr. 3100 VV und unter den Voraussetzungen der Vorbem. 3 Abs. 3 VV eine 1,2-Terminsgebühr nach Nr. 3104 VV. Möglich ist auch eine 1,0-Einigungsgebühr (Nr. 1000, 1003 VV). 26

Kommt es im Anschluss an das Vermittlungsverfahren zu einem gerichtlichen Umgangsrechtsverfahren, ist dies nach § 17 Nr. 8 RVG eine neue Angelegenheit. Allerdings wird die Verfahrensgebühr des Vermittlungsverfahrens auf die Verfahrensgebühr des nachfolgenden Umgangsrechtsverfahrens **angerechnet**. Eine Terminsgebühr bleibt anrechnungsfrei. Zur Anrechnung s. Rn 35. 27

Der **Verfahrenswert** bemisst sich nach § 45 FamGKG.[17] 28

3. Kindschaftssachen

In Kindschaftssachen, also in Verfahren über das **Umgangsrecht**, die **elterliche Sorge**, das **Recht auf Auskunft über die persönlichen Verhältnisse des Kindes** oder die **Herausgabe eines Kindes** (§ 151 FamFG), erhält der Anwalt eine 1,3-Verfahrensgebühr (Nr. 3100 VV) und unter den Voraussetzungen der Vorbem. 3 Abs. 3 VV eine 1,2-Terminsgebühr (Nr. 3104 VV). 29

---

16 Zutreffend OLG Stuttgart AGS 2010, 586 = NJW 2010, 3524 = FamRZ 2011, 591; AG Auerbach AGS 2013, 238 = FamRZ 2013, 729; *N. Schneider*, Gebühren in Familiensachen, Rn 405 ff; *Keuter*, NJW 2009, 2922; aA OLG Rostock AGS 2011, 588; OLG Celle AGS 2011, 590 = NJW 2011, 3793 = JurBüro 2011, 641; OLG München AGS 2012, 134 = FamRZ 2012, 1582 = FF 2012, 466; OLG Koblenz AGS 2008, 339 = FamRZ 2008, 1971; OLG Hamm AGS 2012, 562 = NJW-RR 2013, 318 = FamFR 2012, 543 = FamRZ 2013, 728; OLG Schleswig SchlHA 2013, 255 = NJW-Spezial 2013, 315; Gerold/Schmidt/*Müller-Rabe*, Nr. 3104 VV Rn 33 f.
17 OLG Nürnberg AGS 2006, 248.

30 Strittig war nach der früheren Fassung der Vorbem. 3 Abs. 3 VV, ob die Teilnahme an **Anhörungsterminen** bereits die **Terminsgebühr** auslöste.[18] Nach der Neufassung der Vorbem. 3 Abs. 1 S. 1 VV durch das 2. KostRMoG zum 1.8.2013 lösen jetzt auch Anhörungstermine eine Terminsgebühr aus.

31 Auch dann, wenn über das Sorge- oder das Umgangsrecht im Einverständnis der Parteien **ohne mündliche Verhandlung** entschieden wird, entsteht die Terminsgebühr und zwar nach Anm. Abs. 1 Nr. 1 zu Nr. 3104 VV (s. Rn 24).

32 Möglich ist weiterhin eine **Einigungsgebühr**. Das ist zwischenzeitlich durch Anm. Abs. 2 zu Nr. 1000 VV geklärt.

33 Der **Verfahrenswert** bemisst sich nach § 45 FamGKG. Es ist von einem Regelwert iHv 3.000 € auszugehen. Der Wert kann nach Lage des Falles niedriger oder höher liegen. Sind **mehrere Kinder** betroffen, so ist ein einheitlicher Verfahrenswert zu bilden (§ 45 Abs. 2 FamGKG); es ist keinesfalls je Kind der Regelbetrag anzusetzen und sodann zu addieren. Der Regelwert von 3.000 € gilt grundsätzlich auch für Verfahren betreffend mehrere Kinder. Der Ausgangswert kann allerdings entsprechend dem größeren Umfang und der höheren Bedeutung der Sache anzuheben sein.[19]

34 Wird in einem Verfahren über das Umgangsrecht die nicht anhängige elterliche Sorge mitverhandelt oder darüber eine Einigung erzielt oder wird im Verfahren über die elterliche Sorge über das nicht anhängige Umgangsrecht verhandelt oder eine Einigung erzielt, so liegen verschiedene Gegenstände vor, so dass sich der Wert entsprechend erhöht.[20] Der Anwalt erhält also eine höhere Verfahrens- und eine höhere Terminsgebühr. Soweit sich die Beteiligten über das anhängige Sorge- oder Umgangsrecht einigen, entsteht die Einigungsgebühr zu 1,0 (Nr. 1003 VV). Soweit sie sich über das nicht anhängige Umgangs- oder Sorgerecht einigen, entsteht die Einigungsgebühr zu 1,5 (Nr. 1000 VV).

Beispiel 3: Die Ehefrau beantragt die Übertragung der alleinigen elterlichen Sorge. Im Termin verhandeln die Beteiligten auch zum Umgangsrecht und erzielen eine Einigung zum Sorge- und zum Umgangsrecht. Die Verfahrenswerte werden auf jeweils 3.000 € für Umgangs- und Sorgerecht festgesetzt.

1. 1,3-Verfahrensgebühr, Nr. 3100 VV (Wert: 6.000 €)	460,20 €
2. 1,2-Terminsgebühr, Nr. 3104 VV (Wert: 6.000 €)	424,80 €
3. 1,0-Einigungsgebühr, Nr. 1000, 1003 VV (Wert: 3.000 €)	201,00 €
4. 1,5-Einigungsgebühr, Nr. 1000 VV (Wert: 3.000 €)	301,50 €
(der Höchstbetrag des § 15 Abs. 3 RVG, 1,5 aus 6.000 € [= 531 €], ist nicht überschritten)	
5. Postentgeltpauschale, Nr. 7002 VV	20,00 €
Zwischensumme 1.407,50 €	
6. 19 % Umsatzsteuer, Nr. 7008 VV	267,43 €
Gesamt	**1.674,93 €**

35 Ist ein **Vermittlungsverfahren** nach § 165 FamFG vorangegangen, ist die dortige Verfahrensgebühr **anzurechnen**, nicht aber auch eine Terminsgebühr.

Beispiel 4: Vor dem FamG findet zunächst ein Vermittlungsverfahren nach § 165 FamFG statt. Da die Vermittlung trotz eines Vermittlungstermins (§ 165 Abs. 2 FamFG) scheitert, leitet die Mutter ein Umgangsrechtsverfahren ein, in dem wieder ein Termin stattfindet.

I. Verfahren nach § 165 FamFG (Wert: 3.000 €)

1. 1,3-Verfahrensgebühr, Nr. 3100 VV	261,30 €
2. 1,2-Terminsgebühr, Nr. 3104 VV	241,20 €

---

18 Verneinend: OLG Koblenz AGS 2011, 589 = FamRZ 2011, 1978; OLG Stuttgart AGS 2007, 503 = FamRZ 2007, 233 = RVGreport 2007, 460; bejahend: AG Vechta AGS 2011, 528 = FamRZ 2012, 243.
19 KG FamRZ 2006, 438.
20 OLG Zweibrücken AGS 2002, 125.

3. Postentgeltpauschale, Nr. 7002 VV		20,00 €
Zwischensumme	522,50 €	
4. 19 % Umsatzsteuer, Nr. 7008 VV		99,28 €
Gesamt		**621,78 €**

II. Gerichtliches Umgangsrechtsverfahren (Wert: 3.000 €)

1. 1,3-Verfahrensgebühr, Nr. 3100 VV		261,30 €
2. gem. Anm. Abs. 3 zu Nr. 3100 VV anzurechnen 1,3 aus 3.000 €		– 261,30 €
3. 1,2-Terminsgebühr, Nr. 3104 VV		241,20 €
4. Postentgeltpauschale, Nr. 7002 VV		20,00 €
Zwischensumme	261,20 €	
5. 19 % Umsatzsteuer, Nr. 7008 VV		49,63 €
Gesamt		**310,83 €**

4. Versorgungsausgleich

In isolierten Verfahren über den Versorgungsausgleich erhält der Anwalt eine **1,3-Verfahrensgebühr** (Nr. 3100 VV) und unter den Voraussetzungen der Vorbem. 3 Abs. 3 VV eine **1,2-Terminsgebühr** (Nr. 3104 VV). Hinzu kommen kann eine **1,0-Einigungsgebühr** (Nr. 1000, 1003 VV).   **36**

Der **Verfahrenswert** in selbständigen Verfahren über den Versorgungsausgleich richtet sich nach § 50 FamGKG. Maßgebend sind 10 oder 20 % des dreifachen Nettoeinkommens beider Ehegatten, je nachdem, ob das Verfahren aus Anlass der Scheidung geführt wird oder nicht. Abschläge für Kinder sind nicht vorzunehmen.[21] Zu bewerten ist jede Anwartschaft, auch wenn sie letztlich nicht ausgeglichen wird.[22] Ost- und West-Anwartschaften sind gesondert zu bewerten.[23] Der Mindestwert beträgt 1.000 € (§ 50 Abs. 1 S. 2 FamGKG). Der Wert für ein bloßes Auskunftsverlangen beträgt 500 € (§ 50 Abs. 1 FamGKG).   **37**

5. Haushalt und Ehewohnung

In Verfahren über Haushalt und Ehewohnung erhält der Anwalt zunächst einmal die **1,3-Verfahrensgebühr** nach Nr. 3100 VV. Daneben entsteht eine **1,2-Terminsgebühr** nach Nr. 3104 VV. Der Erlass eines Versäumnisbeschlusses ist hier nicht möglich, so dass eine 0,5-Gebühr nach Nr. 3105 VV ausscheidet. Möglich ist eine **1,0-Einigungsgebühr** nach den Nr. 1000, 1003 VV.   **38**

Der **Verfahrenswert** richtet sich in Verfahren auf Zuweisung der **Ehewohnung** nach § 48 Abs. 1 FamFG. Für die Zeit der Trennung ist von einem Regelwert von 3.000 € auszugehen und für die Zeit nach der Trennung von 4.000 €. Der Mietwert der Wohnung ist unerheblich. Allerdings kann eine teurere Wohnung zur Anhebung des Regelwerts nach § 38 Abs. 3 FamGKG führen.[24]   **39**

---

21 OLG Jena NJW 2010, 3310 = FamRZ 2011, 38; OLG Jena AGS 2010, 352 m. Anm. *Thiel*; OLG Nürnberg AGS 2010, 401 m. Anm. *N. Schneider*; OLG Nürnberg AGS 2011, 393 m. Anm. *Thiel* = NJW 2011, 620 = FamRZ 2011, 641; AG Ludwigslust AGS 2010, 357; OLG Brandenburg AGS 2011, 393; OLG Dresden NJW 2010, 3309 = FamRZ 2010, 1804; OLG Stuttgart AGS 2010, 399 = FamRZ 2010, 2098 = RVGreport 2010, 396; OLG Koblenz, Beschl. v. 21.7.2010 – 11 UF 403/10; aA AG Erfurt AGS 2010, 403; OLG Stuttgart AGS 2010, 620 = NJW 2011, 540 = FamRZ 2011, 994.

22 OLG Naumburg AGS 2013, 413; OLG Brandenburg AGS 2014, 569 = FamRZ 2014, 1808 = NZFam 2014, 1158.

23 OLG Dresden AGS 2014, 480 = NZFam 2014, 617 = FamRZ 2014, 1808; OLG Nürnberg AGS 2011, 393 = NJW 2011, 620 = FamRZ 2011, 641.

24 OLG Köln AGS 2014, 130 = NJW-Spezial 2014, 60 = NZFam 2014, 41.

40 Wird für die Zeit der Trennung eine **Nutzungsentschädigung** geltend gemacht, gilt auch hier der Regelwert nach § 48 Abs. 1 FamGKG iHv 3.000 €.[25] Der Antrag auf Zahlung einer Nutzungsentschädigung nach Rechtskraft der Scheidung ist dagegen keine Ehewohnungssache und daher nicht nach § 48 Abs. 1 FamGKG zu bewerten (s. Rn 19 b).

41 In **Haushaltssachen** richtet sich der **Verfahrenswert** nach § 48 Abs. 2 FamGKG. Auszugehen ist für die Zeit der Trennung von einem Regelwert von 2.000 € und für die Zeit nach der Trennung von 3.000 €. Der Wert des Haushalts ist unerheblich.[26] Allerdings kommt auch hier eine Erhöhung des Verfahrenswerts in Betracht, insbesondere bei besonderem Verfahrensumfang, tatsächlich oder rechtlich besonders schwierigen Fragestellungen sowie besonders guten wirtschaftlichen Verhältnissen.[27]

42 Werden zugleich Anträge auf Zuweisung von Haushalt und Ehewohnung gestellt, so sind deren Werte zu addieren (§ 33 Abs. 1 S. 1 FamGKG).

6. Güterrecht

43 Auch im Rahmen des Güterrechts gibt es isolierte Verfahren der freiwilligen Gerichtsbarkeit, nämlich Verfahren über den Antrag auf **Stundung des Zugewinnausgleichs** (§ 1382 BGB) und auf **Übertragung von Vermögensgegenständen** (§ 1383 BGB) oder einen Antrag auf **vorzeitigen Zugewinnausgleich**. Es gelten dann die Gebühren nach den Nr. 3100 ff VV.

44 Der **Verfahrenswert** richtet für den Stundungsantrag nach dem Interesse des Antragsgegners, die Kosten einer Finanzierung der Forderung zu ersparen,[28] und für den Zuweisungsantrag nach dem Verkehrswert der betreffenden Gegenstände.

7. Verfahren nach dem GewSchG

45 Verfahren nach §§ 1, 2 GewSchG werden nach den Nr. 3100 ff VV vergütet. Es gelten hier keine Besonderheiten. Bei den Verfahren, gerichtet auf Erlass der Gewaltschutzanordnung und auf Verlängerung der Befristung dieser Anordnung, handelt es sich um zwei selbstständige Angelegenheiten iSd § 15 RVG, in denen die Gebühren und Auslagen jeweils gesondert entstehen.[29]

46 Der **Verfahrenswert** richtet sich nach § 49 FamGKG. Bei Ansprüchen nach § 1 GewSchG ist von einem Regelwert iHv 2.000 € auszugehen und bei Ansprüchen nach § 2 GewSchG von einem Regelwert iHv 3.000 €. Werden beide Ansprüche geltend gemacht, so ist zu addieren (§ 33 Abs. 1 S. 1 FamGKG).[30] Dagegen bleibt es beim einfachen Wert, wenn mehrere Gewaltschutzanordnungen beantragt werden, die sämtlich auf der Grundlage des § 1 GewSchG ergehen (also zB ein Näherungsverbot, ein Kontaktaufnahmeverbot usw).[31]

8. Abstammungssachen

47 In Verfahren auf **Feststellung oder Anfechtung der Vaterschaft** richten sich die **Gebühren** wiederum nach den Nr. 3100 ff VV. Der Anwalt erhält eine Verfahrens- und eine Terminsgebühr. Eine Einigungsgebühr ist hier nicht möglich.

---

25 OLG Bamberg AGS 2011, 197 m. Anm. *Thiel* = FamRZ 2011, 1424 = NJW-Spezial 2011, 252; OLG Koblenz AGS 2013, 287 = NJW-Spezial 2013, 412 = FuR 2013, 666.
26 OLG Celle AGS 2014, 279 = JurBüro 2014, 304 = NZFam 2014, 655 = FamRZ 2014, 1806.
27 OLG Celle AGS 2014, 279 = JurBüro 2014, 304 = NZFam 2014, 655 = FamRZ 2014, 1806.
28 OLG Köln AGS 2003, 362 m. Anm. *N. Schneider*.
29 OLG Frankfurt/M. FamRZ 2007, 849; OLG Zweibrücken AGS 2012, 461 = FamRZ 2013, 324 = NJW 2012, 3045 = RVGreport 2012, 377.
30 OLG Frankfurt AGS 2014, 522 = NZFam 2015, 84 = NJW-Spezial 2014, 733.
31 OLG Naumburg, Beschl. v. 12.1.2010 – 3 UF 215/09; AG Bergen AGS 2014, 418 = NZFam 2014, 751 = NJW-Spezial 2014, 541.

Der **Verfahrenswert** bemisst sich nach § 47 FamGKG. Es gilt ein Regelwert iHv 2.000 €. 48
Sind mehrere Kinder betroffen, so sind zwingend getrennte Verfahren zu führen.[32] Die
Frage einer Wertaddition stellt sich hier also nicht.

V. Verfahren mit Auslandsbezug

1. Anerkennung ausländischer Entscheidungen in Ehesachen

In Verfahren auf Anerkennung ausländischer Entscheidungen gelten die Gebühren nach 49
Teil 3 Abschnitt 1 VV. Der Anwalt erhält also eine 1,3-Verfahrensgebühr (Nr. 3100 VV)
und eine 1,2-Terminsgebühr (Nr. 3104 VV). Der **Verfahrenswert** richtet sich, da im gerichtlichen Verfahren eine Festgebühr vorgesehen ist (Teil 7 KV FamGKG), nach § 23
Abs. 1 S. 2, S. 1 RVG iVm § 43 FamGKG. Der Wert der Ehesache ist auch hier anzusetzen.[33]

2. Vollstreckbarerklärung ausländischer Entscheidungen

In Verfahren auf Vollstreckbarerklärung ausländischer Entscheidungen gelten wiederum 50
die Gebühren nach Teil 3 Abschnitt 1 VV. Der **Verfahrenswert** richtet sich nach der Höhe
der geltend gemachten Hauptforderung (§§, 42 Abs. 1, 35 FamGKG). Zinsen und Nebenforderungen sind nicht hinzuzurechnen (§ 37 Abs. 1 FamGKG).[34]

VI. Verbundverfahren

1. Umfang der Angelegenheit

Das gesamte Verbundverfahren, also Ehesache und Folgesachen (§ 137 Abs. 2 FamFG), 51
sind nach § 16 Nr. 4 RVG eine einzige Angelegenheit, so dass der Anwalt seine Gebühren
nur einmal erhält (§ 15 Abs. 2 RVG), und zwar aus den zusammengerechneten Werten
(§ 44 Abs. 2 S. 1 FamGKG). Der Verbund bleibt nach § 137 Abs. 5 S. 1 FamFG grundsätzlich auch dann erhalten, wenn das Gericht einzelne Folgesachen abtrennt. Es handelt sich
insoweit nur um Teilentscheidungen, die den Verbund grundsätzlich nicht auflösen.[35] Zur
Ausnahme bei Abtrennung einer Kindschaftssache s. Rn 63. Zur Ausnahme bei wiederaufgenommenen Versorgungsausgleichsverfahren nach altem (bis zum 31.8.2009 geltendem)
Recht s. Rn 64.

2. Gebühren

Der Anwalt erhält im Scheidungsverbund zunächst einmal eine **1,3-Verfahrensgebühr** nach 52
Nr. 3100 VV, die sich bei vorzeitiger Erledigung nach Nr. 3101 Nr. 1 VV auf 0,8 ermäßigt.
Soweit eine Einigung über nicht anhängige Folgesachen protokolliert oder nach § 278
Abs. 6 ZPO festgestellt wird (Nr. 3101 Nr. 2, 1. Hs. VV) oder lediglich über nicht anhängi-
ge Folgesachen verhandelt oder erörtert wird (Nr. 3101 Nr. 2, 2. Hs. VV), ermäßigt sich
die Verfahrensgebühr ebenfalls auf 0,8.

Der Anwalt erhält darüber hinaus eine **1,2-Terminsgebühr** (Nr. 3104 VV). Die 1,2-Ter- 53
minsgebühr erhält er auch, soweit über nicht anhängige Folgesachen verhandelt oder erörtert wird. Die Gebühr entsteht dagegen nicht, soweit lediglich eine Einigung über nicht anhängige Folgesachen protokolliert wird (Anm. Abs. 3 zu Nr. 3104 VV). Eine Ermäßigung
auf eine 0,5-Terminsgebühr (Nr. 3105 VV) ist nur in Folgesachen möglich, die Familienstreitsachen wären, und in der Ehesache im Fall des § 130 FamFG.

Soweit sich die Beteiligten einigen, erhält der Anwalt auch eine **Einigungsgebühr** 54
(Nr. 1000 ff VV).

---

32 OLG Celle NJW 2012, 466.
33 BayObLG FamRZ 1999, 604 = NJW-RR 1999, 1375.
34 BGH Rpfleger 1957, 15; OLG Frankfurt/M. JurBüro 1994, 117.
35 OLG München AGS 2004, 252; AnwK-RVG/N. *Schneider*, § 16 Rn 20.

55 Aus dem Wert der **Ehesache** kann eine Einigungsgebühr allerdings nicht anfallen (Anm. Abs. 5 S. 1 zu Nr. 1000 VV), da die Beteiligten sich über die Ehesache nicht einigen können. Insoweit kommt nur eine 1,0-Aussöhnungsgebühr nach den Nr. 1001, 1003 VV in Betracht. Der Verfahrenswert der Einigungsgebühr richtet sich nur nach dem Wert der Folgesachen, über die die Beteiligten sich einigen (Anm. Abs. 5 S. 1 zu Nr. 1000 VV).

56 Dagegen kann aus dem Wert der **Kindschaftssachen** eine Einigungsgebühr anfallen (Anm. Abs. 2 zu Nr. 1003 VV), wenn dadurch eine gerichtliche Entscheidung entbehrlich wird.

57 Strittig war früher, ob der **wechselseitige Verzicht auf die Durchführung des Versorgungsausgleichs** eine Einigungsgebühr nach den Nr. 1000, 1003 VV auslöst. Da nach der neuen Rechtslage nicht mehr ein einziger Saldoanspruch zu ermitteln ist, sondern die einzelnen Anwartschaften gesondert auszugleichen sind, stellt sich das Problem nicht. Wird der Versorgungsausgleich aufgrund einer einvernehmlichen Regelung der Beteiligten nicht durchgeführt, entsteht grundsätzlich eine Einigungsgebühr.[36]

58 Soweit **nicht anhängige Gegenstände** (insbesondere bei Folgenvereinbarungen) mit in die Einigung einbezogen werden, entsteht eine 1,5-Einigungsgebühr (Nr. 1000 VV). Soweit auch aus anhängigen Gegenständen eine 1,0-Einigungsgebühr nach Nr. 1000, 1003 VV angefallen ist, muss die Begrenzung des § 15 Abs. 3 RVG beachtet werden (höchstens eine 1,5-Gebühr aus dem Gesamtwert). Bei der 1,5-Gebühr verbleibt es selbst dann, wenn Verfahrenskostenhilfe für die gerichtliche Protokollierung des Vergleichs beantragt wird oder wenn sich die Beiordnung in der Ehesache auf den Abschluss der Einigung erstreckt (§ 48 Abs. 3 RVG).

Beispiel 5: In einem Verbundverfahren (Ehesache 6.000 €; Versorgungsausgleich 1.200 €) einigen sich die Parteien nach Verhandlungen im Termin unter Mitwirkung ihrer Anwälte über den Versorgungsausgleich und weitergehende nicht anhängige 10.000 € Zugewinnausgleich.

1.	1,3-Verfahrensgebühr, Nr. 3100 VV (Wert: 16.700 €)		904,80 €
2.	1,2-Terminsgebühr, Nr. 3104 VV (Wert: 16.700 €)		835,20 €
3.	1,0-Einigungsgebühr, Nr. 1000, 1003 VV (Wert: 1.200 €)	115,00 €	
4.	1,5-Einigungsgebühr, Nr. 1000 VV (Wert: 10.000 €)	837,00 €	
	gem. § 15 Abs. 3 RVG nicht mehr als 1,5 aus 11.200 €		906,00 €
5.	Postentgeltpauschale, Nr. 7002 VV		20,00 €
	Zwischensumme	2.666,00 €	
6.	19 % Umsatzsteuer, Nr. 7008 VV		506,54 €
	Gesamt		**3.172,54 €**

3. Verfahrenswerte

59 Die Verfahrenswerte im Scheidungsverfahren richten sich nach dem FamGKG. Die Werte von Ehesache und Folgesachen sind nach § 23 Abs. 1 S. 1 RVG iVm § 44 Abs. 2 S. 1 GKG zusammenzurechnen.

- ■ **Ehesache:** Der Wert richtet sich nach § 43 FamGKG. Insoweit gilt das Gleiche wie bei einer isolierten Ehesache (s. Rn 8 ff).
- ■ **Versorgungsausgleich:** Es gilt § 50 FamGKG (s. Rn 36), allerdings mit der Maßgabe, dass jetzt nur 10 % des dreifachen Einkommens der Eheleute anzusetzen sind.
- ■ **Elterliche Sorge, Umgang und Kindesherausgabe:** Es gilt – abweichend von den isolierten Verfahren – nach § 44 Abs. 2 FamGKG ein Regelwert iHv 20 % der Ehesache. Mehrere Kinder gelten als ein Gegenstand (§ 44 Abs. 1 S. 1, 2. Hs. FamGKG).[37] So-

---

36 OLG Hamm AGS 2012, 137 = RVGreport 2011, 424; OLG Karlsruhe AGS 2012, 135 = NJW-RR 2012, 328 = FamFR 2011, 573; OLG München AGS 2012, 174 = NJW 2012, 1089 = JurBüro 2012, 193.

37 *Kindermann,* RVGreport 2004, 20; unzutreffend OLG Karlsruhe AGS 2007, 47 = FamRZ 2007, 163 und 1035.

weit allerdings mehrere Kindschaftssachen anhängig sind (also zB elterliche Sorge und Umgangsrecht), ist zu addieren (§ 44 Abs. 1 FamGKG).

■ **Unterhalt:** Es gilt 51 Abs. 1 GKG. Auch insoweit kann auf die isolierten Verfahren Bezug genommen werden (s. Rn 10 f).

■ **Ehewohnung:** Es gilt gem. § 48 Abs. 1 FamGKG ein Regelwert iHv 4.000 €.

■ **Haushalt:** Es gilt nach § 48 Abs. 2 FamGKG ein Regelwert von 3.000 €.

■ **Zugewinn:** Die Bewertung folgt nach § 35 FamGKG. Wird zusätzlich Stundung oder Zuweisung bestimmter Gegenstände verlangt, gilt § 52 FamGKG.

4. Arbeitshilfe Gebührenabrechnung

Abrechnungsprobleme in Verbundverfahren bestehen häufig darin, nach Beendigung des Verfahrens noch den Überblick zu behalten, welche Gebühren nach welchen Verfahrenswerten angefallen sind. Insoweit ist zu empfehlen, sich als Arbeitshilfe eine Tabelle anzufertigen, die einerseits nach den in Betracht kommenden Gebührentatbeständen aufgeteilt ist und andererseits nach Ehe- und Folgesachen. In diese Tabelle können dann zunächst die jeweiligen einzelnen Verfahrenswerte der Ehe- und Folgesachen zu den jeweiligen Gebührentatbeständen eingesetzt werden, so dass anschließend einfach der Gesamtwert zu jeder Gebühr ermittelt werden kann.   60

Arbeitshilfe: Gebührenabrechnung Verbundverfahren

	1,3-Verfahrensgebühr (Nr. 3100)	0,8-Verfahrensgebühr (Nr. 3101)	1,2-Terminsgebühr (Nr. 3104)	0,5-Terminsgebühr (Nr. 3105)	1,0-Einigungs- oder Aussöhnungsgebühr (Nr. 1000, 1001)	1,5-Einigungsgebühr (Nr. 1000, 1003)
Ehesache						
Versorgungsausgleich						
Sorgerecht						
Umgangsrecht						
Unterhalt Ehegatte						
Unterhalt Kind						
Zugewinn						
Ehewohnung						
Haushalt						
…						
Gesamtwert						

61 Im Beispiel 5 (Rn 58) sähe die ausgefüllte Tabelle wie folgt aus:

	1,3-Verfahrensgebühr (Nr. 3100)	0,8-Verfahrensgebühr (Nr. 3101)	1,2-Terminsgebühr (Nr. 3104)	0,5-Terminsgebühr (Nr. 3105)	1,0-Einigungs- oder Aussöhnungsgebühr (Nr. 1000, 1001)	1,5-Einigungsgebühr (Nr. 1000, 1003)
Ehesache	6.000 €		6.000 €			
Versorgungsausgleich	1.200 €		1.200 €		1.200 €	
...						
Zugewinn		9.500 €	9.500 €			9.500 €
...						
Gesamtwert	**7.200 €**	**9.500 €**	**16.700 €**		**1.200 €**	**9.500 €**

5. Abtrennung einer Folgesache aus dem Verbund

a) Grundsatz

62 Grundsätzlich bleibt im Falle der Abtrennung einer Folgesache der Verbund erhalten (§ 137 Abs. 5 S. 2 FamFG). Ungeachtet der Abtrennung bleibt das abgetrennte Verfahren Folgesache, so dass weiterhin nach § 16 Nr. 4 RVG nur einheitlich abgerechnet werden kann.[38]

b) Abtrennung einer Kindschaftssache

63 Etwas anderes gilt nach dem FamFG im Falle der Abtrennung einer Kindschaftssache. Hier kommt es zu einer echten Verfahrenstrennung und damit zur Auslösung aus dem Verbund. Die abgetrennte Folgesache wird dann fortan als selbstständige Familiensache fortgeführt (§ 137 Abs. 5 S. 2 iVm Abs. 3 FamFG). Der Anwalt hat in diesen Fällen die Wahl, ob er es bei der gemeinsamen Abrechnung im Verbund belässt oder ob er das verbleibende Verbundverfahren und das abgetrennte Verfahren gesondert abrechnet, wobei Letzteres idR für ihn günstiger ist.[39] Dabei ist zu beachten, dass sich infolge der Abtrennung bei der Kindschaftssache auch ein anderer Gegenstandswert ergibt.

Beispiel 6: In einem Verbundverfahren (Werte: Ehesache 6.000 €, Versorgungsausgleich 1.200 €, elterliche Sorge 1.200 €) wird nach mündlicher Verhandlung die elterliche Sorge gem. § 137 Abs. 3 FamFG abgetrennt. Sowohl im Verbund als auch im isolierten Verfahren wird nach der Abtrennung erneut verhandelt.

Mit Abtrennung entstehen nicht nur neue Gebühren; es ändert sich auch der Gegenstandswert. Während für die elterliche Sorge im Verbund ein Wert von 1.200 € gilt (§ 44 Abs. 2 S. 2 GKG), ist im abgetrennten Verfahren ein Wert von 3.000 € maßgebend (§ 45 FamFG).

A. Gemeinsame Abrechnung Verbundverfahren (Wert: 8.400 €)

1. 1,3-Verfahrensgebühr, Nr. 3100 VV		659,10 €
2. 1,2-Terminsgebühr, Nr. 3104 VV		608,40 €
3. Postentgeltpauschale, Nr. 7002 VV		20,00 €
Zwischensumme	1.287,50 €	
4. 19 % Umsatzsteuer, Nr. 7008 VV		244,63 €
Gesamt		**1.532,13 €**

---

38 OLG Nürnberg AGS 2013, 386 = NJW-Spezial 2013, 637.
39 Zu Abrechnungsbeispielen s. *N. Schneider*, Fälle und Lösungen, § 27 Rn 81 ff.

B. Getrennte Abrechnung

I. Verbundverfahren ohne elterliche Sorge (Wert: 7.200 €)

1. 1,3-Verfahrensgebühr, Nr. 3100 VV		592,80 €
2. 1,2-Terminsgebühr, Nr. 3104 VV		547,20 €
3. Postentgeltpauschale, Nr. 7002 VV		20,00 €
Zwischensumme	1.160,00 €	
4. 19 % Umsatzsteuer, Nr. 7008 VV		220,40 €
Gesamt		**1.380,40 €**

II. Isoliertes Verfahren über elterliche Sorge (Wert: 3.000 €)

1. 1,3-Verfahrensgebühr, Nr. 3100 VV		261,30 €
2. 1,2-Terminsgebühr, Nr. 3104 VV		241,20 €
3. Postentgeltpauschale, Nr. 7002 VV		20,00 €
Zwischensumme	522,50 €	
4. 19 % Umsatzsteuer, Nr. 7008 VV		99,28 €
Gesamt		**621,78 €**
Gesamt I + II		**2.002,18 €**

Die getrennte Abrechnung ist also günstiger.

6. Abtrennung des Versorgungsausgleichs in Altfällen

Ebenfalls zu einer echten Verfahrenstrennung und damit zur Auslösung der abgetrennten **64** Folgesache aus dem Verbund kommt es in den Fällen des Art. 111 Abs. 4 und 5 FGG-ReformG.[40] War das Scheidungsverfahren nach altem Recht – also noch nach der **ZPO idF vor dem 1.9.2009** – eingeleitet worden und

- war die Folgesache Versorgungsausgleich bereits am 1.9.2009 aus dem Verbund abgetrennt oder
- ist in der Zeit vom 1.9.2009 bis zum 31.8.2010 aus dem Verbund abgetrennt worden,

gilt Art. 111 Abs. 4 FGG-ReformG, wonach das abgetrennte Verfahren über den Versorgungsausgleich und ggf weitere mit ihm noch im Verbund stehende Folgesachen als selbständige Familiensachen fortgeführt werden (Art. 111 Abs. 4 S. 2 FGG-ReformG). Die bisherige Folgesache Versorgungsausgleich ist damit aus dem Verbund herausgelöst, so dass nicht mehr die gesetzlichen Regelungen einer Folgesache gelten, sondern die einer isolierten selbständigen Familiensache. Darüber hinaus hat diese Abtrennung gem. Art. 111 Abs. 4 S. 1 FamFG zur Folge, dass sich das abgetrennte selbständige Verfahren nach dem neuem Recht des FGG-ReformG richtet.[41] Dazu gehört auch das neue Kostenrecht, also das FamGKG. Die Abtrennung hat ferner zur Folge, dass auch das RVG idF des FGG-ReformG gilt. **Art. 111 Abs. 4 FGG-ReformG** enthält insoweit eine **vorrangige spezielle Übergangsregelung**, die insoweit die Dauerübergangsreglungen der § 134 BRAGO, § 61 RVG verdrängt.

Hatte der Anwalt im früheren Scheidungsverbundverfahren seine Gebühren aus der Folge- **65** sache Versorgungsausgleich noch nicht berechnet, dann kann er jetzt anrechnungsfrei die Gebühren für das abgetrennte Verfahren verlangen.

Hatte der Anwalt jedoch aus der Folgesache Versorgungsausgleich im Verbund bereits ab- **66** gerechnet, dann muss er sich dort aus dem Versorgungsausgleich entstandenen Gebühren im wieder aufgenommenen isolierten Verfahren anrechnen lassen. Dabei handelt es sich nicht um eine Gebührenanrechnung iSd § 15 a RVG. Die Anrechnung – oder besser ausgedrückt die **Verrechnung** – folgt letztlich aus § 21 Abs. 3 RVG, wonach im Falle der Abtrennung das Verfahren vor und nach Abtrennung als eine Gebührenangelegenheit gilt,

---

40 BGH AGS 2011, 167 = NJW 2011, 1141 = FamRZ 2011, 635 = JurBüro 2011, 298.
41 BGH AGS 2011, 167 = NJW 2011, 1141 = FamRZ 2011, 635 = JurBüro 2011, 298.

sowie aus § 15 Abs. 2 S. 1 RVG, wonach der Anwalt seine Gebühren in derselben Angelegenheit nur einmal erhält.

67 Um die danach vorzunehmende Anrechnung/Verrechnung durchführen zu können, muss ermittelt werden, welche Gebühren der Anwalt im Scheidungsverbundverfahren aus der Folgesache Versorgungsausgleich bereits vereinnahmt hat. Dazu muss eine **Vergleichsbetrachtung** angestellt werden:

- Es muss zum einen die tatsächlich abgerechnete Vergütung des Scheidungsverfahrens unter Einschluss des Versorgungsausgleichs ermittelt werden.
- Dem gegenüberzustellen ist, welche Vergütung der Anwalt erhalten hätte, wenn er das Scheidungsverbundverfahren ohne die Folgesache Versorgungsausgleich abgerechnet hätte.
- Der sich daraus ergebende Differenzbetrag ist dann im wiederaufgenommenen Verfahren anzurechnen.

68 Diese Ermittlung des anzurechnenden Betrags hängt wiederum davon ab, wann das Scheidungsverfahren eingeleitet worden ist, da sich danach gem. § 134 BRAGO, § 61 RVG ergibt, welches Gebührenrecht anzuwenden ist. So kann im ursprünglichen Verbundverfahren noch die BRAGO anzuwenden sein; es kann sogar sein, dass noch nach DM-Beträgen abzurechnen ist oder sogar noch nach den Tabellenbeträgen der BRAGO vor 1994. Darüber hinaus kann im Scheidungsverbundverfahren noch der geringere Umsatzsteuersatz von 16 % oder gar ein noch geringerer Satz gegolten haben.[42]

Beispiel 7: Das Scheidungsverfahren war in 2008 eingeleitet worden. Das dreifache Nettoeinkommen der Beteiligten belief sich auf 9.000 €. Auszugleichen sind auf Seiten jedes Ehegatten eine gesetzliche Anwartschaft und auf Seiten des Ehemannes eine betriebliche Anwartschaft. Über die Scheidung ist im Mai 2009 nach § 628 Abs. 2 Nr. 4 ZPO aF vorab entschieden worden; gleichzeitig ist der Versorgungsausgleich (Wert: 2.000 €) „abgetrennt" worden. Im Januar 2010 ist der Versorgungsausgleich wieder aufgenommen und darüber ist nach gerichtlicher Erörterung entschieden worden.

Abzurechnen war im Verbundverfahren zunächst wie folgt:

I. Verbundverfahren[43]

1.	1,3-Verfahrensgebühr, Nr. 3100 VV (Wert: 11.000 €)	683,80 €
2.	1,2-Terminsgebühr, Nr. 3104 VV (Wert: 11.000 €)	631,20 €
3.	Postentgeltpauschale, Nr. 7002 VV	20,00 €
	Zwischensumme	1.335,00 €
4.	19 % Umsatzsteuer, Nr. 7008 VV	253,65 €
	Gesamt	**1.588,65 €**

Um den anzurechnenden Betrag zu ermitteln, sind die Gebühren aus dem Wert des Scheidungsverbundverfahrens den Gebühren gegenüberzustellen, die sich aus dem Scheidungsverfahren ohne den Wert der Folgesache Versorgungsausgleich ergeben hätten. Dies ergibt folgenden Betrag:

II. Ermittlung des Anrechnungsbetrags

1,3-Verfahrensgebühr, Nr. 3100 VV (Wert: 11.000 €)	683,80 €
./. 1,3-Verfahrensgebühr, Nr. 3100 VV (Wert: 9.000 €)	– 583,70 €
1,2-Terminsgebühr, Nr. 3104 VV (Wert: 11.000 €)	631,20 €
./. 1,2-Terminsgebühr, Nr. 3104 VV (Wert: 9.000 €)	– 538,80 €
Gesamt	**192,50 €**

---

42 Zur Abrechnung s. *N. Schneider*, Anwaltsvergütung in wieder aufgenommenen Versorgungsausgleichsverfahren, RVGreport 2011, 2 ff; *ders.*, Abrechnung in abgetrennten Versorgungsausgleichsverfahren, AGS 2009, 517 ff; *ders.*, Abgetrennte Versorgungsausgleichsverfahren in Übergangsfällen, NJW-Spezial 2010, 603.

43 Die Gebühren richten sich gem. § 60 Abs. 1 S. 1 RVG nach den Beträgen des RVG idF vor dem 1.8.2013.

Im abgetrennten Verfahren Versorgungsausgleich entstehen jetzt die Gebühren nach dem Wert des § 50 FamGKG. Da drei Anrechte zu verteilen waren, beläuft sich der Verfahrenswert auf 30 % des dreifachen Nettoeinkommens (3 x 10 % x 9.000 € =) 2.700 €. Der Anwalt erhält also noch:

III. Abgetrenntes Verfahren Versorgungsausgleich[44]

1.	1,3-Verfahrensgebühr, Nr. 3100 VV (Wert: 2.700 €)	245,70 €
2.	1,2-Terminsgebühr, Nr. 3104 VV (Wert: 2.700 €)	226,80 €
3.	./. bereits im Verbund abgerechneter	−192,50 €
4.	Postentgeltpauschale, Nr. 7002 VV	20,00 €
	Zwischensumme	300,00 €
5.	19 % Umsatzsteuer, Nr. 7008 VV	57,00 €
	Gesamt	**357,00 €**

Wäre im abgetrennten Versorgungsausgleichsverfahren nicht mehr erneut verhandelt worden, wäre dort keine Terminsgebühr angefallen. Dann wäre aber auch nur die Differenz der Verfahrensgebühren anzurechnen gewesen.

7. Aufnahme in den Verbund

Gesonderte Angelegenheiten sind auch dann gegeben, wenn zunächst ein Verfahren isoliert eingeleitet und später nach Einreichung des Scheidungsantrags gem. § 137 Abs. 4 FamFG als Folgesache in den Verbund aufgenommen wird. Der Anwalt hat auch hier das Wahlrecht, ob er getrennt abrechnet oder gemeinsam.[45]   **69**

VII. Arrest

Arrestverfahren sind nach § 17 Nr. 4 Buchst. a) und b) RVG gegenüber der jeweiligen Hauptsache **eigene Angelegenheiten**. Zu den Gebühren s. § 13 Rn 177 ff. Der **Verfahrenswert** bemisst sich nach § 42 Abs. 1 FamGKG, nicht nach § 41 FamGKG.[46] Maßgebend ist der Wert der Hauptsache, wobei ein Abschlag wegen der Vorläufigkeit der dort ergehenden Entscheidung vorzunehmen ist (idR ein Drittel der Hauptsache). Soweit das Verfügungsverfahren die Hauptsache vorwegnimmt und faktisch zu einer endgültigen Regelung führt, kann auch der volle Hauptsachewert anzunehmen sein. Abänderungs- und Aufhebungsverfahren zählen gem. § 16 Nr. 5 RVG mit zur Angelegenheit und lösen keine gesonderte Vergütung aus.   **70**

VIII. Einstweilige Anordnungen

1. Überblick

Einstweilige Anordnungen sind **gegenüber der Hauptsache** jeweils **selbstständige Angelegenheiten** (§ 17 Nr. 4 Buchst. b) RVG). Das gilt unabhängig davon, ob das Verfahren auf Antrag oder von Amts wegen eingeleitet worden ist. Ob es sich bei der Hauptsache um eine isolierte Familienstreitsache handelt, um eine Familiensache der freiwilligen Gerichtsbarkeit oder um ein Verbundverfahren, ist unerheblich.   **71**

---

44 Auch diese Gebühren richten sich gem. § 60 Abs. 1 S. 1 RVG nach den Beträgen des RVG idF vor dem 1.8.2013.
45 OLG Frankfurt/M. AGS 2006, 193; OLG Zweibrücken AGS 2006, 303; zu Abrechnungsbeispielen s. N. *Schneider*, Fälle und Lösungen, § 27 Rn 86 ff.
46 OLG Celle AGS 2010, 555 = NJW-Spezial 2010, 699 = FamRZ 2011, 759; OLG Brandenburg AGS 2010, 556 = FamRZ 2011, 758; OLG München FamRZ 2011, 746; ebenso *Thiel*, in: Schneider/Volpert/Fölsch, FamGKG, § 42 Rn 94; aA *Fölsch*, in: Schneider/Volpert/Fölsch, FamGKG, § 41 Rn 7 (analoge Anwendung des § 41 FamGKG).

2. Gebühren

72 Die Vergütung für einstweilige Anordnungen richtet sich nach den Nr. 3100 ff VV. Der Anwalt erhält also für das Betreiben des Geschäfts (Vorbem. 3 Abs. 2 VV) eine **1,3-Verfahrensgebühr** (Nr. 3100 VV), die sich unter den Voraussetzungen der Nr. 3101 VV auf 0,8 ermäßigen kann, und unter den Voraussetzungen der Vorbem. 3 Abs. 3 VV eine **1,2-Terminsgebühr** (Nr. 3104 VV).

72a Die Terminsgebühr kann auch unter den Voraussetzungen der Anm. Abs. 1 Nr. 1 zu Nr. 3104 VV anfallen, wenn ein **schriftlicher Vergleich** geschlossen wird, da im einstweiligen Anordnungsverfahren wegen der Möglichkeit des § 54 Abs. 2 FamFG eine mündliche Verhandlung vorgeschrieben ist.[47]

73 Wird die einstweilige Anordnung beantragt, während die Hauptsache beim Beschwerdegericht anhängig und damit das Beschwerdegericht als Gericht der Hauptsache zuständig ist, gelten die niedrigeren Gebühren der Nr. 3100 ff VV (Vorbem. 3.2 Abs. 2 VV).

74 Hinzu kommen kann eine **Einigungsgebühr**. Wird die Einigung im einstweiligen Anordnungsverfahren zugleich auch über die Hauptsache geschlossen, sind die Werte von Anordnung und Hauptsache zu addieren.[48]

Beispiel 8: Der Antragsteller beantragt den Erlass einer einstweiligen Anordnung zum Umgangsrecht. Das Gericht beraumt Termin zur mündlichen Verhandlung im einstweiligen Anordnungsverfahren an. Dort wird eine Einigung über eine vorläufige Regelung getroffen und gleichzeitig auch über das endgültige Umgangsrecht, das allerdings nicht anhängig ist.

Der Wert des Verfahrens beträgt 1.500 €. Durch die Einbeziehung der Hauptsache entsteht für den Vergleich ein Mehrwert von 3.000 €. Die Verfahrens- und die Terminsgebühr entstehen aus dem Gesamtwert (§ 22 RVG). Die Einigungsgebühr entsteht zu 1,0 aus 1.500 € (Nr. 1003 VV) und zu 1,5 aus 3.000 € (Nr. 1000 VV). Zu beachten ist § 15 Abs. 3 RVG.

1.	1,3-Verfahrensgebühr, Nr. 3100 VV (Wert: 1.500 €)	149,50 €
2.	0,8-Verfahrensgebühr, Nr. 3100, 3101 VV (Wert: 3.000 €)	160,80 €
	(die Grenze des § 15 Abs. 3 RVG, nicht mehr als 1,3 aus 4.500 € [= 393,90 €], ist nicht überschritten)	
3.	1,2-Terminsgebühr, Nr. 3104 VV (Wert: 4.500 €)	363,60 €
4.	1,0-Einigungsgebühr, Nr. 1000, 1003 VV (Wert: 1.500 €)	115,00 €
5.	1,5-Einigungsgebühr, Nr. 1000 VV (Wert: 3.000 €)	301,50 €
	(die Grenze des § 15 Abs. 3 RVG, 1,5 aus 4.500 € [= 454,50 €], ist nicht überschritten)	
6.	Postentgeltpauschale, Nr. 7002 VV	20,00 €
	Zwischensumme	1.110,40 €
7.	19 % Umsatzsteuer, Nr. 7008 VV	210,98 €
	Gesamt	**1.321,38 €**

Beispiel 9: Wie vorangegangenes Beispiel. Die Hauptsache zum Umgangsrecht war jedoch bereits anhängig. Dort war aber noch nicht verhandelt worden.

In der Hauptsache entsteht lediglich eine 1,3-Verfahrensgebühr aus 3.000 € nebst Auslagen und Umsatzsteuer.

Im einstweiligen Anordnungsverfahren ist abzurechnen wie im vorangegangenen Beispiel, allerdings mit der Maßgabe, dass jetzt wegen der Anhängigkeit der Hauptsache insgesamt nur eine 1,0-Einigungsgebühr anfällt.

---

47 BGH AGS 2012, 10 = FamRZ 2012, 110 = NJW 2012, 459 = JurBüro 2012, 137 = RVGreport 2012, 59.
48 OLG Düsseldorf AGS 2006, 37 m. Anm. *N. Schneider* = JurBüro 2005, 310; OLG Düsseldorf AGS 2009, 269 = OLGR 2009, 455 = RVGreport 2009, 220; OLG Karlsruhe FamRZ 2011, 1813.

I. Einstweiliges Anordnungsverfahren

1. 1,3-Verfahrensgebühr, Nr. 3100 VV (Wert: 1.500 €)		149,50 €
2. 0,8-Verfahrensgebühr, Nr. 3100, 3101 VV (Wert: 3.000 €)		180,90 €
(die Grenze des § 15 Abs. 3 RVG, nicht mehr als 1,3 aus 4.500 € [= 393,90 €], ist nicht überschritten)		
3. 1,2-Terminsgebühr, Nr. 3104 VV (Wert: 4.500 €)		363,60 €
4. 1,0-Einigungsgebühr, Nr. 1000, 1003 VV (Wert: 4.500 €)		303,00 €
5. Postentgeltpauschale, Nr. 7002 VV		20,00 €
Zwischensumme	1.017,00 €	
6. 19 % Umsatzsteuer, Nr. 7008 VV		193,23 €
Gesamt		**1.210,23 €**

II. Hauptsache

1. 1,3-Verfahrensgebühr, Nr. 3100 VV (Wert: 3.000 €)		261,30 €
2. anzurechnen gem. Anm. zu Nr. 3101 VV, 0,8 aus Wert: 3.000 €		– 180,90 €
3. Postentgeltpauschale, Nr. 7002 VV		20,00 €
Zwischensumme	100,40 €	
4. 19 % Umsatzsteuer, Nr. 7008 VV		19,08 €
Gesamt		**119,48 €**

3. Mehrere einstweilige Anordnungsverfahren

Mehrere einstweilige Anordnungen sind auch untereinander gesonderte Angelegenheiten. 75

Um verschiedene Verfahren handelt es sich auch bei einer einstweiligen Anordnung nach dem GewSchG und einem Verfahren auf Verlängerung der Befristung dieser Anordnung.[49] 76

Verfahren auf Erlass einer einstweiligen Anordnung und Verfahren auf deren Abänderung oder Aufhebung sind dagegen nach § 16 Nr. 5 RVG eine Angelegenheit, so dass die Gebühren nur einmal anfallen. 77

4. Verfahrenswert

Der Wert einer einstweiligen Anordnung richtet sich zunächst nach dem Wert der Hauptsache. Soweit die einstweilige Anordnung gegenüber der Hauptsache eine geringere Bedeutung hat, ist der Wert nach § 41 S. 1 FamGKG zu ermäßigen. Hat die einstweilige Anordnung nur eine geringere Bedeutung, dann ist im Regelfall der hälftige Wert der Hauptsache anzusetzen. Es kann aber auch durchaus ein unterhalb der Hälfte oder zwischen Hälfte und vollem Wert liegender Verfahrenswert angenommen werden. Die Regelung in § 41 S. 2 FamGKG ist nicht zwingend.[50] 78

An einer geringeren Bedeutung fehlt es insbesondere, wenn ein Anspruch auf einen **Verfahrenskostenvorschuss** geltend gemacht wird (besonderer Unterhaltsanspruch nach § 1360 a Abs. 4 BGB). Daher ist eine Ermäßigung hier nicht vorzunehmen.[51] 79

Gleiches gilt, wenn mit der einstweiligen Anordnung ein Anspruch auf **laufenden Unterhalt (wiederkehrende Leistung)** geltend gemacht wird, ohne dass zugleich Hauptsacheantrag gestellt wird. Wird die einstweilige Anordnung **isoliert**, also ohne Hauptsache beantragt, so kann nicht mehr von einer geringeren Bedeutung ausgegangen werden, zumal nach § 246 FamFG keine vorläufige Regelung, sondern Zahlung verlangt, also der Haupt- 80

---

49 OLG Frankfurt/M. FamRZ 2007, 849; OLG Zweibrücken AGS 2012, 461 = FamRZ 2013, 324 = NJW 2012, 3045 = RVGreport 2012, 377.
50 OLG Brandenburg AGS 2010, 358 = JurBüro 2010, 368 = FamRZ 2010, 1937; OLG Saarbrücken FPR 2010, 364 = FamRZ 2010, 1936 = RVGreport 2010, 159.
51 OLG Bamberg AGS 2011, 454 = RVGreport 2011, 271 = FamRB 2011, 343; OLG Frankfurt AGS 2013, 585 = NJW-Spezial 2013, 700; OLG Bremen AGS 2014, 521 = MDR 2014, 1324 = NZFam 2014, 955; OLG Köln AGS 2015, 50 = JurBüro 2014, 536; aA OLG Celle AGS 2013 = NJW-Spezial 2013, 541.

sacheanspruch geltend gemacht wird. Es bleibt dann beim vollen Hauptsachewert.[52] Wird Unterhalt im Wege der einstweiligen Anordnung **neben der Hauptsache** geltend gemacht, so dürfte von einer geringeren Bedeutung auszugehen sein. Zu beachten ist, dass auch hier **fällige Beträge** hälftig hinzuzurechnen sind.[53]

Beispiel 10: Die Antragstellerin reicht im Mai 2014 einen Antrag auf Erlass einer einstweiligen Anordnung auf Zahlung von 500 € Unterhalt monatlich ab Mai ein.

Der Hauptsachewert beläuft sich auf 6.500 € (s. Rn 11). Der Wert der einstweiligen Anordnung beträgt somit 3.250 €.

D. Rechtsmittelverfahren

I. Beschwerde gegen Endentscheidungen in der Hauptsache

81 In den Beschwerdeverfahren gegen Endentscheidungen in der Hauptsache richten sich die Gebühren des Anwalts gem. Vorbem. 3.2.1 Nr. 2 Bucht. b) VV nach den Gebühren eines Berufungsverfahrens, also nach den Nr. 3200 ff VV. Der Anwalt erhält also eine **1,6-Verfahrensgebühr** (Nr. 3200 VV) und eine **1,2-Terminsgebühr** (Nr. 3202 VV). Insoweit kann auf die Ausführungen zu Teil 3 VV Bezug genommen werden (s. § 13 Rn 144 ff). Eine Terminsgebühr entsteht nicht, wenn das OLG in einer Familienstreitsache gem. § 68 Abs. 3 S. 2 FamFG von einer mündlichen Verhandlung absieht.[54]

82 Kommt es zu einer Einigung, so entsteht nach Nr. 1004 VV eine **1,3-Einigungsgebühr** (Anm. Abs. 1 zu Nr. 1004 VV).

II. Rechtsbeschwerde gegen den Rechtszug beendende Entscheidungen

83 In den Rechtsbeschwerdeverfahren gegen Endentscheidungen richten sich die Gebühren des Anwalts gem. Vorbem. 3.2.2 Nr. 1 Bucht. b) VV nach den Gebühren eines Revisionsverfahrens, also nach den Nr. 3206 ff VV. Der Anwalt erhält also, da eine Vertretung durch einen am BGH zugelassenen Anwalt erforderlich ist, eine **2,3-Verfahrensgebühr** nach Nr. 3206, 3208 VV und eine **1,5-Terminsgebühr** nach Nr. 3210 VV. Im Falle einer Einigung entsteht eine **1,3-Einigungsgebühr** (Nr. 1000, 1004 VV). Auch insoweit kann auf die Ausführungen zu Teil 3 VV Bezug genommen werden (s. § 13 Rn 168 ff).

E. Besondere Verfahren

I. Mahnverfahren

84 Soweit lediglich fällige Zahlungsansprüche verfolgt werden, etwa fälliger Unterhalt, Zugewinnausgleich o.Ä., kommt auch in Familiensachen das Mahnverfahren in Betracht. Insoweit wird auf § 13 Rn 59 ff verwiesen.

II. Vereinfachtes Verfahren auf Festsetzung des Unterhalts Minderjähriger

85 Im Verfahren auf Festsetzung des Unterhalts Minderjähriger erhält der Anwalt die Gebühren nach Teil 3 Abschnitt 1 VV, also nach den Nr. 3100 ff VV. Es fällt eine **1,3-Verfahrensgebühr** nach Nr. 3100 VV an, die sich unter den Voraussetzungen der Nr. 3101 VV auf 0,8

---

52 OLG Düsseldorf AGS 2010, 105 = NJW 2010, 1385 = JurBüro 2010, 305 = FPR 2010, 363 = RVGreport 2010, 158 = FuR 2010, 475; AG Lahnstein AGS 2010, 264 = NJW-Spezial 2010, 412.
53 OLG München AGS 2011, 306 = NJW-Spezial 2011, 476; OLG Köln AGS 2010, 618 = FamRZ 2011, 758 = RVGreport 2011, 114 = FamFR 2011, 15; so auch schon zum früheren Recht (damals allerdings voller Betrag) AG Siegburg BRAGOreport 2003, 245 m. Anm. *N. Schneider*; OLG Köln AGS 2004, 164 m. Anm. *N. Schneider*.
54 KG AGS 2012, 130 = FamRZ 2012, 812 = NJW-Spezial 2012, 61; OLG Naumburg AGS 2013, 63 = JurBüro 2013, 306 = NJW-Spezial 2013, 92.

ermäßigen kann. Hinzu kommen kann eine **1,2-Terminsgebühr** nach Nr. 3104 VV und auch eine **Einigungsgebühr** nach Nr. 1000, 1003 VV iHv 1,0.

Der **Verfahrenswert** bemisst sich nach § 51 FamGKG. Maßgebend sind danach die auf die Einreichung des Antrags folgenden zwölf Monate (§ 51 FamGKG). Bei Einreichung fällige Beträge sind hinzuzurechnen (§ 51 Abs. 2 FamGKG). Abzustellen ist nach § 51 Abs. 2 S. 2 FamGKG auf den prozentualen Mindestbetrag derjenigen Altersstufe, der im Zeitpunkt der Einreichung des Antrags maßgebend ist. Anzurechnendes Kindergeld ist abzuziehen.[55] 86

Kommt es auf Antrag einer Partei zur Durchführung des **streitigen Verfahrens**, so stellt 87
dieses Verfahren nach § 17 Nr. 3 RVG gegenüber dem Festsetzungsverfahren eine eigene Angelegenheit dar. Sämtliche Gebühren der Nr. 3100 ff VV können erneut entstehen. Die Verfahrensgebühr des vereinfachten Festsetzungsverfahrens ist dann allerdings nach Anm. Abs. 1 zu Nr. 3100 VV auf die Verfahrensgebühr des nachfolgenden streitigen Verfahrens anzurechnen. Gleiches gilt für eine im vereinfachten Festsetzungsverfahren angefallene Terminsgebühr (Anm. Abs. 4 zu Nr. 3104 VV).

III. Verfahren über die Verfahrenskostenhilfe

Verfahren über die Verfahrenskostenhilfe zählen zur Hauptsache (§ 16 Nr. 2 RVG). Wird 88
der Anwalt nur in einem Verfahren über die Verfahrenskostenhilfe tätig, gelten Nr. 3335 und Vorbem. 3.3.6 S. 2 VV. Siehe hierzu § 13 Rn 228 ff.

F. Einzeltätigkeiten

Wird der Anwalt in einem gerichtlichen Verfahren nur mit einer Einzeltätigkeit beauftragt, 89
gilt Teil 3 Abschnitt 4 VV. Zum Verkehrsanwalt s. § 13 Rn 253 ff. Zum Terminsvertreter s. § 13 Rn 267 ff.

G. Vollstreckung

In der Vollstreckung erhält der Anwalt die Gebühren nach Nr. 3309 f VV (Vorbem. 3.3.3 90
Nr. 2 VV).

Der **Gegenstandswert** bemisst sich in der Vollstreckung nach § 25 RVG. Wird wegen Un- 91
terhalts eine Vorratspfändung ausgebracht, so bestimmt sich der Wert der zu vollstrecken-
den Forderung gem. § 25 Abs. 1 Nr. 1 RVG entsprechend § 51 Abs. 1 S. 1 FamGKG nach dem Wert der zukünftig fällig werdenden Forderungen, höchstens nach dem Wert der nächsten zwölf Monate. Hinzuzurechnen sind entsprechend § 51 Abs. 2 S. 1 FamGKG die bei Einreichung des Pfändungsantrags fälligen Beträge.

H. Besonderheiten bei Verfahrenskostenhilfe

Im Falle eines Arrests oder einer einstweiligen Anordnung erstreckt sich die bewilligte Ver- 92
fahrenskostenhilfe auch auf die **Vollziehung des Arrests oder die Vollstreckung der Anordnung** einschließlich ihrer Zustellung (§ 48 Abs. 4 S. 2 Nr. 2 RVG).

Eine spezielle Regelung für Familiensachen findet sich darüber hinaus in § 48 Abs. 3 RVG. 93
Danach erstreckt sich die **Beordnung in einer Ehesache** auch auf den Abschluss eines Vertrags iSd Nr. 1000 VV, der

- den gegenseitigen Unterhalt der Ehegatten,[56]
- den Unterhalt gegenüber den Kindern im Verhältnis der Ehegatten zueinander,
- die Sorge für die Person der gemeinschaftlichen minderjährigen Kinder,

---

55 OLG München AGS 2005, 165 = FamRB 2005, 106; OLG Köln FamRZ 2002, 684 = JAmt 2002, 272 (unter Aufgabe seiner früheren gegenteiligen Rspr in AGS 2002, 178 = FamRZ 2001, 778 und 1384); AG
Groß-Gerau FamRZ 2001, 432.
56 Auch Trennungsunterhalt: OLG Nürnberg AGS 2011, 1297 = NJW 2011, 1297 = FamRZ 2011, 1976.

- die Regelung des Umgangs mit einem Kind,
- die Rechtsverhältnisse an der Ehewohnung und dem Haushalt und
- die Ansprüche aus dem ehelichen Güterrecht betrifft.

94 Nicht erforderlich dabei ist, dass die Einigung vor Gericht geschlossen wird. Sie muss nur während des anhängigen Scheidungsverfahrens geschlossen werden und eine der vorgenannten Gegenstände betreffen.[57] Insoweit reicht es aus, wenn die Parteien unter Mitwirkung ihrer Anwälte während des Verbundverfahrens eine notarielle Vereinbarung schließen[58] oder wenn sie über den Kindesunterhalt, auf den sie sich geeinigt haben, eine Jugendamtsurkunde errichten lassen.[59] Die Streitfrage, ob sich die Wirkung des § 48 Abs. 3 RVG auch auf die Verfahrensdifferenzgebühr und die Terminsgebühr aus dem Mehrwert erstreckt, ist durch die Neufassung der Vorschrift durch das 2. KostRMoG dahin gehend entschieden, dass § 48 Abs. 3 RVG alle Gebühren erfasst.

95 Strittig ist, ob für ein aus dem Verbund **abgetrenntes Verfahren** (s. Rn 63 sowie 64 ff) ein gesonderter Verfahrenskostenhilfeantrag erforderlich ist oder ob eine für das Verbundverfahren bewilligte Verfahrenskostenhilfe sich auf das abgetrennte Verfahren erstreckt. Die Rspr lehnt eine Erstreckung grundsätzlich ab, so dass ein neuer Antrag gestellt werden muss.[60] Dies gilt insbesondere für abgetrennte Altverfahren betreffend den Versorgungsausgleich.[61]

96 Zu beachten ist auch, dass für ein **einstweiliges Anordnungsverfahren** gesondert Verfahrenskostenhilfe zu beantragen ist. Die Verfahrenskostenhilfe in der Hauptsache erstreckt sich nicht auch auf das einstweilige Anordnungsverfahren.[62]

I. Nach § 138 FamFG beigeordneter Rechtsanwalt

97 Der dem Antragsgegner nach § 138 FamFG beigeordnete Rechtsanwalt wird gebührenrechtlich wie ein Verfahrensbevollmächtigter behandelt, so dass er vom Antragsgegner alle Gebühren der Nr. 3100 ff VV erhalten kann. Er hat auch einen Anspruch auf einen Vorschuss nach § 9 RVG (§ 39 S. 1 RVG). Der Vergütungsanspruch steht dem Anwalt auch dann zu, wenn der Antragsgegner, dem er beigeordnet ist, mit der Beiordnung nicht einverstanden war.

98 Der beigeordnete Rechtsanwalt kann seine Vergütung auch aus der Landeskasse verlangen (§ 45 Abs. 2 RVG). Dies setzt jedoch voraus, dass der Antragsgegner mit der Zahlung der Vergütung in Verzug ist (§ 45 Abs. 2 RVG). Das gilt auch für eine Vorschussanforderung (§ 47 Abs. 1 S. 2 RVG). Gegen die Landeskasse steht dem Anwalt allerdings nur ein Anspruch auf Vergütung eines Verfahrenskostenhilfe-Anwalts zu, da sich die Vergütung dann nach Abschnitt 8 des RVG richtet und folglich bei Werten über 4.000 € die Gebührentabelle des § 49 RVG gilt. Hat der Anwalt vom Antragsgegner bereits Teilzahlungen erhalten, sind diese nach § 58 Abs. 2 RVG anzurechnen. Hat die Landeskasse gezahlt, so kann der Anwalt den Auftraggeber wegen der weitergehenden Differenz bis zur Höhe der vollen Wahlanwaltsgebühren noch in Anspruch nehmen. Im Übrigen geht der Anspruch auf die Staatskasse über (§ 59 Abs. 1 RVG).

---

57 OLG Köln AGS 2006, 138; OLG Rostock FamRZ 2008, 708.
58 OLG Brandenburg AGS 2007, 146 = FamRZ 2005, 1264.
59 OLG Celle AGS 2007, 514 = JurBüro 2006, 319.
60 OLG Braunschweig AGS 2003, 167 m. abl. Anm. *N. Schneider.*
61 BGH AGS 2011, 167 = NJW 2011, 1141 = FamRZ 2011, 635 = RVGreport 2011, 193.
62 OLG Naumburg AGS 2003, 23 m. Anm. *N. Schneider* = MDR 2002, 515.

§ 15 Vertretung in arbeitsrechtlichen Angelegenheiten

A. Überblick

Arbeitsrechtliche Angelegenheiten sind besondere zivilrechtliche Angelegenheiten. Die Vergütung entspricht daher weitgehend der in Zivilsachen, so dass auf die Ausführungen in § 13 Bezug genommen wird. Allerdings gelten hier einige Besonderheiten. **1**

Zu beachten ist, dass in arbeitsgerichtlichen Verfahren nach § 12 a Abs. 1 S. 1 ArbGG die Erstattung von Anwaltskosten **im erstinstanzlichen Erkenntnisverfahren ausgeschlossen** ist. Der Anwalt muss vor Beginn des Mandats auf die fehlende Kostenerstattung **hinweisen** (§ 12 a Abs. 1 S. 2 ArbGG). Er macht sich anderenfalls schadenersatzpflichtig und verliert damit seinen Vergütungsanspruch (s. § 2 Rn 8). **2**

B. Außergerichtliche Vertretung

I. Überblick

Die außergerichtliche Vertretung in Arbeitssachen richtet sich nach Teil 2 Abschnitt 3 VV. Zu unterscheiden ist auch hier nach der allgemeinen außergerichtlichen Tätigkeit und der Vertretung in einem Schlichtungsverfahren. Zudem kommen hier auch verwaltungsrechtliche Verfahren in Betracht (Verfahren auf Zustimmung zu einer Kündigung oder auf Erklärung der Zulässigkeit einer Kündigung). **3**

II. Allgemeine Geschäftstätigkeit außerhalb eines Schlichtungs-, Zustimmungs- oder Zulässigkeitsverfahrens

Für die außergerichtliche Vertretung außerhalb eines Schlichtungs-, Zustimmungs- oder Zulässigkeitsverfahrens erhält der Anwalt eine Geschäftsgebühr nach Nr. 2300 VV (Vorbem. 2.3 Abs. 3 VV). Zu beachten ist auch hier die sog. **Schwellengebühr** nach Anm. zu Nr. 2300 VV. Siehe hierzu § 13 Rn 2 ff. **4**

Sofern der Anwalt nur mit einem **einfachen Schreiben** beauftragt ist, reduziert sich die Geschäftsgebühr nach Nr. 2302 VV auf eine 0,3-Gebühr. Zu beachten ist, dass der Auftrag auf ein einfaches Schreiben gerichtet sein muss. Es kommt nicht auf das Erscheinungsbild des letztlich verfassten Schreibens an (Anm. zu Nr. 2302 VV). Insbesondere bei einfachen Kündigungsschreiben wird daher häufig zu Unrecht versucht, dem Anwalt lediglich eine 0,3-Geschäftsgebühr nach Nr. 2302 VV zuzusprechen. **5**

Eine Geschäftsgebühr entsteht auch, wenn der Anwalt einen **Arbeitsvertrag** oder **einen Aufhebungsvertrag entwirft** (Vorbem. 2.3 Abs. 3 VV). Der Gegenstandswert bemisst sich in diesem Fall nach § 23 Abs. 1 S. 3 RVG iVm § 99 Abs. 2 GNotKG und richtet sich nach dem Wert aller Bezüge des zur Dienstleistung Verpflichteten während der gesamten Vertragszeit, höchstens jedoch nach dem Wert der auf die ersten fünf Jahre entfallenden Bezüge. Wird der Aufhebungsvertrag allerdings geschlossen, weil bereits eine Kündigung des Arbeitgebers im Raum steht oder gar ausgesprochen ist, gilt § 23 Abs. 1 S. 1, 3 RVG iVm § 42 Abs. 3 GKG.[1] **6**

III. Verfahren vor einem Ausschuss nach § 111 Abs. 2 ArbGG, vor dem Seemannsamt oder einer sonstigen Güte- oder Schiedsstelle

1. Umfang der Angelegenheit

In arbeitsrechtlichen Angelegenheiten ist zT vorgeschrieben, dass vor Einleitung eines Rechtsstreits ein Schlichtungsverfahren durchzuführen ist, so nach § 111 Abs. 2 ArbGG, nach §§ 51, 69 SeemannsG iVm der SeemannsamtVO oder nach §§ 76 a, 112 BetrVG und **7**

---

1 BAG AGS 2001, 77 = NJW-RR 2001, 495 = JurBüro 2001, 477.

in weiteren Fällen. Diese Schlichtungsverfahren stellen sowohl gegenüber der vorangegangenen außergerichtlichen Tätigkeit als auch gegenüber einem nachfolgenden gerichtlichen Verfahren eigene Angelegenheiten dar (§ 17 Nr. 7 RVG). Insgesamt sind also drei Angelegenheiten gegeben, nämlich

- die außergerichtliche Vertretung,
- die Tätigkeit im Schlichtungsverfahren und
- die Tätigkeit im Rechtsstreit vor dem Arbeitsgericht.

8   In allen drei Angelegenheiten erhält der Anwalt seine Vergütung gesondert, insbesondere auch eine gesonderte Postentgeltpauschale nach Nr. 7002 VV.[2]

2. Die Vergütung

9   Für die Schlichtungsverfahren sieht Nr. 2303 Nr. 2, 3 und 4 VV eine **1,5-Geschäftsgebühr** vor. Die Höhe der Gebühr ist unabhängig von Umfang und Aufwand.

10   Zu berücksichtigen ist allerdings, dass eine zuvor entstandene Geschäftsgebühr aus Nr. 2300 VV gem. der Vorbem. 2.3 Abs. 6 VV auf die Geschäftsgebühr nach Nr. 2303 VV **anzurechnen** ist, allerdings lediglich zur Hälfte, höchstens zu 0,75.

11   Kommt es im Schlichtungsverfahren zu einer Einigung, kann noch eine **1,5-Einigungsgebühr** nach Nr. 1000 VV entstehen.

Beispiel 1: Der Arbeitgeber spricht gegenüber seinem Auszubildenden die fristlose Kündigung des Ausbildungsverhältnisses aus (monatliche Ausbildungsvergütung 800 €). Daraufhin beauftragt der Auszubildende einen Anwalt, der zunächst versucht, außergerichtlich die Kündigung abzuwehren. Die Tätigkeit ist weder umfangreich noch schwierig. Hiernach ruft er den zuständigen Ausschuss an. Das Verfahren endet mit einer Einigung.

Für die **außergerichtliche Vertretung** erhält der Anwalt eine 1,3-Geschäftsgebühr nach Nr. 2300 VV (Anm. zu Nr. 2300 VV).

Für das **Schlichtungsverfahren** erhält der Anwalt eine weitere Geschäftsgebühr nach Nr. 2303 Nr. 2 VV iHv 1,5. Auf diese Geschäftsgebühr ist die Geschäftsgebühr der Nr. 2300 VV gem. der Vorbem. 2.3 Abs. 6 VV hälftig, also zu 0,65, anzurechnen. Hinzu kommt eine 1,5-Einigungsgebühr nach Nr. 1000 VV.

Der **Gegenstandswert** ergibt sich aus § 42 Abs. 3 GKG und gilt nach § 23 Abs. 1 S. 3 RVG auch für die außergerichtliche Tätigkeit. Auszugehen ist somit von dem Vierteljahreseinkommen iHv 2.400 €.

I. Außergerichtliche Tätigkeit (Wert: 2.400 €)

1.	1,3-Geschäftsgebühr, Nr. 2300 VV	261,30 €
2.	Postentgeltpauschale, Nr. 7002 VV	20,00 €
	Zwischensumme	281,30 €
3.	19 % Umsatzsteuer, Nr. 7008 VV	53,45 €
	Gesamt	**334,75 €**

II. Schlichtungsverfahren (Wert: 2.400 €)

1.	1,5-Geschäftsgebühr, Nr. 2303 Nr. 2 VV	301,50 €
2.	gem. Vorbem. 2.3 Abs. 6 VV anzurechnen 0,65 aus 2.400 €	− 130,65 €
3.	1,5-Einigungsgebühr, Nr. 1000 VV	301,50 €
4.	Postentgeltpauschale, Nr. 7002 VV	20,00 €
	Zwischensumme	492,35 €
5.	19 % Umsatzsteuer, Nr. 7008 VV	93,55 €
	Gesamt	**585,90 €**

---

2   AnwK-RVG/N. *Schneider*, § 17 Rn 238.

IV. Behördliche Zustimmungs- oder Zulässigkeitsverfahren

1. Umfang der Angelegenheit

In einigen Fällen bedarf die Kündigung der Zustimmung einer behördlichen Stelle, so zB 12
nach §§ 85 ff SGB IX des Integrationsamts bei Kündigung eines Schwerbehinderten, oder
der Zulässigkeitserklärung, so nach § 18 Abs. 1 S. 2 BEEG bei Kündigung während der
Elternzeit oder nach § 9 Abs. 3 MuSchG bei Kündigungen während der Schwangerschaft.
Wird der Anwalt vom Auftraggeber in diesen Fällen sowohl mit dessen Vertretung vor der
Behörde als auch dem Ausspruch der Kündigung bzw deren Abwehr beauftragt, so liegen
zwei verschiedene Angelegenheiten iSd § 15 RVG vor. Bei der einen (Zustimmungs- oder
Zulässigkeitsverfahren) handelt es sich um eine **verwaltungsrechtliche Angelegenheit,**[3] bei
der anderen (Kündigung bzw deren Abwehr) um eine **arbeitsrechtliche Angelegenheit.** Der
Anwalt erhält daher zwei Geschäftsgebühren.

Zu beachten ist, dass sich an das Verwaltungsverfahren vor der Behörde noch ein Wider- 13
spruchsverfahren anschließen kann. Dann sind zwei verwaltungsrechtliche Angelegenheiten gegeben, nämlich das Verwaltungsverfahren und das Nachprüfungsverfahren (§ 17
Nr. 1 a RVG). Kommt es sogar noch zu einem gerichtlichen Verfahren vor dem VG, handelt es sich insoweit um eine weitere Angelegenheit.

2. Gegenstandswert

Der Gegenstandswert im Zustimmungsverfahren vor dem Integrationsamt nach §§ 85 ff 14
SGB IX bemisst sich gem. Nr. 39.1 des Streitwertkatalogs für die Verwaltungsgerichtsbarkeit[4] nach dem Auffangwert, also nach § 52 Abs. 2 GKG auf 5.000 €. Gleiches gilt für die
Zulässigkeitserklärungen nach § 9 Abs. 3 MuSchG (Nr. 27.1 des Streitwertkatalogs) und
nach § 18 Abs. 1 S. 2 BEEG (Nr. 27.2 des Streitwertkatalogs).

3. Die Vergütung

a) Verwaltungsverfahren vor der Behörde

Für die Vertretung im Verfahren vor der Behörde auf Zustimmung oder Zulässigkeitser- 15
klärung erhält der Anwalt für die Vertretung des Mandanten eine **gesonderte Geschäftsgebühr** nach Nr. 2300 VV (Mittelgebühr 1,5). Das Verfahren vor der Behörde ist kein Fall
der Nr. 2303 VV.

Eine **Terminsgebühr** kann in diesem Verfahren nicht entstehen, da es sich um eine außer- 16
gerichtliche Tätigkeit handelt und dort Terminsgebühren nicht vorgesehen sind. Eine eventuelle Terminswahrnehmung kann nur im Rahmen des § 14 Abs. 1 RVG berücksichtigt
werden.

Beispiel 2: Der Arbeitgeber des schwerbehinderten Mandanten möchte diesem kündigen und
beauftragt seinen Anwalt, vor dem Integrationsamt die Zustimmung hierzu einzuholen. Die Zustimmung wird erteilt. Hiernach erhält der Anwalt den Auftrag, die Kündigung auszusprechen
(Monatseinkommen 2.000 €). Anschließend kommt es zu einer Einigung mit dem Arbeitnehmer.

I. Verfahren vor dem Integrationsamt (Wert: 5.000 €)

1. 1,5-Geschäftsgebühr, Nr. 2300 VV		454,50 €
2. Postentgeltpauschale, Nr. 7002 VV		20,00 €
Zwischensumme	474,50 €	
3. 19 % Umsatzsteuer, Nr. 7008 VV		90,16 €
Gesamt		**564,66 €**

---

3   Siehe daher wegen weiterer Einzelheiten auch die Darstellung zur Vertretung in verwaltungsrechtlichen Angelegenheiten (§ 17 Rn 4 ff).

4   In der Fassung der am 31.5./1.6.2012 und am 18.7.2013 beschlossenen Änderungen („Streitwertkatalog
2013"), abgedruckt zB in NK-GK, Anh 1 zu § 52 GKG und in AGS 2013, 549 ff.

II. Außergerichtliche Vertretung betreffend die Kündigung (Wert: 6.000 €)

1. 1,5-Geschäftsgebühr, Nr. 2300 VV		531,00 €
2. 1,5-Einigungsgebühr, Nr. 1000 VV		531,00 €
3. Postentgeltpauschale, Nr. 7002 VV		20,00 €
Zwischensumme	1.082,00 €	
4. 19 % Umsatzsteuer, Nr. 7008 VV		205,58 €
Gesamt		**1.287,58 €**

b) Widerspruchsverfahren

17 Für ein eventuelles Widerspruchsverfahren vor der Behörde erhält der Anwalt ebenfalls eine **Geschäftsgebühr**, ggf unter Anrechnung der vorangegangenen Geschäftsgebühr (Vorbem. 2.3 Abs. 4 VV RVG), wenn der Anwalt bereits im Verwaltungsverfahren tätig war (s. hierzu § 17 Rn 10 ff). Hinzu kommen kann eine **1,5-Einigungs-** oder **Erledigungsgebühr** (Nr. 1000, 1002 VV).

C. Vertretung in gerichtlichen Verfahren

I. Mahnverfahren

18 Im Mahnverfahren nach § 46 a ArbGG gelten gegenüber den allgemeinen Zivilsachen keine Besonderheiten. Insoweit wird auf § 13 Rn 59 ff Bezug genommen.

II. Urteilsverfahren

1. Erster Rechtszug

19 Im Urteilsverfahren des ersten Rechtszugs (§§ 46 ff ArbGG) erhält der Anwalt auch in Arbeitssachen die Gebühren nach Teil 3 Abschnitt 1 VV, also nach den Nr. 3100 ff VV. Insoweit ergeben sich keine Besonderheiten.

20 Der Anwalt erhält zunächst eine **1,3-Verfahrensgebühr** nach Nr. 3100 VV, die sich bei vorzeitiger Erledigung (Nr. 3101 Nr. 1 VV) oder in den Fällen der Nr. 3101 Nr. 2 VV auf 0,8 ermäßigt. Eine vorangegangene Geschäftsgebühr ist auch hier hälftig, höchstens zu 0,75, **anzurechnen** (s. dazu § 13 Rn 29 ff).

21 Hinzu kommt eine **1,2-Terminsgebühr**, die unter den Voraussetzungen der Vorbem. 3 Abs. 3 VV entsteht. Sie wird insbesondere auch schon durch die Teilnahme an der Güteverhandlung vor dem Vorsitzenden (§ 54 ArbGG) ausgelöst.[5] Eine **Ermäßigung der Terminsgebühr** nach Nr. 3105 VV auf 0,5 ist möglich (s. § 13 Rn 108 ff).

Beispiel 3: In der Güteverhandlung erscheint der beklagte Arbeitgeber nicht, so dass er durch Versäumnisurteil zur Zahlung rückständiger Lohnforderungen iHv 6.000 € verurteilt wird.

1. 1,3-Verfahrensgebühr, Nr. 3100 VV (Wert: 6.000 €)		460,20 €
2. 0,5-Terminsgebühr, Nr. 3104, 3105 VV (Wert: 6.000 €)		177,00 €
3. Postentgeltpauschale, Nr. 7002 VV		20,00 €
Zwischensumme	657,20 €	
4. 19 % Umsatzsteuer, Nr. 7008 VV		124,87 €
Gesamt		**782,07 €**

22 Auch eine **Einigungsgebühr** (Nr. 1000 ff VV) kann im gerichtlichen Verfahren entstehen. Sie fällt insbesondere dann an, wenn in einem Kündigungsrechtsstreit der Arbeitgeber die Kündigung „zurücknimmt" und dem Arbeitnehmer anbietet, er könne wieder arbeiten kommen, und der Arbeitnehmer dieses Angebot annimmt.[6]

---

5 *Hansens/Braun/Schneider*, Teil 9 Rn 41.
6 BAG NJW 2006, 1997 = JurBüro 2006, 581, 587 = RVGreport 2006, 222.

2. Berufungsverfahren

Im Berufungsverfahren erhält der Anwalt die gleiche Vergütung wie in Zivilsachen, also 23
die Gebühren nach Teil 3 Abschnitt 2 VV (Nr. 3200 ff VV). Es entsteht eine **1,6-Verfahrensgebühr** nach Nr. 3200 VV, die sich im Falle der vorzeitigen Erledigung (Anm. S. 1
Nr. 1 zu Nr. 3201 VV) oder in den Fällen der Anm. S. 1 Nr. 2 zu Nr. 3201 VV auf 1,1
reduziert. Kommt es zu einem Termin im Berufungsverfahren, so entsteht eine **1,2-Terminsgebühr** nach Nr. 3202 VV. Eine Ermäßigung auf 0,5 nach Nr. 3203 VV ist möglich.
Darüber hinaus kann eine **Einigungsgebühr** anfallen, die sich auf 1,3 beläuft (Nr. 1004
VV), soweit sich die Parteien über die im Berufungsverfahren anhängigen Gegenstände einigen. Siehe im Einzelnen § 13 Rn 144 ff.

3. Nichtzulassungsbeschwerde

Wird gegen die Nichtzulassung der Revision durch das LAG die Nichtzulassungsbeschwer- 24
de gem. § 72 a ArbGG zum BAG erhoben, so stellt dieses Verfahren eine eigene Angelegenheit gegenüber dem Berufungsverfahren dar (§ 18 Abs. 1 Nr. 3 RVG). Kommt es anschließend zur Durchführung des Revisionsverfahrens, ist dieses wiederum eine eigene Angelegenheit (§ 17 Nr. 9 RVG). Insgesamt sind also dann drei Angelegenheiten gegeben:

- das Berufungsverfahren,
- das Nichtzulassungsbeschwerdeverfahren und
- das Revisionsverfahren.

Im Verfahren über die Nichtzulassungsbeschwerde erhält der Anwalt eine **Verfahrensge-** 25
bühr iHv 1,6 (Nr. 3506 VV).[7] Eine Erhöhung des Gebührensatzes auf 2,3 nach Nr. 3508
VV – wie in allgemeinen Zivilsachen – kommt nicht in Betracht, da hier eine Zulassung
am BGH nicht erforderlich ist.

Erledigt sich das Nichtzulassungsbeschwerdeverfahren vorzeitig, so reduziert sich die Ver- 26
fahrensgebühr auf 1,1 (Nr. 3507 VV). Die Anm. zu Nr. 3201 VV ist entsprechend anzuwenden (Anm. zu Nr. 3507 VV). Vertritt der Anwalt **mehrere Auftraggeber** wegen desselben Gegenstands, erhöht sich die Verfahrensgebühr nach Nr. 1008 VV um 0,3 je weiterem
Auftraggeber.

Kommt es nach erfolgreichem Nichtzulassungsbeschwerdeverfahren zur Durchführung 27
der Revision, ist die Verfahrensgebühr nach Anm. zu Nr. 3506 VV auf die Verfahrensgebühr des nachfolgenden Revisionsverfahrens **anzurechnen**.

Hinzu kommen kann eine **1,2-Terminsgebühr** nach Nr. 3516 VV. Auch wenn über die 28
Nichtzulassungsbeschwerde nicht vor Gericht verhandelt wird, kommt nach Vorbem. 3
Abs. 3 S. 3 Nr. 2 VV eine Terminsgebühr in Betracht, wenn der Anwalt an auf die Vermeidung oder Erledigung des Verfahrens gerichteten Besprechungen auch ohne Beteiligung
des Gerichts mitwirkt.

Kommt es während des Nichtzulassungsbeschwerdeverfahrens zu einer Einigung, entsteht 29
nach Nr. 1004 VV eine **1,3-Einigungsgebühr**.

4. Revisionsverfahren

Im Revisionsverfahren vor dem BAG erhält der Anwalt die Gebühren nach Teil 3 Ab- 30
schnitt 2 Unterabschnitt 2 VV, also den Nr. 3206 ff VV. Die **Verfahrensgebühr** beläuft sich
auch hier auf 1,6 (Nr. 3206 VV), die ermäßigte Verfahrensgebühr auf 1,1 (Nr. 3207 VV).
In beiden Fällen kommt eine Erhöhung bei mehreren Auftraggebern nach Nr. 1008 VV in
Betracht. War ein Nichtzulassungsbeschwerdeverfahren vorangegangen, so ist die dortige
Verfahrensgebühr **anzurechnen** (Anm. zu Nr. 3506 VV). Die **Terminsgebühr** im Revisionsverfahren entsteht nach einem Gebührensatz von 1,5 (Nr. 3210 VV). Eine Ermäßigung auf

---

7 HessLAG AGS 2007, 612 = RVGreport 2006, 309; ArbG Koblenz AGS 2005, 292 = RVGreport 2005, 106.

0,8 nach Nr. 3211 VV ist möglich. Hinzu kommen kann eine **Einigungsgebühr** iHv 1,3 (Nr. 1004 VV).

III. Beschlussverfahren

1. Überblick

31   Neben den Urteilsverfahren kommen vor den Arbeitsgerichten auch Beschlussverfahren nach §§ 80 ff ArbGG in Betracht. Diese Beschlussverfahren werden weitgehend abgerechnet wie die Erkenntnisverfahren, wobei hier allerdings Besonderheiten zu beachten sind.

2. Erstinstanzliche Verfahren

32   Im erstinstanzlichen Verfahren erhält der Anwalt eine **1,3-Verfahrensgebühr** nach Nr. 3100 VV, die sich bei vorzeitiger Erledigung (Nr. 3101 Nr. 1 VV) oder in Fällen der Nr. 3101 Nr. 2 VV auf 0,8 ermäßigt. Bei mehreren Auftraggebern ist die Verfahrensgebühr nach Nr. 1008 VV zu erhöhen. Auch hier ist eine im Rahmen einer vorangegangenen außergerichtlichen Vertretung entstandene Geschäftsgebühr hälftig **anzurechnen**, höchstens mit 0,75 (Vorbem. 3 Abs. 4 VV).

33   Hinzu kommt eine **1,2-Terminsgebühr** nach Nr. 3104 VV, die nach Anm. Abs. 1 Nr. 1 zu Nr. 3104 VV auch dann entsteht, wenn im Einverständnis der Beteiligten nach § 83 Abs. 4 S. 3 ArbGG im schriftlichen Verfahren entschieden wird. Eine Ermäßigung der Terminsgebühr nach Nr. 3105 VV kommt nicht in Betracht, da in den Beschlussverfahren ein Versäumnisurteil nicht möglich ist.

34   Hinzu kommen kann auch hier eine **Einigungsgebühr** iHv 1,0 (Nr. 1000, 1003 VV).

Beispiel 4: In einem Beschlussverfahren nach §§ 80 ff ArbGG (Wert: 10.000 €) einigen sich die Parteien nach außergerichtlichen Verhandlungen.

1. 1,3-Verfahrensgebühr, Nr. 3100 VV (Wert: 10.000 €)		725,40 €
2. 1,2-Terminsgebühr, Nr. 3104 VV (Wert: 10.000 €)		669,60 €
3. 1,0-Einigungsgebühr, Nr. 1000, 1003 VV (Wert: 10.000 €)		558,00 €
4. Postentgeltpauschale, Nr. 7002 VV		20,00 €
Zwischensumme	1.973,00 €	
5. 19 % Umsatzsteuer, Nr. 7008 VV		374,87 €
Gesamt		**2.347,87 €**

3. Beschwerdeverfahren

35   Wird gegen eine im Beschlussverfahren ergangene Entscheidung Beschwerde eingelegt, so handelt es sich nicht um ein gewöhnliches Beschwerdeverfahren nach Teil 3 Abschnitt 5 VV. Es gelten vielmehr nach Vorbem. 3.2.1 Nr. 2 Buchst. c) VV die Gebühren für das Berufungsverfahren entsprechend. Es entstehen also die Gebühren nach den Nr. 3200 ff VV.

36   Der Anwalt erhält danach zunächst eine **1,6-Verfahrensgebühr** nach Nr. 3200 VV, die sich im Falle der Nr. 3201 VV auf 1,1 ermäßigt und die sich bei mehreren Auftraggebern nach Nr. 1008 VV erhöht.

37   Hinzu kommt eine **1,2-Terminsgebühr** nach Nr. 3202 VV, und zwar gem. Anm. Abs. 1 zu Nr. 3202 iVm Anm. Abs. 1 Nr. 1 zu Nr. 3104 VV auch bei einer Entscheidung ohne mündliche Verhandlung gem. § 90 Abs. 2 iVm § 83 Abs. 4 S. 3 ArbGG.

Beispiel 5: In einem Beschlussverfahren nach §§ 80 ff ArbGG (Wert: 10.000 €) legt der Anwalt für seinen Mandanten gegen den Beschluss des ArbG Beschwerde ein. Das LAG entscheidet gem. § 90 Abs. 2 iVm § 83 Abs. 4 S. 3 ArbGG ohne mündliche Verhandlung.

1.	1,6-Verfahrensgebühr, Nr. 3200 VV (Wert: 10.000 €)	892,80 €
2.	1,2-Terminsgebühr, Nr. 3202 VV (Wert: 10.000 €)	669,60 €
3.	Postentgeltpauschale, Nr. 7002 VV	20,00 €
	Zwischensumme	1.582,40 €
4.	19 % Umsatzsteuer, Nr. 7008 VV	300,66 €
	Gesamt	**1.883,06 €**

Darüber hinaus entsteht ggf auch eine **Einigungsgebühr** (Nr. 1000 ff VV), die sich gem. **38**
Nr. 1004 VV auf 1,3 beläuft.

4. Nichtzulassungsbeschwerde

Wird im Beschlussverfahren die Rechtsbeschwerde (§ 92 ArbGG) nicht zugelassen, so ist **39**
nach § 92 a ArbGG die Nichtzulassungsbeschwerde gegeben. Eine besondere Regelung
dieser Nichtzulassungsbeschwerde fehlte bislang. Sie ist seit dem 1.8.2013 nunmehr in der
Neufassung der Nr. 3506 VV durch das 2. KostRMoG enthalten.

5. Rechtsbeschwerde

Kommt es im Beschlussverfahren zur Rechtsbeschwerde (§ 92 ArbGG), so gelten nach **40**
Vorbem. 3.2.2 Nr. 1 Buchst. a) iVm Vorbem. 3.2.1 Nr. 2 Buchst. c) VV die Gebühren des
Revisionsverfahrens entsprechend.

Der Anwalt erhält also zunächst einmal eine **1,6-Verfahrensgebühr** nach Nr. 3206 VV, die **41**
sich in den Fällen der Nr. 3207 VV auf 1,1 reduziert. Die Verfahrensgebühr einer vorangegangenen Nichtzulassungsbeschwerde nach § 92 a ArbGG ist gem. Anm. zu Nr. 3506 VV
auf die Verfahrensgebühr des Rechtsbeschwerdeverfahrens **anzurechnen**.

Unter den Voraussetzungen der Vorbem. 3 Abs. 3 VV kann auch im Rechtsbeschwerdever- **42**
fahren eine **1,2-Terminsgebühr** nach Nr. 3210 VV anfallen. Da hier eine mündliche Verhandlung nicht vorgeschrieben und das schriftliche Verfahren die Ausnahme ist, wird die
Terminsgebühr idR nur bei der Mitwirkung an außergerichtlichen Besprechungen anfallen
(Vorbem. 3 Abs. 3 S. 3 Nr. 2 VV).

Soweit es im Rahmen der Rechtsbeschwerde zu einer **Einigung** kommt, entsteht nach Vor- **43**
bem. 3.2.2 Nr. 1 Buchst. a) iVm Vorbem. 3.2.1 Nr. 2 Buchst. c) VV eine 1,3-Einigungsge-
bühr nach Nr. 1004 VV.

IV. Rechtsbeschwerde nach § 78 ArbGG iVm § 574 ZPO

Für eine Rechtsbeschwerde nach § 78 ArbGG iVm § 574 ZPO ist der besondere Gebüh- **44**
rentatbestand der Nr. 3502 VV anzuwenden. Es gilt das Gleiche wie für die Rechtsbeschwerde nach § 574 ZPO. Siehe insoweit § 13 Rn 304 ff.

V. Sonstige Beschwerden

Sonstige Beschwerden sind nach Nr. 3500 VV abzurechnen. Es entsteht eine 0,5-Verfah- **45**
rensgebühr nach Nr. 3500 VV und ggf eine 0,5-Terminsgebühr nach Nr. 3513 VV.

Auch im Falle der Beschwerde nach § 92 b ArbGG (sofortige Beschwerde wegen verspäte- **46**
ter Absetzung der Beschwerdeentscheidung) sind die Nr. 3500 ff VV anzuwenden. Es gilt
nicht Nr. 3506 VV.

VI. Arrest und einstweilige Verfügung

Soweit vor den Arbeitsgerichten Arrest- oder einstweilige Verfügungsverfahren stattfinden, **47**
gelten gegenüber den zivilrechtlichen Verfahren keine Besonderheiten, so dass auf § 13
Rn 177 ff Bezug genommen werden kann.

VII. Sonstige Verfahren

48 Auch hinsichtlich sonstiger Verfahren (vorläufige Einstellung, Beschränkung oder Aufhebung der Zwangsvollstreckung, Prozesskostenhilfeprüfungsverfahren, Gehörsrüge nach § 78 a ArbGG, Verfahren wegen überlanger Dauer nach den §§ 198 ff GVG) kann ebenfalls auf die Vergütung in allgemeinen Zivilsachen verwiesen werden. Siehe daher § 13 Rn 225 ff, 228 ff, 243 ff und 304 ff.

VIII. Einzeltätigkeiten

1. Einzeltätigkeiten nach Teil 3 Abschnitt 4 VV

49 Hinsichtlich der Einzeltätigkeiten als Verkehrsanwalt (Nr. 3400 VV), Terminsvertreter (Nr. 3401, 3402 VV) oder Anwalt, der lediglich mit Einzeltätigkeiten beauftragt worden ist (Nr. 3403, 3404 VV), kann ebenso auf die allgemeinen zivilrechtlichen Gebühren Bezug genommen werden (s. § 13 Rn 253 ff).

2. Besondere Einzeltätigkeiten

50 Besonders geregelt sind dagegen einige bestimmte Einzeltätigkeiten, die nur in den Verfahren vor den Arbeitsgerichten vorkommen. Nach Nr. 3326 VV erhält der Anwalt eine **0,75-Verfahrensgebühr,** wenn sich die Tätigkeit

- auf eine gerichtliche Entscheidung über die Bestimmung einer Frist (§ 102 Abs. 3 ArbGG),
- auf die Ablehnung eines Schiedsrichters (§ 103 Abs. 3 ArbGG) oder
- auf die Vornahme einer Beweisaufnahme oder einer Vereidigung (§ 106 Abs. 2 ArbGG)

beschränkt. Eine Reduzierung bei vorzeitiger Erledigung ist nicht vorgesehen.

51 Ist der Anwalt allerdings auch in der Hauptsache beauftragt, gilt § 16 Nr. 10 RVG. Die Tätigkeiten gehören mit zum Rechtszug und werden dann nicht gesondert vergütet.

52 Hinzu kommen kann in den vorgenannten Verfahren, soweit sie als Einzeltätigkeiten abzurechnen sind, eine **0,5-Terminsgebühr** nach Nr. 3332 VV und selbstverständlich auch eine **Einigungsgebühr** (Nr. 1000 ff VV).

53 Wird der Anwalt zunächst nur mit einer Einzeltätigkeit beauftragt und anschließend mit der Gesamtvertretung, gilt § 15 Abs. 1 RVG. Die für die Einzeltätigkeit entstandene Vergütung geht in der Vergütung der Hauptsache auf.

IX. Zwangsvollstreckung

54 Wird aus Entscheidungen, die vor den Arbeitsgerichten ergangen sind, die Zwangsvollstreckung betrieben, gelten die Vorschriften der Nr. 3309, 3310 VV. Insoweit ergeben sich keine Besonderheiten (s. § 27).

D. Gegenstandswert

55 Der Gegenstandswert in arbeitsgerichtlichen Verfahren bestimmt sich nach den allgemeinen Vorschriften (s. § 7). Insbesondere gelten die allgemeinen Vorschriften des GKG sowie die Verweisung des § 48 Abs. 1 S. 1 GKG auf die §§ 3 ff ZPO.

56 Eine **besondere Wertvorschrift** für Arbeitsgerichtsverfahren enthält § 42 Abs. 3 GKG:

- Für Streitigkeiten über das Bestehen, das Nichtbestehen oder die Kündigung eines Arbeitsverhältnisses ist höchstens der Betrag des für die Dauer eines Vierteljahres zu leistenden Arbeitsentgelts maßgebend; eine Abfindung wird nicht hinzugerechnet (§ 42 Abs. 3 S. 1 GKG).

■ Bei Rechtsstreitigkeiten über Eingruppierungen ist der Wert des dreijährigen Unterschiedsbetrags zur begehrten Vergütung maßgebend, sofern nicht der Gesamtbetrag der geforderten Leistungen geringer ist (§ 42 Abs. 3 S. 2 GKG).

Um auch im Bereich der Arbeitsgerichtsbarkeit eine bundesweit möglichst einheitliche   57
Wertfestsetzung zu erreichen, hatte die Präsidentenkonferenz der Landesarbeitsgerichte eine Kommission eingesetzt, die einen „**Streitwertkatalog für die Arbeitsgerichtsbarkeit**" entworfen hat.[8] Dieser Katalog ist dann noch einmal überarbeitet worden und in seiner Neufassung am 15.7.2014 zur Veröffentlichung freigegeben worden.[9] Auch dieser Katalog ist nicht bindend, sondern nur eine Empfehlung, wird aber von der Rspr weitgehend umgesetzt.

---

8 Abgedruckt zB in AGS 2013, 366.
9 „Streitwertkatalog für die Arbeitsgerichtsbarkeit – überarbeitete Fassung 9. Juli 2014", abgedruckt zB in AGS 2015, 365 mit Einführung von *Henke*.

§ 16 Vertretung in Angelegenheiten der freiwilligen Gerichtsbarkeit

A. Überblick

1 Für die Vertretung in Angelegenheiten der freiwilligen Gerichtsbarkeit gelten grundsätzlich die gleichen Gebühren wie in allgemeinen Zivilsachen, so dass weitgehend auf die Ausführungen in § 13 Bezug genommen werden kann. Zu den Besonderheiten bei familienrechtlichen Verfahren der freiwilligen Gerichtsbarkeit s. die Ausführungen in § 14.

2 Für die **außergerichtliche Vertretung** gilt Teil 2 Abschnitt 3 VV (Nr. 2300 ff VV).

3 In **gerichtlichen Verfahren** wurde früher durch die Überschrift zu Teil 3 VV erklärt, dass die dortigen Gebühren entsprechend anzuwenden seien. Diese Klarstellung ist zwischenzeitlich weggefallen, weil sie selbstverständlich ist. Es wird also nicht – wie noch zur BRAGO – unterschieden zwischen bürgerlichen Rechtsstreitigkeiten und Verfahren der freiwilligen Gerichtsbarkeit. Der Anwalt erhält grundsätzlich die gleichen Gebühren. Allerdings ergeben sich einige Besonderheiten.

4 Wird in Angelegenheiten der freiwilligen Gerichtsbarkeit **vollstreckt**, gilt Teil 3 Abschnitt 3 Unterabschnitt 3 VV (Nr. 3309, 3310 VV). Dieser Abschnitt gilt auch für die Verfahren der freiwilligen Gerichtsbarkeit (Vorbem. 3.3.3 Nr. 2 VV).

5 Besondere Verfahren der freiwilligen Gerichtsbarkeit sind darüber hinaus im Teil 6 Abschnitt 3 VV geregelt: **Gerichtliche Verfahren bei Freiheitsentziehung und in Unterbringungssachen.** Siehe dazu die Ausführungen in § 22.

B. Außergerichtliche Vertretung

6 Ist der Anwalt in einer Sache der freiwilligen Gerichtsbarkeit mit der außergerichtlichen Vertretung beauftragt, so gelten keine Besonderheiten. Es gilt Teil 2 Abschnitt 3 VV. Der Anwalt erhält eine **Geschäftsgebühr** nach Nr. 2300 VV. Der Gebührenrahmen beläuft sich auf 0,5 bis 2,5 (Mittelgebühr 1,5). Zu beachten ist auch hier die sog. **Schwellengebühr** nach Anm. zu Nr. 2300 VV mit einem Höchstsatz von 1,3, wenn die Angelegenheit weder umfangreich noch schwierig war. Soweit der Anwalt nur mit einem **einfachen Schreiben** beauftragt ist, greift die Reduzierung auf 0,3 (Nr. 2302 VV). Vertritt der Anwalt **mehrere Auftraggeber** wegen desselben Gegenstands, so erhöht sich die Geschäftsgebühr nach Nr. 1008 VV um 0,3 je weiteren Auftraggeber, höchstens um 2,0.

7 Neben der Geschäftsgebühr kann bei der außergerichtlichen Vertretung auch hier eine **Einigungsgebühr** nach den Nr. 1000 ff VV anfallen. Hinzu kommen die **Auslagen** nach Teil 7 VV.

C. Gerichtliches Verfahren

I. Überblick

8 In gerichtlichen Verfahren gilt Teil 3 VV, ausgenommen die in Teil 6 Abschnitt 3 VV geregelten gerichtlichen Verfahren bei Freiheitsentziehung und in Unterbringungssachen. Die Vergütung richtet sich daher ebenso wie in bürgerlichen Rechtsstreitigkeiten nach den Nr. 3100 ff VV.

II. Erstinstanzliches gerichtliches Verfahren

1. Verfahrensgebühr

a) Volle Verfahrensgebühr

9 Zunächst einmal erhält der Anwalt eine 1,3-Verfahrensgebühr nach Nr. 3100 VV. Vertritt der Anwalt **mehrere Auftraggeber** wegen desselben Gegenstands, so erhöht sich auch hier

die Verfahrensgebühr nach Nr. 1008 VV um 0,3 je weiteren Auftraggeber, höchstens um 2,0.

b) Ermäßigte Verfahrensgebühr
aa) Überblick

Unter den Voraussetzungen der Nr. 3101 VV entsteht die Verfahrensgebühr nur iHv 0,8. Hier sind in Angelegenheiten der freiwilligen Gerichtsbarkeit Besonderheiten zu beachten. **10**

bb) Vorzeitige Erledigung

Die Verfahrensgebühr der Nr. 3100 VV ermäßigt sich auf 0,8, wenn sich der Auftrag vorzeitig erledigt, bevor ein verfahrenseinleitender Antrag oder ein Schriftsatz, der Sachanträge, Sachvortrag oder eine Antragsrücknahme enthält, eingereicht oder bevor ein Termin wahrgenommen wird. Auch insoweit gelten in Verfahren der freiwilligen Gerichtsbarkeit grundsätzlich keine Besonderheiten. Besondere Bedeutung für Verfahren der freiwilligen Gerichtsbarkeit hat die Regelung in Nr. 3101 Nr. 1 VV insoweit, als bereits das **Einreichen eines Schriftsatzes mit Sachvortrag** die volle Verfahrensgebühr auslöst und damit bereits einer Ermäßigung entgegensteht. Das hat seine Grundlage darin, dass in vielen Verfahren der freiwilligen Gerichtsbarkeit wegen des dort herrschenden Amtsermittlungsgrundsatzes die Entscheidung des Gerichts nicht von der Stellung eines Antrags abhängt. **11**

cc) Lediglich Protokollierung einer Einigung oder lediglich Verhandeln über nicht anhängige Gegenstände

Wird eine Einigung der Parteien über nicht anhängige Gegenstände zu Protokoll genommen, so entsteht ebenfalls eine ermäßigte 0,8-Verfahrensgebühr (Nr. 3101 Nr. 2, 1. Hs. VV). Gleiches gilt, wenn lediglich Verhandlungen vor Gericht über nicht anhängige Gegenstände geführt werden (Nr. 3101 Nr. 2, 2. Hs. VV). In beiden Fällen ist ggf die Begrenzung nach § 15 Abs. 3 RVG zu beachten (s. § 13 Rn 92 ff). **12**

dd) Bloße Antragstellung und Entgegennahme einer Entscheidung

Darüber hinaus ist in Nr. 3101 Nr. 3 VV eine besondere Ermäßigungsvorschrift enthalten, die nur für Verfahren der freiwilligen Gerichtsbarkeit gilt. Danach entsteht ebenfalls nur eine auf 0,8 ermäßigte Verfahrensgebühr, wenn **13**

- lediglich ein Antrag gestellt und
- eine Entscheidung des Gerichts entgegengenommen wird.

Die Ermäßigung gilt erst recht, wenn nur ein Antrag gestellt oder nur eine Entscheidung des Gerichts entgegengenommen wird. **14**

Diese besondere Regelung erklärt sich daraus, dass die Verfahrensgebühr der Nr. 3100 VV auch auf solche Verfahren anzuwenden ist, die von Amts wegen eingeleitet werden und in denen von Amts wegen ermittelt wird. Die Einschränkung in Nr. 3101 Nr. 3 VV dahin gehend, dass eine Ermäßigung der Verfahrensgebühr auch dann eintritt, wenn der Auftrag vor der Einbringung eines Sachvortrags endet, soll diesem Umstand Rechnung tragen. Nr. 3101 Nr. 3 VV soll damit verhindern, dass in nichtstreitigen Verfahren der freiwilligen Gerichtsbarkeit, in denen die Tätigkeit des Anwalts darauf beschränkt ist, bei Gericht einen Antrag zu stellen und eine Entscheidung entgegenzunehmen, die Gebühr mit einem Gebührensatz von 1,3 entsteht. Dies betrifft in erster Linie Verfahren auf Erteilung **familiengerichtlicher Genehmigungen**. **15**

Beispiel 1: Nach dem Tode des Erblassers übersendet der Anwalt im Auftrag des Alleinerben den Erbschein an das Grundbuchamt und beantragt die Umschreibung der Eigentumsverhältnisse (Geschäftswert: 30.000 €).

Es handelt sich um ein Verfahren der freiwilligen Gerichtsbarkeit. Da der Anwalt – ohne in der Sache vorzutragen – nur einen Antrag gestellt und die Entscheidung entgegengenommen hat, erhält er nach Nr. 3101 Nr. 3, 2. Hs. VV hierfür lediglich eine Verfahrensgebühr iHv 0,8.

1.	0,8-Verfahrensgebühr, Nr. 3100, 3101 Nr. 3 VV (Wert: 30.000 €)	690,40 €
2.	Postentgeltpauschale, Nr. 7002 VV	20,00 €
	Zwischensumme	710,40 €
3.	19 % Umsatzsteuer, Nr. 7008 VV	134,98 €
	Gesamt	**845,38 €**

16 Hat das Gericht allerdings Zweifel und fragt zur Sachverhaltsaufklärung bei dem Anwalt nach und macht dieser Ausführungen zur Sache, so steht ihm eine 1,3-Verfahrensgebühr zu.

Beispiel 2: Wie Beispiel 1. Das Gericht fragt zur Sachverhaltsaufklärung bei dem Anwalt nach, der nunmehr Ausführungen zur Sache macht.

Jetzt entsteht die volle 1,3-Verfahrensgebühr nach Nr. 3100 VV.

17 Der Ermäßigungstatbestand der Nr. 3101 Nr. 3 VV wird in Abs. 2 der Anm. zu Nr. 3101 VV aber sogleich wieder für **streitige Verfahren** der freiwilligen Gerichtsbarkeit, insbesondere für Verfahren nach dem Gesetz über das gerichtliche Verfahren in Landwirtschaftssachen, aufgehoben. In diesen Verfahren ist Nr. 3101 Nr. 3 VV nicht anzuwenden. Es bleibt dann bei der vollen 1,3-Verfahrensgebühr.

Beispiel 3: In einem landwirtschaftsgerichtlichen Verfahren nach den §§ 9 ff LwVfG bestellt sich der Anwalt des Antragsgegners und beantragt die Zurückweisung des Antrags (Geschäftswert: 4.000 €), ohne Ausführungen zur Sache zu machen. Hiernach nimmt der Antragsteller seinen Antrag zurück.

Mit der Einreichung des Schriftsatzes, in dem die Zurückweisung des Antrags beantragt wird, ist die 1,3-Verfahrensgebühr bereits entstanden. Die Ermäßigung nach Nr. 3101 Nr. 3 VV ist gem. Abs. 2 der Anm. zu Nr. 3101 VV nicht anwendbar.

2. Terminsgebühr

a) Überblick

18 Eine Terminsgebühr kann unter allen Voraussetzungen der Vorbem. 3 Abs. 3 VV oder Anm. Abs. 1 Nr. 1 zu Nr. 3104 VV entstehen.[1] Im Einzelnen gilt Folgendes:

b) Verhandlungstermin

19 Da in Verfahren der freiwilligen Gerichtsbarkeit grundsätzlich der Amtsermittlungsgrundsatz gilt und nicht verhandelt werden muss, gibt es dort keine Verhandlungstermine im eigentlichen Sinne. Abzustellen ist also hier auf die Termine, die einer mündlichen Verhandlung gleichstehen.

c) Erörterungstermin

20 Solche Termine kommen in Verfahren der freiwilligen Gerichtsbarkeit häufig vor. Sie reichen, um die Terminsgebühr auszulösen.

d) Anhörungstermin

21 Mit dem 2. KostRMoG ist auch die frühere Streitfrage geklärt, ob die Teilnahme an einem Anhörungstermin ausreicht. Nach der Neufassung der Vorbem. 3 Abs. 3 S. 1 VV durch das 2. KostRMoG ist klargestellt, dass die Terminsgebühr auch in diesen Fällen anfällt.

---

1 OLG Düsseldorf AGS 2008, 115.

e) Beweisaufnahmetermin

Hier kann häufig die Abgrenzung schwierig sein, ob eine Beweisaufnahme durchgeführt 22
wird oder ob das Gericht im Rahmen der Amtsermittlung den Sachverhalt feststellt. Diese
Frage darf sicherlich nicht überbewertet werden, da solche Anhörungstermine zur Ermittlung des Sachverhalts idR Erörterungs- oder Verhandlungstermine iSd Vorbem. 3 Abs. 3
VV darstellen werden (s. Rn 21 f).

f) Von einem gerichtlich bestellten Sachverständigen anberaumter Termin

Soweit der Anwalt an einem von einem gerichtlich bestellten Sachverständigen anberaum- 23
ten Termin teilnimmt, entsteht auch für ihn die 1,2-Terminsgebühr nach Nr. 3104 VV. Ein
solcher Fall ist zB denkbar, wenn ein selbstständiges Beweisverfahren durchgeführt wird
und der Anwalt dort am Sachverständigentermin teilnimmt; oder der Rechtsanwalt nimmt
in einer Vormundschaftssache, in der ein medizinisches oder psychologisches Gutachten
eingeholt werden soll, an der vom Sachverständigen durchgeführten Exploration teil, ohne
dass es dann noch zu einem gerichtlichen Termin kommt.

g) Mitwirkung an einer auf die Vermeidung oder Erledigung des Verfahrens gerichteten Besprechung (auch) ohne Beteiligung des Gerichts

Auch diese Variante ist in Verfahren der freiwilligen Gerichtsbarkeit möglich. Sofern der 24
Anwalt also nach Erhalt des Verfahrensauftrags (s. § 13 Rn 118) Besprechungen mit dem
Gegner oder Dritten führt, um die Einleitung eines Verfahrens zu vermeiden oder um ein
bereits anhängiges Verfahren zu erledigen, entsteht für ihn die Terminsgebühr (Vorbem. 3
Abs. 3 S. 3 Nr. 2 VV). Dass im Verfahren eine mündliche Verhandlung vorgeschrieben sein
muss, ist nicht erforderlich (s. Rn 121).

h) Entscheidung ohne mündliche Verhandlung

Auch dann, wenn in Verfahren der freiwilligen Gerichtsbarkeit eine Entscheidung ohne 25
mündliche Verhandlung ergeht, obwohl eine mündliche Verhandlung vorgeschrieben ist,
entsteht die Terminsgebühr nach Nr. 3104 VV (Abs. 1 Nr. 1 der Anm. zu Nr. 3104 VV).[2]
Hauptanwendungsfall waren bis zur WEG-Reform 2007 insbesondere Verfahren in WEG-
Sachen.[3] Ebenso kann aber auch in landwirtschaftsgerichtlichen Verfahren nach den
§§ 9 ff LwVfG die Terminsgebühr gem. Anm. Abs. 1 Nr. 1 zu Nr. 3104 VV entstehen,
wenn ohne mündliche Verhandlung entschieden wird, da nach § 15 Abs. 1 LwVfG das Gericht mündlich verhandeln muss, wenn eine Partei darauf anträgt. Stellt keine Partei einen
entsprechenden Antrag, ist dies als Zustimmung zum schriftlichen Verfahren zu werten.[4]

Beispiel 4: Der Anwalt vertritt einen Erben, der einen Antrag auf Erteilung eines Hofnachfolgezeugnisses gestellt hat (Geschäftswert: 200.000 €). Das Gericht entscheidet ohne mündliche
Verhandlung durch Beschluss, da keiner der Beteiligten gem. § 15 Abs. 1 LwVfG einen Antrag auf
mündliche Verhandlung gestellt hat.

1.	1,3-Verfahrensgebühr, Nr. 3100 VV		2.616,90 €
2.	1,2-Terminsgebühr, Nr. 3104 VV		2.415,60 €
3.	Postentgeltpauschale, Nr. 7002 VV		20,00 €
	Zwischensumme	5.052,50 €	
4.	19 % Umsatzsteuer, Nr. 7008 VV		959,98 €
	Gesamt		**6.012,48 €**

---

2 Siehe auch zu den FG-Verfahren in Familiensachen § 14 Rn 20 f.
3 BGH AGS 2006, 268 = NJW 2006, 2495 = AnwBl 2006, 494 = RVGreport 2006, 225.
4 N. *Schneider*, RdL 2007, 312; *Schons*, AGS 2007, 490; *Göttlich/Mümmler*, Stichwort „Landwirtschaftssachen", 1.2 Terminsgebühr; aA OLG Oldenburg AGS 2008, 331 m. abl. Anm. N. *Schneider*; Gerold/Schmidt/
  Müller-Rabe, Nr. 3104 VV Rn 38.

i) Höhe der Terminsgebühr

26 Die Höhe der Terminsgebühr beläuft sich in Verfahren der freiwilligen Gerichtsbarkeit auf 1,2. Eine Ermäßigung der Terminsgebühr nach Nr. 3105 VV kommt nicht in Betracht, da ein Versäumnisbeschluss hier nicht ergehen kann.

3. Einigungsgebühr

27 Soweit eine Einigung der Parteien in Betracht kommt, kann der Anwalt auch in Verfahren der freiwilligen Gerichtsbarkeit eine Einigungsgebühr nach den Nr. 1000 ff VV verdienen. Soweit die Gegenstände im Verfahren anhängig sind, entsteht die Einigungsgebühr zu 1,0 (Nr. 1003 VV). Soweit nicht anhängige Gegenstände mit in die Einigung einbezogen werden, entsteht daraus unter der Beachtung des § 15 Abs. 3 RVG eine weitere 1,5-Einigungsgebühr (Nr. 1000 VV). Zur Höhe der Einigungsgebühr s. § 9 Rn 19 ff.

4. Auslagen

28 Hinzu kommen die Auslagen nach Teil 7 VV.

III. Beschwerdeverfahren

1. Überblick

29 Hinsichtlich der Beschwerdeverfahren in Angelegenheiten der freiwilligen Gerichtsbarkeit ist grundsätzlich von den **allgemeinen Beschwerdegebühren** nach Teil 3 Abschnitt 5 VV, den Nr. 3500, 3513 VV, auszugehen. Allerdings können sich aus Vorbem. 3.2.1 VV, Vorbem. 3.2.2 VV Abweichungen ergeben. Danach gelten die **Vorschriften eines Berufungsverfahrens**, wenn die Beschwerde

■ eines der in Vorbem. 3.2.1 VV genannten Verfahren betrifft und
■ sie sich gegen eine den Rechtszug beendende Entscheidung richtet.

2. Beschwerden gegen den Rechtszug beendende Entscheidungen in Verfahren nach Vorbem. 3.2.1 VV

a) Beschwerden in Verfahren nach Vorbem. 3.2.1 VV
aa) Überblick

30 Anstelle der allgemeinen Beschwerdegebühren (Nr. 3500, 3513 VV) gelten die Vorschriften über die Gebühren im Berufungsverfahren, wenn sich die Beschwerde gegen eine den Rechtszug beendende Entscheidung richtet (Vorbem. 3.2.1 Nr. 2 Buchst. b) VV).

31 Unanwendbar ist Vorbem. 3.2.1 VV, wenn lediglich Beschwerden gegen Neben- oder Zwischenentscheidungen geführt werden. In diesem Fall bleibt es bei den allgemeinen Beschwerdevorschriften.

bb) Verfahrensgebühr

32 Im Beschwerdeverfahren nach Vorbem. 3.2.1 VV erhält der Anwalt zunächst eine **1,6-Verfahrensgebühr** nach Nr. 3200 VV. Sofern sich das Verfahren vorzeitig erledigt, ermäßigt sich die Gebühr nach Anm. S. 1 Nr. 1 zu Nr. 3201 VV auf eine 1,1-Gebühr. Gleiches gilt in den Fällen der Anm. S. 1 Nr. 2 zu Nr. 3201 VV. Vertritt der Anwalt **mehrere Auftraggeber** wegen desselben Gegenstands, so erhöht sich die Verfahrensgebühr um 0,3 je weiteren Auftraggeber, höchstens um 2,0.

cc) Terminsgebühr

33 Hinzu kommt eine **1,2-Terminsgebühr** nach Nr. 3202 VV. Die Gebühr entsteht auch dann, wenn in einem Verfahren, für das mündliche Verhandlung vorgeschrieben ist, ohne münd-

liche Verhandlung entschieden wird (Anm. Abs. 1 zu Nr. 3202 iVm Anm. Abs. 1 zu Nr. 3104 VV). Eine Ermäßigung nach Nr. 3203 VV kommt nicht in Betracht (s. Rn 26).

dd) Einigungsgebühr

Kommt es im Beschwerdeverfahren zu einer Einigung über einen dort anhängigen Gegenstand, so entsteht nach Nr. 1000, 1004 VV zusätzlich eine 1,3-Einigungsgebühr. Dies ist jetzt durch die Anm. zu Nr. 1004 VV klargestellt worden. **34**

Beispiel 5: Im Verfahren der sofortigen Beschwerde vor dem Landwirtschaftssenat des OLG gegen die Erteilung eines Hofnachfolgezeugnisses (Wert: 200.000 €) einigen sich die Parteien in der mündlichen Verhandlung.

1. 1,6-Verfahrensgebühr, Nr. 3200 VV		3.220,80 €
2. 1,2-Terminsgebühr, Nr. 3202 VV		2.415,60 €
3. 1,3-Einigungsgebühr, Nr. 1000, 1004 VV		2.616,90 €
4. Postentgeltpauschale, Nr. 7002 VV		20,00 €
Zwischensumme	8.273,30 €	
5. 19 % Umsatzsteuer, Nr. 7008 VV		1.571,93 €
Gesamt		**9.845,23 €**

b) Rechtsbeschwerde in Verfahren nach Vorbem. 3.2.1 VV

Soweit eine Rechtsbeschwerde der in Vorbem. 3.2.1 VV genannten Verfahren in Betracht kommt, gelten nach Vorbem. 3.2.2 Nr. 1 Buchst. a) iVm Vorbem. 3.2.1 Nr. 2 Buchst. b) VV die Gebührenvorschriften eines Revisionsverfahrens, also nach den Nr. 3206 ff VV. Da sich die Beteiligten nach § 10 Abs. 4 FamG im Verfahren über die Rechtsbeschwerde nur durch einen am BGH zugelassenen Rechtsanwalt vertreten lassen können, entsteht die Verfahrensgebühr zu 2,3 (Nr. 3208 VV). **35**

Beispiel 6: Gegen einen in der Hauptsache erlassenen Beschluss des OLG in einer Landwirtschaftssache (Wert: 10.000 €) wird Rechtsbeschwerde zum BGH erhoben.

1. 2,3-Verfahrensgebühr, Nr. 3206 VV		1.283,40 €
2. Postentgeltpauschale, Nr. 7002 VV		20,00 €
Zwischensumme	1.303,40 €	
3. 19 % Umsatzsteuer, Nr. 7008 VV		247,65 €
Gesamt		**1.151,05 €**

3. Sonstige Beschwerdeverfahren

Für sonstige Beschwerden, also für alle Beschwerden gegen **Zwischen- oder Nebenentscheidungen**, gelten die allgemeinen Regelungen der Nr. 3500, 3513 VV. Es wird auf die Ausführungen in § 13 Rn 291 ff verwiesen. **36**

Beispiel 7: Gegen einen Kostenfestsetzungsbeschluss in einem Verfahren der freiwilligen Gerichtsbarkeit über 1.200 € wird nach § 85 FamFG iVm § 567 ZPO Beschwerde erhoben.

Abzustellen ist auf die allgemeinen Beschwerdegebühren.

1. 0,5-Verfahrensgebühr, Nr. 3500 (Wert: 1.200 €)		57,50 €
2. Postentgeltpauschale, Nr. 7002 VV		11,50 €
Zwischensumme	69,00 €	
3. 19 % Umsatzsteuer, Nr. 7008 VV		13,11 €
Gesamt		**82,11 €**

Kommt es im Verfahren der Beschwerde zu einem Termin iSd Vorbem. 3 Abs. 3 VV (s. dazu § 13 Rn 298 ff), entsteht darüber hinaus hier ebenfalls eine **0,5-Terminsgebühr** nach Nr. 3513 VV. **37**

4. Sonstige Rechtsbeschwerdeverfahren

38 Für sonstige Rechtsbeschwerden, also für alle Rechtsbeschwerden gegen **Zwischen- oder Nebenentscheidungen** (zB Ablehnung eines Richters, Kostenfestsetzung), gelten die allgemeinen Regelungen der Nr. 3502, 3503, 3516 VV. Es wird auf die Ausführungen in § 13 Rn 298 ff verwiesen.

D. Verfahren nach Zurückverweisung

39 Wird im Beschwerdeverfahren die erstinstanzliche Entscheidung aufgehoben und die Sache an das Ausgangsgericht zurückverwiesen, so ist in Verfahren der freiwilligen Gerichtsbarkeit § 21 Abs. 1 RVG ebenfalls anwendbar. Die Gebühren entstehen erneut. Allerdings ist die Verfahrensgebühr des Verfahrens vor Zurückverweisung auf die Gebühr des Verfahrens nach Zurückverweisung anzurechnen (Vorbem. 3 Abs. 6 VV). Siehe § 6 Rn 13.

E. Einstweilige Anordnungen

I. Überblick

40 Einstweilige Anordnungen in Verfahren der freiwilligen Gerichtsbarkeit sind gesondert abzurechnen. Im Verhältnis zur Hauptsache gilt § 17 Nr. 4 Buchst. b) RVG. Untereinander sind mehrere Anordnungsverfahren ebenfalls verschiedene Angelegenheiten. Lediglich Abänderungs- und Aufhebungsverfahren lösen gegenüber dem Anordnungsverfahren keine gesonderte Angelegenheit aus (§ 16 Nr. 5 RVG).

II. Umfang der Angelegenheit

1. Verschiedene Angelegenheiten nach § 17 Nr. 4 Buchst. b) RVG

41 Einstweilige Anordnungen in Verfahren der freiwilligen Gerichtsbarkeit sind gem. § 17 Nr. 4 Buchst. b) RVG gegenüber der Hauptsache eigene Angelegenheiten, in denen die Gebühren gesondert entstehen. Ob die Verfahren auf Antrag eingeleitet worden sind oder von Amts wegen, ist unerheblich.[5]

2. Aufhebungs- und Abänderungsverfahren

42 Zu beachten ist auch hier wiederum, dass das Verfahren auf Erlass einer einstweiligen Anordnung sowie ein nachfolgendes Verfahren auf Aufhebung oder Abänderung zusammen mit dem Anordnungsverfahren nach § 16 Nr. 5 RVG eine Angelegenheit iSd § 15 RVG bilden. Der Anwalt erhält daher im Aufhebungs- oder Abänderungsverfahren keine weiteren Gebühren.

III. Gebühren

1. Einstweilige Anordnungsverfahren anlässlich eines erstinstanzlichen Verfahrens

43 Im erstinstanzlichen Verfahren gelten grundsätzlich die Nr. 3100 ff VV.

Beispiel 8: In einem landwirtschaftsgerichtlichen Verfahren (Hauptsachewert: 6.000 €) erlässt das Gericht gem. § 18 Abs. 2 LwVfG auf Antrag des Antragstellers eine einstweilige Anordnung (Wert: 2.000 €). Der Anwalt des Antragsgegners erhält diese zugestellt und rät seinem Mandanten, die Anordnung zu akzeptieren und nichts Weiteres zu veranlassen, was dann auch geschieht.

In der Hauptsache erhalten beide Anwälte dieselbe Vergütung:

1. 1,3-Verfahrensgebühr, Nr. 3100 VV (Wert: 6.000 €)	460,20 €
2. 1,2-Terminsgebühr, Nr. 3104 VV (Wert: 6.000 €)	424,80 €

---

5 *Abramenko*, ZMR 2005, 166; aA LG Ravensburg AGS 2007, 445 = RVGreport 2007, 138.

3. Postentgeltpauschale, Nr. 7002 VV		20,00 €
Zwischensumme	905,00 €	
4. 19 % Umsatzsteuer, Nr. 7008 VV		171,95 €
Gesamt		**1.076,95 €**

Im Anordnungsverfahren erhalten beide Anwälte eine gesonderte Vergütung. Während der Anwalt des Antragstellers die volle 1,3-Verfahrensgebühr (Nr. 3100 VV) erhält, steht dem Anwalt des Antragsgegners nur die ermäßigte Verfahrensgebühr nach Nr. 3100, 3101 Nr. 1 VV zu.

I. Anwalt Antragsteller

1. 1,3-Verfahrensgebühr, Nr. 3100 VV (Wert: 2.000 €)		195,00 €
2. Postentgeltpauschale, Nr. 7002 VV		20,00 €
Zwischensumme	215,00 €	
3. 19 % Umsatzsteuer, Nr. 7008 VV		40,85 €
Gesamt		**255,85 €**

II. Anwalt Antragsgegner

1. 0,8-Verfahrensgebühr, Nr. 3100, 3101 VV (Wert: 2.000 €)		120,00 €
2. Postentgeltpauschale, Nr. 7002 VV		20,00 €
Zwischensumme	140,00 €	
3. 19 % Umsatzsteuer, Nr. 7008 VV		26,60 €
Gesamt		**166,60 €**

2. Einstweilige Anordnungsverfahren anlässlich eines Beschwerdeverfahrens

Wird erstmals im Beschwerdeverfahren nach Vorbem. 3.2.1 VV ein Antrag auf Erlass einer einstweiligen Anordnung gestellt, so gelten die Gebühren nach den Nr. 3100 ff VV (Vorbem. 3.2 Abs. 2 VV).   44

3. Beschwerdeverfahren

Soweit gegen eine einstweilige Anordnung Beschwerde erhoben wird, ist zu differenzieren. In den Fällen der Vorbem. 3.2.1 VV gelten wiederum die Nr. 3200 ff VV, also die Gebühren des Berufungsverfahrens. Im Übrigen bleibt es bei den Nr. 3500, 3513 VV (s. § 13 Rn 291 ff).   45

F. Vollstreckung

Soweit in Angelegenheiten der freiwilligen Gerichtsbarkeit eine Vollstreckung stattfindet, gilt Teil 3 Abschnitt 3 Unterabschnitt 3 VV. Anzuwenden sind die Nr. 3309, 3310 VV. Dies gilt unabhängig davon, ob sich die Vollstreckung nach der ZPO richtet, etwa bei Vollstreckung wegen Geldforderungen, oder ob sich die Vollstreckung nach dem FamFG richtet (Vorbem. 3.3.3 VV). Insoweit kann auf die Ausführungen in § 28 Bezug genommen werden.   46

G. Sonstige Tätigkeiten

Auch sonstige Tätigkeiten in Verfahren der freiwilligen Gerichtsbarkeit richten sich nach den Gebühren von Teil 3 VV, also zB die Tätigkeit als **Verkehrsanwalt** oder **Terminsvertreter**. Siehe dazu die Ausführungen in § 13 Rn 253 ff bzw 267 ff.   47

H. Gegenstandswert

Hinsichtlich der Gegenstandswerte gelten auch in Verfahren der freiwilligen Gerichtsbarkeit die §§ 22 ff RVG. In Verfahren der freiwilligen Gerichtsbarkeit wird nicht von Streitwerten, sondern von **Geschäftswerten** (§ 3 GNotKG) gesprochen.   48

49 Zunächst einmal ist zu fragen, ob das RVG spezielle Vorschriften enthält. Solche sind in § 31 RVG für gerichtliche Verfahren nach dem SpruchG vorgesehen. Ansonsten gilt § 23 Abs. 1 S. 1 oder 2 RVG. Maßgebend sind die Wertvorschriften des gerichtlichen Verfahrens, also die des GNotKG, und in Ermangelung solcher Vorschriften billiges Ermessen (§ 23 Abs. 3 S. 2 RVG).

50 Im Übrigen gilt auch hier § 32 RVG. Soweit sich in Verfahren der freiwilligen Gerichtsbarkeit die Gerichtsgebühren nach dem Gegenstandswert berechnen, ist nach § 32 Abs. 1 RVG dieser festgesetzte Wert auch für die Anwaltsgebühren maßgebend. Eine Ausnahme hiervon ergibt sich nach § 31 RVG in Verfahren nach dem SpruchG. Dort bestimmt sich der Gegenstandswert für die Berechnung der Anwaltsgebühren nur nach einem Bruchteil des für die Gerichtsgebühren maßgebenden Gegenstandswerts.[6]

51 Fehlt es an einem gerichtlichen Wert oder richtet sich das gerichtliche Verfahren nicht nach dem Gegenstandswert, so gilt § 33 RVG. Der Anwalt kann dort die Festsetzung des Gegenstandswerts aus eigenem Recht beantragen.

---

6 Siehe zu den Einzelheiten AnwK-RVG/N. *Schneider*, § 31 Rn 1 ff.

§ 17 Vertretung in verwaltungsrechtlichen Angelegenheiten

A. Überblick

Verwaltungsrechtliche Angelegenheiten sind ausnahmslos nach dem Gegenstandswert abzurechnen (§ 2 Abs. 1 RVG).[1] Es gelten daher die Wertgebühren nach Teil 2 und 3 VV sowie ergänzend die Allgemeinen Gebühren nach Teil 1 VV und die Auslagen nach Teil 7 VV. Zu unterscheiden sind auch hier

- die **außergerichtliche Vertretung** und
- die **Vertretung in einem gerichtlichen Verfahren**.

Der **Gegenstandswert** richtet sich gem. § 23 Abs. 1 S. 1 und 3 RVG nach § 52 GKG.

- Abzustellen ist grundsätzlich nach der sich aus dem Antrag des Klägers (oder eines anderen Antragstellers, § 52 Abs. 7 GKG) für ihn ergebenden Bedeutung der Sache (§ 52 Abs. 1 GKG).
- Ist der Antrag auf eine bezifferte Geldleistung oder einen hierauf gerichteten Verwaltungsakt gerichtet, ist deren Höhe maßgebend (§ 52 Abs. 3 GKG).
- Bietet der Sach- und Streitstand für die Bestimmung des Streitwerts keine genügenden Anhaltspunkte, ist ein **Regelwert** von 5.000 € anzunehmen (§ 52 Abs. 2 GKG).
- Den Wert bei Streitigkeiten über die Begründung, die Umwandlung, das Bestehen, das Nichtbestehen oder die Beendigung eines besoldeten öffentlich-rechtlichen Dienst- oder Amtsverhältnisses oder die Verleihung eines anderen Amts oder den Zeitpunkt einer Versetzung in den Ruhestand regelt § 52 Abs. 5 und 6 GKG.

Zur Konkretisierung des § 52 GKG, insbesondere des Abs. 2, haben das BVerwG und die OVG/VGH den sog. **Streitwertkatalog für die Verwaltungsgerichtsbarkeit**[2] erarbeitet, der als unverbindliche Richtlinie gilt.

B. Außergerichtliche Vertretung

I. Überblick

Für die außergerichtliche Vertretung sind drei verschiedene Verfahrensstadien geregelt, die nach (§ 17 Nr. 1 a RVG jeweils eigene selbstständige Angelegenheiten darstellen:

- das **Verwaltungsverfahren**,
- das einem gerichtlichen Verfahren vorausgehende und der Nachprüfung des Verwaltungsakts dienende weitere Verwaltungsverfahren, sog. **Nachprüfungsverfahren** (Vorverfahren, Einspruchsverfahren, Beschwerdeverfahren, Abhilfeverfahren), und
- das **Verwaltungsverfahren auf Aussetzung oder Anordnung der sofortigen Vollziehung sowie über einstweilige Maßnahmen zur Sicherung der Rechte Dritter**.

In allen diesen Verfahrensstadien erhält der Anwalt jeweils eine Geschäftsgebühr (Vorbem. 2.3 Abs. 2 VV) sowie ggf weitere Gebühren und Auslagen. Eine Terminsgebühr (Nr. 3104 VV) kann weder im Verwaltungsverfahren noch in einem Nachprüfungsverfahren entstehen.[3]

II. Vertretung im Verwaltungsverfahren

Im Verwaltungsverfahren erhält der Anwalt eine **Geschäftsgebühr** nach Nr. 2300 VV mit einem **Gebührenrahmen** von 0,5 bis 2,5. Die Mittelgebühr beträgt 1,5. Die Höhe der Gebühr bestimmt der Anwalt unter Berücksichtigung der Kriterien des § 14 Abs. 1 RVG (s.

---

1 Zur Hinweispflicht nach § 49 b Abs. 5 BRAO s. § 7 Rn 2 f.
2 In der Fassung der am 31.5./1.6.2012 und am 18.7.2013 beschlossenen Änderungen („Streitwertkatalog 2013"), abgedruckt zB in NK-GK, Anh 1 zu § 52 GKG und in AGS 2013, 549 ff.
3 OVG Koblenz AGS 2008, 81.

§ 5 Rn 19 ff, 29 ff). Bei **mehreren Auftraggebern** erhöht sich die Geschäftsgebühr um 0,3 je weiteren Auftraggeber nach Nr. 1008 VV, höchstens um 2,0.

7   Auch in Verwaltungsverfahren ist die sog. **Schwellengebühr** der Anm. zu Nr. 2300 VV zu berücksichtigen. Ein höherer Gebührensatz als 1,3 kann nur geltend gemacht werden, wenn die Tätigkeit des Anwalts umfangreich oder schwierig war.

8   Ebenso anwendbar ist Nr. 2302 VV. Beschränkt sich der Auftrag auf ein **Schreiben einfacher Art**, so kann der Anwalt die Geschäftsgebühr der Nr. 2300 VV nur iHv 0,3 berechnen. Erfasst werden hier insbesondere Sachstandsanfragen bei der Behörde u.Ä.

9   Im Übrigen ergeben sich bei der außergerichtlichen Vertretung im Verwaltungsverfahren keine Besonderheiten gegenüber der außergerichtlichen Vertretung in Zivilsachen, so dass ergänzend auf die dortigen Ausführungen Bezug genommen werden kann (s. § 13 Rn 2 ff).

III. Vertretung im Nachprüfungsverfahren

1. Überblick

10   Wird der Anwalt in einem Nachprüfungsverfahren, also in dem einem gerichtlichen Verfahren vorausgehenden und der Nachprüfung des Verwaltungsakts dienenden weiteren Verwaltungsverfahren (Vorverfahren, Einspruchsverfahren, Beschwerdeverfahren oder Abhilfeverfahren) tätig, so entsteht eine weitere Geschäftsgebühr, da dieses Nachprüfungsverfahren nach § 17 Nr. 1 a RVG eine eigene Gebührenangelegenheit darstellt. Sofern der Anwalt allerdings bereits im Verwaltungsverfahren tätig war, ist eine dort verdiente Geschäftsgebühr hälftig anzurechnen, höchstens zu 0,75 (Vorbem. 2.3 Abs. 4 VV). Ein geringerer Gebührenrahmen – wie noch nach der bis zum 31.8.2013 geltenden Fassung – ist nicht mehr vorgesehen.

2. Erstmalige Beauftragung im Nachprüfungsverfahren

11   Wird der Anwalt erstmals im Nachprüfungsverfahren beauftragt, so erhält er für seine Tätigkeit eine – vorbehaltlich der Anrechnung einer vorausgegangenen Beratungsgebühr[4] – anrechnungsfreie Geschäftsgebühr nach Nr. 2300 VV. Auf die Ausführungen in Rn 6 ff kann insoweit verwiesen werden.

3. Der Anwalt war bereits im Verwaltungsverfahren beauftragt

12   War der Anwalt bereits im vorangegangenen Verwaltungsverfahren beauftragt, so ist jetzt die vorangegangene Geschäftsgebühr nach Vorbem. 2.3 Abs. 4 VV hälftig anzurechnen, allerdings höchstens mit 0,75.

13   Es gilt auch hier der Gebührenrahmen von 0,5 bis 2,5. Die Vorbefassung des Anwalts im Verwaltungsverfahren darf bei der Bemessung des Umfangs der Tätigkeit (§ 14 Abs. 1 RVG) nicht mindernd berücksichtigt werden (Vorbem. 2.3 Abs. 4 S. 3 VV). Der geringere Aufwand des Anwalts durch die Vorbefassung im Verwaltungsverfahren wird bereits durch die Gebührenanrechnung berücksichtigt.

Beispiel 1: Der Anwalt wird im Verwaltungsverfahren vor der Behörde beauftragt (Wert: 6.000 €). Gegen den Bescheid der Behörde legt er Widerspruch ein. Sowohl im Verwaltungsverfahren als auch im Widerspruchsverfahren war die Sache umfangreich und schwierig, aber durchschnittlich.

I. Verwaltungsverfahren

1. 1,5-Geschäftsgebühr, Nr. 2300 VV (Wert: 6.000 €)		531,00 €
2. Postentgeltpauschale, Nr. 7002 VV		20,00 €
Zwischensumme	551,00 €	

---

4   Diese wäre nach § 34 Abs. 2 RVG anzurechnen.

3.	19 % Umsatzsteuer, Nr. 7008 VV	104,69 €
	Gesamt	**655,69 €**
II.	**Widerspruchsverfahren**	
1.	1,5-Geschäftsgebühr, Nr. 2300 VV (Wert: 6.000 €)	531,00 €
2.	gem. Vorbem. 2.3 Abs. 4 S. 1 VV anzurechnen 0,75 aus 6.000 €	− 265,50 €
3.	Postentgeltpauschale, Nr. 7002 VV	20,00 €
	Zwischensumme	285,50 €
4.	19 % Umsatzsteuer, Nr. 7008 VV	54,25 €
	Gesamt	**339,75 €**

Auch hier kann die sog. **Schwellengebühr** (Anm. zu Nr. 2300 VV) greifen, wenn die Tätigkeit weder umfangreich noch schwierig war. Zu berücksichtigen ist, dass die Frage des Umfangs und der Schwierigkeit hier isoliert von dem Umfang und der Schwierigkeit des Verwaltungsverfahrens zu betrachten ist. So darf Umfang oder Schwierigkeit im Nachprüfungsverfahren nicht schon deshalb angenommen werden, weil die Tätigkeit im Verwaltungsverfahren schwierig oder umfangreich war. Umgekehrt führen der fehlende Umfang und die fehlende Schwierigkeit im Verwaltungsverfahren nicht zwingend dazu, dass auch das Nachprüfungsverfahren weder als umfangreich noch als schwierig anzusehen ist. **14**

Beispiel 2: Der Anwalt wird im Verwaltungsverfahren vor der Behörde beauftragt (Wert: 6.000 €). Gegen den Bescheid der Behörde legt er Widerspruch ein. Sowohl im Verwaltungsverfahren als auch im Widerspruchsverfahren war die Sache weder umfangreich noch schwierig.

I.	**Verwaltungsverfahren**	
1.	1,3-Geschäftsgebühr, Nr. 2300 VV (Wert: 6.000 €)	460,20 €
2.	Postentgeltpauschale, Nr. 7002 VV	20,00 €
	Zwischensumme	480,20 €
3.	19 % Umsatzsteuer, Nr. 7008 VV	91,24 €
	Gesamt	**571,44 €**
II.	**Widerspruchsverfahren**	
1.	1,3-Geschäftsgebühr, Nr. 2300 VV (Wert: 6.000 €)	460,20 €
2.	gem. Vorbem. 2.3 Abs. 4 S. 1 VV anzurechnen 0,65 aus 6.000 €	− 230,10 €
3.	Postentgeltpauschale, Nr. 7002 VV	20,00 €
	Zwischensumme	250,10 €
4.	19 % Umsatzsteuer, Nr. 7008 VV	47,52 €
	Gesamt	**297,62 €**

Beispiel 3: Der Anwalt wird im Verwaltungsverfahren vor der Behörde beauftragt (Wert: 6.000 €). Gegen den Bescheid der Behörde legt er Widerspruch ein. Im Verwaltungsverfahren war die Sache weder umfangreich noch schwierig; im Widerspruchsverfahren war sie dagegen umfangreich und schwierig, aber durchschnittlich.

I.	**Verwaltungsverfahren**	
1.	1,3-Geschäftsgebühr, Nr. 2300 VV (Wert: 6.000 €)	460,20 €
2.	Postentgeltpauschale, Nr. 7002 VV	20,00 €
	Zwischensumme	480,20 €
3.	19 % Umsatzsteuer, Nr. 7008 VV	91,24 €
	Gesamt	**571,44 €**
II.	**Widerspruchsverfahren**	
1.	1,5-Geschäftsgebühr, Nr. 2300 VV (Wert: 6.000 €)	531,00 €
2.	gem. Vorbem. 2.3 Abs. 4 S. 1 VV anzurechnen 0,65 aus 6.000 €	− 230,10 €
3.	Postentgeltpauschale, Nr. 7002 VV	20,00 €
	Zwischensumme	320,90 €

4. 19 % Umsatzsteuer, Nr. 7008 VV		60,97 €
Gesamt		**381,87 €**

15 Zu beachten ist, dass die Anrechnung auf einen Gebührensatz von 0,75 **begrenzt** ist.

Beispiel 4: Wie Beispiel 3; jedoch war die Tätigkeit im Verwaltungsverfahren äußerst umfangreich und schwierig, so dass ein Gebührensatz oberhalb der Mittelgebühr (hier 1,8) anzusetzen ist.

I. Verwaltungsverfahren

1. 1,8-Geschäftsgebühr, Nr. 2300 VV (Wert: 6.000 €)		637,20 €
2. Postentgeltpauschale, Nr. 7002 VV		20,00 €
Zwischensumme	657,20 €	
3. 19 % Umsatzsteuer, Nr. 7008 VV		124,87 €
Gesamt		**782,07 €**

II. Widerspruchsverfahren

1. 1,5-Geschäftsgebühr, Nr. 2300 VV (Wert: 6.000 €)		531,00 €
2. gem. Vorbem. 2.3 Abs. 4 S. 1, 2 VV anzurechnen 0,75 aus 6.000 €		– 265,50 €
3. Postentgeltpauschale, Nr. 7002 VV		20,00 €
Zwischensumme	285,50 €	
4. 19 % Umsatzsteuer, Nr. 7008 VV		54,25 €
Gesamt		**339,75 €**

16 Möglich ist auch, dass das dem Verwaltungsverfahren ein höherer Gegenstandswert zugrunde liegt als dem Nachprüfungsverfahren. Dann wird nach Vorbem. 2.3 Abs. 4 S. 3 VV nur nach dem Wert angerechnet, der in das Nachprüfungsverfahren übergeht.

Beispiel 5: Das Straßenverkehrsamt droht die Verhängung einer Fahrtenbuchauflage für die Dauer von zwei Jahren an. Schließlich wird die Fahrtenbuchauflage nur für ein Jahr angeordnet. Dagegen wird Widerspruch eingelegt.

Der Wert eines Verfahrens über eine Fahrtenbuchauflage ist nach Nr. 46.11 des Streitwertkatalogs der Verwaltungsgerichtsbarkeit mit 400 € je Monat anzusetzen. Im Verwaltungsverfahren gilt daher ein Wert von 24 x 400 € = 9.600 €. Da es im Widerspruchsverfahren nur noch um ein Jahr geht, ist der Wert hier mit 12 x 400 € = 4.800 € geringer.

I. Verwaltungsverfahren

1. 1,5-Geschäftsgebühr, Nr. 2300 VV (Wert: 9.600 €)		837,00 €
2. Postentgeltpauschale, Nr. 7002 VV		20,00 €
Zwischensumme	857,00 €	
3. 19 % Umsatzsteuer, Nr. 7008 VV		162,83 €
Gesamt		**1.019,83 €**

II. Widerspruchsverfahren

1. 1,5-Geschäftsgebühr, Nr. 2300 VV (Wert: 4.800 €)		454,50 €
2. gem. Vorbem. 2.3 Abs. 4 S. 1 VV anzurechnen 0,75 aus 4.800 €		– 227,25 €
3. Postentgeltpauschale, Nr. 7002 VV		20,00 €
Zwischensumme	247,25 €	
4. 19 % Umsatzsteuer, Nr. 7008 VV		46,98 €
Gesamt		**294,23 €**

17 Bei **mehreren Auftraggebern** erhöht sich auch die nachfolgende Geschäftsgebühr im Widerspruchsverfahren um 0,3 je weiteren Auftraggeber nach Nr. 1008 VV, und zwar auch dann, wenn sich die vorangegangene Geschäftsgebühr der Nr. 2300 VV bereits nach Nr. 1008 VV erhöht hatte, da es sich um eine neue Angelegenheit handelt und die Erhöhung in jeder Angelegenheit erneut entstehen kann. Die Anrechnung bleibt hier auf 0,75 begrenzt (Vorbem. 2.3 Abs. 4 S. 1 VV).

Beispiel 6: Der Anwalt ist von zwei Auftraggebern zunächst im Verwaltungsverfahren und sodann im Widerspruchsverfahren beauftragt worden. Der Gegenstandswert beläuft sich auf 6.000 €. Die Sache war weder im Verwaltungsverfahren noch im Widerspruchsverfahren umfangreich oder schwierig.

I. Verwaltungsverfahren

1. 1,6-Geschäftsgebühr, Nr. 2300, 1008 VV (Wert: 6.000 €)		566,40 €
2. Postentgeltpauschale, Nr. 7002 VV		20,00 €
Zwischensumme	586,40 €	
3. 19 % Umsatzsteuer, Nr. 7008 VV		111,42 €
Gesamt		**697,82 €**

II. Widerspruchsverfahren

1. 1,6-Geschäftsgebühr, Nr. 2300, 1008 VV (Wert: 6.000 €)		566,40 €
2. gem. Vorbem. 2.3 Abs. 4 S. 1, 2 VV anzurechnen 0,75 aus 6.000 €		− 265,50 €
3. Postentgeltpauschale, Nr. 7002 VV		20,00 €
Zwischensumme	320,90 €	
4. 19 % Umsatzsteuer, Nr. 7008 VV		60,97 €
Gesamt		**381,87 €**

IV. Verwaltungsverfahren auf Aussetzung oder Anordnung der sofortigen Vollziehung sowie über einstweilige Maßnahmen zur Sicherung der Rechte Dritter

Kommt es anlässlich eines Verwaltungsverfahrens oder eines Nachprüfungsverfahrens zu einem Verfahren über die Aussetzung der sofortigen Vollziehung oder deren Anordnung oder über einstweilige Maßnahmen zur Sicherung der Rechte Dritter, so stellt dieses außergerichtliche vorläufige Rechtsschutzverfahren eine weitere selbstständige Angelegenheit iSd § 15 Abs. 1 RVG dar (§ 17 Nr. 1 a RVG).[5] Der Anwalt kann also in diesen Verfahren eine weitere Geschäftsgebühr erhalten. **18**

Die Geschäftsgebühr richtet sich wiederum nach Nr. 2300 VV. Auch hier ist eine Schwellengebühr (Anm. zu Nr. 2300 VV) möglich. **19**

Der **Gegenstandswert** dieser Verfahren ist idR mit einem Bruchteil des Hauptsachewerts anzusetzen, bei Geldleistungen idR ein Viertel (s. Streitwertkatalog Ziff. 1.5). **20**

Beispiel 7: Der Anwalt wird erstmals im Widerspruchsverfahren beauftragt, gegen einen Bescheid (Wert: 5.000 €) Widerspruch einzulegen und bei der Behörde die Aussetzung der sofortigen Vollziehung zu beantragen. Beide Angelegenheiten sind umfangreich, aber durchschnittlich.

I. Widerspruchsverfahren (Wert: 5.000 €)

1. 1,5-Geschäftsgebühr, Nr. 2300 VV		454,50 €
2. Postentgeltpauschale, Nr. 7002 VV		20,00 €
Zwischensumme	474,50 €	
3. 19 % Umsatzsteuer, Nr. 7008 VV		90,16 €
Gesamt		**564,66 €**

II. Verfahren auf Aussetzung der sofortigen Vollziehung (Wert: 1.250 €)

1. 1,5-Geschäftsgebühr, Nr. 2300 VV		172,50 €
2. Postentgeltpauschale, Nr. 7002 VV		20,00 €
Zwischensumme	192,50 €	
3. 19 % Umsatzsteuer, Nr. 7008 VV		36,58 €
Gesamt		**229,08 €**

---

5 BVerwG, Beschl. v. 16.1.2012 – BVerwG 1 WDS-KSt 2.11.

21 Werden anlässlich **desselben Verfahrens** auf Aussetzung oder Anordnung der sofortigen Vollziehung oder über einstweilige Maßnahmen zur Sicherung der Rechte Dritter geführt, so bilden mehrere diesbezügliche Verfahren auf Abänderung und Aufhebung (zB nach § 80 Abs. 7 VwGO) gem. § 16 Nr. 1 RVG insgesamt nur eine Angelegenheit. Der Mehraufwand des Anwalts ist im Rahmen des § 14 Abs. 1 RVG zu berücksichtigen.

V. Neubescheidungsverfahren

22 Schließt sich an ein Klageverfahren ein Neubescheidungsverfahren an (§ 113 Abs. 3 VwGO), so stellt dieses eine neue weitere Angelegenheit iSd § 15 RVG dar. Der Anwalt erhält in diesem Verfahren wiederum eine Geschäftsgebühr nach Nr. 2300 VV. Insoweit kommt es nicht darauf an, ob der Anwalt vor Klageverfahren im Verwaltungs- und/oder Widerspruchsverfahren tätig war. Im Neubescheidungsverfahren kommt eine Anrechnung nicht in Betracht, weil dem Neubescheidungsverfahren kein Verwaltungsverfahren vorangeht.[6]

Beispiel 8: Der Anwalt beantragt für den Auftraggeber den Erlass einer Erlaubnis (Wert: 5.000 €). Der Antrag wird im Verwaltungsverfahren abgelehnt. Das Widerspruchsverfahren hat keinen Erfolg. Auf die Klage hin hebt das Gericht den Widerspruchsbescheid auf und gibt die Sache gem. § 113 Abs. 3 VwGO zur erneuten Bescheidung an die Verwaltungsbehörde zurück.

I. Verwaltungsverfahren

1. 1,5-Geschäftsgebühr, Nr. 2300 VV (Wert: 5.000 €)		454,50 €
2. Postentgeltpauschale, Nr. 7002 VV		20,00 €
Zwischensumme	474,50 €	
3. 19 % Umsatzsteuer, Nr. 7008 VV		90,16 €
Gesamt		**564,66 €**

II. Nachprüfungsverfahren

1. 1,5-Geschäftsgebühr, Nr. 2301 VV (Wert: 5.000 €)		454,50 €
2. gem. Vorbem. 2.3 Abs. 4 VV anzurechnen 0,75 aus 5.000 €		– 227,25 €
3. Postentgeltpauschale, Nr. 7002 VV		20,00 €
Zwischensumme	247,25 €	
4. 19 % Umsatzsteuer, Nr. 7008 VV		46,98 €
Gesamt		**294,23 €**

III. Gerichtliches Verfahren

1. 1,3-Verfahrensgebühr, Nr. 3100 VV (Wert: 5.000 €)		393,90 €
2. gem. Vorbem. 3 Abs. 4 VV anzurechnen 0,75 aus 5.000 €		– 227,25 €
3. 1,2-Terminsgebühr, Nr. 3104 VV (Wert: 5.000 €)		363,60 €
4. Postentgeltpauschale, Nr. 7002 VV		20,00 €
Zwischensumme	550,25 €	
5. 19 % Umsatzsteuer, Nr. 7008 VV		104,55 €
Gesamt		**654,80 €**

IV. Neubescheidungsverfahren

1. 1,5-Geschäftsgebühr, Nr. 2300 VV (Wert: 5.000 €)		454,50 €
2. Postentgeltpauschale, Nr. 7002 VV		20,00 €
Zwischensumme	474,50 €	
3. 19 % Umsatzsteuer, Nr. 7008 VV		90,16 €
Gesamt		**564,66 €**

---

6 So für die Sozialgerichtsbarkeit, aber zu Wertgebühren: SG Aachen AGS 2006, 551 = RVGreport 2006, 187.

VI. Einigung und Erledigung

Neben den jeweiligen Geschäftsgebühren kann der Anwalt eine **Einigungsgebühr** nach den Nr. 1000 ff VV verdienen, wenn er an einer Einigung mitwirkt. Darüber hinaus kommt im Nachprüfungsverfahren auch eine **Erledigungsgebühr** nach Nr. 1002 VV in Betracht, wenn der Anwalt an einer Erledigung mitwirkt. Die Höhe der Gebühr beläuft sich in beiden Fällen auf 1,5, da die Sache in diesem Stadium noch nicht anhängig ist. Zur Einigungsgebühr s. auch § 9 Rn 6 ff. Zur Erledigungsgebühr s. § 9 Rn 34 ff. **23**

Beispiel 9: Der Anwalt wird im Verwaltungsverfahren und anschließend im Widerspruchsverfahren beauftragt. Dort kommt es zu einer Erledigung. Der Gegenstandswert beläuft sich auf 8.000 €.

I. Verwaltungsverfahren

1. 1,5-Geschäftsgebühr, Nr. 2300 VV (Wert: 8.000 €)		684,00 €
2. Postentgeltpauschale, Nr. 7002 VV		20,00 €
Zwischensumme	704,00 €	
3. 19 % Umsatzsteuer, Nr. 7008 VV		133,76 €
Gesamt		**837,76 €**

II. Nachprüfungsverfahren

1. 1,5-Geschäftsgebühr, Nr. 2300 (Wert: 8.000 €)		684,00 €
2. gem. Vorbem. 2.3 Abs. 4 S. 2 VV anzurechnen 0,75 aus 8.000 €		− 342,00 €
3. 1,5-Erledigungsgebühr, Nr. 1002 VV (Wert: 8.000 €)		684,00 €
4. Postentgeltpauschale, Nr. 7002 VV		20,00 €
Zwischensumme	1.046,00 €	
5. 19 % Umsatzsteuer, Nr. 7008 VV		198,74 €
Gesamt		**1.244,74 €**

VII. Auslagen

Hinzu kommen Auslagen nach Teil 7 VV. Da jeder der unter II. bis V. genannte Verfahrensabschnitt (s. Rn 6–22) eine eigene Angelegenheit iSd § 15 Abs. 1 RVG darstellt, entstehen die Auslagen insoweit gesondert, insbesondere entsteht jeweils eine eigene Postentgeltpauschale nach Nr. 7002 VV. **24**

VIII. Anrechnung der Geschäftsgebühr auf ein nachfolgendes gerichtliches Verfahren

Auch in verwaltungsrechtlichen Sachen ist die Geschäftsgebühr gem. Vorbem. 3 Abs. 4 VV auf eine Verfahrensgebühr eines nachfolgenden gerichtlichen Verfahrens anzurechnen. Hier gelten allerdings Besonderheiten, da außergerichtlich drei verschiedene Angelegenheiten mit jeweils eigenen Geschäftsgebühren vorliegen können. Im Einzelnen gilt Folgendes: **25**

Fallkonstellation 1: Kommt es nach dem Verwaltungsverfahren unmittelbar zum gerichtlichen Verfahren, wird die Geschäftsgebühr der Nr. 2300 VV gem. Vorbem. 3 Abs. 4 VV hälftig, höchstens zu 0,75 auf die Verfahrensgebühr des gerichtlichen Verfahrens angerechnet. **26**

Beispiel 10: Der Anwalt war zunächst im Verwaltungsverfahren tätig und anschließend im gerichtlichen Verfahren (Wert: 4.000 €).

I. Verwaltungsverfahren (Wert: 4.000 €)

1. 1,5-Geschäftsgebühr, Nr. 2300 VV		378,00 €
2. Postentgeltpauschale, Nr. 7002 VV		20,00 €
Zwischensumme	398,00 €	
3. 19 % Umsatzsteuer, Nr. 7008 VV		75,62 €
Gesamt		**473,62 €**

II. Rechtsstreit (Wert: 4.000 €)

1.	1,3-Verfahrensgebühr, Nr. 3100 VV		327,60 €
2.	gem. Vorbem. 3 Abs. 4 VV anzurechnen 0,75 aus 4.000 €		− 189,00 €
3.	1,2-Terminsgebühr, Nr. 3104 VV		302,40 €
4.	Postentgeltpauschale, Nr. 7002 VV		20,00 €
	Zwischensumme	461,00 €	
5.	19 % Umsatzsteuer, Nr. 7008 VV		87,59 €
	Gesamt		**548,59 €**

27 **Fallkonstellation 2:** War der Anwalt erstmals in einem **Nachprüfungsverfahren** beauftragt worden und schließt sich hieran das Klageverfahren an, gilt das Gleiche. Die im Nachprüfungsverfahren angefallene Geschäftsgebühr nach Nr. 2300 VV wird hälftig, höchstens zu 0,75, auf die Verfahrensgebühr des nachfolgenden gerichtlichen Verfahrens angerechnet. Es gilt das Gleiche wie bei einer Anrechnung der Geschäftsgebühr aus dem Verwaltungsverfahren (s. Rn 12 ff).

28 **Fallkonstellation 3:** War der Anwalt **sowohl im Verwaltungsverfahren als auch im Nachprüfungsverfahren** tätig, ist nach Vorbem. 3 Abs. 4 S. 2 VV nur die zuletzt angefallene Geschäftsgebühr, also die des Nachprüfungsverfahrens, hälftig, höchstens mit 0,75, anzurechnen. Eine Anrechnung (auch) der im Verwaltungsverfahren angefallenen Geschäftsgebühr aus Nr. 2300 VV kommt nicht in Betracht, da diese Gebühr bereits nach Vorbem. 2.3 Abs. 4 VV im Nachprüfungsverfahren angerechnet worden ist.

Beispiel 11: Der Anwalt war bereits im Verwaltungsverfahren tätig. Nach Erlass des Bescheids legt er auftragsgemäß Widerspruch ein und erhebt, nachdem der Widerspruch zurückgewiesen worden ist, Anfechtungsklage, über die verhandelt wird. Der Streitwert beträgt 4.000 €.

I. Verwaltungsverfahren

1.	1,5-Geschäftsgebühr, Nr. 2300 VV (Wert: 4.000 €)		378,00 €
2.	Postentgeltpauschale, Nr. 7002 VV		20,00 €
	Zwischensumme	398,00 €	
3.	19 % Umsatzsteuer, Nr. 7008 VV		75,62 €
	Gesamt		**473,62 €**

II. Widerspruchsverfahren

1.	1,5-Geschäftsgebühr, Nr. 2300 VV (Wert: 4.000 €)		378,00 €
2.	gem. Vorbem. 2.3 Abs. 4 S. 1 VV anzurechnen 0,75 aus 4.000 €		− 189,00 €
3.	Postentgeltpauschale, Nr. 7002 VV		20,00 €
	Zwischensumme	209,00 €	
4.	19 % Umsatzsteuer, Nr. 7008 VV		39,71 €
	Gesamt		**248,71 €**

III. Rechtsstreit

1.	1,3-Verfahrensgebühr, Nr. 3100 VV (Wert: 4.000 €)		327,60 €
2.	gem. Vorbem. 3 Abs. 4 VV anzurechnen 0,75 aus 4.000 €		− 189,00 €
3.	1,2-Terminsgebühr, Nr. 3104 VV		302,40 €
4.	Postentgeltpauschale, Nr. 7002 VV		20,00 €
	Zwischensumme	461,00 €	
5.	19 % Umsatzsteuer, Nr. 7008 VV		87,59 €
	Gesamt		**548,59 €**

29 **Fallkonstellation 4:** War der Anwalt in einem Verfahren auf Aussetzung oder Anordnung der sofortigen Vollziehung oder über einstweilige Maßnahmen zur Sicherung der Rechte Dritter tätig, so wird auch die hier verdiente Geschäftsgebühr hälftig, höchstens mit 0,75, angerechnet,[7] allerdings nur auf ein diesem Verwaltungsverfahren nachfolgendes gerichtli-

---

7 VG Minden NVwZ-RR 2007, 567.

ches Verfahren, also auf ein entsprechendes Eilverfahren vor dem VG nach § 80 Abs. 5 VwGO oder § 123 VwGO.[8]

Beispiel 12: Gegen einen Bescheid (Wert: 5.000 €) legt der Anwalt Widerspruch ein und beantragt bei der Behörde die Aussetzung der sofortigen Vollziehung. Widerspruch und Aussetzungsantrag werden zurückgewiesen. Anschließend legt der Anwalt Anfechtungsklage ein und stellt gleichzeitig beim VG einen Antrag auf Aussetzung der sofortigen Vollziehung. Die Aussetzung der sofortigen Vollziehung wird durch Beschluss gewährt (Wert: 1.250 €). Später wird in der Hauptsache verhandelt.

I. Widerspruchsverfahren

1.	1,5-Geschäftsgebühr, Nr. 2300 VV (Wert: 5.000 €)		454,50 €
2.	Postentgeltpauschale, Nr. 7002 VV		20,00 €
	Zwischensumme	474,50 €	
3.	19 % Umsatzsteuer, Nr. 7008 VV		90,16 €
	Gesamt		**564,66 €**

II. Anfechtungsklage

1.	1,3-Verfahrensgebühr Nr. 3100 VV (Wert: 5.000 €)		393,90 €
2.	gem. Vorbem. 3 Abs. 4 VV anzurechnen 0,75 aus 5.000 €		− 227,25 €
3.	1,2-Terminsgebühr Nr. 3104 VV (Wert: 5.000 €)		363,60 €
4.	Postentgeltpauschale, Nr. 7002 VV		20,00 €
	Zwischensumme	550,25 €	
5.	19 % Umsatzsteuer, Nr. 7008 VV		104,55 €
	Gesamt		**654,80 €**

III. Behördliches Verfahren auf Aussetzung der sofortigen Vollziehung

1.	1,5-Geschäftsgebühr, Nr. 2300 VV (Wert: 1.250 €)		172,50 €
2.	Postentgeltpauschale, Nr. 7002 VV		20,00 €
	Zwischensumme	192,50 €	
3.	19 % Umsatzsteuer, Nr. 7008 VV		36,58 €
	Gesamt		**229,08 €**

IV. Gerichtliches Verfahren auf Aussetzung der sofortigen Vollziehung

1.	1,3-Verfahrensgebühr, Nr. 3100 VV (Wert: 1.250 €)		149,50 €
2.	gem. Vorbem. 3 Abs. 4 VV anzurechnen 0,75 aus 1.250 €		− 86,25 €
3.	Postentgeltpauschale, Nr. 7002 VV		20,00 €
	Zwischensumme	83,25 €	
4.	19 % Umsatzsteuer, Nr. 7008 VV		15,82 €
	Gesamt		**99,07 €**

Ausgeschlossen ist dagegen eine Anrechnung der in einem Verwaltungs- oder Nachprüf- 30 verfahren entstandenen Geschäftsgebühr auf die Verfahrensgebühr eines gerichtlichen Eilverfahrens oder der in einem behördlichen Aussetzungsverfahren angefallenen Geschäftsgebühr auf die Verfahrensgebühr eines gerichtlichen Hauptsacheverfahrens. Nach Vorbem. 3 Abs. 4 S. 3 VV findet die Anrechnung nur statt, soweit der außergerichtlichen Tätigkeit und dem gerichtlichen Verfahren derselbe Gegenstand zugrunde liegt. Daran fehlt es aber bei Eil- und Hauptsacheverfahren.[9] Anderer Auffassung sind das VG Minden,[10] das auch die Geschäftsgebühr eines behördlichen Aussetzungsverfahrens (§ 80 Abs. 4 VwGO) auf die Verfahrensgebühr des Hauptsacheverfahrens anrechnen will, und das VG Würzburg,[11] das die Geschäftsgebühr eines Widerspruchsverfahrens auf die Verfahrensgebühr eines gerichtlichen Aussetzungsverfahrens nach § 80 Abs. 5 VwGO anrechnen will.

---

8 Str.; zur gegenteiligen Ansicht s. Rn 30.
9 VGH Baden-Württemberg AGS 2007, 508.
10 VG Minden, Beschl. v. 3.4.2007 – 9 L 328/06, juris.
11 VG Würzburg, Beschl. v. 19.9.2006 – W 2 S 05.241, juris.

Beispiel 13: Der Anwalt wird beauftragt, gegen einen Bescheid (Wert: 5.000 €) Widerspruch zu erheben und gleichzeitig beim VG die Aussetzung der sofortigen Vollziehung zu beantragen. Eine Anrechnung kommt jetzt nicht in Betracht.

I. Widerspruchsverfahren

1. 1,5-Geschäftsgebühr, Nr. 2300 VV (Wert: 5.000 €)		454,50 €
2. Postentgeltpauschale, Nr. 7002 VV		20,00 €
Zwischensumme	474,50 €	
3. 19 % Umsatzsteuer, Nr. 7008 VV		90,16 €
Gesamt		**564,56 €**

II. Gerichtliches Verfahren auf Aussetzung der sofortigen Vollziehung

1. 1,3-Verfahrensgebühr, Nr. 3100 VV (Wert: 1.250 €)		149,50 €
2. Postentgeltpauschale, Nr. 7002 VV		20,00 €
Zwischensumme	169,50 €	
3. 19 % Umsatzsteuer, Nr. 7008 VV		32,21 €
Gesamt		**201,71 €**

C. Erstinstanzliche Verfahren vor dem Verwaltungsgericht

I. Überblick

31 Im erstinstanzlichen gerichtlichen Verfahren vor dem VG erhält der Anwalt die Gebühren nach Teil 3 Abschnitt 1 VV sowie die allgemeinen Gebühren nach Teil 1 VV und Auslagen nach Teil 7 VV. Diese Gebühren entstehen nicht nur bei Vertretung einer Partei, sondern auch für die Vertretung eines sonstigen Beteiligten, insbesondere für die Vertretung eines Beigeladenen.

II. Umfang der Angelegenheit

32 Das gesamte Klageverfahren ist eine einzige Angelegenheit. Die Vorschrift des § 19 Abs. 1 RVG gilt auch hier. Besondere Angelegenheiten sind Verfahren auf Anordnung oder Wiederherstellung der aufschiebenden Wirkung, auf Aufhebung der Vollziehung oder Anordnung der sofortigen Vollziehung eines Verwaltungsakts (§ 17 Nr. 4 Buchst. c) RVG) oder auf deren Abänderung oder Aufhebung (§ 17 Nr. 4 Buchst. d) RVG).

33 Werden **mehrere gerichtliche Verfahren** nebeneinander geführt, so liegen stets verschiedene Angelegenheiten vor. Soweit hier teilweise die Auffassung vertreten wird, mehrere Gerichtsverfahren seien als eine Angelegenheit anzusehen, wenn ihnen ein einheitlicher Auftrag zugrunde liege, die Tätigkeit des Anwalts den gleichen Rahmen habe und ein innerer Zusammenhang bestehe,[12] ist dies unzutreffend, da diese drei Kriterien lediglich für die außergerichtlichen Angelegenheiten gelten (s. § 6 Rn 4). In gerichtlichen Angelegenheiten stellen mehrere parallele Verfahren stets auch verschiedene Angelegenheiten iSd § 15 RVG dar, solange sie nicht miteinander verbunden sind.[13]

III. Verfahrensgebühr

34 Zunächst einmal entsteht eine **Verfahrensgebühr** nach Nr. 3100 VV. Die Höhe der Verfahrensgebühr beläuft sich auch hier – mit Ausnahme der erstinstanzlichen Verfahren vor einem OVG/VGH oder dem BVerwG (s. Rn 44) – auf 1,3.

35 **Erledigt sich der Auftrag vorzeitig,** also insbesondere vor Klageeinreichung, so ermäßigt sich die Verfahrensgebühr auf 0,8 (Nr. 3101 Nr. 1 VV). Das Gleiche gilt, soweit beantragt ist, eine Einigung über nicht anhängige Gegenstände zu Protokoll zu nehmen, oder soweit

---

12 So zB OVG Münster AGS 2006, 16 m. abl. Anm. *N. Schneider*.
13 AnwK-RVG/*N. Schneider*, § 15 Rn 83.

Verhandlungen über solche Ansprüche geführt werden (Nr. 3101 Nr. 2 VV). Auch wenn der Wortlaut der Nr. 3101 Nr. 2 VV nur von „Einigung" spricht, ist diese Vorschrift entsprechend anzuwenden, wenn über nicht anhängige Gegenstände zum Zwecke der Erledigung verhandelt wird oder wenn eine Erledigung nicht anhängiger Gegenstände protokolliert wird.[14]

Beispiel 14: Der Mandant hat gegen zwei Bescheide (5.000 € und 2.000 €) selbst Widerspruch eingelegt. Hinsichtlich des Bescheids über 5.000 € ist bereits ein Widerspruchsbescheid ergangen. Insoweit beauftragt der Mandant den Anwalt, Anfechtungsklage zu erheben. Im Termin wird zum Zwecke einer Gesamterledigung auch über den weiteren Bescheid erörtert. Eine Erledigung scheitert.

Da über weitere nicht anhängige 2.000 € zum Zwecke der Erledigung (lediglich) verhandelt worden ist, entsteht insoweit – unter Beachtung des § 15 Abs. 3 RVG – eine 0,8-Verfahrensgebühr nach Nr. 3101 Nr. 2, 2. Alt. VV.

1.	1,3-Verfahrensgebühr, Nr. 3100 VV (Wert: 5.000 €)	393,90 €
2.	0,8-Verfahrensgebühr, Nr. 3100, 3101 Nr. 2 VV (Wert: 2.000 €)	120,00 €
	die Höchstgrenze des § 15 Abs. 3 RVG, nicht mehr als 1,3 aus 7.000 € = 526,50 €, ist nicht überschritten	
3.	1,2-Terminsgebühr, Nr. 3104 VV (Wert: 7.000 €)	486,00 €
4.	Postentgeltpauschale, Nr. 7002 VV	20,00 €
	Zwischensumme	1.019,90 €
5.	19 % Umsatzsteuer, Nr. 7008 VV	193,78 €
	Gesamt	**1.213,68 €**

Vertritt der Anwalt **mehrere Auftraggeber** wegen desselben Gegenstandes, so erhöht sich die Verfahrensgebühr – auch die ermäßigte Verfahrensgebühr – um 0,3 je weiterer Auftraggeber, höchstens um 2,0.   36

Eine im Verwaltungs- oder Widerspruchsverfahren angefallene Geschäftsgebühr ist nach Vorbem. 3 Abs. 4 VV hälftig auf die Verfahrensgebühr **anzurechnen**, höchstens zu 0,75 (s. Rn 22 ff).   37

IV. Terminsgebühr

Daneben kann der Anwalt eine 1,2-Terminsgebühr nach Nr. 3104 VV erhalten. Die Gebühr entsteht unter den Voraussetzungen der Vorbem. 3 Abs. 3 VV. Sie kann insbesondere auch dann entstehen, wenn der Anwalt mit der Behörde ohne Beteiligung des Gerichts **Verhandlungen oder Besprechungen zur Vermeidung oder Erledigung des Verfahrens** führt.[15]   38

Darüber hinaus entsteht die 1,2-Terminsgebühr, wenn das Gericht nach § 101 Abs. 2 VwGO **im Einverständnis der Parteien ohne mündliche Verhandlung** entscheidet (Anm. Abs. 1 Nr. 1 zu Nr. 3104 VV).   39

Schließlich kann die Terminsgebühr auch dann entstehen, wenn das Gericht durch **Gerichtsbescheid** entscheidet (Anm. Abs. 1 Nr. 2 zu Nr. 3104 VV). Voraussetzung ist hier aber, dass eine mündliche Verhandlung beantragt werden kann. Das wiederum ist nur dann der Fall, wenn keine Berufung gegen den Gerichtsbescheid gegeben ist (§ 84 Abs. 2 Nr. 5 VwGO). Kann gegen den Gerichtsbescheid Berufung erhoben werden, fällt keine Terminsgebühr an, weil dann eine mündliche Verhandlung nicht obligatorisch ist und auch nicht durch einen Antrag nach § 84 Abs. 2 Nr. 5 VwGO erzwungen werden kann.   40

Eine **Ermäßigung der Terminsgebühr** nach Nr. 3105 VV ist in verwaltungsgerichtlichen Verfahren nicht möglich, da hier ein Versäumnisurteil nicht vorgesehen ist und das Ge-   41

---

14   AA FG Baden-Württemberg AGS 2007, 454.
15   VGH Niedersachsen AGS 2007, 32 = JurBüro 2007, 78 = RVGreport 2007, 32 = NJW 2007, 1995.

richt auch bei Säumnis der Gegenpartei den Sachverhalt von Amts wegen ermitteln muss und in der Sache entscheiden kann.

V. Einigungs- und Erledigungsgebühr

42 Zusätzlich kann der Anwalt auch in verwaltungsgerichtlichen Verfahren eine **Einigungsgebühr** (Nr. 1000 VV) oder eine **Erledigungsgebühr** (Nr. 1002 VV) verdienen, wenn er an einer Einigung oder Erledigung mitwirkt. Die Höhe des Gebührensatzes beläuft sich in beiden Fällen auf 1,0 (Nr. 1003 VV).

Beispiel 15: Im gerichtlichen Verfahren (Wert: 5.000 €) wirkt der Anwalt im Termin an einer Erledigung mit.

1. 1,3-Verfahrensgebühr, Nr. 3100 VV (Wert: 5.000 €)		393,90 €
2. 1,2-Terminsgebühr, Nr. 3104 VV (Wert: 5.000 €)		363,60 €
3. 1,0-Erledigungsgebühr, Nr. 1000, 1003 VV (Wert: 5.000 €)		303,00 €
4. Postentgeltpauschale, Nr. 7002 VV		20,00 €
Zwischensumme	1.080,50 €	
5. 19 % Umsatzsteuer, Nr. 7008 VV		205,30 €
Gesamt		**1.285,80 €**

43 Soweit nicht anhängige Gegenstände in eine Einigung oder Erledigung mit einbezogen werden, entsteht insoweit die Gebühr zu 1,5 (Nr. 1000 VV). Zu beachten ist dann § 15 Abs. 3 RVG.

Beispiel 16: Der Mandant hat gegen zwei Bescheide (5.000 € und 2.000 €) selbst Widerspruch eingelegt. Hinsichtlich des Bescheids über 5.000 € ist bereits ein Widerspruchsbescheid ergangen. Insoweit beauftragt der Mandant den Anwalt, Anfechtungsklage zu erheben. Im Termin wird eine Erledigung auch hinsichtlich des weiteren Bescheids herbeigeführt.

1. 1,3-Verfahrensgebühr, Nr. 3100 VV (Wert: 5.000 €)		393,90 €
2. 0,8-Verfahrensgebühr, Nr. 3100, 3101 Nr. 2 VV (Wert: 2.000 €) (Die Höchstgrenze gem. § 15 Abs. 3 RVG, nicht mehr als 1,3 aus 7.000 € = 526,50 €, ist nicht überschritten.)		120,00 €
3. 1,2-Terminsgebühr, Nr. 3104 VV (Wert: 7.000 €)		486,00 €
4. 1,0-Erledigungsgebühr, Nr. 1002, 1003 VV (Wert: 5.000 €)		303,00 €
5. 1,5-Erledigungsgebühr, Nr. 1002 VV (Wert: 2.000 €) (Die Höchstgrenze gem. § 15 Abs. 3 RVG, nicht mehr als 1,5 aus 7.000 € = 607,50 €, ist nicht überschritten.)		225,00 €
6. Postentgeltpauschale, Nr. 7002 VV		20,00 €
Zwischensumme	1.547,90 €	
7. 19 % Umsatzsteuer, Nr. 7008 VV		294,10 €
Gesamt		**1.842,00 €**

D. Erstinstanzliche Verfahren vor dem Bundesverwaltungsgericht, einem Oberverwaltungsgericht oder Verwaltungsgerichtshof

44 In bestimmten Verfahren ist erstinstanzlich das OVG oder der VGH zuständig oder sogar das BVerwG. Obwohl es sich um erstinstanzliche Verfahren handelt, richten sich die Gebühren nicht nach Teil 3 Abschnitt 1 VV, sondern nach Teil 3 Abschnitt 3 Unterabschnitt 1 VV (= Nr. 3300, 3301 VV).

45 Der Anwalt erhält danach gem. Nr. 3300 Nr. 2 und 3 VV eine **1,6-Verfahrensgebühr**, die sich bei **vorzeitiger Beendigung** des Auftrags auf 1,0 (Nr. 3301 VV) ermäßigt. Zur vorzeitigen Beendigung wird in Anm. zu Nr. 3301 VV auf die Anm. zu Nr. 3201 VV Bezug genommen. Vertritt der Anwalt **mehrere Auftraggeber**, erhöht sich die Verfahrensgebühr gem. Nr. 1008 VV um 0,3 je weiteren Auftraggeber, höchstens um 2,0.

Hinzu kommt eine **Terminsgebühr**, die sich gem. Vorbem. 3.3.1 VV nach Teil 3 Abschnitt 1 VV richtet, also nach Nr. 3104 VV. Insoweit ergeben sich gegenüber gewöhnlichen erstinstanzlichen Verfahren keine Besonderheiten. **46**

Des Weiteren kann eine **Einigungs-** oder eine **Erledigungsgebühr** anfallen. Mangels einer **47** speziellen Regelung in Nr. 1004 VV bleibt es hier bei einer 1,0-Gebühr nach Nr. 1003 VV.

Beispiel 17: Der Anwalt vertritt den Mandanten im erstinstanzlichen Verfahren vor dem OVG (Wert: 40.000 €). Im Termin kommt es zu einer Erledigung iSd Nr. 1002 VV.

1.	1,6-Verfahrensgebühr, Nr. 3300 Nr. 2 VV (Wert: 40.000 €)	1.620,80 €
2.	1,2-Terminsgebühr, Vorbem. 3.3.1, Nr. 3104 VV (Wert: 40.000 €)	1.215,60 €
3.	1,0-Erledigungsgebühr, Nr. 1002, 1003 VV (Wert: 40.000 €)	1.013,00 €
4.	Postentgeltpauschale, Nr. 7002 VV	20,00 €
	Zwischensumme	3.869,40 €
5.	19 % Umsatzsteuer, Nr. 7008 VV	735,19 €
	Gesamt	**4.604,59 €**

E. Berufungsverfahren

I. Überblick

In der Berufung richten sich die Gebühren nach Teil 3 Abschnitt 2 VV (Nr. 3200 ff VV). **48** Auch insoweit kann auf die Ausführungen zu den zivilrechtlichen Verfahren Bezug genommen werden (s. § 13 Rn 144 ff). Eine Besonderheit ergibt sich in verwaltungsgerichtlichen Verfahren insoweit, als ein **Zulassungsverfahren** vorgeschaltet sein kann (zB nach § 124 a Abs. 4 VwGO). Dieses Verfahren ist nicht als Beschwerdeverfahren ausgestaltet und zählt daher nach § 16 Nr. 11 RVG mit zum Berufungsrechtszug, löst also keine gesonderten Gebühren aus.

II. Verfahrensgebühr

Zunächst einmal erhält der Anwalt im Berufungsverfahren eine **1,6-Verfahrensgebühr** **49** nach Nr. 3200 VV. Die Verfahrensgebühr entsteht mit der Entgegennahme der Information und deckt sämtliche Tätigkeiten im Verfahren ab (Vorbem. 3 Abs. 2 VV). Ist ein Zulassungsverfahren vorgeschaltet, entsteht die Verfahrensgebühr bereits mit der ersten Tätigkeit im Zulassungsverfahren (§ 16 Nr. 11 RVG).

Erledigt sich der Auftrag vorzeitig (Nr. 3201 Nr. 1 VV) oder liegt ein Fall der Nr. 3201 **50** Nr. 2 VV vor, ermäßigt sich die Verfahrensgebühr auf 1,1. Vertritt der Anwalt **mehrere Auftraggeber**, erhöht sich die Verfahrensgebühr nach Nr. 1008 VV um 0,3 je weiterer Auftraggeber, höchstens um 2,0.

III. Terminsgebühr

Unter den Voraussetzungen der Vorbem. 3 Abs. 3 VV erhält der Anwalt im Berufungsver- **51** fahren eine 1,2-Terminsgebühr nach Nr. 3202 VV.

Die Gebühr entsteht auch dann, wenn im Berufungsverfahren gem. § 125 Abs. 1 S. 1 iVm **52** § 101 Abs. 2 VwGO im Einverständnis der Parteien **ohne mündliche Verhandlung** entschieden wird (Anm. Abs. 1 zu Nr. 3202, Anm. Abs. 1 Nr. 1 zu Nr. 3104 VV). Darüber hinaus entsteht die Terminsgebühr gem. Anm. Abs. 2 zu Nr. 3202 VV auch dann, wenn die Berufung ohne mündliche Verhandlung nach **§ 130 a VwGO** einstimmig für begründet oder unbegründet erklärt wird.

Die Anwendung der Nr. 3203 VV scheidet wiederum aus, da ein Versäumnisurteil im Ver- **53** waltungsrechtsstreit nicht möglich ist.

IV. Einigungs- und Erledigungsgebühr

54 Hinzu kommen kann eine **Einigungsgebühr** (Nr. 1000 VV) oder eine **Erledigungsgebühr** (Nr. 1002 VV). Deren Höhe beläuft sich auf 1,3, soweit die Parteien sich über anhängige Gegenstände einigen oder diese erledigen (Nr. 1004 VV). Soweit nicht anhängige Gegenstände in die Einigung mit einbezogen werden, entsteht eine 1,5-Einigungsgebühr (Nr. 1000 VV); soweit erstinstanzlich anhängige Gegenstände mit einbezogen werden, eine 1,0-Einigungsgebühr (Nr. 1003 VV). Zu beachten ist dann § 15 Abs. 3 RVG.

F. Nichtzulassungsbeschwerde

I. Umfang der Angelegenheit

55 Lässt das OVG (der VGH) die Revision nicht zu, so kann dagegen Beschwerde erhoben werden (§ 133 Abs. 1 VwGO). Das Verfahren über diese Nichtzulassungsbeschwerde stellt gebührenrechtlich eine eigene Angelegenheit dar (§ 18 Abs. 1 Nr. 3 RVG). Insgesamt sind also drei Angelegenheiten gegeben:

- das Berufungsverfahren vor dem OVG/VGH,
- das Verfahren über die Nichtzulassungsbeschwerde vor dem BVerwG und
- das anschließende Revisionsverfahren vor dem BVerwG.

II. Verfahrensgebühr

56 Der Anwalt erhält für das Verfahren über die Beschwerde gegen die Nichtzulassung der Revision eine **1,6-Verfahrensgebühr**. Im Gegensatz zu den Nichtzulassungsbeschwerdeverfahren vor dem BGH (Nr. 3208 VV) ist eine Erhöhung hier nicht vorgesehen.

57 **Endet der Auftrag** vorzeitig, ermäßigt sich die Verfahrensgebühr gem. Nr. 3507 VV auf 1,1. Das wird insbesondere den Anwalt des Beschwerdegegners betreffen, wenn er sich nur bestellt und der Beschwerdeführer die Nichtzulassungsbeschwerde ohne Begründung wieder zurücknimmt.

58 Bei Vertretung **mehrerer Auftraggeber** erhöht sich die Verfahrensgebühr gem. Nr. 1008 VV um 0,3 je weiteren Auftraggeber, sofern diese am Gegenstand gemeinschaftlich beteiligt sind.

59 Kommt es nach einem erfolgreichen Nichtzulassungsbeschwerdeverfahren zur Durchführung des Revisionsverfahrens, ist die Verfahrensgebühr der Nichtzulassungsbeschwerde gem. Anm. zu Nr. 3506 VV auf die des Revisionsverfahrens **anzurechnen** (s. Rn 66).

III. Terminsgebühr

60 Neben der Verfahrensgebühr kann auch im Nichtzulassungsbeschwerdeverfahren eine Terminsgebühr unter den Voraussetzungen der Vorbem. 3 Abs. 3 VV anfallen. Diese beläuft sich gem. Nr. 3516 VV auf 1,2.

IV. Einigungs- oder Erledigungsgebühr

61 Darüber hinaus kann eine Einigungs- oder Erledigungsgebühr anfallen. Die Höhe der Gebühr beträgt 1,3 (Nr. 1004 VV).

V. Auslagen

62 Da das Verfahren über die Nichtzulassungsbeschwerde eine eigene Angelegenheit ist, erhält der Anwalt auch gesonderte Auslagen nach Teil 7 VV, insbesondere eine eigene Postentgeltpauschale nach Nr. 7002 VV.

G. Revisionsverfahren

I. Überblick

Im Revisionsverfahren erhält der Anwalt die Vergütung nach Abschnitt 2 Unterabschnitt 2 Teil 3 VV. Das Revisionsverfahren ist nach § 17 Nr. 1 RVG immer eine neue Angelegenheit, auch dann, wenn eine Nichtzulassungsbeschwerde vorausgegangen ist (§ 17 Nr. 9 RVG). 63

II. Verfahrensgebühr

Zunächst erhält der Anwalt eine Verfahrensgebühr nach Nr. 3206 VV iHv 1,6. Die Gebühr entsteht wiederum mit der Entgegennahme der Information und deckt sämtliche Tätigkeiten im Revisionsverfahren ab (Vorbem. 3 Abs. 2 VV). **Erledigt sich der Auftrag vorzeitig**, so reduziert sich die Gebühr nach Nr. 3207 VV auf 1,1. Die Anm. zu Nr. 3201 VV gilt entsprechend (Anm. zu Nr. 3207 VV). 64

Beispiel 18: Der Kläger legt fristwahrend gegen das Urteil des OVG (Beschwer: 10.000 €) Revision ein. Der Anwalt des Beklagten bestellt sich für diesen, ohne bereits einen Antrag zu stellen. Die Revision wird anschließend zurückgenommen.

Die Einlegung der Revision löst für den Anwalt des Klägers die volle 1,6-Verfahrensgebühr nach Nr. 3206 VV aus. Für den Anwalt des Beklagten ist dagegen nur die ermäßigte 1,1-Verfahrensgebühr angefallen, da er noch keinen Sachantrag gestellt hatte (Nr. 3207 VV).

I.	Anwalt Kläger		
1.	1,6-Verfahrensgebühr, Nr. 3206 VV (Wert: 10.000 €)		892,80 €
2.	Postentgeltpauschale, Nr. 7002 VV		20,00 €
	Zwischensumme	912,80 €	
3.	19 % Umsatzsteuer, Nr. 7008 VV		173,43 €
	Gesamt		**1.086,23 €**
II.	Anwalt Beklagter		
1.	1,1-Verfahrensgebühr, Nr. 3206, 3207 VV (Wert: 10.000 €)		613,80 €
2.	Postentgeltpauschale, Nr. 7002 VV		20,00 €
	Zwischensumme	633,80 €	
3.	19 % Umsatzsteuer, Nr. 7008 VV		120,42 €
	Gesamt		**754,22 €**

Vertritt der Anwalt **mehrere Auftraggeber,** so erhöht sich die Verfahrensgebühr bei gemeinschaftlicher Beteiligung nach Nr. 1008 VV um 0,3 je weiterer Auftraggeber, höchstens um 2,0. 65

Ist eine Nichtzulassungsbeschwerde vorangegangen, in der der Anwalt tätig war, so wird die dort verdiente 1,6-Verfahrensgebühr aus Nr. 3506 VV auf die Verfahrensgebühr des Revisionsverfahrens **angerechnet** (Anm. zu Nr. 3506 VV). 66

Beispiel 19: Das OVG hat die Revision gegen sein Urteil nicht zugelassen. Hiergegen wird Nichtzulassungsbeschwerde erhoben (Wert: 8.000 €), die erfolgreich ist. Daran schließt sich das Revisionsverfahren mit mündlicher Verhandlung an.

I.	Nichtzulassungsbeschwerde		
1.	1,6-Verfahrensgebühr, Nr. 3506 VV (Wert: 8.000 €)		729,60 €
2.	Postentgeltpauschale, Nr. 7002 VV		20,00 €
	Zwischensumme	749,60 €	
3.	19 % Umsatzsteuer, Nr. 7008 VV		142,42 €
	Gesamt		**892,02 €**
II.	Revisionsverfahren		
1.	1,6-Verfahrensgebühr, Nr. 3206 VV (Wert: 8.000 €)		729,60 €
2.	gem. Anm. zu Nr. 3506 VV anzurechnen 1,6 aus 8.000 €		− 729,60 €

3. 1,5-Terminsgebühr, Nr. 3210 VV (Wert: 8.000 €)		684,00 €
4. Postentgeltpauschale, Nr. 7002 VV		20,00 €
Zwischensumme	704,00 €	
5. 19 % Umsatzsteuer, Nr. 7008 VV		133,76 €
Gesamt		**837,76 €**

III. Terminsgebühr

67 Neben der Verfahrensgebühr erhält der Anwalt nach Nr. 3210 VV eine Terminsgebühr iHv 1,5. Auch hier kommt eine Reduzierung (Nr. 3211 VV) nicht in Betracht, selbst wenn lediglich Anträge zur Prozess- und Sachleitung gestellt werden.

IV. Einigungs- oder Erledigungsgebühr

68 Auch im Revisionsverfahren kann eine Einigungs- oder Erledigungsgebühr anfallen. Deren Höhe beläuft sich dann nach Nr. 1004 VV auf 1,3.

V. Auslagen

69 Da das Revisionsverfahren eine eigene Angelegenheit darstellt, erhält der Anwalt gesonderte Auslagen nach Teil 7 VV, insbesondere eine eigene Postentgeltpauschale nach Nr. 7002 VV. Das gilt auch dann, wenn eine Nichtzulassungsbeschwerde vorausgegangen war.

H. Beschwerdeverfahren

70 In Beschwerdeverfahren erhält der Anwalt die Gebühren nach Teil 3 Abschnitt 5 VV (Nr. 3500, 3513 VV). Das gilt sowohl für Beschwerden gegen Zwischenentscheidungen als auch für Beschwerden gegen Endentscheidungen der Verwaltungsgerichte, die nicht Urteile oder Rechtsentscheide sind. Ausgenommen sind Beschwerden in Verfahren des einstweiligen Rechtsschutzes (Vorbem. 3.2.1 Nr. 3 Buchst. a) VV) und Beschwerden gegen den Rechtszug beendende Entscheidungen im personalvertretungsrechtlichen Beschlussverfahren (Vorbem. 3.2.1 Nr. 2 Buchst. d) VV), für die die Gebühren eines Berufungsverfahrens gelten.

71 Der Anwalt erhält danach eine **0,5-Verfahrensgebühr** aus Nr. 3500 VV sowie eine **0,5-Terminsgebühr** nach Nr. 3513 VV, sofern es zu einem Termin iSd Vorbem. 3 Abs. 3 VV kommt. In Betracht kommt auch eine **Einigungs- oder Erledigungsgebühr** nach den Nr. 1000, 1002 ff VV.

I. Erinnerung

72 In Erinnerungsverfahren – soweit sie eigene Angelegenheiten sind – erhält der Anwalt ebenfalls die Gebühren nach Nr. 3500, 3513 VV. Das gilt insbesondere für Erinnerungen gegen einen Kostenfestsetzungsbeschluss (§ 18 Abs. 1 Nr. 3 RVG).

J. Einstweiliger Rechtsschutz

I. Überblick

73 In Verfahren des einstweiligen Rechtsschutzes erhält der Anwalt gesonderte Gebühren, da es sich um eigene Angelegenheiten handelt (§ 17 Nr. 4 RVG). Die Gebühren nach Nr. 3100 ff VV entstehen also gegenüber der Hauptsache gesondert in Verfahren

■ auf Erlass einer einstweiligen Verfügung (§ 17 Nr. 4 Buchst. b) RVG),

■ auf Anordnung der aufschiebenden Wirkung eines Verwaltungsakts (§ 17 Nr. 4 Buchst. c) RVG),

- auf Wiederherstellung der aufschiebenden Wirkung eines Verwaltungsakts (§ 17 Nr. 4 Buchst. c) RVG),
- auf Aufhebung der Vollziehung oder Anordnung der sofortigen Vollziehung eines Verwaltungsakts (§ 17 Nr. 4 Buchst. c) RVG),
- auf Abänderung einer der vorgenannten Entscheidungen (§ 17 Nr. 4 Buchst. d) RVG).

II. Anordnung oder Wiederherstellung der aufschiebenden Wirkung eines Verwaltungsakts sowie Aufhebung der Vollziehung oder Anordnung der sofortigen Vollziehung eines Verwaltungsakts

1. Umfang der Angelegenheit

Verfahren des vorläufigen Rechtsschutzes nach § 80 Abs. 5 VwGO, in denen der Antragsteller die Anordnung der Wiederherstellung der aufschiebenden Wirkung eines Rechtsbehelfes oder Rechtsmittels gegen einen sofort vollziehbaren Verwaltungsakt beantragt, sowie Verfahren nach §§ 80 a Abs. 3, 80 Abs. 5 VwGO sind sowohl gegenüber der außergerichtlichen Tätigkeit (§ 17 Nr. 1 a RVG) als auch gegenüber der Hauptsache eigene Gebührenangelegenheiten (§ 17 Nr. 4 Buchst. c) RVG). Darüber hinaus gilt jedes Verfahren nach § 80 Abs. 5 VwGO (iVm § 80 a Abs. 3 VwGO) gegenüber der Hauptsache gebührenrechtlich als besondere Angelegenheit. Im Gegensatz zu Nr. 3328 VV ist eine abgesonderte mündliche Verhandlung hier nicht erforderlich. Es handelt sich stets um eine eigene Angelegenheit. 74

Zusammen mit den vorgenannten einstweiligen Rechtsschutzverfahren bilden die weiteren Verfahren auf **Abänderung oder Aufhebung** einer der in den vorgenannten Verfahren ergangenen Entscheidungen (zB nach § 80 Abs. 7 VwGO) dagegen wiederum dieselbe Angelegenheit (§ 16 Nr. 5 RVG), so dass hierfür keine weiteren Gebühren entstehen.[16] Gesonderte Gebühren kann der Anwalt hier nur erhalten, wenn er ausschließlich im Abänderungs- oder Aufhebungsverfahren beauftragt wird (§ 17 Nr. 4 Buchst. d) RVG). 75

2. Erstinstanzliche Verfahren

Der Anwalt erhält in den genannten vorläufigen Rechtsschutzverfahren die Vergütung nach Teil 3 Abschnitt 1 VV. Er erhält also die gleichen Gebühren wie im **erstinstanzlichen Rechtsstreit**, eine 1,3-**Verfahrensgebühr** (Nr. 3100 VV). 76

Des Weiteren erhält der Anwalt auch hier im Falle eines Termins iSd Vorbem. 3 Abs. 3 VV eine **Terminsgebühr** iHv 1,2 (Nr. 3104 VV). Die Terminsgebühr kann insbesondere bei einer Besprechung zur Erledigung des Verfahrens anfallen (Vorbem. 3 Abs. 3 S. 3 Nr. 2 VV). Dass im einstweiligen Anordnungsverfahren eine mündliche Verhandlung nicht vorgeschrieben ist, ist unerheblich.[17] Eine Terminsgebühr nach Anm. Abs. 1 zu Nr. 3104 VV wird hier nicht in Betracht kommen, da in den vorläufigen Rechtsschutzverfahren ohne mündliche Verhandlung entschieden werden kann. 76a

Hinzu kommen kann eine Einigungs- oder Erledigungsgebühr nach den Nr. 1000, 1002, 1003 VV. 76b

Wird der Antrag auf Erlass einer einstweiligen Verfügung oder auf Anordnung oder Wiederherstellung der aufschiebenden Wirkung, Aufhebung der Vollziehung oder Anordnung der sofortigen Vollziehung eines Verwaltungsakts vor dem **Rechtsmittelgericht als Gericht der Hauptsache** gestellt, so bleibt es bei den Gebühren nach Abschnitt 1 Teil 3 VV, also bei den erstinstanzlichen Gebühren (Vorbem. 3.2 Abs. 2 VV). 77

War der Anwalt im Verfahren auf Aussetzung der sofortigen Vollziehung bereits außergerichtlich (§ 80 Abs. 4 VwGO) tätig, so ist die Geschäftsgebühr der Nr. 2300 VV gem. Vorbem. 3 Abs. 4 VV auf die Gebühren nach Nr. 3100 VV **anzurechnen** (s. Rn 24 f). 78

---

16 BVerwG AGS 2003, 456; VG Baden-Württemberg AGS 2012, 17 = NVwZ-RR 2012, 88.
17 VG Berlin AGS 2014, 328 = NJW-Spezial 2014, 443.

Beispiel 20: Der Anwalt wird beauftragt, nach einem Bescheid über 10.000 € bei der Behörde nach § 80 Abs. 4 VwGO die Aussetzung der sofortigen Vollziehung zu beantragen (umfangreiche Tätigkeit), und nachdem dies abgelehnt wurde, beim VG den Antrag nach § 80 Abs. 5 VwGO zu stellen (Wert: 1/4 der Hauptsache: 2.500 €).

I. Behördliches Verfahren auf Aussetzung der sofortigen Vollziehung

1.	1,5-Geschäftsgebühr, Nr. 2300 VV (Wert: 2.500 €)	301,50 €
2.	Postentgeltpauschale, Nr. 7002 VV	20,00 €
	Zwischensumme	321,50 €
3.	19 % Umsatzsteuer, Nr. 7008 VV	61,09 €
	Gesamt	**382,59 €**

II. Gerichtliches Verfahren auf Aussetzung der sofortigen Vollziehung

1.	1,3-Verfahrensgebühr, Nr. 3100 VV (Wert: 2.500 €)	261,30 €
2.	gem. Vorbem. 3 Abs. 4 VV anzurechnen 0,75 aus 2.500 €	− 150,75 €
3.	Postentgeltpauschale, Nr. 7002 VV	20,00 €
	Zwischensumme	130,55 €
4.	19 % Umsatzsteuer, Nr. 7008 VV	24,80 €
	Gesamt	**155,35 €**

79 Nicht anzurechnen ist dagegen eine Geschäftsgebühr, die im Verwaltungs- oder Widerspruchsverfahren angefallen ist, da dort ein anderer Streitgegenstand zugrunde liegt.[18]

3. Beschwerdeverfahren

80 Wird gegen eine im einstweiligen Rechtsschutzverfahren ergangene Entscheidung Beschwerde eingelegt, so löst dies nach §§ 17 Nr. 1, 18 Abs. 1 Nr. 3 RVG eine neue Angelegenheit aus. In diesem Beschwerdeverfahren entstehen gem. Vorbem. 3.2.1 Nr. 3 Buchst. a) VV die Gebühren eines Berufungsverfahrens, also eine Verfahrensgebühr nach Nr. 3200 VV sowie ggf eine Terminsgebühr nach Nr. 2302 VV.

III. Antrag auf Erlass oder Abänderung einer einstweiligen Anordnung

1. Erstinstanzliche Verfahren

81 Im Falle eines Verfahrens auf Erlass oder Abänderung einer einstweiligen Anordnung nach § 123 VwGO gilt § 17 Nr. 4 Buchst. b) RVG. Diese Verfahren sind gegenüber der Hauptsache eine gesonderte Angelegenheit. Der Anwalt erhält auch hier die Gebühren nach Nr. 3100 ff VV. Das Verfahren über einen Antrag auf Abänderung oder Aufhebung der einstweiligen Anordnung gilt mit dem Verfahren über den Antrag als dieselbe Angelegenheit (§ 16 Nr. 5 RVG), so dass die Gebühren insgesamt nur einmal anfallen.[19]

82 Der Anwalt erhält eine **1,3-Verfahrensgebühr** nach Nr. 3100 VV, die sich unter den Voraussetzungen der Nr. 3101 VV auf 0,8 reduzieren kann.

83 Darüber hinaus erhält er eine **1,2-Terminsgebühr**, sofern er einen Termin iSd Vorbem. 3 Abs. 3 VV wahrnimmt. Die Höhe der Terminsgebühr beläuft sich auf 1,2 (Nr. 3104 VV). Da eine mündliche Verhandlung nicht vorgeschrieben ist (§ 123 Abs. 4 VwGO), kommt die Anwendung der Anm. Abs. 1 Nr. 1 zu Nr. 3104 VV nicht in Betracht.

84 Wird der Antrag vor dem Berufungsgericht als Gericht der Hauptsache gestellt (§ 123 Abs. 2 S. 2 VwGO), so bleibt es bei den Gebühren nach Abschnitt 1 Teil 3 VV, also bei den Gebühren nach Nr. 3100 ff VV (Vorbem. 3.2 Abs. 2 VV).

---

18 VGH Baden-Württemberg AGS 2007, 508; aA VG Würzburg, Beschl. v. 19.9.2006 – W 2 S 05.241 (juris), das aus der Geschäftsgebühr eines Widerspruchsverfahrens auf die Verfahrensgebühr eines gerichtlichen Aussetzungsverfahrens nach § 80 Abs. 5 VwGO anrechnen will.
19 VG Münster AGS 2014, 329; VG Düsseldorf AGS 2014, 550.

Wird der Antrag im erstinstanzlichen Verfahren vor dem BVerwG, einem OVG oder VGH 85
gestellt, so greift wiederum Nr. 3300 VV. Der Anwalt erhält hier die 1,6-Verfahrensgebühr.
Für die Wahrnehmung eines Termins bleibt es dagegen bei einer 1,2-Terminsgebühr nach
Nr. 3104 VV (Vorbem. 3.3.1 VV).

2. Beschwerdeverfahren

Gegen erstinstanzliche Entscheidungen nach § 123 VwGO ist die Beschwerde gegeben. Es 86
gelten hier nach Vorbem. 3.2.1 Nr. 3 Buchst. a) VV die Gebühren eines Berufsverfah-
rens nach Teil 3 Abschnitt 2 Unterabschnitt 1 VV (Nr. 3200 ff VV). Siehe dazu Rn 48 f.

K. Verwaltungsvollstreckungsverfahren

In den Verfahren der Verwaltungsvollstreckung gelten die Gebühren nach Abschnitt 3 Un- 87
terabschnitt 3 Teil 3 VV. Dies gilt für gerichtliche Verfahren über einen Akt der Zwangsvollstreckung (des Verwaltungszwangs) gem. Vorbem. 3.3.3 S. 1 Nr. 3 VV sowie für die
außergerichtliche Tätigkeit im Verwaltungszwangsverfahren (Vorbem. 2.3 Abs. 1 VV).
Diese Vorschriften gelten auch, sofern lediglich die Aufhebung einer Vollstreckungsmaßnahme beantragt ist, nicht jedoch für den Antrag auf Aufhebung der Vollziehung nach
§ 80 Abs. 5 VwGO. Dies ist ein Verfahren des einstweiligen Rechtsschutzes (s. Rn 18 ff).

Auch hier gilt, dass jede einzelne Vollstreckungs- bzw Verwaltungszwangsmaßnahme eine 88
eigene Angelegenheit darstellt (§ 18 Abs. 1 Nr. 1 RVG). Die Anzeige der Absicht, die
Zwangsvollstreckung gegen eine juristische Person des öffentlichen Rechts betreiben zu
wollen (§ 882 a ZPO), löst allerdings keine gesonderte Angelegenheit aus, sondern zählt
zu der angedrohten Vollstreckungsangelegenheit (§ 19 Abs. 2 Nr. 4 RVG).

Der **Gegenstandswert** richtet sich nach § 25 RVG. 89

L. Verkehrsanwalt, Terminsvertreter, Einzeltätigkeit

Auch in verwaltungsgerichtlichen Verfahren kommt ein **Verkehrsanwalt** in Betracht. Die- 90
ser erhält seine Vergütung ebenso wie in Zivilsachen nach Nr. 3400 VV. Er erhält also eine
Verfahrensgebühr in Höhe der Gebühr des Hauptbevollmächtigten, höchstens jedoch 1,0.
Siehe hierzu § 13 Rn 253 ff.

Wird im Verwaltungsrechtsstreit ein **Terminsvertreter** beauftragt, so bemisst sich seine 91
Vergütung nach den Nr. 3401, 3402 VV. Siehe hierzu § 13 Rn 267 ff.

Wird der Anwalt nur mit sonstigen **Einzeltätigkeiten** beauftragt, gilt Nr. 3403 VV. Siehe 92
hierzu § 13 Rn 282 ff.

M. Als gemeinsamer Vertreter bestellter Rechtsanwalt

Nach § 67 a Abs. 1 S. 2 VwGO kann das Gericht einen Rechtsanwalt als gemeinsamen 93
Vertreter unter den dort genannten Voraussetzungen bestellen. In diesem Fall kann der bestellte Anwalt nach § 40 RVG die Vergütung eines von mehreren Auftraggebern zum Prozessbevollmächtigten bestellten Rechtsanwalts verlangen.

Da die Bestellung eines Rechtsanwalts nach § 67 a VwGO erst ab 20 Beteiligten möglich 94
ist, wird die Höchstgrenze der **Gebührenerhöhung nach Nr. 1008 VV** stets erreicht, so
dass der Anwalt stets die um 2,0 erhöhte Verfahrensgebühr, in erster Instanz also 3,3 und
im Berufsverfahren 3,6, erhält.

Die Beteiligten selbst haften gesamtschuldnerisch, und zwar ein jeder von ihnen in der Hö- 95
he, in der er haften würde, wenn er den Auftrag alleine erteilt hätte (§ 7 Abs. 2 RVG), also
in Höhe der einfachen Verfahrensgebühr.

Anstatt die Beteiligten in Anspruch zu nehmen, kann der als gemeinsamer Vertreter be- 96
stellte Rechtsanwalt auch mit der Staatskasse abrechnen. Er erhält allerdings die Gebüh-

ren ab einem Streitwert von über 4.000 € nur aus den Beträgen des § 49 RVG. Die darüber hinaus gehende Vergütung kann er dann noch gegen die Beteiligten geltend machen. Eine Abrechnung gegenüber der Staatskasse ist nach § 45 Abs. 2 RVG allerdings nur möglich, wenn sich die Vertretenen mit der Zahlung in Verzug befinden.

N. Sonstige Verfahren

97 In sonstigen Verfahren (Prozesskostenhilfeprüfungsverfahren o.Ä.) gelten die gleichen Vorschriften wie in Zivilsachen, so dass auf die dortigen Ausführungen verwiesen wird.

§ 18 Vertretung in sozialrechtlichen Angelegenheiten

A. Überblick

Sozialrechtliche Angelegenheiten sind besondere verwaltungsrechtliche Angelegenheiten, 1
für die hinsichtlich der Gebühren zu differenzieren ist:

- In Verfahren vor den Gerichten der Sozialgerichtsbarkeit, in denen das GKG nicht anzuwenden ist, gelten **Betragsrahmengebühren** (§ 3 Abs. 1 S. 1 RVG).
- In sonstigen Verfahren werden auch hier die **Gebühren nach dem Gegenstandswert** berechnet, wenn der Auftraggeber nicht zu den in § 183 SGG genannten Personen gehört (§ 3 Abs. 1 S. 2 RVG).
- In **Verfahren nach § 201 SGG Bezug** (Vollstreckung gegen eine Behörde) richten sich die Gebühren immer nach dem Gegenstandswert.
- Auch in **Verfahren wegen überlanger Dauer** nach den §§ 198 ff GVG richten sich die Gebühren immer nach dem Wert, selbst dann, wenn der Auftraggeber nicht zu den in § 183 SGG genannten Personen gehört und an sich gem. § 3 Abs. 1 S. 2 RVG nach Rahmengebühren abzurechnen wäre (§ 3 Abs. 1 S. 4 RVG).

Diese Differenzierung nach Betragsrahmen- oder Wertgebühren gilt gem. § 3 Abs. 2 RVG 2
auch für außergerichtliche Tätigkeiten.

B. Abrechnung nach Wertgebühren

I. Gebühren

Soweit in sozialrechtlichen Angelegenheiten Wertgebühren gelten (§ 3 Abs. 1 S. 2, Abs. 2 3
RVG), ist abzurechnen wie in allgemeinen verwaltungsrechtlichen Angelegenheiten. Siehe
hierzu § 17.

Besonderheiten bestehen zum einen insoweit, als in bestimmten sozialgerichtlichen Angele- 4
genheiten nach § 182 a SGG auch ein **Mahnverfahren** in Betracht kommt. Es gelten dann
die Nr. 3305 ff VV (s. hierzu § 13 Rn 59 ff).

Darüber hinaus gibt es in sozialrechtlichen Verfahren die Besonderheit, dass eine **Be-** 5
schwerde gegen die Nichtzulassung der Berufung erhoben werden kann, über die das Landessozialgericht entscheidet (§ 145 SGG). Für dieses spezielle Beschwerdeverfahren enthält
das Vergütungsverzeichnis besondere Gebührenvorschriften, die den Nr. 3500 ff VV vorgehen. Der Anwalt erhält eine **1,6-Verfahrensgebühr** nach Nr. 3504 VV, die sich im Falle
vorzeitiger Erledigung nach Nr. 3505 VV auf 1,1 ermäßigt. Das Gleiche gilt, sofern hier
lediglich über nicht anhängige Gegenstände verhandelt oder solche lediglich protokolliert
werden. Kommt es zu einem Termin iSd Vorbem. 3 Abs. 3 VV, entsteht eine **1,2-Termins-**
gebühr nach Nr. 3516 VV. Wird die Berufung zugelassen und durchgeführt, so ist die Verfahrensgebühr des Nichtzulassungsbeschwerdeverfahrens auf die Verfahrensgebühr des
Berufungsverfahrens **anzurechnen** (Anm. zu Nr. 3504 VV). Nicht angerechnet wird eine
im Nichtzulassungsverfahren entstandene Terminsgebühr.

Im Übrigen gelten hinsichtlich der Gebühren keine Besonderheiten, so dass auf die Aus- 6
führungen zu den verwaltungsrechtlichen Angelegenheiten (§ 17) Bezug genommen werden kann.

II. Gegenstandswert

Der Gegenstandswert richtet sich nach § 23 Abs. 1 RVG iVm § 52 GKG. Dies gilt sowohl 7
für gerichtliche Tätigkeiten (§ 23 Abs. 1 S. 1 RVG) als auch für außergerichtliche Tätigkeiten (§ 23 Abs. 1 S. 3 RVG). Maßgebend ist die sich aus dem Antrag des Klägers für ihn
ergebende Bedeutung der Sache, die nach Ermessen zu bestimmen ist (§ 52 Abs. 1 GKG).
Betrifft der Antrag des Klägers eine bezifferte Geldleistung oder einen darauf gerichteten

Verwaltungsakt, ist deren Höhe maßgebend (§ 52 Abs. 3 GKG). Bietet der Sach- und Streitstand für die Bestimmung des Streitwertes keine genügenden Anhaltspunkte, ist von einem Regelstreitwert iHv 5.000 € auszugehen (§ 52 Abs. 2 GKG). Der Wert darf 2,5 Mio. € nicht übersteigen (§ 52 Abs. 4 GKG). Zur Ausfüllung des Ermessensrahmens des § 52 Abs. 1 GKG haben die Präsidentinnen und Präsidenten der Landessozialgerichte einen **Streitwertkatalog**[1] mit Empfehlungen zur Wertfestsetzung entwickelt, an dem sich die Gerichte überwiegend orientieren.

C. Abrechnung nach Betragsrahmengebühren

I. Überblick

8 Wird gem. § 3 Abs. 1 S. 1, Abs. 2 RVG nach Betragsrahmen abgerechnet, so sieht das Vergütungsverzeichnis an Stelle der entsprechenden Wertgebührentatbestände jeweils eigene Gebührentatbestände mit Betragsrahmen vor. Vorgeschrieben ist jeweils ein **Mindest- und ein Höchstbetrag**. Aus diesem Rahmen bestimmt der Anwalt unter Berücksichtigung der Kriterien des § 14 Abs. 1 RVG die im Einzelfall angemessene Gebühr (s. hierzu § 5 Rn 19 ff, 29 ff).

9 Vertritt der Anwalt **mehrere Auftraggeber**, erhöhen sich für die Geschäfts- und Verfahrensgebühren die Betragsrahmen um 30 % je weiterer Auftraggeber, höchstens jedoch um 200 % (Nr. 1008 VV). Auf eine gemeinschaftliche Beteiligung kommt es hier – im Gegensatz zu den Wertgebühren – nicht an.

II. Außergerichtliche Vertretung

1. Überblick

10 Ist der Anwalt mit der außergerichtlichen Vertretung beauftragt, richtet sich seine Vergütung nach Teil 2 Abschnitt 4 VV. In Betracht kommen vier **verschiedene Gebührenangelegenheiten** (§ 17 Nr. 1 a RVG):

- ■ die Vertretung im Verwaltungsverfahren,
- ■ die Vertretung im Nachprüfungsverfahren,
- ■ die Vertretung in einem Neubescheidungsverfahren und
- ■ die Vertretung in Verfahren auf Aussetzung der sofortigen Vollziehung.

11 In jeder dieser Angelegenheiten erhält der Anwalt eine **Geschäftsgebühr** (Nr. 2302 Nr. 1 VV) nebst **Auslagen** nach Teil 7 VV.

12 Möglich ist auch der Anfall einer **Einigungsgebühr** (Nr. 1000, 1005, 1006 VV) und im Widerspruchsverfahren darüber hinaus einer **Erledigungsgebühr** (Nr. 1002, 1005, 1006 VV).

2. Vertretung im Verwaltungsverfahren

13 Im Verwaltungsverfahren erhält der Anwalt eine **Geschäftsgebühr** nach Nr. 2302 Nr. 1 VV. Der Gebührenrahmen beläuft sich auf 50 bis 640 €. Die Mittelgebühr beträgt 345 €.

Beispiel 1: Der Anwalt ist beauftragt, den Mandanten in einem sozialrechtlichen Verwaltungsverfahren zu vertreten. Die Tätigkeit ist durchschnittlich, aber umfangreich.

1. Geschäftsgebühr, Nr. 2302 Nr. 1 VV		345,00 €
2. Postentgeltpauschale, Nr. 7002 VV		20,00 €
Zwischensumme	365,00 €	
3. 19 % Umsatzsteuer, Nr. 7008 VV		69,35 €
Gesamt		**434,35 €**

---

1 „Streitwertkatalog für die Sozialgerichtsbarkeit – Streitwertkatalog, 4. Aufl. 2012, Stand: Mai 2012 – Überarbeitung des von der Konferenz der Präsidentinnen und Präsidenten der Landessozialgerichte am 16. Mai 2006 auf Vorschlag des LSG Rheinland-Pfalz beschlossenen Streitwertkatalogs 2006", abgedruckt zB in NK-GK, Anh 3 zu § 52 GKG m. Anm. *Schäfer*.

Vertritt der Anwalt mehrere Auftraggeber, ist der Gebührenrahmen um 30 % je weitere 14 Auftraggeber zu erhöhen. Das betrifft insbesondere die Vertretung einer Bedarfsgemeinschaft.[2]

Beispiel 2: Der Anwalt vertritt eine Bedarfsgemeinschaft aus drei Personen in einem Verfahren gegenüber dem Sozialamt. Die Tätigkeit ist durchschnittlich, aber umfangreich.

Jetzt erhöht sich der Rahmen um 60 % und damit auch die Mittelgebühr.

1. Geschäftsgebühr, Nr. 2302 Nr. 1, 1008 VV		552,00 €
2. Postentgeltpauschale, Nr. 7002 VV		20,00 €
Zwischensumme	572,00 €	
3. 19 % Umsatzsteuer, Nr. 7008 VV		108,68 €
Gesamt		**680,68 €**

Ist die Tätigkeit des Anwalts weder umfangreich noch schwierig, so greift auch hier eine 15 sog. **Schwellengebühr**. Der Anwalt darf keine höhere Vergütung als 300 € verlangen (Anm. zu Nr. 2302 VV). Bei mehreren Auftraggebern erhöht sich dieser Betrag um jeweils 30 % (Anm. Abs. 4 zu Nr. 1008 VV).

Beispiel 3: Der Anwalt ist von einem Auftraggeber mit der außergerichtlichen Vertretung im Verwaltungsverfahren beauftragt. Die Tätigkeit war weder schwierig noch umfangreich.

Es gilt jetzt Anm. zu Nr. 2302 VV. Die Gebühr darf nicht mehr als 300 € betragen.

1. Geschäftsgebühr, Nr. 2302 Nr. 1 VV		300,00 €
2. Postentgeltpauschale, Nr. 7002 VV		20,00 €
Zwischensumme	320,00 €	
3. 19 % Umsatzsteuer, Nr. 7008 VV		60,80 €
Gesamt		**380,80 €**

Ist der Vertretungstätigkeit eine **Beratung vorangegangen**, wird die Beratungsgebühr gem. 16 § 34 Abs. 2 RVG auf die Geschäftsgebühr **angerechnet**, es sei denn, es ist etwas anderes vereinbart.

Im Verwaltungsverfahren kann der Anwalt neben der Geschäftsgebühr auch eine **Eini-** 17 **gungsgebühr** nach den Nr. 1000, 1005 VV verdienen, wenn es zu einer Einigung iSd Nr. 1000 VV kommt. Die Höhe der Gebühr bestimmt sich nach der Höhe der jeweiligen konkreten Geschäftsgebühr (Nr. 1005 VV). Eine Gebührenerhöhung wegen mehrerer Auftraggeber ist dabei allerdings unberücksichtigt zu lassen. Eine **Erledigungsgebühr** (Nr. 1002 VV) kann im Verwaltungsverfahren nicht anfallen, da die Erledigung die Einlegung eines Rechtsbehelfs voraussetzt, an dem es im Verwaltungsverfahren fehlt.

3. Vertretung im Nachprüfungsverfahren

a) Überblick

Wird der Anwalt in einem Nachprüfungsverfahren, also idR in einem Widerspruchsver- 18 fahren tätig, so ist ebenso wie in allgemeinen Verwaltungssachen zu differenzieren:

- Hatte der Anwalt den Auftraggeber im Verwaltungsverfahren noch nicht vertreten, wird er also erstmals im Nachprüfungsverfahren mit der Vertretung beauftragt, so erhält er die Gebühr nach Nr. 2302 Nr. 1 VV.
- Hatte der Anwalt den Auftraggeber bereits im Verwaltungsverfahren vertreten, so erhält der Anwalt für die Tätigkeit im Nachprüfungsverfahren zwar auch die Gebühr der Nr. 2302 Nr. 1 VV; allerdings ist jetzt die vorangegangene Geschäftsgebühr hälftig anzurechnen (Vorbem. 2.3 Abs. 4 S. 1 VV), höchstens jedoch mit 175 € (Vorbem. 2.3 Abs. 4 S. 2 VV).

---

2 BSG AGS 2010, 373 = ASR 2010, 179 = zfs 2010, 463 = JurBüro 2010, 525 = NJW 2010, 3533 = RVGreport 2010, 258; SG Duisburg AGS 2007, 617; SG Duisburg AGS 2007, 42 = AnwBl 2006, 858 = RVGreport 2007, 347; SG Hildesheim RVGreport 2006, 280.

b) Erstmalige Beauftragung

19 Wird der Anwalt erstmals im Nachprüfungsverfahren mit der Vertretung beauftragt, war er also im Verwaltungsverfahren nicht tätig, richtet sich seine Vergütung nach Nr. 2302 Nr. 1 VV. Er erhält eine **Geschäftsgebühr** mit einem Gebührenrahmen von 50 bis 640 € (Mittelgebühr 345 €), die sich bei Vertretung mehrerer Auftraggeber um 30 % je weiteren Auftraggeber erhöht, höchstens um 200% (s. Rn 9).

20 Hier wird die Tätigkeit idR umfangreich sein, weil der Anwalt sich in das Verwaltungsverfahren nachträglich einarbeiten muss. Ist die Tätigkeit hier ausnahmsweise weder umfangreich noch schwierig, gilt wiederum die sog. **Schwellengebühr** nach Anm. zu Nr. 2302 VV. Der Anwalt kann dann nicht mehr verlangen als 300 €.

21 Hinzu kommen kann eine **Einigungsgebühr** (Nr. 1000, 1005 VV). Des Weiteren kann hier jetzt auch eine **Erledigungsgebühr** nach Nr. 1002, 1005 VV anfallen, da jetzt ein Rechtsbehelf vorliegt.

c) Vertretung auch im vorausgegangenen Verwaltungsverfahren

22 Hatte der Anwalt den Auftraggeber bereits im vorausgegangenen Verwaltungsverfahren vertreten, so entsteht im Nachprüfungsverfahren zwar ebenfalls die Geschäftsgebühr nach Nr. 2302 Nr. 1 VV; allerdings ist jetzt die vorangegangene Geschäftsgebühr zur Hälfte anzurechnen, höchstens mit 175 €. Die Höhe der Gebühr im Nachprüfungsverfahren ist gesondert nach § 14 Abs. 1 RVG zu bestimmen. Allerdings darf die Vorbefassung im Verwaltungsverfahren im Rahmen des § 14 Abs. 1 RVG nicht gebührenmindernd berücksichtigt werden (Vorbem. 2.3 Abs. 3 S. 3 VV).

Beispiel 4: Der Anwalt wird im Verwaltungsverfahren vor der Behörde beauftragt. Gegen den Bescheid der Behörde legt er Widerspruch ein. Verwaltungsverfahren und Widerspruchsverfahren sind umfangreich und schwierig, allerdings durchschnittlich.

Auszugehen ist jetzt jeweils von der Mittelgebühr. Die Geschäftsgebühr des Verwaltungsverfahrens ist jetzt nach Vorbem. 2.3 Abs. 4 S. 1 VV hälftig auf die des Nachprüfungsverfahrens anzurechnen.

I. Verwaltungsverfahren

1. Geschäftsgebühr, Nr. 2302 Nr. 1 VV		345,00 €
2. Postentgeltpauschale, Nr. 7002 VV		20,00 €
Zwischensumme	365,00 €	
3. 19 % Umsatzsteuer, Nr. 7008 VV		69,35 €
Gesamt		**434,35 €**

II. Widerspruchsverfahren

1. Geschäftsgebühr, Nr. 2302 Nr. 1 VV		345,00 €
2. gem. Vorbem. 2.3 Abs. 4 S. 1 VV anzurechnen		− 172,50 €
3. Postentgeltpauschale, Nr. 7002 VV		20,00 €
Zwischensumme	192,50 €	
4. 19 % Umsatzsteuer, Nr. 7008 VV		36,58 €
Gesamt		**229,08 €**

23 Ist die Tätigkeit im Nachprüfungsverfahren weder umfangreich noch schwierig, ist greift auch hier die sog. **Schwellengebühr** nach Anm. zu Nr. 2302 Nr. 1 VV. Der Anwalt kann danach keine höhere Gebühr als 300 € verlangen. Bei mehreren Auftraggebern erhöht sich diese Grenze allerdings wiederum um 30 % je weiteren Auftraggeber (Anm. Abs. 4 zu Nr. 1008 VV). Zur Berechnung s. Rn 14.

Beispiel 5: Der Anwalt wird im Verwaltungsverfahren vor der Behörde beauftragt. Gegen den Bescheid der Behörde legt er Widerspruch ein. Sowohl im Verwaltungsverfahren als auch im Widerspruchsverfahren war die Sache weder umfangreich noch schwierig.

Jetzt entstehen jeweils nur die Schwellengebühren, die hälftig aufeinander anzurechnen sind.

I. Verwaltungsverfahren
1. Geschäftsgebühr, Nr. 2302 Nr. 1 VV — 300,00 €
2. Postentgeltpauschale, Nr. 7002 VV — 20,00 €
   Zwischensumme — 320,00 €
3. 19 % Umsatzsteuer, Nr. 7008 VV — 60,80 €
   Gesamt — **380,80 €**

II. Widerspruchsverfahren
1. Geschäftsgebühr, Nr. 2302 Nr. 1 VV — 300,00 €
2. gem. Vorbem. 2.3 Abs. 4 S. 1 VV anzurechnen — – 150,00 €
3. Postentgeltpauschale, Nr. 7002 VV — 20,00 €
   Zwischensumme — 170,00 €
4. 19 % Umsatzsteuer, Nr. 7008 VV — 32,30 €
   Gesamt — **202,30 €**

Beispiel 6: Der Anwalt wird im Verwaltungsverfahren vor der Behörde beauftragt. Gegen den Bescheid der Behörde legt er Widerspruch ein. Im Verwaltungsverfahren war die Sache umfangreich und schwierig, aber durchschnittlich; im Widerspruchsverfahren war sie dagegen weder umfangreich noch schwierig.

Jetzt entsteht im Verwaltungsverfahren die Mittelgebühr, während im Nachprüfungsverfahren nur die Schwellengebühr entsteht. Die Mittelgebühr ist hälftig anzurechnen.

I. Verwaltungsverfahren
1. Geschäftsgebühr, Nr. 2302 Nr. 1 VV — 345,00 €
2. Postentgeltpauschale, Nr. 7002 VV — 20,00 €
   Zwischensumme — 365,00 €
3. 19 % Umsatzsteuer, Nr. 7008 VV — 69,35 €
   Gesamt — **434,35 €**

II. Widerspruchsverfahren
1. Geschäftsgebühr, Nr. 2302 Nr. 1 VV — 300,00 €
2. gem. Vorbem. 2.3 Abs. 4 S. 1 VV anzurechnen — – 172,50 €
3. Postentgeltpauschale, Nr. 7002 VV — 20,00 €
   Zwischensumme — 147,50 €
4. 19 % Umsatzsteuer, Nr. 7008 VV — 28,03 €
   Gesamt — **175,53 €**

Zu beachten ist, dass die Anrechnung nach Vorbem. 2.3 Abs. 4 S. 2 VV auf maximal 175 € begrenzt ist. Diese **Anrechnungsgrenze** wirkt sich aus, sobald die erste Geschäftsgebühr den Betrag von 350 € übersteigt.   24

Beispiel 7: Wie vorangegangenes Beispiel; jedoch war die Tätigkeit im Verwaltungsverfahren äußerst umfangreich und schwierig, so dass ein Betrag iHv 50 % über der Mittelgebühr anzusetzen ist.

I. Verwaltungsverfahren
1. Geschäftsgebühr, Nr. 2302 Nr. 1 VV — 517,50 €
2. Postentgeltpauschale, Nr. 7002 VV — 20,00 €
   Zwischensumme — 537,50 €
3. 19 % Umsatzsteuer, Nr. 7008 VV — 102,13 €
   Gesamt — **639,63 €**

II. Widerspruchsverfahren
1. Geschäftsgebühr, Nr. 2302 Nr. 1 VV — 345,00 €
2. gem. Vorbem. 2.3 Abs. 4 S. 1 VV anzurechnen — – 175,00 €
3. Postentgeltpauschale, Nr. 7002 VV — 20,00 €
   Zwischensumme — 190,00 €

4.	19 % Umsatzsteuer, Nr. 7008 VV	36,10 €
	Gesamt	**226,10 €**

25 Vertritt der Anwalt **mehrere Auftraggeber,** erhöht sich auch hier der Gebührenrahmen um 30 % je weiteren Auftraggeber. Das gilt auch für die Schwellengebühr (Anm. Abs. 4 zu Nr. 1008 VV). Zu beachten ist, dass hier schon bei der Schwellengebühr den Anrechnungsgrenze der Vorbem. 2.3 Abs. 4 S. 2 VV greift.

Beispiel 8: Der Anwalt ist von einer aus vier Personen bestehenden Bedarfsgemeinschaft sowohl im Verwaltungsverfahren als auch im Widerspruchsverfahren beauftragt worden. Auszugehen ist jeweils von der Schwellengebühr.

Es erhöht sich sowohl die Schwellengebühr des Verwaltungsverfahrens als auch die des Nachprüfungsverfahrens (Anm. Abs. 4 zu Nr. 1008 VV). Die Anrechnung ist nach Vorbem. 2.3 Abs. 4 S. 2 VV auf 175 € begrenzt.

I. Verwaltungsverfahren

1.	Geschäftsgebühr, Nr. 2302 Nr. 1, 1008 VV		570,00 €
2.	Postentgeltpauschale, Nr. 7002 VV		20,00 €
	Zwischensumme	590,00 €	
3.	19 % Umsatzsteuer, Nr. 7008 VV		112,10 €
	Gesamt		**702,10 €**

II. Widerspruchsverfahren

1.	Geschäftsgebühr, Nr. 2302 Nr. 1, 1008 VV		570,00 €
2.	gem. Vorbem. 2.3 Abs. 4 S. 1 VV anzurechnen		− 175,00 €
3.	Postentgeltpauschale, Nr. 7002 VV		20,00 €
	Zwischensumme	415,00 €	
4.	19 % Umsatzsteuer, Nr. 7008 VV		78,85 €
	Gesamt		**493,85 €**

26 Auch neben der Gebühr nach Nr. 2302 Nr. 1 VV entsteht im Falle einer Einigung eine **Einigungsgebühr** nach Nr. 1000, 1005 VV. Ebenso kann auch hier eine **Erledigungsgebühr** nach Nr. 1002, 1005 VV anfallen, wenn der Anwalt an einer Erledigung mitwirkt.

Beispiel 9: Der Anwalt ist sowohl im Verwaltungsverfahren als auch im Widerspruchsverfahren beauftragt worden. Auszugehen ist jeweils von der Mittelgebühr. Im Widerspruchsverfahren kommt es zu einer Erledigung.

Es entsteht eine Erledigungsgebühr in Höhe der Geschäftsgebühr. Maßstab ist insoweit das Gebührenaufkommen vor der Anrechnung.

I. Verwaltungsverfahren

1.	Geschäftsgebühr, Nr. 2302 Nr. 1 VV		345,00 €
2.	Postentgeltpauschale, Nr. 7002 VV		20,00 €
	Zwischensumme	365,00 €	
3.	19 % Umsatzsteuer, Nr. 7008 VV		69,35 €
	Gesamt		**434,35 €**

II. Widerspruchsverfahren

1.	Geschäftsgebühr, Nr. 2302 Nr. 1 VV		345,00 €
2.	gem. Vorbem. 2.3 Abs. 4 S. 1 VV anzurechnen		− 172,50 €
3.	Erledigungsgebühr, Nr. 1005 VV		345,00 €
4.	Postentgeltpauschale, Nr. 7002 VV		20,00 €
	Zwischensumme	537,50 €	
5.	19 % Umsatzsteuer, Nr. 7008 VV		102,13 €
	Gesamt		**639,63 €**

4. Neubescheidungsverfahren nach erfolgreicher Klage

Hebt das Gericht auf eine erfolgreiche Anfechtungsklage hin den Widerspruchsbescheid 27 auf und verpflichtet es die Widerspruchsbehörde zur Neubescheidung (§ 131 Abs. 3, 5 SGG), so stellt das Neubescheidungsverfahren vor der Verwaltungsbehörde wiederum eine eigene selbstständige Gebührenangelegenheit iSd § 15 RVG dar. Der Anwalt erhält wiederum die Gebühr nach Nr. 2302 Nr. 1 VV. Die Gebühr entsteht anrechnungsfrei, selbst dann, wenn der Anwalt im Verwaltungsverfahren bereits tätig war, da dem erneuten Widerspruchsverfahren kein eigenes Verwaltungsverfahren vorausgeht.[3]

5. Vertretung in einem Verfahren auf Aussetzung der sofortigen Vollziehung

Nach § 86 a Abs. 3 SGG kann bei der Behörde die Aussetzung der sofortigen Vollziehung 28 beantragt werden. Insoweit handelt es sich um eine eigene gebührenrechtliche Angelegenheit (§ 17 Nr. 1 a RVG), in der der Anwalt wiederum eine Geschäftsgebühr erhält.[4] Unabhängig davon, ob der Anwalt bereits im Verwaltungsverfahren beauftragt war, gilt für das Verfahren auf Aussetzung der sofortigen Vollziehung immer die **Geschäftsgebühr der Nr. 2302 Nr. 1 VV**, da dem Aussetzungsverfahren kein Verwaltungsverfahren vorausgeht.

Auch hier bestimmt der Anwalt die **Höhe der Gebühr** nach § 14 Abs. 1 RVG. Zu beachten 29 ist ggf wiederum die „Schwellengebühr" der Anm. zu Nr. 2302 VV, wenn die Tätigkeit weder umfangreich noch schwierig war. Ebenso wie bei den gerichtlichen Aussetzungsverfahren geht die Rspr idR von unterdurchschnittlichen Gebührenbeträgen aus, häufig von der sog. Drittelgebühr (s. dazu Rn 69).

Möglich ist auch eine **Einigungsgebühr** nach den Nr. 1000, 1005 VV. Eine **Erledigungsgebühr** 30 scheidet dagegen aus, da es sich bei dem Aussetzungsverfahren nicht um ein Rechtsbehelfsverfahren handelt.

Beispiel 10: Der Anwalt war mit der Vertretung im Verwaltungsverfahren beauftragt. Er wird anschließend im Widerspruchsverfahren tätig und beantragt auftragsgemäß die Aussetzung der sofortigen Vollziehung vor der Behörde. Die Tätigkeit ist in allen Verfahren durchschnittlich, aber umfangreich.

Es liegen nach § 17 Nr. 1 a RVG jetzt drei verschiedene Angelegenheiten vor. Der Anwalt erhält im Verwaltungsverfahren eine Gebühr nach Nr. 2302 Nr. 1 VV, im Widerspruchsverfahren nach Nr. 2302 Nr. 1 VV eine Geschäftsgebühr (hier soll von der Mittelgebühr ausgegangen werden) und im Verfahren auf Aussetzung der sofortigen Vollziehung wiederum eine Gebühr nach Nr. 2302 Nr. 1 VV, wobei hier von der sog. Drittelgebühr ausgegangen werden soll.

I. Verwaltungsverfahren

1. Geschäftsgebühr, Nr. 2302 Nr. 1 VV		345,00 €
2. Postentgeltpauschale, Nr. 7002 VV		20,00 €
Zwischensumme	365,00 €	
3. 19 % Umsatzsteuer, Nr. 7008 VV		69,35 €
Gesamt		**434,35 €**

II. Widerspruchsverfahren

1. Geschäftsgebühr, Nr. 2302 Nr. 1 VV		345,00 €
2. gem. Vorbem. 2.3 Abs. 4 S. 1 VV anzurechnen		– 172,50 €
3. Postentgeltpauschale, Nr. 7002 VV		20,00 €
Zwischensumme	147,50 €	
4. 19 % Umsatzsteuer, Nr. 7008 VV		28,03 €
Gesamt		**175,53 €**

---

3 SG Aachen AGS 2006, 551 = RVGreport 2006, 187 (allerdings zu Wertgebühren).
4 BSG AGS 2013, 519 = RVGreport 2013, 393.

III. Aussetzungsverfahren

1. Geschäftsgebühr, Nr. 2302 Nr. 1 VV		230,00 €
2. Postentgeltpauschale, Nr. 7002 VV		20,00 €
Zwischensumme	250,00 €	
3. 19 % Umsatzsteuer, Nr. 7008 VV		47,50 €
Gesamt		**297,50 €**

III. Erkenntnisverfahren erster Instanz

1. Überblick

31 Im erstinstanzlichen Erkenntnisverfahren erhält der Anwalt Rahmengebühren nach Teil 3 Abschnitt 1 VV. Kommt es zu einem **selbstständigen Beweisverfahren**, handelt es sich insoweit um eine eigene Angelegenheit (arg. e Vorbem. 3 Abs. 5 VV). Gleiches gilt für ein **Verfahren nach Zurückverweisung** (§ 21 Abs. 1 RVG).

32 Hatte der Anwalt Anfechtungsklage erhoben und hebt daraufhin das Gericht den Widerspruchsbescheid auf und verpflichtet die Behörde zur Neubescheidung, so erhält der Anwalt seine Gebühren erneut, wenn gegen den **neuen Widerspruchsbescheid** erneut Klage erhoben wird. Mit dem zweiten gerichtlichen Verfahren ist eine neue Angelegenheit eröffnet, in der der Anwalt seine Gebühren erneut erhält (§ 17 Nr. 1 a RVG).

33 Das Gleiche gilt, wenn eine **Untätigkeitsklage** erfolgreich war und gegen den daraufhin erlassenen Bescheid nunmehr Anfechtungsklage erhoben wird. Auch in diesem Falle liegt eine neue selbstständige Angelegenheit vor, in der die Gebühren nach Teil 3 Abschnitt 1 VV erneut entstehen (s. Rn 39).

2. Verfahrensgebühr

a) Die Gebühr

34 Im erstinstanzlichen Erkenntnisverfahren erhält der Anwalt für das Betreiben des Geschäfts (Vorbem. 3 Abs. 2 VV) eine Verfahrensgebühr nach Nr. 3102 VV. Der Gebührenrahmen beläuft sich auf 50 bis 550 €. Die Mittelgebühr beträgt 300 €. Eine Ermäßigung wegen vorzeitiger Erledigung ist im Gegensatz zu den Wertgebühren nicht gegeben. Die vorzeitige Erledigung ist vielmehr im Rahmen des § 14 Abs. 1 RVG gebührenmindernd zu berücksichtigen.

Beispiel 11: Der Anwalt wird erst nach Erlass des Widerspruchsbescheides beauftragt und erhebt Anfechtungsklage. Die Klage wird nach gerichtlichem Hinweis zurückgenommen.

1. Verfahrensgebühr, Nr. 3102 VV		300,00 €
2. Postentgeltpauschale, Nr. 7002 VV		20,00 €
Zwischensumme	320,00 €	
3. 19 % Umsatzsteuer, Nr. 7008 VV		60,80 €
Gesamt		**380,80 €**

35 Vertritt der Anwalt **mehrere Auftraggeber**, erhöht sich der Gebührenrahmen um jeweils 30 % je weiteren Auftraggeber, maximal um 200 %. Im Gegensatz zu den Wertgebühren muss der Gegenstand der anwaltlichen Tätigkeit hier nicht derselbe sein.

b) Anrechnung der Geschäftsgebühr bei vorangegangener Vertretung im Verwaltungs- oder Nachprüfungsverfahren

36 Hatte der Anwalt den Auftraggeber bereits im Verwaltungs- oder im Nachprüfungsverfahren vertreten, so ist die vorangegangene Geschäftsgebühr hälftig auf die Verfahrensgebühr anzurechnen (Vorbem. 3 Abs. 4 S. 1 VV). In diesem Fall darf bei der Bemessung der Verfahrensgebühr nach § 14 Abs. 1 RVG allerdings nicht mindernd berücksichtigt werden, dass der Anwalt bereits im Verwaltungsverfahren tätig war (Vorbem. 3 Abs. 4 S. 3 VV).

Beispiel 12: Der Anwalt war bereits im Widerspruchsverfahren tätig und wird anschließend mit dem Klageverfahren beauftragt. Die Klage wird nach gerichtlichem Hinweis zurückgenommen.

I. Widerspruchsverfahren

1. Geschäftsgebühr, Nr. 2302 Nr. 1 VV		345,00 €
2. Postentgeltpauschale, Nr. 7002 VV		20,00 €
Zwischensumme	365,00 €	
3. 19 % Umsatzsteuer, Nr. 7008 VV		69,35 €
Gesamt		**434,35 €**

II. Rechtsstreit

1. Verfahrensgebühr, Nr. 3103 VV		300,00 €
2. gem. Vorbem. 3 Abs. 4 S. 1 VV anzurechnen		172,50 €
3. Postentgeltpauschale, Nr. 7002 VV		20,00 €
Zwischensumme	192,50 €	
4. 19 % Umsatzsteuer, Nr. 7008 VV		36,58 €
Gesamt		**229,08 €**

Die Anrechnung ist auch hier auf einen Höchstbetrag von 175 € begrenzt (Vorbem. 3 Abs. 4 S. 2 VV). **37**

Sind mehrere Geschäftsgebühren angefallen, hat der Anwalt also sowohl im Verwaltungs- als auch im Widerspruchsverfahren vertreten, ist im gerichtlichen Verfahren nur die zuletzt entstandene Geschäftsgebühr anzurechnen (Vorbem. 3 Abs. 4 S. 3 VV). **38**

Beispiel 13: Der Anwalt war im Verwaltungsverfahren sowie im Widerspruchsverfahren tätig und wird anschließend mit dem Klageverfahren beauftragt. Die Klage wird nach gerichtlichem Hinweis zurückgenommen.

I. Verwaltungsverfahren

1. Geschäftsgebühr, Nr. 2302 Nr. 1 VV		345,00 €
2. Postentgeltpauschale, Nr. 7002 VV		20,00 €
Zwischensumme	365,00 €	
3. 19 % Umsatzsteuer, Nr. 7008 VV		69,35 €
Gesamt		**434,35 €**

II. Widerspruchsverfahren

1. Geschäftsgebühr, Nr. 2302 Nr. 1 VV		345,00 €
2. gem. Vorbem. 2.3 Abs. 4 S. 1 VV anzurechnen		− 172,50 €
3. Postentgeltpauschale, Nr. 7002 VV		20,00 €
Zwischensumme	147,50 €	
4. 19 % Umsatzsteuer, Nr. 7008 VV		28,03 €
Gesamt		**175,53 €**

III. Rechtsstreit

1. Verfahrensgebühr, Nr. 3103 VV		300,00 €
2. gem. Vorbem. 3 Abs. 4 S. 1 VV anzurechnen		− 172,50 €
3. Postentgeltpauschale, Nr. 7002 VV		20,00 €
Zwischensumme	192,50 €	
4. 19 % Umsatzsteuer, Nr. 7008 VV		36,57 €
Gesamt		**229,08 €**

c) Sonderfall: Untätigkeitsklage

Im Falle einer **Untätigkeitsklage** (s. § 88 SGG) entsteht immer eine anrechnungsfreie Gebühr nach Nr. 3102 VV, und zwar auch dann, wenn der Anwalt bereits im zugehörigen Verwaltungs- oder Nachprüfungsverfahren tätig war. Da die Untätigkeitsklage in sozialrechtlichen Angelegenheiten eine bloße Bescheidungsklage ist, geht ihr kein Verwaltungs- oder Nachprüfungsverfahren voran. Das Verwaltungs- und Nachprüfungsverfahren in der Hauptsache betrifft einen anderen Gegenstand, so dass keine Anrechnung vorzunehmen **39** ist.[5] Erst wenn es zu einer Anfechtungsklage gegen den anschließend ergehenden Bescheid kommt, kommt insoweit eine Anrechnung in Betracht. Allerdings geht die Rspr bei einer Untätigkeitsklage wegen des geringen Arbeitsaufwands und der geringeren Bedeutung von einer Gebühr unterhalb der Mittelgebühr aus.[6]

Beispiel 14: Der Anwalt hatte auftragsgemäß gegen einen Bescheid Widerspruch erhoben und reicht, nachdem dieser innerhalb von drei Monaten nicht beschieden worden ist, Untätigkeitsklage ein. Daraufhin wird der beantragte Widerspruchsbescheid erlassen und die Hauptsache für erledigt erklärt. Gegen den Widerspruchsbescheid wird nunmehr Anfechtungsklage erhoben, die sich ohne mündliche Verhandlung erledigt.

Im gerichtlichen Verfahren bleibt es bei der anrechnungsfreien Verfahrensgebühr nach Nr. 3102 VV, die allerdings nach der Rspr unter der Mittelgebühr anzusetzen ist (hier: 150 €).

I. Widerspruchsverfahren

1. Geschäftsgebühr, Nr. 2302 Nr. 1 VV		345,00 €
2. Postentgeltpauschale, Nr. 7002 VV		20,00 €
Zwischensumme	365,00 €	
3. 19 % Umsatzsteuer, Nr. 7008 VV		69,35 €
Gesamt		**434,35 €**

II. Untätigkeitsklage

1. Verfahrensgebühr, Nr. 3102 VV		150,00 €
2. Postentgeltpauschale, Nr. 7002 VV		20,00 €
Zwischensumme	170,00 €	
3. 19 % Umsatzsteuer, Nr. 7008 VV		32,30 €
Gesamt		**202,30 €**

III. Anfechtungsklage

1. Verfahrensgebühr, Nr. 3103 VV		300,00 €
2. gem. Vorbem. 3 Abs. 4 S. 1 VV anzurechnen		− 172,50 €
3. Postentgeltpauschale, Nr. 7002 VV		20,00 €
Zwischensumme	192,50 €	
4. 19 % Umsatzsteuer, Nr. 7008 VV		36,58 €
Gesamt		**229,08 €**

d) Sonderfall: Zurückverweisung

40 Wird ein Verfahren vom Rechtsmittelgericht an das Sozialgericht zurückverwiesen, so liegt nach § 21 Abs. 1 RVG eine neue Gebührenangelegenheit vor. Im Verfahren nach Zurückverweisung entsteht immer eine anrechnungsfreie Verfahrensgebühr nach Nr. 3102 VV, selbst wenn der Anwalt im Verwaltungs- oder Widerspruchsverfahren tätig war, da dem neuen erstinstanzlichen Verfahren kein neues Verwaltungs- oder Widerspruchsverfahren vorausgeht.[7]

3. Terminsgebühr

41 Kommt es im Rechtsstreit zu einem **Termin iSd Vorbem. 3 Abs. 3 VV**, erhält der Anwalt eine Terminsgebühr nach Nr. 3106 VV. Die Höhe der Gebühr beläuft sich auf 50 € bis 610 €. Die Mittelgebühr beträgt 280 €. Die Höhe der Terminsgebühr ist – im Gegensatz zur Verfahrensgebühr – unabhängig davon, ob der Anwalt bereits im vorangegangenen Verwaltungs- oder Widerspruchsverfahren tätig war.

---

5 Zur früheren Rechtslage: LSG Sachsen AGS 2014, 13; SG Berlin ASR 2005, 40; SG Nürnberg AGS 2006, 597; SG Kiel AG kompakt 2011, 124 = ASR 2011, 169; SG Frankfurt AGS 2011, 71 = ASR 2010, 82; SG Berlin, Beschl. v. 23.11.2011 – S 165 SF 10110/11 E, juris; aA LSG Hessen, Beschl. v. 28.11.2011 – L 2 AS 517/11 B, juris.
6 SG Lüneburg RVGreport 2007, 262; SG Aachen AGS 2006, 181.
7 N. *Schneider*, RVGprof. 2007, 16.

Die Terminsgebühr entsteht auch hier zunächst einmal unter den Voraussetzungen der 42
Vorbem. 3 Abs. 3 VV (vgl dazu § 13 Rn 108 ff).

Beispiel 15: Der Anwalt wird mit der Anfechtungsklage beauftragt, über die vor dem SG verhandelt wird.

1. Verfahrensgebühr, Nr. 3102 VV		300,00 €
2. Terminsgebühr, Nr. 3106 VV		280,00 €
3. Postentgeltpauschale, Nr. 7002 VV		20,00 €
Zwischensumme	600,00 €	
4. 19 % Umsatzsteuer, Nr. 7008 VV		114,00 €
Gesamt		**714,00 €**

Die Terminsgebühr entsteht auch dann, wenn 43

- in einem Verfahren, für das eine **mündliche Verhandlung vorgeschrieben** ist,
  - im **Einverständnis mit den Parteien** ohne mündliche Verhandlung entschieden oder
  - ein **schriftlicher Vergleich** geschlossen (Anm. Abs. 1 Nr. 1 zu Nr. 3106 VV) wird,
- nach § 105 Abs. 1 SGG ohne mündliche Verhandlung durch **Gerichtsbescheid** entschieden wird, gegen den ein Antrag auf mündliche Verhandlung gestellt werden kann (Anm. Abs. 1 Nr. 2 zu Nr. 3106 VV), oder
- ein Verfahren, für das eine mündliche Verhandlung vorgeschrieben ist, nach **angenommenem Anerkenntnis** ohne mündliche Verhandlung endet (Anm. Abs. 1 Nr. 3 zu Nr. 3106 VV).

Im Falle eines **Anerkenntnisses** kommt es nicht darauf an, ob und in welchem Umfang Be- 44
mühungen des Rechtsanwalts zur einvernehmlichen Beendigung vorliegen.[8]

Für diese sog. **fiktive Terminsgebühr** ist in Anm. S. 2 zu Nr. 3106 VV festgelegt, dass die 44a
Gebührenhöhe 90 % der jeweiligen Verfahrensgebühr beträgt. Mit dieser durch das
2. KostRMoG eingefügten Regelung soll der Streit über die Bemessung der häufig schwer
zu bestimmenden Gebührenhöhe vermieden werden (Anm. Abs. 1 S. 2 zu Nr. 3106 VV).
Der Prozentsatz von 90 % orientiert sich dabei am Verhältnis der Wertgebühren
(1,2 : 1,3). Maßgebend ist stets die konkrete Höhe der Verfahrensgebühr. Ein eigenes Ermessen ist im Rahmen der Terminsgebühr nicht eröffnet.

Beispiel 16: Das Verfahren endet durch ein angenommenes Anerkenntnis, ohne dass mündlich verhandelt worden war. Der Anwalt berechnet bei der Verfahrensgebühr die Mittelgebühr.

Die Terminsgebühr beträgt jetzt 90 % der Verfahrensgebühr.

1. Verfahrensgebühr, Nr. 3102 VV		300,00 €
2. Terminsgebühr, Anm. Abs. 1 Nr. 2 zu Nr. 3106 VV		270,00 €
3. Postentgeltpauschale, Nr. 7002 VV		20,00 €
Zwischensumme	590,00 €	
4. 19 % Umsatzsteuer, Nr. 7008 VV		112,10 €
Gesamt		**702,10 €**

Beispiel 17: Das Verfahren endet durch ein angenommenes Anerkenntnis, ohne dass mündlich verhandelt worden war. Der Anwalt setzt eine Verfahrensgebühr von 400 € an.

Auch jetzt ist die Terminsgebühr mit 90 % der Verfahrensgebühr anzusetzen.

1. Verfahrensgebühr, Nr. 3102 VV		400,00 €
2. Terminsgebühr, Anm. Abs. 1 Nr. 2 zu Nr. 3106 VV		360,00 €
3. Postentgeltpauschale, Nr. 7002 VV		20,00 €
Zwischensumme	780,00 €	
4. 19 % Umsatzsteuer, Nr. 7008 VV		148,20 €
Gesamt		**928,20 €**

---

8 LSG Schleswig AGS 2014, 166 = NZS 2014, 399 = NJW-Spezial 2014, 316 = RVGreport 2014, 354.

45 Vertritt der Anwalt **mehrere Auftraggeber**, richtet sich die Terminsgebühr allerdings nur nach der nicht erhöhten Verfahrensgebühr.

Beispiel 18: Das Verfahren endet durch ein angenommenes Anerkenntnis, ohne dass mündlich verhandelt worden war. Der Anwalt hatte eine Bedarfsgemeinschaft aus drei Auftraggebern vertreten und legt die Mittelgebühr zugrunde.

Die Verfahrensgebühr ist zwar wegen der Auftraggebermehrheit nach Nr. 1008 VV um 60 % zu erhöhen; die Terminsgebühr ist jedoch von der einfachen Gebühr abzuleiten, also von 300 €.

1. Verfahrensgebühr, Nr. 3102, 1008 VV	480,00 €
2. Terminsgebühr, Anm. Abs. 1 Nr. 2 zu Nr. 3106 VV	270,00 €
3. Postentgeltpauschale, Nr. 7002 VV	20,00 €
Zwischensumme	770,00 €
4. 19 % Umsatzsteuer, Nr. 7008 VV	146,30 €
Gesamt	**916,30 €**

4. Einigungs- und Erledigungsgebühr

46 Hinzu kommen kann im gerichtlichen Verfahren eine Einigungsgebühr nach Nr. 1000 VV oder eine Erledigungsgebühr nach Nr. 1002 VV. Zum Anwendungsbereich der Gebühren s. § 9 Rn 6 ff bzw 34 ff. Die Höhe der Gebühr bestimmt sich nach Nr. 1006 VV, da der Gegenstand anhängig ist. Der Gebührenrahmen bemisst sich nach der Höhe der konkreten Verfahrensgebühr. Zu den Anforderungen an eine Erledigungsgebühr und die „qualifizierte anwaltliche Mitwirkung" im sozialgerichtlichen Verfahren s. die Entscheidung des BSG.[9]

Beispiel 19: Der Anwalt wird im gerichtlichen Verfahren tätig. Es kommt im Termin zu einer Erledigung, an der der Anwalt mitwirkt.

1. Verfahrensgebühr, Nr. 3102 VV	300,00 €
2. Terminsgebühr, Nr. 3106 VV	280,00 €
3. Einigungsgebühr, Nr. 1002, 1006 VV	300,00 €
4. Postentgeltpauschale, Nr. 7002 VV	20,00 €
Zwischensumme	900,00 €
5. 19 % Umsatzsteuer, Nr. 7008 VV	171,00 €
Gesamt	**1.071,00 €**

IV. Selbstständiges Beweisverfahren

47 Kommt es in einem sozialgerichtlichen Verfahren zu einem selbstständigen Beweisverfahren (§ 76 SGG), entstehen die Gebühren nach den Nr. 3102 ff VV gesondert. Zu beachten ist allerdings auch hier die Anrechnungsvorschrift der Vorbem. 3 Abs. 5 VV.

V. Beschwerde gegen die Nichtzulassung der Berufung

48 Das Verfahren über die Beschwerde gegen die Nichtzulassung der Berufung (§ 145 SGG) ist gebührenrechtlich eine eigene selbstständige Angelegenheit (§ 17 Nr. 9 RVG). Die Gebühren richten sich nach Teil 3 Abschnitt 5 VV (Nr. 3511, 3517 VV).

49 Der Anwalt erhält die besondere **Verfahrensgebühr** nach Nr. 3511 VV. Der Gebührenrahmen beläuft sich auf 60 bis 660 €. Die Mittelgebühr beträgt 360 €. Bei mehreren Auftraggebern erhöht sich der Gebührenrahmen nach Nr. 1008 VV um 30 % je weiterer Auftraggeber. Wird die Berufung zugelassen und kommt es zur Durchführung des Berufungsverfahrens, wird die Verfahrensgebühr der Nr. 3511 VV auf die nachfolgende Verfahrensgebühr des Berufungsverfahrens (Nr. 3204 VV) gem. Anm. zu Nr. 3511 VV **angerechnet**.

---

9 BSG AGS 2007, 195.

Kommt es im Verfahren über die Nichtzulassung der Berufung zu einem Termin iSd Vorbem. 3 Abs. 3 VV, entsteht eine **Terminsgebühr** nach Nr. 3517 VV. Der Gebührenrahmen beläuft sich auf 50 bis 510 €. Die Mittelgebühr beträgt 280 €. — 50

Möglich ist in diesem Verfahrensstadium auch eine Einigung oder Erledigung. Die Höhe der **Einigungsgebühr** (Nr. 1000 VV) und der **Erledigungsgebühr** (Nr. 1002 VV) berechnet sich gem. Nr. 1006 VV nach der Verfahrensgebühr der Nr. 3511 VV. — 51

VI. Berufungsverfahren

Im Berufungsverfahren erhält der Anwalt die Gebühren nach Teil 3 Abschnitt 2 Unterabschnitt 1 VV. — 52

Er erhält zunächst einmal eine **Verfahrensgebühr** nach Nr. 3204 VV. Der Gebührenrahmen beläuft sich auf 60 bis 680 €. Die Mittelgebühr beträgt 370 €. Vertritt der Anwalt **mehrere Auftraggeber**, erhöht sich der Gebührenrahmen nach Nr. 1008 VV um 30 % je weiterer Auftraggeber. Ist dem Berufungsverfahren ein Beschwerdeverfahren über die Nichtzulassung der Berufung vorangegangen, so ist die dort verdiente Verfahrensgebühr der Nr. 3511 VV **anzurechnen** (Anm. zu Nr. 3511 VV). Ebenso ist anzurechnen, wenn der Anwalt zuvor beauftragt war, die Erfolgsaussicht einer Berufung zu prüfen (Anm. zu Nr. 2102 VV). — 53

Darüber hinaus erhält der Anwalt unter den Voraussetzungen der Vorbem. 3 Abs. 3 VV eine **Terminsgebühr** nach Nr. 3205 VV. Ihm steht hier ein Rahmen iHv 50 bis 510 € zu. Die Mittelgebühr beträgt 280 €. Die Terminsgebühr entsteht nach Anm. S. 1 zu Nr. 3205 VV iVm Anm. zu Anm. Abs. 1 S. 1 und 3 zu Nr. 3106 VV auch dann, wenn in einem Verfahren, für das mündliche Verhandlung vorgeschrieben ist, — 54

- im Einverständnis der Parteien ohne mündliche Verhandlung entschieden wird oder
- das Verfahren nach angenommenem Anerkenntnis ohne mündliche Verhandlung endet.

Auch für diese fiktive Terminsgebühr ist ein fester Satz vorgeschrieben, und zwar 75 % der jeweiligen Verfahrensgebühr (Anm. S. 2 zu Nr. 3204 VV). Der Prozentsatz von 75 % orientiert sich dabei am Verhältnis der Wertgebühren im Berufungsverfahren (1,6 : 1,3). Maßgebend ist stets die konkrete Höhe der Verfahrensgebühr. Ein eigenes Ermessen ist im Rahmen der Terminsgebühr nicht eröffnet. Auch hier ist Maßstab nur die einfache Gebühr, nicht eine nach Nr. 1008 VV erhöhte Gebühr bei mehreren Auftraggebern. — 55

Kommt es im Berufungsverfahren zu einer Einigung iSd Nr. 1000 VV oder zu einer Erledigung iSd Nr. 1002 VV, erhält der Anwalt darüber hinaus eine **Einigungs-** oder eine **Erledigungsgebühr**. Deren Höhe bemisst sich gem. Nr. 1006 VV wiederum nach der Höhe der Verfahrensgebühr. — 56

VII. Beschwerde gegen die Nichtzulassung der Revision

Das Verfahren über die Beschwerde gegen die Nichtzulassung der Revision stellt gegenüber dem Berufungsverfahren nach § 18 Abs. 1 Nr. 3 RVG und gegenüber einem eventuell nachfolgenden Revisionsverfahren nach § 17 Nr. 9 RVG eine **eigene Gebührenangelegenheit** dar. Die Gebühren richten sich nach Teil 3 Abschnitt 5 VV (Nr. 3512, 3518 VV). — 57

Der Anwalt erhält nach Nr. 3512 VV eine **Verfahrensgebühr** iHv 80 bis 800 €. Die Mittelgebühr beträgt 480 €. Vertritt der Anwalt mehrere Auftraggeber, erhöht sich der Gebührenrahmen nach Nr. 1008 VV um 30 % je weiterer Auftraggeber. Wird die Revision zugelassen und kommt es dann zum Revisionsverfahren, wird die Verfahrensgebühr des Nichtzulassungsbeschwerdeverfahrens **angerechnet** (Anm. zu Nr. 3518 VV). — 58

Daneben kann eine **Terminsgebühr** nach Nr. 3508 VV anfallen, wenn es im Nichtzulassungsbeschwerdeverfahren zu einem Termin iSd Vorbem. 3 Abs. 3 VV kommt. Der Gebührenrahmen beläuft sich auf 60 bis 660 €. Die Mittelgebühr beträgt 360 €. Eine Ter- — 59 minsgebühr wird nicht angerechnet, wenn es anschließend zum Revisionsverfahren kommt.

60 Des Weiteren können hier auch eine **Einigungsgebühr** nach Nr. 1000 VV und eine **Erledigungsgebühr** nach Nr. 1002 VV anfallen. Deren Höhe bemisst sich nach Nr. 1006 VV.

VIII. Revisionsverfahren

61 Im Revisionsverfahren vor dem Bundessozialgericht erhält der Anwalt seine Vergütung nach Teil 3 Abschnitt 2 Unterabschnitt 1 VV (Nr. 3206 ff VV).

62 Der Anwalt erhält eine **Verfahrensgebühr** nach Nr. 3212 VV iHv 80 bis 800 €. Die Mittelgebühr beträgt 480 €. Bei Vertretung mehrerer Auftraggeber erhöht sich der Gebührenrahmen nach Nr. 1008 VV um 30 % je weiterer Auftraggeber. War eine Beschwerde gegen die Nichtzulassung der Revision vorangegangen, ist die dort verdiente Verfahrensgebühr der Nr. 3512 VV **anzurechnen** (Anm. zu Nr. 3512 VV). Ebenso ist anzurechnen, wenn der Anwalt zuvor beauftragt war, die Erfolgsaussicht einer Revision zu prüfen (Anm. zu Nr. 2102 VV).

63 Kommt es zu einem Termin iSd Vorbem. 3 Abs. 3 VV, entsteht eine **Terminsgebühr** nach Nr. 3213 VV. Der Gebührenrahmen beläuft sich auf 80 € bis 830 €. Die Mittelgebühr beträgt 455 €. Die Terminsgebühr entsteht nach Anm. zu Nr. 3213 VV iVm Anm. Abs. 1 S. 1 Nr. 1 und 3 zu Nr. 3106 VV auch, wenn in einem Verfahren, für das mündliche Verhandlung vorgeschrieben ist,

- ■ im Einverständnis der Parteien ohne mündliche Verhandlung entschieden wird,
- ■ das Verfahren nach angenommenem Anerkenntnis ohne mündliche Verhandlung endet.

64 Die Höhe der fiktiven Terminsgebühr beträgt 90 % der jeweiligen Verfahrensgebühr (Anm. Abs. 1 S. 2 zu Nr. 3106 VV). *Eine* Erhöhung nach Nr. 1008 VV bleibt außer Ansatz.

65 Kommt es im Revisionsverfahren zu einer Einigung oder Erledigung, erhält der Anwalt eine **Einigungsgebühr** nach Nr. 1000 VV oder eine **Erledigungsgebühr** nach Nr. 1002 VV. Die Höhe des Gebührenrahmens bestimmt sich gem. Nr. 1006 VV nach der Höhe der Verfahrensgebühr ohne eine eventuelle Erhöhung nach Nr. 1008 VV.

IX. Einstweilige Anordnungsverfahren

1. Überblick

66 Einstweilige Anordnungsverfahren nach § 86 b Abs. 1 SGG stellen gegenüber dem jeweiligen Hauptsacheverfahren eine **eigene Gebührenangelegenheit** dar (§ 17 Nr. 4 Buchst. c) RVG). Der Anwalt erhält die gleichen Gebühren wie im Hauptsacheverfahren.

2. Erstinstanzliche Verfahren

67 Im erstinstanzlichen Anordnungsverfahren erhält der Anwalt die **Verfahrensgebühr** nach Nr. 3102 VV, und zwar auch dann, wenn das Landessozialgericht als Gericht der Hauptsache zuständig ist (Vorbem. 3.2 Abs. 2 S. 2 VV).

68 Eine vorausgegangene Geschäftsgebühr ist anzurechnen. Voraussetzung ist aber, dass dem einstweiligen Anordnungsverfahren ein entsprechendes Verwaltungsverfahren vorausgegangen ist. Ob in der Hauptsache ein Verwaltungs- oder Nachprüfungsverfahren vorausgegangen ist, ist unerheblich. So erhält der Anwalt im Verfahren auf Aussetzung der sofortigen Vollziehung nach § 86 b SGG die Verfahrensgebühr selbst dann anrechnungsfrei, wenn er bereits im Verwaltungs- oder Widerspruchsverfahren der Hauptsache tätig ist

bzw war. Nur dann, wenn ein Verfahren nach § 86 a Abs. 3 SGG vorausgegangen ist (s. Rn 28 f), ist die dort angefallene Geschäftsgebühr hälftig anzurechnen.[10]

Soweit das einstweilige Anordnungsverfahren eine geringere Bedeutung hat (keine endgültige Klärung) und in diesem Verfahren Vorkenntnisse aus dem Hauptsacheverfahren verwertet werden können, ist dies im Rahmen des § 14 Abs. 1 RVG zu berücksichtigen. Die Rspr geht daher idR von einem **unterdurchschnittlichen Gebührenbetrag** aus; häufig wird die sog. **Drittelgebühr** angesetzt, also eine Gebühr iHv (Mindestbetrag + Höchstbetrag) : 3.[11] Diese pauschale Beurteilung ist jedoch ohne Weiteres nicht zutreffend. Die Aussetzung der sofortigen Vollziehung oder die vorläufige Anordnung auf Gewährung bestimmter Leistungen kann erhebliche Bedeutung haben, zumal auch hier – wenn auch andere – schwierige Fragen zu klären sein können. Zudem besteht hier für den Anwalt ein Zeitdruck, der wiederum höhere Gebühren rechtfertigt. 69

Kommt es im einstweiligen Anordnungsverfahren zu einem Termin iSd Vorbem. 3 Abs. 3 VV, entsteht auch eine **Terminsgebühr** nach Nr. 3106 VV. 70

Beispiel 20: Der Anwalt wird mit der Anfechtungsklage und dem Antrag auf Aussetzung der sofortigen Vollziehung beauftragt. Über den Antrag auf Aussetzung wird ohne mündliche Verhandlung entschieden. In der Hauptsache wird verhandelt. 71

Es liegen zwei verschiedene Gebührenangelegenheiten vor (§ 17 Nr. 4 Buchst. c) RVG). In jedem Verfahren entsteht eine Verfahrensgebühr nach Nr. 3102 VV, die im Aussetzungsverfahren mit der sog. Drittelgebühr angesetzt werden soll. In der Hauptsache entsteht noch eine Terminsgebühr.

I. Hauptsacheverfahren

1. Verfahrensgebühr, Nr. 3102 VV		300,00 €
2. Terminsgebühr, Nr. 3106 VV		280,00 €
3. Postentgeltpauschale, Nr. 7002 VV		20,00 €
Zwischensumme	600,00 €	
4. 19 % Umsatzsteuer, Nr. 7008 VV		114,00 €
Gesamt		**714,00 €**

II. Verfahren auf Aussetzung der sofortigen Vollziehung

1. Verfahrensgebühr, Nr. 3102 VV		200,00 €
2. Postentgeltpauschale, Nr. 7002 VV		20,00 €
Zwischensumme	220,00 €	
3. 19 % Umsatzsteuer, Nr. 7008 VV		41,80 €
Gesamt		**261,80 €**

Die Terminsgebühr entsteht auch dann, wenn mit der Behörde eine Besprechung zur Vermeidung oder Erledigung des Verfahrens geführt wird. Dass im Anordnungsverfahren eine mündliche Verhandlung nicht vorgeschrieben ist, ist insoweit unerheblich. 72

Eine Terminsgebühr nach Anm. Abs. 1 Nr. 1 oder 3 zu Nr. 3106 VV kommt dagegen nicht in Betracht, da diese Varianten ein Verfahren mit obligatorischer mündlicher Verhandlung vorsehen, an dem es im Anordnungsverfahren fehlt. 73

---

10 SG Oldenburg AGS 2006, 506; SG Kiel ASR 2011, 169 = AG kompakt 2011, 124; SG Berlin NJW-Spezial 2009, 461; SG Berlin, Beschl. v. 22.2.2010 – S 165 SF 949/09 E; SG Berlin, Beschl. v. 20.1.2010 – S 165 SF 657/09 E; SG Schleswig AGS 2010, 238 = ASR 2010, 55; SG Lüneburg, Beschl. v. 30.3.2009 – S 12 SF 177/08; SG Gelsenkirchen ASR 2010, 86; SG Frankfurt AGS 2006, 551 = ASR 2007, 47; LSG Nordrhein-Westfalen, Beschl. v. 9.8.2007 – L 20 B 91/07 AS; LSG Thüringen, Beschl. v. 6.3.2008 – L 6 B 198/07 SF; SG Dresden-Roßlau AGS 2010, 176; SG Hannover ASR 2010, 136; aA LSG Nordrhein-Westfalen AGS 2008, 240 m. abl. Anm. *N. Schneider*; SG Stade AGS 2009, 543; SG Duisburg, Beschl. v. 21.4.2008 – S 10 AS 125/06 ER; BayLSG, Beschl. v. 18.1.2007 – L 15 B 224/06 AS KO; SG Bremen AGS 2010, 22.

11 SG Hildesheim AGS 2006, 505 = RVGreport 2006, 96; SG Oldenburg AGS 2006, 506 mwN.

74 Eine **Erledigung** nach Nr. 1002 VV aus dem Gegenstand des Anordnungsverfahrens kommt nicht in Betracht, da es sich nicht um ein Rechtsbehelfsverfahren handelt. Möglich ist allerdings, dass im Anordnungsverfahren eine Erledigung der Hauptsache herbeigeführt wird. Dagegen kann eine **Einigungsgebühr** nach Nr. 1000 VV anfallen. Die Höhe einer Einigungs- oder Erledigungsgebühr bestimmt sich nach Nr. 1006 VV.

75 Kommt es nach einem Anordnungsverfahren zu einem **Abänderungs- und Aufhebungsverfahren** (§ 86 a Abs. 2 S. 4 SGG), sind diese Verfahren gegenüber der Hauptsache wiederum verschiedene Angelegenheiten, nicht aber gegenüber dem jeweiligen Anordnungsverfahren; insoweit ist nur eine Angelegenheit gegeben (§ 16 Nr. 5 RVG).

3. Beschwerdeverfahren

76 In Beschwerdeverfahren gegen Entscheidungen der Sozialgerichte in Verfahren des vorläufigen oder einstweiligen Rechtsschutzes gelten die Gebühren eines Berufungsverfahrens (Vorbem. 3.2.1 Nr. 3 Buchst. a) VV), also die Gebühren nach Nr. 3200 ff VV.

Beispiel 21: Gegen den Beschluss des SG, mit dem die Behörde zu einer vorläufigen Leistung verpflichtet worden ist, legt diese Beschwerde ein. Das LSG verhandelt mündlich und entscheidet sodann.

Ausgehend von der Mittelgebühr ist wie folgt abzurechnen:

1.	Verfahrensgebühr, Nr. 3204 VV		370,00 €
2.	Terminsgebühr, Nr. 3205 VV		280,00 €
3.	Postentgeltpauschale, Nr. 7002 VV		20,00 €
	Zwischensumme	670,00 €	
4.	19 % Umsatzsteuer, Nr. 7008 VV		127,30 €
	Gesamt		**797,30 €**

X. Allgemeine Beschwerdeverfahren

77 Allgemeine Beschwerdeverfahren sind nach § 18 Abs. 1 Nr. 3 RVG eigene Gebührenangelegenheiten, so dass die Gebühren hier erneut entstehen. Der Anwalt erhält die Gebühren nach Teil 3 Abschnitt 5 VV.

78 Zunächst einmal erhält er für das Betreiben des Verfahrens eine **Verfahrensgebühr** nach Nr. 3501 VV. Der Gebührenrahmen beläuft sich auf 20 bis 210 €. Die Mittelgebühr beträgt 115 €. Der Gebührenrahmen erhöht sich bei mehreren Auftraggebern um 30 % je weiteren Auftraggeber.

79 Daneben kann unter den Voraussetzungen der Vorbem. 3 Abs. 3 VV auch eine **Terminsgebühr** nach Nr. 3515 VV angefallen sein. Der Gebührenrahmen beläuft sich auf 20 bis 210 €. Die Mittelgebühr beträgt 115 €.

80 Möglich sind wiederum **Einigungs- und Erledigungsgebühr**, deren Höhe sich nach Nr. 1005 VV bestimmt.

XI. Erinnerung

81 Im Verfahren über eine Erinnerung (§ 178 SGG) entstehen die gleichen Gebühren wie im Beschwerdeverfahren, also die Gebühren nach den Nr. 3501, 3514 VV. Zur Höhe der Gebühren im Erinnerungsverfahren s. ausf. SG Berlin.[12]

82 Erinnerungsverfahren zählen allerdings grundsätzlich zum Rechtszug (§ 19 Abs. 1 S. 2 Nr. 5 RVG) und werden durch die dortigen Gebühren mit abgegolten. Nur dann, wenn der Anwalt ausschließlich mit einer Erinnerung beauftragt wird oder sich die Erinnerung gegen eine Entscheidung des Rechtspflegers oder gegen die Kostenfestsetzung richtet, zählt

---

12 SG Berlin AGS 2012, 20.

sie als besondere Angelegenheit (§ 18 Abs. 1 Nr. 3 RVG) und löst eine gesonderte Vergütung aus.

XII. Verkehrsanwalt

1. Führung des Verkehrs mit dem Hauptbevollmächtigten

Der Verkehrsanwalt, der den Verkehr mit dem Hauptbevollmächtigten führt, erhält nach   83
Nr. 3400 VV eine Verfahrensgebühr aus dem Rahmen der Verfahrensgebühr, die dem
Hauptbevollmächtigten zusteht, höchstens jedoch 420 €. Vertritt der Verkehrsanwalt
mehrere Auftraggeber, erhöht sich sowohl der Gebührenrahmen als auch die Höchstgrenze um jeweils 30 %.

Erledigt sich der Auftrag, bevor der Verfahrensbevollmächtigte beauftragt oder der Ver-   84
kehrsanwalt diesem gegenüber tätig geworden ist, so ist nach Nr. 3405 VV ein Höchstbetrag iHv 210 € vorgesehen, der sich nach Nr. 1008 VV bei mehreren Auftraggebern wiederum um 30 % je weiteren Auftraggeber erhöht.

War der Verkehrsanwalt bereits im Verwaltungs- oder Nachprüfungsverfahren tätig, ist   85
auch für ihn eine dort angefallene Geschäftsgebühr nach Vorbem. 3 Abs. 4 S. 1 VV hälftig,
höchstens mit 175 €, anzurechnen.

2. Übersendung der Handakten mit gutachterlichen Äußerungen

Übersendet der vorinstanzliche Anwalt seine Handakten an den Anwalt eines Rechtsmit-   86
telzuges und verbindet er dies auftragsgemäß mit gutachterlichen Äußerungen, so entsteht
nach Anm. zu Nr. 3400 VV ebenfalls eine Verfahrensgebühr in Höhe der Verfahrensgebühr des Rechtsmittelanwalts. Zu beachten ist wiederum die Begrenzung auf 210 €.

XIII. Terminsvertreter

Die Vergütung des Terminsvertreters richtet sich ebenfalls nach Teil 3 Abschnitt 4 VV. Der   87
Anwalt erhält nach Nr. 3401 VV eine **Verfahrensgebühr** in Höhe der Hälfte der dem
Hauptbevollmächtigten zustehenden Verfahrensgebühr. War der Terminsvertreter zuvor
im Verwaltungs- oder Widerspruchsverfahren tätig, ist eine dort verdiente Geschäftsgebühr hälftig anzurechnen, höchstens mit 175 € (Vorbem. 3 Abs. 4 S. 1, 2 VV).

Bei **vorzeitiger Erledigung** des Auftrags wird die Verfahrensgebühr nach Nr. 3405 Nr. 2   88
VV auf 210 € begrenzt.

Vertritt der Anwalt **mehrere Auftraggeber**, erhöhen sich der jeweilige Gebührenrahmen   89
und auch die Höchstgrenze gem. Nr. 1008 VV um 30 % je weiteren Auftraggeber.

Für die Wahrnehmung des Verhandlungstermins erhält der Terminsvertreter nach   90
Nr. 3402 VV eine **Terminsgebühr**, wie sie dem Hauptbevollmächtigten zustünde, wenn er
den Termin selbst wahrgenommen hätte, also erstinstanzlich nach Nr. 3106 VV, im Berufungsverfahren nach Nr. 3205 VV und im Revisionsverfahren nach Nr. 3213 VV.

Wirkt der Terminsvertreter an einer Erledigung oder Einigung mit, kann er auch eine **Erle-**   91
digungs- oder eine **Einigungsgebühr** (Nr. 1000, 1002 VV) verdienen. Die Höhe richtet sich
nach der (vollen) Verfahrensgebühr des Hauptbevollmächtigten (Nr. 1006 VV), nicht nach
der ermäßigten Verfahrensgebühr des Hauptbevollmächtigten.

XIV. Prozesskostenhilfeverfahren

Ist der Anwalt in einem Prozesskostenhilfeverfahren tätig, ohne dass er bereits in der   92
Hauptsache beauftragt ist, entsteht eine Verfahrensgebühr nach Nr. 3335 VV. Dem Anwalt steht eine Gebühr aus dem Gebührenrahmen der Hauptsache zu, höchstens jedoch
420 €. Bei mehreren Auftraggebern erhöht sich diese Grenze um 30 % je weiteren Auftraggeber (Nr. 1008 VV). Kommt es später zur Durchführung des Verfahrens, wird hier-

durch keine neue Angelegenheit eingeleitet. Das Verfahren über die Prozesskostenhilfe sowie das Verfahren, für das Prozesskostenhilfe beantragt wird, sind insgesamt nur eine einzige Angelegenheit (§ 16 Nr. 2 RVG). Die Verfahrensgebühr nach Nr. 3335 VV erstarkt dann zu einer vollen Verfahrensgebühr des jeweiligen Verfahrens.

93   Neben der Verfahrensgebühr erhält der Anwalt im Prozesskostenhilfeverfahren eine volle **Terminsgebühr** aus Nr. 3106 VV (Vorbem. 3.3.6 S. 2 VV), wenn es zu einem Termin iSd Vorbem. 3 Abs. 3 VV kommt. Diese Gebühr entsteht im Prozesskostenhilfe-Prüfungsverfahren und im Verfahren, für das Prozesskostenhilfe bewilligt worden ist, insgesamt nur einmal, da es sich um eine Angelegenheit iSd § 15 RVG handelt (§ 16 Nr. 2 RVG). Eine fiktive Terminsgebühr nach Anm. Abs. 1 S. 1 zu Nr. 3016 VV kommt nicht in Betracht, da eine mündliche Verhandlung nicht vorgeschrieben ist und eine Entscheidung durch Gerichtsbescheid nicht möglich ist.

XV. Verfahren wegen überlanger Dauer

94   In Verfahren wegen überlanger Dauer nach den §§ 198 ff GVG richten sich die Gebühren auch dann nach dem **Gegenstandswert**, wenn der Auftraggeber nicht zu den in § 183 SGG genannten Personen gehört und an sich gem. § 3 Abs. 1 S. 2 RVG nach Rahmengebühren abzurechnen wäre (§ 3 Abs. 1 S. 3 RVG). Es gelten – wie in verwaltungsgerichtlichen Verfahren – die Gebühren nach Teil 3 Abschnitt 3 Unterabschnitt 1 VV (Nr. 3300 Nr. 3, 3301 VV, Vorbem. 3.3.1 iVm Nr. 3104 VV).

XVI. Einzeltätigkeit

95   Ist der Anwalt lediglich mit einer sonstigen Einzeltätigkeit beauftragt, so erhält er eine **Verfahrensgebühr** nach Nr. 3406 VV. Der Gebührenrahmen beläuft sich auf 30 bis 340 €; die Mittelgebühr beträgt 185 €. Bei **mehreren Auftraggebern** erhöht sich der Rahmen um 30 %. Bei **vorzeitiger Erledigung** gilt auch hier die Höchstgrenze der Nr. 3405 VV iHv 210 € (Anm. zu Nr. 3405 VV).

§ 19 Vertretung in steuerrechtlichen Angelegenheiten

A. Überblick

Steuerrechtliche Angelegenheiten sind besondere verwaltungsrechtliche Angelegenheiten, 1
so dass ergänzend auf die Ausführungen in § 17 Bezug genommen werden kann. Es gelten
allerdings einige Besonderheiten.

Die Vergütung für eine **außergerichtliche Vertretung** richtet sich in vielen Fällen nicht nach 2
dem RVG. Vielmehr ist in bestimmten Fällen nach § 35 RVG die **Steuerberatervergütungsverordnung (StBVV)** anzuwenden, die in ihrem Anwendungsbereich die Gebühren nach
Teil 2 VV ausschließt (Vorbem. 2 Abs. 1 VV).

In **gerichtlichen Verfahren** gilt zwar Teil 3 VV. Abweichend von den sonstigen erstinstanz- 3
lichen Verfahren sind jedoch nicht die Vorschriften nach Teil 3 Abschnitt 1 VV
(Nr. 3100 ff VV) anzuwenden, sondern gem. Vorbem. 3.2.1 Nr. 1 VV die Vorschriften
nach Teil 3 Abschnitt 2 VV (Nr. 3200 ff VV), also die Gebühren eines Berufungsverfahrens.

Der **Gegenstandswert** in steuerrechtlichen Angelegenheiten richtet sich, soweit 4

- ■ die StBVV anzuwenden ist, nach dem Wert, den der Gegenstand der beruflichen Tätigkeit hat (§ 10 Abs. 1 S. 1 StBVV). Maßgebend ist, soweit dieses Gesetz nichts anderes
  bestimmt, der Wert des Interesses (§ 10 Abs. 1 S. 3 StBVV);
- ■ sich die Gebühren nach dem **RVG** berechnen, nach dem Wert der anwaltlichen Tätigkeit
  (§ 2 Abs. 1 RVG). Es gelten dann über § 23 Abs. 1 RVG die Regelungen des § 52 GKG.
  - – Der Wert ergibt sich, soweit nichts anderes bestimmt ist, nach der sich aus dem
    Antrag des Klägers für ihn ergebenden Bedeutung der Sache (§ 52 Abs. 1 GKG).
  - – Betrifft der Antrag des Klägers eine bezifferte Geldleistung oder einen hierauf ge-
    richteten Verwaltungsakt – was idR der Fall sein wird –, dann ist deren Höhe
    maßgebend (§ 52 Abs. 3 GKG).
  - – Ergeben sich keine Anhaltspunkte, gilt nach § 52 Abs. 2 GKG auch hier ein **Regel-
    wert** von 5.000 €.
  - – Darüber hinaus sieht § 52 Abs. 4 S. 1 GKG einen **Mindeststreitwert** von 1.500 €
    vor. Diese Vorschrift ist verfassungsmäßig.[1] Werden mehrere selbstständige Klage-
    begehren in einem gerichtlichen Verfahren behandelt, ist der Mindeststreitwert je
    Verfahren und nicht je Streitgegenstand anzusetzen.[2]
  - – Für **Verfahren des einstweiligen Rechtsschutzes** nach § 69 Abs. 3, 5 FGO gilt § 53
    Abs. 3 Nr. 3 GKG, der auf § 52 Abs. 1 und 2 GKG verweist. Der Mindestwert von
    1.000 € (§ 52 Abs. 4 GKG) ist nicht anzuwenden.[3]
  - – Ergänzend sind hier die Empfehlungen des sog. **Streitwertkatalogs für die Finanz-
    gerichtsbarkeit**[4] heranzuziehen.

B. Außergerichtliche Vertretung

I. Umfang der Angelegenheit

Auch in steuerrechtlichen Tätigkeiten kommen im Rahmen der außergerichtlichen Vertre- 5
tung gem. § 17 Nr. 1 a RVG drei verschiedene Angelegenheiten iSd § 15 RVG in Betracht:

- ■ die Vertretung im **Verwaltungsverfahren,**
- ■ die Vertretung im **Nachprüfungsverfahren** und
- ■ die Vertretung im Verfahren auf **Aussetzung der Vollziehung** nach § 69 Abs. 2 FGO.

---

1 BFH AGS 2007, 523.
2 FG Baden-Württemberg AGS 2008, 29 = RVGreport 2007, 479.
3 BFH AGS 2008, 96.
4 Abgedruckt zB in NK-GK, Anh 2 zu § 52 GKG m. Anm. *Luber* und in AnwK-RVG, Anh V.

6 In jeder dieser Angelegenheiten erhält der Anwalt seine Gebühren und Auslagen gesondert.

II. Vertretung im Verwaltungsverfahren

1. Überblick

7 Im Rahmen der außergerichtlichen Vertretung im Verwaltungsverfahren ist zu differenzieren:

- Erbringt der Anwalt Hilfeleistungen bei der Erfüllung allgemeiner Steuerpflichten oder bei der Erfüllung steuerlicher Buchführungs- und Aufzeichnungspflichten, so sind nach § 35 RVG die §§ 23 bis 39 StBVV iVm den §§ 10 und 13 StBVV entsprechend anzuwenden; die Gebühren nach Teil 2 VV sind ausgeschlossen (Vorbem. 2 Abs. 1 VV).
- Erbringt der Anwalt **andere Tätigkeiten** oder Hilfeleistungen, die durch die Verweisung in § 35 RVG nicht erfasst werden, gelten die Gebühren nach Teil 2 VV.

2. Hilfeleistungen bei der Erfüllung allgemeiner Steuerpflichten und bei der Erfüllung steuerlicher Buchführungs- und Aufzeichnungspflichten

8 Für bestimmte Hilfeleistungen in Steuersachen gilt nach § 35 RVG die StBVV entsprechend. Insoweit sind die Gebührentatbestände nach Teil 2 VV ausgeschlossen (Vorbem. 2 Abs. 1 VV). Das bedeutet jedoch nicht, dass insoweit das RVG insgesamt nicht gelte. Nicht nur die sonstigen Regelungen des RVG, also des Paragrafenteils, bleiben anwendbar, sondern auch alle Vergütungs- und Auslagentatbestände außerhalb des Teil 2 VV, also die Allgemeinen Gebühren nach Teil 1 VV (Nr. 1000 ff VV)[5] und auch die Auslagentatbestände der Nr. 7000 ff VV.

Beispiel 1: Der Anwalt fertigt für den Mandanten die Erbschaftsteuererklärung (Wert des Nachlasses: 150.000 €).

Für die Abgabe der Steuererklärung gilt § 35 RVG iVm § 24 Nr. 12, 1. Hs. StBVV. Die Mittelgebühr beträgt 0,6. Der Gegenstandswert bemisst sich gem. § 24 Nr. 12, 2. Hs. StBVV nach dem Wert des Nachlasses vor Abzug der Schulden und Lasten, jedoch mindestens 12.500 €. Auslagen richten sich dagegen nach dem RVG.

1. 6/10-Gebühr, § 35 RVG iVm § 24 Nr. 12 StBVV		998,40 €
2. Postentgeltpauschale, Nr. 7002 VV		20,00 €
Zwischensumme	1.018,40 €	
3. 19 % Umsatzsteuer, Nr. 7008 VV		193,50 €
Gesamt		**1.211,90 €**

3. Außergerichtliche Vertretung außerhalb des § 35 RVG

9 Vertritt der Anwalt den Auftraggeber in sonstigen Angelegenheiten, die nicht unter § 35 RVG fallen, wird er nach Teil 2 Abschnitt 3 VV vergütet. Er erhält also eine Geschäftsgebühr nach Nr. 2300 VV. Dem Anwalt steht auch hier ein Rahmen von 0,5 bis 2,5 zu. Die Mittelgebühr beträgt 1,5. Zu beachten ist die sog. Schwellengebühr der Anm. zu Nr. 2300 VV von höchstens 1,3.

III. Vertretung im Nachprüfungsverfahren

10 Auch in steuerrechtlichen Angelegenheiten gilt, dass das Verwaltungsverfahren und das weitere Verfahren, das dem gerichtlichen Verfahren vorausgeht, also idR das Einspruchsverfahren, das der Nachprüfung des Bescheides dient, verschiedene Angelegenheiten sind (§ 17 Nr. 1 a RVG).

---

5 Auf die Erledigungsgebühr des Steuerberaters (§ 40 Abs. 2 StBVV) wird in § 35 RVG nicht Bezug genommen.

Für die Vertretung in einem Einspruchsverfahren oder einem anderen Rechtsbehelfsverfah- 11
ren ist immer das RVG anzuwenden. Die Vorschrift des § 35 RVG verweist nicht auf die
§§ 40 ff StBVV. Die Vergütung richtet sich daher nach Teil 2 Abschnitt 3 VV. Der Anwalt
erhält danach eine Geschäftsgebühr nach Nr. 2300 VV, ggf mit der Begrenzung auf 1,3
nach Anm. zu Nr. 2300 VV.

War der Anwalt bereits im Besteuerungsverfahren oder einem anderen Verwaltungsverfah- 12
ren vor der Steuerbehörde tätig, so ist eine Gebühr nach §§ 23, 24 oder 31 StBVV anzurechnen wie eine Geschäftsgebühr nach Nr. 2300 VV (§ 35 Abs. 2 RVG). Eine solche Gebühr wird also hälftig auf eine nachfolgende Gebühr eines Einspruchsverfahrens oder eines unmittelbar nachfolgenden gerichtlichen Verfahrens angerechnet, höchstens zu einem
Satz von 0,75 (Vorbem. 2.3 Abs. 4 S. 1 VV; Vorbem. 3 Abs. 4 VV).

Da der Gegenstandswert nach der StBVV im Verwaltungsverfahren (Besteuerungsverfah- 13
ren) idR höher ist als der Gegenstandswert nach dem RVG im Nachprüfungsverfahren,
ordnet § 35 Abs. 2 S. 2 RVG ergänzend an, dass die Gebühr nach der StBVV nur nach
dem geringeren Wert der nachfolgenden Geschäftsgebühr anzurechnen ist.

Beispiel 2: Der Anwalt hatte für den Mandanten die Erbschaftsteuererklärung (Wert des Nachlasses: 150.000 €) erstellt und beim Finanzamt eingereicht. Es ist ein Erbschaftsteuerbescheid
über 4.000 € ergangen. Dagegen legt der Anwalt auftragsgemäß Einspruch ein.

Für das Besteuerungsverfahren erhält der Anwalt eine Gebühr nach § 35 RVG iVm § 24 Abs. 1
Nr. 12 StBVV aus der Tabelle A der StBVV (Anlage 1 zur StBVV). Der Gegenstandswert richtet sich
nach Anm. zu § 24 Abs. 1 Nr. 12 StBVV und beläuft sich auf den Wert des Nachlasses.

Im Einspruchsverfahren greift die Verweisung des § 35 RVG nicht, da auf § 40 StBVV nicht Bezug
genommen wird. Der Anwalt erhält daher eine Geschäftsgebühr nach Nr. 2300 VV. Maßgebend
ist jetzt gem. § 23 Abs. 1 S. 3 RVG iVm § 52 Abs. 1, 3 GKG der Wert der angegriffenen Steuerforderung, hier also 4.000 €.

Anzurechnen ist jetzt noch die Gebühr der Nr. 24 Abs. 1 Nr. 12 StBVV zur Hälfte (Vorbem. 2.3
Abs. 4 S. 1 VV), und zwar aus dem Wert der Steuerforderung (§ 35 Abs. 2 S. 2 RVG).

Ausgehend jeweils von den Mittelgebühren ergibt dies folgende Berechnung:

I. Besteuerungsverfahren

1.	6/10-Gebühr, § 35 RVG iVm § 24 Abs. 1 Nr. 12 StBVV (Wert: 150.000 €)	998,40 €
2.	Postentgeltpauschale, Nr. 7002 VV	20,00 €
	Zwischensumme	1.018,40 €
3.	19 % Umsatzsteuer, Nr. 7008 VV	193,50 €
	Gesamt	**1.211,90 €**

II. Einspruchsverfahren

1.	1,5-Geschäftsgebühr, Nr. 2300 VV (Wert: 4.000 €)	378,00 €
2.	gem. § 35 Abs. 2 RVG iVm Vorbem. 2.3 Abs. 4 S. 1 VV anzurechnen	
	gem. § 35 Abs. 2 RVG iVm Vorbem. 2.3 Abs. 4 S. 1 VV anzurechnen 3/10 aus 4.000 € nach Anlage 1 Tabelle A StBVV	– 77,10 €
3.	Postentgeltpauschale, Nr. 7002 VV	20,00 €
	Zwischensumme	320,90 €
4.	19 % Umsatzsteuer, Nr. 7008 VV	60,97 €
	Gesamt	**381,87 €**

Sind nach der StBVV mehrere Gebühren angefallen, so sind alle Gebühren hälftig anzu- 14
rechnen, indem die Summe der Gebühren hälftig angerechnet wird (§ 35 Abs. 2 S. 2 RVG).

Auch hier gilt die Begrenzung der Anrechnung auf 0,75 nach Vorbem. 2.3 Abs. 4 S. 1 VV, 15
Vorbem. 3 Abs. 4 S. 1 VV.

IV. Vertretung im Verfahren auf Aussetzung der Vollziehung nach § 69 Abs. 2 FGO

16 Für die Vertretung in einem Verfahren auf Aussetzung der Vollziehung vor der Finanzbehörde (§ 69 Abs. 2 FGO) gilt immer das RVG, da in § 35 RVG nicht auf § 44 StBVV Bezug genommen wird.

17 Die Tätigkeit im Verfahren auf Aussetzung der Vollziehung nach § 69 Abs. 2 FGO ist nach § 17 Nr. 1 a RVG gegenüber der Tätigkeit im Einspruchsverfahren eine **eigene selbstständige Angelegenheit**, so dass der Anwalt hier wiederum eine (weitere) Geschäftsgebühr erhält. Diese richtet sich immer nach Nr. 2300 VV, und zwar auch dann, wenn der Anwalt bereits im Besteuerungsverfahren tätig war (s. § 17 Rn 18). Dem Anwalt steht wiederum ein Rahmen von 0,5 bis 2,5 offen (Mittelgebühr 1,5). Zu beachten sein kann die sog. Schwellengebühr der Anm. zu Nr. 2300 VV von höchstens 1,3, wenn das Verfahren auf Aussetzung der Vollziehung weder umfangreich oder schwierig ist.

18 Der **Gegenstandswert** im Verfahren auf Aussetzung bemisst sich nach § 23 Abs. 1 S. 3 RVG iVm §§ 53 Abs. 3 Nr. 3, 52 Abs. 1 und 2 GKG und wird idR mit 10 % der Steuerforderung angesetzt.[6] Der Mindeststreitwert von 1.500 € nach § 52 Abs. 4 S. 1 GKG gilt nicht.[7]

V. Einigung und Erledigung

19 Neben den Gebühren des § 35 RVG iVm der StBVV oder der Geschäftsgebühr der Nr. 2300 VV kann der Anwalt auch bei außergerichtlicher Vertretung eine **1,5-Einigungsgebühr** nach Nr. 1000 VV verdienen. Im Einspruchsverfahren kann darüber hinaus auch eine **1,5-Erledigungsgebühr** nach Nr. 1002 VV anfallen.

VI. Auslagen

20 Hinzu kommen Auslagen nach Teil 7 VV, insbesondere eine Postentgeltpauschale nach Nr. 7002 VV. Die Postentgeltpauschale entsteht in jeder Angelegenheit gesondert. Sie kann also im Rahmen der außergerichtlichen Vertretung drei Mal anfallen, nämlich im Verwaltungsverfahren, im Einspruchsverfahren und im Verfahren auf Aussetzung der Vollziehung nach § 69 Abs. 2 FGO.

C. Erstinstanzliche Verfahren

I. Überblick

1. Umfang der Angelegenheit

21 Im Verfahren vor den Finanzgerichten stellen das Klageverfahren und ein Verfahren auf Aussetzung der Vollziehung nach § 69 Abs. 3 FGO jeweils eigene Gebührenangelegenheiten iSd § 15 RVG dar (§ 17 Nr. 4 Buchst. c) RVG). Der Anwalt erhält also in beiden Verfahren seine Gebühren gesondert.

2. Anzuwendende Gebühren

22 In den gerichtlichen Verfahren vor den Finanzgerichten erhält der Anwalt die Gebühren nach Teil 3 VV, allerdings nicht wie in Zivil- und Verwaltungssachen nach Abschnitt 1, also nach den Nr. 3100 ff VV; der Anwalt erhält vielmehr gem. Vorbem. 3.2.1 Nr. 1 VV die Gebühren nach Abschnitt 2, also nach den für die Berufung geltenden Gebührentatbeständen.

---

6 Siehe Streitwertkatalog der Finanzgerichtsbarkeit Nr. 8 („Aussetzung der Vollziehung").
7 BFH AGS 2008, 96.

II. Klageverfahren

1. Verfahrensgebühr

a) Höhe der Verfahrensgebühr

Im erstinstanzlichen Verfahren vor dem FG erhält der Anwalt eine **1,6-Verfahrensgebühr** 23
nach Nr. 3200 VV, die sich bei vorzeitiger Beendigung (Nr. 3201 Nr. 1 VV) sowie unter
den Voraussetzungen der Nr. 3201 Nr. 2 VV auf eine 1,1-Verfahrensgebühr ermäßigt. Soweit der Anwalt **mehrere Auftraggeber** wegen desselben Gegenstandes vertritt, erhöht sich
die Verfahrensgebühr um 0,3 je weiteren Auftraggeber.

b) Einbeziehen nicht anhängiger Gegenstände

Werden in einem Verfahren auch **nicht anhängige Gegenstände** miterörtert oder sogar erle- 24
digt, entsteht auch insoweit eine Verfahrensgebühr nach Nr. 3200 VV, ggf nur in reduzierter Höhe nach Nr. 3201 VV. Die gegenteilige Auffassung des FG Baden-Württemberg,[8] das
insoweit eine Verfahrensgebühr ablehnt, weil das Miteinbeziehen nicht anhängiger Gegenstände zum Zwecke der Erledigung in Nr. 3201 VV nicht erwähnt sei, ist gesetzessystema-
tisch nicht haltbar.[9]

Beispiel 3: Gegen den Mandanten sind zwei Steuerbescheide über 4.000 € (Veranlagungszeitraum 2013) und über 6.000 € (Veranlagungszeitraum 2014) ergangen, gegen die er selbst Einspruch eingelegt hat. Nachdem der erste Einspruch (Veranlagungszeitraum 2013) zurückgewiesen worden ist, wird der Anwalt beauftragt, hiergegen Klage zu erheben. Im Termin wird auch
der weitere Bescheid erörtert, um eine Gesamterledigung herbeizuführen. Diese kommt jedoch
nicht zustande.

Aus dem Wert von 4.000 € entsteht eine 1,6-Verfahrensgebühr nach Nr. 3200 VV, aus dem Wert
von 6.000 € eine 1,1-Verfahrensgebühr. Zu beachten ist § 15 Abs. 3 RVG. Die Terminsgebühr entsteht aus dem vollen Wert.

1.	1,6-Verfahrensgebühr, Nr. 3200 VV (Wert: 4.000 €)	403,20 €
2.	1,1-Verfahrensgebühr, Nr. 3200, 3201 Nr. 2 VV (Wert: 6.000 €)	389,40 €
	(Die Höchstgrenze des § 15 Abs. 3 RVG, 1,6 aus 10.000 € = 892,80 €, ist nicht erreicht.)	
3.	1,2-Terminsgebühr, Nr. 3202 VV (Wert: 10.000 €)	669,60 €
4.	Postentgeltpauschale, Nr. 7002 VV	20,00 €
	Zwischensumme	1.482,20 €
5.	19 % Umsatzsteuer, Nr. 7008 VV	281,62 €
	Gesamt	**1.763,82 €**

c) Anrechnung

Ist die Sache vom Besteuerungsverfahren unmittelbar in das Klageverfahren übergegangen, 25
sind die Gebühren der §§ 23, 24 und 31 StBVV hälftig auf die Verfahrensgebühr anzurechnen, höchstens jedoch mit einem Gebührensatz von 0,75 (§ 35 Abs. 2 RVG iVm Vorbem. 3 Abs. 4 S. 1 VV). War der Anwalt im Einspruchsverfahren tätig, dann ist die dortige
Geschäftsgebühr der Nr. 2300 VV zur Hälfte anzurechnen, höchstens jedoch zu 0,75 (Vorbem. 3 Abs. 4 S. 1 VV).

Beispiel 4: Der Anwalt fertigt für den Mandanten die Erbschaftssteuererklärung (Wert des
Nachlasses: 150.000 €). Es ergeht ein Erbschaftssteuerbescheid über 4.000 €. Der Mandant be-
auftragt den Anwalt, gegen den Steuerbescheid Einspruch einzulegen und nach abschlägigem
Bescheid Klage zu erheben.

---

8 FG Baden-Württemberg AGS 2007, 454.
9 Siehe *N. Schneider* in Anm. zu FG Baden-Württemberg AGS 2007, 455.

I. Steuererklärung (Wert: 150.000 €)		
1. 6/10-Gebühr, § 35 RVG iVm § 24 Nr. 12 StBVV		998,40 €
2. Postentgeltpauschale, Nr. 7002 VV		20,00 €
Zwischensumme	1.018,40 €	
3. 19 % Umsatzsteuer, Nr. 7008 VV		193,50 €
Gesamt		**1.211,90 €**
II. Einspruchsverfahren (Wert: 4.000 €)		
1. 1,5-Geschäftsgebühr, Nr. 2300 VV		378,00 €
2. gem. § 35 Abs. 2 RVG iVm Vorbem. 2.3 Abs. 4 S. 1 VV anzurechnen		– 77,10 €
3/10 aus 4.000 € nach Anlage 1 Tabelle A StBVV		
3. Postentgeltpauschale, Nr. 7002 VV		20,00 €
Zwischensumme	320,90 €	
4. 19 % Umsatzsteuer, Nr. 7008 VV		60,97 €
Gesamt		**381,87 €**
III. Rechtsstreit (Wert: 4.000 €)		
1. 1,6-Verfahrensgebühr, Nr. 3200 VV		430,20 €
2. gem. Vorbem. 3 Abs. 4 VV anzurechnen 0,45 aus 4.000 €		– 189,00 €
3. 1,2-Terminsgebühr, Nr. 3202 VV		302,40 €
4. Postentgeltpauschale, Nr. 7002 VV		20,00 €
Zwischensumme	563,60 €	
5. 19 % Umsatzsteuer, Nr. 7008 VV		107,08 €
Gesamt		**670,68 €**

2. Terminsgebühr

26 Kommt es zu einem gerichtlichen Termin oder zu einer Besprechung iSd Vorbem. 3 Abs. 3 S. 3 Nr. 2 VV, entsteht eine **1,2-Terminsgebühr** nach Nr. 3202 VV. Die Terminsgebühr erhält der Anwalt auch dann, wenn das Gericht gem. §§ 79 a Abs. 2, 90 a oder 94 a FGO **ohne mündliche Verhandlung** entscheidet (Anm. Abs. 2 zu Nr. 3202 VV). Ein Hauptsacheerledigungsbeschluss nach § 79 a Abs. 1 FGO löst dagegen keine Terminsgebühr aus, da die Entscheidung ohne mündliche Verhandlung ergehen kann.[10]

3. Einigungs- und Erledigungsgebühr

27 Darüber hinaus kommt eine Einigungs- (Nr. 1000 VV) oder Erledigungsgebühr (Nr. 1002 VV) in Betracht. Die Höhe der Gebühr beläuft sich gem. Nr. 1003 VV auf 1,0. Soweit früher zum Teil vertreten wurde, dass die erhöhte Gebühr nach Nr. 1004 VV gelte,[11] ist dies nicht mehr haltbar. Der Gesetzgeber hat die Nr. 1004 VV in Kenntnis der Streitfrage mehrfach geändert, ohne die erstinstanzlichen finanzgerichtlichen Verfahren einzubeziehen. Hier erschien ihm die Besserstellung bei der Verfahrensgebühr ausreichend. Eine Gesetzeslücke kann daher nicht mehr angenommen werden.[12]

Beispiel 5: Der Anwalt wird nach Erlass des Einspruchsbescheides gegen eine Steuerforderung über 8.000 € mit der Anfechtungsklage beauftragt. In der mündlichen Verhandlung kommt es zu einer Erledigung iSd Nr. 1002 VV.

---

10 FG Brandenburg AGS 2007, 85 = EFG 2006, 1786 = StE 2006, 667.
11 FG Baden-Württemberg AGS 2007, 349 = JurBüro 2007, 198; FG Rheinland-Pfalz AGS 2008, 181 = EFG 2008, 409 = NJW-Spezial 2008, 157 = RVGreport 2008, 105.
12 FG Köln EFG 2011, 1832 = StE 2011, 603.

1.	1,6-Verfahrensgebühr, Vorbem. 3.2.1 Nr. 1 VV, Nr. 3200 VV	729,60 €
2.	1,2-Terminsgebühr, Nr. 3202 VV	547,20 €
3.	1,0-Erledigungsgebühr, Nr. 1002, 1003 VV	456,00 €
4.	Postentgeltpauschale, Nr. 7002 VV	20,00 €
	Zwischensumme	1.752,80 €
5.	19 % Umsatzsteuer, Nr. 7008 VV	333,03 €
	Gesamt	**2.085,83 €**

III. Verfahren auf Aussetzung der Vollziehung

In Verfahren auf Aussetzung der Vollziehung vor dem Finanzgericht (§ 69 Abs. 3 FGO) er- 28
hält der Anwalt ebenfalls die erhöhten Gebühren des Berufungsverfahrens nach den
Nr. 3200 ff VV (Vorbem. 3.2.1 Nr. 1 VV) und nicht etwa die der Nr. 3100 ff VV. Insbesondere ist Vorbem. 3.2 Abs. 2 VV weder unmittelbar noch entsprechend anwendbar.[13] Die
Gebühren entstehen gesondert unabhängig von den Gebühren in einem eventuellen Klageverfahren, da nach § 17 Nr. 4 Buchst. c) RVG zwei verschiedene Angelegenheiten vorliegen.

Wird im **schriftlichen Verfahren** entschieden, entsteht keine Terminsgebühr nach Nr. 3202 29
VV, da im Aussetzungsverfahren nach § 69 Abs. 3 FGO eine mündliche Verhandlung
schon vom Grundsatz her nicht vorgesehen ist.[14]

Dagegen kann die Terminsgebühr anfallen wenn der Anwalt mit der Behörde **eine Bespre-** 30
chung zur Vermeidung oder Erledigung des Verfahrens führt, da nach Vorbem. 3 Abs. 3
S. 3 Nr. 2 VV eine mündliche Verhandlung nicht erforderlich ist.

Der **Gegenstandswert** im Verfahren auf Aussetzung bestimmt sich nach §§ 53 Abs. 3 Nr. 3, 31
52 Abs. 1 und 2 GKG und wird idR mit 10 % der Steuerforderung bemessen.[15] Da § 53
Abs. 3 Nr. 3 GKG für die Verfahren nach § 69 Abs. 3, 5 FGO nur auf § 52 Abs. 1 und 2
GKG verweist, nicht aber auch auf § 52 Abs. 4 S. 1 GKG, gilt der Mindeststreitwert nach
§ 52 Abs. 4 GKG hier nicht (s. Rn 4).[16]

Eine **Anrechnung** gem. Vorbem. 3 Abs. 4 VV der im Verwaltungsverfahren oder der im 32
Einspruchsverfahren angefallenen Geschäftsgebühr nach Nr. 2300 VV ist nicht vorzunehmen, da das Verwaltungsverfahren oder das Einspruchsverfahren kein dem Aussetzungsverfahren vorangehendes Verwaltungs- oder Nachprüfungsverfahren ist (vgl hierzu § 17
Rn 79).

Ist allerdings dem Verfahren auf Aussetzung nach § 69 Abs. 3 S. 2 FGO ein Verfahren vor 33
dem Finanzamt nach § 69 Abs. 2 FGO vorangegangen, dann ist nach Vorbem. 3 Abs. 4
VV anzurechnen (vgl hierzu § 17 Rn 78), und zwar wird die Geschäftsgebühr des verwal-
tungsbehördlichen Aussetzungsverfahrens angerechnet auf die Verfahrensgebühr des gerichtlichen Aussetzungsverfahrens.

Beispiel 6: Der Anwalt erhebt auftragsgemäß Einspruch gegen einen Bescheid iHv 8.000 € und
beantragt nach § 69 Abs. 2 FGO beim Finanzamt die Aussetzung der Vollziehung. Der Antrag
wird abgelehnt. Daraufhin wird nach § 69 Abs. 3 FGO beim FG die Aussetzung der Vollziehung
beantragt. Da zwischenzeitlich der Einspruch abschlägig beschieden worden ist, wird auch Anfechtungsklage gegen den Steuerbescheid erhoben.

Im Einspruchsverfahren entsteht die Geschäftsgebühr nach Nr. 2300 VV und im Verfahren auf
Aussetzung vor dem Finanzamt ebenfalls die Geschäftsgebühr der Nr. 2300 VV. Es liegen nach
§ 17 Nr. 1a RVG zwei Angelegenheiten vor.

---

13 Sächsisches FG AGS 2007, 568; Niedersächsisches FG RVGreport 2006, 29.
14 Niedersächsisches FG RVGreport 2006, 228.
15 Siehe Streitwertkatalog der Finanzgerichtsbarkeit Nr. 8 („Aussetzung der Vollziehung").
16 BFH AGS 2008, 96 = DStR 2008, 49 = NJW-Spezial 2008, 59 = DStZ 2008, 94 = RVGreport 2008, 76; FG
    Baden-Württemberg EFG 2006, 767.

Im gerichtlichen Hauptsacheverfahren entstehen die Gebühren der Vorbem. 3.2.1 Nr. 1 VV, Nr. 3200 ff VV. Auf die Verfahrensgebühr ist nach Vorbem. 3 Abs. 4 VV die Geschäftsgebühr des Einspruchsverfahrens anzurechnen.

Im gerichtlichen Verfahren auf Aussetzung entsteht die Gebühr nach Vorbem. 3.2.1 Nr. 1 VV, Nr. 3200 VV gesondert (§ 17 Nr. 4 Buchst. c) RVG). Vorbem. 3.2 Abs. 2 S. 1 VV gilt nicht in finanzgerichtlichen Verfahren. Gemäß Vorbem. 3 Abs. 4 VV ist allerdings die Geschäftsgebühr des finanzbehördlichen Aussetzungsverfahrens hälftig anzurechnen.

I. Einspruchsverfahren (Wert: 8.000 €)

1.	1,5-Geschäftsgebühr, Nr. 2300 VV	684,00 €
2.	Postentgeltpauschale, Nr. 7002 VV	20,00 €
	Zwischensumme	704,00 €
3.	19 % Umsatzsteuer, Nr. 7008 VV	133,76 €
	Gesamt	**837,76 €**

II. Verfahren auf Aussetzung der Vollziehung vor dem Finanzamt (Wert: 800 €)

1.	1,5-Geschäftsgebühr, Nr. 2300 VV	120,00 €
2.	Postentgeltpauschale, Nr. 7002 VV	20,00 €
	Zwischensumme	140,00 €
3.	19 % Umsatzsteuer, Nr. 7008 VV	26,60 €
	Gesamt	**166,60 €**

III. Anfechtungsklage (Wert: 8.000 €)

1.	1,6-Verfahrensgebühr, Vorbem. 3.2.1 Nr. 1 VV, Nr. 3200 VV	729,60 €
2.	gem. Vorbem. 3 Abs. 4 VV anzurechnen 0,75 aus 8.000 €	– 342,00 €
3.	1,2-Terminsgebühr, Nr. 3202 VV	547,20 €
4.	Postentgeltpauschale, Nr. 7002 VV	20,00 €
	Zwischensumme	954,80 €
5.	19 % Umsatzsteuer, Nr. 7008 VV	181,41 €
	Gesamt	**1.136,21 €**

IV. Verfahren auf Aussetzung der Vollziehung (Wert: 800 €)

1.	1,6-Verfahrensgebühr, Vorbem. 3.2.1 Nr. 1 VV, Nr. 3200 VV	128,00 €
2.	gem. Vorbem. 3 Abs. 4 VV anzurechnen 0,75 aus 800 €	– 60,00 €
3.	Postentgeltpauschale, Nr. 7002 VV[17]	20,00 €
	Zwischensumme	88,00 €
4.	19 % Umsatzsteuer, Nr. 7008 VV	16,72 €
	Gesamt	**104,72 €**

D. Prüfung der Erfolgsaussicht einer Revision oder Nichtzulassungsbeschwerde

34 Wird der Anwalt nicht sogleich mit der Nichtzulassungsbeschwerde oder der Revision beauftragt, sondern soll er zunächst nur die Aussichten einer Revision oder einer Nichtzulassungsbeschwerde zum BFH zu prüfen, gelten die Nr. 2100, 2101 VV. Die Verweisung des § 35 RVG ist nicht einschlägig. Zur Abrechnung s. § 11 Rn 19 ff.

E. Nichtzulassungsbeschwerde

35 Lässt das FG die Revision nicht zu, kann hiergegen Nichtzulassungsbeschwerde nach § 115 Abs. 3 FGO erhoben werden. Insoweit handelt es sich sowohl gegenüber der ersten

---

17 Die Postentgeltpauschale berechnet sich nach dem Gebührenaufkommen vor Anrechnung (s. § 10 Rn 20).

Instanz (§ 18 Abs. 1 Nr. 3 RVG) als auch gegenüber einem nachfolgenden Revisionsverfahren um eine **selbstständige Angelegenheit** (§ 17 Nr. 9 RVG).

Der Anwalt erhält im Nichtzulassungsbeschwerdeverfahren eine **1,6-Verfahrensgebühr** 36 nach Nr. 3506 VV, die sich im Falle der vorzeitigen Erledigung nach Nr. 3507 VV auf 1,1 reduziert. Vertritt der Anwalt **mehrere Auftraggeber** wegen desselben Gegenstandes, so erhöht sich die Gebühr um 0,3 je weiteren Auftraggeber (Nr. 1008 VV). Diese Verfahrensgebühr ist nach Anm. zu Nr. 3506 VV auf die Verfahrensgebühr des eventuell nachfolgenden Revisionsverfahrens **anzurechnen**.

Möglich ist auch eine **1,2-Terminsgebühr** nach Nr. 3516 VV, wenn es zu einem Termin 37 oder einer Besprechung iSd Vorbem. 3 Abs. 3 S. 3 Nr. 2 VV kommt. Die Terminsgebühr wird nicht angerechnet auf die Terminsgebühr eines späteren Revisionsverfahrens.

Zudem kann auch hier eine **Einigungs- oder Erledigungsgebühr** (Nr. 1000, 1002 VV) anfallen, deren Höhe sich auf 1,3 beläuft (Nr. 1004 VV). 38

F. Revision

Im Revisionsverfahren richtet sich die Vergütung nach Teil 3 Abschnitt 2 Unterabschnitt 2 39 VV. Der Anwalt erhält eine **1,6-Verfahrensgebühr** nach Nr. 3206 VV, die sich bei **vorzeitiger Beendigung** auf 1,1 reduziert (Nr. 3207 VV iVm Nr. 3201 Nr. 1 VV). Bei Vertretung **mehrerer Auftraggeber** wegen desselben Gegenstandes erhöht sich die Gebühr um 0,3 je weiteren Auftraggeber (Nr. 1008 VV). Ist ein **Nichtzulassungsbeschwerdeverfahren** vorangegangen, so ist die Verfahrensgebühr der Nr. 3506 VV anzurechnen (Anm. zu Nr. 3506 VV).

Daneben erhält der Anwalt eine **1,5-Terminsgebühr** nach Nr. 3210 VV, sofern es zu einem 40 Termin iSd Vorbem. 3 Abs. 3 VV kommt. Eine eventuell im Nichtzulassungsbeschwerdeverfahren angefallene Terminsgebühr ist nicht anzurechnen.

G. Erneutes Verfahren vor dem FG nach Zurückverweisung

Hebt der BFH das Urteil des FG auf und verweist er die Sache an das FG zurück, so wird 41 damit gem. § 21 Abs. 1 RVG eine neue Angelegenheit ausgelöst. Allerdings ist die Verfahrensgebühr des ersten Verfahrens vor dem FG auf die erneute Verfahrensgebühr vor dem FG anzurechnen (Vorbem. 3 Abs. 6 VV). Da Revisionsverfahren vor dem BFH in aller Regel länger als zwei Jahre dauern, ist insbesondere hier § 15 Abs. 5 S. 2 RVG zu beachten. Im Falle einer Zurückverweisung nach Ablauf von zwei Kalenderjahren ist eine Anrechnung ausgeschlossen.[18]

Beispiel 7: Die Anfechtungsklage gegen den Steuerbescheid hatte das FG im Dezember 2013 zurückgewiesen. Der BFH hebt im März 2016 das Urteil auf und verweist die Sache an das FG zurück.

I. Ausgangsverfahren

1.	1,6-Verfahrensgebühr, Vorbem. 3.2.1 Nr. 1 VV, Nr. 3200 VV (Wert: 4.000 €)	403,20 €
2.	1,2-Terminsgebühr, Vorbem. 3.2.1 Nr. 1 VV, Nr. 3202 VV (Wert: 4.000 €)	302,40 €
3.	Postentgeltpauschale, Nr. 7002 VV	20,00 €
	Zwischensumme	725,40 €
4.	19 % Umsatzsteuer, Nr. 7008 VV	137,83 €
	Gesamt	**863,23 €**

---

18 AnwK-RVG/N. *Schneider*, § 15 Rn 293; *ders.*, AGS 2003, 240; *ders.*, MDR 2003, 727.

II. Revisionsverfahren

1. 1,6-Verfahrensgebühr, Nr. 3206 VV (Wert: 4.000 €)   403,20 €
2. 1,5-Terminsgebühr, Nr. 3210 VV (Wert: 4.000 €)   378,00 €
3. Postentgeltpauschale, Nr. 7002 VV   20,00 €
       Zwischensumme   801,20 €
4. 19 % Umsatzsteuer, Nr. 7008 VV   152,23 €
   Gesamt   **953,43 €**

III. Verfahren nach Zurückverweisung

1. 1,6-Verfahrensgebühr, Vorbem. 3.2.1 Nr. 1 VV, Nr. 3200 VV   403,00 €
   (Wert: 4.000 €)[19]
2. 1,2-Terminsgebühr, Vorbem. 3.2.1 Nr. 1 VV, Nr. 3202 VV   302,40 €
   (Wert: 4.000 €)
3. Postentgeltpauschale, Nr. 7002 VV   20,00 €
       Zwischensumme   725,60 €
4. 19 % Umsatzsteuer, Nr. 7008 VV   137,86 €
   Gesamt   **863,46 €**

H. Beschwerde- und Erinnerungsverfahren, Antrag auf gerichtliche Entscheidung

42   Für allgemeine Beschwerden gelten die Nr. 3500, 3513 VV. Hier sind keine höheren Gebühren vorgesehen. Gleiches gilt für Erinnerungsverfahren oder auch für Verfahren auf gerichtliche Entscheidung nach § 133 FGO.

I. Verfahren wegen überlanger Verfahrensdauer

43   In Verfahren nach dem Gesetz über den Rechtsschutz bei überlangen Gerichtsverfahren und strafrechtlichen Ermittlungsverfahren[20] richtet sich die Vergütung nach Teil 3 Abschnitt 3 VV. Der Anwalt erhält eine **1,6-Verfahrensgebühr** nach Nr. 3300 Nr. 3 VV, die sich nach Nr. 3301 VV im Falle der vorzeitigen Beendigung unter den Voraussetzungen der Anm. Abs. 2 zu Nr. 3201 VV auf 1,0 ermäßigt. Hinzu kommen kann eine Terminsgebühr nach Vorbem. 3.3.1 VV iVm Nr. 3104 VV (richtigerweise müsste auf Nr. 3202 VV verwiesen werden – s. Vorbem. 3.2.1 Nr. 1 VV).

J. Zwangsvollstreckung

44   In Angelegenheiten der Vollstreckung nach §§ 150 ff FGO erhält der Anwalt die Gebühren nach den Nr. 3309, 3310 VV. Hier gelten keine Besonderheiten. Es wird auf die Ausführungen in § 27 verwiesen.

K. Sonstige Angelegenheiten

45   In sonstigen Angelegenheiten (zB Prozesskostenhilfeprüfungsverfahren) gelten die gleichen Gebühren wie in allgemeinen Verwaltungsverfahren. Daher gelten auch hier die Vorschriften der Nr. 3400 ff VV für den Verkehrsanwalt und den Terminsvertreter (s. § 13 Rn 253 ff, 267 ff).

---

19   Wären keine zwei Kalenderjahre vergangen, würde an dieser Stelle die 1,6-Verfahrensgebühr zu Punkt I. 1. gem. Vorbem. 3 Abs. 6 VV voll angerechnet.
20   Vom 24.11.2011 (BGBl. I S. 2302).

§ 20 Vertretung in Strafsachen

A. Überblick

Die Vergütung in Strafsachen ist in Teil 4 VV geregelt, der in drei Abschnitte unterteilt ist: 1

- Abschnitt 1 regelt die **Gebühren des Verteidigers**; dieser Abschnitt gilt allerdings gem. Vorbem. 4 Abs. 1 VV auch für den Anwalt als Vertreter in anderer Funktion.
- Abschnitt 2 regelt die Gebühren in der **Strafvollstreckung**.
- Abschnitt 3 schließlich regelt die **Gebühren für Einzeltätigkeiten**.

Für den **Wahlanwalt** sind grundsätzlich Betragsrahmen vorgesehen (im Vergütungsver- 2
zeichnis linke Gebührenspalte), aus denen er gem. § 14 Abs. 1 RVG die im Einzelfall angemessene Gebühr bestimmt. Nur im Fall der Nr. 4141 VV ist für ihn faktisch eine Festgebühr vorgeschrieben. Für den **bestellten oder beigeordneten Anwalt** gelten dagegen ausnahmslos Festgebühren, die sich im Vergütungsverzeichnis in der rechten Gebührenspalte
finden. Möglich ist die Bewilligung einer Pauschgebühr, und zwar sowohl für den Wahlanwalt (s. Rn 155) als auch für den bestellten oder beigeordneten Anwalt (s. § 33 Rn 29).

Für bestimmte Tätigkeiten sind **Wertgebühren** vorgesehen. Hier sind die Gebührensätze 3
für den Wahlanwalt und den bestellten oder beigeordneten Anwalt dieselben. Die maßgeb-
liche Gebühr ergibt sich dann aus dem Gebührensatz iVm den Gebührenbeträgen nach
§ 13 RVG bzw für den bestellten oder beigeordneten Anwalt ab einem Gegenstandswert
von über 4.000 € aus den Beträgen des § 49 RVG.

Klargestellt ist, dass **Straf- und Bußgeldsachen** immer **verschiedene Angelegenheiten** iSd 4
§ 15 RVG darstellen, da sie in verschiedenen Teilen des Vergütungsverzeichnisses geregelt
sind. Dies gilt sowohl dann, ein Bußgeldverfahren zur weiteren Ermittlung als Strafsache
abgegeben wird, als auch dann, wenn sich nach Einstellung des Strafverfahrens ein Bußgeldverfahren anschließt (§ 17 Nr. 10 RVG).

B. Die Gebühren des Verteidigers

I. Überblick

Die Gebühren des Verteidigers regelt Teil 4 Abschnitt 1 VV. Erfasst wird hier nur der 5
(Voll-)Verteidiger. Wird der Anwalt nur ausschnittweise mit einzelnen Verteidigungshand-
lungen beauftragt (etwa der Einlegung eines Rechtsmittels oder als Verkehrsanwalt oder
Terminsvertreter), gilt Teil 4 Abschnitt 3 VV. Die Tätigkeit des Verteidigers in der Strafvollstreckung wiederum ist in Teil 4 Abschnitt 2 VV gesondert geregelt.

Differenziert wird zwischen **Wahlverteidiger und Pflichtverteidiger**. Die Gebührentatbe- 6
stände sind dieselben (mit Ausnahme der zeitlichen Staffelung der Terminsgebühr für den
Pflichtverteidiger). Während für den Wahlverteidiger grundsätzlich Betragsrahmen vorgesehen sind, aus denen er die im Einzelfall angemessene Gebühr unter Berücksichtigung der
Kriterien des § 14 Abs. 1 RVG bestimmt, erhält der Pflichtverteidiger feste Beträge, die
80 % der Mittelgebühr des Wahlverteidigers ausmachen.

II. Das Gebührensystem

1. Die Gebühren

Für den Verteidiger entsteht zunächst einmal immer eine **Grundgebühr** (Nr. 4100 VV), die 7
nur einmal entstehen kann.

Darüber hinaus entsteht als Betriebsgebühr eine **Verfahrensgebühr**, die allerdings gem. 8
§ 15 Abs. 2 RVG je Verfahrensabschnitt nur einmal anfallen kann. Nur im Wiederaufnahmeverfahren entsteht eine Geschäftsgebühr (Nr. 4136 VV).

9　Hinzu kommen **Terminsgebühren**, die grundsätzlich je Termin anfallen, also – im Gegensatz zu den Gebühren nach Teil 3 VV und in Abweichung zu § 15 Abs. 2 RVG – in derselben Angelegenheit auch mehrmals entstehen können.

10　Unterschieden wird zwischen **Hauptverhandlungsterminen** (Teil 4 Abschnitt 1 Unterabschnitt 3 VV) und **Terminen außerhalb der Hauptverhandlung** (Nr. 4102 VV).

11　Darüber hinaus sind in Teil 4 Abschnitt 1 Unterabschnitt 5 VV noch **zusätzliche Gebühren** vorgesehen.

2. Einteilung in Verfahrensabschnitte

12　Eingeteilt wird die Tätigkeit des Verteidigers in einzelne Verfahrensabschnitte, die jeweils eigene Angelegenheiten iSd § 15 RVG bilden:

- das **vorbereitende Verfahren** (§ 17 Nr. 10 Buchst. a) RVG), geregelt in Teil 4 Abschnitt 1 Unterabschnitt 2 VV, Nr. 4104, 4105 VV;
- das **erstinstanzliche gerichtliche Verfahren** (§ 17 Nr. 10 Buchst. a) RVG), geregelt in Teil 4 Abschnitt 1 Unterabschnitt 3 VV, Nr. 4106 bis 4123 VV;
- das **Berufungsverfahren** (§ 17 Nr. 1 RVG), geregelt in Teil 4 Abschnitt 1 Unterabschnitt 3 VV, Nr. 4124 bis 4129 VV;
- das **Revisionsverfahren** (§ 17 Nr. 1 RVG), geregelt in Teil 4 Abschnitt 1 Unterabschnitt 3 VV, Nr. 4130 bis 4135 VV;
- das **Wiederaufnahmeverfahren**, geregelt in Teil 4 Abschnitt 1 Unterabschnitt 4 VV, Nr. 4136 bis 4140 VV;
- das **wiederaufgenommene Verfahren** (§ 17 Nr. 13 RVG); die Gebühren richten sich nach der Instanz, in der das Verfahren wieder aufgenommen worden ist;
- ein Verfahren nach einer **Zurückverweisung** (§ 21 Abs. 1 RVG), hier entstehen alle Gebühren – mit Ausnahme der Grundgebühr – erneut. Eine Anrechnung der Verfahrensgebühr ist hier – im Gegensatz zu den Gebühren nach Teil 3 VV – nicht vorgesehen. Es entsteht auch eine neue Postentgeltpauschale;[1]
- ein Verfahren über die **im Urteil vorbehaltene Sicherungsverwahrung** (§ 17 Nr. 12 RVG).

13　Im Falle der **Abgabe** oder **Verweisung** ist das Verfahren vor dem verweisenden und vor dem übernehmenden Gericht dagegen nur ein Rechtszug, also nur eine Gebührenangelegenheit (§ 20 S. 1 RVG). Es gilt der höhere Gebührenrahmen. Lediglich dann, wenn die Sache an ein Gericht eines niedrigeren Rechtszugs verwiesen oder abgegeben wird, gilt das weitere Verfahren vor diesem Gericht als ein neuer Rechtszug (§ 20 S. 2 RVG).

3. Allgemeine Gebühren

14　Allgemeine Gebühren sind in Teil 4 Abschnitt 1 Unterabschnitt 1 VV geregelt. Zunächst entsteht einmalig eine **Grundgebühr** nach Nr. 4100 VV für die erstmalige Einarbeitung in die Sache (Anm. Abs. 1, 1. Hs. zu Nr. 4100 VV).

15　Daneben erhält der Anwalt für die Teilnahme an Terminen außerhalb der Hauptverhandlung nach Nr. 4102 VV in allen Instanzen eine **Terminsgebühr**, die auch neben der Terminsgebühr für eine Hauptverhandlung entstehen kann.

4. Verfahrensgebühr

16　In jedem Verfahrensabschnitt erhält der Verteidiger darüber hinaus für das Betreiben des Geschäfts einschließlich der Information zunächst eine Verfahrensgebühr (Vorbem. 4 Abs. 2 S. 1 VV). Diese Gebühr entgilt innerhalb ihres Anwendungsbereichs alle Tätigkeiten (Vorbem. 4.2 Abs. 2 VV). Der Abgeltungsbereich endet dort, wo besondere Gebühren

---

1　LG Dresden AGS 2006, 169.

vorgesehen sind, also bei der Wahrnehmung von Terminen, für die besondere Terminsgebühren entstehen, oder dort, wo zusätzliche Gebühren vorgesehen sind. Soweit keine Terminsgebühren vorgesehen sind (zB bloße Teilnahme an einer Haftbefehlsverkündung),
wird die entsprechende Tätigkeit durch die zugrunde liegende Verfahrensgebühr mit abgegolten.

Abgegolten werden auch **Beschwerdeverfahren**, sofern ausnahmsweise keine besonderen   17
Beschwerdegebühren vorgesehen sind (§ 17 Nr. 10 Buchst. a RVG). Mit der Verfahrens-
bühr wird daher zB auch eine Beschwerde nach § 304 StPO gegen die Entziehung der
Fahrerlaubnis nach § 111 a StPO abgegolten oder eine Beschwerde gegen eine Kosten- und
Auslagenentscheidung.[2] Die Mehrarbeit kann lediglich im Rahmen des § 14 Abs. 1 RVG
gebührenerhöhend berücksichtigt werden.

Eine Verfahrensgebühr als Betriebsgebühr muss immer entstehen, wenn der Anwalt als   18
Verteidiger tätig wird. Die gegenteilige Auffassung,[3] es könne nur eine Terminsgebühr entstehen, aber keine Verfahrensgebühr, wenn der Rechtsanwalt erst im Hauptverhandlungstermin zum Verteidiger bestellt und am Ende der ersten Hauptverhandlung bereits das Urteil verkündet und Rechtsmittelverzicht erklärt werde, ist unzutreffend und mit dem Gesetz nicht zu vereinbaren.

5. Terminsgebühr

Hinzu kommt für jeden **Hauptverhandlungstermin**, an dem der Verteidiger teilnimmt, eine   19
Terminsgebühr (Vorbem. 4 Abs. 3 S. 1 VV). Im Gegensatz zu den Gebühren nach Teil 3
VV und in Abweichung zu § 15 Abs. 2 RVG kann die Terminsgebühr in derselben Angele-
genheit mehrmals entstehen. Eine Unterscheidung danach, ob es sich um einen ersten
Hauptverhandlungstermin, um einen Fortsetzungstermin oder um einen erneuten ersten
Hauptverhandlungstermin handelt, wird nicht vorgenommen. Alle Termine werden gleich
behandelt. Unterschiedliche Beträge können sich hier nur aus der Bestimmung der konkreten Gebühr nach § 14 Abs. 1 RVG ergeben.

Die Terminsgebühr entsteht mit **Aufruf der Sache**. Sie erfasst auch die Vorbereitung der   20
Hauptverhandlung.[4]

Eine Besonderheit findet sich in Vorbem. 4 Abs. 2 S. 2 VV. Danach erhält der Verteidiger   21
die Terminsgebühr auch dann, wenn er zu einem anberaumten Termin erscheint, dieser
aber aus Gründen, die von ihm nicht zu vertreten sind, nicht – oder mit einem andern Verteidiger[5] – stattfindet (sog. **geplatzter Termin**), es sei denn, der Anwalt ist rechtzeitig von
der Aufhebung oder Verlegung des Termins in Kenntnis gesetzt worden (Vorbem. 4 Abs. 2
S. 3 VV).[6] Der Verteidiger muss allerdings zum Termin erschienen sein. Der Antritt der
Anreise genügt nicht.[7] Wenn der Verteidiger unterwegs vom Ausfall unterrichtet wird und
umkehrt, entsteht keine Terminsgebühr.[8]

Beim **Pflichtverteidiger** ist die Höhe der Terminsgebühr für die Teilnahme an einer Haupt-   22
verhandlung nach der **Dauer des Termins** gestaffelt. Während der Wahlverteidiger bei lan-
ger Dauer eines Termins dies im Rahmen des § 14 Abs. 1 RVG gebührenerhöhend berücksichtigen kann, hat der Pflichtverteidiger diese Möglichkeit wegen der für ihn vorgesehenen Festgebühren nicht. Als Ausgleich dafür ist für seine Terminsgebühren eine Staffelung
vorgesehen, wonach sich die Gebühren ab einer Dauer von mehr als fünf und mehr als

---

2 AG Koblenz AGS 2013, 459.
3 OLG Koblenz AGS 2005, 155 m. abl. Anm. *N. Schneider* = JurBüro 2005, 199; AG Koblenz AGS 2004,
   448 m. abl. Anm. *N. Schneider* = RVGreport 2004, 469.
4 OLG Hamm AGS 2006, 498; LG Hamburg AGS 2008, 343; aA AG Koblenz 2008, 346.
5 AG Hagen AGS 2008, 78 = RVGreport 2007, 426.
6 LG Bonn AGS 2007, 563 = RVGreport 2008, 61 = JurBüro 2007, 590, das allerdings nur eine unterdurchschnittliche Gebühr ansetzen will.
7 OLG München AGS 2015, 70 = RVGreport 2015, 66.
8 OLG München AGS 2008, 233 = RVGreport 2008, 109 = NJW 2008, 1607.

acht Stunden jeweils erhöhen. Die Berechnung der Dauer, insbesondere, ob und inwieweit **Sitzungspausen** zu berücksichtigen sind, ist im Einzelnen umstritten.[9]

6. Haftzuschlag

23 Befindet sich der Beschuldigte **nicht auf freiem Fuß**, erhält der Verteidiger einen Zuschlag zur Grundgebühr sowie zu den Verfahrens- und Terminsgebühren. Für den Wahlanwalt ergeben sich dadurch jeweils eigene Betragsrahmen, der Pflichtverteidiger erhält höhere Festgebühren.

24 Weshalb sich der Beschuldigte nicht auf freiem Fuß befindet, ist unerheblich. Hauptanwendungsfall ist die **Untersuchungshaft**. Die Vorschrift gilt jedoch auch bei:

- **Unterbringungen** nach dem Gesetz über Hilfen und Schutzmaßnahmen bei psychischen Krankheiten (PsychKG),
- einer **Sicherungsverwahrung,**
- einer **Zwangshaft** (§§ 888, 901 ZPO),
- **vorläufiger Festnahme** nach § 127 Abs. 1 StPO bzw § 127 b Abs. 1 StPO,[10]
- der Unterbringung in einer Einrichtung der Jugendhilfe zur Vermeidung der Untersuchungshaft nach § 71 Abs. 3 JGG iVm § 71 Abs. 2 JGG.[11]
- Strittig ist, ob ein Haftzuschlag anfällt, wenn sich der Mandant in **offenem Vollzug** befindet. Dies wird teilweise abgelehnt.[12] Zutreffenderweise kommt es für die Entstehung des Zuschlags jedoch nicht darauf an, ob im Einzelfall aufgrund der Inhaftierung Umstände gegeben sind, die konkrete Erschwernisse der Tätigkeit des Rechtsanwalts zur Folge haben; daher ist der Haftzuschlag auch im offenen Vollzug anzuwenden.[13]
- Dagegen kommt ein Haftzuschlag nicht in Betracht, wenn sich der Beschuldigte **freiwillig** in einer **stationären Therapieeinrichtung** befindet oder[14] der in einem psychiatrischen Krankenhaus untergebrachte Mandant bereits dauerhaft in einem externen Pflegeheim wohnt (betreutes Wohnen), sich also gar nicht mehr im Krankenhaus des Maßregelvollzugs aufhält.[15]

25 Nicht erforderlich ist es, dass der Beschuldigte in der Sache inhaftiert oder untergebracht ist, wegen der er verteidigt wird. Dem Verteidiger steht auch dann der Haftzuschlag zu, wenn der Mandant in einer anderen Sache inhaftiert ist, in der der Verteidiger nicht tätig ist.

26 Unerheblich ist, wie lange sich der Beschuldigte nicht auf freiem Fuß befunden hat. Entscheidend ist nur, dass er sich irgendwann einmal während des Abgeltungszeitraums der betreffenden Gebühr nicht auf freiem Fuß befunden hat. Daher reicht es aus, dass der Beschuldigte erst im Verlauf des Verfahrens – ggf auch nur vorübergehend – inhaftiert worden ist. Die Frage des Haftzuschlags ist für jede Gebühr gesondert zu prüfen. So reicht zB die Inhaftierung erst während eines Fortsetzungstermins nicht aus, um die Terminsgebühr für einen vorangegangenen Hauptverhandlungstermin zu erhöhen, in dem der Beschuldigte sich noch auf freiem Fuß befand.[16]

Beispiel 1: Der Anwalt wird im vorbereitenden und im gerichtlichen Verfahren vor dem AG als Verteidiger tätig. Im vorbereitenden Verfahren befindet sich der Beschuldigte auf freiem Fuß. Nach Anklageerhebung wird er inhaftiert. Es findet später ein Haftprüfungstermin statt. Nach

---

9   Siehe hierzu AnwK-RVG/N. *Schneider*, Nr. 4108–4111 VV Rn 26.
10 KG AGS 2008, 32; KG AGS 2008, 31 = JurBüro 2007, 643 = RVGreport 2007, 463.
11 OLG Jena AGS 2003, 313.
12 AG Osnabrück AGS 2006, 232.
13 KG AGS 2007, 619 = JurBüro 2007, 644 = RVGreport 2007, 462; AG Aachen AGS 2007, 242 = RVGreport 2007, 463.
14 OLG Bamberg StRR 2007, 283.
15 LG Berlin AGS 2007, 562 = RVGreport 2007, 462.
16 OLG Hamm AGS 1997, 4 = AnwBl 1997, 179 = JurBüro 1997, 140.

dem ersten Hauptverhandlungstermin wird der Beschuldigte wieder auf freien Fuß gesetzt. Es findet dann noch ein Fortsetzungstermin statt.

Die Grundgebühr (Nr. 4100 VV) sowie die Verfahrensgebühr der Nr. 4104 VV entstehen ohne Zuschlag, da sich der Beschuldigte während des vorbereitenden Verfahrens auf freiem Fuß befand. Die Verfahrensgebühr des gerichtlichen Verfahrens (Nr. 4106 VV) sowie die Terminsgebühr für den Haftprüfungstermin (Nr. 4102 Nr. 3 VV) und die Terminsgebühr für den ersten Hauptverhandlungstermin (Nr. 4108 VV) entstehen dagegen mit Zuschlag. Die Gebühr für den Fortsetzungstermin entsteht wiederum ohne Zuschlag, da zu diesem Zeitpunkt der Beschuldigte wieder auf freiem Fuß war.

I. Vorbereitendes Verfahren

1.	Grundgebühr, Nr. 4100 VV	160,00 €
2.	Verfahrensgebühr, Nr. 4104 VV	132,00 €
3.	Postentgeltpauschale, Nr. 7002 VV	20,00 €
	Zwischensumme	312,00 €
4.	19 % Umsatzsteuer, Nr. 7008 VV	59,28 €
	Gesamt	**371,28 €**

II. Gerichtliches Verfahren

1.	Verfahrensgebühr, Nr. 4106 VV	161,00 €
2.	Terminsgebühr, Nr. 4102 VV	166,00 €
3.	Terminsgebühr, Nr. 4108 VV	268,00 €
4.	Verfahrensgebühr, Nr. 4106 VV	220,00 €
5.	Postentgeltpauschale, Nr. 7002 VV	20,00 €
	Zwischensumme	835,00 €
6.	19 % Umsatzsteuer, Nr. 7008 VV	158,65 €
	Gesamt	**993,65 €**

7. Zusätzliche Gebühren

Nach Teil 4 Abschnitt 1 Unterabschnitt 5 VV kann der Verteidiger neben Grund-, Verfahrens- und Terminsgebühr noch zusätzliche Gebühren verdienen, und zwar   27

- nach Nr. 4141 VV bei Mitwirkung an einer **Erledigung des Verfahrens ohne Hauptverhandlung** (s. Rn 89 ff),
- nach Nr. 4142 VV bei Befassung mit einer **Einziehung oder verwandten Maßnahme** (s. Rn 111 ff),
- nach Nr. 4143, 4144 VV bei Befassung auch mit **vermögensrechtlichen Ansprüchen** (s. Rn 115),
- nach Nr. 4147 VV bei einer **Einigung im Privatklageverfahren** (s. Rn 118).

8. Auslagen

Neben den Gebühren nach Teil 4 VV erhält der Anwalt Auslagen nach Teil 7 VV.   28

Die bislang kontrovers behandelte Frage, ob es sich beim **staatsanwaltlichen Ermittlungs-**   29
verfahren und dem **anschließenden erstinstanzlichen gerichtlichen Strafverfahren** um eine Angelegenheit handelt oder ob zwei Angelegenheiten vorliegen und damit eine oder zwei Postentgeltpauschalen (Nr. 7002 VV) anfallen, ist mit dem 2. KostRMoG durch § 17 Nr. 10 Buchst. b) RVG geklärt worden. Es ist von zwei Angelegenheiten und damit von zwei Postentgeltpauschalen auszugehen.

Bedeutung hat dies auch für die Berechnung der Dokumentenpauschale, da in jeder Ange-   30
legenheit die ersten 50 Seiten mit einem höheren Betrag berechnet werden als die weiteren Kopien und Ausdrucke.

III. Allgemeine Gebühren

1. Überblick

31 Die allgemeinen Gebühren sind in Teil 4 Abschnitt 1 Unterabschnitt 1 VV enthalten (Nr. 4100 bis 4103 VV). Geregelt sind die Grundgebühr und die Terminsgebühr für die Teilnahme an Terminen außerhalb der Hauptverhandlung.

2. Grundgebühr

32 Nach Nr. 4100 VV erhält der Anwalt eine Grundgebühr für die **erstmalige Einarbeitung** in den Rechtsfall. Abgegolten werden soll hiermit die erstmalige Einarbeitung in den Prozessstoff, die Entgegennahme der Information, rechtliche Prüfungen, Sachverhaltsermittlungen, Gespräche mit dem Mandanten etc. Diese Gebühr kann in jedem Verfahrensabschnitt entstehen. Sie fällt allerdings nur **einmalig** an (Anm. Abs. 1 zu Nr. 4100 VV), nämlich in dem Verfahrensabschnitt, in dem der Verteidiger erstmals tätig geworden ist. In den nachfolgenden Angelegenheiten kann die Grundgebühr nicht nochmals entstehen.

33 Die Grundgebühr entsteht immer **neben** einer **Verfahrensgebühr**. Sie kann niemals isoliert entstehen.[17]

34 Die **Höhe der Gebühr** beläuft sich für den Wahlanwalt auf 40 € bis 360 € (Mittelgebühr 200 €). Der Pflichtverteidiger erhält 160 €.

35 Da **Strafverfahren und Bußgeldverfahren** gebührenrechtlich zwei verschiedene Angelegenheiten sind (s. auch § 17 Nr. 10 RVG), kann sowohl im Bußgeldverfahren als auch im Strafverfahren eine Grundgebühr (Nr. 4100 und 5100 VV) anfallen. Soweit im Bußgeldverfahren die Grundgebühr bereits wegen derselben Tat angefallen ist, wird sie auf die Grundgebühr des nachfolgenden Strafverfahrens angerechnet (Anm. Abs. 2 zu Nr. 4100 VV). Soweit im Strafverfahren eine Grundgebühr angefallen ist, entsteht im Bußgeldverfahren keine Grundgebühr mehr (Anm. Abs. 2 zu Nr. 5100 VV).

Beispiel 2: Die Staatsanwaltschaft ermittelt nach einem Verkehrsunfall wegen des Verdachts der fahrlässigen Körperverletzung. Das Verfahren wird eingestellt. Daraufhin wird ein Bußgeldverfahren wegen Vorfahrtsverletzung (Bußgeld unter 40 €) eingeleitet, das schließlich eingestellt wird.

I. Strafverfahren

1. Grundgebühr, Nr. 4100 VV		200,00 €
2. Verfahrensgebühr, Nr. 4104 VV		165,00 €
3. Zusätzliche Gebühr, Nr. 4141, 4106 VV		165,00 €
4. Postentgeltpauschale, Nr. 7002 VV		20,00 €
Zwischensumme	550,00 €	
5. 19 % Umsatzsteuer, Nr. 7008 VV		104,50 €
Gesamt		**654,50 €**

II. Bußgeldverfahren

1. Verfahrensgebühr, Nr. 5101 VV		65,00 €
2. Zusätzliche Gebühr, Nr. 5115, 5101 VV		65,00 €
3. Postentgeltpauschale, Nr. 7002 VV		20,00 €
Zwischensumme	150,00 €	
4. 19 % Umsatzsteuer, Nr. 7008 VV		28,50 €
Gesamt		**178,50 €**

Beispiel 3: Die Staatsanwaltschaft ermittelt nach einem Verkehrsunfall wegen des Verdachts der Verkehrsunfallflucht. Das Verfahren wird eingestellt. Anlässlich der Fahrzeugbegutachtung hat sich jedoch herausgestellt, dass die Anhängerkupplung am Fahrzeug des Mandanten nicht

---

17 LG Duisburg AGS 2014, 330 = NJW-Spezial 2014, 508 = RVGreport 2014, 427; LG Oldenburg AGS 2014, 552.

zugelassen ist. Daraufhin wird ein Bußgeldverfahren unter 40 € eingeleitet, das schließlich eingestellt wird.

I. Strafverfahren

1. Grundgebühr, Nr. 4100 VV		200,00 €
2. Verfahrensgebühr, Nr. 4104 VV		165,00 €
3. Zusätzliche Gebühr, Nr. 4141, 4106 VV		165,00 €
4. Postentgeltpauschale, Nr. 7002 VV		20,00 €
Zwischensumme	550,00 €	
5. 19 % Umsatzsteuer, Nr. 7008 VV		104,50 €
Gesamt		**654,50 €**

II. Bußgeldverfahren

1. Grundgebühr, Nr. 5100 VV		100,00 €
2. Verfahrensgebühr, Nr. 5101 VV		65,00 €
3. Zusätzliche Gebühr, Nr. 5115, 5101 VV		65,00 €
4. Postentgeltpauschale, Nr. 7002 VV		20,00 €
Zwischensumme	250,00 €	
5. 19 % Umsatzsteuer, Nr. 7008 VV		47,50 €
Gesamt		**297,50 €**

3. Terminsgebühr

In Nr. 4102 VV ist die Vergütung für die Teilnahme an bestimmten Terminen außerhalb der Hauptverhandlung geregelt, und zwar für Teilnahme[18] an   36

- richterlichen Vernehmungen und Augenscheinseinnahmen (Nr. 1),
- Vernehmungen durch die Staatsanwaltschaft oder eine andere Strafverfolgungsbehörde (Nr. 2),
- Terminen außerhalb der Hauptverhandlung, in denen über die Anordnung oder Fortdauer der Untersuchungshaft oder der einstweiligen Unterbringung verhandelt wird (Nr. 3),[19]
- Verhandlungen im Rahmen des Täter-Opfer-Ausgleichs (Nr. 4),[20]
- Sühneterminen nach § 380 StPO (Nr. 5),
- Teilnahme an einem Sachverständigentermin,[21]
- Teilnahme an einem Termin nach § 202 a S. 1 StPO.[22]
- Auch die Anhörung nach § 57 JGG[23] oder die Teilnahme an einer Exploration[24] löst die Gebühr aus.

Die allgemeine Terminsgebühr kann der Verteidiger **in jedem Verfahrensabschnitt** erhalten.   37
Sie kann also – im Gegensatz zur Grundgebühr – auch mehrmals entstehen, sie kann auch neben den Terminsgebühren für die Teilnahme an der Hauptverhandlung[25] (Nr. 4108 ff, 4120 ff, 4126 ff VV) anfallen. Diese Gebührentatbestände sind jeweils voneinander unabhängig.

---

18   Nach AG Koblenz RVGreport 2008, 61 sollen auch fernmündliche Erörterungen ausreichen können.
19   Bloße Haftbefehlsverkündungstermine reichen nicht aus (OLG Hamm AGS 2006, 122 = JurBüro 2006, 136 und 179 = RVGreport 2006, 469).
20   LG Kiel AGS 2010, 295 = RVGreport 2010, 147 = StRR 2010, 320; auch während der Unterbrechung einer Hauptverhandlung: AG Münster AGS 2007, 350 = RVGreport 2007, 303.
21   LG Freiburg AGS 2015, 28 = RVGreport 2015, 24 = NJW-Spezial 2015, 61; LG Braunschweig AGS 2011, 539 = JurBüro 2011, 524 = StRR 2011, 287 = RVGreport 2011, 383; aA LG Düsseldorf 2011, 430 = AG kompakt 2011, 6; AG Oschatz AGS 2012, 390 = RVGprof. 2012, 99.
22   AG Freiburg AGS 2011, 69 = NJW-Spezial 2011, 92 = RVGreport 2011, 65 = StRR 2011, 123; aA LG Osnabrück StRR 2011, 367 u. 483.
23   LG Mannheim AGS 2008, 179 = RVGreport 2008, 145.
24   LG Offenbach AGS 2006, 436 = RVGreport 2006, 350.
25   Sogar während der Unterbrechung einer Hauptverhandlung: AG Münster AGS 2007, 350 = RVGreport 2007, 303.

38 Gemäß Anm. S. 2 zu Nr. 4102 VV deckt die Terminsgebühr der Nr. 4102 VV je Verfahrensabschnitt **bis zu drei Termine** ab. Das bedeutet, dass der Anwalt für die ersten drei Termine aus dem Katalog der Nr. 4102 VV Nr. 1 bis 5 VV je Verfahrensabschnitt die Gebühr nur einmal erhält. Erst ab dem vierten, siebten etc. Termin entsteht die Gebühr erneut. Mehrere Termine an demselben Tag gelten dabei als ein Termin (Anm. S. 1 zu Nr. 4102 VV).

39 Die **Höhe der Terminsgebühr** beläuft sich auf 40 € bis 300 €. Die Mittelgebühr beträgt 170 €. Der beigeordnete Anwalt erhält 136 €. Auch diese Gebühr erhöht sich, wenn sich der Auftraggeber nicht auf freiem Fuß befindet (Vorbem. 4 Abs. 4 VV).

IV. Vorbereitendes Verfahren

1. Überblick

40 Die Gebühren für das vorbereitende Verfahren sind in Teil 4 Abschnitt 1 Unterabschnitt 2 VV geregelt. Das vorbereitende Verfahren ist gegenüber dem erstinstanzlichen gerichtlichen Verfahren eine eigene Angelegenheit iSd § 15 RVG (§ 17 Nr. 10 Buchst. a) RVG).

2. Grundgebühr

41 Der Verteidiger, der erstmals im vorbereitenden Verfahren beauftragt wird, erhält immer die Grundgebühr nach Nr. 4100 VV, da dies der früheste Verfahrensabschnitt ist, in dem er beauftragt werden kann. Soweit die Grundgebühr in diesem Verfahrensabschnitt entsteht, fällt sie in einem späteren Verfahren nicht nochmals an (Anm. Abs. 1 zu Nr. 4100 VV). Bei vorangegangenem Bußgeldverfahren wegen derselben Tat ist die dortige Grundgebühr anzurechnen (Anm. Abs. 2 zu Nr. 4100 VV).

3. Verfahrensgebühr

42 Darüber hinaus erhält der Verteidiger im vorbereitenden Verfahren die Verfahrensgebühr nach Nr. 4104 VV mit einem Gebührenrahmen von 40 € bis 290 € (Mittelgebühr 165 €). Der Pflichtverteidiger erhält 132 €. Die Höhe der Gebühr ist unabhängig davon, vor welchem Gericht die Anklage zu erheben wäre.

Beispiel 4: Der Anwalt war im staatsanwaltlichen Ermittlungsverfahren als Verteidiger tätig. Das Verfahren ist ohne sein Zutun von der Staatsanwaltschaft eingestellt worden. Auszugehen ist von der Mittelgebühr.

1. Grundgebühr, Nr. 4100 VV		200,00 €
2. Verfahrensgebühr, Nr. 4104 VV		165,00 €
3. Postentgeltpauschale, Nr. 7002 VV		20,00 €
Zwischensumme	385,00 €	
4. 19 % Umsatzsteuer, Nr. 7008 VV		73,15 €
Gesamt		**485,15 €**

4. Terminsgebühr

43 Des Weiteren kann der Anwalt im vorbereitenden Verfahren zusätzlich noch eine Terminsgebühr nach Nr. 4102 VV verdienen (s. Rn 36 ff).

5. Zusätzliche Gebühr nach Nr. 4141 VV

44 Im vorbereitenden Verfahren erhält der Anwalt des Weiteren eine Gebühr nach Anm. Abs. 1 zu Nr. 4141 VV, wenn das Verfahren nicht nur vorläufig eingestellt wird. Die Höhe der zusätzlichen Gebühr richtet sich nicht nach Nr. 4104 VV, sondern nach Nr. 4106, 4112, 4118 VV, je nachdem, vor welchem Gericht die Anklage erhoben worden wäre (s. Rn 108).

6. Zusätzliche Verfahrensgebühr bei Einziehung und verwandten Maßnahmen

Darüber hinaus kann der Anwalt im vorbereitenden Verfahren bereits eine Gebühr nach 45 Nr. 4142 VV verdienen, wenn er hier schon mit einer Einziehung oder einer verwandten Maßnahme befasst wird (s. Rn 111 ff). Die Gebühr entsteht im erstinstanzlichen gerichtlichen Verfahren dann allerdings nicht erneut (Anm. Abs. 3 zu Nr. 4142 VV).

7. Zusätzliche Verfahrensgebühr bei vermögensrechtlichen Ansprüchen

Ist der Anwalt bereits anlässlich des vorbereitenden Verfahrens mit vermögensrechtlichen 46 Ansprüchen befasst, fehlt es an einem Gebührentatbestand in Teil 4 VV. Dort sind die Gebühren erst ab dem erstinstanzlichen Verfahren geregelt. Daher dürfte sich die Vergütung nach Nr. 2300 VV richten.

Eine Anrechnung dieser Gebühr ist im Gesetz nicht vorgesehen, da eine der Vorbem. 3 47 Abs. 4 VV vergleichbare Vorschrift fehlt. Eine analoge Anwendung der Anrechnungsbestimmung dürfte nicht in Betracht kommen, nachdem der Gesetzgeber die Anrechnungsvorschriften – zuletzt mit dem 2. KostRMoG – mehrfach geändert hat, jedoch für die Nr. 4143 VV eine Anrechnung nicht vorgesehen hat.[26]

8. Einigungsgebühr bei Einigung über vermögensrechtlichen Ansprüche

Kommt es zu einer Einigung über vermögensrechtliche Ansprüche, entsteht eine 1,5-Eini- 48 gungsgebühr nach Nr. 1000 VV, es sei denn, diese sind bereits anderweitig anhängig. Dann entsteht die Gebühr nur zu 1,0 (Nr. 1003 VV) oder zu 1,3 (Nr. 1004 VV).

9. Einigungsgebühr im Privatklageverfahren

Sollte der Anwalt in einem einzuleitenden Privatklageverfahren verteidigen, kann er im 49 Falle einer Einigung bezüglich des Strafanspruchs oder des Kostenerstattungsanspruchs eine Einigungsgebühr nach Nr. 4147 VV verdienen (s. Rn 118). Soweit diese Gebühr entsteht, schließt sie eine zusätzliche Gebühr nach Nr. 4141 VV aus (Anm. Abs. 2 zu Nr. 4141 VV).

V. Erstinstanzliches gerichtliches Verfahren

1. Überblick

Die Gebühren des Verteidigers im ersten Rechtszug sind in Teil 4 Abschnitt 1 Unterab- 50 schnitt 3 VV geregelt. Ergänzend gelten die allgemeinen Gebühren nach Teil 4 Unterabschnitt 1 VV sowie die zusätzlichen Gebühren nach Teil 4 Abschnitt 1 Unterabschnitt 5 VV. Das erstinstanzliche gerichtliche Verfahren ist gegenüber dem vorbereitenden Verfahren eine eigene Angelegenheit (§ 17 Nr. 10 Buchst. a) RVG).

Zu beachten ist, dass die Gebühren in diesem Verfahrensstadium danach gestaffelt sind, 51 **vor welchem Gericht** die **Anklage erhoben** worden ist. Unterschieden wird nach Verfahren vor

- dem Amtsgericht,
- der Strafkammer bzw der Jugendkammer (Landgericht),
- dem Oberlandesgericht, dem Schwurgericht oder der Strafkammer nach den §§ 74 a und 74 c GVG; dem steht gleich die Jugendkammer, soweit diese in Sachen entscheidet, die nach den allgemeinen Vorschriften zur Zuständigkeit des Schwurgerichts gehören.

---

26 AnwK-RVG/N. *Schneider*, Nr. 4143–4144 VV Rn 56 ff.

2. Grundgebühr

52   Zunächst einmal kann der Verteidiger auch im gerichtlichen Verfahren die Grundgebühr nach Nr. 4100 VV verdienen. Voraussetzung ist allerdings, dass er im vorbereitenden Verfahren noch nicht tätig war (Anm. Abs. 1 zu Nr. 4100 VV).

3. Verfahrensgebühr

53   Für seine Tätigkeit im gerichtlichen Verfahren erhält der Anwalt eine Verfahrensgebühr. Die Verfahrensgebühr entsteht auch hier für das Betreiben des Geschäfts (Vorbem. 4 Abs. 2 VV) und deckt sämtliche Tätigkeiten des Verteidigers ab, soweit keine gesonderten Gebühren entstehen.

54   Die Höhe der Verfahrensgebühr ist davon abhängig, vor welchem Gericht die Anklage erhoben worden ist (s. Rn 51).

Gebühr	Mindestbetrag	Mittelgebühr	Höchstbetrag	Pflichtverteidiger
Nr. 4106 VV	40 €	165 €	290 €	132 €
Nr. 4112 VV	50 €	185 €	320 €	148 €
Nr. 4118 VV	100 €	395 €	690 €	316 €

Beispiel 5: Der bereits im Ermittlungsverfahren tätige Verteidiger wird auch im Verfahren vor dem AG beauftragt und nimmt an der Hauptverhandlung teil.

1. Verfahrensgebühr, Nr. 4106 VV		165,00 €
2. Postentgeltpauschale, Nr. 7002 VV		20,00 €
Zwischensumme	185,00 €	
4. 19 % Umsatzsteuer, Nr. 7008 VV		35,15 €
Gesamt		**220,15 €**

4. Terminsgebühren

a) Teilnahme an der Hauptverhandlung

55   Für die Teilnahme an der Hauptverhandlung einschließlich der Vorbereitung der Hauptverhandlung (s. Rn 16) erhält der Verteidiger – je nach Ordnung des Gerichts (s. Rn 51) – eine Terminsgebühr.

Gebühr	Mindestbetrag	Mittelgebühr	Höchstbetrag	Pflichtverteidiger
Nr. 4108 VV	70 €	275 €	480 €	220 €
Nr. 4114 VV	80 €	320 €	560 €	256 €
Nr. 4120 VV	130 €	530 €	930 €	424 €

56   Diese Gebühr entsteht für jeden Kalendertag, an dem eine Hauptverhandlung stattfindet, gesondert. Für Fortsetzungstermine oder erneute Hauptverhandlungstermine entsteht dieselbe Terminsgebühr. Die Gebühr entsteht mit **Aufruf der Sache** und kann auch bei einem ausgefallenen Termin entstehen (s. Rn 21).

57   Die Höhe der Terminsgebühr ist wiederum nach der Zuständigkeit des Gerichts gestaffelt (Nr. 4108, 4114 oder 4120 VV). Für den Pflichtverteidiger sind darüber hinaus jeweils **Zusatzgebühren** zur Terminsgebühr vorgesehen, wenn die Hauptverhandlung länger als fünf und länger als acht Stunden dauert (Nr. 4110, 4111, 4116, 4117, 4122, 4123 VV). Damit soll ein Ausgleich dafür geschaffen werden, dass der Pflichtverteidiger bei überlanger Dauer der Hauptverhandlung nicht die Möglichkeit wie der Wahlverteidiger hat, die Gebühr nach § 14 Abs. 1 RVG höher anzusetzen.

Beispiel 6: Der bereits im Ermittlungsverfahren tätige Verteidiger wird auch im Verfahren vor dem AG beauftragt und nimmt an der Hauptverhandlung teil.

1.	Verfahrensgebühr, Nr. 4106 VV	165,00 €
2.	Terminsgebühr, Nr. 4108 VV	275,00 €
3.	Postentgeltpauschale, Nr. 7002 VV	20,00 €
	Zwischensumme	460,00 €
4.	19 % Umsatzsteuer, Nr. 7008 VV	87,40 €
	Gesamt	**547,40 €**

Beispiel 7: Im ersten Hauptverhandlungstermin vor dem AG wird die Sache ausgesetzt, da noch weitere Ermittlungen erforderlich sind. Anschließend wird mit der Hauptverhandlung erneut begonnen. Es finden dann noch zwei Fortsetzungstermine statt.

1.	Verfahrensgebühr, Nr. 4106 VV	165,00 €
2.	Terminsgebühr, Nr. 4108 VV (1. Hauptverhandlungstermin)	275,00 €
3.	Terminsgebühr, Nr. 4108 VV (erneuter Hauptverhandlungstermin)	275,00 €
4.	Terminsgebühr, Nr. 4108 VV (1. Fortsetzungstermin)	275,00 €
5.	Terminsgebühr, Nr. 4108 VV (2. Fortsetzungstermin)	275,00 €
6.	Postentgeltpauschale, Nr. 7002 VV	20,00 €
	Zwischensumme	1.285,00 €
7.	19 % Umsatzsteuer, Nr. 7008 VV	244,15 €
	Gesamt	**1.529,15 €**

b) Termine außerhalb der Hauptverhandlung

Nimmt der Verteidiger im gerichtlichen Verfahren an einem Termin iSd Nr. 4102 VV teil, also etwa an einem Haftprüfungstermin, so erhält er nach dieser Vorschrift eine weitere Terminsgebühr, die bis zu drei Termine im gerichtlichen Verfahren abgilt. Diese Terminsgebühr entsteht unabhängig von der Terminsgebühr für die Hauptverhandlung und kann ggf neben dieser anfallen oder auch während einer Unterbrechung der Hauptverhandlung.[27]   58

5. Zusätzliche Gebühr nach Nr. 4141 VV

Auch im gerichtlichen Verfahren kann der Anwalt die zusätzliche Gebühr nach Nr. 4141 VV verdienen, nämlich wenn   59

- das Verfahren nicht nur vorläufig eingestellt wird,
- das Gericht beschließt, das Hauptverfahren nicht zu eröffnen,
- das Gericht den Antrag auf Erlass eines Strafbefehl zurückweist (str; s. Rn 99 a),
- das gerichtliche Verfahren sich durch Rücknahme des Einspruchs gegen einen Strafbefehl erledigt,
- nach § 411 Abs. 1 S. 3 StPO im schriftlichen Verfahren entschieden wird,
- gem. § 408 StPO nach Anklageerhebung in das Strafbefehlsverfahren übergegangen wird oder
- nach Wiederaufnahmeverfahren gem. § 371 Abs. 2 StPO ohne Hauptverhandlung freigesprochen wird.

Siehe ausführlich dazu die Ausführungen in Rn 89 ff.

Die Gebühr kann auch **nach einer Aussetzung der Hauptverhandlung** entstehen, wenn die erneute Hauptverhandlung entbehrlich wird.[28] Nicht ausreichend ist dagegen, dass lediglich ein **Fortsetzungstermin** entbehrlich wird.[29]   60

---

27 AG Münster AGS 2007, 350 = RVGreport 2007, 303.
28 BGH AGS 2011, 419 = NJW 2011, 3166 = Rpfleger 2011, 631 = JurBüro 2011, 584; AG Bad Urach AGS 2007, 307; LG Düsseldorf AGS 2007, 26; AnwK-RVG/N. *Schneider*, Nr. 4141 VV Rn 61.
29 OLG Köln AGS 2006, 339 = RVGreport 2006, 152; AnwK-RVG/N. *Schneider*, Nr. 4141 VV Rn 62.

6. Zusätzliche Verfahrensgebühr bei Einziehung und verwandten Maßnahmen

61 Ist der Anwalt im gerichtlichen Verfahren mit der Einziehung oder verwandten Maßnahmen befasst, entsteht die zusätzliche Verfahrensgebühr nach Nr. 4142 VV. Die Gebühr kann hier allerdings nicht entstehen, wenn sie bereits im vorbereitenden Verfahren angefallen war (Anm. Abs. 3 zu Nr. 4142 VV).

7. Zusätzliche Verfahrensgebühr bei vermögensrechtlichen Ansprüchen

62 Ist der Anwalt mit vermögensrechtlichen Ansprüchen befasst, entsteht zusätzlich eine 2,0-Verfahrensgebühr nach Nr. 4143 VV aus dem jeweiligen Gegenstandswert und ggf auch eine Einigungsgebühr nach Nr. 1000, 1003 VV.

8. Einigungsgebühr bei Einigung über vermögensrechtliche Ansprüche

63 Wirkt der Anwalt an einer Einigung über nichtvermögensrechtliche Ansprüche mit, erhält er auch eine Einigungsgebühr nach Nr. 1000, 1003 VV. Soweit eine Einigung über Ansprüche geschlossen wird, die weder im Adhäsionsverfahren noch in einem anderen gerichtlichen Verfahren anhängig sind, entsteht insoweit eine 1,5-Einigungsgebühr (Nr. 1000 VV). Der bloße Vergleichsabschluss im gerichtlichen Verfahren führt noch nicht zu einer Ermäßigung nach Nr. 1003 VV.[30]

9. Einigungsgebühr im Privatklageverfahren

64 Verteidigt der Anwalt in einem Privatklageverfahren, kann auch eine Einigungsgebühr nach Nr. 4147 VV entstehen (s. Rn 118). Soweit diese Gebühr entsteht, schließt sie eine zusätzliche Gebühr nach Nr. 4141 VV aus (Anm. Abs. 2 zu Nr. 4141 VV).

VI. Berufungsverfahren

1. Überblick

65 Die Gebühren des Verteidigers im Berufungsverfahren richten sich nach den Nr. 4124 ff VV sowie ergänzend nach den Vorschriften des Teil 4 Abschnitt 1 und 5 VV. Da hier nur das Landgericht als Berufungsgericht in Betracht kommt, ist jeweils nur ein Gebührenrahmen vorgesehen. Da das Einlegen der Berufung noch zur ersten Instanz zählt (§ 19 Abs. 1 S. 2 Nr. 10 RVG), beginnt die Berufung gebührenrechtlich mit der ersten Tätigkeit nach Einlegung der Berufung. Das Einlegen einer Revision gehört noch mit zur Instanz (§ 19 Abs. 1 S. 2 Nr. 10 RVG).

2. Grundgebühr

66 Im Berufungsverfahren kann der Verteidiger wiederum die Grundgebühr nach Nr. 4100 VV verdienen, sofern er dort erstmals tätig wird; anderenfalls kann sie nicht erneut entstehen (Anm. Abs. 1 zu Nr. 4100 VV).

3. Verfahrensgebühr

67 Nach Nr. 4124 VV erhält der Verteidiger auch im Berufungsverfahren eine Verfahrensgebühr, die für das Betreiben des Geschäfts einschließlich der Information entsteht (Vorbem. 4 Abs. 2 VV). Die Gebühr beläuft sich von 80 € bis 560 € (Mittelgebühr 320 €). Der Pflichtverteidiger erhält 256 €.

Beispiel 8: Das Landgericht führt die Berufungshauptverhandlung durch. Der Anwalt nimmt an der Hauptverhandlung teil.

---

30 Unzutreffend OLG Nürnberg AGS 2014, 18 = AnwBl 2014, 93 = StraFo 2014, 37 = RVGreport 2014, 72 = NStZ-RR 2014, 63.

1. Verfahrensgebühr, Nr. 4124 VV — 320,00 €
2. Postentgeltpauschale, Nr. 7002 VV — 20,00 €
   Zwischensumme — 340,00 €
3. 19 % Umsatzsteuer, Nr. 7008 VV — 64,60 €
   Gesamt — **404,60 €**

4. Terminsgebühren

a) Teilnahme an der Hauptverhandlung

Für die Teilnahme an der Hauptverhandlung erhält der Wahlverteidiger im Berufungs- 68
rechtszug eine Terminsgebühr nach Nr. 4126 VV ebenfalls iHv 80 € bis 560 € (Mittelgebühr 320 €). Der Pflichtverteidiger erhält wiederum 256 €. Ebenso wie im erstinstanzlichen Verfahren erhält der Pflichtverteidiger jeweils einen Zuschlag zu der Terminsgebühr,
wenn die Hauptverhandlung länger andauert (Nr. 4128, 4129 VV).

Beispiel 9: Das LG führt die Berufungshauptverhandlung durch. Der Anwalt nimmt an der
Hauptverhandlung teil.
1. Verfahrensgebühr, Nr. 4124 VV — 320,00 €
2. Terminsgebühr, Nr. 4126 VV — 320,00 €
3. Postentgeltpauschale, Nr. 7002 VV — 20,00 €
   Zwischensumme — 660,00 €
4. 19 % Umsatzsteuer, Nr. 7008 VV — 125,40 €
   Gesamt — **785,40 €**

b) Termine außerhalb der Hauptverhandlung

Auch im Berufungsverfahren kann der Anwalt zusätzlich die Terminsgebühr nach 69
Nr. 4102 VV erhalten. Auch hier kann diese Terminsgebühr neben der Hauptverhand-
lungsgebühr anfallen.

5. Zusätzliche Gebühr nach Nr. 4141 VV

Darüber hinaus kann der Verteidiger eine zusätzliche Gebühr nach Nr. 4141 VV erhalten 70
(s. ausf. Rn 89 ff). Die zusätzliche Gebühr entsteht bei

- Einstellung des Verfahrens oder
- Rücknahme der Berufung

und kann auch nach Aussetzung der Hauptverhandlung entstehen,[31] nicht jedoch bei einer
bloßen Fortsetzung der Hauptverhandlung.

6. Zusätzliche Verfahrensgebühr bei Einziehung und verwandten Maßnahmen

Darüber hinaus kann eine zusätzliche Verfahrensgebühr entstehen bei Einziehung und ver- 71
wandten Maßnahmen, und zwar auch dann, wenn die Gebühr bereits erstinstanzlich angefallen ist.

7. Zusätzliche Verfahrensgebühr bei vermögensrechtlichen Ansprüche

Wird der Verteidiger auch mit vermögensrechtlichen Ansprüchen befasst, entsteht eine zu- 72
sätzliche 2,5-Verfahrensgebühr nach Nr. 4143 VV. Eine Anrechnung dieser Gebühr ist
nicht vorgesehen. Werden die vermögensrechtlichen Ansprüche erstmals im Berufungsverfahren geltend gemacht, entsteht nur eine 2,0-Verfahrensgebühr nach Nr. 4143 VV (Anm.
Abs. 1 zu Nr. 4143 VV), die wiederum im Falle eines nachfolgendem Zivilrechtsstreits anzurechnen ist (zur Abrechnung s. Rn 143).

---

31 OLG Bamberg AGS 2007, 138; AG Wittlich AGS 2006, 500 m. Anm. *N. Schneider* = JurBüro 2006, 590.

8. Einigungsgebühr bei Einigung über vermögensrechtlichen Ansprüche

73 Kommt es im Berufungsverfahren zu einer Einigung über vermögensrechtliche Ansprüche, erhält der Anwalt eine 1,3-Einigungsgebühr nach Nr. 1000, 1003 VV. Soweit eine Einigung über nicht anhängige Gegenstände getroffen wird, erhält er eine 1,5-Einigungsgebühr nach Nr. 1000 VV.

9. Einigungsgebühr im Privatklageverfahren

74 Verteidigt der Anwalt in einem Privatklageverfahren, kann auch eine Einigungsgebühr nach Nr. 4147 VV entstehen (s. Rn 118). Soweit diese Gebühr entsteht, schließt sie eine zusätzliche Gebühr nach Nr. 4141 VV aus (Anm. Abs. 2 zu Nr. 4141 VV).

VII. Revisionsverfahren

1. Überblick

75 Die Vergütung des Verteidigers im Revisionsverfahren ist in den Nr. 4130 ff VV geregelt. Hier wird nicht mehr nach Zuständigkeit des Gerichts unterschieden. Der Anwalt erhält daher vor dem Oberlandesgericht und dem Bundesgerichtshof die gleichen Gebühren. Da das Einlegen der Revision noch zur ersten Instanz zählt (§ 19 Abs. 1 S. 2 Nr. 10 RVG), beginnt diese Angelegenheit mit der ersten Tätigkeit nach Einlegung der Revision.

2. Grundgebühr

76 Auch im Revisionsverfahren kann der Verteidiger zunächst einmal die Grundgebühr nach Nr. 4100 VV verdienen, wenn er dort erstmals tätig wird (Anm. Abs. 1 zu Nr. 4100 VV).

3. Verfahrensgebühr

77 Für das Revisionsverfahren entsteht im Übrigen eine Verfahrensgebühr nach Nr. 4130 VV iHv 120 € bis 1.100 € (Mittelgebühr 610 €). Der Pflichtverteidiger erhält 492 €.

4. Terminsgebühren

a) Teilnahme an der Hauptverhandlung

78 Für die Teilnahme an der Hauptverhandlung erhält der Verteidiger gem. Nr. 4132 VV je Hauptverhandlungstag im Revisionsverfahren eine Terminsgebühr iHv 120 € bis 560 € (Mittelgebühr 340 €). Der Pflichtverteidiger erhält eine Festgebühr iHv 272 €. Dauert die Hauptverhandlung länger, erhält der Pflichtverteidiger nach Nr. 4134, 4135 VV einen Zuschlag.

b) Termine außerhalb der Hauptverhandlung

79 Auch im Revisionsverfahren kann eine Terminsgebühr nach Nr. 4102 VV anfallen, wenn der Verteidiger an einem der dort genannten Termine teilnimmt. Auch hier können die Terminsgebühr nach Nr. 4102 VV und die Hauptverhandlungsterminsgebühr nach Nr. 4132 VV nebeneinander entstehen.

5. Zusätzliche Gebühr nach Nr. 4141 VV

80 Eine zusätzliche Gebühr nach Nr. 4141 VV kann der Anwalt im Revisionsverfahren ebenfalls verdienen, und zwar bei

- Einstellung des Verfahrens,
- Rücknahme der Revision, sofern diese mehr als zwei Wochen vor einem anberaumten Hauptverhandlungstermin erklärt wird.

Zu Einzelheiten s. die Ausführungen in Rn 89 ff.

6. Zusätzliche Verfahrensgebühr bei Einziehung und verwandten Maßnahmen

Darüber hinaus kann auch im Revisionsverfahren eine zusätzliche 1,0-Verfahrensgebühr nach Nr. 4142 VV bei Einziehung und verwandten Maßnahmen entstehen. 81

7. Zusätzliche Verfahrensgebühr bei vermögensrechtlichen Ansprüchen

Wird der Verteidiger auch mit vermögensrechtlichen Ansprüchen befasst, entsteht zusätzlich eine anrechnungsfreie 2,5-Verfahrensgebühr nach Nr. 4143 VV und im Falle einer Einigung über anhängige Gegenstände eine 1,3-Einigungsgebühr nach den Nr. 1000, 1004 VV und bei nicht anhängigen Gegenständen iHv 1,5 (Nr. 1000 VV). 82

8. Einigungsgebühr im Privatklageverfahren

Verteidigt der Anwalt in einem Privatklageverfahren, kann auch eine Einigungsgebühr nach Nr. 4147 VV entstehen (s. Rn 118). Soweit diese Gebühr entsteht, schließt sie eine zusätzliche Gebühr nach Nr. 4141 VV aus (Anm. Abs. 2 zu Nr. 4141 VV). 83

VIII. Verfahren nach Zurückverweisung

Wird durch das Rechtsmittelgericht das Urteil der vorangegangenen Instanz aufgehoben und die Sache zurückverwiesen, so stellt das Verfahren nach Zurückverweisung eine neue gebührenrechtliche Angelegenheit dar (§ 21 Abs. 1 RVG), so dass der Anwalt im Verfahren nach Zurückverweisung sämtliche dort anfallenden Gebühren erneut verdienen kann, ausgenommen die Grundgebühr nach Nr. 4100 VV. 84

Beispiel 10: Das Amtsgericht hatte den Angeklagten im ersten Hauptverhandlungstermin verurteilt. Gegen das Urteil des Amtsgerichts hatte der Verteidiger auftragsgemäß Berufung eingelegt. Das Landgericht hat nach der Hauptverhandlung das Urteil des Amtsgerichts aufgehoben und die Sache zur erneuten Verhandlung an das Amtsgericht zurückverwiesen. Dort findet eine neue Hauptverhandlung statt.

I. Verfahren vor dem AG vor Zurückverweisung
1. Verfahrensgebühr, Nr. 4106 VV		165,00 €
2. Terminsgebühr, Nr. 4108 VV		275,00 €
3. Postentgeltpauschale, Nr. 7002 VV		20,00 €
Zwischensumme	460,00 €	
4. 19 % Umsatzsteuer, Nr. 7008 VV		87,40 €
Gesamt		**547,40 €**

II. Berufung
1. Verfahrensgebühr, Nr. 4124 VV		320,00 €
2. Terminsgebühr, Nr. 4126 VV		320,00 €
3. Postentgeltpauschale, Nr. 7002 VV		20,00 €
Zwischensumme	660,00 €	
4. 19 % Umsatzsteuer, Nr. 7008 VV		125,40 €
Gesamt		**785,40 €**

III. Verfahren vor dem AG nach Zurückverweisung
1. Verfahrensgebühr, Nr. 4106 VV, § 21 Abs. 1 RVG		165,00 €
2. Terminsgebühr, Nr. 4108 VV, § 21 Abs. 1 RVG		275,00 €
3. Postentgeltpauschale, Nr. 7002 VV		20,00 €
Zwischensumme	460,00 €	
4. 19 % Umsatzsteuer, Nr. 7008 VV		87,40 €
Gesamt		**547,40 €**

IX. Wiederaufnahmeverfahren

85 Die Tätigkeit des Verteidigers in Wiederaufnahmeverfahren nach den §§ 359 ff StPO ist in Teil 4 Unterabschnitt 4 VV geregelt. Das Wiederaufnahmeverfahren ist nach § 17 Nr. 12 RVG eine eigene Angelegenheit, und zwar sowohl gegenüber dem vorangegangenen Strafverfahren als auch gegenüber dem sich eventuell anschließenden wiederaufgenommenen Verfahren.

86 Eine **Grundgebühr** nach Nr. 4100 VV erhält der Anwalt im Wiederaufnahmeverfahren nicht (Vorbem. 4.1.4 VV). Unanwendbar sind ferner die **zusätzlichen Gebühren** nach Nr. 4141 ff VV. Dagegen ist die Vorschrift der Vorbem. 4 Abs. 4 VV (Haftzuschlag) im Wiederaufnahmeverfahren entsprechend anwendbar.

87 Der Anwalt erhält

- für die **Vorbereitung des Wiederaufnahmeantrags** gem. Nr. 4136 VV eine Geschäftsgebühr in Höhe der jeweiligen Verfahrensgebühr des ersten Rechtszugs. Der Gebührenrahmen bestimmt sich dabei nach der Ordnung desjenigen Gerichts, das im ersten Rechtszug des vorangegangenen Verfahrens entschieden hat, und zwar auch dann, wenn das Wiederaufnahmeverfahren vor dem Berufungsgericht stattfindet;

- im **Verfahren über die Zulässigkeit des Antrags**, also für die Tätigkeiten einschließlich der Stellung des Wiederaufnahmeantrags bis zur gerichtlichen Entscheidung nach § 368 Abs. 1 StPO, eine Verfahrensgebühr nach Nr. 4137 VV iVm Nr. 4106, 4112, 4118 VV;

- im **weiteren Verfahren** (§§ 369 ff StPO) eine weitere Verfahrensgebühr nach Nr. 4138 VV, wiederum in Höhe der Verfahrensgebühr für den ersten Rechtszug (Nr. 4106, 4112, 4118 VV);

- im **Beschwerdeverfahren nach** § 372 StPO eine weitere Verfahrensgebühr nach Nr. 4139 VV, ebenfalls in Höhe der Verfahrensgebühr für den ersten Rechtszug, also wiederum nach den Nr. 4106, 4112, 4118 VV.

88 Darüber hinaus erhält der Anwalt in **sämtlichen** der vorgenannten **Verfahrensabschnitte** – je Verhandlungstag – eine **Terminsgebühr** in Höhe der Terminsgebühr des ersten Rechtszugs, also nach den Nr. 4108, 4114, 4120 VV.

X. Zusätzliche Gebühr nach Nr. 4141 VV

1. Überblick

89 Nach Nr. 4141 VV erhält der Anwalt eine zusätzliche Gebühr, wenn er durch seine Mitwirkung erreicht, dass sich das vorbereitende Verfahren erledigt oder die Hauptverhandlung entbehrlich wird. Die zusätzliche Gebühr kann in sämtlichen Verfahrensstadien (gesondert) entstehen.

90 Neben dem jeweiligen Erledigungstatbestand muss **eine auf die Förderung des Verfahrens gerichtete Mitwirkung** des Anwalts hinzukommen, die allerdings gesetzlich vermutet wird. Die Darlegungs- und Beweislast für das Fehlen der Mitwirkung liegt beim Gebühren- oder Erstattungsschuldner.[32] Nach der Rspr sind an die Mitwirkung keine hohen Anforderungen zu stellen sind. Insbesondere muss die Mitwirkungshandlung nicht ursächlich gewesen sein.[33] Es reicht jede begleitende Tätigkeit, die dazu geeignet ist, die Erledigung des Verfahrens zu fördern.[34]

---

32 AnwK-RVG/N. *Schneider*, Nr. 4141 VV Rn 11 ff; *Burhoff*, RVG, Nr. 4141 VV Rn 10.
33 AG Köln AGS 2013, 229 = NJW-Spezial 2013, 381.
34 OLG Düsseldorf AGS 2003, 113 m. Anm. *N. Schneider* = AnwBl 2003, 307.

2. Die einzelnen Fälle

a) Einstellung

Die zusätzliche Gebühr entsteht immer, wenn das Verfahren außerhalb der Hauptverhandlung nicht nur vorläufig eingestellt wird (Anm. Abs. 1 Nr. 1 zu Nr. 4141 VV). Die Einstellung muss nicht endgültig sein, sie darf lediglich „**nicht nur vorläufig**" gewollt sein. **91**

- **Ausreichend** sind daher Einstellungen nach § 153 Abs. 1 und 2 StPO, § 153 a Abs. 1 und 2 StPO nach Erfüllung der Auflage, § 153 b Abs. 1 und 2 StPO, § 153 c Abs. 1, 2 und 3 StPO, § 154 Abs. 1 und 2 StPO,[35] § 154 d S. 3 StPO, § 170 Abs. 2 S. 1 StPO,[36] § 206 a StPO,[37] § 206 b StPO,[38] § 383 Abs. 2 StPO,[39] § 47 Abs. 1 Nr. 1 JGG[40] und § 37 BtMG.[41]

- **Keine zusätzlich Gebühr** wird ausgelöst, da es sich nur um vorläufige Einstellungen handelt, in den Fällen des § 153 a StPO vor Erfüllung der Auflage, des § 154 d S. 1 StPO und des § 205 StPO.[42]

Beispiel 11: Der Anwalt war bereits im staatsanwaltlichen Ermittlungsverfahren als Verteidiger tätig. Das Verfahren ist aufgrund seiner Mitwirkung eingestellt worden. Auszugehen ist von der Mittelgebühr.

1. Grundgebühr, Nr. 4100 VV		200,00 €
2. Verfahrensgebühr, Nr. 4104 VV		165,00 €
3. Zusätzliche Gebühr, Nr. 4141, 4106 VV		165,00 €
4. Postentgeltpauschale, Nr. 7002 VV		20,00 €
Zwischensumme	550,00 €	
5. 19 % Umsatzsteuer, Nr. 7008 VV		104,50 €
Gesamt		**654,50 €**

Ausreichend ist eine Einstellung auch dann, wenn sich hiernach gem. § 43 Abs. 1 OWiG ein **Bußgeldverfahren** wegen des Verdachts einer Ordnungswidrigkeit **anschließt**. Das ist durch die Neufassung der Anm. Abs. 1 Nr. 1 zu Nr. 4141 VV zum 1.8.2013 durch das 2. KostRMoG klargestellt worden. Die frühere gegenteilige Auffassung des BGH[43] ist daher nicht mehr vertretbar. **92**

Beispiel 12: Die Staatsanwaltschaft ermittelt nach einem Verkehrsunfall wegen des Verdachts der fahrlässigen Körperverletzung. Das Verfahren wird eingestellt. Daraufhin wird ein Bußgeldverfahren wegen Vorfahrtsverletzung (Bußgeld unter 40 €) eingeleitet, das schließlich eingestellt wird.

I. Strafverfahren

1. Grundgebühr, Nr. 4100 VV		200,00 €
2. Verfahrensgebühr, Nr. 4104 VV		165,00 €
3. Zusätzliche Gebühr, Nr. 4141, 4106 VV		165,00 €
4. Postentgeltpauschale, Nr. 7002 VV		20,00 €
Zwischensumme	550,00 €	
5. 19 % Umsatzsteuer, Nr. 7008 VV		104,50 €
Gesamt		**654,50 €**

---

35 LG Hamburg AGS 2000, 105; LG Köln StV 2001, 638; *Burhoff*, RVG, Nr. 4141 VV Rn 16.
36 LG Offenburg Rpfleger 1999, 38.
37 *Burhoff*, RVG, Nr. 4141 VV Rn 16.
38 *Burhoff*, RVG, Nr. 4141 VV Rn 16.
39 *Burhoff*, RVG, Nr. 4141 VV Rn 16.
40 LG Hagen AGS 2004, 71.
41 LG Hagen AGS 2004, 71.
42 Dies gilt auch dann, wenn das Verfahren ungeachtet der nur vorläufigen Einstellung nicht wiederaufgenommen wird, also wenn sich zB bei einer Einstellung nach § 205 StPO innerhalb der Verjährungsfrist der neue Aufenthalt des Beschuldigten nicht ermitteln lässt.
43 BGH AGS 2010, 1 = NJW 2010, 1209 = JurBüro 2010, 132 = RVGreport 2010, 70.

II. Bußgeldverfahren

1. Verfahrensgebühr, Nr. 5101 VV		65,00 €
2. Zusätzliche Gebühr, Nr. 5115, 5101 VV		65,00 €
3. Postentgeltpauschale, Nr. 7002 VV		20,00 €
Zwischensumme	150,00 €	
4. 19 % Umsatzsteuer, Nr. 7008 VV		28,50 €
Gesamt		**178,50 €**

93 Eine vergleichbare Situation besteht, wenn die Staatsanwaltschaft das Verfahren **einstellt** und gleichzeitig den Anzeigenerstatter **auf den Privatklageweg verweist.** Auch hier kann sich nach dem (Offizial-)Verfahren ein weiteres (Privatklage-)Verfahren anschließen. Auch insoweit handelt es sich aber um zwei verschiedene Angelegenheiten iSd § 15 RVG, so dass die Einstellung unter Verweisung auf den Privatklageweg ausreicht, um die zusätzliche Gebühr nach Nr. 4141 VV entstehen zu lassen.[44]

94 Neben der nicht nur vorläufigen Einstellung muss eine **auf die Förderung des Verfahrens gerichtete Mitwirkung** des Anwalts hinzukommen. Die Mitwirkung muss keinesfalls ursächlich für die Einstellung sein. Es genügt jede auf die Förderung des Verfahrens gerichtete Tätigkeit.[45]

■ Ausreichend ist insbesondere die Einlegung eines Einspruchs, verbunden mit einer **Einlassung** und einem **Einstellungsantrag**.[46]

■ Auch ein **Hinweis** auf die zwischenzeitlich eingetretene Verfolgungsverjährung genügt, wenn das Verfahren danach eingestellt wird.[47]

■ **Verstirbt der Beschuldigte** und teilt der Verteidiger dies mit, so dass das Verfahren nach § 206 a StPO eingestellt wird, so erhält er jedenfalls im gerichtlichen Verfahren eine zusätzliche Gebühr.[48]

■ Nach AG Hannover[49] reicht es für eine Mitwirkung aus, wenn der Verteidiger unter Bezugnahme auf einen bereits angeregten **Täter-Opfer-Ausgleich** die Zustimmung zum später erfolgreich durchgeführten Täter-Opfer-Ausgleich signalisiert. Damit wird ein nach außen erkennbarer Beitrag zur Erledigung des Verfahrens geleistet.

■ Dagegen stellt es keine Mitwirkung des Anwalts dar, wenn sich seine Tätigkeit auf die (bloße) **Verteidigerbestellung** und **Akteneinsicht** beschränkt.[50] Der Verteidiger hat auch dann keinen Anspruch auf eine zusätzliche Gebühr, wenn er lediglich **Einspruch ohne Begründung** einlegt und das Verfahren anschließend ausschließlich von Amts wegen eingestellt wird.[51]

■ Das Berufen auf ein **Aussageverweigerungsrecht** des Beschuldigten wiederum reicht als Mitwirkung aus.[52] Erforderlich ist allerdings, dass der Verteidiger klar und deutlich zu erkennen gibt, dass sich der Betroffene auf sein Aussageverweigerungsrecht beruft. Im Zweifel sollte dies ausdrücklich erklärt werden.[53]

---

44 *Burhoff*, RVG, Nr. 4141 VV Rn 22 Nr. 3.
45 LG Arnsberg JurBüro 2007, 82; *Burhoff*, RVG, Nr. 4141 VV Rn 11; AnwK-RVG/N. *Schneider*, Nr. 4141 VV Rn 42; so auch schon zur BRAGO: OLG Düsseldorf AGS 2003, 112 = AnwBl 2003, 307.
46 LG Kiel RVGreport 2007, 24 = zfs 2007, 106.
47 LG Baden-Baden AGS 2001, 38 = zfs 2001, 84; *Burhoff*, RVG, Nr. 4141 VV Rn 110.
48 AG Magdeburg Rpfleger 2000, 514 (grundsätzlich ebenso, wenn auch im konkreten Fall verneinend); aA AG Koblenz AGS 2004, 390 m. Anm. *N. Schneider*.
49 AG Hannover StV 2006, 201 = NdsRpfl 2006, 222.
50 AG Hannover JurBüro 2006, 79; AG Hannover JurBüro 2006, 313; AG Hannover JurBüro AGS 2006, 290 m. Anm. *N. Schneider*; AnwK-RVG/N. *Schneider*, Nr. 4141 VV Rn 46.
51 AG Viechtach AGS 2006, 289.
52 BGH AGS 2011, 128 = Rpfleger 2011, 296 = JurBüro 2011, 244 = NJW 2011, 1605 = AnwBl 2011, 499 = NZV 2011, 337 = DAR 2011, 434 RVGreport 2011, 182.
53 AG Hamburg-Barmbek AGS 2011, 596 = JurBüro 2011, 365 = VRR 2011, 199 = StRR 2011, 207.

Beispiel 13: Gegen den Mandanten wird wegen des Verdachts einer Verkehrsunfallflucht ermittelt. Die Zeugen haben lediglich das Auto und das Kennzeichen gesehen, können zum Fahrer aber keine Angaben machen.

Beruft sich der Beschuldigte jetzt auf sein Aussageverweigerungsrecht, dann steht fest, dass kein Beweismittel zur Verfügung steht, das zur Überführung des Täters führen könnte, so dass das Verfahren mangels Tatverdachts eingestellt werden muss. Der Verteidiger verdient in diesem Fall die zusätzliche Gebühr.

Die zusätzliche Gebühr kann auch nach einer Aussetzung des Verfahrens entstehen. 95

Beispiel 14: In der Hauptverhandlung wird das Verfahren ausgesetzt, um ein Gutachten einzuholen. Nach Erhalt des Gutachtens wird das Verfahren außerhalb der Hauptverhandlung eingestellt.

1.	Verfahrensgebühr, Nr. 4106 VV	165,00 €
2.	Terminsgebühr, Nr. 4108 VV	275,00 €
3.	Zusätzliche Gebühr, Nr. 4141, 4106 VV	165,00 €
4.	Postentgeltpauschale, Nr. 7002 VV	20,00 €
	Zwischensumme	625,00 €
5.	19 % Umsatzsteuer, Nr. 7008 VV	118,75 €
	Gesamt	**743,75 €**

Die zusätzliche Gebühr kann auch dann entstehen, wenn bereits im vorbereitenden Verfahren eine zusätzliche Gebühr angefallen war, das Verfahren aber wieder fortgesetzt worden ist.[54] 96

Beispiel 15: Das Ermittlungsverfahren gegen den Beschuldigten wird mangels Tatverdachts nach § 170 Abs. 2 StPO auf Betreiben des Verteidigers eingestellt. Auf die Beschwerde des Anzeigenerstatters werden die Ermittlungen wieder aufgenommen. Es wird Anklage erhoben. Außerhalb der Hauptverhandlung erreicht der Verteidiger eine Einstellung nach § 153 a StPO gegen Zahlung einer Geldbuße, die auch geleistet wird, so dass das Verfahren endgültig eingestellt wird.

I. Vorbereitendes Verfahren

1.	Grundgebühr, Nr. 4100 VV	200,00 €
2.	Verfahrensgebühr, Nr. 4104 VV	165,00 €
3.	Zusätzliche Gebühr, Nr. 4141, 4106 VV	165,00 €
4.	Postentgeltpauschale, Nr. 7002 VV	20,00 €
	Zwischensumme	550,00 €
5.	19 % Umsatzsteuer, Nr. 7008 VV	104,50 €
	Gesamt	**654,50 €**

II. Verfahren vor dem Amtsgericht

1.	Verfahrensgebühr, Nr. 4106 VV	165,00 €
2.	Zusätzliche Gebühr, Nr. 4141, 4106 VV	165,00 €
3.	Postentgeltpauschale, Nr. 7002 VV	20,00 €
	Zwischensumme	350,00 €
4.	19 % Umsatzsteuer, Nr. 7008 VV	66,50 €
	Gesamt	**416,50 €**

b) Rücknahme des Einspruchs gegen einen Strafbefehl

Die zusätzliche Gebühr entsteht ferner dann, wenn der Einspruch gegen einen Strafbefehl 97 zurückgenommen wird. Ist noch kein Hauptverhandlungstermin anberaumt, kann die Rücknahme jederzeit erfolgen. Ist dagegen bereits ein Termin zur Hauptverhandlung anberaumt, muss die Rücknahme **mehr als zwei Wochen vor dem Termin** bei Gericht einge-

---

54 AG Berlin Tiergarten AGS 2014, 273 = RVGreport 2014, 232 = NJW-Spezial 2014, 381.

hen.[55] War zunächst ein Termin anberaumt und wird dieser verlegt, so kommt es für die Fristberechnung nicht auf den ersten (aufgehobenen) Termin an, sondern auf den Termin, der zum Zeitpunkt der Rücknahme anberaumt ist.[56] Durch eine Terminsverlegung oder Terminsaufhebung kann also eine an sich abgelaufene „Rücknahmefrist" wieder neu aufleben.

Beispiel 16: Der Anwalt war bereits im staatsanwaltlichen Ermittlungsverfahren als Verteidiger tätig. Das AG hat einen Strafbefehl erlassen. Dagegen hat der Verteidiger Einspruch eingelegt und diesen später zurückgenommen, bevor Termin zur Hauptverhandlung anberaumt worden war.

1. Verfahrensgebühr, Nr. 4106 VV		165,00 €
2. Zusätzliche Gebühr, Nr. 4141, 4106 VV		165,00 €
3. Postentgeltpauschale, Nr. 7002 VV		20,00 €
Zwischensumme	350,00 €	
4. 19 % Umsatzsteuer, Nr. 7008 VV		66,50 €
Gesamt		**416,50 €**

Beispiel 17: Der Anwalt war bereits im staatsanwaltlichen Ermittlungsverfahren als Verteidiger tätig. Das AG hat einen Strafbefehl erlassen. Dagegen hat der Verteidiger Einspruch eingelegt und diesen eine Woche vor dem anberaumten zur Hauptverhandlungstermin zurückgenommen.

1. Verfahrensgebühr, Nr. 4106 VV		165,00 €
2. Postentgeltpauschale, Nr. 7002 VV		20,00 €
Zwischensumme	185,00 €	
3. 19 % Umsatzsteuer, Nr. 7008 VV		35,15 €
Gesamt		**220,15 €**

Beispiel 18: Der Anwalt war bereits im staatsanwaltlichen Ermittlungsverfahren als Verteidiger tätig. Das AG hat einen Strafbefehl erlassen. Dagegen hat der Verteidiger Einspruch eingelegt. Das Gericht beraumt Termin zur Hauptverhandlung auf den 10.10. an. Auf Antrag des Verteidigers wird der Termin auf den 12.12. verlegt. Am 9.10. nimmt der Verteidiger den Einspruch zurück.

Jetzt entsteht die zusätzliche Gebühr, da im Falle einer Terminsverlegung die Frist zum aktuellen Termin maßgebend ist.

c) Nichteröffnung des Hauptverfahrens

98 Die zusätzliche Gebühr entsteht darüber hinaus, wenn das Gericht beschließt, das Hauptverfahren nicht zu eröffnen (Anm. Abs. 1 Nr. 2 zu Nr. 4141 VV). Voraussetzung ist auch hier eine Mitwirkung des Verteidigers, die idR in der Abgabe einer Einlassung bestehen wird. Auch hier muss die Mitwirkung des Verteidigers nicht ursächlich gewesen sein.[57] Es genügt sogar die Fortwirkung einer im vorbereitenden Verfahren abgegebenen Einlassung.[58]

Beispiel 19: Der Anwalt war bereits im staatsanwaltlichen Ermittlungsverfahren als Verteidiger tätig. Das gerichtliche Verfahren wird aufgrund seiner Mitwirkung außerhalb der Hauptverhandlung eingestellt. Auszugehen ist von der Mittelgebühr.

1. Verfahrensgebühr, Nr. 4106 VV		165,00 €
2. Zusätzliche Gebühr, Nr. 4141, 4106 VV		165,00 €

---

55 Zur Fristberechnung s. AnwK-RVG/N. *Schneider*, Nr. 4141 VV Rn 94 ff; *ders.*, DAR 2008, 671.
56 AG Wiesbaden AGS 2005, 553 = AnwBl 2006, 148; *Burhoff*, RVG, Nr. 4141 VV Rn 21 Nr. 7; so auch schon zur BRAGO: LG Köln AGS 1997, 178 = StV 1997, 425; AG Krefeld AGS 1999, 12; AG Rendsburg StraFo 1998, 323.
57 LG Arnsberg JurBüro 2007, 82; *Burhoff*, RVG, Nr. 4141 VV Rn 23.
58 *Burhoff*, RVG, Nr. 4141 VV Rn 23.

3. Postentgeltpauschale, Nr. 7002 VV		20,00 €
Zwischensumme	350,00 €	
4. 19 % Umsatzsteuer, Nr. 7008 VV		66,50 €
Gesamt		**416,50 €**

Die Gebühr der Anm. Abs. 1 Nr. 2 zu Nr. 4141 VV kann gem. §§ 15 Abs. 2, 17 Nr. 10   **99**
Buchst. a) RVG auch dann entstehen, wenn im vorbereitenden Verfahren bereits eine zusätzliche Gebühr nach Anm. Abs. 1 Nr. 1 zu Nr. 4141 VV angefallen war.[59]

Beispiel 20: Die Staatsanwaltschaft stellt die Sache im vorbereitenden Verfahren nach § 170 Abs. 2 StPO ein. Später nimmt sie das Verfahren wieder auf und erhebt Anklage. Das Gericht lehnt die Eröffnung des Hauptverfahrens gem. § 204 StPO ab.

Da die Sache im vorbereitenden Verfahren nicht nur vorläufig eingestellt worden ist, hat der Verteidiger dort nach Anm. Abs. 1 Nr. 1 zu Nr. 4141 VV eine zusätzliche Gebühr verdient. Im gerichtlichen Verfahren entsteht eine weitere zusätzliche Gebühr nach Anm. Abs. 1 Nr. 2 zu Nr. 4141 VV.

d) Zurückweisung des Antrags auf Erlass eines Strafbefehls

Die zusätzliche Gebühr entsteht ferner, wenn der Anwalt daran mitwirkt, dass das Gericht   **99a**
den Antrag auf Erlass eines Strafbefehls zurückweist, da diese Entscheidung nach § 408 Abs. 2 S. 2 StPO der Nichteröffnung des Hauptverfahrens gleichsteht.[60]

e) Abraten von Einspruch gegen Strafbefehl

Die zusätzliche Gebühr entsteht dagegen nicht, wenn der Verteidiger prüft, ob es Aussicht   **99b**
auf Erfolg hat, gegen einen Strafbefehl Einspruch einzulegen und er nach Prüfung von der Einlegung des Einspruchs abrät. Die Beratung, ob Einspruch eingelegt werden soll, wird vielmehr durch die Verfahrensgebühr abgegolten.[61]

f) Rücknahme der Berufung oder Revision
aa) Überblick

Des Weiteren entsteht die zusätzliche Gebühr, wenn der Anwalt daran mitwirkt, dass die   **100**
Berufung oder Revision zurückgenommen wird (Anm. Abs. 1 Nr. 3 zu Nr. 4141 VV). Bei dem zurückgenommenen Rechtsmittel muss es sich nicht um das eigene Rechtsmittel handeln. Der Anwalt kann daher auch dann die zusätzliche Gebühr verdienen, wenn er daran mitwirkt, dass ein anderer Verfahrensbeteiligter ein Rechtsmittel zurücknimmt, also wenn das Rechtsmittel etwa von der Staatsanwaltschaft oder einem Nebenkläger eingelegt worden ist und später zurückgenommen wird.[62] Hier werden an die Mitwirkung des Anwalts allerdings höhere Anforderungen zu stellen sein als bei der Rücknahme des eigenen Rechtsmittels.

bb) Rücknahme der Berufung

Der Anfall der zusätzlichen Gebühr nach Anm. Abs. 1 Nr. 3 zu Nr. 4141 VV bereitet im   **101**
Berufungsverfahren keine Probleme, da dort eine Hauptverhandlung vorgeschrieben ist. Hier ist nur die Mitwirkung zu prüfen, an die keine zu hohen Anforderungen zu stellen sind. Ein Verteidiger hat die zusätzliche Gebühr daher auch dann verdient, wenn es zur Rücknahme als Ergebnis eines Mandantengesprächs gekommen ist.[63] Der Streit, ob bereits

59 LG Offenburg JurBüro 1999, 82 = Rpfleger 1999, 38.
60 AA AG Rosenheim AGS 2014, 553 = RVGreport 2014, 470.
61 OLG Nürnberg AGS 2009, 534 = RVGreport 2009, 464; AG Hamburg-Sankt Georg AGS 2015, 70.
62 AnwK-RVG/N. *Schneider*, Nr. 4141 VV Rn 130; LG Stralsund AGS 2005, 442 = RVGreport 2005, 272 (zum vergleichbaren Fall in einer Bußgeldsache).
63 LG Duisburg AGS 2006, 234 = RVGreport 2006, 230.

ein Termin anberaumt worden sein muss – so zum Revisionsverfahren (s. Rn 102) –, stellt sich hier nicht.[64]

Beispiel 21: Die Berufung wird mehr als zwei Wochen vor der Hauptverhandlung zurückgenommen.

1. Verfahrensgebühr, Nr. 4124 VV		320,00 €
2. Zusätzliche Gebühr, Nr. 4141, 4124 VV		320,00 €
3. Postentgeltpauschale, Nr. 7002 VV		20,00 €
Zwischensumme	660,00 €	
4. 19 % Umsatzsteuer, Nr. 7008 VV		125,40 €
Gesamt		**785,40 €**

cc) Rücknahme der Revision

102 Kontrovers diskutiert wird die Frage, ob im Revisionsverfahren die Rücknahme stets ausreichend ist. Obwohl der Gesetzeswortlaut eindeutig ist und keine weiteren Voraussetzungen aufstellt, interpretiert die Rspr ein weiteres ungeschriebenes Tatbestandsmerkmal hinein, nämlich dass eine Hauptverhandlung bereits anberaumt sein müsse oder zumindest eine solche zu erwarten gewesen sei. Dazu müsse die Revision zuvor **bereits begründet** worden sein.[65] Nach anderer Auffassung müssen zumindest **konkrete Anhaltspunkte** dafür vorhanden sein, dass eine **Hauptverhandlung durchgeführt** worden wäre, was idR wiederum eine vorherige Begründung der Revision voraussetzt.[66] Begründet werden diese Ansichten damit, dass im Revisionsverfahren die Hauptverhandlung den Ausnahmefall darstelle und daher bei Rücknahme einer Revision idR gar keine Hauptverhandlung vermieden werde. Das ist jedoch unzutreffend. Wenn der Gesetzgeber hier eine weitere Einschränkung gewollt hätte, dann hätte er dies erklärt.[67] So reicht es nach Auffassung einiger Gerichte auch zur Entstehung der zusätzlichen Gebühr aus, wenn der Rechtsanwalt dem Mandanten nach Einlegung der Revision rät, diese wieder zurückzunehmen; auf eine vorherige Begründung der Revision komme es nicht an.[68] Die Mitwirkung des Rechtsanwalts müsse sich auch nicht aus der Gerichtsakte ergeben.[69] Ebenso das LG Göttingen,[70] wonach die Gebühr der Anm. Abs. 1 Nr. 3 zu Nr. 4141 VV im Fall der Rücknahme der Revision entsteht, wenn der Verteidiger sich inhaltlich mit dem Verfahren beschäftigt und zumindest Anstrengungen unternommen hat, es in sachlicher Hinsicht zu fördern. Dazu sei ausreichend, dass sich der Verteidiger mit seinem Mandanten über die Erfolgsaussichten der Revision ernsthaft beraten habe.

g) Entscheidung im schriftlichen Verfahren nach § 411 StPO

103 Wird gegen einen Strafbefehl Einspruch eingelegt und dieser auf die Höhe der Tagessätze beschränkt und entscheidet das Gericht im Einverständnis mit den Beteiligten hierüber nach § 411 Abs. 1 S. 3 StPO im schriftlichen Verfahren, wird eine an sich obligatorische Hauptverhandlung vermieden, so dass dies die zusätzliche Gebühr auslöst. Dieser Fall ist jetzt durch die zum 1.8.2013 eingeführte Anm. Abs. 1 Nr. 4 zu Nr. 4141 VV gesetzlich geregelt.

---

64 OLG Celle AGS 2014, 125 = JurBüro 2014, 241 = NJW-Spezial 2014, 157 = RVGreport 2014, 155.
65 So zB KG AGS 2005, 434 = RVGreport 2005, 352 = JurBüro 2005, 533; OLG Braunschweig AGS 2006, 232 = RVGreport 2006, 228; OLG Hamm AGS 2006, 548 = JurBüro 2006, 591; OLG Hamm AGS 2006, 600 = JurBüro 2007, 30.
66 OLG Zweibrücken AGS 2006, 74; OLG Stuttgart AGS 2007, 402 = JurBüro 2007, 200 = RVGreport 2007, 190; OLG Brandenburg AGS 2007, 403.
67 So auch *Burhoff*, RVG, Nr. 4114 VV Rn 44 aE; AnwK-RVG/*N. Schneider*, Nr. 4141 VV Rn 131 ff.
68 LG Hagen AGS 2006, 223 = RVGreport 2006, 229; LG Verden AGS 2005, 551.
69 OLG Düsseldorf AGS 2006, 124 m. Anm. *N. Schneider* = RVGreport 2006, 67.
70 LG Göttingen AGS 2006, 180.

Beispiel 22: Gegen den Beschuldigten ergeht ein Strafbefehl wegen einer Trunkenheitsfahrt. Verhängt werden 30 Tagessätze zu jeweils 30 €. Der bereits erstinstanzlich tätige Verteidiger legt Einspruch ein und beschränkt diesen auf die Höhe des Tagessatzes, da der Beschuldigte Auszubildender ist und monatlich lediglich 300 € netto zur Verfügung hat. Das Gericht ist bereit, die Höhe der Tagessätze auf 10 € zu beschränken und bietet an, mit dieser Maßgabe im schriftlichen Verfahren nach § 411 Abs. 1 S. 3 StPO zu entscheiden. Der Verteidiger stimmt nach Beratung des Beschuldigten zu.

1.	Verfahrensgebühr, Nr. 4106 VV	165,00 €
2.	Zusätzliche Gebühr, Nr. 4141, 4106 VV	165,00 €
3.	Postentgeltpauschale, Nr. 7002 VV	20,00 €
	Zwischensumme	350,00 €
4.	19 % Umsatzsteuer, Nr. 7008 VV	66,50 €
	Gesamt	**416,50 €**

h) Übergang in das Strafbefehlsverfahren nach Anklageerhebung

Die analoge Anwendung der Nr. 4141 VV wird in der Rspr zu Recht befürwortet, wenn 104
der Anwalt nach Anklageerhebung erreicht, dass gem. § 408 a StPO im Strafbefehlsverfahren entschieden wird, so dass sich damit eine Hauptverhandlung erübrigt.[71]

Beispiel 23: Nach Zulassung der Anklage verhandelt der Verteidiger mit dem Gericht und der Staatsanwaltschaft und erreicht, dass im Strafbefehlsverfahren entschieden wird.

1.	Grundgebühr, Nr. 4100 VV	200,00 €
2.	Verfahrensgebühr, Nr. 4106 VV	165,00 €
3.	Zusätzliche Gebühr, analog Anm. Abs. 1 S. 1 zu Nr. 4141 VV, Nr. 4106 VV	165,00 €
4.	Postentgeltpauschale, Nr. 7002 VV	20,00 €
	Zwischensumme	550,00 €
5.	19 % Umsatzsteuer, Nr. 7008 VV	104,50 €
	Gesamt	**654,50 €**

i) Rücknahme der Anklage oder des Strafbefehlsantrags

Häufig ist zu lesen, dass die Rücknahme der Anklage oder des Antrags auf Erlass des 105
Strafbefehls durch die Staatsanwaltschaft bereits die zusätzliche Gebühr nach Nr. 4141 VV auslöse. Das ist jedoch nicht zutreffend, weil alleine durch die Rücknahme der Anklage oder des Strafbefehlsantrags das Verfahren noch nicht beendet wird. Die Rücknahme als solche ist noch keine endgültig gewollte Maßnahme, sondern nur eine vorläufige. Es kann jederzeit erneut Anklage erhoben oder Strafbefehlsantrag gestellt werden, so dass es dann zur Hauptverhandlung kommt. Zu einer nicht nur vorläufigen Erledigung wird die Rücknahme erst in Verbindung mit einer Einstellung des Verfahrens (s. Rn 91 ff).[72]

j) Freispruch ohne Hauptverhandlung nach Wiederaufnahmeverfahren

Ausreichend ist auch, dass der Verteidiger durch seinen umfassenden Vortrag im Rahmen 106
eines Wiederaufnahmeverfahrens den Grundstein dafür legt, dass im wiederaufgenommenen Verfahren eine Hauptverhandlung entbehrlich geworden ist, weil das Gericht gem. § 371 Abs. 2 StPO ohne Hauptverhandlung freisprechen konnte.[73]

---

71 AG Bautzen AGS 2007, 307 m. Anm. *Holzhauser*; ebenso AnwK-RVG/N. *Schneider*, Nr. 4141 VV Rn 145; *Burhoff*, RVG, Nr. 4141 VV Rn 32 f.
72 OLG Köln AGS 2010, 175 = JurBüro 2010, 362; LG Düsseldorf AGS 2011, 430 = AG kompakt 2011, 6; AnwK-RVG/N. *Schneider*, Nr. 4141 VV Rn 114 f; *Burhoff*, RVG, Nr. 4141 VV Rn 20.
73 LG Dresden StraFo 2006, 475.

3. Die Höhe der Gebühr

107 Die zusätzliche Gebühr entsteht für den Wahlanwalt jeweils in Höhe der Rahmenmitte (Anm. Abs. 3 zu Nr. 4141 VV). Es handelt sich damit faktisch um eine **Festgebühr**.[74] Der Gesetzgeber wollte vermeiden, dass über die Höhe der zusätzlichen Gebühr Streit entsteht. Für den Pflichtverteidiger entsteht die jeweils für die Verfahrensgebühr vorgesehene Festgebühr.

108 Die Höhe der Gebühr richtet sich nach der Höhe der Verfahrensgebühr desjenigen Verfahrens, in dem die Hauptverhandlung stattgefunden hätte.[75] Das bedeutet, dass im vorbereitenden Verfahren vor der Staatsanwaltschaft nicht auf die Verfahrensgebühren des vorbereitenden Verfahrens abzustellen ist, sondern auf die ggf höheren Verfahrensgebühren des erstinstanzlichen gerichtlichen Verfahrens.[76]

Beispiel 24: Der Anwalt vertritt den Beschuldigten in einem Ermittlungsverfahren wegen des Verdachts eines Raubes. Das Verfahren wird aufgrund der Einlassung des Verteidigers eingestellt.

Ausgehend von der Mittelgebühr erhält der Anwalt eine Verfahrensgebühr nach Nr. 4104 VV iHv 140 €, aber eine zusätzliche Verfahrensgebühr nach Nr. 4141, 4112 VV iHv 155 €.

109 Ein **Haftzuschlag** gem. Vorbem. 4 Abs. 4 VV bleibt nach dem ausdrücklichen Wortlaut der Nr. 4141 VV („ohne Zuschlag") außer Betracht.

110 Ebenso bleit eine **Gebührenerhöhung** wegen mehrerer Auftraggeber nach Nr. 1008 VV (zB Vertretung mehrerer Privat- oder Nebenkläger) außer Betracht.

XI. Zusätzliche Verfahrensgebühr bei Einziehung und verwandten Maßnahmen

111 Nach Nr. 4142 VV erhält der Verteidiger für seine Tätigkeit, die sich auf die Einziehung, gleichstehende Rechtsfolgen nach § 442 StPO, die Abführung des Mehrerlöses oder auf eine diesen Zwecken dienende Beschlagnahme bezieht, eine zusätzliche 1,0-Wertgebühr. Hierzu zählt nicht der Fall der Entziehung der Fahrerlaubnis.[77] Auch die Sicherstellung von Beweismitteln fällt nicht in den Anwendungsbereich der Nr. 4142 VV.[78] Strittig ist, ob eine Tätigkeit des Verteidigers im Rahmen einer Beschlagnahme zum Zwecke der Rückgewinnungshilfe (§ 111 b Abs. 5 StPO) die Gebühr gem. Nr. 4142 VV auslöst.[79]

112 Ist allerdings der Wert des Gegenstands, auf den sich die Tätigkeit bezieht, niedriger als 30 €, so entsteht die Gebühr nicht. Erforderlich ist also, dass der Wert des Gegenstands mindestens 30 € beträgt (Anm. Abs. 2 zu Nr. 4142 VV).

113 Die Höhe der Gebühr richtet sich nach dem Gegenstandswert (§ 2 Abs. 1 RVG). Für den Wahlanwalt gilt die Tabelle des § 13 RVG, für den Pflichtverteidiger bei Werten über 4.000 € die des § 49 RVG.

114 Den Wert hat das Gericht auf Antrag im Verfahren nach § 33 RVG festzusetzen. Maßgebend ist der Verkehrswert. Fälle aus der **Rspr**:

- **Betäubungsmittel** haben keinen Verkehrswert und damit auch keinen Gegenstandswert, da mit ihnen legalerweise nicht gehandelt werden kann.[80]
- **Falschgeld** hat keinen Verkehrswert.[81]

---

74 LG Düsseldorf AGS 2007, 26; AG Hamburg AGS 2006, 439 = RVGreport 2006, 351; AnwK-RVG/*N. Schneider*, Nr. 4141 VV Rn 114.
75 AG Hamburg AGS 2006, 439 = RVGreport 2006, 351.
76 *Burhoff*, RVG, Nr. 4141 VV Rn 48.
77 OLG Koblenz AGS 2006, 236 = JurBüro 2006, 247 = RVGreport 2006, 191.
78 LG Mainz AGS 2007, 139.
79 Verneinend, durch Verteidigergebühren abgegolten: OLG Köln StraFo 2007, 131 und 262 = RVGreport 2007, 273; LG Chemnitz AGS 2008, 342.
80 OLG Koblenz AGS 2006, 236 = JurBüro 2006, 247 = RVGreport 2006, 191; OLG Schleswig StraFo 2006, 516; LG Göttingen AGS 2006, 75.
81 OLG Frankfurt/M. RVGreport 2007, 71 = JurBüro 2007, 201.

- Bei **Kosmetikartikel und Parfums** ist der Verkehrswert maßgebend.[82]
- Der Wert eines **Pkw** ist zu schätzen. Darauf, was die Staatskasse später tatsächlich bei einer Versteigerung erlöst, ist nicht abzustellen.[83]
- Der Gegenstandswert von **unversteuerten Zigaretten** berechnet sich nach dem Schwarzmarktpreis pro Stange.[84]

XII. Zusätzliche Verfahrensgebühr bei vermögensrechtlichen Ansprüchen

Werden im Strafverfahren vermögensrechtliche Ansprüche des Verletzten oder seines Erben geltend gemacht (§§ 403 ff StPO), so entstehen zusätzliche Wertgebühren, und zwar iHv 2,0 nach Nr. 4143 VV im erstinstanzlichen Verfahren (auch vor dem Berufungsgericht, Anm. Abs. 1 zu Nr. 4143 VV) und iHv 2,5 nach Nr. 4144 VV. Zur Anrechnung bei nachfolgendem Zivilrechtsstreit s. Rn 143.   **115**

Vertritt der Anwalt **mehrere Nebenkläger** im selben Verfahren, liegt nur eine Angelegenheit vor, so dass er seine Gebühr nur einmal erhält.[85] Auch der Verteidiger erhält seine Gebühren nur einmal.[86] Soweit die Nebenkläger verschiedene Ansprüche geltend machen, werden die Werte der einzelnen Anträge nach § 22 RVG addiert. Soweit derselbe Gegenstand vorliegt, bleibt es beim einfachen Wert. Allerdings erhöht sich dann die Verfahrensgebühr für den Vertreter der Nebenkläger nach Nr. 1008 VV um 0,3 je weiterer Auftraggeber.   **115a**

Soweit keine Gerichtsgebühr nach Nr. 3700 KV GKG anfällt oder nur aus dem geringeren Wert der Verurteilung, muss das Gericht auf Antrag den **Gegenstandswert** im Verfahren nach § 33 RVG festsetzen.[87]   **116**

Kommt es zu einer **Einigung** über die vermögensrechtlichen Ansprüche, so entsteht auch die **Einigungsgebühr** (Nr. 1000, 1003, 1004 VV). Die Einigungsgebühr entsteht auch dann, wenn nicht anhängige zivilrechtliche Ansprüche verglichen werden. Die Rspr will dann allerdings nur eine 1,0-Gebühr nach Nr. 1003 VV zugestehen.[88] Zutreffend ist es, hier die 1,5-Gebühr anzusetzen.   **117**

Beispiel 25: Im Strafverfahren vertritt der Anwalt den Verletzten, der im Wege des Adhäsionsverfahrens Schmerzensgeld iHv 5.000 € geltend macht. Es kommt in der Hauptverhandlung zu einem Vergleich über den Schmerzensgeldanspruch.

Es entstehen jetzt eine 2,3-Verfahrensgebühr nach Nr. 4143 VV und eine 1,0-Einigungsgebühr nach Nr. 1000, 1003 VV.

1. Grundgebühr, Nr. 4100 VV		200,00 €
2. Verfahrensgebühr, Nr. 4104 VV		165,00 €
3. 2,0-Verfahrensgebühr, Nr. 4143 VV		303,00 €
4. 1,0-Einigungsgebühr, Nr. 1000, 1003 VV		606,00 €
5. Postentgeltpauschale, Nr. 7002 VV		20,00 €
Zwischensumme	1.094,00 €	
6. 19 % Umsatzsteuer, Nr. 7008 VV		207,86 €
Gesamt		**1.301,86 €**

---

82 LG Aschaffenburg RVGreport 2007, 7.
83 OLG Bamberg AGS 2007, 192 = JurBüro 2007, 201.
84 LG Hof AGS 2008, 80; LG Essen AGS 2006, 501 = RVGprof. 2006, 170 = RVGreport 2007, 465; aA LG Berlin, Beschl. v. 13.10.2006 – 536 Qs 250/06 (juris), wonach solche Zigaretten keinen Wert haben.
85 OLG Düsseldorf AGS 2014, 176 = RVGreport 2014, 227.
86 OLG Stuttgart AGS 2015, 73.
87 OLG Celle AGS 2015, 72.
88 OLG Nürnberg AGS 2014, 18 = AnwBl 2014, 93 = RVGreport 2014, 72 = NStZ-RR 2014, 63.

XIII. Einigungsgebühr im Privatklageverfahren

118   Wirkt der Verteidiger an einer **Einigung** zwischen den Parteien hinsichtlich des **Strafanspruchs und/oder des Kostenerstattungsanspruchs** (dem Grunde nach) mit, so erhält der Verteidiger zusätzlich eine Rahmengebühr nach Nr. 4147 VV iVm Nr. 1000 VV iHv 20 € bis 150 €. Die Mittelgebühr beträgt 85 €; der beigeordnete Anwalt erhält 68 €. Eine weitere Einigungsgebühr nach Nr. 1000 VV bei einer Einigung (auch) über **vermögensrechtliche Ansprüche** ist möglich (Anm. zu Nr. 4147 VV).

C. Strafvollstreckung

119   Die Gebühren des Verteidigers in der Strafvollstreckung bestimmen sich nach Teil 4 Abschnitt 2 VV. Jedes **einzelne Vollstreckungsverfahren** stellt dabei eine **gesonderte Angelegenheit** iSd § 15 RVG dar.[89] Eine **Grundgebühr** (Nr. 4100 VV) kann allerdings nicht entstehen.[90]

120   Die Gebühren nach Teil 4 Abschnitt 2 VV gelten nur dann, wenn der Anwalt (Voll-)**Verteidiger** in der Strafvollstreckung ist. Unerheblich ist insoweit, ob er auch schon im Erkenntnisverfahren als Verteidiger tätig war. Soweit der Anwalt lediglich mit **Einzeltätigkeiten** im Rahmen der Strafvollstreckung beauftragt ist, gilt für ihn Nr. 4300 Nr. 3 VV oder Nr. 4301 Nr. 6 VV. Tätigkeiten im Rahmen der Zwangsvollstreckung aus Entscheidungen über einen aus einer Straftat erwachsenen vermögensrechtlichen Anspruch sowie aus Kostenfestsetzungsbeschlüssen richten sich ebenfalls nicht nach diesem Abschnitt, sondern nach Teil 3 VV.

121   In den Verfahren nach Nr. 4200 VV erhält der Wahlverteidiger eine Verfahrensgebühr (Nr. 4200 VV) mit einem **Gebührenrahmen** iHv 60 € bis 670 € (Mittelgebühr 365 €), der Pflichtverteidiger 292 €. Im Falle eines Termins erhält der Wahlanwalt eine **Terminsgebühr** nach Nr. 4202 VV iHv 60 € bis 300 € (Mittelgebühr 180 €), der Pflichtverteidiger iHv 144 €.

122   Für **sonstige Verfahren**, also solche Vollstreckungsverfahren, die nicht in den Nr. 4200 VV genannt sind, erhält der Wahlverteidiger eine Verfahrensgebühr aus Nr. 4204 VV iHv 30 € bis 300 € (Mittelgebühr 165 €), der Pflichtverteidiger iHv 132 €. Hinzu kommen kann eine Terminsgebühr nach Nr. 4206 VV für den Wahlverteidiger iHv 30 € bis 300 € (Mittelgebühr 165 €) und für den Pflichtverteidiger iHv 132 €.

123   **Beschwerden** in den vorgenannten Vollstreckungsverfahren, die sich gegen die Entscheidung in der Hauptsache richten, lösen die Gebühren erneut aus (Vorbem. 4.2 VV). Der Anwalt kann daher in jedem Beschwerdeverfahren die betreffenden Gebühren nach den Nr. 4200 ff VV bzw den Nr. 4204 ff VV erneut verdienen. Es handelt sich bei dem Beschwerdeverfahren um eine gesonderte Angelegenheit iSd § 15 RVG (arg. e § 19 Abs. 1 S. 2 Nr. 10 a RVG). Daher entsteht auch eine eigene **Postentgeltpauschale** nach Nr. 7002 VV.

124   Befindet sich der Verurteilte **nicht auf freiem Fuß** (Vorbem. 4 Abs. 4 VV), erhält der Verteidiger die Gebühren mit Zuschlag.

D. Die Gebühren des Nebenklagevertreters

125   Der Vertreter des Nebenklägers erhält gem. Vorbem. 4 Abs. 1 VV die gleichen Gebühren wie ein **Verteidiger**. Er erhält auch die Gebühren im vorbereitenden Verfahren, wenn er dort tätig war. Gleiches gilt für den Anwalt, der dem Nebenkläger nach § 397 a Abs. 2 StPO beigeordnet oder der nach § 397 a Abs. 1 StPO ihm als Beistand bestellt worden ist. Während der als Wahlanwalt tätige Vertreter des Nebenklägers die Gebühren erhält wie

---

89   AnwK-RVG/N. *Schneider*, Nr. 4200–4207 VV Rn 10 f.
90   OLG Schleswig AGS 2005, 120 = JurBüro 2005, 252 = RVGreport 2005, 70.

ein Wahlverteidiger, erhält der beigeordnete oder bestellte Vertreter oder Beistand des Nebenklägers die Festgebühren eines Pflichtverteidigers.

Der **Haftzuschlag** entsteht für den Nebenklagevertreter nach überwiegender Auffassung nur, wenn der Nebenkläger sich nicht auf freiem Fuß befindet, nicht dagegen auch, wenn sich nur der Angeklagte nicht auf freiem Fuß befindet.[91]   126

Auch der Vertreter des Nebenklägers kann die zusätzlichen Gebühren nach Teil 4 Unterabschnitt 5 VV verdienen. Insbesondere kann er eine zusätzliche Gebühr erhalten, wenn er   127

- an der Einstellung des Verfahrens mitwirkt,
- an der Rücknahme des Rechtsmittels durch den Verurteilten mitwirkt oder
- das eigene Rechtsmittel zurücknimmt

und dadurch die Hauptverhandlung entbehrlich wird.

Soweit der Nebenkläger **vermögensrechtliche Ansprüche** geltend macht, gelten auch für ihn die Gebühren nach den Nr. 4143, 4144 VV und ggf auch die 1,3-Einigungsgebühr nach den Nr. 1000, 1004 VV.   128

Vertritt der Anwalt **mehrere Nebenkläger**, so erhöhen sich die Betragsrahmengebühren (nicht aber die zusätzliche Gebühr Nr. 4141 VV) nach Nr. 1008 VV und zwar unabhängig davon, ob sie wegen derselben Tat oder denselben Tatfolgen beigetreten sind (zB mehrere Hinterbliebene des Getöteten) oder wegen verschiedener Taten (zB zwei Verletzte aus zwei verschiedenen, aber gemeinsam angeklagten Körperverletzungen). Auf eine gemeinschaftliche Beteiligung kommt es nicht an. Soweit vermögensrechtliche Ansprüche geltend gemacht werden, erhöhen sich die Verfahrensgebühren nach den Nr. 4143, 4144 VV um 0,3 je weiterer Auftraggeber. Hier ist allerdings eine gemeinschaftliche Beteiligung erforderlich.   129

Durch das RVG dürfte auch die frühere Streitfrage geklärt sein, ob die **Tätigkeit des Nebenklagevertreters** grundsätzlich von geringerer Bedeutung und daher von einer geringeren Gebühr als der Mittelgebühr auszugehen ist. In Anbetracht des Umstands, dass der Gesetzgeber in Vorbem. 4 Abs. 1 VV den Nebenklagevertreter dem Verteidiger gleichgestellt hat, dürfte anzunehmen sein, dass auch für den Nebenklagevertreter grundsätzlich von einer Mittelgebühr auszugehen ist.   130

E. Vertreter eines Privatklägers

Eine gesonderte Regelung für das Privatklageverfahren enthält das RVG nicht. Insoweit ist lediglich in Vorbem. 4 Abs. 1 VV angeordnet, dass der Vertreter des Privatklägers die gleichen Gebühren erhält wie ein Verteidiger, also auch eine **Grundgebühr** (Nr. 4100 VV).   131

Insbesondere kann der Anwalt als Privatklagevertreter auch eine Verfahrensgebühr nach Nr. 4104 VV im vorbereitenden Verfahren verdienen (Vorbem. 4.1.2 VV). Nimmt der Anwalt dort an einem Sühnetermin nach § 380 StPO teil, entsteht daneben eine **Terminsgebühr** nach Nr. 4102 Nr. 5 VV.   132

Des Weiteren kann der Vertreter des Privatklägers auch eine **zusätzliche Gebühr** nach Nr. 4141 VV verdienen, wenn er an einer Einstellung oder Einigung mitwirkt oder wenn er die Privatklage zurücknimmt.[92] Allerdings kann die zusätzliche Gebühr nach Nr. 4141 VV nicht neben einer Gebühr nach Nr. 4147 VV entstehen (Anm. Abs. 2 zu Nr. 4141 VV).   133

Werden auch **vermögensrechtliche Ansprüche** geltend gemacht, entstehen die Gebühren nach den Nr. 4143, 4144 VV.   134

Sofern es zu einer **Einigung** hinsichtlich des Strafanspruchs oder des Kostenerstattungsanspruchs kommt, entsteht eine Einigungsgebühr nach Nr. 4147 VV. Hinzu kommen kann   135

---

91 OLG Düsseldorf AGS 2006, 435 = JurBüro 2006, 534 = Rpfleger 2006, 623 = RVGreport 2006, 389; OLG Hamm Rpfleger 2007, 502 = JurBüro 2007, 528; LG Flensburg AGS 2008, 340.
92 AnwK-RVG/N. *Schneider*, Nr. 4141 VV Rn 99 f.

daneben auch eine Einigungsgebühr nach Nr. 1000 VV (Anm. zu Nr. 4147 VV), soweit sich die Parteien auch über vermögensrechtliche Ansprüche einigen.

136 Vertritt der Anwalt **mehrere Privatkläger**, erhöhen sich die Gebührenrahmen der Verfahrensgebühren nach Nr. 1008 VV um 30 % je weiteren Auftraggeber, die Wertgebühren um jeweils 0,3, soweit derselbe Gegenstand gegeben ist.

F. Ausschließliche Vertretung im Adhäsionsverfahren

137 Wird der Anwalt ausschließlich im Adhäsionsverfahren tätig, so gelten für ihn, obwohl er weder Verteidiger noch Vertreter oder Beistand nach Vorbem. 4 Abs. 1 VV ist, die Nr. 4143, 4144 VV (Vorbem. 4.3 Abs. 3 VV).

138 Im **erstinstanzlichen Verfahren** fällt nur eine 2,0-Verfahrensgebühr nach Nr. 4143 VV an. Weitere Gebühren nach Teil 4 VV entstehen nicht, insbesondere keine Grundgebühr. Möglich ist allerdings eine 1,0-Einigungsgebühr nach den Nr. 1000, 1003 VV.

139 War der Anwalt **vorgerichtlich** tätig, so richtet sich seine Vergütung nach Nr. 2300 VV. Eine Anrechnung ist im Gesetz nicht vorgesehen. Eine analoge Anwendung der Anrechnungsbestimmung dürfte nicht in Betracht kommen, nachdem der Gesetzgeber die Anrechnungsvorschriften – zuletzt mit dem 2. KostRMoG (1.8.2013) – mehrfach geändert hat, jedoch für die Nr. 4143 VV eine Anrechnung nicht vorgesehen hat.[93]

140 Im **Berufungs- oder Revisionsverfahren** gilt Nr. 4144 VV. Der Anwalt erhält eine 2,5-Gebühr. Insoweit ist unerheblich, ob der Anwalt vorinstanzlich ausschließlich im Adhäsionsverfahren tätig war oder ob sich das Rechtsmittel auf die Verurteilung im Adhäsionsverfahren beschränkt.[94] Werden anlässlich des strafrechtlichen Berufungsverfahrens dagegen erstmals Ansprüche im Adhäsionsverfahren geltend gemacht, so gilt Nr. 4143 VV (Anm. Abs. 1 zu Nr. 4143 VV). Abzurechnen ist wie im erstinstanzlichen Adhäsionsverfahren. Auch die Einigungsgebühr entsteht analog Anm. Abs. 1 zu Nr. 4143 VV nur zu 1,0 (Nr. 1003 VV).

141 Vertritt der Anwalt **mehrere Auftraggeber** wegen desselben Gegenstands, so erhöhen sich die Gebühren nach Nr. 1008 VV um jeweils 0,3 je weiteren Auftraggeber. Soweit der Anwalt mehrere Auftraggeber wegen unterschiedlicher Gegenstände vertritt, bleibt es bei den einfachen Gebühren, die sich allerdings aus den zusammengerechneten Werten (§ 22 Abs. 1 RVG) berechnen.[95]

142 Weigert sich das Gericht, über die im Adhäsionsverfahren geltend gemachten Ansprüche zu entscheiden, so ist hiergegen nach § 406 a StPO die **Beschwerde** gegeben. Dieses Beschwerdeverfahren ist eine eigene Angelegenheit (arg. e § 19 Abs. 1 S. 2 Nr. 10 a RVG) und löst eine 0,5-Verfahrensgebühr nach Nr. 4146 VV aus. Bei mehreren Auftraggebern erhöht sich diese Gebühr um 0,3 je weiteren Auftraggeber, sofern der Gegenstand derselbe ist.

143 Wird im Strafverfahren über die geltend gemachten Ansprüche nicht entschieden und werden die Ansprüche **anschließend vor dem Zivilgericht** geltend gemacht, so ist die Gebühr der Nr. 4143 VV nach Anm. Abs. 2 zu Nr. 4143 VV zu einem Drittel anzurechnen.

Beispiel 26: Nachdem das Gericht über die Ansprüche der Erbengemeinschaft iHv 10.000 € nicht entschieden hat, klagen die Erben ihre Ansprüche anschließend vor dem Zivilgericht ein. Im Zivilprozess entstehen die Gebühren nach den Nr. 3100 ff VV. Die Verfahrensgebühr der Nr. 4143 VV ist zu einem Drittel anzurechnen (Anm. Abs. 2 zu Nr. 4143 VV).

---

93 AnwK-RVG/N. *Schneider*, Nr. 4143–4144 VV Rn 11 ff.
94 AnwK-RVG/N. *Schneider*, Nr. 4143–4144 VV Rn 11.
95 AnwK-RVG/N. *Schneider*, Nr. 4143–4144 VV Rn 17.

I. Adhäsionsverfahren

1. 2,6-Verfahrensgebühr, Nr. 4143, 1008 VV (Wert: 10.000 €)   1.450,80 €
2. Postentgeltpauschale, Nr. 7002 VV   20,00 €
   Zwischensumme   1.470,80 €
3. 19 % Umsatzsteuer, Nr. 7008 VV   279,45 €
   Gesamt   **1.750,25 €**

II. Verfahren vor dem Zivilgericht

1. 1,3-Verfahrensgebühr, Nr. 3100 VV (Wert: 10.000 €)   725,40 €
2. 1,2-Terminsgebühr, Nr. 3104 VV (Wert: 10.000 €)   669,60 €
3. anzurechnen gem. Anm. Abs. 2 zu Nr. 4143 VV (1/3 x 1.470,80 €)   – 490,27 €
4. Postentgeltpauschale, Nr. 7002 VV   20,00 €
   Zwischensumme   924,73 €
5. 19 % Umsatzsteuer, Nr. 7008 VV   175,70 €
   Gesamt   **1.100,43 €**

G. Vertreter eines Einziehungs- oder Nebenbeteiligten

Für den Vertreter eines Einziehungs- oder Nebenbeteiligten gelten gem. Vorbem. 4 Abs. 1 VV die gleichen Gebühren wie für den Verteidiger. Insoweit kann auf die dortigen Ausführungen Bezug genommen werden (s. Rn 5 ff).   **144**

H. Gebühren des Beistands eines Verletzten, eines Zeugen oder eines Sachverständigen

Der Beistand eines Verletzten, also der   **145**

- einem Nebenkläger nach § 397 a Abs. 1 StPO,
- einem nebenklageberechtigten Verletzten nach § 406 g Abs. 3 Nr. 1 StPO,
- einem Zeugen oder
- einem Sachverständigen

beigeordnete Anwalt, erhält nach Vorbem. 4 Abs. 1 VV die gleichen Gebühren wie ein Verteidiger, so dass insoweit auf die Ausführungen hierzu verwiesen werden kann (s. Rn 5 ff).

I. Vertretung im Strafrechtlichen Rehabilitierungsverfahren

Für die Vertretung in einem Verfahren nach dem Strafrechtlichen Rehabilitierungsgesetz (StRehaG) erhält der Anwalt ebenfalls gem. Vorbem. 4 Abs. 1 VV die gleichen Gebühren wie ein Verteidiger. Hinzu kommen kann nach Nr. 4146 VV eine Gebühr für das Verfahren über einen Antrag auf gerichtliche Entscheidung oder über die Beschwerde gegen eine den Rechtszug beendende Entscheidung nach § 25 Abs. 1 S. 3 bis 5, § 13 StRehaG.   **146**

J. Einzeltätigkeiten

Der Rechtsanwalt, dem nicht die Verteidigung des Beschuldigten oder die Vertretung eines anderen Beteiligten übertragen ist, erhält für einzelne Tätigkeiten die Gebühren nach Teil 4 Abschnitt 3 VV (Nr. 4300 ff VV). Ausgenommen ist nach Vorbem. 4.3 Abs. 2 VV die bloße Vertretung in einem Adhäsionsverfahren, die sich auch als Einzeltätigkeit nach den Nr. 4143, 4144 VV richtet (s. Rn 137 ff).   **147**

148 Geregelt ist:

- in **Nr. 4300 VV** die Verfahrensgebühr für die Anfertigung oder Unterzeichnung einer Schrift
  - zur Begründung der Revision (Nr. 1); neben der Gebühr für die Begründung der Revision entsteht für die Einlegung der Revision keine besondere Gebühr nach Nr. 4302 VV (Anm. zu Nr. 4300 VV),
  - zur Erklärung auf die von dem Staatsanwalt, Privatkläger oder Nebenkläger eingelegte Revision (Nr. 2),
  - in Verfahren nach den §§ 57 a und 67 e StGB[96] (Nr. 3);
- in **Nr. 4301 VV** die Verfahrensgebühr für
  - die Anfertigung oder Unterzeichnung einer Privatklage (Nr. 1),
  - die Anfertigung oder Unterzeichnung einer Schrift zur Rechtfertigung der Berufung oder zur Beantwortung der von dem Staatsanwalt, Privatkläger oder Nebenkläger eingelegten Berufung (Nr. 2); neben der Gebühr für die Rechtfertigung der Berufung entsteht für die Einlegung der Berufung keine besondere Gebühr nach Nr. 4302 VV (Anm. zu Nr. 4301 VV),
  - die Führung des Verkehrs mit dem Verteidiger (Nr. 3),
  - die Beistandsleistung für den Beschuldigten bei einer richterlichen Vernehmung, einer Vernehmung durch die Staatsanwaltschaft oder eine andere Strafverfolgungsbehörde oder in einer Hauptverhandlung, einer mündlichen Anhörung oder bei der Einnahme eines Augenscheins (Nr. 4),
  - die Beistandsleistung im Verfahren zur gerichtlichen Erzwingung der Anklage nach § 172 Abs. 2 bis 4, § 173 StPO (Nr. 5),
  - sonstige Tätigkeiten in der Strafvollstreckung (Nr. 6);
- in **Nr. 4302 VV** die Verfahrensgebühr für
  - die Einlegung eines Rechtsmittels (Nr. 1); die Gebühr entsteht nicht, wenn der Anwalt auch mit der Begründung, Rechtfertigung der Berufung oder Revision oder einer Gegenerklärung dazu beauftragt ist (Anm. zu Nr. 4300, Anm. zu Nr. 4301 VV),
  - die Anfertigung oder Unterzeichnung anderer Anträge, Gesuche oder Erklärungen, wie zB eine Strafanzeige oder einen Strafantrag (Nr. 2),
  - eine andere nicht in Nr. 4300 oder 4301 VV erwähnte Beistandsleistung (Nr. 3).

149 Jede Einzeltätigkeit stellt eine **gesonderte Angelegenheit** dar, soweit nichts anderes bestimmt ist (Vorbem. 4.3 Abs. 3 S. 1 VV). Auch Beschwerden sind hier eigene Angelegenheiten (§ 19 Nr. 10 Buchst. a) RVG, Vorbem. 4.3 Abs. 3 S. 2 VV).

150 Wird dem Rechtsanwalt, der zunächst nur einen Einzelauftrag hatte, später die Verteidigung oder die Vertretung für das Verfahren insgesamt übertragen, so werden die für die Einzeltätigkeit entstandenen Gebühren auf die entsprechenden Gebühren für die Verteidigung oder Vertretung **angerechnet** (Vorbem. 4.3 Abs. 4 VV).

K. Gnadensache

151 Für die Vertretung in einer Gnadensache, bei der es sich nicht um eine Strafsache, sondern um ein Verwaltungsverfahren handelt, erhält der Rechtsanwalt nach Nr. 4303 VV eine Gebühr iHv 30 bis 300 €. Die Beiordnung in einer Gnadensache ist nicht möglich; auch eine Pflichtverteidigerbestellung erstreckt sich hierauf nicht. Hier kann nur Beratungshilfe bewilligt werden.[97]

---

96 Nicht aber die Vertretung in diesen Verfahren, die nach den Nr. 4200 ff VV abzurechnen ist (OLG Schleswig AGS 2005, 120 = JurBüro 2005, 252; OLG Jena AGS 2006, 287 = RVGreport 2006, 470).
97 LG Berlin AGS 2008, 460; AnwK-RVG/N. *Schneider*, Nr. 4304 VV Rn 23.

L. Kontaktperson

Für die Tätigkeit als Kontaktperson nach § 34 a EGGVG erhält der Anwalt nach Nr. 4304 **152** VV eine Festgebühr iHv 3.500 €.

M. Verfahren über die Erinnerung oder Beschwerde gegen einen Kostenfestsetzungsbeschluss

In Verfahren über die Erinnerung oder die Beschwerde gegen einen Kostenfestsetzungsbe- **153** schluss (§ 464 b StPO) sowie im Verfahren über die Erinnerung gegen den Kostenansatz und im Verfahren über die Beschwerde gegen die Entscheidung über diese Erinnerung wird in Vorbem. 4 Abs. 5 Nr. 1 VV auf die Vorschriften des Teil 3 VV verwiesen. Der Anwalt erhält also die Vergütung nach Nr. 3500 VV.

N. Zwangsvollstreckung

In Tätigkeiten der Zwangsvollstreckung aus Entscheidungen, die über einen aus der Straf- **154** tat erwachsenen vermögensrechtlichen Anspruch entstanden sind, oder wegen Kostener-stattungsforderungen erhält der Anwalt auch in Strafsachen gem. Vorbem. 4 Abs. 5 Nr. 2 VV die Vergütung nach Teil 3 VV. Die Gebühren richten sich nach den Nr. 3309 ff VV.

O. Bewilligung einer Pauschvergütung

Nach § 42 RVG kann der Wahlanwalt die Feststellung einer Pauschgebühr beantragen, **155** wenn die Gebühren wegen des **besonderen Umfangs oder der besonderen Schwierigkeit** nicht zumutbar sind. Dies gilt nicht, soweit Wertgebühren entstehen (§ 42 S. 2 RVG). Zu-ständig ist das Oberlandesgericht, zu dessen Bezirk das Gericht des ersten Rechtszugs ge-hört (§ 42 Abs. 1 S. 1 RVG). Im Verfahren vor dem Bundesgerichtshof ist dieser zuständig (§ 42 Abs. 1 S. 5 RVG). Die Beteiligten sind vor der Entscheidung anzuhören (§ 42 Abs. 2 S. 3 RVG). Die Entscheidung ergeht durch Beschluss, der unanfechtbar (§ 42 Abs. 1 S. 1 RVG), ungeachtet dessen jedoch zu begründen ist (§ 304 Abs. 4 StPO). Die Pauschgebühr kann ebenso wie beim Pflichtverteidiger für das gesamte Verfahren bewilligt werden oder auch für einzelne Verfahrensabschnitte (§ 42 Abs. 1 S. 3 RVG). Sie darf höchstens das Doppelte der geltenden Höchstbeträge ergeben. Der Bewilligungsbeschluss ist noch kein zur Vollstreckung geeigneter Titel. Die Vergütung muss also noch festgesetzt oder einge-klagt werden. Allerdings ist die Feststellung der Pauschgebühr durch das Gericht bindend (§ 42 Abs. 4 RVG). Dies gilt sowohl für das Kostenfestsetzungsverfahren gegen einen er-stattungspflichtigen Dritten oder die erstattungspflichtige Staatskasse als auch für ein Ver-gütungsfestsetzungsverfahren nach § 11 RVG und für den eventuellen Vergütungsprozess des Rechtsanwalts gegen seinen Auftraggeber.

Wichtig: Ein Antrag auf Feststellung einer Pauschgebühr ist unzulässig, wenn der Verteidi- **156** ger nach Ausübung seines Ermessens zur Bestimmung der angefallenen Gebühren Kosten-festsetzung beantragt hat. Dann tritt nach §§ 315 ff BGB Bindungswirkung ein, so dass für eine Pauschgebühr kein Raum mehr ist.[98] Sowohl das Verfahren nach § 42 RVG als auch das nach § 51 RVG muss vor einem Festsetzungsantrag durchgeführt werden.[99] Sind die gesetzlichen Gebühren bereits festgesetzt, ist ein Antrag auf Feststellung einer Pauschge-bühr erst Recht unzulässig.[100]

---

98   OLG Celle AGS 2008, 546 = StraFo 2008, 398 = NStZ-RR 2009, 31 = RVGreport 2008, 382 = StRR 2008, 363 = NJW-Spezial 2008, 733; OLG Düsseldorf NStZ-RR 2013, 63 = JurBüro 2013, 80.
99   OLG Karlsruhe RVGreport 2013, 188.
100 OLG Bamberg DAR 2011, 237 = StRR 2011, 83 = RVGreport 2011, 176; OLG Jena AGS 2008, 174 = RVGreport 2008, 25 = Rpfleger 2008, 98 = JurBüro 2008, 82; OLG Jena JurBüro 2010, 642 = Rpfleger 2011, 177 = RVGreport 2010, 414 = NStZ-RR 2010, 392; OLG Köln, Beschl. v. 4.2.2009 –2 ARs 2/08.

P. Abtretung des Kostenerstattungsanspruchs

157 Häufig lässt sich der Verteidiger einen eventuellen Kostenerstattungsanspruch des Mandanten für den Fall des Freispruchs oder Teilfreispruchs abtreten. Hier ist in § 43 RVG geregelt, dass diese Abtretung einer Aufrechnung der Staatskasse mit eigenen Ansprüchen (Geldstrafe oder Kosten) nur dann ausgeschlossen ist, wenn vor Aufrechnungserklärung der Staatskasse eine Urkunde über die Abtretung oder eine Anzeige des Beschuldigten oder des Betroffenen über die Abtretung zur Akte gereicht worden ist. Der Verteidiger sollte sich also mit Erteilung des Mandats eine schriftliche Abtretungserklärung aushändigen lassen und diese sofort zur Akte reichen.

158 Strittig ist, ob die Abtretung der Kostenerstattungsansprüche in der Strafprozessvollmacht zulässig ist.[101]

---

101 Für eine Zulässigkeit: LG Leipzig AGS 2010, 129 = RVGreport 2010, 185 = StRR 2010, 239; dagegen: LG Koblenz Rpfleger 2008, 596; LG Düsseldorf AGS 2007, 34.

§ 21 Vertretung in Bußgeldsachen

A. Anwendungsbereich

I. Überblick

Die Gebühren für die Vertretung in Bußgeldsachen sind in Teil 5 VV geregelt. Aus der gesonderten Regelung dieser Gebühren folgt, dass es sich bei Bußgeldsachen und Strafsachen stets um verschiedene Angelegenheiten iSd § 15 RVG handelt. Das gilt auch dann, wenn wegen derselben Tat zunächst ein Bußgeldverfahren eingeleitet wird, das später nach §§ 41 oder 42 OWiG von der Staatsanwaltschaft übernommen wird, oder wenn ein Strafverfahren eingestellt wird und sich hieran ein Bußgeldverfahren anschließt (s. § 17 Nr. 10 RVG). **1**

Wird der Anwalt nur **beratend** tätig oder soll er ein **Gutachten** erstellen, so gilt § 34 RVG (s. § 11 Rn 1 ff). Die **Prüfung der Erfolgsaussicht eines Rechtsmittels** richtet sich nach den Nr. 2100 ff VV (s. § 11 Rn 19 ff). Für die **Herstellung des Einvernehmens nach dem EuRAG** gelten die Nr. 2200, 2201 VV (s. § 26 Rn 1 ff). **2**

II. Sachlicher Anwendungsbereich

Die Gebühren nach Teil 5 VV sind immer dann anzuwenden, wenn der Anwalt den Auftraggeber in einem Bußgeldverfahren, also einem Verfahren wegen des Verdachts einer Ordnungswidrigkeit, vertritt. Dazu gehören auch Verfahren über die Vollstreckung einer Bußgeldentscheidung oder in einer Gnadensache aufgrund einer Bußgeldentscheidung (Anm. Abs. 4 zu Nr. 5200 VV). Ebenso gilt Teil 5 VV, wenn sich die Tätigkeit des Anwalts darauf erstreckt, ein Bußgeldverfahren einzuleiten, also bei einer Ordnungswidrigkeitenanzeige als Einzeltätigkeit (Nr. 5200 VV).[1] Soweit in einem Strafverfahren auch wegen des Verdachts einer Ordnungswidrigkeit ermittelt wird, sind dagegen nur die Nr. 4100 ff VV anzuwenden. **3**

III. Persönlicher Anwendungsbereich

Unerheblich ist, welchen Beteiligten der Anwalt vertritt. Zugeschnitten sind die Gebühren der Nr. 5100 ff VV auf den **Vollverteidiger**, also auf den Anwalt, der den Betroffenen verteidigt oder ihn in der Vollstreckung vertritt. Nach Vorbem. 5 Abs. 1 VV gelten die Gebühren aber auch entsprechend für die Tätigkeit des Anwalts als **Beistand oder Vertreter eines Einziehungs- oder Nebenbeteiligten, Zeugen oder Sachverständigen**. Daneben gilt Teil 5 VV auch für den Anwalt, der nur mit **Einzeltätigkeiten** betraut ist (Nr. 5200 ff VV). **4**

Die Gebühren gelten nicht nur für den **Wahlanwalt**, sondern auch für den **gerichtlich bestellten oder beigeordneten Anwalt**. Für diesen gelten dieselben Gebührentatbestände, allerdings mit festen Gebührenbeträgen iHv 80 % der Mittelgebühr des Wahlanwalts (s. Rn 44). Die Festsetzung seiner Vergütung erfolgt nach den §§ 55 ff RVG (s. § 33 Rn 26 f). **5**

IV. Die Angelegenheiten in Bußgeldsachen

Die Tätigkeit des Anwalts in Bußgeldsachen ist ebenso wie die in Strafsachen in verschiedene Verfahrensabschnitte aufgeteilt. Der Anwalt erhält nach Teil 5 VV jeweils eine gesonderte Vergütung: **6**

- im **Verfahren vor der Verwaltungsbehörde**, einschließlich des Zwischenverfahrens vor der Staatsanwaltschaft (§ 17 Nr. 11 RVG), geregelt in Abschnitt 1 Unterabschnitt 2;

---

1 LAG Schleswig AGS 2001, 75 = AnwBl 2001, 185; AnwK-RVG/*N. Schneider*, Nr. 5200 VV Rn 8.

- im **gerichtlichen Verfahren des ersten Rechtszugs** (§ 17 Nr. 11 RVG), geregelt in Abschnitt 1 Unterabschnitt 3;
- im Verfahren der **Rechtsbeschwerde** einschließlich des Verfahrens auf Zulassung der Rechtsbeschwerde (§ 16 Nr. 11 RVG), geregelt in Abschnitt 1 Unterabschnitt 4;
- im **erneuten gerichtlichen Verfahren des ersten Rechtszugs nach Zurückverweisung** (§ 21 Abs. 1 RVG);
- im **Wiederaufnahmeverfahren** (Vorbem. 5.1.3 VV iVm Abschnitt 1 Unterabschnitt 3);
- im **wiederaufgenommenen Verfahren** (§ 17 Nr. 13 RVG);
- in jedem **Verfahren über die Vollstreckung einer Bußgeldentscheidung** (Anm. Abs. 2, Abs. 1 zu Nr. 5200 VV);
- in einem **Gnadenverfahren wegen einer Bußgeldentscheidung** (Anm. Abs. 4 zu Nr. 5200 VV);
- in Verfahren über die **Erinnerung oder Beschwerde gegen einen Kostenfestsetzungsbeschluss** (Vorbem. 5 Abs. 4 Nr. 1 VV);
- in Verfahren über eine **Erinnerung** oder **Beschwerde gegen den Kostenansatz** (Vorbem. 5 Abs. 4 Nr. 1 VV) unter Beachtung des § 16 Nr. 10 RVG;
- in Verfahren über den **Antrag auf gerichtliche Entscheidung gegen einen Kostenfestsetzungsbescheid** oder **gegen den Ansatz der Gebühren und Auslagen nach § 109 OWiG** (Vorbem. 5 Abs. 4 Nr. 1 VV);
- in der **Beschwerde** gegen eine Entscheidung über die vorgenannten Anträge auf gerichtliche Entscheidung (Vorbem. 5 Abs. 4 Nr. 2 VV); und
- in der **Zwangsvollstreckung** aus einer Kostenerstattungsentscheidung (Vorbem. 5 Abs. 4 Nr. 2 VV).

7 Jeder dieser Verfahrensabschnitte ist eine eigene Gebührenangelegenheit, in der der Anwalt nach § 15 Abs. 1 RVG seine Gebühren und Auslagen gesondert erhält. Ausgenommen ist lediglich die Grundgebühr, die je Rechtsfall nur einmal entstehen kann (Anm. zu Nr. 5100 VV)

V. Das Gebührensystem

1. Die Gebühren des Verteidigers oder eines anderen umfassend beauftragten Verfahrensbevollmächtigten

a) Überblick

8 Die Gebühren des Verteidigers oder eines anderen umfassend beauftragten Verfahrensbevollmächtigten richten sich nach Teil 5 Abschnitt 1 VV, den Nr. 5100 ff VV. Vorgesehen sind für den Wahlanwalt grundsätzlich **Betragsrahmengebühren** mit der Besonderheit der Nr. 5115 VV (feste Mittelgebühr; s. Rn 20, 42) und für den Pflichtverteidiger **feste Betragsgebühren**. Nur im Fall der Nr. 5116 VV (Einziehung und verwandte Maßnahmen) entsteht eine **Wertgebühr**. Ein **Haftzuschlag** wie in Strafsachen (Vorbem. 4 Abs. 2 VV) ist in Bußgeldsachen nicht vorgesehen.

b) Grundgebühr

9 Ebenso wie in Strafsachen entsteht für die **erstmalige Einarbeitung** in den Rechtsfall (Anm. Abs. 1 zu Nr. 5100 VV) eine Grundgebühr nach Nr. 5100 VV. Durch sie werden lediglich die erste Entgegennahme der Information, die Sichtung des Sachverhalts und Verfahrensstoffes sowie das erste Gespräch mit dem Mandanten während der Einarbeitungsphase vergütet.

10 Die Grundgebühr kann nach Anm. Abs. 1 zu Nr. 5100 VV in jedem Verfahrensstadium entstehen. Sie entsteht allerdings insgesamt nur **einmal**, nämlich in dem Verfahrensstadium, in dem der Anwalt erstmals beauftragt wird. In den weiteren Verfahrensabschnitten kann die Grundgebühr für diesen Anwalt nicht erneut entstehen.

Die Grundgebühr entsteht auch hier **neben der jeweiligen Verfahrensgebühr**. Die Grundge- 11
bühr kann auch in Bußgeldverfahren nicht isoliert entstehen.

Ist dem Bußgeldverfahren ein **Strafverfahren** wegen **derselben Tat** vorangegangen, das die 12
Staatsanwaltschaft gem. § 43 OWiG eingestellt und zur weiteren Verfolgung als Ordnungswidrigkeit an die Verwaltungsbehörde abgegeben hat, entsteht die Grundgebühr im
Bußgeldverfahren nicht mehr (Anm. Abs. 2 zu Nr. 5100 VV). Die Einarbeitung ist dann
bereits durch die im Strafverfahren verdiente Grundgebühr nach Nr. 4100 VV mit abgegolten. Liegt dem **Bußgeldverfahren** dagegen eine **andere Tat** zugrunde, entsteht die
Grundgebühr auch im Bußgeldverfahren.

Beispiel 1: Die Staatsanwaltschaft ermittelt nach einem Verkehrsunfall wegen des Verdachts
der fahrlässigen Körperverletzung. Das Verfahren wird eingestellt. Daraufhin wird ein Bußgeldverfahren wegen Vorfahrtsverletzung eingeleitet, das schließlich eingestellt wird.

Dem Strafverfahren und Bußgeldverfahren liegt dieselbe Tat im strafprozessualen Sinne zugrunde, so dass die Grundgebühr im nachfolgenden Bußgeldverfahren nicht erneut entsteht
(Anm. Abs. 2 zu Nr. 5100 VV).

Beispiel 2: Die Staatsanwaltschaft ermittelt nach einem Verkehrsunfall wegen des Verdachts
der Verkehrsunfallflucht. Das Verfahren wird eingestellt. Anlässlich der Fahrzeugbegutachtung
hat sich jedoch herausgestellt, dass die Anhängerkupplung am Fahrzeug des Mandanten nicht
zugelassen ist. Daraufhin wird wegen Verstoßes gegen die StVZO ein Bußgeldverfahren eingeleitet, das schließlich eingestellt wird.

Jetzt liegen Strafverfahren und Bußgeldverfahren verschiedene Taten im strafprozessualen Sinne zugrunde, so dass die Grundgebühr im nachfolgenden Bußgeldverfahren erneut entsteht.

Wird umgekehrt ein Bußgeldverfahren **von der Staatsanwaltschaft nach §§ 41 oder 42** 13
OWiG übernommen, weil sich der Verdacht einer Straftat ergibt, ist die Grundgebühr
nach Nr. 5100 VV auf die im Strafverfahren anfallende Grundgebühr aus Nr. 4100 VV
anzurechnen, sofern dieselbe Tat zugrunde liegt (Anm. Abs. 2 zu Nr. 4100 VV). Siehe hierzu § 20 Rn 35.

Die Grundgebühr beläuft sich in Bußgeldverfahren für den Wahlanwalt auf 30 € 14
bis 170 €. Die Mittelgebühr beträgt 100 €. Eine Staffelung der Grundgebühr nach der Höhe der Geldbuße ist im Gegensatz zu den Verfahrens- und Terminsgebühren der
Nr. 5101 ff VV, Nr. 5107 ff VV nicht vorgesehen (s. Rn 45 ff). Der gerichtlich bestellte oder
beigeordnete Anwalt erhält eine Festgebühr iHv 85 €.

c) Verfahrensgebühren

In jedem Verfahrensabschnitt entsteht (ggf neben der Grundgebühr) zunächst einmal eine 15
Verfahrensgebühr, die nach Vorbem. 5 Abs. 2 VV das **Betreiben des Geschäfts** abgilt. Dazu
gehört auch das Einlegen von Rechtsmitteln (§ 19 Abs. 1 S. 2 Nr. 10 RVG).

d) Terminsgebühren

Neben der jeweiligen Verfahrensgebühr erhält der Anwalt Terminsgebühren. Diese Gebüh- 16
ren entstehen für jeden Kalendertag, an dem ein Termin stattfindet. Es können hier also –
ebenso wie in Strafsachen und anders als in Verfahren nach Teil 3 VV – mehrere Terminsgebühren entstehen (Ausnahme von § 15 Abs. 2 RVG).

Diese Terminsgebühren entstehen sowohl für die **Teilnahme an der Hauptverhandlung** als 17
auch für die Teilnahme an **Terminen außerhalb der Hauptverhandlung**, etwa bei Vernehmungen vor der Polizei, vor der Verwaltungsbehörde oder bei richterlichen Zeugenverneh-
mungen (Vorbem. 5.1.2 Abs. 2 VV, Vorbem. 5.1.3 Abs. 1 VV).

Eine Unterscheidung bei der Gebührenhöhe – wie in Strafsachen – zwischen Hauptver- 18
handlungsterminen und Terminen außerhalb der Hauptverhandlung findet in Teil 5 VV
nicht statt. Hier erhält der Anwalt für alle Termine die gleiche Gebühr.

19   Die Terminsgebühr entsteht auch dann, wenn der Anwalt zum Termin erscheint, der Termin aber aus Gründen **nicht stattfindet**, die er nicht zu vertreten hat, sog. **geplatzter Termin** (Vorbem. 5 Abs. 3 S. 2 VV).[2] Voraussetzung ist, dass der Anwalt von der Aufhebung des Termins keine Kenntnis hatte (Vorbem. 5 Abs. 3 S. 2 VV) und er auch bei gehöriger Sorgfalt und Organisation seines Büros von der Terminsaufhebung keine Kenntnis hätte haben müssen.[3]

e) Zusätzliche Gebühr nach Nr. 5115 VV
aa) Überblick

20   Neben den Verfahrens- und den Terminsgebühren kann der Anwalt in jedem Verfahrensstadium auch eine Zusätzliche Gebühr nach Nr. 5115 VV verdienen, wenn sich das Verfahren ohne Hauptverhandlung bzw ohne eine erneute Hauptverhandlung erledigt. Der Anwalt erhält dann eine Zusätzliche Gebühr in Höhe der entsprechenden Verfahrensmittelgebühr, also faktisch eine Festgebühr (s. Rn 42). Sinn und Zweck dieser Vorschrift ist es, ebenso wie bei Nr. 4141 VV, für den Anwalt einen Gebührenanreiz zu schaffen, bereits frühzeitig daran mitzuwirken, dass sich das Verfahren erledigt und eine Hauptverhandlung entbehrlich wird.

21   Die Zusätzliche Gebühr nach Nr. 5115 VV entsteht dem Anwalt, wenn er daran mitwirkt, dass sich das **Verfahren vor der Verwaltungsbehörde** erledigt oder im **gerichtlichen Verfahren die Hauptverhandlung entbehrlich** wird, weil

- das Verfahren **nicht nur vorläufig eingestellt** wird (Anm. Abs. 1 Nr. 1 zu Nr. 5115 VV),
- der **Einspruch** gegen einen Bußgeldbescheid (rechtzeitig) **zurückgenommen** wird (Anm. Abs. 1 Nr. 2, 4 zu Nr. 5115 VV),
- die **Verwaltungsbehörde** den Bußgeldbescheid nach Einspruch zurücknimmt, durch einen **neuen Bußgeldbescheid** ersetzt und gegen den neu erlassenen Bußgeldbescheid kein Einspruch eingelegt wird (Anm. Abs. 1 Nr. 3 zu Nr. 5115 VV),
- die **Rechtsbeschwerde zurückgenommen** wird (Anm. Abs. 1 Nr. 4 zu Nr. 5115 VV),
- der **Antrag auf Zulassung der Rechtsbeschwerde zurückgenommen** wird (analog Anm. Abs. 1 Nr. 4 zu Nr. 5115 VV),
- das Gericht nach § 72 Abs. 1 S. 1 OWiG durch Beschluss im **schriftlichen Verfahren** entscheidet (Anm. Abs. 1 Nr. 5 zu Nr. 5115 VV).

22   In allen diesen Fällen ist Voraussetzung, dass der Anwalt die Erledigung durch seine Mitwirkung gefördert haben muss. Aus der gesetzlichen Formulierung in Anm. Abs. 2 zu Nr. 5115 VV, dass die Zusätzliche Gebühr nur dann ausgeschlossen ist, *„wenn eine auf die Förderung des Verfahrens gerichtete Tätigkeit nicht ersichtlich ist"*, folgt, dass die Mitwirkung des Anwalts vermutet wird. Ihr ausnahmsweises Fehlen ist vom Gebührenschuldner oder vom Erstattungspflichtigen darzulegen und zu beweisen.[4]

23   Die **Mitwirkung** iSd Nr. 5115 VV erfordert, wie sich aus Anm. Abs. 2 zu Nr. 5115 VV ergibt, eine auf die Förderung des Verfahrens gerichtete Tätigkeit. Eine Ursächlichkeit ist nicht erforderlich.[5] An die Mitwirkung des Rechtsanwalts dürfen dabei nicht zu hohe Anforderungen gestellt werden. Schließlich hat er als Verteidiger die Interessen des Betroffenen zu wahren. Es ist nicht seine primäre Aufgabe, das Verfahren zu fördern.[6]

---

2 LG Bonn AGS 2007, 563 zum vergleichbaren Fall in einer Strafsache.
3 Siehe hierzu OLG München AGS 2004, 150 m. Anm. *N. Schneider.*
4 AnwK-RVG/*N. Schneider*, Nr. 5115 VV Rn 26; *Burhoff*, Nr. 5115 VV Rn 9.
5 AG Köln AGS 2013, 229 = NJW-Spezial 2013, 381 (zur vergleichbaren Vorschrift der Nr. 4141 VV).
6 *Enders*, JurBüro 1995, 58.

bb) Einstellung des Verfahrens

Unabhängig vom Verfahrensstadium gilt, dass die Einstellung nicht nur vorläufig sein 24 darf. Das bedeutet jedoch nicht, dass sie endgültig sein muss. Sie darf lediglich nicht vorläufig gewollt sein; ob die Einstellung endgültig bleibt, ist unerheblich.

Zur Mitwirkung reicht es aus, dass der Anwalt für den Betroffenen eine Einlassung abge- 25 geben hat. Des Weiteren genügt eine Sachverhaltsaufklärung, eine Besprechung mit der Verwaltungsbehörde über den Verfahrensfortgang oder die Benennung von Zeugen.[7] Ebenso reicht das Bestreiten der Tat aus.[8] Klargestellt hat der BGH[9] zwischenzeitlich, dass es für die Mitwirkung an der Erledigung des Verfahrens genügt, wenn der Verteidiger seinem Mandanten dazu rät, zu dem erhobenen Vorwurf zu schweigen, und dies der Verwaltungsbehörde mitteilt. Dies gilt allerdings nicht, wenn unabhängig von der Einlassung des Betroffenen offenkundig ist, dass dieser die ihm vorgeworfene Ordnungswidrigkeit nicht begangen haben kann. Erforderlich ist allerdings, dass der Verteidiger klar und deutlich zu erkennen gibt, dass sich der Betroffene auf sein Aussageverweigerungsrecht beruft. Im Zweifel sollte dies ausdrücklich erklärt werden.[10]

Beispiel 3: Der Verteidiger erklärt, der Betroffene werde keine Aussage machen. Im Hinblick darauf wird das Verfahren nach § 46 Abs. 1 OWiG iVm § 170 Abs. 2 StPO eingestellt. Die Zusätzliche Gebühr nach Nr. 5115 VV ist angefallen.

Nicht ausreichend ist dagegen die bloße Bestellung als Verteidiger, der Antrag auf Akten- 26 einsicht oder die Einlegung eines Einspruchs ohne Begründung.[11]

Die Einstellung muss (ggf mit anderen Varianten der Nr. 5115 VV) das **gesamte Verfahren** 27 erfassen. Eine Teileinstellung wegen einzelner Taten reicht daher nicht aus, da damit das Verfahren als solches gerade nicht endgültig eingestellt werden soll.[12] Eine **Teileinstellung** genügt nur dann, wenn das Bußgeldverfahren gegen einen von mehreren Betroffenen endgültig eingestellt wird. Sein Verteidiger kann in diesem Fall die Zusätzliche Gebühr nach Nr. 5115 VV verdienen.[13]

Beispiel 4: Gegen den Fahrer A wird ermittelt, weil die Ladung nicht ordnungsgemäß gesichert war, und gegen den Halter B, weil er dies angeordnet habe. Das Verfahren gegen B wird eingestellt. Gegen A wird die Hauptverhandlung durchgeführt.

Der Verteidiger des B erhält die Zusätzliche Gebühr nach Nr. 5115 VV, da das Verfahren gegen seinen Mandanten eingestellt worden ist.

cc) Rücknahme des Einspruchs gegen den Bußgeldbescheid

Die Zusätzliche Gebühr entsteht ferner bei Rücknahme des Einspruchs gegen den Buß- 28 geldbescheid (Anm. Abs. 1 Nr. 2, 4 zu Nr. 5115 VV). Ebenso wie bei der Einstellung reicht eine **Teilrücknahme** nicht aus. Ist bereits ein Termin zur Hauptverhandlung anberaumt, muss die Rücknahme früher als zwei Wochen vor Beginn des Tages, der für die Hauptverhandlung vorgesehen war, erklärt werden (s. Rn 70 f).[14]

dd) Rücknahme des Bußgeldbescheids und Neuerlass

Des Weiteren erhält der Anwalt die Zusätzliche Gebühr nach Anm. Abs. 1 Nr. 3 zu 29 Nr. 5115 VV, wenn gegen einen Bußgeldbescheid Einspruch eingelegt worden ist und die

---

7 AnwK-RVG/N. *Schneider*, Nr. 5115 VV Rn 26 ff.
8 N. *Schneider* in Anm. zu AG Halle AGS 2007, 85.
9 BGH AGS 2011, 128 = Rpfleger 2011, 296 = JurBüro 2011, 244 = NJW 2011, 1605 = AnwBl 2011, 499 = RVGreport 2011, 182.
10 AG Hamburg-Barmbek AGS 2011, 596 = JurBüro 2011, 365 = VRR 2011, 199 = StRR 2011, 207.
11 AG Viechtach AGS 2006, 289 m. Anm. N. *Schneider*.
12 BT-Drucks. 12/6962, S. 106; AnwK-RVG/N. *Schneider*, Nr. 5115 VV Rn 22 f.
13 AnwK-RVG/N. *Schneider*, Nr. 5115 VV Rn 23 f.
14 Zur Berechnung der Zwei-Wochen-Frist s. N. *Schneider*, DAR 2007, 671.

Verwaltungsbehörde den Bußgeldbescheid zurücknimmt, gleichzeitig aber einen neuen Bußgeldbescheid erlässt, gegen den kein Einspruch eingelegt wird. Ein solcher Fall ist gegeben, wenn die Behörde einen unzutreffenden Bescheid erlassen hat und diesen nach Einspruch durch Rücknahme und Neuerlass korrigiert oder (Hauptanwendungsfall) wenn im Bußgeldbescheid ein Fahrverbot ausgesprochen worden ist und der Verteidiger erreicht, dass im Wege der Rücknahme des Bußgeldbescheids und Neuerlasses gegen eine Erhöhung des Bußgeldes von dem Fahrverbot Abstand genommen wird.

ee) Entscheidung im Beschlussverfahren nach § 72 OWiG

30   Nach Anm. Abs. 1 Nr. 5 zu Nr. 5115 VV entsteht die Zusätzliche Gebühr ferner, wenn im Beschlussverfahren nach § 72 OWiG entschieden wird und der Anwalt dazu beigetragen hat, dass das schriftliche Verfahren durchgeführt wird.[15]

ff) Rücknahme der Rechtsbeschwerde

31   Schließlich entsteht die Zusätzliche Gebühr nach Anm. Abs. 1 Nr. 4 zu Nr. 5115 VV, wenn die Rechtsbeschwerde zurückgenommen wird und der Anwalt daran mitgewirkt hat. Auch hier ist wiederum die Zwei-Wochen-Frist zu beachten, sofern eine Hauptverhandlung anberaumt war (s. Rn 86).[16] Zu beachten ist, dass nicht nur die Rücknahme der eigenen Rechtsbeschwerde die Gebühr nach Nr. 5115 VV auslöst, sondern auch die Mitwirkung an der Rücknahme der von der Staatsanwaltschaft eingelegten Rechtsbeschwerde.[17]

gg) Rücknahme des Antrags auf Zulassung der Rechtsbeschwerde

32   Obwohl ausdrücklich nicht erwähnt, entsteht analog Anm. Abs. 1 Nr. 4 zu Nr. 5115 VV die Zusätzliche Gebühr auch bei Rücknahme des Antrags auf Zulassung der Rechtsbeschwerde.[18]

f) Zusätzliche Gebühr nach Nr. 5116 VV

33   Bezieht sich die Tätigkeit des Anwalts auf eine **Einziehung oder eine gleichstehende Rechtsfolge** (§ 46 Abs. 1 OWiG, § 442 StPO) oder auf eine diesen Zwecken dienende **Beschlagnahme** (Anm. Abs. 1 zu Nr. 5116 VV), entsteht eine Zusätzliche Verfahrensgebühr iHv 1,0. Diese Gebühr berechnet sich nach dem Gegenstandswert (§ 2 Abs. 1 RVG) und ist nach der Tabelle zu § 13 Abs. 1 RVG zu bestimmen; für den Pflichtanwalt ab einem Gegenstandswert von über 4.000 € ist die Tabelle des § 49 RVG anzuwenden.

34   Sofern der **Gegenstandswert unter 30 €** liegt, entsteht die Gebühr nicht (Anm. Abs. 2 zu Nr. 5116 VV). Damit soll eine zusätzliche Verfahrensgebühr in Bagatellfällen ausgeschlossen sein.

35   Nicht von Nr. 5116 VV erfasst werden Tätigkeiten im Hinblick auf die Abwendung eines **Fahrverbots.** Eine dahin gehende Tätigkeit kann nur bei den übrigen Gebühren im Rahmen des § 14 Abs. 1 RVG berücksichtigt werden.[19]

36   Ebenso wie die Zusätzliche Gebühr nach Nr. 5115 VV kann die zusätzliche Gebühr nach Nr. 5116 VV in jeder Instanz anfallen, also sowohl im Verfahren vor der Verwaltungsbehörde als auch im gerichtlichen Verfahren erster Instanz und im Rechtsbeschwerdeverfahren. Im Verfahren vor der Verwaltungsbehörde sowie im gerichtlichen Verfahren erster Instanz kann sie allerdings insgesamt nur einmal entstehen (Anm. Abs. 3 S. 1 zu Nr. 5116 VV).

---

15 LG Schwerin zfs 2002, 541; vgl auch *Burhoff,* Nr. 5115 VV Rn 39 f.
16 Zur Berechnung der Zwei-Wochen-Frist s. *N. Schneider,* DAR 2007, 671.
17 LG Stralsund AGS 2005, 442 = RVGreport 2005, 272.
18 AnwK-RVG/*N. Schneider,* Nr. 5115 VV Rn 94.
19 *Henke,* AGS 2007, 545 ff; *Burhoff,* Nr. 5116 VV Rn 6; AnwK-RVG/*N. Schneider,* Nr. 5116 VV Rn 3; ebenso zu Nr. 4142 VV in Strafsachen: OLG Koblenz AGS 2006, 236 = RVGreport 2006, 191 = JurBüro 2006, 247.

2. Gebühren für Einzeltätigkeiten

Ist der Anwalt nur mit Einzeltätigkeiten beauftragt, ist er also nicht (Voll-)Vertreter, so er- 37
hält er die Vergütung nach Teil 5 Abschnitt 2 VV. Die Gebühren nach Teil 5 Abschnitt 1
VV sind für ihn unanwendbar. Zu den Einzeltätigkeiten iSd Teil 5 Abschnitt 2 VV zählen
auch Tätigkeiten in **Vollstreckungsverfahren** oder in **Gnadensachen** (Anm. Abs. 4 zu
Nr. 5200 VV). Zur Abrechnung s. Rn 98 ff.

VI. Höhe der Gebühren

1. Überblick

Grundsätzlich erhält der Anwalt Betragsgebühren, und zwar sowohl für die Grund-, Ver- 38
fahrens- und Terminsgebühren. Lediglich für Tätigkeiten im Zusammenhang mit Einziehung und verwandten Maßnahmen ist eine Wertgebühr vorgesehen (Nr. 5116 VV).

2. Betragsgebühren

a) Überblick

Betragsgebühren sind vorgesehen für die Grundgebühr sowie für die Verfahrens- und Ter- 39
minsgebühren. Dem Wahlanwalt steht jeweils ein **Betragsrahmen** zur Verfügung; der gerichtlich bestellte oder der beigeordnete Rechtsanwalt erhält dagegen stets eine **feste Be-
tragsgebühr**. Eine Sonderstellung nimmt die Zusätzliche Gebühr nach Nr. 5115 VV ein.
Die Höhe dieser Gebühr ist immer auf die **Mittelgebühr** der in Bezug genommenen Verfahrensgebühr festgeschrieben (s. Rn 42).

b) Betragsrahmen

Soweit Betragsrahmengebühren vorgesehen sind, bestimmt der Anwalt auch hier gem. 40
§ 315 Abs. 1 BGB iVm § 14 Abs. 1 RVG die Höhe der im Einzelfall angemessenen Gebühr.
Wie in kaum einem anderen Rechtsgebiet ist die Gebührenbemessung in Bußgeldsachen
höchst umstritten. Zunächst einmal ist bereits strittig, ob für straßenverkehrsrechtliche
Bußgeldverfahren überhaupt von der Mittelgebühr ausgegangen werden darf oder ob diese Bußgeldverfahren nicht idR unterdurchschnittlich zu bewerten sind. Der Anwalt sollte
sich auf diese grundsätzliche Streitfrage nicht einlassen. Allgemeine Erwägungen sind bei
der Gebührenbemessung ohnehin fehl am Platz. Ebenso wie bei anderen Gebührenrahmen
kommt es auch in Bußgeldsachen stets auf den konkreten Einzelfall an.
Zu berücksichtigen sind daher auch hier: 41

- **Umfang der anwaltlichen Tätigkeit**; zB Aktenumfang, zusätzliche Anträge auf gericht-
  liche Entscheidung, ausführliche Stellungnahmen, Einlassungen oder Beweisanträge,
  Besprechungen mit dem Mandanten, Dauer der Hauptverhandlung, Dauer des gesam-
  ten Verfahrens, mehrere zugrunde liegende Verstöße, Wartezeiten vor dem Termin,
  Wiedereinsetzungsanträge;
- **Schwierigkeit der anwaltlichen Tätigkeit**; zB schwierige oder abgelegene Rechtsmate-
  rie, Beweiswürdigung bei widersprüchlichen Zeugendarstellungen, Verwertung von
  Sachverständigengutachten;
- **Bedeutung der Angelegenheit**; zB beruflich auf Fahrerlaubnis angewiesen, drohende
  Eintragung im Verkehrszentralregister, drohendes Fahrverbot, Höhe der Geldbuße,
  drohende Nachschulung bei Führerscheinneuling, Präjudiz für die nachfolgende zivil-
  rechtliche Regulierung, Voreintragungen im Verkehrszentralregister;
- **Einkommensverhältnisse des Auftraggebers**;
- **Vermögensverhältnisse des Auftraggebers**; dazu gehört auch das Bestehen einer
  Rechtsschutzversicherung;[20]
- das **besondere Haftungsrisiko** des Anwalts.

---

20 Str.; s. AnwK-RVG/*Onderka*, § 14 Rn 122 ff mwN.

c) Festgebühr nach Nr. 5115 VV

42 Eine Besonderheit kommt der Zusätzlichen Gebühr nach Nr. 5115 VV zu. Die Höhe dieser Gebühr bestimmt sich nach der jeweiligen Verfahrensgebühr desjenigen Stadiums, in dem die Hauptverhandlung entbehrlich geworden ist (Anm. Abs. 3 S. 1 zu Nr. 5115 VV). In gerichtlichen Verfahren entsteht also eine Zusätzliche Gebühr in Höhe der jeweiligen Verfahrensgebühr des gerichtlichen Verfahrens. Da im Verfahren vor der Verwaltungsbehörde keine Hauptverhandlung stattfindet, richtet sich hier nach der ausdrücklichen Verweisung in Anm. Abs. 3 S. 1 zu Nr. 5115 VV die Höhe der Zusätzlichen Gebühr **nach dem Rechtszug des vermiedenen gerichtlichen Verfahrens**. Das kann zu einem abweichenden Gebührenrahmen führen.

43 Die Höhe der Zusätzlichen Gebühr nach Nr. 5115 VV richtet sich immer nach der Rahmenmitte (Anm. Abs. 3 S. 2 zu Nr. 5115 VV), also nach der Mittelgebühr. Damit handelt es sich faktisch um eine **Festgebühr**.[21] Dem Anwalt steht hier also kein Ermessensspielraum nach § 14 Abs. 1 RVG zu.

d) Festbeträge für gerichtlich bestellten oder beigeordneten Rechtsanwalt

44 Für den gerichtlich bestellten oder beigeordneten Rechtsanwalt sind – ebenso wie in Strafsachen – feste Gebührenbeträge vorgesehen. Ihm steht ein Ermessensspielraum nach § 14 Abs. 1 RVG nicht zu.

e) Staffelung der Gebühren nach der Höhe des Bußgeldes

45 Die Höhe der Verfahrens- und Terminsgebühren ist im Verfahren vor der Verwaltungsbehörde und im gerichtlichen Verfahren erster Instanz jeweils danach gestaffelt, welcher Tatvorwurf dem Betroffenen gemacht wird. Das Vergütungsverzeichnis orientiert sich dabei an der Höhe des festgesetzten oder festzusetzenden Bußgeldes (Vorbem. 5.1 Abs. 2 VV).

45a Das Gesetzt sieht drei Gebührenrahmen vor, und zwar derzeit[22] für

- Bußgelder unter 40 €,
- Bußgelder zwischen 40 und 5.000 €,
- Bußgelder über 5.000 €.

Angelehnt sind die beiden unteren Gebührenrahmen an die „Punktegrenze". Der unterste Rahmen sollte die Taten erfassen, die nicht im damaligen Verkehrszentralregister einzutragen waren. Mit Einführung des Fahreignungsregisters[23] ist die Eintragungsgrenze auf 60 € heraufgesetzt worden. Daher wird der unterste Rahmen demnächst für Taten unter 60 € gelten und der mittlere Rahmen für Taten ab 60 €. Der entsprechende Gesetzentwurf[24] ist bereits eingebracht, aber noch nicht verabschiedet.[25] Künftig werden also folgende Rahmen anzuwenden sein, wobei für Übergangsfälle § 60 RVG (s. § 8) anzuwenden ist:

- Bußgelder unter 60 €,
- Bußgelder zwischen 60 und 5.000 €,
- Bußgelder über 5.000 €.

45b Zur Ermittlung des jeweils anzuwendenden Gebührenrahmens gilt im Einzelnen:

- Ist bei Beauftragung des Verteidigers bereits ein **Bußgeld festgesetzt**, so richtet sich der Gebührenrahmen nach der Höhe dieses Bußgeldes.

---

21 AG Hamburg AGS 2006, 439; AnwK-RVG/N. *Schneider*, Nr. 5115 VV Rn 95 ff; *Burhoff*, Nr. 5115 VV Rn 48.
22 Redaktionsschluss: 15.4.2015.
23 Zum 1.5.2014 durch das Fünfte Gesetz zur Änderung des Straßenverkehrsgesetzes und anderer Gesetze vom 28.8.2013 (BGBl. I S. 3313).
24 Art. 5 Nr. 2 des Gesetzentwurfs der Bundesregierung, BT-Drucks. 18/3562 vom 17.12.2014.
25 Redaktionsschluss: 15.4.2015.

■ Ist bei Beauftragung des Verteidigers ein **Bußgeld noch nicht festgesetzt**, richtet sich die Höhe des Gebührenrahmens nach

– dem Regelsatz, wenn ein solcher vorgesehen ist (etwa nach der BußgeldkatalogVO in Straßenverkehrssachen),

– ansonsten nach dem mittleren Betrag des in der Bußgeldvorschrift vorgesehenen Bußgeldrahmens. Dieser mittlere Betrag errechnet sich nach der Formel

$$\frac{\text{Mindestbußgeld} + \text{Höchstbußgeld}}{2}$$

Der letztlich festgesetzte Betrag ist hier irrelevant. Er hat erst Bedeutung für das anschließende gerichtliche Verfahren. Unerheblich ist auch, wenn letztlich nur eine Verwarnung verhängt wird.[26]

Beispiel 5: Gegen den Mandanten wird wegen einer Ordnungswidrigkeit ermittelt, die mit einem Bußgeld von 30 € bis 120 € bedroht ist. Verhängt wird schließlich ein Bußgeld von 30 €. Das drohende mittlere Bußgeld beträgt 75 €. Damit ist im vorbereitenden Verfahren der Gebührenrahmen der Stufe von 40 € (demnächst 60 €; s. dazu Rn 45 a) bis 5.000 € gegeben. Auf das später verhängte Bußgeld kommt es in diesem Verfahrensabschnitt nicht an. Erst für das nachfolgende gerichtliche Verfahren ist das geringere festgesetzte Bußgeld maßgebend.

Wird wegen **mehrerer Ordnungswidrigkeiten** ermittelt, ist der Gesamtbetrag maßgebend. Hier ist Vorbem. 5.1 Abs. 2 S. 3 VV zu beachten: Mehrere Geldbußen sind zusammenzurechnen.   46

3. Wertgebühren

Soweit eine Gebühr nach Nr. 5116 VV anfällt, richtet sich diese nach dem Gegenstands-   47
wert. Es gilt § 23 Abs. 1 S. 2 RVG. Im **gerichtlichen Verfahren** ist der Wert – da keine Gerichtsgebühren anfallen – vom Gericht auf Antrag eines Beteiligten im Verfahren nach § 33 Abs. 1 RVG festzusetzen. Gegen die Wertfestsetzung des AG ist nach § 33 Abs. 3 RVG die Beschwerde gegeben, sofern der Wert des Beschwerdegegenstands 200 € übersteigt oder diese zugelassen wird. Wertfestsetzungen des OLG sind unanfechtbar (§ 33 Abs. 4 S. 3 RVG).

Eine Wertfestsetzung im **Verfahren vor der Verwaltungsbehörde** ist dagegen nicht vorgese-   48
hen. Erledigt sich das Verfahren dort, muss der Verteidiger den Gegenstandswert selbst ermitteln. Wird allerdings später der Wert im gerichtlichen Verfahren festgesetzt, ist diese Festsetzung auch für das Verfahren vor der Verwaltungsbehörde maßgebend (§ 23 Abs. 1 S. 3 RVG).

VII. Pauschgebühr

Ebenso wie in Strafsachen kommt auch in Bußgeldsachen die Bewilligung einer Pauschge-   49
bühr in Betracht. Die Pauschgebühr kann sowohl der gerichtlich bestellte oder beigeordnete Anwalt erhalten (§ 51 RVG) als auch der Wahlanwalt (§ 42 RVG). Soweit das Bußgeldverfahren in ein gerichtliches Verfahren übergegangen ist, gelten die Vorschriften der §§ 42 Abs. 1 bis 3, 51 Abs. 1, 2 RVG unmittelbar. Es entscheidet dann das OLG. Ist es nicht zur Durchführung des gerichtlichen Verfahrens gekommen, entscheidet über den Antrag des Rechtsanwalts die Verwaltungsbehörde, die zuletzt mit dem Verfahren befasst war (§§ 42 Abs. 5 S. 2, 51 Abs. 5 S. 2 RVG). Gegen deren Entscheidung kann Antrag auf gerichtliche Entscheidung gestellt werden (§§ 42 Abs. 5 S. 2, 57 Abs. 1 S. 1 RVG).

---

26   AG Stuttgart AGS 2008, 547 = VRR 2008, 400 = NJW-Spezial 2008, 731 = RVGreport 2008, 430.

VIII. Auslagen

50   Neben den Gebühren erhält der Verteidiger Ersatz seiner Auslagen nach Teil 7 VV, also nach den Nr. 7000 ff VV (s. § 10). Insbesondere erhält er je Verfahrensabschnitt eine gesonderte Postentgeltpauschale (Nr. 7002 VV).

51   Da § 17 Nr. 11 RVG klarstellt, dass es sich bei dem Verfahren vor der Verwaltungsbehörde und dem anschließenden erstinstanzlichen Bußgeldverfahren um zwei verschiedene Angelegenheiten handelt, folgt daraus, dass auch zwei gesonderte Postentgeltpauschalen anfallen. Bedeutung hat dies auch für die Dokumentenpauschale, da in jeder Angelegenheit die ersten 50 Seiten mit einer höheren Vergütung abzurechnen sind und erst die weiteren Kopien und Abschriften mit einer geringeren Vergütung.

B. Die Vergütung des Verteidigers, des Beistands oder des Vertreters eines Beteiligten

I. Verfahren vor der Verwaltungsbehörde

1. Umfang der Angelegenheit

52   Im Verfahren vor der Verwaltungsbehörde richtet sich die Vergütung des Verteidigers, des Beistands oder Vertreters eines Beteiligten nach Abschnitt 1 Unterabschnitt 2 Teil 5 VV, also – abgesehen von der Grundgebühr (Nr. 5100 VV) – nach den Nr. 5101 ff VV. Diese Gebühren umfassen das gesamte Verfahren vor der Verwaltungsbehörde einschließlich des **Verwarnungsverfahrens** und des **Zwischenverfahrens vor der Staatsanwaltschaft** nach § 69 OWiG bis zum Eingang der Akten bei Gericht (Vorbem. 5.1.2 Abs. 1 VV). Dazu gehören auch Anträge auf **gerichtliche Entscheidungen**, etwa gegen die Ablehnung einer Wiedereinsetzung (§ 62 OWiG). Solche Verfahren über Anträge auf gerichtliche Entscheidung zählen also keineswegs bereits zum gerichtlichen Verfahren erster Instanz, auch wenn das Gericht hierüber entscheidet.[27] Eine Ausnahme besteht nur für den Antrag auf gerichtliche Entscheidung gegen einen Kosten- oder Kostenfestsetzungsbescheid (§§ 108, 62 OWiG). Dies folgt aus der Neufassung der Vorbem. 5 Abs. 4 Nr. 1 VV iVm § 18 Abs. 1 Nr. 3 RVG im Zuge des 2. KostRMoG.

2. Die Gebühren

a) Grundgebühr

53   Zunächst einmal entsteht die Grundgebühr nach Nr. 5100 VV, da dies der erste Verfahrensabschnitt ist, in dem der Verteidiger tätig werden kann. Lediglich dann, wenn der Anwalt bereits im Strafverfahren wegen derselben Tat tätig war, kann die Grundgebühr gem. Anm. Abs. 2 zu Nr. 5100 VV nicht mehr entstehen (s. Rn 12).

b) Verfahrensgebühr

54   Neben der Grundgebühr erhält der Anwalt immer eine Verfahrensgebühr für das Betreiben des Geschäfts (Vorbem. 5 Abs. 2 VV). Die Höhe der Verfahrensgebühr ist danach gestaffelt, welcher Tatvorwurf dem Betroffenen gemacht wird (s. Rn 45 ff).

Beispiel 6: *Gegen den Mandanten wird wegen einer Ordnungswidrigkeit ermittelt, die mit einem Bußgeld von 60 € bedroht ist. Es ergeht ein entsprechender Bescheid, den der Betroffene akzeptiert.*

Es entstehen nur die Grundgebühr und die Verfahrensgebühr. Maßgebend ist der Gebührenrahmen eines Bußgeldes von über 40 € (demnächst 60 €; s. dazu Rn 45 a) bis 5.000 €.

1. Grundgebühr, Nr. 5100 VV	100,00 €
2. Verfahrensgebühr, Nr. 5103 VV	160,00 €

---

27 AnwK-RVG/N. *Schneider*, Vorbem. 5.1.2 VV Rn 3.

3. Postentgeltpauschale, Nr. 7002 VV		20,00 €
Zwischensumme	280,00 €	
4. 19 % Umsatzsteuer, Nr. 7008 VV		53,20 €
Gesamt		**333,20 €**

c) Terminsgebühr

Kommt es zur Teilnahme an Vernehmungen vor der Polizei oder vor der Verwaltungsbe- 55
hörde, entsteht gem. Vorbem. 5.1.2 Abs. 2 VV eine Terminsgebühr. Sonstige Termine, etwa bloße Besprechungen mit der Polizei, mit der Verwaltungsbehörde, einem Zeugen oder
Sachverständigen, reichen nicht aus. Der weite Anwendungsbereich der Terminsgebühr
wie in Teil 3 VV gilt in Teil 5 VV nicht.

Die Höhe der Terminsgebühren ist ebenso wie die der Verfahrensgebühren nach der Höhe 56
des angedrohten bzw verhängten Bußgeldes gestaffelt.

Beispiel 7: Der Anwalt war im Verfahren vor der Verwaltungsbehörde (Bußgeldandrohung
2.000 €) als Verteidiger tätig. Dort hatte er an einem Vernehmungstermin vor der Verwaltungsbehörde teilgenommen. Anschließend ergeht ein Bußgeldbescheid, den der Betroffene akzeptiert.

1. Grundgebühr, Nr. 5100 VV		100,00 €
2. Verfahrensgebühr, Nr. 5103 VV		135,00 €
3. Terminsgebühr, Nr. 5104 VV		135,00 €
4. Postentgeltpauschale, Nr. 7002 VV		20,00 €
Zwischensumme	375,00 €	
5. 19 % Umsatzsteuer, Nr. 7008 VV		71,25 €
Gesamt		**446,25 €**

d) Zusätzliche Gebühr nach Nr. 5115 VV

Wirkt der Verteidiger daran mit, dass sich das Verfahren vor der Verwaltungsbehörde erle- 57
digt, entsteht eine Zusätzliche Gebühr nach Nr. 5115 VV. Die Zusätzliche Gebühr kommt
im Verfahren vor der Verwaltungsbehörde in drei Fällen in Betracht:

- bei einer **nicht nur vorläufigen Einstellung** (Anm. Abs. 1 Nr. 1 zu Nr. 5115 VV),
- bei einer **Einspruchsrücknahme** (Anm. Abs. 1 Nr. 2 zu Nr. 5115 VV); eine Frist ist hier
  nicht vorgesehen,
- bei einer **Rücknahme des Bußgeldbescheids und dessen Neuerlass**, sofern gegen den
  neuen Bußgeldbescheid kein Einspruch eingelegt wird (Anm. Abs. 1 Nr. 3 zu Nr. 5115
  VV).

Beispiel 8: Gegen den Mandanten ist ein Bußgeldbescheid über 30 € ergangen. Er beauftragt
sodann seinen Anwalt mit seiner Verteidigung, der gegen den Bußgeldbescheid Einspruch einlegt.

a) Das Verfahren wird aufgrund der Einlassung des Verteidigers eingestellt.
b) Der Verteidiger nimmt den Einspruch wieder zurück.
c) Der Bußgeldbescheid wird zurückgenommen und durch einen anderen Bescheid ersetzt,
   den der Betroffene akzeptiert.

In allen drei Fällen ist wie folgt zu rechnen:

1. Grundgebühr, Nr. 5100 VV		100,00 €
2. Verfahrensgebühr, Nr. 5103 VV		65,00 €
3. Zusätzliche Gebühr, Nr. 5115, 5107 VV		65,00 €
4. Postentgeltpauschale, Nr. 7002 VV		20,00 €
Zwischensumme	250,00 €	
5. 19 % Umsatzsteuer, Nr. 7008 VV		47,50 €
Gesamt		**297,50 €**

e) Zusätzliche Verfahrensgebühr nach Nr. 5116 VV

58 Darüber hinaus kann der Anwalt eine zusätzliche Wertgebühr (1,0-Verfahrensgebühr) erhalten, wenn sich das Verfahren auf eine Einziehung oder auf ähnliche Maßnahmen erstreckt (s. Rn 33 ff).

Beispiel 9: Gegen den Mandanten wird wegen einer Ordnungswidrigkeit ermittelt, die mit einem Bußgeld von über 5.000 € bedroht ist. Zudem droht die Einziehung von Gegenständen im Werte von 2.000 €. Es ergeht ein entsprechender Bußgeldbescheid, gegen den der Verteidiger Einspruch einlegt.

1. Grundgebühr, Nr. 5100 VV		100,00 €
2. Verfahrensgebühr, Nr. 5105 VV		170,00 €
3. 1,0-Verfahrensgebühr, Nr. 5116 VV (Wert: 2.000 €)		150,00 €
4. Postentgeltpauschale, Nr. 7002 VV		20,00 €
Zwischensumme	440,00 €	
5. 19 % Umsatzsteuer, Nr. 7008 VV		83,60 €
Gesamt		**523,60 €**

3. Auslagen

59 Neben den jeweiligen Gebühren erhält der Anwalt im Verfahren vor der Verwaltungsbehörde auch Ersatz seiner Auslagen nach Nr. 7000 ff VV, insbesondere eine gesonderte Postentgeltpauschale nach Nr. 7002 VV.

II. Gerichtliches Verfahren erster Instanz

1. Überblick

60 Im gerichtlichen Verfahren erster Instanz erhält der Anwalt (neben einer eventuellen Grundgebühr, Nr. 5100 VV) die Gebühren nach Abschnitt 1 Unterabschnitt 3 VV.

61 Das gerichtliche Verfahren erster Instanz vor dem AG oder dem OLG stellt nach zutreffender Ansicht gegenüber dem Verfahren vor der Verwaltungsbehörde eine eigene Angelegenheit iSd § 15 RVG dar (§ 17 Nr. 11 RVG). Es beginnt mit dem Eingang der Akten bei Gericht (Vorbem. 5.1.2 Abs. 1 VV) und endet mit der Einstellung des Verfahrens, der Rücknahme des Einspruchs gegen den Bußgeldbescheid oder dem Erlass eines Urteils oder eines Beschlusses im Verfahren nach § 72 OWiG. Die Einlegung einer Rechtsbeschwerde oder des Antrags auf Zulassung der Rechtsbeschwerde gehört für den Verteidiger gem. § 19 Abs. 1 S. 2 Nr. 10 RVG iVm Vorbem. 5.1 Abs. 1 VV ebenfalls noch zum Rechtszug.

2. Die Gebühren

a) Grundgebühr

62 Wird der Anwalt erstmals im gerichtlichen Verfahren erster Instanz beauftragt, ist er also nicht schon im Verfahren vor der Verwaltungsbehörde oder dem Zwischenverfahren tätig gewesen, entsteht für ihn die Grundgebühr nach Nr. 5100 VV. War der Anwalt dagegen bereits zuvor tätig, kann eine Grundgebühr im gerichtlichen Verfahren nicht mehr entstehen.

b) Verfahrensgebühr

63 Auch im gerichtlichen Verfahren erster Instanz entsteht zunächst eine Verfahrensgebühr, deren Rahmen nach der Höhe des Bußgeldes gestaffelt ist. Die Verfahrensgebühr deckt sämtliche Tätigkeiten im gerichtlichen Verfahren ab mit Ausnahme der Teilnahme an der Hauptverhandlung, der Teilnahme an Terminen außerhalb der Hauptverhandlung sowie Tätigkeiten, die auf Einziehung oder verwandte Maßnahmen gerichtet sind (Vorbem. 5 Abs. 2 VV).

c) Terminsgebühr
aa) Überblick

Im gerichtlichen Verfahren kann die Terminsgebühr unter zwei Voraussetzungen entstehen, nämlich für die Teilnahme

- an der **Hauptverhandlung** (Nr. 5108, 5110, 5112 VV, Vorbem. 5 Abs. 3 VV),
- an Terminen **außerhalb der Hauptverhandlung** (Vorbem. 5.1.3 Abs. 1 VV).

64

Die Terminsgebühr entsteht in beiden Fällen auch dann, wenn der Anwalt zu einem anberaumten Termin erscheint, dieser aber aus Gründen, die er nicht zu vertreten hat, nicht stattfindet, es sei denn, er ist rechtzeitig von der Aufhebung oder Verlegung des Termins in Kenntnis gesetzt worden (Vorbem. 5 Abs. 3 S. 2 und 3 VV).

65

bb) Hauptverhandlungstermine

Für die Teilnahme an einem Hauptverhandlungstermin erhält der Verteidiger eine Terminsgebühr. Diese Gebühr entsteht je Kalendertag, an dem eine Hauptverhandlung stattfindet.

66

Beispiel 10: Der Verteidiger war bereits im Bußgeldverfahren tätig (Bußgeld 80 €). Im gerichtlichen Verfahren kommt es zu zwei Fortsetzungsterminen.

I. Verfahren vor der Verwaltungsbehörde

1. Grundgebühr, Nr. 5100 VV		100,00 €
2. Verfahrensgebühr, Nr. 5103 VV		160,00 €
3. Postentgeltpauschale, Nr. 7002 VV		20,00 €
Zwischensumme	280,00 €	
4. 19 % Umsatzsteuer, Nr. 7008 VV		53,20 €
Gesamt		**333,20 €**

II. Verfahren vor dem AG

1. Verfahrensgebühr, Nr. 5109 VV		160,00 €
2. Terminsgebühr, Nr. 5110 VV (1. Termin)		255,00 €
3. Terminsgebühr, Nr. 5110 VV (2. Termin)		255,00 €
4. Terminsgebühr, Nr. 5110 VV (3. Termin)		255,00 €
5. Postentgeltpauschale, Nr. 7002 VV		20,00 €
Zwischensumme	945,00 €	
6. 19 % Umsatzsteuer, Nr. 7008 VV		179,55 €
Gesamt		**1.124,55 €**

cc) Termine außerhalb der Hauptverhandlung

Für die Wahrnehmung von Terminen außerhalb der Hauptverhandlung erhält der Verteidiger gem. Vorbem. 5.1.3 Abs. 1 VV ebenfalls die Gebühren nach Nr. 5108, 5110, 5112 VV. Hierzu gehören zB Termine vor dem ersuchten Richter zur Vernehmung auswärtiger Zeugen.

67

dd) Höhe der Terminsgebühr

Die Höhe der Terminsgebühr ist im gerichtlichen Verfahren vor dem AG oder dem OLG unabhängig davon, ob es sich um einen Hauptverhandlungstermin handelt oder um einen Termin außerhalb der Hauptverhandlung. Hier ist allenfalls nach § 14 Abs. 1 RVG unterschiedlich zu gewichten. Im Übrigen ist die Höhe des Gebührenrahmens abhängig von der Höhe des Bußgeldes.

68

d) Zusätzliche Gebühr nach Nr. 5115 VV

Im gerichtlichen Verfahren erster Instanz kann wiederum eine Zusätzliche Gebühr nach Nr. 5115 VV entstehen, und zwar bei

69

- **nicht nur vorläufiger Einstellung** des Verfahrens (Anm. Abs. 1 Nr. 1 zu Nr. 5115 VV),
- **Rücknahme des Einspruchs** gegen den Bußgeldbescheid (Anm. Abs. 1 Nr. 2 zu Nr. 5115 VV) und
- einer **Entscheidung im schriftlichen Verfahren** nach § 72 OWiG (Anm. Abs. 1 Nr. 5 zu Nr. 5115 VV).

70 Ist **noch kein Termin** zur Hauptverhandlung **anberaumt**, löst die Rücknahme des Einspruchs immer die Zusätzliche Gebühr aus. Ist ein **Termin** zur Hauptverhandlung dagegen **bereits anberaumt**, steht dem Verteidiger die Zusätzliche Gebühr nur dann zu, wenn der Einspruch **mehr als zwei Wochen** vor Beginn des Tages, der für die Hauptverhandlung vorgesehen war,[28] zurückgenommen wird. Wird die Einspruchsrücknahme später als zwei Wochen vor Beginn der angesetzten Hauptverhandlung erklärt, wirkt sie nicht mehr gebührenerhöhend. Es entsteht dann keine Zusätzliche Gebühr. Wird ein **Termin zur Hauptverhandlung verlegt**, so ist die Zwei-Wochen-Frist zu dem neuen Termin maßgebend, nicht die bereits abgelaufene Zwei-Wochen-Frist zu dem verlegten Termin.[29]

71 Die Zusätzliche Gebühr im gerichtlichen Verfahren kann der Anwalt auch dann verdienen, wenn bereits ein Hauptverhandlungstermin stattgefunden hat, die Hauptverhandlung jedoch nicht zu Ende geführt, sondern das **Verfahren ausgesetzt** worden ist.[30] Das gilt sowohl im Falle der Einstellung,[31] bei Einspruchsrücknahme[32] und beim Übergang in das Beschlussverfahren gem. § 72 OWiG.[33]

Beispiel 11: Gegen den Betroffenen ist ein Bußgeldbescheid über 80 € ergangen. Hiergegen legt der Verteidiger Einspruch ein. Im ersten Hauptverhandlungstermin stellt sich heraus, dass die Einholung eines Gutachtens erforderlich ist. Die Hauptverhandlung wird ausgesetzt. Nach Eingang des Gutachtens

a) nimmt der Verteidiger den Einspruch zurück.
b) wird das Verfahren eingestellt.
c) wird im schriftlichen Verfahren nach § 72 OWiG entschieden.

In allen drei Fällen erhält der Verteidiger im gerichtlichen Verfahren:

1.	Verfahrensgebühr, Nr. 5109 VV	135,00 €
2.	Terminsgebühr, Nr. 5110 VV	255,00 €
3.	Zusätzliche Gebühr, Nr. 5115, 5109 VV	135,00 €
4.	Postentgeltpauschale, Nr. 7002 VV[34]	20,00 €
	Zwischensumme	545,00 €
5.	19 % Umsatzsteuer, Nr. 7008 VV	103,55 €
	Gesamt	**648,55 €**

72 Die Rücknahme des Einspruchs vor einem Fortsetzungstermin reicht dagegen nicht aus, um die Zusätzliche Gebühr entstehen zu lassen.[35]

e) Zusätzliche Verfahrensgebühr nach Nr. 5116 VV

73 Erstreckt sich die Tätigkeit des Anwalts auf eine Einziehung oder eine verwandte Maßnahme, erhält er auch im gerichtlichen Verfahren erster Instanz eine zusätzliche Verfahrensgebühr nach Nr. 5116 VV, sofern der Wert des Gegenstands 30 € erreicht. Die Gebühr

---

28 Zur Berechnung der Zwei-Wochen-Frist s. *N. Schneider*, DAR 2007, 671.
29 AG Wiesbaden AGS 2005, 553 m. Anm. *N. Schneider*; AnwK-RVG/*N. Schneider*, Nr. 5115 VV Rn 68 f.
30 BGH AGS 2011, 419 = NJW 2011, 3166 = JurBüro 2011, 584 = RVGreport 2011, 384.
31 AG Tiergarten AGS 2007, 140 m. Anm. *N. Schneider*.
32 AnwK-RVG/*N. Schneider*, Nr. 5115 VV Rn 84.
33 AG Dessau AGS 2006, 240 m. Anm. *N. Schneider*; AG Köln AGS 2007, 621 m. Anm. *N. Schneider*.
34 Siehe Rn 50.
35 AnwK-RVG/*N. Schneider*, Nr. 5115 VV Rn 86; OLG Köln AGS 2006, 339 m. Anm. *Madert* (zur vergleichbaren Situation in Strafsachen).

entsteht im gerichtlichen Verfahren allerdings nicht, wenn sie im Verfahren vor der Verwaltungsbehörde bereits entstanden war (Anm. Abs. 3 S. 1 zu Nr. 5116 VV).

3. Auslagen

Hinzu kommen wiederum die Auslagen nach Teil 7 VV. Da das gerichtliche Verfahren eine eigene Angelegenheit iSd § 15 RVG darstellt (§ 17 Nr. 11 RVG), erhält der Anwalt eine gesonderte Postentgeltpauschale nach Nr. 7002 VV. 74

III. Rechtsbeschwerde

1. Überblick

Im Verfahren über die Rechtsbeschwerde richtet sich die Vergütung des Verteidigers nach Abschnitt 1 Unterabschnitt 4 Teil 5 VV, also nach den Nr. 5113, 5114 VV, unabhängig davon, ob die Rechtsbeschwerde vor dem OLG oder dem BGH durchzuführen ist. Ergänzend gelten die Vorschriften für die Grundgebühr (Nr. 5100 VV) und die zusätzlichen Gebühren (Nr. 5115, 5116 VV). Im Gegensatz zu den Gebühren im Verfahren vor der Verwaltungsbehörde und im gerichtlichen Verfahren erster Instanz ist die Höhe der Gebühren im Rechtsbeschwerdeverfahren nicht nach der Höhe des Bußgeldes gestaffelt. Der Verteidiger erhält also unabhängig von der Höhe des Bußgeldes immer dieselben Gebühren. 75

Ein eventuelles Verfahren auf Zulassung der Rechtsbeschwerde (§ 80 Abs. 3 S. 1 OWiG) gehört gem. § 16 Nr. 11 RVG zum Rechtsmittelverfahren. 76

2. Umfang der Angelegenheit

Für den **erstinstanzlich noch nicht tätigen Verteidiger** beginnt das Rechtsbeschwerdeverfahren mit der Einlegung der Rechtsbeschwerde bzw des Antrags auf Zulassung der Rechtsbeschwerde. 77

Für den **erstinstanzlich tätigen Verteidiger** zählt die Einlegung der Rechtsbeschwerde bzw des Zulassungsantrags nach § 19 Abs. 1 S. 2 Nr. 10 RVG dagegen noch zum erstinstanzlichen gerichtlichen Verfahren. Er erhält hierfür also keine gesonderte Vergütung. Für ihn beginnt das Verfahren über die Rechtsbeschwerde erst mit der weiteren Tätigkeit. 78

Wird die Rechtsbeschwerde **von der Staatsanwaltschaft eingelegt**, beginnt für jeden Verteidiger damit immer das Rechtsbeschwerdeverfahren, unabhängig davon, ob er bereits erstinstanzlich als Verteidiger tätig war oder nicht. 79

Kommt es nach einer Zurückverweisung und erneuten Entscheidung durch das Ausgangsgericht wieder zu einer Rechtsbeschwerde, entstehen die Gebühren erneut, da es sich insoweit um eine neue Angelegenheit handelt (s. Rn 90). 80

3. Die Gebühren

a) Grundgebühr

Soweit der Verteidiger erstmals im Rechtsbeschwerdeverfahren beauftragt wird, erhält er für die Einarbeitung in die Sache eine Grundgebühr nach Nr. 5100 VV (Anm. Abs. 1 zu Nr. 5100 VV). Die Gebühr wird im Rechtsbeschwerdeverfahren gem. § 14 Abs. 1 RVG sicherlich im oberen Bereich anzusiedeln sein, da die Einarbeitung schon dadurch umfangreicher ist, dass der Verteidiger die erstinstanzlichen Akten durcharbeiten muss. 81

Ist der Verteidiger allerdings schon zuvor tätig gewesen, also im Verfahren vor der Verwaltungsbehörde oder im gerichtlichen Verfahren erster Instanz, kann er die Grundgebühr nicht erneut verdienen (Anm. Abs. 1 zu Nr. 5100 VV). 82

b) Verfahrensgebühr

Im Verfahren über die Rechtsbeschwerde erhält der Anwalt eine Verfahrensgebühr nach Nr. 5113 VV. Eine Staffelung nach der Höhe des Bußgeldes ist hier nicht vorgesehen. 83

84 Der Wahlanwalt erhält eine Verfahrensgebühr iHv 80 € bis 560 €; die Mittelgebühr beträgt 320 €. Der bestellte oder beigeordnete Anwalt erhält eine Festgebühr iHv 256 €.

Beispiel 12: Gegen die Verurteilung durch das AG legt der bereits erstinstanzlich beauftragte Verteidiger auftragsgemäß Rechtsbeschwerde ein. Die Rechtsbeschwerde wird ohne Hauptverhandlung verworfen.

1.	Verfahrensgebühr, Nr. 5113 VV	320,00 €
2.	Postentgeltpauschale, Nr. 7002 VV	20,00 €
	Zwischensumme	340,00 €
3.	19 % Umsatzsteuer, Nr. 7008 VV	64,60 €
	Gesamt	**404,60 €**

c) Terminsgebühr

85 Kommt es zur Hauptverhandlung oder zu Terminen außerhalb der Hauptverhandlung (Vorbem. 5.1.3 Abs. 1 VV), so erhält der Verteidiger für die Teilnahme an dem Termin je Kalendertag eine Terminsgebühr nach Nr. 5114 VV. Die Höhe der Terminsgebühr beläuft sich für den Wahlverteidiger auf 80 € bis 560 €. Die Mittelgebühr beträgt 320 €. Der bestellte oder beigeordnete Anwalt erhält eine Festgebühr iHv 256 €.

d) Zusätzliche Gebühr nach Nr. 5115 VV

86 Im Rechtsbeschwerdeverfahren entsteht die Zusätzliche Gebühr nach Nr. 5115 VV bei

- **nicht nur vorläufiger Einstellung** des Verfahrens (Anm. Abs. 1 Nr. 1 zu Nr. 5115 VV) oder
- **Rücknahme der Rechtsbeschwerde** (Anm. Abs. 1 Nr. 5 zu Nr. 5115 VV), wobei auch hier wiederum die Zwei-Wochen-Frist zu beachten ist, wenn bereits ein Termin zur Hauptverhandlung anberaumt war.

Beispiel 13: Gegen die erstinstanzliche Verurteilung legt der bereits im erstinstanzlichen Verfahren tätige Verteidiger Rechtsbeschwerde ein.
a) Das Verfahren wird außerhalb der Hauptverhandlung eingestellt.
b) Die Rechtsbeschwerde wird wieder zurückgenommen.
In beiden Fällen entsteht eine Zusätzliche Gebühr nach Nr. 5115 VV.

1.	Verfahrensgebühr, Nr. 5113 VV	320,00 €
2.	Zusätzliche Gebühr, Nr. 5115, 5113 VV	320,00 €
3.	Postentgeltpauschale, Nr. 7002 VV	20,00 €
	Zwischensumme	660,00 €
4.	19 % Umsatzsteuer, Nr. 7008 VV	125,40 €
	Gesamt	**785,40 €**

87 Nicht erforderlich ist, dass die eigene Rechtsbeschwerde zurückgenommen wird. Auch dann, wenn die Staatsanwaltschaft Rechtsbeschwerde eingelegt hat und der Anwalt daran mitwirkt, dass diese zurückgenommen wird, verdient er eine Zusätzliche Gebühr.[36]

87a Eine Zusätzliche Gebühr fällt dagegen nicht an, wenn das Rechtsbeschwerdegericht gem. § 79 Abs. 5 S. 1 OWiG ohne Hauptverhandlung entscheidet.[37] Dieser Fall ist einer Entscheidung nach § 72 OWiG nicht vergleichbar.

e) Zusätzliche Verfahrensgebühr nach Nr. 5116 VV

88 Im Revisionsverfahren kann wiederum eine zusätzliche Verfahrensgebühr nach Nr. 5116 VV anfallen, wenn der Anwalt mit Einziehung oder verwandten Maßnahmen bei einem Wert von mindestens 30 € beauftragt ist (Anm. Abs. 3 zu Nr. 5116 VV), und zwar auch

---

36 LG Stralsund AGS 2005, 442 = RVGreport 2005, 272.
37 AG Düsseldorf AGS 2014, 180 = NJW-Spezial 2014, 252 = RVGreport 2014, 232.

dann, wenn diese Gebühr bereits im erstinstanzlichen gerichtlichen Verfahren oder im Verfahren vor der Verwaltungsbehörde entstanden war.

IV. Erneutes erstinstanzliches Verfahren nach Zurückverweisung

Hebt das Rechtsbeschwerdegericht das erstinstanzliche Urteil auf und verweist es die Sache an die erste Instanz zurück, so ist das weitere Verfahren nach Zurückverweisung eine neue Gebührenangelegenheit (§ 21 Abs. 1 RVG). Der Anwalt kann also im Verfahren nach Zurückverweisung sämtliche Gebühren mit Ausnahme der Grundgebühr (Anm. Abs. 1 zu Nr. 5100 VV) erneut verdienen. Insbesondere fällt auch die Verfahrensgebühr erneut an und wird nicht angerechnet. Eine entsprechende Anrechnungsregelung wie in Vorbem. 3 Abs. 6 VV für Verfahren nach Teil 3 VV ist in Teil 5 VV nicht vorgesehen. Auch fällt im Verfahren nach Zurückverweisung eine gesonderte Postentgeltpauschale an.[38]

89

Beispiel 14: Nach der Ladung zur Hauptverhandlung beauftragt der Betroffene einen Verteidiger. Das AG bestätigt die Geldbuße von 250 €. Hiergegen legt der Verteidiger Rechtsbeschwerde ein, worauf das OLG das Urteil des AG ohne Hauptverhandlung aufhebt und die Sache an das AG zurückverweist. Dort findet erneut eine Hauptverhandlung statt.

I. Verfahren vor dem AG

1.	Grundgebühr, Nr. 5100 VV		100,00 €
2.	Verfahrensgebühr, Nr. 5109 VV		160,00 €
3.	Terminsgebühr, Nr. 5110 VV		255,00 €
4.	Postentgeltpauschale, Nr. 7002 VV		20,00 €
	Zwischensumme	535,00 €	
5.	19 % Umsatzsteuer, Nr. 7008 VV		101,65 €
	Gesamt		**636,65 €**

II. Rechtsbeschwerdeverfahren

1.	Verfahrensgebühr, Nr. 5113 VV		320,00 €
2.	Postentgeltpauschale, Nr. 7002 VV		20,00 €
	Zwischensumme	340,00 €	
3.	19 % Umsatzsteuer, Nr. 7008 VV		64,60 €
	Gesamt		**404,60 €**

III. Verfahren vor dem AG nach Zurückverweisung

1.	Verfahrensgebühr, Nr. 5109 VV		135,00 €
2.	Terminsgebühr, Nr. 5110 VV		255,00 €
3.	Postentgeltpauschale, Nr. 7002 VV		20,00 €
	Zwischensumme	410,00 €	
4.	19 % Umsatzsteuer, Nr. 7008 VV		77,90 €
	Gesamt		**487,90 €**

V. Erneute Rechtsbeschwerde

Ergeht nach Zurückverweisung wiederum ein Urteil oder Beschluss (§ 72 OWiG), gegen den wiederum Rechtsbeschwerde eingelegt wird, so ist das erneute Rechtsbeschwerdeverfahren eine neue Angelegenheit (§ 17 Nr. 1 RVG). Die Gebühren der Nr. 5113 ff VV können daher erneut entstehen.

90

Beispiel 15: Wie Beispiel 14, jedoch wird gegen die erneute Entscheidung des AG wiederum Rechtsbeschwerde eingelegt, die nunmehr ohne Verhandlung verworfen wird.

I.–III.

(wie Beispiel 14)

---

38 LG Dresden AGS 2006, 169 m. Anm. *N. Schneider* (zur vergleichbaren Lage in Strafsachen).

IV. Erneutes Rechtsbeschwerdeverfahren

1. Verfahrensgebühr, Nr. 5113 VV		320,00 €
2. Postentgeltpauschale, Nr. 7002 VV		20,00 €
Zwischensumme	340,00 €	
3. 19 % Umsatzsteuer, Nr. 7008 VV		64,60 €
Gesamt		**404,60 €**

VI. Wiederaufnahmeverfahren und wiederaufgenommenes Verfahren

91 Findet ein Wiederaufnahmeverfahren statt, so gilt dieses nach § 17 Nr. 1 RVG als gesonderte Angelegenheit. Der Anwalt erhält in diesem Verfahren die gleichen Gebühren wie in einem erstinstanzlichen Verfahren (Vorbem. 5.1.3 VV).[39]

92 Kommt es zu einer Wiederaufnahme, zählt das wiederaufgenommene Verfahren als neue Angelegenheit (§ 17 Nr. 12 RVG), so dass der Anwalt hier die Gebühren wiederum erneut verdienen kann. Es gelten die Gebühren nach Unterabschnitt 3 (Vorbem. 5.1.3 Abs. 2 VV). Eine Grundgebühr entsteht allerdings nicht,[40] es sei denn, der Verteidiger wird erstmals im Verfahren nach Wiederaufnahme tätig.

VII. Vollstreckung

93 Wird der Verteidiger im Rahmen der Vollstreckung einer Geldbuße oder von Verfahrenskosten tätig, erhält er eine Verfahrensgebühr nach Nr. 5200 VV. Die Tätigkeit in der Zwangsvollstreckung wird wie eine Einzeltätigkeit vergütet (s. Rn 98 ff), und zwar auch dann, wenn er zuvor bereits Verteidiger war. Hierzu gehören zB Ratenzahlungsanträge nach Rechtskraft des Bußgeldbescheids.

VIII. Vergütung des Anwalts im Rahmen der Kostenentscheidung oder -festsetzung oder des Kostenansatzverfahrens

1. Überblick

94 Für seine Tätigkeit, eine Kostenentscheidung zu erwirken oder den Kostenansatz zu überprüfen, erhält der Verteidiger keine gesonderten Gebühren. Es gilt Vorbem. 5.1 Abs. 1 VV. Die Tätigkeit wird durch die jeweiligen Gebühren mitabgegolten. Das gilt auch für Anträge auf gerichtliche Entscheidung nach § 62 OWiG, soweit diese sich gegen die Kostenentscheidung (Kostengrundentscheidung) oder deren Unterlassen richten. Wohl kann der besondere Aufwand zur Erlangung einer Kostenentscheidung nach § 14 Abs. 1 RVG gebührenerhöhend zu berücksichtigen sein.[41]

2. Antrag auf gerichtliche Entscheidung und Erinnerung

95 Nicht mehr zur Instanz gehört dagegen ein Antrag auf gerichtliche Entscheidung nach §§ 62, 108 OWiG, soweit sich dieser gegen eine Entscheidung über die Kosten- und Auslagenerstattung (also Kostenfestsetzung) oder den Kostenansatz richtet (Vorbem. 5 Abs. 4 Nr. 1 VV). Hier erhält der Anwalt auch in Bußgeldsachen eine gesonderte Vergütung nach Nr. 3500 VV (§ 18 Abs. 1 Nr. 3 RVG).

Beispiel 16: Nach Rücknahme des Bußgeldbescheids beantragt der Anwalt, die angefallenen Kosten iHv 800 € festzusetzen. Es ergeht ein Kostenfestsetzungsbescheid über 500 €, gegen den der Verteidiger Antrag auf gerichtliche Entscheidung stellt.

Der Anwalt erhält nach Vorbem. 5 Abs. 4 VV die Gebühr nach Nr. 3500 VV. Der Gegenstandswert beläuft sich nach § 23 Abs. 2 RVG auf 300 €.

---

39 Eingehend dazu *Burhoff*, RVG, Vorbem. 5.1.3 VV Rn 7 ff.
40 *Burhoff*, RVG, Vorbem. 5.1.3 VV Rn 6.
41 AG Gießen JurBüro 1990, 881; LG Köln BRAGOreport 2001, 74 m. Anm. *N. Schneider*.

1. 0,5-Verfahrensgebühr, Nr. 3500 VV (Wert: 300 €)   22,50 €
2. Postentgeltpauschale, Nr. 7002 VV   4,50 €
   Zwischensumme   27,00 €
3. 19 % Umsatzsteuer, Nr. 7008 VV   5,13 €
   Gesamt   **32,13 €**

Ebenso erhält der Anwalt die Vergütung nach Vorbem. 5.1 Abs. 1 VV iVm Nr. 3500 VV, **96** wenn gegen die Festsetzung des Urkundsbeamten der Staatsanwaltschaft nach § 108 a Abs. 3 S. 2 OWiG Erinnerung eingelegt wird.

3. Beschwerde

Wird gegen die gerichtliche Entscheidung des erstinstanzlichen Gerichts gem. § 46 OWiG, **97** § 464 b StPO iVm § 104 Abs. 3 ZPO Beschwerde erhoben, so erhält der Anwalt für das Beschwerdeverfahren gegen die Entscheidung des AG eine weitere 0,5-Verfahrensgebühr nach Vorbem. 5.1 Abs. 1 VV iVm Nr. 3500 VV.

C. Einzeltätigkeiten

Auch in Bußgeldsachen sind Einzeltätigkeiten gesondert geregelt (Abschnitt 2). Dazu ge- **98** hört auch die Vertretung in einem **Vollstreckungsverfahren** oder in einer **Gnadensache** (Anm. Abs. 4 zu Nr. 5200 VV). Vorgesehen ist nur eine einzige Verfahrensgebühr (Nr. 5200 VV). Eine Grundgebühr entsteht nicht, da diese nur in Angelegenheiten nach Teil 5 Abschnitt 1 VV entsteht. Ebenso wenig ist eine Terminsgebühr vorgesehen. Auch zusätzliche Gebühren nach Nr. 5115, 5116 VV können nicht anfallen. Hinzu kommen allerdings die **Auslagen** nach Nr. 7000 ff VV, insbesondere eine gesonderte Postentgeltpauschale nach Nr. 7002 VV.

Die Verfahrensgebühr der Nr. 5200 VV entsteht nach Anm. Abs. 1 zu Nr. 5200 VV für **99** Einzeltätigkeiten nur dann, wenn dem Anwalt nicht die Verteidigung übertragen worden ist oder es sich um Einzeltätigkeiten handelt, die gar nicht in den Anwendungsbereich der Nr. 5100 ff VV fallen, wie zB Tätigkeiten in der Vollstreckung oder Gnadengesuche. Ein Hauptanwendungsfall der Nr. 5200 VV ist die Erstattung einer **Ordnungswidrigkeitenanzeige**.[42]

Beispiel 17: Der Anwalt ist mit der Erstattung einer Ordnungswidrigkeitenanzeige beauftragt.
1. Verfahrensgebühr, Nr. 5200 VV   65,00 €
2. Postentgeltpauschale, Nr. 7002 VV   13,00 €
   Zwischensumme   78,00 €
3. 19 % Umsatzsteuer, Nr. 7008 VV   14,82 €
   Gesamt   **92,82 €**

Der Anwalt erhält die Verfahrensgebühr **für jede Einzeltätigkeit gesondert.** Insoweit han- **100** delt es sich jeweils um eigene Angelegenheiten iSd § 15 RVG (Anm. Abs. 2 zu Nr. 5200 VV). Allerdings ist § 15 Abs. 6 RVG zu beachten. Der Anwalt kann bei mehreren Einzeltätigkeiten insgesamt nicht mehr erhalten, als er erhalten würde, wenn er zum Verteidiger bestellt worden wäre.

Wird dem Anwalt, der mit Einzeltätigkeiten beauftragt ist, anschließend die Verteidigung **101** übertragen, so ist die Verfahrensgebühr bzw sind die Verfahrensgebühren für die Einzeltätigkeiten anzurechnen (Anm. Abs. 3 zu Nr. 5200 VV).

---

42 LAG Schleswig AGS 2001, 75 = AnwBl 2001, 185; AnwK-RVG/N. *Schneider,* Nr. 5200 VV Rn 8.

§ 22 Verfahren nach Teil 6 VV

A. Überblick

1 In Teil 6 des Vergütungsverzeichnisses sind „**Sonstige Verfahren**" geregelt, die von den Teilen 2 bis 5 des Vergütungsverzeichnisses nicht erfasst werden. Es handelt sich um:

- Abschnitt 1: Verfahren nach dem Gesetz über die internationale Rechtshilfe in Strafsachen (IRG) und Verfahren nach dem Gesetz über die Zusammenarbeit mit dem Internationalen Strafgerichtshof (IStGH-Gesetz),
- Abschnitt 2: Disziplinarverfahren, berufsgerichtliche Verfahren wegen der Verletzung einer Berufspflicht,
- Abschnitt 3: Gerichtliche Verfahren bei Freiheitsentziehung und in Unterbringungssachen,
- Abschnitt 4: Verfahren nach der Wehrbeschwerdeordnung (WBO),
- Abschnitt 4: Verfahren auf gerichtliche Entscheidung nach § 42 WDO, wenn das Verfahren vor dem Truppendienstgericht oder vor dem Bundesverwaltungsgericht an die Stelle des Verwaltungsrechtswegs gem. § 82 SG tritt (Vorbem. 6.4 Abs. 1 VV),
- Abschnitt 5: Einzeltätigkeiten und Verfahren auf Aufhebung oder Änderung einer Disziplinarmaßnahme.

B. Verfahren nach dem IRG und dem IStGH-Gesetz

I. Überblick

2 In Teil 6 Abschnitt 1 VV (Nr. 6100–6102 VV) ist die Vergütung des Anwalts geregelt, der in Verfahren nach dem IRG oder dem IStGH als Beistand tätig wird. Es handelt sich bei den hier geregelten Verfahren nicht um Strafsachen iSd Teil 4 VV. Daher war eine gesonderte Regelung der Vergütung erforderlich. Die Gebühren gelten auch für die Tätigkeit als Beistand für einen Zeugen oder Sachverständigen (Vorbem. 6 Abs. 1 VV). Voraussetzung für die Anwendung der Nr. 6100 ff VV ist, dass der Anwalt als **Gesamtvertreter** beauftragt ist. Für **Einzeltätigkeiten** gilt Nr. 6500 VV.

3 In den Anwendungsbereich des Teil 6 Abschnitt 1 VV fallen:

- die Verfahren über die **Betreibung ausländischer Geldsanktionen**,
- **sonstige Verfahren nach dem IRG**
  - Verfahren auf Auslieferung eines Ausländers an die Behörde eines ausländischen Staates zur Strafverfolgung oder Strafvollstreckung (§§ 2 bis 42 IRG),
  - Verfahren über die Durchlieferung eines Ausländers durch die Bundesrepublik Deutschland (§§ 43 bis 47 IRG),
  - Verfahren über die Rechtshilfe durch Vollstreckung ausländischer Erkenntnisse (§§ 48 bis 58 IRG),
  - Verfahren über die sonstige Rechtshilfe (§§ 49 bis 67 a IRG),
  - Verfahren über ausgehende Ersuchen (§§ 68 bis 72 IRG);
- **Verfahren nach dem IStGH-Gesetz**
  - Verfahren zur Abstellung von Personen an den Internationalen Strafgerichtshof zur Strafverfolgung oder Strafvollstreckung (§§ 2 bis 33 IStGH-Gesetz),
  - Verfahren zur Durchbeförderung von Personen zur Strafverfolgung oder Strafvollstreckung durch das Bundesgebiet (§§ 34 bis 39 IStGH-Gesetz),
  - Verfahren über die Rechtshilfe durch Vollstreckung von Entscheidungen und Anordnungen des Gerichtshofes (§§ 40 bis 46 IStGH-Gesetz),
  - Verfahren über die sonstige Rechtshilfe (§§ 47 bis 63 IStGH-Gesetz),
  - Verfahren über ausgehende Ersuchen (§§ 64 bis 67 IStGH-Gesetz).

II. Verfahren über die Beitreibung ausländischer Geldsanktionen

1. Bewilligungsverfahren vor der Behörde

Vertritt der Anwalt den Mandanten im Bewilligungsverfahren vor der Behörde (§§ 87 ff   4
IRG), so handelt es sich zwar um eine außergerichtliche Tätigkeit. Diese richtet sich je-
doch nicht nach Teil 2 Abschnitt 3 VV, da die Vorschriften nach Teil 2 Abschnitt 3 VV in
Straf- und Bußgeldsachen grundsätzlich ausgeschlossen sind (Vorbem. 2.3 Abs. 2 VV).

Der Anwalt erhält eine **Verfahrensgebühr** nach Nr. 6100 VV iHv 50 € bis 340 €. Die Mit-   5
telgebühr beträgt 195 €. Die Verfahrensgebühr der Nr. 6100 VV deckt gem. Vorbem. 6
Abs. 2 VV die gesamte Tätigkeit im Verfahren vor der Behörde ab. Die Gebühr entsteht
bereits mit der ersten Tätigkeit, idR mit der Entgegennahme der Information. Abgegolten
mit der Gebühr sind auch eventuelle Besprechungen mit der Behörde. Eine gesonderte Ter-
mingebühr sieht das RVG im Verfahren vor der Behörde nicht vor, da solche Termine
nicht vorgeschrieben und nicht üblich sind.[1]

2. Erstinstanzliches gerichtliches Verfahren

Im erstinstanzlichen gerichtlichen Verfahren vor dem Amtsgericht erhält der Anwalt eine   6
weitere Vergütung. Diese richtet sich nach den Nr. 6101, 6102 VV. Das gerichtliche Verfahren stellt gegenüber dem Verfahren vor der Behörde eine eigene **selbstständige Angelegenheit** dar, in der die Gebühren erneut entstehen (§ 17 Nr. 1 RVG). In Betracht kommen
zwei erstinstanzliche Verfahren, nämlich das Verfahren,

- das auf den Einspruch nach § 87 f Abs. 4 IRG gem. §§ 87 g ff IRG folgt, und
- das Verfahren auf gerichtliche Entscheidung über die Umwandlung der Entscheidung
  eines anderen Mitgliedstaates durch das Gericht nach § 87 i IRG.

Die Gebühren in diesen gerichtlichen Verfahren können nur einmal anfallen. Beide Verfahren schließen sich gegenseitig aus, da die Bewilligungsentscheidung der Behörde nach einer
Entscheidung des Gerichts gem. § 87 i Abs. 6 IRG unanfechtbar ist.

Der Anwalt erhält zunächst einmal eine **Verfahrensgebühr** iHv 100 € bis 690 € (Mittelge-   7
bühr 395 €). Ist der Anwalt beigeordnet, erhält er eine Festgebühr iHv 316 €. Die Verfahrensgebühr deckt die gesamte Tätigkeit im erstinstanzlichen gerichtlichen Verfahren ab
(Vorbem. 6 Abs. 2 VV), ausgenommen die Teilnahme an gerichtlichen Terminen. Auch
diese Gebühr entsteht mit der ersten Tätigkeit, idR mit der Entgegennahme der Information (Vorbem. 6 Abs. 2 VV). Sie entsteht auch dann, wenn die Behörde dem Einspruch gem.
§ 87 g Abs. 1 S. 2 IRG abhilft. Wie sich aus der Überschrift zu § 87 g IRG ergibt, beginnt
das gerichtliche Verfahren bereits mit Einspruch. Eine Anrechnung der vorgerichtlich entstandenen Verfahrensgebühr ist nicht vorgesehen. Beide Gebühren entstehen gesondert.

Nimmt der Anwalt an einem gerichtlichen Termin teil, so erhält er auch eine **Terminsge-   8
bühr** nach Nr. 6102 VV für jeden Verhandlungstag. Die Terminsgebühr kann daher –
ebenso wie in Straf- und Bußgeldsachen – mehrmals entstehen. Erforderlich ist ein gerichtlicher Termin (Vorbem. 6 Abs. 3 S. 1 VV). Eine Besprechung mit dem Gericht oder der Behörde reicht nicht aus, da Vorbem. 6 Abs. 3 VV diese Fälle im Gegensatz zur Vorbem. 3
Abs. 3 VV nicht erfasst. Die Gebühr entsteht allerdings auch, wenn der Anwalt zu einem
anberaumten Termin erscheint, dieser aber aus Gründen, die er nicht zu vertreten hat,
nicht stattfindet (Vorbem. 6 Abs. 3 S. 2 VV). Dies gilt nicht, wenn er rechtzeitig von der
Aufhebung oder Verlegung des Termins in Kenntnis gesetzt worden ist (Vorbem. 6 Abs. 3
S. 3 VV). Die Höhe der Terminsgebühr beläuft sich auf 130 € bis 930 € (Mittelgebühr
530 €). Ist der Anwalt beigeordnet, so erhält er eine Festgebühr iHv 424 €.

---

1 BT-Drucks. 17/1288, S. 37.

3. Rechtsbeschwerde

9 Wird gegen die Entscheidung des AG Rechtsbeschwerde eingelegt – unabhängig davon, ob der Anwalt für den Mandanten gegen eine Entscheidung über einen Einspruch nach §§ 87 f Abs. 4, 87 g ff IRG oder gegen einen Umwandlungsbeschluss nach § 87 i IRG Rechtsbeschwerde einlegt oder die Behörde gegen eine ablehnende Entscheidung gegen einen Umwandlungsantrag nach § 87 i IRG Rechtsbeschwerde einlegt –, erhält der Anwalt hierfür wiederum eine gesonderte Vergütung, da das Rechtsbeschwerdeverfahren ein neuer Rechtszug ist (§ 17 Nr. 1 RVG). Da die Rechtsbeschwerde beim AG einzulegen ist (§ 87 j Abs. 2 IRG iVm § 342 Abs. 1 StPO), gilt § 16 Nr. 11 RVG. Danach zählt das Einlegen der Rechtsbeschwerde für den Anwalt noch zum erstinstanzlichen gerichtlichen Verfahren. Erst mit weiterer Tätigkeit entsteht für ihn die weitere Verfahrensgebühr des Rechtsbeschwerdeverfahrens nach Nr. 6001 VV. War zuvor erfolgreich ein Antrag auf Zulassung der Rechtsbeschwerde gestellt worden, ist diese Tätigkeit durch die Vergütung im Rechtsbeschwerdeverfahren mit abgegolten, da es sich insoweit um eine einzige Angelegenheit handelt (§ 16 Nr. 11 RVG). Werden mehrere Rechtsbeschwerden erhoben, zB gegen eine Entscheidung im Verfahren über eine Umwandlung und später im Verfahren auf einen Einspruch oder eine erneute Entscheidung nach Zurückverweisung, entstehen die Gebühren gesondert, da dann nach § 17 Nr. 1 RVG eine neue Angelegenheit vorliegt.

10 Im Verfahren der Rechtsbeschwerde entsteht zunächst wieder eine **Verfahrensgebühr** nach Nr. 6001 VV. Diese Gebühr kann ggf wegen der idR höheren Schwierigkeit auch höher angesetzt werden als die erstinstanzliche Gebühr.

11 Hinzu kommen kann eine **Terminsgebühr**, wenn ein gerichtlicher Termin vor dem Gericht der Rechtsbeschwerde stattfindet, was jedoch kaum vorkommen dürfte.

4. Verfahren auf Zulassung der Rechtsbeschwerde

12 Ist die Rechtsbeschwerde nicht bereits kraft Gesetzes zulässig und ist sie auch nicht zugelassen worden, so kann ein **Antrag auf Zulassung der Rechtsbeschwerde** gestellt werden (§ 87 k IRG). Da der Antrag auf Zulassung und ein eventuell durchzuführendes Rechtsmittelverfahren nach § 16 Nr. 11 RVG als eine Angelegenheit gelten, entstehen durch den Antrag auf Zulassung bereits die Gebühren nach Nr. 6101, 6102 VV. Wird dem Zulassungsantrag stattgegeben und das Rechtsbeschwerdeverfahren durchgeführt, entstehen jedoch keine weiteren Gebühren. Die Gebühren entstehen für das Verfahren auf Zulassung der Rechtsbeschwerde und die Rechtsbeschwerde selbst insgesamt nur einmal (§ 15 Abs. 2 VV).

5. Verfahren nach Zurückverweisung

13 Hebt das OLG auf die Rechtsbeschwerde hin die Entscheidung des AG auf und verweist es die Sache zur erneuten Entscheidung an das AG zurück (§ 87 j Abs. 5 IRG), so gilt § 21 Abs. 1 RVG. Das Verfahren vor dem AG ist eine neue Angelegenheit, in der die Gebühren nach Nr. 6101, 6102 VV erneut entstehen (§ 21 Abs. 1 RVG). Eine Anrechnung der im Verfahren vor Zurückverweisung entstandenen Verfahrensgebühr ist im Gegensatz zu den Verfahren nach VV Teil 3 (Vorbem. 3 Abs. 6 VV) nicht vorgesehen. Auch wenn der Anwalt bereits im vorangegangenen erstinstanzlichen Verfahren vorbefasst war, ist dies idR kein Grund dafür, die Gebühren deshalb unterdurchschnittlich anzusetzen. Zu beachten ist, dass es sich jetzt faktisch um die dritte Instanz handelt und dass die rechtlichen Vorgaben des Rechtsbeschwerdegerichts hier beachtet werden müssen, so dass sich idR eine größere Schwierigkeit der Sache ergeben wird.

6. Sonstige Gebühren

14 Sonstige Gebühren sind nicht vorgesehen. Insbesondere kann keine zusätzliche Gebühr entstehen, wenn sich das Verfahren erledigt. Die Nr. 4141 und 5115 VV sind hier nicht

anwendbar. Eine entsprechende Gebühr sieht Teil 6 Abschnitt 1 VV nicht vor. Auch zusätzliche Gebühren wie nach den Nr. 4142, 5116 VV sind nicht vorgesehen.

7. Vollstreckung

Kommt es nach der Bewilligung anschließend zur Durchführung der Vollstreckung, handelt es sich insoweit um eine neue selbstständige Angelegenheit. Da Teil 6 VV keine gesonderten Vergütungstatbestände enthält, gelten insoweit die Gebührentatbestände nach Teil 4 VV und Teil 5 VV.

- Soweit es sich um die Vollstreckung einer Geldsanktion aus einer **Straftat** handelt, gelten die Nr. 4200 ff VV.
- Liegt der Geldsanktion dagegen ein **Ordnungswidrigkeitenverfahren** zugrunde, erhält der Anwalt in der Vollstreckung die Gebühr nach Nr. 5200 VV.

8. Auslagen

Hinzu kommen in jeder Angelegenheit die Auslagen nach Teil 7 VV. Insbesondere fällt in jeder Angelegenheit eine gesonderte Postentgeltpauschale nach Nr. 7002 VV an.

III. Sonstige Verfahren nach dem IRG und Verfahren nach dem IStGH

1. Überblick

In den sonstigen Verfahren nach dem IRG und in Verfahren nach dem IStGH sind nur gerichtliche Tätigkeiten geregelt. Außergerichtliche Tätigkeiten werden durch die jeweilige Verfahrensgebühr mit abgegolten.

Das **Nachprüfungsverfahren nach § 33 IRG** zählt ebenfalls mit zum Umfang der Angelegenheit und wird durch die Verfahrensgebühr abgegolten. Ein erhöhter Aufwand kann hier allenfalls nach § 14 Abs. 1 RVG berücksichtigt werden.

Das **Verfahren nach § 35 IRG**, also wenn eine erneute Verhandlung anberaumt wird, weil nach Durchführung der Auslieferung die ausländische Regierung um Zustimmung zur Strafverfolgung, Strafvollstreckung oder Weiterverfolgung wegen einer Tat ersucht, für die die Auslieferung nicht bewilligt wurde, ist dagegen eine neue Angelegenheit, so dass der Anwalt, der hier wiederum als Beistand beauftragt wird, die Gebühren nach Nr. 6101, 6102 VV erneut erhält.[2]

2. Verfahrensgebühr

Die Verfahrensgebühr nach Nr. 6101 VV entsteht gem. Vorbem. 6 Abs. 2 VV für das Betreiben des Geschäfts einschließlich der Information. Die Gebühr entsteht also bereits mit der ersten Tätigkeit, in der Regel mit der Aufnahme der Information. Abgegolten durch die Verfahrensgebühr werden sämtliche Tätigkeiten in den Verfahren nach dem IRG und dem IStGH-Gesetz, ausgenommen die Wahrnehmung von Terminen, die nach VV 6102 vergütet wird. Voraussetzung ist auch hier, dass der Anwalt als **Gesamtvertreter** beauftragt ist. Für Einzeltätigkeiten gilt Nr. 6404 VV.

Zum Abgeltungsbereich der Verfahrensgebühr zählen daher neben der Entgegennahme der Information und der Beratung des Mandanten insbesondere die Akteneinsicht, die Korrespondenz mit dem Mandanten oder mit Dritten, Besprechungen mit den Beteiligten, außergerichtliche Termine, Beschwerdeverfahren, für die es in Teil 6 VV keine gesonderten Regelungen gibt. Auch die Einlegung von Rechtsmitteln wird durch die Verfahrensgebühr abgegolten (§ 19 Abs. 1 S. 2 Nr. 10 RVG).

Der Wahlanwalt erhält einen Gebührenrahmen iHv 100 € bis 690 €. Die Mittelgebühr beträgt 395 €. Die Höhe der Gebühr bestimmt der Anwalt anhand der Kriterien des § 14

15

16

17

18

19

20

21

22

---

2 Burhoff/*Volpert*, RVG, Nr. 6100 VV Rn 10.

Abs. 1 RVG. Bei der Bemessung der Verfahrensgebühr Nr. 6101 VV ist die Inhaftierung des Verfolgten zu berücksichtigen. Außerdem ist von Bedeutung, dass der Beistand über Kenntnisse der Muttersprache des Verfolgten verfügt, die es ihm ermöglicht haben, mit dem Verfolgten ohne Zuziehung eines Dolmetschers zu korrespondieren und zu sprechen.[3]

23 Vertritt der Anwalt **mehrere Auftraggeber** innerhalb desselben Verfahrens – was möglich ist, da § 146 StPO nicht gilt –, so erhöht sich der Gebührenrahmen nach Nr. 1008 VV um jeweils 30 % je Auftraggeber.[4] Soweit der Anwalt allerdings für mehrere Beteiligte in verschiedenen Verfahren tätig wird, erhält er die Gebühren aus dem einfachen Betragsrahmen jeweils gesondert (§ 15 Abs. 2 RVG).[5]

24 Der gerichtlich bestellte oder beigeordnete Rechtsanwalt erhält aus der Staatskasse eine Festgebühr iHv 316 €.

3. Terminsgebühr

25 In den Verfahren nach dem IRG und dem IStGH-Gesetz steht dem Anwalt neben der Verfahrensgebühr nach Nr. 6100 VV auch eine Terminsgebühr nach Nr. 6102 VV zu. Die Terminsgebühr entsteht für die Teilnahme an **gerichtlichen Terminen**, soweit nichts anderes bestimmt ist (Vorbem. 6 Abs. 3 S. 1 VV). Ausreichend für das Entstehen der Gebühr ist die Anwesenheit des Rechtsanwalts im Termin. Er muss nicht verhandeln, insbesondere keine Anträge stellen oder sich aktiv an Erörterungen beteiligen. Der Anwalt muss auch nicht bis zum Ende des Termins anwesend sein. Ob der Verfolgte im Termin anwesend ist, ist unerheblich. Der Anwalt erhält die Terminsgebühr also auch dann, wenn er alleine an dem Termin teilnimmt.

26 Außergerichtliche Termine lösen- im Gegensatz zu den Gebühren nach Teil 3 VV – keine Terminsgebühren aus; Besprechungen mit anderen Beteiligten genügen daher nicht. Ebenso fehlt es hier an einer der Nr. 4102 VV entsprechenden Regelung. Die Teilnahme an anderen Terminen, zB bei der Staatsanwaltschaft, löst daher auch keine Terminsgebühr aus. Die Art des gerichtlichen Termins ist dagegen unerheblich. So gilt Nr. 6102 VV auch für Haftprüfungstermine.[6] Strittig ist, ob Nr. 6102 VV auch für die Teilnahme an bloßen Vernehmungs- bzw Belehrungsterminen vor dem AG gilt.[7]

27 Auch hier erhält der Anwalt die Terminsgebühr, wenn ein Termin anberaumt ist, zu dessen Durchführung es jedoch nicht mehr kommt, aber der Anwalt zu diesem Termin trotz der Aufhebung erscheint (Vorbem. 6 Abs. 3 S. 2 VV).

28 Die Terminsgebühr entsteht ebenso wie in Strafsachen je Verhandlungstag, also **je Kalendertag**. Finden an einem Tage mehrere Verhandlungen statt, entsteht die Gebühr nur einmal.

29 Der Wahlanwalt erhält eine Gebühr iHv 130 € bis 930 €. Die Mittelgebühr beträgt 530 €. Aus diesem Rahmen bemisst der Anwalt die in seinem konkreten Fall angemessene Gebühr unter Berücksichtigung der Kriterien des § 14 Abs. 1 RVG. Der gerichtlich bestellte oder beigeordnete Anwalt erhält eine Festgebühr iHv 424 €.

---

3 OLG Hamm StraFo 2007, 218 = Rpfleger 2007, 426 = JurBüro 2007, 309 = StV 2007, 476.
4 Burhoff/*Volpert*, RVG, Nr. 6100 VV Rn 14.
5 Burhoff/*Volpert*, RVG, Nr. 6100 VV Rn 14.
6 Burhoff/*Volpert*, RVG, Nr. 6101 VV Rn 7; aA OLG Hamburg AGS 2006, 290.
7 Verneinend: AGS 2005, 443 (versehentlich als OLG Hamburg ausgewiesen) m. abl. Anm. *N. Schneider* = RVGreport 2005, 317; ebenso OLG Dresden AGS 2007, 355 = StraFo 2007, 176 = JurBüro 2007, 252 = RVGreport 2007, 307; bejahend: AnwK-RVG/*Schneider*, Nr. 6101 VV Rn 27; Burhoff/*Volpert*, RVG, Nr. 6101 VV Rn 7.

4. Pauschgebühr

Sofern die gesetzlichen Gebührenrahmen nicht ausreichen, um die Tätigkeit des Anwalts angemessen zu vergüten, können sowohl der Wahlanwalt (§ 42 RVG) als auch der beigeordnete Anwalt (§ 51 RVG) eine Pauschgebühr beantragen.   **30**

5. Auslagen

Hinzu kommen wiederum in jeder Angelegenheit auch die Auslagen nach Teil 7 VV, insbesondere jeweils eine **Postentgeltpauschale** nach Nr. 7002 VV.   **31**

C. Disziplinarverfahren, berufsgerichtliche Verfahren wegen der Verletzung einer Berufspflicht

I. Überblick

In Disziplinarverfahren und berufsgerichtlichen Verfahren wegen der Verletzung einer Berufspflicht richten sich die Gebühren grundsätzlich nach Teil 6 Abschnitt 2 VV. Die Gebühren gelten auch für die Tätigkeit als Beistand für einen Zeugen oder Sachverständigen (Vorbem. 6 Abs. 1 VV). Für die Vertretung gegenüber der Aufsichtsbehörde außerhalb eines Disziplinarverfahrens entstehen allerdings die Gebühren nach Teil 2 VV (Vorbem. 6.2 Abs. 2 VV). Darüber hinaus sind die Gebühren nach Teil 3 VV anzuwenden auf Erinnerung und Beschwerde im Kostenfestsetzungs- und Kostenansatzverfahren (Vorbem. 6.2 Abs. 3 Nr. 1 VV) sowie in der Zwangsvollstreckung (Vorbem. 6.2 Abs. 3 Nr. 2 VV).   **32**

Die Gebühren ähneln den Gebühren in Strafsachen. Vorgesehen sind für den Wahlanwalt Rahmengebühren und für den gerichtlich bestellten oder beigeordneten Rechtsanwalt Festgebühren. Ebenso wie in Strafsachen werden durch die Gebühren die gesamten Tätigkeiten im Verfahren abgegolten, soweit nichts anderes bestimmt ist (Vorbem. 6.2 Abs. 1 VV).   **33**

Eingeteilt wird die Tätigkeit des Anwalts in folgende Angelegenheiten: **34**

- Außergerichtliches Verfahren,
- außergerichtliches Überprüfungsverfahren,
- erster Rechtszug,
- zweiter Rechtszug,
- Nichtzulassungsbeschwerde,
- dritter Rechtszug,
- Wiederaufnahmeverfahren und
- Einzeltätigkeiten.

II. Allgemeine Gebühren

Vorgesehen ist – ebenso wie in Strafsachen – eine **Grundgebühr** (Nr. 6200 VV) für die erstmalige Einarbeitung in den Rechtsfall (Anm. zu Nr. 6200 VV). Die Gebühr entsteht in dem ersten Verfahrensabschnitt, in dem der Anwalt tätig wird. Die Höhe der Gebühr beläuft sich für den Wahlanwalt auf 40 € bis 350 € (Mittelgebühr 195 €). Der gerichtlich bestellte oder beigeordnete Rechtsanwalt erhält eine Festgebühr iHv 156 €.   **35**

Darüber hinaus ist – vergleichbar der Nr. 4201 VV – eine **Terminsgebühr** für die Teilnahme an außergerichtlichen Anhörungsterminen und Terminen zur Beweiserhebung vorgesehen (Nr. 6201 VV). Die Terminsgebühr entsteht für jeden Tag, an dem ein Termin stattfindet, gesondert. Der Wahlanwalt erhält eine Gebühr iHv 40 € bis 370 € (Mittelgebühr 205 €). Der gerichtlich bestellte oder beigeordnete Rechtsanwalt erhält 164 €.   **36**

III. Verfahrensgebühren

37 Neben der Grundgebühr erhält der Anwalt Verfahrensgebühren, und zwar für jedes Verfahren, in dem er tätig wird, eine gesonderte Gebühr. Im außergerichtlichen Verfahren erhält der Anwalt eine Verfahrensgebühr nach Nr. 6202 VV für die Tätigkeit bis zum Eingang des Antrags der Anschuldigungsschrift bei Gericht (Anm. Abs. 2 zu Nr. 6202 VV). Kommt es zu einem außergerichtlichen Überprüfungsverfahren (idR Widerspruchsverfahren), entsteht die Verfahrensgebühr gesondert (Anm. Abs. 1 zu Nr. 6202 VV).

38 Im ersten Rechtszug erhält der Anwalt die Verfahrensgebühr nach Nr. 6203 VV, im zweiten Rechtszug die Verfahrensgebühr nach Nr. 6207 VV und im dritten Rechtszug nach Nr. 6211 VV.

39 Geht dem dritten Rechtszug ein Verfahren über die Beschwerde gegen die Nichtzulassung der Revision voran, entsteht eine weitere Verfahrensgebühr nach Nr. 6215 VV. Das Verfahren ist auch hier nach § 17 Nr. 9 RVG eine eigene selbstständige Angelegenheit. Die Verfahrensgebühr ist nach Anm. zu Nr. 6215 VV auf die Verfahrensgebühr des Revisionsverfahrens anzurechnen.

IV. Terminsgebühren

40 Neben den jeweiligen Verfahrensgebühren erhält der Anwalt je Verhandlungstag eine Terminsgebühr (Nr. 6204, 6208, 6212 VV). Für den gerichtlich bestellten oder beigeordneten Anwalt sind ebenso wie in Strafsachen Zuschläge vorgesehen, wenn die Hauptverhandlung mehr als fünf bzw mehr als acht Stunden dauert (Nr. 6205, 6206, 6209, 6210, 6213, 6214 VV).

V. Zusatzgebühr

41 Sofern durch die anwaltliche Mitwirkung die mündliche Verhandlung entbehrlich wird, erhält der Anwalt eine Zusatzgebühr in Höhe der jeweiligen Verfahrensgebühr. Erforderlich ist, dass der Anwalt an der Erledigung mitgewirkt hat, wobei auch hier die Mitwirkung vermutet wird (Anm. Abs. 3 zu Nr. 6216 VV). Die Gebühr entsteht auch dann, wenn mit Zustimmung der Beteiligten ohne mündliche Verhandlung entschieden wird oder einer Entscheidung ohne Hauptverhandlungstermin nicht widersprochen wird (Anm. Abs. 1 zu Nr. 6216 VV). Die Höhe der Zusatzgebühr bemisst sich nach der jeweiligen Rahmenmitte (Anm. Abs. 3 zu Nr. 6216 VV).

VI. Wiederaufnahmeverfahren

42 Kommt es zu einem Wiederaufnahmeverfahren, entstehen dort die Gebühren des ersten Rechtszugs gesondert (Vorbem. 6.2.3 VV).

D. Gerichtliche Verfahren bei Freiheitsentziehung und in Unterbringungssachen

43 In Verfahren bei **erstmaliger Freiheitsentziehung nach dem Gesetz über das gerichtliche Verfahren bei Freiheitsentziehungen nach § 415 FamFG**, in Unterbringungssachen nach § 312 FamFG und bei **Unterbringungsmaßnahmen nach § 151 Nr. 6 und 7 FamFG** entsteht für jeden Rechtszug eine Verfahrensgebühr nach Nr. 6300 VV iHv 40 € bis 470 € (Mittelgebühr 255 €). Der gerichtlich bestellte oder beigeordnete Rechtsanwalt erhält eine Festgebühr iHv 204 €.

44 Nimmt der Anwalt an einem gerichtlichen Termin teil, entsteht darüber hinaus eine Terminsgebühr nach Nr. 6301 VV. Die Gebühr entsteht für mehrere Termine nur einmal (§ 15 Abs. 2 RVG) und beläuft sich auf dieselbe Höhe wie die Verfahrensgebühr.

In **sonstigen Verfahren** entsteht eine Verfahrensgebühr nach Nr. 6302 VV. Diese Gebühr   45
entsteht insbesondere für jeden Rechtszug des Verfahrens über die Verlängerung oder Aufhebung der Freiheitsentziehung nach den §§ 425, 426 FamFG oder einer Unterbringungs-
maßnahme nach den §§ 329, 330 FamFG (Anm. zu Nr. 6302 VV). Der Wahlanwalt erhält
eine Verfahrensgebühr iHv 20 € bis 300 € (Mittelgebühr 160 €). Der gerichtlich bestellte
oder beigeordnete Rechtsanwalt erhält 128 €.

Hinzu kommen kann nach Nr. 6303 VV eine Terminsgebühr für die Teilnahme an gericht-   46
lichen Terminen (Anm. zu Nr. 6303 VV). Auch diese Gebühr entsteht für mehrere Termine
nur einmal (§ 15 Abs. 2 RVG) und beläuft sich ebenfalls auf dieselbe Höhe wie die Verfahrensgebühr.

E. Verfahren nach der Wehrbeschwerdeordnung (WBO)

I. Vorgerichtliche Tätigkeiten

Wird der Anwalt in einem gerichtlichen Verfahren nach der WBO beauftragt, ist häufig   47
eine Tätigkeit im Verfahren über die Beschwerde (§§ 1 ff WBO) oder über die weitere Beschwerde (§§ 17 ff WBO) vor einem Disziplinarvorgesetzten vorangegangen. Dort erhält
der Anwalt eine **Geschäftsgebühr** nach Nr. 2302 Nr. 2 VV mit einem Gebührenrahmen
von 50 € bis 640 €. Die Mittelgebühr beträgt 345 €. War die Tätigkeit weder umfangreich
noch schwierig, greift auch hier die **Schwellengebühr** der Anm. zu Nr. 2302 mit einer Begrenzung auf 300 €.

Die Vorbem. 2.3 Abs. 5 VV geht insoweit gem. § 17 Nr. 1 a RVG von drei möglichen Ver-   48
fahrensabschnitten aus, in denen jeweils eine Geschäftsgebühr anfallen kann, nämlich

- ◼ im Ausgangsverfahren (unklar ist, ob es solche Verfahren überhaupt gibt),
- ◼ im Beschwerdeverfahren nach den §§ 1 ff WBO und
- ◼ im Verfahren der weiteren Beschwerde nach den §§ 17 ff WBO.

Ist der Anwalt in mehreren dieser aufeinander folgenden Verfahrensabschnitte tätig, so   49
entstehen die Geschäftsgebühren zwar gesondert, weil es sich jeweils um verschiedene Angelegenheiten handelt (§ 17 Nr. 1 a RVG). Die Geschäftsgebühren sind allerdings nach
Vorbem. 2.3 Abs. 5 VV in entsprechender Anwendung der Vorbem. 2.3. Abs. 4 VV aufeinander anzurechnen.

Ebenso ist die Geschäftsgebühr – bei mehreren die letzte – nach Vorbem. 6.4 Abs. 2 VV   50
hälftig, höchstens zu 175 €, auf die nachfolgende Verfahrensgebühr **anzurechnen.**

II. Verfahren auf gerichtliche Entscheidung

In Verfahren auf gerichtliche Entscheidung nach der WBO richten sich die Gebühren nach   51
Teil 6 Abschnitt 4 VV (Vorbem. 6.4 VV).

Es entsteht zunächst eine Verfahrensgebühr für das Betreiben des Geschäfts (Vorbem. 6   52
Abs. 2 VV). Die Höhe der Verfahrensgebühr beträgt

- ◼ in **Verfahren vor dem Truppendienstgericht** gem. Nr. 6400 VV 80 € bis 680 € (Mittelgebühr 380 €),
- ◼ in **Verfahren vor dem Bundesverwaltungsgericht** gem. Nr. 6402 VV 100 € bis 790 €
  (Mittelgebühr 445 €).

Ist eine Tätigkeit im Verfahren über die Beschwerde oder die weitere Beschwerde vor   53
einem Disziplinarvorgesetzten vorausgegangen, so ist diese Gebühr hälftig, höchstens zu
175 €, auf die Verfahrensgebühr des gerichtlichen Verfahrens **anzurechnen.** Bei der Bemessung dieser ermäßigten Gebühr darf dann nicht berücksichtigt werden, dass der Umfang
der Tätigkeit infolge der Tätigkeit im Verfahren über die Beschwerde oder die weitere Beschwerde vor einem Disziplinarvorgesetzten geringer ist (Vorbem. 6.4 Abs. 2 S. 3 VV). Bei

mehreren vorausgegangenen Geschäftsgebühren ist nur die letzte anzurechnen (Vorbem. 6.4 Abs. 2 S. 2 VV).

54 Für die Teilnahme an Terminen erhält der Anwalt je Verhandlungstag eine Terminsgebühr (Vorbem. 6 Abs. 3 VV). Die Höhe der Terminsgebühr beträgt

- in **Verfahren vor dem Truppendienstgericht** gem. Nr. 6401 VV 80 € bis 680 € (Mittelgebühr 380 €),
- in **Verfahren vor dem Bundesverwaltungsgericht** gem. Nr. 6402 VV 100 € bis 790 € (Mittelgebühr 445 €).

III. Rechtsbeschwerde

55 In **Verfahren** über eine Rechtsbeschwerde entsteht ebenfalls eine Verfahrensgebühr nach Nr. 6402 VV iHv 100 € bis 790 € (Mittelgebühr 445 €) und eine Terminsgebühr nach Nr. 6402 VV 100 € bis 790 € (Mittelgebühr 445 €). Eine vorangegangene Verfahrensgebühr für eine eventuelle Beschwerde über die Nichtzulassung der Rechtsbeschwerde ist anzurechnen (Anm. zu Nr. 6403 VV).

IV. Beschwerde gegen die Nichtzulassung der Rechtsbeschwerde

56 Das Verfahren über eine Beschwerde gegen die Nichtzulassung der Rechtsbeschwerde ist eine eigene Angelegenheit (§ 17 Nr. 9 RVG). Es entsteht auch hier die Verfahrensgebühr nach Nr. 6402 VV iHv 100 € bis 790 € (Mittelgebühr 445 €). Diese Gebühr ist allerdings anzurechnen, wenn die Rechtsbeschwerde auf die Nichtzulassungsbeschwerde hin zugelassen wird (Anm. zu Nr. 6403 VV).

F. Verfahren nach der Wehrdisziplinarordnung (WDO)

57 In Verfahren auf gerichtliche Entscheidung nach § 42 WDO, wenn das Verfahren vor dem Truppendienstgericht oder vor dem Bundesverwaltungsgericht an die Stelle des Verwaltungsrechtswegs gem. § 82 SG tritt, richten sich die Gebühren ebenfalls nach Teil 6 Abschnitt 4 VV (Vorbem. 6.4 VV). Auf die Ausführungen in Rn 51 ff wird verwiesen.

G. Einzeltätigkeiten und Verfahren auf Aufhebung oder Änderung einer Disziplinarmaßnahme

58 In Teil 6 Abschnitt 5 VV sind geregelt

- Einzeltätigkeiten und
- Verfahren nach der WDO vor einem Disziplinarvorgesetzten auf Aufhebung oder Änderung einer Disziplinarmaßnahme und im gerichtlichen Verfahren vor dem Wehrdienstgericht.

59 Ist dem Anwalt in Angelegenheiten, die an sich nach Teil 6 Abschnitt 1 bis 4 VV abzurechnen sind, nicht mit der gesamten Verteidigung oder Vertretung beauftragt, erhält er nur eine Verfahrensgebühr nach Nr. 6500 VV (Anm. Abs. 1 zu Nr. 6500 VV).

60 Die Gebühr entsteht für jede einzelne Tätigkeit gesondert, soweit nichts anderes bestimmt ist. § 15 Abs. 6 RVG bleibt unberührt (Anm. Abs. 2 zu Nr. 6500 VV).

61 Wird dem Rechtsanwalt später die Verteidigung oder Vertretung für das Verfahren übertragen, wird die Gebühr der Nr. 6500 VV auf die für die Verteidigung oder Vertretung entstehenden Gebühren angerechnet (Anm. Abs. 3 zu Nr. 6500 VV).

62 Die Gebühr Nr. 6500 VV entsteht jeweils auch für das Verfahren nach der WDO vor einem Disziplinarvorgesetzten auf Aufhebung oder Änderung einer Disziplinarmaßnahme und im gerichtlichen Verfahren vor dem Wehrdienstgericht (Anm. Abs. 4 zu Nr. 6500 VV).

63 Die Höhe der Verfahrensgebühr beträgt 20 € bis 250 € (Mittelgebühr 135 €). Der gerichtlich bestellte oder beigeordnete Rechtsanwalt erhält 108 €.

§ 23 Vertretung in Verfahren vor den Verfassungsgerichten

A. Überblick

Für die Verfahren vor dem BVerfG oder einem Verfassungsgericht (Verfassungsgerichts- 1
hof, Staatsgerichtshof) eines Landes enthält das Vergütungsverzeichnis keine eigenen Gebührentatbestände. Es findet sich lediglich in § 37 RVG eine Verweisung auf die Gebühren
nach Teil 3 VV. Unterschieden wird dabei in

■ **Verfahren nach § 37 Abs. 1 RVG**
  – Verfahren über die Verwirkung von Grundrechten, den Verlust des Stimmrechts,
    den Ausschluss von Wahlen und Abstimmungen (§ 37 Abs. 1 Nr. 1 RVG),
  – Verfahren über die Verfassungswidrigkeit von Parteien (§ 37 Abs. 1 Nr. 2 RVG),
  – Verfahren über Anklagen gegen den Bundespräsidenten, gegen ein Regierungsmit-
    glied eines Landes oder gegen einen Abgeordneten oder Richter (§ 37 Abs. 1 Nr. 3
    RVG) und
  – Verfahren über sonstige Gegenstände, die in einem dem Strafprozess ähnlichen
    Verfahren behandelt werden (§ 37 Abs. 1 Nr. 4 RVG),
■ **sonstige Verfahren** (§ 37 Abs. 2 RVG).

B. Verfahren nach § 37 Abs. 1 RVG

In den Verfahren nach § 37 Abs. 1 RVG erhält der Anwalt die Vergütung nach Teil 4 Ab- 2
schnitt 1 Unterabschnitt 3 VV. Der Anwalt erhält damit diejenigen Gebühren, die ein Verteidiger in einem Revisionsverfahren erhalten würde, also die Gebühren nach den
Nr. 4130 ff VV.

Eine Verweisung auf die **Grundgebühr** (Nr. 4100 VV) ist nicht vorgesehen, so dass diese 3
nicht anfällt.

Der Anwalt erhält zunächst eine **Verfahrensgebühr** nach Nr. 4130 VV für das Betreiben 4
des Verfahrens (Vorbem. 4 Abs. 2 VV). Ihm steht ein Gebührenrahmen iHv 100 €
bis 1.100 € zu. Die Mittelgebühr beläuft sich auf 610 €. Soweit hier eine Beiordnung oder
die Bewilligung von Prozesskostenhilfe in Betracht kommt, beträgt die Gebühr 492 €. Vertritt der Anwalt mehrere Auftraggeber, erhöhen sich die Gebühren nach Nr. 1008 VV um
30 % je weiteren Auftraggeber, höchstens um 200 %.

Kommt es zu einem **Verhandlungstermin**, erhält der Anwalt je Verhandlungstag eine Ge- 5
bühr nach Nr. 4132 VV. Die Gebühr beläuft sich auf 120 € bis 560 €. Die Mittelgebühr
beträgt 340 €. Ein gerichtlich bestellter oder im Rahmen der Prozesskostenhilfe beigeord-
neter Anwalt erhält einen Festbetrag iHv 272 €.

Weitere Gebühren aus Teil 4 VV sind nicht vorgesehen, insbesondere nicht eine zusätzliche 6
Gebühr nach Nr. 4141 VV oder Nr. 4142 VV. Auch eine Einigungs- oder Erledigungsgebühr dürfte hier kaum anfallen, obwohl die Gebührentatbestände nach Teil 1 VV grundsätzlich anwendbar sind.

Hinzu kommen **Auslagen** nach Teil 7 VV. 7

C. Verfahren nach § 37 Abs. 2 RVG

I. Überblick

In sonstigen Verfahren vor dem BVerfG und den Verfassungsgerichten der Länder (Verfas- 8
sungsgerichtshof, Staatsgerichtshof) gelten die Vorschriften nach Teil 3 Abschnitt 2 Unterabschnitt 2 VV entsprechend. Anzuwenden sind also die Gebühren eines Verfahrensbevollmächtigten im Revisionsverfahren nach den Nr. 3206 ff VV. Nicht anzuwenden sind
die Nr. 3208 und 3209 VV, da eine Vertretung durch einen am BGH zugelassenen Anwalt

nicht erforderlich ist.[1] Da sich die Verfahren nach § 37 Abs. 2 RVG immer nach dem Gegenstandswert richten, kommen auch die Nr. 3212 und 3213 VV nicht in Betracht.

II. Die Vergütung

9 Der Anwalt erhält eine **1,6-Verfahrensgebühr** nach Nr. 3206 VV, die sich im Falle der vorzeitigen Erledigung nach Nr. 3207 VV auf 1,1 ermäßigt. Vertritt der Anwalt mehrere Auftraggeber, erhöht sich die Verfahrensgebühr nach Nr. 1008 VV um 0,3 je weiterer Auftraggeber, höchstens um 2,0.

10 Nimmt der Anwalt an einem **Verhandlungstermin** teil, erhält er eine Terminsgebühr iHv 1,5 nach Nr. 3210 VV. Eine Ermäßigung der Terminsgebühr nach Nr. 3211 VV kommt nicht in Betracht, da in diesen Verfahren ein Versäumnisurteil nicht möglich ist.

11 Soweit es hier ausnahmsweise zu einer Einigung oder Erledigung kommt, dürfte nicht Nr. 1003 VV anzuwenden sein, sondern Nr. 1004 VV. Wenn das Gesetz schon auf die höheren Gebühren eines Revisionsverfahrens verweist, dann muss dies auch für eine Einigungs- oder Erledigungsgebühr gelten.

12 Hinzu kommen wiederum **Auslagen** nach Teil 7 VV.

III. Gegenstandswert

13 Da für die Verfahren vor dem BVerfG und den Länderverfassungsgerichten (Verfassungsgerichtshof, Staatsgerichtshof) keine wertabhängigen Gerichtsgebühren erhoben werden, fehlt es insoweit an Vorschriften für die gerichtliche Wertfestsetzung. Daher wird der Gegenstandswert im RVG selbst geregelt, nämlich in § 37 Abs. 2 S. 2 RVG. Der Gegenstandswert ist unter Berücksichtigung aller Umstände der Angelegenheit nach **billigem Ermessen** zu bestimmen. Hinsichtlich der zu berücksichtigenden Umstände wird auf die Kriterien des § 14 Abs. 1 RVG verwiesen (§ 37 Abs. 2 S. 2, 1. Hs. RVG). Der **Mindestwert** beläuft sich auf 5.000 €. Dieser Betrag darf nicht unterschritten werden (§ 37 Abs. 2 S. 2, 2. Hs. RVG).

14 Aus der Verweisung auf § 14 Abs. 1 RVG darf nicht gefolgert werden, dass der Anwalt nunmehr – ebenso wie bei den Gebühren – den Gegenstandswert selbst nach billigem Ermessen festlegen dürfe und ihm ein Toleranzbereich zustehe. Vielmehr setzt das Gericht auf Antrag nach § 33 RVG den Gegenstandswert fest.[2]

---

1 BVerfG AGS 2012, 568 = BVerfGE 132, 294 = NJW 2013, 676 = RVGreport 2013, 15.
2 Zum Festsetzungsverfahren nach § 33 RVG s. § 7 Rn 32 ff.

§ 24 Verfahren vor dem Gerichtshof der Europäischen Gemeinschaften

A. Überblick

Auch für Verfahren vor dem Gerichtshof der Europäischen Gemeinschaften fehlt es an **1** speziellen Regelungen im Vergütungsverzeichnis. Daher werden die Gebühren durch eine Verweisung in § 38 RVG auf die jeweiligen Vorschriften des Revisionsverfahrens geregelt.

B. Verfahren, in denen sich die Gebühren nach dem Gegenstandswert richten

In Verfahren, in denen sich die Gebühren nach dem Gegenstandswert richten, gilt Teil 3 **2** Abschnitt 2 VV, und zwar Unterabschnitt 2 (Nr. 3206 ff VV).[1]

Anfallen kann hier auch dann eine Terminsgebühr, wenn ohne mündliche Verhandlung **3** entschieden wird.[2]

Möglich ist auch hier eine **Einigungsgebühr** nach Nr. 1000 VV oder eine **Erledigungsge- 4 bühr** nach Nr. 1002 VV. Die Höhe dieser Gebühren dürfte sich nach Nr. 1004 VV bemessen.[3]

Die Verfahrensgebühr des Verfahrens, in dem vorgelegt worden ist, wird nach § 38 Abs. 3 **5** RVG auf die Verfahrensgebühr des Verfahrens vor dem EuGH **angerechnet**, es sei denn, es wird eine im Verfahrensrecht vorgesehene schriftliche Stellungnahme gegenüber dem EuGH abgegeben. In diesem Falle unterbleibt die Anrechnung.

Der **Gegenstandswert** richtet sich nach dem Wert des Ausgangsverfahrens, in dem vorge- **6** legt worden ist (§ 38 Abs. 1 S. 2 RVG). Er wird nicht vom EuGH festgesetzt, sondern von dem vorlegenden Gericht auf Antrag durch Beschluss (§ 38 Abs. 1 S. 3 RVG). Die Vorschriften des § 33 Abs. 2 bis 9 RVG gelten entsprechend (§ 38 Abs. 1 S. 4 RVG).[4]

C. Sozialgerichtliche Verfahren, in denen das GKG nicht anzuwenden ist

Wird in einem sozialgerichtlichen Verfahren vorgelegt, in dem das GKG nicht anzuwen- **7** den ist (§ 3 Abs. 1 RVG), richtet sich die Vergütung nach den entsprechenden Betragsrahmengebühren des Teil 3 Abschnitt 2 Unterabschnitt 2 VV (Nr. 3212, 3213 VV).

Möglich ist auch hier eine **Einigungsgebühr** nach Nr. 1000 VV oder eine **Erledigungsge- 8 bühr** nach Nr. 1002 VV. Die Höhe dieser Gebühren dürfte sich nach Nr. 1007 VV bemessen.[5]

D. Vorlage in Strafsachen, Bußgeldsachen oder Verfahren nach Teil 6 VV

Wird in einer Strafsache, einer Bußgeldsache oder einem Verfahren nach Teil 6 VV vorge- **9** legt, gilt § 38 Abs. 2 RVG. Danach sind die Nr. 4130, 4132 VV entsprechend anzuwenden.

Weitere Gebühren sind nicht vorgesehen. Hier müsste allerdings die **Grundgebühr** möglich **10** sein, wenn der Anwalt in diesem Verfahren als Verteidiger erstmals beauftragt wird. Zudem müssen auch die **zusätzliche Gebühr nach Nr. 4141 VV** in Betracht kommen sowie die **zusätzliche Gebühr nach Nr. 4142 VV**, wenn es in dem Verfahren auch um Einziehung und verwandte Maßnahmen geht.

---

1 BGH AGS 2012, 281 m. Anm. *N. Schneider*; AnwK-RVG/*N. Schneider*, § 38 Rn 7.
2 BGH AGS 2012, 281 m. Anm. *N. Schneider*.
3 *N. Schneider*, NJW 2007, 2668.
4 Zum Festsetzungsverfahren nach § 33 RVG s. § 7 Rn 32 ff.
5 *N. Schneider*, NJW 2007, 2668.

§ 25 Verfahren vor dem Europäischen Gerichtshof für Menschenrechte

1 Bislang fehlte eine Gebührenregelung für Verfahren vor dem Europäischen Gerichtshof für Menschenrechte (EGMR). Mit dem zum 1.8.2013 eingefügten § 38 a RVG[1] ist diese Lücke geschlossen worden.

2 Eigenständige Gebühren werden auch hier nicht geregelt. Es wird pauschal auf die Gebühren eines jeweiligen Revisionsverfahrens verwiesen. Die Vorschrift des § 38 a RVG entspricht damit den Regelungen für Verfahren vor dem BVerfG für Verfassungsbeschwerden (§ 37 Abs. 2 S. 1 RVG) und für Verfahren vor dem EuGH (§ 38 Abs. 1 S. 1 RVG).

3 Der Anwalt erhält zunächst eine **1,6-Verfahrensgebühr** nach Nr. 3206 VV. **Endet der Auftrag** des Rechtsanwalts **vorzeitig**, so erhält er nach Nr. 3207 VV eine **1,1-Verfahrensgebühr**. Die Anm. zu Nr. 3201 VV gilt entsprechend.

4 Können sich die Parteien im **Ausgangsrechtsstreit** nur durch einen **beim Bundesgerichtshof** zugelassenen Rechtsanwalt vertreten lassen, so verbleibt es für das Verfahren nach § 38 a Abs. 1 RVG dennoch bei der Anwendung von Nr. 3206, 3207 VV. Eine 2,3-Verfahrensgebühr nach Nr. 3208 VV oder eine 1,8-Verfahrensgebühr nach Nr. 3209 VV kommt nicht zur Anwendung, da für das Verfahren nach § 38 a Abs. 1 RVG die besondere Zulassung zum BGH nicht gefordert wird.[2]

5 Nach Nr. 3210 VV erhält der Rechtsanwalt für die Teilnahme an einer mündlichen Verhandlung oder Erörterung vor dem Europäischen Gerichtshof für Menschenrechte eine **1,5-Terminsgebühr**.

6 Entscheidet der Europäische Gerichtshof für Menschenrechte im schriftlichen Verfahren ohne mündliche Verhandlung, erhält der Rechtsanwalt aufgrund der entsprechenden Anwendung der **Anm. zu Nr. 3104 VV** die Terminsgebühr ebenfalls. Denn nach Anm. Abs. 1 Nr. 1 zu Nr. 3104 VV entsteht die Gebühr auch, wenn in einem Verfahren, für das mündliche Verhandlung vorgeschrieben ist, im Einverständnis mit den Parteien **ohne mündliche Verhandlung** entschieden worden ist.

7 Der **Gegenstandswert** ist ebenso wie in § 37 Abs. 2 S. 2 RVG und § 38 Abs. 1 S. 2 RVG unter Berücksichtigung der in § 14 Abs. 1 RVG genannten Umstände nach billigem Ermessen zu bestimmen (§ 38 a S. 2, 1. Hs. RVG). Der Mindestwert beträgt 5.000 € (§ 38 a S. 2, 2. Hs. RVG).

8 Ein **Wertfestsetzungsverfahren** ist hier **nicht** vorgesehen. Das Verfahren nach § 33 RVG ist nicht anwendbar, da es nur für deutsche Gerichte gilt, nicht aber für internationale Gerichte. Der Anwalt muss diesen Wert daher selbst ermitteln. Im Streitfall ist die vom Anwalt vorgenommene Bewertung in vollem Umfang gerichtlich überprüfbar.

---

1 Durch Art. 8 Abs. 1 Nr. 22 des 2. KostRMoG vom 23.7.2013 (BGBl. I S. 2586, 2690).
2 BGH AGS 2012, 281 m. Anm. *N. Schneider* = NJW 2012, 2118 = Rpfleger 2012, 583 = JurBüro 2012, 470 = RVGreport 2012, 462.

§ 26 Herstellung des Einvernehmens

A. Überblick

Für die Herstellung dieses nach dem EuRAG (Gesetz über die Tätigkeit europäischer 1
Rechtsanwälte in Deutschland) erforderlichen Einvernehmens erhält der Anwalt die Ge-
bühren nach den Nr. 2200, 2201 VV. Die Vorschriften der Nr. 2200, 2201 VV sehen zwei
Gebührentatbestände vor:

- In **Nr. 2200 VV** ist die Vergütung geregelt, die dem Anwalt zusteht, wenn er das **Ein-
  vernehmen herstellt**.
- In **Nr. 2201 VV** ist die Vergütung geregelt, die der Anwalt erhält, wenn es **nicht** zur
  Herstellung des Einvernehmens kommt.

B. Einvernehmen wird hergestellt

Nach Nr. 2200 VV erhält der Anwalt für das Herstellen des Einvernehmens 2

- in Angelegenheiten, in denen sich seine Vergütung, wäre er Verfahrensbevollmächtigter, nach dem **Wert** richten würde (§§ 2 Abs. 1, 3 Abs. 1 S. 2 RVG), eine Geschäftsgebühr (Einvernehmensgebühr) in Höhe der Verfahrens- oder Geschäftsgebühr, die ihm
  dann zustehen würde;
- in Angelegenheiten, in denen sich die Gebühren **nicht nach dem Gegenstandswert** richten, also insbesondere bei einem Einvernehmen für ein Strafverfahren oder ein sozial-
  gerichtliches Verfahren nach § 3 Abs. 1 S. 1 RVG, eine Geschäftsgebühr in Höhe der
  Gebühr, die ihm zustünde, wenn er als Bevollmächtigter oder als Verteidiger beauftragt wäre.

Der Einvernehmensanwalt erhält also in beiden Fällen nicht die Verfahrens- oder Ge- 3
schäftsgebühr, die er als Bevollmächtigter verdient hätte, sondern eine eigenständige Geschäftsgebühr nach Nr. 2200 VV, für deren Höhe lediglich die fiktive Verfahrens- oder Geschäftsgebühr als Maßstab heranzuziehen ist.

Wird das Einvernehmen **für mehrere ausländische Anwälte** hergestellt, erhöhen sich die 4
Geschäftsgebühren nach Nr. 1008 VV um 0,3 bzw um 30 % je weiteren Auftraggeber,
höchstens um 2,0 bzw um 200 %.

C. Einvernehmen wird nicht hergestellt

Kommt es nicht zur Herstellung des Einvernehmens, erhält der Anwalt nach Nr. 2201 VV 5
die Geschäftsgebühr der Nr. 2200 VV nur in geringerer Höhe, nämlich

- soweit in dem zugrunde liegenden Verfahren Wertgebühren gelten (§ 2 Abs. 1; § 3
  Abs. 1 S. 2), lediglich iHv 0,1 bis 0,5; die Mittelgebühr beträgt 0,3;
- soweit in dem zugrunde liegenden Verfahren Betragsrahmengebühren gelten, lediglich
  den Mindestbetrag der Verfahrensgebühr, die er als Bevollmächtigter oder Verteidiger
  in dem Verfahren erhalten hätte.

Wird das Einvernehmen **für mehrere ausländische Anwälte** hergestellt, erhöht sich der 6
Rahmen der Geschäftsgebühr nach Nr. 1008 VV wiederum um 0,3 bzw die Mindestgebühr um jeweils 30 % je weiteren Auftraggeber.

§ 27 Vertretung in schiedsgerichtlichen Verfahren und Verfahren vor den Schiedsgerichten

A. Überblick

1 Schiedsrichterliche Verfahren und Verfahren vor den Schiedsgerichten sind **außergerichtliche Tätigkeiten**, da es sich bei den Schiedsgerichten nicht um staatliche Gerichte handelt. Einschlägig wären an sich daher die Gebühren nach Teil 2 VV. Das Gesetz enthält jedoch in § 36 RVG eine gesonderte Regelung, die die Gebühren nach Teil 2 VV ausschließt (Vorbem. 2 Abs. 1 VV) und auf die Vorschriften nach Teil 3 Abschnitt 1 und 2 VV verweist.

2 Geregelt sind hier

- schiedsrichterliche Verfahren nach Buch 10 der ZPO (§ 36 Abs. 1 Nr. 1 RVG) und
- Verfahren vor dem Schiedsgericht nach § 104 ArbGG (§ 36 Abs. 1 Nr. 2 RVG).

B. Schiedsrichterliche Verfahren nach Buch 10 der ZPO

3 Von der Verweisung des § 36 Abs. 1 Nr. 1 RVG erfasst sind Verfahren vor privaten Schiedsgerichten, die aufgrund einer Schiedsvereinbarung nach § 1029 ZPO in bürgerlich-rechtlichen Streitigkeiten, von Gesetzes wegen oder aufgrund einer letztwilligen oder einer anderen, nicht auf einer Vereinbarung beruhenden Verfügung (zB Satzung gem. § 1066 ZPO) zuständig sind. Ebenso findet die Vorschrift Anwendung bei Verfahren vor Schiedsgerichten, die von Gesetzes wegen eingerichtet worden sind, wenn die Vorschriften der §§ 1025 ff ZPO über das schiedsgerichtliche Verfahren darauf anzuwenden sind.

4 Keine Anwendung findet § 36 RVG[1]

- in Verfahren, in denen sich die Parteien auf die Einholung eines **Schiedsgutachtens** verständigt haben; hier gilt Nr. 2300 VV;
- in Verfahren vor den ordentlichen Gerichten, in denen die **Wirksamkeit** einer Schiedsvereinbarung inzident geprüft wird (§ 1032 Abs. 1 ZPO); es gelten die Nr. 3100 ff VV unmittelbar;
- soweit die Vorschriften der Vorbem. 3.1 Abs. 1 und 2, Vorbem. 3.2.1 Nr. 3 VV, § 16 Nr. 8 und 9 RVG sowie § 17 Nr. 6 RVG für die dort genannten selbstständigen Gebührenangelegenheiten greifen:
  - in Verfahren vor dem ordentlichen Gericht, soweit es dort nur um die Frage der (Un-)Zulässigkeit des schiedsrichterlichen Verfahrens geht (§ 1032 Abs. 2 ZPO);
  - bei Rüge der Unzuständigkeit des Schiedsgerichts (§ 1040 Abs. 2, 3 ZPO);
  - in Verfahren auf Aufhebung eines Schiedsspruchs (§ 1059 ZPO);
  - in Verfahren auf Vollstreckbarerklärung des Schiedsspruchs (§§ 1060 ff ZPO);
  - in Verfahren der Aufhebung der Vollstreckbarerklärung eines ausländischen Schiedsspruchs (§ 1061 Abs. 3 ZPO);
  - in Verfahren der Rechtsbeschwerde (§ 1065 ZPO);
  - in Verfahren über die Zulassung der Vollziehung einer vorläufigen oder sichernden Maßnahme bzw deren Änderung oder Aufhebung (§ 1041 ZPO).
- wenn sich die Tätigkeit des Rechtsanwalts ausschließlich auf ein gerichtliches Verfahren beschränkt
  - betreffend die Bestimmung einer Frist (§ 102 Abs. 3 ArbGG), die Ablehnung eines Schiedsrichters (§ 103 Abs. 3 ArbGG) oder die Vornahme einer Beweisaufnahme oder einer Vereidigung (§ 106 Abs. 2 ArbGG); dann gelten die **Nr. 3326, 3332 VV** (s. Rn 20 ff); oder
  - betreffend die Bestellung eines Schiedsrichters oder Ersatzschiedsrichters, die Ablehnung eines Schiedsrichters oder die Beendigung des Schiedsrichteramts, zur Un-

---

1 Siehe hierzu ausf. AnwK-RVG/*Thiel*, § 36 Rn 2.

terstützung bei der Beweisaufnahme oder zur Vornahme sonstiger richterlicher Handlungen anlässlich eines schiedsrichterlichen Verfahrens; es gelten dann die **Nr. 3327, 3332 VV** (s. Rn 25 ff);

- für die Tätigkeit des Rechtsanwalts als Schiedsrichter (s. § 4 Rn 2); es gilt die vereinbarte, ansonsten eine angemessene Vergütung als geschuldet, vgl § 1 Abs. 2 S. 1 RVG.

Das schiedsrichterliche Verfahren beginnt nach § 1044 ZPO mangels anderweitiger Vereinbarung mit dem Tag, an dem der Beklagte den Auftrag erhält, die Streitigkeit einem Schiedsgericht vorzulegen. Das Verfahren endet nach § 1056 ZPO mit dem Schiedsspruch oder dem Beschluss des Schiedsgerichts auf Feststellung der Beendigung des Schiedsverfahrens. 5

C. Verfahren vor dem Schiedsgericht nach §§ 101, 104 ff ArbGG

In bürgerlichen Rechtsstreitigkeiten zwischen Tarifvertragsparteien aus Tarifverträgen oder über das Bestehen und Nichtbestehen von Tarifverträgen können die Parteien durch ausdrückliche Vereinbarung die Zuständigkeit der Arbeitsgerichte ausschließen und vereinbaren, dass eine Entscheidung durch ein Schiedsgericht erfolgen soll (§ 101 Abs. 1 ArbGG). Gleiches gilt für Rechtsstreitigkeiten aus einem Arbeitsverhältnis, das sich nach einem Tarifvertrag bestimmt. Das Verfahren vor dem Schiedsgericht ist in den §§ 105 bis 110 ArbGG geregelt. Diese Verfahren werden durch § 36 Abs. 1 Nr. 2 RVG erfasst. 6

D. Die Gebühren

I. Überblick

§ 36 Abs. 1 RVG verweist auf die Gebühren nach Teil 3 Abschnitt 1 und 2 VV, also auf die Gebühren im ersten Rechtszug, im Berufungs- und im Revisionsverfahren. Weitere Verweisungen (zB auf Teil 3 Abschnitt 4 VV – Verkehrsanwalt, Terminsvertreter, Einzeltätigkeiten) sind nicht enthalten, obwohl sie geboten gewesen wären. Hier liegt offenbar ein Versehen des Gesetzgebers vor. 7

II. Gebühren im ersten Rechtszug

Erstinstanzlich erhalten die beteiligten Anwälte zunächst einmal eine **1,3-Verfahrensgebühr** nach Nr. 3100 VV, die sich im Falle der vorzeitigen Erledigung (Nr. 3101 Nr. 1 VV) oder in den Fällen der Nr. 3101 Nr. 2 VV auf 0,8 ermäßigt. Bei **mehreren Auftraggebern** erhöht sich die Verfahrensgebühr um 0,3 je weiterer Auftraggeber (Nr. 1008 VV). 8

Daneben entsteht die **1,2-Terminsgebühr** nach Nr. 3104 VV in den Fällen der Vorbem. 3 Abs. 3 VV oder auch dann, wenn im Einverständnis der Parteien schriftlich entschieden wird (Anm. Abs. 1 zu Nr. 3104 VV) bzw wenn in einem schiedsrichterlichen Verfahren nach Buch 10 der ZPO der Schiedsspruch ohne mündliche Verhandlung erlassen wird (§ 36 Abs. 2 RVG). 9

Kommt es zu einer Einigung der Parteien, entsteht eine **Einigungsgebühr** nach Nr. 1000 VV, deren Höhe sich auf 1,5 beläuft. Das schiedsrichterliche Verfahren und das Verfahren vor den Schiedsgerichten ist kein gerichtliches Verfahren iSd Nr. 1003, 1004 VV, so dass es stets bei dem Gebührensatz von 1,5 verbleibt.[2] 10

Hinzu kommen **Auslagen** nach Teil 7 VV. 11

III. Gebühren im zweiten Rechtszug

Im zweiten Rechtszug der schiedsrichterlichen Verfahren und der Verfahren vor dem Schiedsgericht erhält der Anwalt die Gebühren nach Teil 3 Abschnitt 2 VV. Er erhält also 12

---

2 AnwK-RVG/*Thiel*, § 36 Rn 14.

zunächst eine **1,6-Verfahrensgebühr** nach Nr. 3200 VV, die sich im Falle der vorzeitigen Beendigung (Nr. 3201 Nr. 1 VV) oder unter der Voraussetzung der Nr. 3201 Nr. 2 VV auf 1,1 reduziert. Bei **mehreren Auftraggebern** erhöht sich die Verfahrensgebühr um 0,3 je weiteren Auftraggeber (Nr. 1008 VV).

13   Auch hier entsteht eine **Terminsgebühr**, deren Höhe sich nach Nr. 3202 VV richtet (1,2). Möglich ist eine Reduzierung nach Nr. 3203 VV auf 0,5.

14   Des Weiteren kann der Anwalt auch eine **Einigungsgebühr** (Nr. 1000 VV) verdienen, deren Höhe sich auf 1,5 beläuft.[3]

15   Hinzu kommen wiederum **Auslagen** nach Teil 7 VV.

IV. Gebühren im dritten Rechtszug

16   Möglich ist in schiedsrichterlichen Verfahren und Verfahren vor dem Schiedsgericht auch ein dritter Rechtszug. Da § 36 Abs. 1 RVG auf den gesamten Abschnitt 2 in Teil 3 VV verweist, sind hier also die Vorschriften eines Revisionsverfahrens anzuwenden.

17   Der Anwalt erhält eine **Verfahrensgebühr** nach Nr. 3206 VV iHv 1,6, die sich bei vorzeitiger Erledigung (Nr. 3207, 3201 Nr. 1 VV) sowie unter den Voraussetzungen der Nr. 3207, 3201 Nr. 2 VV auf 1,1 reduziert. Bei **mehreren Auftraggebern** erhöht sich die Verfahrensgebühr um 0,3 je weiteren Auftraggeber (Nr. 1008 VV).

18   Hinzu kommen kann wiederum eine **Terminsgebühr**, deren Höhe sich auf 1,5 beläuft Nr. 3210 VV. Möglich ist auch hier die Reduzierung nach Nr. 3211 VV auf 0,8.

19   Auch im dritten Rechtszug kann eine **Einigungsgebühr** nach Nr. 1000 VV verdient werden, deren Höhe sich wiederum mangels gerichtlicher Anhängigkeit auf 1,5 beläuft.

V. Einzeltätigkeiten nach Nr. 3326 VV

1. Überblick

20   Ist der Rechtsanwalt in Verfahren vor den Gerichten für Arbeitssachen ausschließlich damit beauftragt,

- eine gerichtliche Entscheidung über die Bestimmung einer Frist nach **§ 102 Abs. 3** ArbGG herbeizuführen,
- einen Schiedsrichter nach § 103 Abs. 3 ArbGG abzulehnen oder
- an einer Beweisaufnahme oder einer Vereidigung nach § 106 Abs. 2 ArbGG teilzunehmen,

so handelt es sich um Einzeltätigkeiten, die nicht von § 36 RVG erfasst sind und auch nicht analog § 36 RVG iVm Nr. 3403 VV vergütet werden. Es gelten vielmehr die Nr. 3326, 3332 VV. Diese Gebühren erhält der Rechtsanwalt aber nur bei einem sich hierauf beschränkenden **Einzelauftrag**. Ist der Anwalt zugleich mit der Vertretung vor dem Schiedsgericht nach §§ 101, 104 ArbGG beauftragt, so erhält er dafür die Verfahrensgebühren nach Teil 3 Abschnitt 1 und 2 VV (§ 36 Abs. 1 Nr. 2 RVG), die gem. § 16 Nr. 9 RVG auch die Tätigkeit in den vorgenannten Verfahren mit abdecken.

2. Verfahrensgebühr

21   In den genannten Verfahren (s. Rn 20) erhält der Anwalt nach **Nr. 3326 VV** eine **0,75-Verfahrensgebühr**. Endigt der beschränkte Auftrag vorzeitig, so entsteht nach Nr. 3337 VV eine 0,5-Verfahrensgebühr. Gleiches gilt, soweit beantragt ist, eine Einigung der Parteien zu Protokoll zu nehmen. Soweit der Anwalt **mehrere Auftraggeber** vertritt, erhöhen sich die Verfahrensgebühren der Nr. 3326, 3337 VV gem. Nr. 1008 VV um 0,3 je weiteren Auftraggeber.

---

3 AnwK-RVG/*Thiel*, § 36 Rn 14.

3. Terminsgebühr

Daneben kann der Rechtsanwalt in den genannten Verfahren (s. Rn 20) nach **Nr. 3332 VV** 22
auch eine **0,5-Terminsgebühr** erhalten. Die Terminsgebühr entsteht unter den Voraussetzungen der Vorbem. 3 Abs. 3 VV, also wenn

- in den Fällen des § 102 Abs. 3 ArbGG eine nicht vorgeschriebene Erörterung vor dem Vorsitzenden des ArbG durchgeführt wird,
- nach § 103 Abs. 3 ArbGG eine mündliche Anhörung vor der Kammer erfolgt,
- der Rechtsanwalt an einer Beweisaufnahme oder Beeidigung nach § 106 Abs. 2 ArbGG teilnimmt oder
- es zu außergerichtlichen Verhandlungen zur Vermeidung oder Erledigung des Verfahrens kommt.

4. Einigungsgebühr

Hinzu kommen kann eine Einigungsgebühr (Nr. 1000 VV), die sich allerdings auf 1,0 be- 23
läuft (Nr. 1003 VV), da in diesen Verfahren eine gerichtliche Anhängigkeit gegeben ist.[4]
Eine 1,5-Einigungsgebühr entsteht nur insoweit, als sich die Parteien auch über nicht anhängige Ansprüche einigen;[5] § 15 Abs. 3 RVG ist dann zu beachten.

5. Auslagen

Ferner erhält der Anwalt auch in den vorgenannten Verfahren Ersatz seiner Auslagen nach 24
Teil 7 VV.

VI. Einzeltätigkeiten nach Nr. 3327 VV

1. Überblick

Ist der Rechtsanwalt in Verfahren über die Vollstreckbarerklärung von Schiedssprüchen 25
und Anwaltsvergleichen ausschließlich mit

- der Bestellung eines Schiedsrichters (§§ 1034 Abs. 2, 1035 ZPO) oder Ersatzschiedsrichters (§ 1039 ZPO),
- der Ablehnung eines Schiedsrichters (§ 1037 Abs. 3 ZPO) oder der Beendigung des Schiedsrichteramts (§ 1038 Abs. 1 S. 2 ZPO),
- der Unterstützung bei der Beweisaufnahme oder
- der Vornahme sonstiger richterlicher Handlungen nach § 1050 ZPO

beauftragt, so handelt es sich ebenfalls um Einzeltätigkeiten, die nicht von § 36 RVG erfasst sind und auch nicht analog § 36 RVG iVm Nr. 3403 VV vergütet werden. Es gelten vielmehr die Nr. 3327, 3332 VV. Diese Gebühren erhält der Rechtsanwalt auch hier nur bei einem sich auf die vorgenannten Verfahren beschränkenden **Einzelauftrag**. Ist der Anwalt zugleich mit der Vertretung im schiedsrichterlichen Verfahren beauftragt, so erhält er dafür die Verfahrensgebühren nach Teil 3 Abschnitt 1 und 2 VV (§ 36 Abs. 1 Nr. 1 RVG), die gem. § 16 Nr. 9 RVG auch die Tätigkeit in den vorgenannten Verfahren mit abdecken.

2. Verfahrensgebühr

Der Anwalt erhält zunächst eine 0,75-Verfahrensgebühr (**Nr. 3327 VV**), die sich im Falle 26
einer vorzeitigen Beendigung des Auftrags nach Nr. 3337 VV auf 0,5 ermäßigt. Gleiches gilt, soweit lediglich beantragt ist, eine Einigung der Parteien zu Protokoll zu nehmen. Soweit der Anwalt **mehrere Auftraggeber** vertritt, erhöht sich die Verfahrensgebühren der Nr. 3327 VV gem. Nr. 1008 VV um 0,3 je weiterer Auftraggeber.

---

4 AnwK-RVG/*Thiel*, § 36 Rn 14.
5 AnwK-RVG/*Thiel*, § 36 Rn 14.

3. Terminsgebühr

27 Nimmt der Rechtsanwalt an einem Termin vor dem Schiedsgericht oder an einem gericht-lichen Termin im Falle des § 1050 ZPO teil oder kommt es zu außergerichtlichen Ver-handlungen oder Besprechungen iSd Vorbem. 3 Abs. 3 S. 3 Nr. 2 VV, erhält der Anwalt eine 0,5-Terminsgebühr nach **Nr. 3332 VV.** Gleiches gilt, wenn das Schiedsgericht im Ver-fahren nach § 495 a ZPO (Verfahren nach billigem Ermessen) entscheidet. Aufgrund der Vorbem. 3.3.6 VV ist Teil 3 Abschnitt 1 VV, somit auch Nr. 3104 VV, anzuwenden. Zwar ist danach ein Gebührensatz von 1,2 vorgesehen; insoweit geht Nr. 3332 VV jedoch vor.[6]

4. Einigungsgebühr

28 Darüber hinaus kann der Anwalt eine Einigungsgebühr nach Nr. 1000 VV verdienen, wenn er an einer Einigung mitwirkt. Da Anhängigkeit besteht, beläuft sich der Gebühren-satz auf 1,0 (Nr. 1003 VV).

5. Auslagen

29 Hinzu kommen wiederum Auslagen nach Teil 7 VV.

VII. Sonstige Tätigkeiten

30 Für sonstige Tätigkeiten – etwa Terminsvertreter, Verkehrsanwalt, Einzeltätigkeiten – gelten die Nr. 3400 ff VV. Die bisher fehlende Verweisung auch auf Teil 3 Abschnitt 4 VV ist mit dem 2. KostRMoG nachgeholt worden.

---

6 AnwK-RVG/*Thiel*, Nr. 3327 VV Rn 15.

§ 28 Vertretung in Verfahren der Zwangsvollstreckung und des Verwaltungszwangs

A. Überblick

Wird der Anwalt in der Zwangsvollstreckung beauftragt, erhält er die Gebühren nach Teil 3 Abschnitt 3 Unterabschnitt 3 VV, also nach den Nr. 3309, 3310 VV. Hinzu kommen kann eine Einigungsgebühr nach den Nr. 1000 ff VV. Daneben erhält der Anwalt seine Auslagen nach Teil 7 VV. **1**

Die Gebühren der Nr. 3309, 3310 VV sind nicht nur auf die Vertretung des Gläubigers anwendbar, sondern auch auf die Vertretung des Schuldners.[1] Soll der Anwalt für den Schuldner außergerichtlich eine drohende Zwangsvollstreckung abwehren, so entsteht ebenfalls eine 0,3-Verfahrensgebühr nach Nr. 3309 VV, wenn der Anwalt vollstreckungsrechtliche Einwendungen erheben soll. Dagegen entsteht eine Geschäftsgebühr nach Nr. 2300 VV, wenn materiell-rechtliche Einwände erhoben werden.[2] Auch auf die Vertretung des Drittschuldners wendet die Rspr die Nr. 3309 ff VV an.[3] **2**

Die Vorschriften nach Teil 3 Abschnitt 3 Unterabschnitt 3 VV gelten gem. Vorbem. 3.3.3 VV auch für die **Vollziehung** **3**

- eines **Arrestbefehls**,
- einer **einstweiligen Verfügung** oder
- einer **einstweiligen Anordnung**.

Darüber hinaus gilt Unterabschnitt 3 auch für **Verfahren auf Eintragung einer Zwangshypothek** (§§ 867 und 870 a ZPO). Für die **Zwangsversteigerung** und **Zwangsverwaltung** selbst gelten dagegen die besonderen Vorschriften nach Teil 3 Abschnitt 3 Unterabschnitt 4 VV (Nr. 3311, 3312 VV). Siehe hierzu § 29. **4**

Des Weiteren gelten die Nr. 3309, 3310 VV auch in Verfahren des **Verwaltungszwangs** und in **FG-Verfahren**, soweit dort eine Vollstreckung stattfindet. **5**

Schließlich sind die Gebühren der Nr. 3309, 3310 VV anzuwenden für die Zwangsvollstreckung **6**

- in **Strafsachen** für die Vollstreckung aus Entscheidungen, die über einen aus einer Straftat erwachsenen vermögensrechtlichen Anspruch oder die Erstattung von Kosten ergangen sind (§§ 406 b, 464 b StPO), sowie für die Mitwirkung bei der Ausübung der Veröffentlichungsbefugnis (Vorbem. 4 Abs. 5 Nr. 2 VV);
- in **Bußgeldsachen** für die Vollstreckung aus Entscheidungen, die über die Erstattung von Kosten ergangen sind (Vorbem. 5 Abs. 4 Nr. 2 VV);
- in **Verfahren nach Teil 6 VV** für die Vollstreckung aus einer Entscheidung über die Erstattung von Kosten in Disziplinarverfahren und berufsgerichtlichen Verfahren wegen der Verletzung einer Berufspflicht (Vorbem. 6.2 Abs. 3 Nr. 2 VV).

B. Umfang der Angelegenheit

In der Zwangsvollstreckung gilt **jede Vollstreckungsmaßnahme** zusammen mit den durch diese vorbereiteten weiteren Vollstreckungshandlungen bis zur Befriedigung des Gläubigers als eine besondere Gebührenangelegenheit iSd § 15 RVG (§ 18 Abs. 1 Nr. 1, 1. Hs. RVG). Gleiches gilt nach § 18 Abs. 1 Nr. 1, 2. Hs. RVG für das Verwaltungszwangsverfahren (**Verwaltungsvollstreckungsverfahren**). Jeder Vollstreckungsauftrag löst daher für den Anwalt die Gebühren nach Nr. 3309, 3310 VV gesondert aus. **7**

---

1 Bischof/*Bräuer*, Nr. 3309 VV Rn 4.
2 BGH AGS 2011, 120 = NJW 2011, 1603 = JurBüro 2011, 301; aA LG Düsseldorf AGS 2007, 450.
3 AG Düsseldorf JurBüro 1985, 723; AG Koblenz AGS 2008, 29.

8 **Vorbereitende Vollstreckungshandlungen** zählen allerdings nach § 19 Abs. 1 S. 1 RVG noch mit zum Umfang der jeweiligen Vollstreckungsangelegenheit, also insbesondere die Vorbereitung des Antrags (§ 19 Abs. 1 S. 2 Nr. 1 RVG), die erstmalige Erteilung der Vollstreckungsklausel, wenn deswegen keine Klage erhoben wird (§ 19 Abs. 1 S. 2 Nr. 13 RVG), sowie die Zustellung eines Vollstreckungstitels, der Vollstreckungsklausel oder der sonstigen in § 750 ZPO genannten Urkunden, sofern dies nicht bereits im Rechtsstreit geschehen ist (§ 19 Abs. 1 S. 2 Nr. 16 RVG). Darüber hinaus zählt § 19 Abs. 2 RVG noch weitere Tätigkeiten auf, die zur jeweiligen Vollstreckungsangelegenheit gehören. Ebenfalls zur Vollstreckungsangelegenheit gehört das **Einholen von Meldeamtsauskünften**, um den Aufenthaltsort des Schuldners in Erfahrung zu bringen.[4]

9 Eine vorbereitende Handlung, die stets mit zur jeweiligen Vollstreckungsangelegenheit gehört, ist die **Vollstreckungsandrohung**. Sie löst zwar bereits die Gebühr nach Nr. 3309 VV aus; kommt es dann aber zur Durchführung der angedrohten Vollstreckungsmaßnahme, entsteht die Gebühr nicht erneut, sondern insgesamt nur einmal.[5]

10 Ebenso handelt es sich lediglich um eine vorbereitende Tätigkeit, wenn im Rahmen des Auftrags zu einer Forderungspfändung zuvor ein **vorläufiges Zahlungsverbot** nach § 845 ZPO ausgebracht wird. Zwar löst auch hier das vorläufige Zahlungsverbot bereits die 0,3-Verfahrensgebühr nach Nr. 3309 VV aus. Kommt es dann anschließend zur Pfändung der Forderung, werden hierdurch jedoch keine neuen Gebühren ausgelöst.[6]

11 Ist die Mobiliarvollstreckung gegen den Schuldner zunächst erfolglos, weil er unter seiner bisherigen Anschrift nicht angetroffen wird, und wird die Vollstreckung daraufhin fortgesetzt, so ist zu differenzieren:

- Wird die Zwangsvollstreckung zeitnah unter der neuen Anschrift fortgesetzt, dann ist von einem einheitlichen Vollstreckungsauftrag auszugehen, so dass die Verfahrensgebühr nach Nr. 3309 VV nur einmal entsteht.[7]
- Wird die Vollstreckung dagegen mangels Kenntnis des wahren Aufenthaltsorts zunächst eingestellt und zu einem späteren Zeitpunkt nach Bekanntwerden der neuen Anschrift wieder aufgenommen, liegen zwei verschiedene Angelegenheiten vor.

12 Eine Angelegenheit liegt auch dann noch vor, wenn zunächst am **Geschäftssitz** vollstreckt wird und anschließend am **Wohnsitz des Schuldners** oder umgekehrt.[8]

13 Des Weiteren zählt die **Vollstreckungserinnerung nach § 766 ZPO** gem. §§ 18 Abs. 1 Nr. 1, 19 Abs. 2 Nr. 2 RVG zur Vollstreckungsangelegenheit.

14 Jeweils **eigene Angelegenheiten** im Rahmen der Zwangsvollstreckung sind dagegen die in § 18 Abs. 1 Nr. 4 bis 21 RVG aufgezählten Tätigkeiten.

15 Ebenfalls mehrere Angelegenheiten liegen bei einem sog. **Kombi-Auftrag** vor, also wenn ein unbedingter Auftrag zur Mobiliarvollstreckung und gleichzeitig ein bedingter Auftrag für die Einleitung des Verfahrens auf Abgabe der Vermögensauskunft erteilt worden ist. Mit Eintritt der Bedingung, nämlich der Fruchtlosigkeit der Mobiliarvollstreckung, wird der weitere Auftrag für das Verfahren auf Abgabe der Vermögensauskunft wirksam und löst eine weitere Gebühr nach Nr. 3309 VV aus. Ist die Zwangsvollstreckung dagegen erfolgreich, tritt die Bedingung nicht ein und es bleibt bei einer Angelegenheit und damit bei einer Gebühr nach Nr. 3309 VV.

16 Des Weiteren handelt es sich jeweils um gesonderte Gebührenangelegenheiten, wenn gegen **mehrere Schuldner** vollstreckt wird. Das gilt auch für Vollstreckungen gegen Gesamt-

---

4 BGH AGS 2004, 99 = NJW 2004, 1101 = JurBüro 2004, 191 = RVGreport 2004, 108.
5 AG Münster DGVZ 2006, 31; LG Kassel DGVZ 1996, 11; AG Herborn DGVZ 1993, 118; Mayer/Kroiß/ *Rohn*, § 18 Rn 29.
6 Mayer/Kroiß/*Rohn*, § 18 Rn 40.
7 OLG München AnwBl 1982, 500 = JurBüro 1992, 326; OLG Düsseldorf JurBüro 1987, 546; AnwK-RVG/ *Volpert*, § 18 Rn 52.
8 BGH AGS 2005, 63 = JurBüro 2005, 139 = RVGreport 2005, 34.

schuldner, mag der Anspruch auch der gleiche und das wirtschaftliche Interesse dasselbe sein. Eine Streitgenossenschaft in der Zwangsvollstreckung gibt es nicht, selbst dann nicht, wenn gegen die verschiedenen Schuldner aus demselben Titel vollstreckt wird.[9]

C. Die Gebühren

I. Verfahrensgebühr

Für seine Tätigkeit in der Zwangsvollstreckung erhält der Anwalt zunächst einmal eine 17 0,3-Verfahrensgebühr nach Nr. 3309 VV. Die Vorbem. 3 Abs. 2 VV gilt auch hier, so dass die Gebühr bereits mit der **Entgegennahme der Information** entsteht.

Eine Reduzierung bei **vorzeitiger Erledigung**, also wenn es nicht zur Durchführung der 18 Zwangsvollstreckung kommt, ist nicht vorgesehen. Daher entsteht die volle 0,3-Verfahrensgebühr der Nr. 3309 VV auch schon für eine Androhung der Zwangsvollstreckung (Vollstreckungsandrohung), selbst wenn es nicht mehr zur Durchführung der Vollstreckung kommt.

Beispiel 1: Der Anwalt ist beauftragt, eine Mobiliarvollstreckung wegen einer Geldforderung von 3.000 € anzudrohen. Hiernach zahlt der Schuldner.

1. 0,3-Verfahrensgebühr, Nr. 3309 VV (Wert: 3.000 €)		60,30 €
2. Postentgeltpauschale, Nr. 7002 VV		12,06 €
Zwischensumme	72,36 €	
3. 19 % Umsatzsteuer, Nr. 7008 VV		13,75 €
Gesamt		**86,11 €**

Gleiches gilt für den Vertreter des Schuldners. Auch er erhält bereits eine volle 0,3-Verfahrensgebühr, wenn er auf Abwendung der angedrohten Zwangsvollstreckung tätig wird.[10] 19

Bei **mehreren gemeinschaftlich beteiligten Auftraggebern**, also zB bei mehreren Gesamt- 20 gläubigern, erhöht sich die Gebühr um 0,3 je weiteren Auftraggeber. Die Verfahrensgebühr beträgt also bei zwei Auftraggebern 0,6.[11]

Beispiel 2: Der Anwalt führt für zwei Auftraggeber eine Vollstreckung wegen einer Forderung iHv 1.860 € durch.

1. 0,6-Verfahrensgebühr, Nr. 3309, 1008 VV (Wert: 1.860 €)		90,00 €
2. Postentgeltpauschale, Nr. 7002 VV		18,00 €
Zwischensumme	108,00 €	
3. 19 % Umsatzsteuer, Nr. 7008 VV		20,523 €
Gesamt		**128,52 €**

II. Terminsgebühr

Auch eine Terminsgebühr (Nr. 3310 VV) kann in der Zwangsvollstreckung anfallen, aller- 21 dings nur dann, wenn der Anwalt an einem **gerichtlichen Termin** oder einem **Termin zur Abgabe der Vermögensauskunft** teilnimmt. Außergerichtliche Verhandlungen oder Besprechungen reichen nicht aus. Der weitergehende Anwendungsbereich der Vorbem. 3 Abs. 3 VV ist durch Nr. 3310 VV ausgeschlossen.[12] Die Höhe der Terminsgebühr beläuft sich nach Nr. 3310 VV ebenfalls auf 0,3.

---

9 BGH AGS 2007, 71 = AnwBl 2006, 856 = RVGreport 2006, 461 (Antrag nach § 887 ZPO); OLG Frankfurt/M. AGS 2004, 69; LG Frankfurt/M. AGS 2003, 207 m. Anm. N. *Schneider* = JurBüro 2003, 304 (Räumungsvollstreckung); AG Singen JurBüro 2006, 329.
10 LG Düsseldorf AGS 2007, 450.
11 OLG Stuttgart AGS 2007, 33; LG Frankfurt/M. AGS 2005, 18 m. Anm. *Mock* = NJW 2004, 3642; LG Hamburg AGS 2005, 497; LG Köln MDR 2005, 1318.
12 AnwK-RVG/*Volpert*, Nr. 3310 VV Rn 110 ff, 118.

Beispiel 3: In einem Ordnungsgeldverfahren wegen einer Zuwiderhandlung gegen eine einstweilige Verfügung (Wert: 50.000 €) findet eine mündliche Verhandlung vor dem Gericht statt, an der der Anwalt teilnimmt.

1.	0,3-Verfahrensgebühr, Nr. 3309 VV (Wert: 50.000 €)	348,90 €
2.	0,3-Terminsgebühr, Nr. 3310 VV (Wert: 50.000 €)	348,90 €
3.	Postentgeltpauschale, Nr. 7002 VV	20,00 €
	Zwischensumme 717,80 €	
4.	19 % Umsatzsteuer, Nr. 7008 VV	136,38 €
	Gesamt	**854,18 €**

Beispiel 4: Anlässlich eines Zwangsräumungstermins verhandelt der Anwalt des Gläubigers mit dem Gerichtsvollzieher und dem Schuldner über die Durchführung der Räumung.

Da es sich nicht um einen gerichtlichen Termin handelt, entsteht keine Terminsgebühr.[13]

III. Einigungsgebühr

22 Darüber hinaus kann der Anwalt im Rahmen der Zwangsvollstreckung auch eine Einigungsgebühr nach den Nr. 1000 ff VV verdienen. In Betracht kommen zwei Einigungsgebühren, nämlich im Falle

- einer gewöhnlichen Einigungsgebühr nach Anm. Abs. 1 **Nr. 1** zu Nr. 1000 VV.
- einer Zahlungsvereinbarung nach Anm. Abs. 1 **Nr. 2** zu Nr. 1000 VV.

Zum Begriff der Einigung und der Zahlungsvereinbarung s. § 9 Rn 9 ff bzw. 15 ff.

23 Eine Einigungsgebühr nach Anm. Abs. 1 **Nr. 1** zu Nr. 1000 VV wird ausgelöst, wenn im Rahmen der Zwangsvollstreckung mit dem Schuldner Vereinbarungen über den Bestand der Forderung getroffen werden, sofern diese streitig oder ungewiss war und ein Nachgeben – regelmäßig des Gläubigers – gegeben ist.

Beispiel 5: Der Gläubiger will auf Abgabe eines Nachlassverzeichnisses vollstrecken (Wert: 8.000 €). Der Schuldner ist der Auffassung, es liege insoweit kein vollstreckungsfähiger Titel vor. Die Parteien einigen sich, dass bestimmte Auskünfte noch erteilt werden und der Anspruch auf Abgabe des Nachlassverzeichnisses damit erledigt sei.

Die beteiligten Anwälte erhalten neben der Verfahrensgebühr auch eine 1,5-Einigungsgebühr.

1.	0,3-Verfahrensgebühr, Nr. 3309 VV (Wert: 8.000 €)	136,80 €
2.	1,5-Einigungsgebühr, Nr. 1000 VV (Wert: 8.000 €)	684,00 €
3.	Postentgeltpauschale, Nr. 7002 VV	20,00 €
	Zwischensumme 836,80 €	
4.	19 % Umsatzsteuer, Nr. 7008 VV	158,99 €
	Gesamt	**995,79 €**

24 Eine **Zahlungsvereinbarung** nach Anm. Abs. 1 S. 1 **Nr. 2** zu Nr. 1000 VV wiederum liegt vor, wenn

- kein Streit über den Bestand der Forderung (mehr) besteht,
- dem Schuldner die Forderung gestundet oder ihm nachgelassen wird, die Forderung in Raten zu zahlen, und
- der Gläubiger auf eine Vollstreckung der Forderung vorläufig verzichtet.

25 Der Wert einer Zahlungsvereinbarung beträgt 20 % des Wertes der Forderung. Da in der Zwangsvollstreckung auch Zinsen und Kosten vorheriger Vollstreckungsversuche beim Wert berücksichtigt werden, sind diese mit zu berücksichtigen.

Beispiel 6: Der Anwalt hat für seinen Mandaten einen rechtskräftigen Vollstreckungsbescheid über 1.860 € erwirkt und droht die Zwangsvollstreckung an. Daraufhin meldet sich der Gegner

---

13 Anders noch nach der BRAGO, wonach eine 3/10-Erörterungsgebühr anfiel (OLG Frankfurt MDR 1994, 218).

und bietet eine Ratenzahlungsvereinbarung an, der der Anwalt zustimmt und für den Fall der pünktlichen Ratenzahlung auf Vollstreckungsmaßnahmen verzichtet.

1.	0,3-Verfahrensgebühr, Nr. 3309 VV (Wert: 1.860 €)	45,00 €
2.	1,5-Einigungsgebühr, Nr. 1000, VV (Wert: 372 €)	67,50 €
3.	Postentgeltpauschale, Nr. 7002 VV	20,00 €
	Zwischensumme	132,50 €
4.	Umsatzsteuer, Nr. 7008 VV	25,18 €
	Gesamt	**157,68 €**

Eine Einigungsgebühr entsteht nicht, wenn der Gerichtsvollzieher mit dem Schuldner eine Einigung trifft und der Gläubiger sich damit einverstanden erklärt.[14] Zum einen fehlt es in diesem Fall an einem Vertrag zwischen Gläubiger und Schuldner; zum anderen verzichtet der Gläubiger nicht auf die Vollstreckung, sondern setzt diese fort; der Gerichtsvollzieher soll bei dieser Variante ja die weiteren Raten einziehen. 26

Soweit noch die Hauptsache anhängig ist oder bereits ein Vollstreckungsverfahren, entsteht eine 1,0-Einigungsgebühr nach den Nr. 1000, 1003 VV. Dazu zählt auch ein Verfahren vor dem Gerichtsvollzieher (Anm. S. 2 zu Nr. 1003 VV). Ist die Hauptsache im Berufungs- oder Revisionsverfahren anhängig, so entsteht die Gebühr zu 1,3 (Nr. 1004 VV). Soweit weder die Hauptsache noch ein Vollstreckungsverfahren anhängig ist, etwa wenn bislang nur die Vollstreckung angedroht oder die Zwangsvollstreckungsmaßnahme zum Zeitpunkt der Einigung bereits abgeschlossen ist, entsteht die Einigungsgebühr zu 1,5 (Nr. 1000 VV). Dass die titulierte Forderung zuvor im Rechtsstreit anhängig gewesen war, ist unerheblich, da es nur auf den Zeitpunkt der Einigung ankommt. 27

Beispiel 7: Der Anwalt ist beauftragt, nach rechtskräftigem Abschluss des Verfahrens eine Mobiliarvollstreckung wegen einer Geldforderung von 2.000 € anzudrohen. Nach Erhalt der Vollstreckungsandrohung einigen sich die Parteien und treffen eine Zahlungsvereinbarung.

Mangels Anhängigkeit entsteht eine 1,5-Einigungsgebühr nach Nr. 1000 VV.

1.	0,3-Verfahrensgebühr, Nr. 3309 VV (Wert: 2.000 €)	45,00 €
2.	1,5-Einigungsgebühr, Nr. 1000 VV (Wert: 200 €)	67,50 €
3.	Postentgeltpauschale, Nr. 7002 VV	20,00 €
	Zwischensumme	132,50 €
4.	19 % Umsatzsteuer, Nr. 7008 VV	25,18 €
	Gesamt	**157,68 €**

Beispiel 8: Der Anwalt hat gegen den Schuldner das Verfahren auf Abgabe der Vermögensauskunft eingeleitet. Vor dem Termin zur Abgabe der Vermögensauskunft wird eine Zahlungsvereinbarung getroffen.

Jetzt entsteht die Einigungsgebühr gem. Nr. 1003 VV nur iHv 1,0.

1.	0,3-Verfahrensgebühr, Nr. 3309 VV (Wert: 1.860 €)	45,00 €
2.	1,0-Einigungsgebühr, Nr. 1003, 1000 VV (Wert: 372 €)	45,00 €
3.	Postentgeltpauschale, Nr. 7002 VV	18,00 €
	Zwischensumme	108,00 €
4.	19 % Umsatzsteuer, Nr. 7008 VV	20,52 €
	Gesamt	**128,52 €**

Beispiel 9: Der Anwalt vollstreckt aus einem vorläufig vollstreckbaren erstinstanzlichen Urteil, gegen das der Beklagte Berufung eingelegt hat. Es wird eine Zahlungsvereinbarung getroffen. Jetzt entsteht die Einigungsgebühr gem. Nr. 1004 VV nur iHv 1,3.

---

14 BGH AGS 2006, 496 = RVGreport 2006, 382 = DGVZ 2006, 133 = NJW 2006, 3640 = JurBüro 2007, 24; LG Duisburg 2013, 577 = RVGreport 2013, 431; AG Wiesbaden DGVZ 2007, 159; AG Bersenbrück DGVZ 2006, 202; LG Koblenz DGVZ 2005, 170; AG Euskirchen AGS 2005, 199 = DGVZ 2005, 29.

1. 0,3-Verfahrensgebühr, Nr. 3309 VV (Wert: 1.860 €)		45,00 €
2. 1,3-Einigungsgebühr, Nr. 1000, 1004 VV (Wert: 372 €)		58,50 €
3. Postentgeltpauschale, Nr. 7002 VV		20,00 €
Zwischensumme	123,50 €	
4. 19 % Umsatzsteuer, Nr. 7008 VV		23,47 €
Gesamt		**146,97 €**

IV. Auslagen

28   Zusätzlich zu den Gebühren erhält der Anwalt seine Auslagen nach Teil 7 VV, insbesondere je Vollstreckungsangelegenheit eine eigene Postentgeltpauschale nach Nr. 7002 VV.

V. Gegenstandswert

29   Der Gegenstandswert in der Zwangsvollstreckung bemisst sich nach § 25 RVG.

30   Bei **Geldforderungen** ist der Wert der zu vollstreckenden Forderung einschließlich der Nebenforderungen maßgebend (§ 25 Abs. 1 Nr. 1 RVG). Hierzu zählen insbesondere Zinsen sowie die Kosten vorausgegangener Vollstreckungsversuche. Beschränkt sich der Vollstreckungsauftrag darauf, einen bestimmten Gegenstand oder eine bestimmte Forderung zu verwerten, so ist lediglich deren Wert maßgebend, sofern er geringer ist.

31   Strittig ist die Bewertung bei Pfändung einer **wertlosen Forderung**. Nach einer Auffassung ist der Gegenstandswert einer Forderungspfändung unabhängig von der Frage des Erfolgs nach dem Wert der zu vollstreckenden Geldforderung zu bestimmen.[15] Nach zutreffender Ansicht[16] ist auch in diesem Fall auf den geringeren Wert der Forderung abzustellen und ggf bei völliger Wertlosigkeit die unterste Wertstufe anzunehmen.

32   Wird wegen **laufenden Unterhalts** in Arbeitseinkommen des Schuldners vollstreckt, so gilt § 25 Abs. 1 Nr. 1 iVm § 51 Abs. 1 FamGKG. Maßgebend ist der Betrag der nächsten zwölf Monate. Bei Einreichung des Vollstreckungsauftrags fällige Beträge sind nach § 51 Abs. 1 FamGKG hinzuzurechnen.[17]

33   Für die Pfändung **zukünftiger Arbeitseinkommen** aufgrund sonstiger wiederkehrender Leistungen, insbesondere Schadensersatzrenten, gilt § 9 ZPO (§ 25 Abs. 1 Nr. 1, 3. Hs. RVG).

34   Bei Vollstreckungen auf **Herausgabe oder Leistung von Sachen** ist der Wert der Sache maßgebend, also der Verkehrswert (§ 25 Abs. 1 Nr. 2, 1. Hs. RVG). Der Wert darf jedoch nicht den Wert übersteigen, mit dem der Herausgabe- oder Räumungsanspruch nach den für die Berechnung von Gerichtskosten maßgeblichen Vorschriften zu bewerten ist. Soweit also das GKG privilegierte Streitwerte vorsieht, gelten diese in der Zwangsvollstreckung fort.

Beispiel 10: Der Anwalt hat für seinen Mandanten ein Räumungsurteil gegen dessen Mieter eines Hauses erstritten (Miete ohne Nebenkostenvorauszahlungen: 1.000 €). Anschließend wird er mit der Räumungsvollstreckung beauftragt.

Maßgebend wäre nach § 25 Abs. 1 Nr. 2, 1. Hs. RVG an sich der Verkehrswert des Hauses. Hier greift jedoch die Begrenzung nach § 25 Abs. 1 Nr. 2, 2. Hs. RVG. Es darf kein höherer Wert als der im Räumungsprozess maßgebende Gegenstandswert des § 41 Abs. 2 GKG (12 x 1.000 € = 12.000 €) angesetzt werden.

---

15   OLG Naumburg AGS 2014, 516 = NJW-RR 2014, 1151 = MDR 2014, 1351; OLG Hamburg AnwBl 2006, 499; LG Düsseldorf AGS 2006, 86 = RVGreport 2006, 86; LG Kiel JurBüro 1991, 1198; LG Stuttgart AGS 2013, 475 = DGVZ 2013, 185 = JurBüro 2013, 607.

16   OLG Köln Rpfleger 2001, 149; AG Hamburg-Altona AGS 2007, 100; LG Stuttgart AGS 2013, 475 = MDR 2013, 1312 = JurBüro 2013, 607 = NJW-Spezial 2013, 669; LG Heilbronn AGS 2014, 35 = Rpfleger 2013, 711 = JurBüro 2013, 607.

17   Siehe dazu *Mock*, RVGreport 2007, 130 ff.

Sind **Handlungen, Duldungen oder Unterlassungen** zu vollstrecken, richtet sich der Gegen- 35
standswert nach dem Interesse des Gläubigers, also dem Erfüllungsinteresse und damit
nach dem Wert der Hauptsache.[18] Die Höhe eines im Rahmen der §§ 888, 890 ZPO festgesetzten Zwangs- oder Ordnungsmittels ist für das Interesse ohne Bedeutung.[19] Der Wert
des Ordnungsmittels ist lediglich für die anschließende Vollstreckung des Ordnungsmittels
maßgebend (§ 25 Abs. 1 Nr. 1 RVG).

Im Verfahren auf **Abgabe der Vermögensauskunft** nach § 802 c ZPO ist der Wert der For- 36
derung (einschließlich der Nebenforderungen, Zinsen und Kosten früherer Vollstreckungsmaßnahmen) maßgebend.[20] Der Wert darf jedoch höchstens 2.000 € betragen. Soweit im
Rahmen der Zwangsvollstreckung eine eidesstattliche Versicherung über den Verbleib von
Sachen nach § 883 Abs. 2 ZPO abzugeben ist, gilt der Wert nach § 25 Abs. 1 Nr. 2 RVG.

Soweit der Schuldner **Vollstreckungs- oder Vollstreckungsschutzanträge** stellt, richtet sich 37
der Gegenstandswert entsprechend dem Interesse des antragstellenden Schuldners nach
billigem Ermessen. Es ist also darauf abzustellen, welchen Wert der Vollstreckungsauf-
schub, die Aussetzung der Vollstreckung oder sonstige Schutzmaßnahmen haben. So wird
ein Vollstreckungsschutzantrag gegen eine Räumungsvollstreckung idR mit dem Mietwert
der streitigen Zeit bemessen.[21] Der Wert für einen Kontenpfändungsschutzantrag nach
§ 850 k ZPO ist nach den laufenden Einkünften des gesamten Zeitraums, den die Vollstreckungsmaßnahme voraussichtlich noch fortdauern wird, in entsprechender Anwendung
des § 42 Abs. 1 GKG anzusetzen.[22] Bei Schuldnerschutzanträgen gegen Zwangs- und Ord-
nungsmitteln kommt es grundsätzlich auf den Wert der zugrunde liegenden Handlung
oder Unterlassung an, sofern sich der Schuldner nicht ausschließlich gegen die Höhe des
Zwangsordnungsmittels wendet.[23]

VI. Vollstreckungserinnerung nach § 766 ZPO

Im Verfahren über eine Erinnerung gegen die Art und Weise der Zwangsvollstreckung 38
nach § 766 ZPO ist zu differenzieren:

- Ist der Anwalt **bereits im Vollstreckungsverfahren tätig**, löst die Erinnerung für ihn
  keine neue Angelegenheit aus (§ 19 Abs. 2 Nr. 2 RVG), sondern wird durch die bereits
  entstandene 0,3-Verfahrensgebühr nach Nr. 3309 VV mit abgegolten.
- War der Anwalt dagegen **im Vollstreckungsverfahren bislang noch nicht tätig**, so handelt es sich für ihn bei dem Erinnerungsverfahren um eine neue selbstständige Gebührenangelegenheit nach § 18 Abs. 1 Nr. 1 RVG, für die er die Gebühren nach den
  Nr. 3500 ff VV erhält. Zu beachten ist in diesem Falle allerdings § 15 Abs. 6 RVG. Der
  Anwalt kann nicht mehr erhalten als ein von vornherein mit der gesamten Tätigkeit
  beauftragter Anwalt. Dieser hätte aber insgesamt nur eine 0,3-Verfahrensgebühr nach
  Nr. 3309 VV erhalten, so dass der nur im Erinnerungsverfahren tätige Anwalt ebenfalls nur eine 0,3-Verfahrensgebühr erhält.

Beispiel 11: Der Gläubiger vollstreckt wegen einer Forderung iHv 3.000 €. Der Schuldner beauftragt einen Anwalt, der Vollstreckungserinnerung einlegt.

---

18 OLG Hamburg AGS 2014, 518 = RVGreport 2014, 404 = NJW-Spezial 2014, 668, 19; LAG Hessen AGS
    2014, 519 = NZA-RR 2014, 496; OLG Köln AGS 2005, 262; OLG Nürnberg Rpfleger 1963, 218; OLG
    Celle FamRZ 2006, 1689; AnwK-RVG/*Volpert*, § 25 Rn 34 f; Schneider/Herget/*Onderka*, Streitwert-Kom-
    mentar, Rn 4353 ff; aA (Bruchteil der Hauptsache) OLG München AGS 2011, 248 = FamRZ 2011, 1686;
    OLG Celle NdsRpfl 2009, 218 = OLGR 2009, 657.
19 OLG Karlsruhe MDR 2000, 229; OLG Celle FamRZ 2006, 1689; AnwK-RVG/*Volpert*, § 25 Rn 34 f;
    Schneider/Herget/*Onderka*, Streitwert-Kommentar, Rn 4353 ff.
20 AnwK-RVG/*Volpert*, § 25 Rn 34 f.
21 AnwK-RVG/*Volpert*, § 25 Rn 50 mwN.
22 OLG Frankfurt OLGR 2004, 241 (zu § 42 Abs. 2 GKG aF); AnwK-RVG/*Volpert*, § 25 Rn 51.
23 AnwK-RVG/*Volpert*, § 25 Rn 52.

Für den **Anwalt des Gläubigers** ist die Tätigkeit im Erinnerungsverfahren durch die bereits verdiente Gebühr nach Nr. 3309 VV abgegolten (§ 19 Abs. 2 Nr. 2 RVG).

Der **Anwalt des Erinnerungsführers** erhält dagegen die Gebühr nach Nr. 3500 VV, allerdings gem. § 15 Abs. 6 RVG begrenzt auf einen Gebührensatz iHv 0,3.

1.	0,3-Verfahrensgebühr, Nr. 3500 VV		
	(gekürzt nach § 15 Abs. 6 RVG iVm Nr. 3309 VV)		60,30 €
2.	Postentgeltpauschale, Nr. 7002 VV		12,60 €
	Zwischensumme	72,90 €	
3.	19 % Umsatzsteuer, Nr. 7008 VV		13,85 €
	Gesamt		**86,75 €**

VII. Beschwerdeverfahren

39 Kommt es zu einem Beschwerdeverfahren, so handelt es sich immer um eine eigene selbständige Angelegenheit, die die Gebühren nach den Nr. 3500, 3513 VV auslöst (§ 18 Abs. 1 Nr. 3 RVG).

VIII. Vollstreckungsschutzanträge

40 Vollstreckungsschutzanträge nach den §§ 765 a, 851 a bis 851 d ZPO sind ebenfalls gesonderte Angelegenheiten (§ 18 Abs. 1 Nr. 6 RVG).[24] Der Anwalt erhält hier eine weitere 0,3-Verfahrensgebühr nach Nr. 3309 VV. Der Gegenstandswert richtet sich nach § 25 Abs. 2 RVG. Der Wert ist nach dem Interesse des Antragstellers nach billigem Ermessen zu bestimmen.

IX. Kostenerstattung und Kostenfestsetzung

41 Die **Kostenerstattung** in Zwangsvollstreckungssachen folgt aus § 788 Abs. 1 ZPO. Die Kosten einer notwendigen Zwangsvollstreckungsmaßnahme hat der Schuldner zu tragen, auch dann, wenn die Vollstreckungsmaßnahme letztlich erfolglos geblieben ist. Die Vorschriften der §§ 91 ff, 269 ZPO gelten hier nicht. Daher hat der Schuldner auch die Kosten eines zurückgenommenen Vollstreckungsantrags – etwa wegen mangelnder Erfolgsaussichten – zu tragen, wenn der Schuldner bei Einleitung der Vollstreckungsmaßnahme diese als notwendig ansehen durfte.

42 Zu beachten ist § 788 Abs. 1 S. 3 ZPO: Soweit mehrere Schuldner als Gesamtschuldner verurteilt worden sind, haften sie auch für die Kosten der Zwangsvollstreckung als Gesamtschuldner. Jeder Schuldner haftet also nicht nur für die durch eine gegen ihn gerichtete Vollstreckung anfallenden Kosten, sondern auch für die Kosten, die bei der Vollstreckung gegen einen anderen Gesamtschuldner anfallen.

Beispiel 12: Der Gläubiger hat einen Räumungstitel gegen zwei nichteheliche Lebenspartner erwirkt und lässt hiernach durch seinen Anwalt die Räumungsvollstreckung androhen. Die Frau zieht aus, der Mann verbleibt in der Wohnung, so dass gegen ihn die Räumungsvollstreckung mit erheblichen Kosten durchgeführt werden muss.

Die Frau haftet nach § 788 Abs. 1 S. 1 ZPO nicht nur für die 0,3-Verfahrensgebühr, die durch die ihr gegenüber ausgesprochene Vollstreckungsandrohung angefallen ist, sondern nach § 788 Abs. 1 S. 3 ZPO auch für die gegenüber dem Mann angefallene 0,3-Verfahrensgebühr sowie die gesamten Kosten der Räumung.

43 Die notwendigen Kosten der Zwangsvollstreckung können nach § 788 ZPO gegen den Schuldner **festgesetzt** werden. Das gilt auch im Falle des § 788 Abs. 1 S. 3 ZPO gegenüber einem mithaftenden Gesamtschuldner.

---

24 Unzutreffend OLG Koblenz AGS 2008, 63 m. abl. Anm. *N. Schneider* = RVGreport 2008, 101.

Zuständig für die Festsetzung ist das Vollstreckungsgericht, bei dem die Vollstreckung an- 44
hängig ist, und nach Beendigung der Zwangsvollstreckung das Vollstreckungsgericht, in
dessen Bezirk die letzte Vollstreckungshandlung erfolgt ist (§ 788 Abs. 2 S. 1 ZPO). Im
Falle einer Vollstreckung nach den §§ 887, 888, 890 ZPO ist das Prozessgericht zuständig
(§ 788 Abs. 2 S. 2 ZPO).

§ 29 Vertretung in der Zwangsversteigerung und der Zwangsverwaltung

A. Überblick

1 Die Vergütung des Anwalts für Tätigkeiten im Rahmen der Zwangsversteigerung und der Zwangsverwaltung sind in Teil 3 Abschnitt 3 Unterabschnitt 4 VV geregelt (**Nr. 3311, 3312 VV**). Die Vorschriften gelten nur für Zwangsversteigerungen, die im **Gesetz über die Zwangsversteigerung und die Zwangsverwaltung (ZVG)** geregelt sind (einschließlich der **Teilungsversteigerung**).

Nicht erfasst von Teil 3 Abschnitt 3 Unterabschnitt 4 VV wird die Tätigkeit des Rechtsanwalts

- in seiner Eigenschaft als **Zwangsverwalter**. Dies ist keine anwaltliche Tätigkeit iSd § 1 Abs. 1 RVG, sondern eine Tätigkeit nach § 1 Abs. 2 RVG. Die Vergütung richtet sich nach der Zwangsverwaltervergütungsordnung (ZwVwV); s. dazu § 4 Rn 2.
- im Verfahren auf **Eintragung einer Zwangshypothek** (§§ 867 und 870 a ZPO). Dies ist eine gesonderte Angelegenheit der Zwangsvollstreckung und damit nach Unterabschnitt 3 (Nr. 3309, 3310 VV) abzurechnen (Vorbem. 3.3.3 VV).

2 **Zwangsversteigerungsverfahren und Zwangsverwaltungsverfahren** sind jeweils **eigene Angelegenheiten** iSd § 15 RVG. Ebenso ist das **Verfahren auf Wiederversteigerung** des ersteigerten Grundstücks gegen den Ersteher gem. § 133 ZVG eine besondere Angelegenheit.[1]

B. Tätigkeiten in der Zwangsversteigerung

I. Angelegenheiten in der Zwangsversteigerung

3 In der Zwangsversteigerung kommen zwei verschiedene Angelegenheiten in Betracht, nämlich

- die Tätigkeit im Zwangsversteigerungsverfahren (Anm. Nr. 1 zu Nr. 3311 VV) und im Verteilungsverfahren (Anm. Nr. 2 zu Nr. 3311 VV),
- das Verfahren über Anträge auf einstweilige Einstellung oder Beschränkung der Zwangsvollstreckung und einstweilige Einstellung des Verfahrens sowie Verhandlungen zwischen Gläubiger und Schuldner mit dem Ziel der Aufhebung des Verfahrens (Anm. Nr. 6 zu Nr. 3311 VV).

4 In jeder dieser Angelegenheiten erhält der Anwalt jeweils gesonderte Gebühren, wobei Verfahren nach Anm. Nr. 6 zu Nr. 3311 VV mehrfach eingeleitet werden können und damit auch mehrere Angelegenheiten iSd § 15 RVG mit gesonderten Gebühren und Auslagen auslösen.

II. Tätigkeit bis zur Einleitung des Verteilungsverfahrens

5 Nach **Anm. Nr. 1** zu Nr. 3311 VV erhält der Anwalt eine **0,4-Verfahrensgebühr** für die Tätigkeit im Zwangsversteigerungsverfahren bis zur Einleitung des Verteilungsverfahrens. Eine Ermäßigung der Gebühr bei **vorzeitiger Erledigung** ist nicht vorgesehen. Soweit der Anwalt **mehrere Auftraggeber** wegen desselben Gegenstands vertritt, erhöht sich die Verfahrensgebühr nach Nr. 1008 VV um 0,3 je weiteren Auftraggeber, höchstens um 2,0.[2]

6 Nimmt der Anwalt an Versteigerungsterminen für einen Beteiligten teil, entsteht nach Nr. 3312 VV eine **0,4-Terminsgebühr** (Anm. S. 1 zu Nr. 3312 VV). Die Terminsgebühr entsteht insgesamt nur einmal (§ 15 Abs. 1 S. 1 RVG); sie entsteht nicht für jeden Versteigerungstermin gesondert.

---

1 AnwK-RVG/*Wolf*/*Mock*, Vor Nr. 3311–3312 VV Rn 20.
2 AnwK-RVG/*Wolf*/*Mock*, Vor Nr. 3311–3312 VV Rn 9.

III. Tätigkeit im Verteilungsverfahren und bei Mitwirkung an einer außergerichtlichen Verteilung

Nach **Anm. Nr. 2** zu Nr. 3311 VV erhält der Anwalt im Verteilungsverfahren (§§ 105 bis 145 ZVG) eine weitere **0,4-Verfahrensgebühr**. Hiermit abgegolten sind u.a. die Einreichung der Anspruchsberechnung, die Vorbereitung und Wahrnehmung der Verteilungstermine, die Prüfung des Teilungsplans, der Widerspruch hiergegen und die Verteilung nach einem Widerspruchsprozess (§ 882 ZPO). Nach § 143 ZVG können sich die Beteiligten auch **außergerichtlich über die Verteilung des Erlöses einigen**, mit der Folge, dass ein gerichtliches Verteilungsverfahren nicht stattfindet. Auch für diese Tätigkeit verdient der Anwalt die Verfahrensgebühr nach Anm. Nr. 2 zu Nr. 3311 VV. — 7

Auch die Verfahrensgebühr der Anm. Nr. 2 zu Nr. 3311 VV erhöht sich nach Nr. 1008 VV bei **mehreren Auftraggebern**, und zwar auch dann, wenn sich die Gebühr der Anm. Nr. 1 zu Nr. 3311 VV bereits erhöht hat (arg. e Anm. S. 2 zu Nr. 3308 VV). — 8

Wird der Anwalt sowohl im Verteilungsverfahren tätig als auch bei außergerichtlicher Verteilung, so entsteht die Verfahrensgebühr nur einmal (§ 15 Abs. 2 RVG). Weder liegen verschiedene Angelegenheiten vor noch entsteht die Verfahrensgebühr nach Anm. Nr. 2 zu Nr. 3311 VV mehrmals.[3] — 9

Eine **Terminsgebühr** kann in diesem Verfahrensstadium nicht anfallen, da sie durch Anm. S. 2 zu Nr. 3312 VV ausgeschlossen ist. Wohl kann es hier zu einer **Einigungsgebühr** kommen, insbesondere dann, wenn die Parteien sich außergerichtlich über die Verteilung des Erlöses einigen. Die Höhe der Einigungsgebühr beläuft sich auf 1,0, da das Verteilungsverfahren zur Anhängigkeit iSd Nr. 1003 VV führt.[4] — 10

IV. Vollstreckungsschutzverfahren und Verhandlungen zwischen Gläubiger und Schuldner

Die Tätigkeit im Verfahren über Anträge auf einstweilige Einstellung oder Beschränkung der Zwangsvollstreckung und einstweilige Einstellung des Verfahrens sowie für Verhandlungen zwischen Gläubiger und Schuldner mit dem Ziel der Aufhebung des Verfahrens (**Anm. Nr. 6** zu Nr. 3311 VV) stellt gegenüber den Tätigkeiten bis zur Einleitung des Verteilungsverfahrens und im Verteilungsverfahren bzw der Mitwirkung an einer außergerichtlichen Verteilung eine gesonderte Angelegenheit iSd § 15 RVG dar. — 11

Darüber hinaus sind mehrere Verfahren nach Anm. Nr. 6 zu Nr. 3311 VV untereinander jeweils eine besondere Angelegenheit (analog § 18 Abs. 1 Nr. 6 RVG).[5] Die Verfahrensgebühr nach Anm. Nr. 6 zu Nr. 3311 VV kann daher auch mehrmals anfallen, wenn der Anwalt mehrere Aufträge erhält. — 12

Für seine Tätigkeit erhält der Anwalt eine **0,4-Verfahrensgebühr** nach Anm. Nr. 6 zu Nr. 3311 VV. Es handelt sich um eine Pauschgebühr, die alle Tätigkeiten abgilt einschließlich eventueller Besprechungen. Eine Ermäßigung bei vorzeitiger Erledigung ist nicht vorgesehen. Dagegen erhöht sich die Gebühr bei Vertretung mehrerer Auftraggeber nach Nr. 1008 VV. — 13

Eine **Terminsgebühr** ist hier nicht vorgesehen (Anm. zu Nr. 3312 VV). Wohl kann eine **Einigungsgebühr** (Nr. 1000 ff VV) anfallen.[6] — 14

---

3 AnwK-RVG/*Wolf*/*Mock*, Nr. 3311–3312 VV Rn 13.
4 AnwK-RVG/*Wolf*/*Mock*, Nr. 3311–3312 VV Rn 14.
5 Bischof u.a./*Bräuer*, Nr. 3131 VV Rn 24; Mayer/Kroiß/*Gierl*, Nr. 3311 VV Rn 32; Hansens/Braun/Schneider/ *Volpert*, Rn 3335 ff; aA AnwK-RVG/*Wolf*/*Mock*, Nr. 3311 VV Rn 17; Riedel/Sußbauer/*Keller*, Teil 3 Abschnitt 3 Rn 84.
6 Bischof u.a./*Bräuer*, Nr. 3131 VV Rn 25; aA AnwK-RVG/*Wolf*/*Mock*, Nr. 3311 VV Rn 18.

V. Gegenstandswert

1. Gesetzliche Wertvorschrift

15 Der Gegenstandswert in der Zwangsversteigerung bemisst sich nach § 26 RVG. Insoweit enthält das RVG eine speziellere Regelung, die dem § 23 Abs. 1 S. 1 RVG vorgeht. Die Festsetzung des Gegenstandswertes erfolgt daher nach § 33 RVG, nicht nach § 32 RVG.

2. Vertretung des Gläubigers oder eines sonstigen gem. § 9 Nr. 1 und 2 ZVG Berechtigten

16 Vertritt der Anwalt den Gläubiger oder einen sonstigen gem. § 9 Nr. 1 und 2 ZVG Berechtigten, so bestimmt sich der Gegenstandswert nach § 26 Nr. 1 RVG. Maßgebend ist der **Wert des dem Gläubiger oder Beteiligten zustehenden Rechts einschließlich Nebenforderungen.** Hierzu gehören die **Zinsen** bis zum Erlass des Anordnungs- oder Beitrittsbeschlusses sowie die angemeldeten **Kosten** des Rechtsstreits und vorheriger Zwangsvollstreckungs- und Zwangsversteigerungsmaßnahmen. Erstreckt sich das Verfahren nur auf eine **Teilforderung**, ist diese maßgebend. Wird die Zwangsversteigerung wegen **mehrerer Rechte** betrieben, sind deren Werte nach § 22 Abs. 1 RVG zusammenzurechnen. Maßgebend ist der vom Vollstreckungsgericht festgesetzte Wert (§§ 66, 74 a Abs. 5, 162 ZVG), anderenfalls der Verkehrswert.

17 Ist dagegen der im Verteilungsverfahren zur Verteilung kommende **Erlös** geringer, so ist dieser geringere Betrag maßgebend. Abzustellen ist auf den gesamten Erlös, nicht auf den Erlösanteil, der auf den jeweiligen Beteiligten fällt.[7]

3. Vertretung eines sonstigen Beteiligten

18 Vertritt der Anwalt einen sonstigen Beteiligten – also auch einen Schuldner –, ist lediglich auf den zur Verteilung kommenden Erlös abzustellen. Bei Miteigentümern oder Mitberechtigten ist der jeweilige Anteil maßgebend. Auch hier kommt es nicht darauf an, was letztlich an den Beteiligten ausgezahlt wird.

4. Vertretung eines Bieters, der nicht Beteiligter ist

19 Vertritt der Anwalt einen Bieter, der nicht Beteiligter ist, richtet sich der Gegenstandswert nach dem höchsten Gebot. Darunter ist das Bargebot gem. § 49 ZVG zuzüglich des Wertes der bestehen bleibenden Rechte zu verstehen.[8]

VI. Abrechnungsbeispiele

20 **Beispiel 1:** Der Anwalt erwirkt für seinen Auftraggeber wegen einer Gesamtforderung iHv 30.000 € die Eintragung einer Zwangshypothek. Nach Eintragung stellt er den Antrag auf Versteigerung. Der Schuldner stellt einen Einstellungsantrag (Wert: 5.000 €), der abgelehnt wird. Hiernach kommt es zur Versteigerung, an der der Anwalt teilnimmt. Im anschließenden Verteilungsverfahren nimmt er am Verteilungstermin teil. Der Erlös beträgt 50.000 €.

Das Verfahren auf Eintragung der Zwangshypothek ist ein Verfahren der Zwangsvollstreckung und wird nach Nr. 3309 VV vergütet. Der Gegenstandswert beträgt nach § 25 Abs. 1 RVG 30.000 €.

Im Versteigerungsverfahren bis zur Einleitung des Verteilungsverfahrens (Anm. Nr. 1 zu Nr. 3311 VV) entsteht die Verfahrensgebühr nach Nr. 3311 VV und im Versteigerungstermin eine Terminsgebühr nach Nr. 3312 VV. Hinzu kommt eine weitere Verfahrensgebühr für das Verteilungsverfahren. Der Gegenstandswert beläuft sich gem. § 26 Abs. 1 RVG auf den Wert der beizutreiben-

---

7 AnwK-RVG/*Wolf/Mock*, § 26 Rn 11.
8 AnwK-RVG/*Wolf/Mock*, § 26 Rn 15.

den Forderung zuzüglich der bisherigen Kosten der Zwangsvollstreckung (Anwalt: 331,89 €
+ 20 € Gerichtskosten) und liegt daher bei 30.351,41 €.

Die Tätigkeit im Verfahren auf Einstellung löst eine gesonderte Angelegenheit aus (s. Rn 11), so
dass nochmals eine Verfahrensgebühr der Nr. 3311 VV entsteht (Anm. Nr. 6 zu Nr. 3311 VV), jetzt
allerdings aus dem geringeren Wert.

I. Verfahren auf Eintragung der Zwangshypothek (Wert: 30.000 €)

1.	0,3-Verfahrensgebühr, Nr. 3309 VV		258,90 €
2.	Postentgeltpauschale, Nr. 7002 VV		20,00 €
	Zwischensumme	278,90 €	
3.	19 % Umsatzsteuer, Nr. 7008 VV		52,99 €
	Gesamt		**331,89 €**

II. Zwangsversteigerung und Verteilungsverfahren (Wert: 30.351,89 €)

1.	0,4-Verfahrensgebühr, Anm. Nr. 1 zu Nr. 3311 VV		375,20 €
2.	0,4-Terminsgebühr, Nr. 3312 VV		375,20 €
3.	0,4-Verfahrensgebühr, Anm. Nr. 2 zu Nr. 3311 VV		375,20 €
4.	Postentgeltpauschale, Nr. 7002 VV		20,00 €
	Zwischensumme	1.145,60 €	
5.	19 % Umsatzsteuer, Nr. 7008 VV		217,66 €
	Gesamt		**1.363,25 €**

III. Verfahren über den Einstellungsantrag (Wert: 5.000 €)

1.	0,4-Verfahrensgebühr, Anm. Nr. 6 zu Nr. 3311 VV		121,20 €
2.	Postentgeltpauschale, Nr. 7002 VV		20,00 €
	Zwischensumme	141,20 €	
3.	19 % Umsatzsteuer, Nr. 7008 VV		26,82 €
	Gesamt		**168,03 €**

Beispiel 2: Der Anwalt vertritt einen Auftraggeber, der ein zur Zwangsversteigerung anstehen- 21
des Objekt erwerben will. Im Versteigerungstermin erwirkt er den Zuschlag für den Auftraggeber für 10.000 €. Daneben bleiben Rechte iHv 40.000 € bestehen. Anschließend nimmt er am
Verteilungstermin teil.

Im Versteigerungsverfahren bis zur Einleitung des Verteilungsverfahrens entsteht die Verfahrensgebühr nach Anm. Nr. 1 zu Nr. 3311 VV und für die Wahrnehmung des Versteigerungstermins
eine Terminsgebühr nach Nr. 3312 VV. Hinzu kommt im Verteilungsverfahren auch für den Anwalt des Ersteigerers eine weitere Verfahrensgebühr nach Anm. Nr. 2 zu Nr. 3311 VV.

Gegenstandswert ist jeweils der Betrag des Gebots einschließlich der übernommenen Rechte,
also 50.000 €.

I. Zwangsversteigerung (Wert: 50.000 €)

1.	0,4-Verfahrensgebühr, Anm. Nr. 1 zu Nr. 3311 VV		465,20 €
2.	0,4-Terminsgebühr, Nr. 3312 VV		465,20 €
3.	0,4-Verfahrensgebühr, Anm. Nr. 2 zu Nr. 3311 VV		465,20 €
4.	Postentgeltpauschale, Nr. 7002 VV		20,00 €
	Zwischensumme	1.415,60 €	
5.	19 % Umsatzsteuer, Nr. 7008 VV		268,96 €
	Gesamt		**1.684,56 €**

C. Tätigkeiten in der Zwangsverwaltung

I. Tätigkeiten in der Zwangsverwaltung

In der Zwangsverwaltung wird unterschieden nach der Vertretung des Antragstellers oder 22
eines sonstigen Beteiligten.

23 Für die **Vertretung eines Antragstellers** kommen wiederum drei Angelegenheiten in Betracht, nämlich

- die Vertretung im Verfahren über den Antrag auf Anordnung der Zwangsverwaltung oder auf Zulassung des Beitritts (Anm. Nr. 3 zu Nr. 3311 VV),
- die Vertretung im weiteren Verfahren einschließlich des Verteilungsverfahrens (Anm. Nr. 4 zu Nr. 3311 VV) und
- Tätigkeiten im Verfahren über Anträge auf einstweilige Einstellung oder Beschränkung der Zwangsvollstreckung und einstweilige Einstellung des Verfahrens sowie für Verhandlungen zwischen Gläubiger und Schuldner mit dem Ziel der Aufhebung des Verfahrens (Anm. Nr. 6 zu Nr. 3311 VV).

24 Für die Vertretung eines **sonstigen Beteiligten** sind zwei Angelegenheiten vorgesehen, nämlich

- die Vertretung im gesamten Verfahren einschließlich des Verteilungsverfahrens (Anm. Nr. 5 zu Nr. 3311 VV) und
- Tätigkeiten im Verfahren über Anträge auf einstweilige Einstellung oder Beschränkung der Zwangsvollstreckung und einstweilige Einstellung des Verfahrens sowie für Verhandlungen zwischen Gläubiger und Schuldner mit dem Ziel der Aufhebung des Verfahrens (Anm. Nr. 3 zu Nr. 3311 VV).

II. Vertretung des Antragstellers

1. Verfahren über den Antrag auf Anordnung der Zwangsverwaltung oder auf Zulassung des Beitritts

25 Nach **Anm. Nr. 3** zu Nr. 3311 VV erhält der Anwalt im Verfahren über den Antrag auf Anordnung der Zwangsverwaltung eine 0,4-**Verfahrensgebühr**. Diese Gebühr fällt auch dann an, wenn der Anwalt einen Antrag auf Zulassung zum Beitritt eines Gläubigers zum Zwangsverwaltungsverfahren stellt. Eine Ermäßigung bei **vorzeitiger Erledigung** ist nicht vorgesehen. Vertritt der Anwalt **mehrere Auftraggeber** wegen desselben Gegenstands, erhöht sich die Gebühr um 0,3 je weiterer Auftraggeber, höchstens um 2,0.

26 Bleibt die Zwangsversteigerung in einem zweiten Termin ergebnislos und beantragt der Anwalt auftragsgemäß nach § 77 Abs. 2 ZVG die Fortsetzung des Verfahrens als Zwangsverwaltung, entsteht hierdurch ebenfalls die Verfahrensgebühr nach Anm. Nr. 3 zu Nr. 3311 VV. Eine Anrechnung auf die zuvor im Zwangsversteigerungsverfahren verdiente Gebühr nach Anm. Nr. 1 oder Nr. 2 zu Nr. 3311 VV (s. Rn 5 ff) ist nicht vorgesehen.

27 Eine **Terminsgebühr** kann in diesem Stadium nicht entstehen (Anm. S. 2 zu Nr. 3312 VV). In Betracht kommt allerdings eine **Einigungsgebühr** nach den Nr. 1000 ff VV.

2. Weiteres Verfahren einschließlich des Teilungsverfahrens

28 Nach **Anm. Nr. 4** zu Nr. 3311 VV entsteht wiederum eine 0,4-**Verfahrensgebühr** für das weitere Verfahren, das nach Anordnung der Zwangsverwaltung bzw nach Zulassung des Beitritts eines Gläubigers folgt. Hierzu gehört auch das Verteilungsverfahren. Eine Ermäßigung bei vorzeitiger Erledigung kommt nicht in Betracht. Vertritt der Anwalt **mehrere Auftraggeber** wegen desselben Gegenstands, so erhöht sich die Gebühr nach Nr. 1008 VV um 0,3 je weiteren Auftraggeber, und zwar auch dann, wenn sich die Gebühr der Anm. Nr. 4 zu Nr. 3311 VV bereits erhöht hat.

29 Eine **Terminsgebühr** ist nicht vorgesehen (Anm. S. 2 zu Nr. 3312 VV). In Betracht kommt allerdings eine **Einigungsgebühr** nach den Nr. 1000 ff VV.

3. Vollstreckungsschutzverfahren

30 Ist der Anwalt beauftragt, anlässlich des Zwangsverwaltungsverfahrens einen Antrag auf einstweilige Einstellung oder Beschränkung der Zwangsvollstreckung oder einstweilige

Einstellung des Verfahrens zu stellen oder Verhandlungen zwischen Gläubiger und Schuldner mit dem Ziel der Aufhebung des Verfahrens zu führen, erhält er nach **Anm. Nr. 6 zu Nr. 3311 VV** eine weitere 0,4-Verfahrensgebühr. Auch hier kann die Verfahrensgebühr mehrfach anfallen (s. Rn 34).

Eine **Terminsgebühr** ist wiederum nicht vorgesehen (Anm. S. 2 zu Nr. 3312 VV). In Betracht kommt allerdings eine **Einigungsgebühr** nach den Nr. 1000 ff VV. Des Weiteren kommen **Auslagen** nach Teil 7 VV hinzu. 31

III. Vertretung eines sonstigen Beteiligten

1. Vertretung im gesamten Verfahren einschließlich des Verteilungsverfahrens

Vertritt der Anwalt einen sonstigen Beteiligten (also zB Schuldner oder Berechtigten gem. § 9 ZVG), so erhält er für seine Tätigkeit im gesamten Zwangsverwaltungsverfahren nach **Anm. Nr. 5 zu Nr. 3311 VV** eine **Verfahrensgebühr** iHv 0,4. Das Verfahren über den Antrag auf Anordnung der Zwangsverwaltung oder auf Zulassung des Beitritts und das weitere Verfahren einschließlich des Teilungsverfahrens sind für ihn insgesamt nur eine einzige Angelegenheit. Auch hier ist eine Ermäßigung bei **vorzeitiger Erledigung** nicht vorgesehen. Bei Vertretung **mehrerer Auftraggeber** erhöht sich die Verfahrensgebühr dagegen um 0,3 je weiteren Auftraggeber, sofern der Gegenstand derselbe ist (Nr. 1008 VV). 32

Eine **Terminsgebühr** ist ausgeschlossen (Anm. S. 2 zu Nr. 3312 VV). Entstehen kann allerdings eine **Einigungsgebühr** nach den Nr. 1000 ff VV. Hinzu kommen wiederum **Auslagen** nach Teil 7 VV. 33

2. Vollstreckungsschutzverfahren, Verhandlungen zwischen Gläubiger und Schuldner

Darüber hinaus kann je Vollstreckungsschutzverfahren oder Verhandlung zwischen Gläubiger und Schuldner eine weitere 0,4-Verfahrensgebühr nach **Anm. Nr. 5 zu Nr. 3311 VV** nebst Auslagen anfallen. Insoweit handelt es sich wiederum jeweils um eine gesonderte Angelegenheit. 34

IV. Gegenstandswert

1. Gesetzliche Regelung

Der Gegenstandswert in der Zwangsverwaltung bestimmt sich nach § 27 RVG. Auch insoweit enthält das RVG eine spezielle Regelung, die dem § 23 Abs. 1 S. 1 RVG vorgeht. Die Festsetzung des Gegenstandswertes erfolgt daher nach § 33 RVG, nicht nach § 32 RVG. 35

2. Vertretung des Antragstellers

Vertritt der Anwalt den Antragsteller, so richtet sich der Gegenstandswert nach dem Anspruch, wegen dem das Verfahren beantragt wird. **Nebenforderungen** (Zinsen und Kosten) sind auch hier mitzurechnen. Wird nur der Teil einer Forderung geltend gemacht, ist nur diese **Teilforderung** maßgebend. **Mehrere Forderungen** werden zusammengerechnet (§ 22 Abs. 1 RVG). 36

Handelt es sich bei dem Anspruch um **wiederkehrende Leistungen**, so ist der Jahreswert der Leistungen maßgebend (§ 27 Abs. 1 S. 1, 3. Hs. RVG). Die bis zur Anordnung des Zwangsverwaltungsverfahrens oder des Beitrittsbeschlusses aufgelaufenen Rückstände sind nicht hinzuzurechnen. Andererseits bleibt es bei dem Jahreswert auch dann, wenn die tatsächliche Forderung geringer ist.[9] 37

---

9 AnwK-RVG/*Wolf/Mock*, § 27 Rn 4.

3. Vertretung des Schuldners

38 Vertritt der Anwalt den Schuldner, so richtet sich der Gegenstandswert nach der Summe aller Ansprüche (Haupt- und Nebenforderungen), wegen derer das Zwangsverwaltungsverfahren beantragt worden ist, soweit diese Forderungen zum Zeitpunkt der Beauftragung des Anwalts noch Gegenstand sind.

39 Wird der Anwalt erst beauftragt, nachdem einzelne Anträge zurückgenommen oder ein Beitritt abgewiesen worden ist, richtet sich der Gegenstandswert nur nach dem Wert der verbleibenden Ansprüche.

4. Vertretung sonstiger Beteiligter

40 Vertritt der Anwalt sonstige Beteiligte, so bestimmt sich der Gegenstandswert gem. § 27 S. 2, 2. Hs. RVG nach § 23 Abs. 3 S. 2 RVG, also nach billigem Ermessen, wobei es auf das Interesse des jeweils vom Anwalt Vertretenen ankommt.[10]

V. Abrechnungsbeispiele

41 **Beispiel 3:** Der Anwalt vertritt den Gläubiger wegen einer Forderung iHv 30.000 € im Verfahren auf Anordnung der Zwangsverwaltung sowie im anschließenden Verteilungsverfahren, in dem er am Verteilungstermin teilnimmt.

Im Verfahren auf Anordnung der Zwangsverwaltung und im Verteilungsverfahren entsteht jeweils eine Verfahrensgebühr (Anm. Nr. 3 und 4 zu Nr. 3111 VV).

I. Verfahren über den Antrag auf Anordnung der Zwangsverwaltung

1. 0,4-Verfahrensgebühr, Anm. Nr. 4 zu Nr. 3311 VV (Wert: 30.000 €)		345,20 €
2. Postentgeltpauschale, Nr. 7002 VV		20,00 €
Zwischensumme	365,20 €	
3. 19 % Umsatzsteuer, Nr. 7008 VV		69,39 €
Gesamt		**434,59 €**

II. Verteilungsverfahren

1. 0,4-Verfahrensgebühr, Anm. Nr. 5 zu Nr. 3311 VV (Wert: 30.000 €)		345,20 €
2. Postentgeltpauschale, Nr. 7002 VV		20,00 €
Zwischensumme	365,20 €	
3. 19 % Umsatzsteuer, Nr. 7008 VV		69,39 €
Gesamt		**434,59 €**

42 **Beispiel 4:** Der Anwalt vertritt den Schuldner im Verfahren auf Anordnung der Zwangsverwaltung sowie im anschließenden Verteilungsverfahren, in dem er am Verteilungstermin teilnimmt.

Jetzt ist die Vertretung eines sonstigen Beteiligten iSd Anm. Nr. 5 zu Nr. 3111 VV gegeben. Es entsteht nur eine Verfahrensgebühr.

1. 0,4-Verfahrensgebühr, Nr. 3311 VV (Wert: 30.000 €)		345,20 €
2. Postentgeltpauschale, Nr. 7002 VV		20,00 €
Zwischensumme	365,20 €	
3. 19 % Umsatzsteuer, Nr. 7008 VV		69,39 €
Gesamt		**434,59 €**

---

10 AnwK-RVG/*Wolf/Mock*, § 27 Rn 7.

§ 30 Vertretung im Insolvenzverfahren

A. Überblick

Zu unterscheiden ist auch hier die außergerichtliche Vertretung und die Vertretung im ge- 1
richtlichen Verfahren.

- Die **außergerichtliche Vertretung** richtet sich nach Teil 2 Abschnitt 3 VV und in der
  Beratungshilfe nach Teil 2 Abschnitt 5 VV.
- Für die Vertretung in einem **gerichtlichen Verfahren** sind in Teil 3 Abschnitt 1 Unterabschnitt 5 VV spezielle Regelungen enthalten, die den Nr. 3100 ff VV vorgehen (Vorbem. 3.1 Abs. 1 VV).

B. Außergerichtliche Schuldenbereinigung

I. Vertretung des Schuldners

Vertritt der Anwalt den Schuldner im Rahmen einer außergerichtlichen Schuldenbereini- 2
gung, ist diese Vergütung als gewöhnliche außergerichtliche Vertretung abzurechnen. Der
Anwalt erhält danach eine **Geschäftsgebühr** nach Nr. 2300 VV.

Die gesamte außergerichtliche Schuldenbereinigung bzw der Versuch der Schuldenbereini- 3
gung ist gebührenrechtlich **eine Angelegenheit** iSd § 15 RVG, so dass nicht jede einzelne
Tätigkeit gegenüber den verschiedenen Gläubigern abgerechnet werden kann.[1] Die Geschäftsgebühr entsteht vielmehr nur einmal aus dem Gesamtwert aller Forderungen. Bei
mehreren Gläubigern dürfte dann sicherlich auch ein höherer Gebührensatz angemessen
sein, wenn nicht sogar der Höchstsatz. Lediglich dann, wenn der Anwalt nicht den Ge-
samtauftrag einer Schuldenbereinigung erhalten hatte, sondern **jeweils Einzelaufträge**, mit
bestimmten Gläubigern zu verhandeln, oder er sich mit diesen gesondert auseinanderset-
zen muss, liegen eigene selbstständige Angelegenheiten vor.[2]

Soweit es im Rahmen der außergerichtlichen Schuldenbereinigung zu einer **Einigung** 4
kommt, entsteht die Einigungsgebühr nach den Nr. 1000 ff VV.

Kommt es nach dem Versuch der außergerichtlichen Schuldenbereinigung zur Durchfüh- 5
rung des Insolvenzverfahrens, ist die Geschäftsgebühr hälftig, höchstens mit 0,75 **anzurechnen** (Vorbem. 3 Abs. 4 VV).

II. Vertretung des Gläubigers

Vertritt der Anwalt den Gläubiger, entsteht ebenfalls eine Geschäftsgebühr nach Nr. 2300 6
VV, die ebenso anzurechnen ist, wenn es zum Insolvenzverfahren kommt. Gegenstandswert ist dann nur der Wert der jeweiligen Forderung.

C. Gerichtliches Insolvenzverfahren

I. Überblick

Das gesamte gerichtliche Insolvenzverfahren ist eine Angelegenheit iSd § 15 RVG. Daher 7
entstehen die Auslagen nach Teil 7 VV insgesamt nur einmal. Vorgesehen sind allerdings
verschiedene Verfahrensabschnitte:

- das Eröffnungsverfahren einschließlich des Verfahrens über den Schuldenbereinigungsplan,
- das Insolvenzverfahren,
- das Verfahren über einen Insolvenzplan und
- das Verfahren über den Antrag auf Restschuldbefreiung.

---

1 So zur Beratungshilfe LG Berlin RVGreport 2006, 302 und 464 = JurBüro 2007, 38.
2 BGH AGS 2007, 65 = NJW 2005, 2927 = RVGreport 2005, 339 = JurBüro 2005, 595.

8 Die Gebühren für die Vertretung im gesamten gerichtlichen Insolvenzverfahren richten sich nach Teil 3 Abschnitt 1 Unterabschnitt 5 VV. Der Anwalt erhält in jedem Verfahrensstadium eine gesonderte **Verfahrensgebühr.**

9 **Terminsgebühren** sind nicht vorgesehen. Daher lösen auch Besprechungen isd Vorbem. 3 Abs. 3 S. 3 Nr. 2 VV keine Terminsgebühr aus. Hinzu kommen kann eine **Einigungsgebühr** nach den Nr. 1000 ff VV. Die **Auslagen** richten sich nach Teil 7 VV.

10 Vertritt der Anwalt einen **ausländischen Insolvenzverwalter im Sekundärinsolvenzverfahren,** entstehen die gleichen Gebühren wie für die Vertretung des Schuldners (Vorbem. 3.3.5 Abs. 3 VV).

II. Insolvenzeröffnungsverfahren

1. Überblick

11 Im Verfahren über den Antrag auf Eröffnung des Insolvenzverfahrens ist danach zu differenzieren, ob der Anwalt den Schuldner oder den Gläubiger vertritt. In beiden Fällen ist weiterhin zu differenzieren, ob der Anwalt den Auftraggeber auch im Verfahren über den Schuldenbereinigungsplan vertritt.

2. Vertretung des Schuldners

12 Für die Vertretung des Schuldners **im Eröffnungsverfahren** erhält der Anwalt eine 1,0-Verfahrensgebühr nach Nr. 3113 VV. Eine Ermäßigung bei vorzeitiger Erledigung ist nicht vorgesehen. War der Anwalt zuvor im Rahmen der außergerichtlichen Schuldenbereinigung tätig, ist die dortige Geschäftsgebühr hälftig, höchstens zu 0,75 anzurechnen (Vorbem. 3 Abs. 4 VV).

13 Vertritt der Anwalt den Schuldner **auch im Verfahren über den Schuldenbereinigungsplan,** erhält er hierfür keine gesonderte Gebühr; vielmehr erhöht sich die Gebühr der Nr. 3313 VV auf einen Gebührensatz von 1,5 (Nr. 3315 VV).

14 Soweit es im Eröffnungsverfahren zu einer Einigung kommt, entsteht eine **1,0-Einigungsgebühr** (Nr. 1000 ff VV).

15 Der **Gegenstandswert** für die Vertretung des Schuldners richtet sich gem. § 28 Abs. 1 S. 1 RVG nach dem Wert der Insolvenzmasse und beträgt mindestens 4.000 € (§ 28 Abs. 1 S. 2 RVG). Unter **Insolvenzmasse** ist gem. § 35 InsO das gesamte Vermögen des Schuldners zur Zeit der Eröffnung des Verfahrens und jenes, das er während des Verfahrens erlangt, zu verstehen.

3. Vertretung des Gläubigers

16 Die Vertretung des Gläubigers ist in den Nr. 3314, 3316 VV gesondert geregelt. Zu beachten ist darüber hinaus, dass bei Vertretung mehrerer Gläubiger, die **verschiedene Forderungen** geltend machen, die Gebühren jeweils gesondert entstehen (Vorbem. 3.3.5 Abs. 2 VV). Es liegen dann verschiedene Angelegenheiten isd § 15 RVG vor.

17 Vertritt der Anwalt einen Gläubiger **nur im Eröffnungsverfahren,** entsteht lediglich eine 0,5-Verfahrensgebühr nach Nr. 3314 VV. Bei Vertretung mehrerer Gläubiger wegen derselben Forderung erhöht sich die Verfahrensgebühr um 0,3 je weiterer Auftraggeber (Nr. 1008 VV). Zur Vertretung mehrerer Gläubiger wegen verschiedener Forderungen s. Rn 16. Soweit der Anwalt hinsichtlich der Durchsetzung der Forderung bereits außergerichtlich tätig war, ist die entstandene Geschäftsgebühr hälftig, höchstens zu 0,75 anzurechnen (Vorbem. 3 Abs. 4 VV).

18 Wird der Anwalt für den Gläubiger **auch im Verfahren über den Schuldenbereinigungsplan** tätig, so erhöht sich die Verfahrensgebühr auf 1,0 (Nr. 3316 VV). Eine Erhöhung nach Nr. 1008 VV bei mehreren Auftraggebern, die dieselbe Forderung geltend machen, ist auch hier möglich.

Hinzu kommen kann noch eine **Einigungsgebühr** nach Nr. 1000 VV. 19

Der **Gegenstandswert** für die Vertretung des Gläubigers bemisst sich nach § 28 Abs. 2 S. 1 20
RVG. Maßgebend ist der Wert der Forderung, die der Gläubiger zum Insolvenzverfahren
geltend macht. Nebenforderungen wie Zinsen und Kosten sind gem. § 28 Abs. 2 S. 2 RVG
hinzuzurechnen.

III. Insolvenzverfahren

1. Die Gebühren

Für die Tätigkeit im Insolvenzverfahren erhält der Anwalt sowohl für die Vertretung des 21
Schuldners als auch für die Vertretung des Gläubigers eine weitere Gebühr nach Nr. 3317
VV. Die Gebühr entsteht gesondert neben den Gebühren nach den Nr. 3313 ff VV. Die Gebühr nach Nr. 3317 VV entgilt die gesamte Tätigkeit im Insolvenzverfahren einschließlich
Besprechungen und Verhandlungen mit dem Insolvenzverwalter, mit anderen Beteiligten,
die Wahrnehmung von Terminen, die Anmeldung und Prüfung von Forderungen sowie die
Mitwirkung im Verteilungsverfahren. Vertritt der Anwalt **mehrere Auftraggeber** als Gläubiger derselben Forderung, erhöht sich die Gebühr nach Nr. 1008 VV. Zur Vertretung
mehrerer Gläubiger wegen verschiedener Forderungen s. Rn 16.

Wird in dieser Phase bereits ein **Antrag auf Restschuldbefreiung** gestellt, wird dies nicht 22
mehr durch die Verfahrensgebühr der Nr. 3117 VV abgegolten, sondern löst gem. Anm.
Abs. 2 zu Nr. 3321 VV bereits die Gebühr nach Nr. 3321 VV aus (s. Rn 30).

Hinzu kommen kann auch hier eine **Einigungsgebühr** nach Nr. 1000 VV. 23

2. Gegenstandswert

Vertritt der Anwalt den **Schuldner**, gilt wiederum § 28 Abs. 1 S. 1 RVG. Der Wert der In- 24
solvenzmasse ist maßgebend. Vertritt er den **Gläubiger**, gilt der Wert der Forderung (§ 28
Abs. 2 RVG); Nebenforderungen wie Zinsen und Kosten sind hinzuzurechnen.

IV. Verfahren über einen Insolvenzplan

1. Die Gebühren

Wird ein Insolvenzplan nach den §§ 217 ff InsO aufgestellt, erhält der Anwalt für die Tä- 25
tigkeit in diesem Verfahren eine weitere **1,0-Verfahrensgebühr** nach Nr. 3318 VV, unabhängig davon, welchen Beteiligten er vertritt. Die Gebühr entsteht also sowohl für die Vertretung des Gläubigers, des Schuldners, des Insolvenzverwalters oder eines anderen Beteiligten. Bei Vertretung **mehrerer Gläubiger** wegen derselben Forderung erhöht sich die Gebühr nach Nr. 1008 VV um 0,3 je weiterem Auftraggeber.

Vertritt der Anwalt den **Schuldner, der den Plan vorgelegt hat**, erhöht sich die Verfahrens- 26
gebühr nach Nr. 3318 VV auf 3,0 (Nr. 3319 VV).

Beschränkt sich die Tätigkeit auf die **bloße Anmeldung einer Insolvenzforderung** für den 27
Gläubiger, ohne dass der Anwalt mit der Vertretung im Insolvenzverfahren beauftragt ist,
entsteht die Verfahrensgebühr der Nr. 3318 VV lediglich iHv 0,5 (Anm. zu Nr. 3320 VV).
Eine Erhöhung nach Nr. 1008 VV ist möglich.

Hinzu kommen kann eine **Einigungsgebühr** nach den Nr. 1000 ff VV. 28

2. Gegenstandswert

Eine ausdrückliche Regelung zum Gegenstandswert fehlt, so dass nach § 23 Abs. 3 S. 2 29
RVG der Gegenstandswert nach billigem Ermessen zu bestimmen ist. Bei der Vertretung
des **Schuldners** wird man sich an dem Wert der Insolvenzmasse orientieren, bei der Vertretung des **Gläubigers** an dem Wert seiner Forderung, wobei hier unklar ist, ob der volle
Wert der Forderung gilt oder nur die Quote, die zu erwarten ist.

V. Verfahren auf Restschuldbefreiung

1. Die Gebühren

30 Im Verfahren über den Antrag auf Versagung oder Widerruf der Restschuldbefreiung erhält der Anwalt sowohl für die Vertretung des Gläubigers als auch für die Vertretung des Schuldners eine **0,5-Verfahrensgebühr** nach Nr. 3321 VV. Die Gebühr entsteht auch dann, wenn der Antrag schon vor Aufhebung des Insolvenzverfahrens gestellt worden ist (Anm. Abs. 2 zu Nr. 3321 VV). Werden gleichzeitig **mehrere Anträge** gestellt, so liegt nur eine Angelegenheit vor, so dass die Verfahrensgebühr nur einmal entsteht (Anm. Abs. 1 zu Nr. 3321 VV).

2. Gegenstandswert

31 Der Gegenstandswert bemisst sich nach § 28 Abs. 3 RVG. Maßgebend ist das **wirtschaftliche Interesse**, das der Auftraggeber verfolgt (§ 23 Abs. 2 S. 3 RVG). Beim **Schuldner** ist der Betrag der Forderung maßgebend, von dem er befreit werden will. Bei der Vertretung des **Gläubigers** richtet sich der Wert nur nach der Forderung des jeweiligen Gläubigers, von der der Schuldner befreit werden soll.

VI. Sonstige Verfahren

32 Soweit der Anwalt anlässlich des Insolvenzverfahrens mit sonstigen Verfahren beauftragt ist (zB Beschwerdeverfahren, Prozesskostenhilfeprüfungsverfahren), richten sich die Gebühren nach den allgemeinen Vorschriften, also für das Beschwerdeverfahren nach den Nr. 3500 ff VV, für das Prozesskostenhilfeprüfungsverfahren nach Nr. 3335 VV, wobei auch hier § 16 Nr. 2 RVG gilt, wonach das Verfahren über die Prozesskostenhilfe mit zur Hauptsache zählt.

§ 31 Vertretung in sonstigen Verfahren

A. Verfahren auf Vollstreckbarerklärung ausländischer Urteile

In Verfahren auf Vollstreckbarerklärung ausländischer Urteile nach § 722 ZPO gelten die **Gebühren nach Teil 3 VV**. Das gilt auch für Beschwerdeverfahren (Nr. 3500, 3513 VV), soweit sie sich nicht gegen den Rechtszug beendende Entscheidungen richten. 1

In **Beschwerdeverfahren gegen die den Rechtszug beendenden Entscheidungen** über Anträge auf Vollstreckbarerklärung ausländischer Titel oder auf Erteilung der Vollstreckungsklausel zu ausländischen Titeln sowie über Anträge auf Aufhebung oder Abänderung der Vollstreckbarerklärung oder der Vollstreckungsklausel richten sich die Gebühren dagegen gem. Vorbem. 3.2.1 Nr. 2 Buchst. a) VV nach den Nr. 3200 ff VV (Gebühren eines Berufungsverfahrens). 2

Für ein eventuell nachfolgendes **Rechtsbeschwerdeverfahren** entstehen die gleichen Gebühren erneut (§ 15 Abs. 5 S. 2 RVG); in Verfahren vor dem BGH greift allerdings Vorbem. 3.2.2 Nr. 1 Buchst. a) VV; es gelten die Nr. 3206 ff VV (Gebühren eines Revisionsverfahrens), da die Parteien sich dort nur durch einen beim BGH zugelassenen Rechtsanwalt vertreten lassen können. 3

B. Verfahren in Patentsachen

I. Verfahren vor dem Patentamt

In Verfahren vor dem Patentamt (§§ 34 ff PatG) erhält der Anwalt die Vergütung nach Teil 2 VV. Es entsteht zunächst eine **Geschäftsgebühr** nach Nr. 2300 VV. Im Einspruchsverfahren entsteht ebenfalls eine Geschäftsgebühr nach Nr. 2300 VV, da es sich gem. § 17 Nr. 1 a RVG um eine eigene Angelegenheit handelt. Eine im vorangegangenen Verfahrensabschnitt entstandene Geschäftsgebühr ist nach Vorbem. 2.3 Abs. 4 VV hälftig, höchstens zu 0,75, anzurechnen. 4

II. Beschwerdeverfahren vor dem Bundespatentgericht

In Beschwerdeverfahren vor dem Bundespatentgericht (BPatG) ist zu differenzieren. 5

- In den **in Nr. 3510 VV genannten Beschwerdeverfahren** entsteht eine 1,3-Verfahrensgebühr nach Nr. 3510 VV und eine 1,2-Terminsgebühr nach Nr. 3516 VV. Eine zuvor verdiente Geschäftsgebühr ist gem. Vorbem. 3 Abs. 4 VV hälftig anzurechnen, höchstens mit 0,75.
- In den **sonstigen Beschwerdeverfahren**, wie zB die Beschwerden gegen einen Kostenfestsetzungsbeschluss gem. § 62 Abs. 2 S. 4 PatG, gelten die einfachen 0,5-Beschwerdegebühren nach den Nr. 3500, 3513 VV.

III. Verfahren vor dem BGH

In Verfahren vor dem BGH über eine **Beschwerde** nach §§ 122 ff PatG oder eine **Rechtsbeschwerde** nach §§ 100 ff PatG und in **Berufungsverfahren** nach §§ 110 ff PatG gegen Entscheidungen des BPatG gelten gem. Vorbem. 3.2.2 Nr. 2 VV die Gebühren der Nr. 3206 ff VV (Gebühren eines Revisionsverfahrens), und zwar mit den erhöhten Verfahrensgebühren nach Nr. 3208, 3209 VV, da eine Vertretung durch einen am BGH zugelassenen Rechtsanwalt vorgeschrieben ist. 6

IV. Verfahren vor den ordentlichen Gerichten

In **Patentstreitsachen** gem. § 143 PatG, in Verfahren gem. § 27 GebrMG, § 52 DesignG sowie für die Löschungsklage gem. § 55 MarkenG, in denen die ordentlichen Gerichte zuständig sind, gelten die Nr. 3100 ff VV unmittelbar. 7

V. Gegenstandswert

8 Der Gegenstandswert richtet sich gem. § 51 Abs. 1 GKG nach billigem Ermessen. Gemäß § 50 Abs. 2 GKG sind die Vorschriften über die Anordnung der Streitwertbegünstigung (§ 144 PatG, § 26 GebrMG, § 142 MarkenG, § 54 DesignG) entsprechend anzuwenden.

C. Verfahren nach dem Gesetz gegen Wettbewerbsbeschränkungen (GWB)

I. Kartellrechtliche Verfahren (§§ 54 ff GWB)

9 In den **verwaltungsrechtlichen** Verfahren vor den Kartellbehörden (§§ 54 ff GWB) erhält der Anwalt die Vergütung nach Teil 2 VV. Er kann dort eine Geschäftsgebühr nach Nr. 2300 VV verdienen und zwar sowohl im Verwaltungsverfahren als auch im Nachprüfungsverfahren (§ 17 Nr. 1 a RVG), allerdings mit hälftiger Anrechnung nach Vorbem. 2.3 Abs. 4 VV. Kommt es zu einstweiligen Anordnungen (§ 60 GWB), entsteht die Geschäftsgebühr der Nr. 2300 VV ein weiteres Mal; auch insoweit gilt § 17 Nr. 1 a RVG.

10 Kommt es zu einem **Beschwerdeverfahren** gegen die Entscheidung der Kartellbehörde, erhält der Anwalt für dieses Verfahren gesonderte Gebühren (§ 17 Nr. 1 RVG), die sich gem. Vorbem. 3.2.1 Nr. 2 Buchst. e) VV nach den Nr. 3200 ff VV richten (Gebühren eines Berufungsverfahrens). Kommt es zu einer Einigung (Nr. 1000 VV) oder Erledigung (Nr. 1002 VV), gilt Nr. 1004 VV.

11 Für die **Nichtzulassungsbeschwerde** nach § 75 GWB entsteht die Vergütung nach Nr. 3506 iHv 1,6. Die Gebühr ist im Falle der Zulassung der Rechtsbeschwerde auf die dortige Verfahrensgebühr anzurechnen (Anm. zu Nr. 3506 VV).

12 In einem **Rechtsbeschwerdeverfahren** nach § 74 GWB erhält der Anwalt nach Vorbem. 3.2.2 Nr. 1 iVm Vorbem. 3.2.1 Nr. 2 Buchst. e) VV die Gebühren eines Revisionsverfahrens (Nr. 3206 ff VV). Die Verfahrensgebühr einer vorausgegangenen **Nichtzulassungsbeschwerde** ist anzurechnen (Anm. zu Nr. 3506 VV).

13 In Verfahren auf **Anordnung oder Aussetzung der sofortigen Vollziehung** (§ 65 GWB) erhält der Anwalt gem. § 17 Nr. 4 Buchst. b) RVG gesonderte Gebühren, die sich ebenfalls nach den Nr. 3200 ff VV richten (arg. e Vorbem. 3.2 Abs. 2 S. 2 VV).

14 Der **Gegenstandswert** bestimmt sich gem. § 1 Abs. 1 S. 1 Nr. 9 GKG nach § 50 Abs. 1 S. 1 Nr. 1 GKG iVm § 3 ZPO. In Verfahren über Beschwerden eines Beigeladenen (§ 54 Abs. 2 Nr. 3 GWB) ist der Streitwert unter Berücksichtigung der sich für den Beigeladenen ergebenden Bedeutung der Sache nach Ermessen zu bestimmen (§ 50 Abs. 1 S. 2 GKG).

II. Vergabeverfahren (§§ 97 ff GWB)

15 Im vergaberechtlichen **Verwaltungsverfahren** (§§ 97 ff GWB) erhält der Anwalt die Vergütung nach Teil 2 VV. Er verdient dort eine Geschäftsgebühr nach Nr. 2300 VV. Kommt es zu einem Verfahren vor der Vergabeprüfstelle (§§ 102 ff GWB), entsteht dort gem. § 17 Nr. 1 a RVG eine weitere Geschäftsgebühr nach Nr. 2300 VV, auf die bei Vorbefassung im vergaberechtlichen Verwaltungsverfahren die dortige Geschäftsgebühr nach Vorbem. 2.3 Abs. 4 VV hälftig anzurechnen ist.

16 Kommt es zu einem **Nachprüfungsverfahren vor der Vergabekammer** (§§ 107 ff GWB), erhält der Anwalt wiederum eine Geschäftsgebühr nach Nr. 2300 VV. War der Anwalt zuvor im vergaberechtlichen Verwaltungsverfahren oder in einem Verfahren vor der Vergabeprüfstelle tätig, ist die dort verdiente Geschäftsgebühr wiederum hälftig anzurechnen (Vorbem. 2.3 Abs. 4 VV).[1] Wegen des Umfangs, der Schwierigkeit und der Bedeutung solcher Verfahren ist hier gem. § 14 Abs. 1 RVG grundsätzlich von einer 2,0-Gebühr auszugehen, jedenfalls dann, wenn eine mündliche Verhandlung stattgefunden hat.[2]

---

1 OLG München AGS 2007, 86.
2 OLG Düsseldorf AGS 2005, 505 (2,0); BayObLG AGS 2005, 205 = JurBüro 2005, 361 (2,5).

Wird ein **Antrag auf Aussetzung** nach § 115 Abs. 2 S. 1 GWB gestellt, löst dies eine weitere Geschäftsgebühr nach Nr. 2300 VV aus (§ 17 Nr. 1 a RVG).[3] **17**

Im Verfahren einer **sofortigen Beschwerde** nach § 116 GWB erhält der Anwalt gem. Vorbem. 3.2.1 Nr. 2 Buchst. e) VV die Gebühren eines Berufungsverfahrens, also die der Nr. 3200 ff VV. Eine zuvor verdiente Geschäftsgebühr ist nach Vorbem. 3 Abs. 4 VV hälftig anzurechnen, höchstens mit 0,75. Kommt es zu einer Einigung (Nr. 1000 VV) oder Erledigung (Nr. 1002 VV), gilt Nr. 1004 VV. **18**

In den **Eilverfahren nach § 115 Abs. 2 S. 2 und 3, § 118 Abs. 1 S. 3 und nach § 121 GWB** erhält der Anwalt gem. § 17 Nr. 4 Buchst. e) RVG gesonderte Gebühren, die sich allerdings nicht nach den Nr. 3200 ff VV richten, sondern nach den Nr. 3100 ff VV (Vorbem. 3.2 Abs. 2 S. 2 VV). **19**

Der **Gegenstandswert** bestimmt sich gem. § 1 Abs. 1 S. 1 Nr. 9 GKG nach § 50 Abs. 2 GKG. Im Verfahren über die Beschwerde gegen die Entscheidung der Vergabekammer (§ 116 GWB) einschließlich des Verfahrens über den Antrag nach § 115 Abs. 2 S. 2 und 3, § 118 Abs. 1 S. 3 und nach § 121 GWB beträgt der Streitwert 5 % der Bruttoauftragssumme. **20**

D. Verfahren nach dem Wertpapiererwerbs- und Übernahmegesetz (WpÜG)

In Verfahren nach dem WpÜG richtet sich die Vergütung für die **außergerichtliche Vertretung** vor der Bundesanstalt für Finanzdienstleistungen nach Teil 2 VV. Der Anwalt kann dort eine Geschäftsgebühr nach Nr. 2300 VV verdienen. Im Widerspruchsverfahren nach § 41 WpÜG entsteht eine weitere Geschäftsgebühr (es gilt § 17 Nr. 1 a RVG), auf die eine vorangegangene Geschäftsgebühr hälftig anzurechnen ist (Vorbem. 2.3 Abs. 4 VV). **21**

In einem **Beschwerdeverfahren** nach §§ 48 ff WpÜG erhält der Anwalt gem. Vorbem. 3.2.1 Nr. 5 VV die Gebühren eines Berufungsverfahrens, also die der Nr. 3200 ff VV. Eine zuvor verdiente Geschäftsgebühr ist nach Vorbem. 3 Abs. 4 VV hälftig, höchstens zu 0,75, anzurechnen. Kommt es zu einer Einigung (Nr. 1000 VV) oder Erledigung (Nr. 1002 VV), gilt Nr. 1004 VV. **22**

In **einstweiligen Anordnungsverfahren** (§ 50 WpÜG) erhält der Anwalt gem. § 17 Nr. 4 Buchst. b) RVG gesonderte Gebühren, die sich ebenfalls nach den Nr. 3200 ff VV richten (arg. e Vorbem. 3.2 Abs. 2 VV). **23**

Der **Gegenstandswert** bestimmt sich gem. § 1 Abs. 1 S. 1 Nr. 10 GKG nach § 50 Abs. 1 Nr. 3 GKG und in einstweiligen Anordnungsverfahren nach § 53 Abs. 3 Nr. 5 GKG. Vertritt der Rechtsanwalt einen Antragsgegner im Ausschlussverfahren nach § 39 b WpÜG, bestimmt sich der Gegenstandswert gem. § 31 a RVG nach dem Wert der Aktien, die dem Auftraggeber im Zeitpunkt der Antragstellung gehören. § 31 Abs. 1 S. 2 bis 4 und Abs. 2 RVG gilt entsprechend. **24**

E. Verfahren nach dem Gesetz über den Wertpapierhandel (WpHG)

In Verfahren nach dem WpHG richtet sich die Vergütung für die **außergerichtliche Vertretung** vor der Bundesanstalt für Finanzdienstleistungen nach Teil 2 VV. Der Anwalt kann dort eine Geschäftsgebühr nach Nr. 2300 VV verdienen. Im Widerspruchsverfahren nach § 37 t WpHG entsteht eine weitere Geschäftsgebühr (es gilt § 17 Nr. 1 a RVG), auf die eine vorangegangene Geschäftsgebühr hälftig anzurechnen ist (Vorbem. 2.3 Abs. 4 VV). **25**

In einem **Beschwerdeverfahren** nach § 37 u WpHG erhält der Anwalt gem. Vorbem. 3.2.1 Nr. 3 Buchst. b) VV die Gebühren eines Berufungsverfahrens, also die der Nr. 3200 ff VV. Eine zuvor verdiente Geschäftsgebühr ist nach Vorbem. 3 Abs. 4 VV hälftig, höchstens zu **26**

---

3 AA OLG Köln AGS 2007, 245 m. abl. Anm. *N. Schneider* = RVGreport 2007, 119, das diesen Umstand nur im Rahmen des § 14 Abs. 1 RVG berücksichtigen will.

0,75, anzurechnen. Kommt es zu einer Einigung (Nr. 1000 VV) oder Erledigung (Nr. 1002 VV), gilt Nr. 1004 VV.

27 In **einstweiligen Anordnungsverfahren** (§ 37 u Abs. 2 WpHG iVm § 50 WpÜG) erhält der Anwalt gem. § 17 Nr. 4 Buchst. b) RVG gesonderte Gebühren, die sich ebenfalls nach den Nr. 3200 ff VV richten (arg. e Vorbem. 3.2 Abs. 2 VV).

28 Der **Gegenstandswert** bestimmt sich gem. § 1 Abs. 1 S. 1 Nr. 11 GKG analog § 50 Abs. 1 Nr. 3 GKG und in einstweiligen Anordnungsverfahren analog § 53 Abs. 3 Nr. 5 GKG.

F. Verfahren nach dem Energiewirtschaftsgesetz (EnWG)

29 In Verfahren nach dem EnWG richtet sich die Vergütung für die **außergerichtliche Vertretung im Verwaltungsverfahren** nach Teil 2 VV. Der Anwalt kann dort eine Geschäftsgebühr nach Nr. 2300 VV verdienen. Kommt es zu einem Verfahren über eine vorläufige Anordnung nach § 72 EnWG, entsteht eine weitere Geschäftsgebühr nach Nr. 2300 VV (§ 17 Nr. 1 a RVG).

30 Kommt es zu einem **Beschwerdeverfahren**, erhält der Anwalt gem. Vorbem. 3.2.1 Nr. 2 Buchst. f) VV die Gebühren eines Berufungsverfahrens, also die der Nr. 3200 ff VV. Kommt es zu einer Einigung (Nr. 1000 VV) oder Erledigung (Nr. 1002 VV), gilt Nr. 1004 VV.

31 Im Verfahren der **Nichtzulassungsbeschwerde** entsteht die Gebühr nach Nr. 3506 VV mit der Maßgabe der Anrechnung im nachfolgenden Rechtsbeschwerdeverfahren (Anm. zu Nr. 3506 VV).

32 Kommt es zu einem **Rechtsbeschwerdeverfahren**, erhält der Anwalt gem. Vorbem. 3.2.2 Nr. 1 Buchst. a) iVm Vorbem. 3.2.1 Nr. 2 Buchst. f) VV die Gebühren eines Revisionsverfahrens, also die der Nr. 3206 ff VV. Kommt es zu einer Einigung (Nr. 1000 VV) oder Erledigung (Nr. 1002 VV), gilt auch hier Nr. 1004 VV.

33 In einem Verfahren auf **Anordnung der sofortigen Vollziehung oder Wiederherstellung der aufschiebenden Wirkung** (§ 77 EnWG) erhält der Anwalt gem. § 17 Nr. 4 Buchst. b) RVG gesonderte Gebühren, die sich ebenfalls nach den Nr. 3200 ff VV richten (arg. e Vorbem. 3.2 Abs. 2 VV).

34 Der **Gegenstandswert** bestimmt sich gem. § 1 Abs. 1 S. 1 Nr. 15 GKG nach § 50 Abs. 1 GKG. In Verfahren über Beschwerden eines Beigeladenen (§ 79 Abs. 1 Nr. 3 EnWG) ist der Streitwert unter Berücksichtigung der sich für den Beigeladenen ergebenden Bedeutung der Sache nach Ermessen zu bestimmen (§ 50 Abs. 1 S. 2 GKG).

G. Verfahren nach dem EG-Verbraucherschutzdurchsetzungsgesetz (VSchDG)

35 In Verfahren nach dem VSchDG richtet sich die Vergütung für die **außergerichtliche Vertretung** vor der nach § 2 VSchDG **zuständigen Behörde** nach Teil 2 VV. Der Anwalt erhält dort eine Geschäftsgebühr nach Nr. 2300 VV. Kommt es zu einem Nachprüfungsverfahren (§ 13 Abs. 1 S. 2 VSchDG), entsteht eine weitere Geschäftsgebühr (§ 17 Nr. 1 a RVG), allerdings mit der Maßgabe der hälftigen Anrechnung einer eventuell zuvor verdienten Geschäftsgebühr (Vorbem. 2.3 Abs. 4 VV).

36 Findet vor der Behörde ein Verfahren auf **Wiederherstellung der aufschiebenden Wirkung oder Anordnung der sofortigen Vollziehung** statt (§ 14 VSchDG), entsteht die Geschäftsgebühr der Nr. 2300 VV ein weiteres Mal; auch insoweit gilt § 17 Nr. 1 a RVG.

37 Kommt es zu einem **Beschwerdeverfahren** nach § 13 Abs. 1 S. 1 VSchDG, erhält der Anwalt gesondert (§ 17 Nr. 1 RVG) gem. Vorbem. 3.2.1 Nr. 2 Buchst. h) VV die Gebühren eines Berufungsverfahrens, also nach den Nr. 3200 ff VV. Kommt es zu einer Einigung (Nr. 1000 VV) oder Erledigung (Nr. 1002 VV), gilt Nr. 1004 VV.

Für eine **Nichtzulassungsbeschwerde** (§ 25 VSchDG), die nach § 17 Nr. 9 RVG wiederum   38
eine eigene Angelegenheit darstellt, erhält der Anwalt die Verfahrensgebühr der Nr. 3506
VV mit der Maßgabe, dass diese auf die Verfahrensgebühr eines zugelassenen Rechtsbeschwerdeverfahrens anzurechnen ist.

Kommt es zu einer **Rechtsbeschwerde** nach § 24 VSchDG, erhält der Anwalt gem. Vor   39
bem. 3.2.2 Nr. 2 Buchst. a) iVm Vorbem. 3.2.1 Nr. 2 Buchst. h) VV die Gebühren eines
Revisionsverfahrens, also nach den Nr. 3206 ff VV. Kommt es zu einer Einigung (Nr. 1000
VV) oder Erledigung (Nr. 1002 VV), gilt Nr. 1004 VV.

In **einstweiligen Anordnungsverfahren** (§ 23 VSchDG) erhält der Anwalt gem. § 17 Nr. 4   40
Buchst. b) RVG gesonderte Gebühren, die sich wiederum nach den Nr. 3200 ff VV richten.

Der **Gegenstandswert** bestimmt sich gem. § 1 Abs. 1 S. 1 Nr. 17 GKG nach § 50 Abs. 1 S. 1   41
Nr. 4 GKG iVm § 3 ZPO. In Verfahren über Beschwerden eines Beigeladenen (§ 16 Nr. 3
VSchDG) ist der Streitwert unter Berücksichtigung der sich für den Beigeladenen ergebenden Bedeutung der Sache nach Ermessen zu bestimmen (§ 50 Abs. 1 S. 2 GKG).

H. Verfahren nach dem Kohlendioxid-Speicherungsgesetz (KSpG)

In Verfahren vor der Behörde richtet sich die Vergütung für die **außergerichtliche Vertre**   42
tung nach Teil 2 VV. Der Anwalt erhält dort eine Geschäftsgebühr nach Nr. 2300 VV.

Kommt es zu einem **Beschwerdeverfahren** nach § 35 Abs. 4 KSpG, erhält der Anwalt (§ 17   43
Nr. 1 RVG) gem. Vorbem. 3.2.1 Nr. 2 Buchst. g) VV die Gebühren eines Berufungsverfahrens, also nach den Nr. 3200 ff VV. Kommt es zu einer Einigung (Nr. 1000 VV) oder Erledigung (Nr. 1002 VV), gilt Nr. 1004 VV.

Kommt es zu einer **Rechtsbeschwerde**, erhält der Anwalt gem. Vorbem. 3.2.2 Nr. 2   44
Buchst. a) iVm Vorbem. 3.2.1 Nr. Buchst. 2 g) VV die Gebühren eines Revisionsverfahrens, also nach den Nr. 3206 ff VV. Kommt es zu einer Einigung (Nr. 1000 VV) oder Erledigung (Nr. 1002 VV), gilt Nr. 1004 VV.

Der **Gegenstandswert** bestimmt sich gem. § 1 Abs. 1 S. 1 Nr. 19 GKG nach § 50 Abs. 1 S. 1   45
Nr. 2 GKG iVm § 3 ZPO. In Verfahren über Beschwerden eines Beigeladenen (§ 35 Abs. 6
Nr. 1 KSpG iVm § 79 Abs. 1 Nr. 3 EnWG) ist der Streitwert unter Berücksichtigung der
sich für den Beigeladenen ergebenden Bedeutung der Sache nach Ermessen zu bestimmen
(§ 50 Abs. 1 S. 2 GKG), höchstens 250.000 €.

Für **Bußgeldverfahren** gelten die allgemeinen Vorschriften nach Teil 5 VV.   46

I. Verfahren nach dem Spruchverfahrensgesetz (SpruchG)

Die Gebühren in Verfahren nach dem SpruchG richten sich nach Teil 3 VV. Im Ausgangs   47
verfahren gelten die Gebühren nach Teil 3 Abschnitt 1 VV, also die Nr. 3100 ff VV.

Im Verfahren über die **Beschwerde** nach § 12 SpruchG gelten gem. Vorbem. 3.2.1 Nr. 2   48
Buchst. i) VV die Gebühren eines Berufungsverfahrens. Kommt es zu einer Einigung
(Nr. 1000 VV) oder Erledigung (Nr. 1002 VV), gilt Nr. 1004 VV.

Kommt es zu einer **Rechtsbeschwerde**, erhält der Anwalt gem. Vorbem. 3.2.2 Nr. 2   49
Buchst. a) iVm Vorbem. 3.2.1 Nr. Buchst. 2 i) VV die Gebühren eines Revisionsverfahrens,
also nach den Nr. 3206 ff VV. Kommt es zu einer Einigung (Nr. 1000 VV) oder Erledigung
(Nr. 1002 VV), gilt Nr. 1004 VV.

Der **Gegenstandswert** bestimmt sich nach § 31 RVG. Die Vorschrift selbst regelt allerding   50
nicht unmittelbar die Bemessung des Gegenstandswerts für das gerichtliche Verfahren,
sondern nur die anteilige Bemessung für den jeweiligen Anwalt, wenn er im Spruchverfahren **nicht alle Antragsteller** vertritt. Sofern der Anwalt **alle Antragsteller** vertritt, also wenn
er sämtliche von mehreren Antragstellern vertritt oder wenn nur ein einziger Antragsteller

vorhanden ist, und bei Vertretung des Antragsgegners ist § 31 RVG nicht einschlägig. Es gilt dann über § 23 Abs. 1 S. 2 RVG die Vorschrift des § 74 GNotKG unmittelbar.

51 Geschäftswert ist danach der Betrag, der von allen Antragsberechtigten nach der Entscheidung des Gerichts zusätzlich zu dem ursprünglich angebotenen Betrag insgesamt gefordert werden kann. Er beträgt mindestens 200.000 € und höchstens 7,5 Mio. €. Maßgeblicher Zeitpunkt für die Bestimmung des Werts ist der Tag nach Ablauf der Antragsfrist.

52 Sofern der Anwalt nur **einen von mehreren Antragstellern** in einem Verfahren nach dem SpruchG vertritt, ist der Gegenstandswert für die Tätigkeit dieses Anwalts nach § 31 Abs. 1 RVG zu ermitteln. Danach ist vom Geschäftswert auszugehen, hier aber nur ein entsprechender Anteil zu berücksichtigen, der sich aus dem Verhältnis der Anzahl der Anteile des Auftraggebers zu der Gesamtzahl der Anteile aller Antragsteller (nicht sämtlicher vorhandener Anteile) ergibt. Anteile von außenstehenden Aktionären, die nicht auf Antragstellerseite beteiligt sind, bleiben bei der Bestimmung des Geschäftswerts außen vor. Sie werden nicht herangezogen, da ihnen lediglich die Stellung streitgenössischer Nebenintervenienten zukommt. Soweit sich danach ein geringerer Wert als 5.000 € ergibt, greift § 31 Abs. 1 S. 4 RVG. Der **Mindestwert** beträgt 5.000 €. Der Wert nach § 31 RVG ist im Verfahren nach § 33 RVG gesondert festzusetzen.[4]

J. Musterverfahren nach dem Kapitalanleger-Musterverfahrensgesetz (KapMuG)

53 Die Gebühren in Musterverfahren nach dem KapMuG richten sich nach Teil 3 VV. Das erstinstanzliche Prozessverfahren und der erste Rechtszug des Musterverfahrens sind nach § 16 Nr. 14 RVG eine Angelegenheit.

54 In Verfahren über die **Rechtsbeschwerde** nach § 20 KapMuG erhält der Anwalt die gleichen Gebühren wie in einem Revisionsverfahren (Vorbem. 3.2.2 Abs. 1 Nr. 1 Buchst. b) VV). Der **Gegenstandswert** im Musterverfahren bestimmt sich für den jeweiligen Anwalt nach der Höhe des von seinem Auftraggeber oder gegen diesen im Prozessverfahren geltend gemachten Anspruchs, soweit er Gegenstand des Musterverfahrens ist (§ 23 a RVG).

K. Verteilungsverfahren nach der Schifffahrtsrechtlichen Verteilungsordnung (SVertO)

I. Überblick

55 Die Vergütung in Verfahren nach der SVertO richtet sich nach **Teil 3 Abschnitt 3 Unterabschnitt 5 VV**, soweit dies dort ausdrücklich bestimmt ist (Vorbem. 3.3.5 Abs. 1 VV). Hinzu kommen kann eine Einigungsgebühr nach den Nr. 1000 ff VV. Keine Anwendung finden diese Gebühren für den Sachwalter gem. § 9 SVertO, der aus der Haftungsmasse eine angemessene Vergütung erhält (§ 9 Abs. 6 SVertO).

56 War der Anwalt zuvor außergerichtlich tätig, also mit der Abwehr oder Durchsetzung einer Forderung, richtet sich die Vergütung nach Teil 2 VV (Nr. 2300 VV). Die dort verdiente **Geschäftsgebühr** ist dann hälftig auf die nachfolgende Verfahrensgebühr aus den Nr. 3313 ff VV anzurechnen, höchstens jedoch mit 0,75 (Vorbem. 3 Abs. 4 VV).

57 Soweit der Anwalt **mehrere Auftraggeber** wegen **derselben Forderung** vertritt, erhöhen sich die Verfahrensgebühren nach Nr. 1008 VV um 0,3 je weiterer Auftraggeber. Vertritt der Anwalt **mehrere Gläubiger**, die **verschiedene Forderungen** geltend machen, liegen gesonderte Angelegenheiten vor, so dass der Anwalt die Verfahrensgebühr in jeder Angelegenheit gesondert erhält (Vorbem. 3.3.5 Abs. 2 VV).

---

4 Zu Einzelheiten mit Berechnungsbeispielen s. AnwK-RVG/*Thiel*, § 31 Rn 11 ff.

II. Das gerichtliche Verfahren nach der SVertO

1. Überblick

Die Vergütung in Verfahren nach der SVertO wird nach zwei verschiedenen Verfahrensab- **58**
schnitten unterschieden:

- Eröffnungsverfahren (§§ 4 ff SVertO) und
- Verteilungsverfahren (§§ 13 ff SVertO).

Hinzu kommen noch gesonderte Verfahrensgebühren für bestimmte Anträge. **59**

2. Eröffnungsverfahren

Zu unterscheiden ist hier, ob der Anwalt einen Gläubiger oder einen Schuldner vertritt. **60**
Die Gebühren sind unterschiedlich:

- Vertritt der Anwalt den **Schuldner**, so entsteht eine 1,0-Verfahrensgebühr nach
  Nr. 3313 VV (Anm. zu Nr. 3313 VV).
- Vertritt der Anwalt den **Gläubiger**, entsteht nur eine 0,5-Verfahrensgebühr nach
  Nr. 3314 VV (Anm. zu Nr. 3314 VV).

3. Verteilungsverfahren

Im Verteilungsverfahren erhält der Anwalt sowohl für die Vertretung des Gläubigers als **61**
auch für die Vertretung des Schuldners eine 1,0-Verfahrensgebühr nach Nr. 3317 VV
(Anm. zu Nr. 3317 VV). Beschränkt sich die Tätigkeit des Anwalts darauf, eine Forderung
im Verteilungsverfahren **anzumelden**, reduziert sich die 0,5-Verfahrensgebühr nach
Nr. 3320 VV (Anm. zu Nr. 3320 VV).

4. Antrag auf Zulassung der Zwangsvollstreckung

Stellt der Anwalt lediglich einen Antrag auf Zulassung der Zwangsvollstreckung nach **62**
§ 17 Abs. 4 SVertO, erhält er dafür eine 0,5-Verfahrensgebühr nach Nr. 3322 VV.

5. Antrag auf Aufhebung von Vollstreckungsmaßregeln

Für einen Antrag auf Aufhebung von Vollstreckungsmaßregeln (§ 8 Abs. 5 und § 41 **63**
SVertO) erhält der Anwalt ebenfalls lediglich eine 0,5-Verfahrensgebühr nach Nr. 3323
VV.

6. Sonstige Verfahren

Für sonstige Verfahren, etwa Beschwerde- oder Erinnerungsverfahren, die Zwangsvollstre- **64**
ckung etc., gelten die allgemeinen Vorschriften.

III. Gegenstandswert

Der Gegenstandswert richtet sich nach § 29 RVG, der wiederum auf § 28 RVG verweist, **65**
mit der Maßgabe, dass an die Stelle des Wertes der Insolvenzmasse die festgesetzte Haf-
tungssumme tritt.

L. Verteilungsverfahren außerhalb der Zwangsversteigerung und der Zwangsverwaltung

In Verteilungsverfahren außerhalb der Zwangsversteigerung, für die die Gebühren der **66**
Nr. 3309, 3310 VV gelten,[5] der Zwangsverwaltung, für die die Gebühren nach den

---

5 Str. für das Verteilungsverfahren gem. §§ 872 ff ZPO. Für die Anwendung der Nr. 3309, 3310 VV: AnwK-
RVG/*Wolf*, Nr. 3333 VV Rn 3; für die Anwendung der Nr. 3333 VV: Gerold/Schmidt/*Müller-Rabe*, Nr. 3333
VV Rn 2, 4; *Hartmann*, KostG, Nr. 3333 VV RVG Rn 2.

Nr. 3311, 3312 VV gelten, und außerhalb der SVertO, für die die Nr. 3313 ff VV gelten, richtet sich die Vergütung nach Nr. 3333 VV. Solche gerichtliche Verteilungsverfahren finden nach § 119 Abs. 3 BauGB, § 55 BLG, Art. 52, 53 Abs. 1 S. 2, 53 a, 67 Abs. 2, 109 EGBGB, § 75 Abs. 2 FlurbG und § 54 Abs. 3 LBG statt.

67   Für die Vertretung in dem gesamten – gerichtlichen und/oder außergerichtlichen – Verteilungsverfahren erhält der Anwalt eine 0,4-Verfahrensgebühr. Eine Ermäßigung bei vorzeitiger Beendigung ist nicht vorgesehen. Eine gesonderte Terminsgebühr kann nicht entstehen (Anm. S. 2 zu Nr. 3333 VV). Möglich ist allenfalls eine Einigungsgebühr (Nr. 1000 ff VV).

68   Der **Gegenstandswert** bestimmt sich gem. Anm. S. 1 zu Nr. 3333 VV nach § 26 Nr. 1 und 2 RVG. Es kommt also auch hier darauf an, wen der Anwalt in dem Verteilungsverfahren vertritt.

M. Verfahren nach dem Strafvollzugsgesetz (StVollzG)

69   Obwohl es sich in Verfahren nach dem StVollzG um Strafsachen handelt, gilt nicht Teil 4 VV. Die Gebühren richten sich vielmehr nach Teil 3 VV, wie sich aus der Überschrift zu diesem Teil ergibt. Allerdings gilt dies nur für gerichtliche Verfahren; für die **außergerichtliche Vertretung** richten sich die Gebühren nach Teil 2 VV – nach den Nr. 2300 ff VV.

70   In **gerichtlichen Verfahren** gelten die Gebühren nach den Nr. 3100 ff VV. **Einstweilige Anordnungen** sind nach § 17 Nr. 4 Buchst. b) RVG gesonderte Angelegenheiten.[6]

71   In Verfahren über die **Rechtsbeschwerde nach § 116 StVollzG** erhält der Anwalt die Gebühren eines Berufungsverfahrens (Vorbem. 3.2.1 Nr. 3 VV).

72   Der **Gegenstandswert** bestimmt sich nach § 60 iVm § 52 Abs. 1 und 2 GKG. Die Wertfestsetzung richtet sich nach § 65 GKG.

---

6   KG AGS 2008, 227 = RVGreport 2008, 100; LG Marburg AGS 2007, 81 = StraFo 2006, 216; aA Burhoff/ *Volpert*, RVG, Teil A Rn 1454.

Teil 4:
Die Abrechnung und Durchsetzung der Vergütung

§ 32 Die Abrechnung mit dem Auftraggeber

A. Der Vergütungsanspruch

I. Überblick

Hinsichtlich seines Vergütungsanspruchs muss der Anwalt mehrere Phasen bzw Zeitpunkte beachten: **1**

- das Entstehen des Vergütungsanspruchs,
- den Eintritt der Fälligkeit,
- den Beginn der Durchsetzbarkeit des Vergütungsanspruchs,
- den Beginn der Verjährungsfrist und
- den Ablauf der Verjährungsfrist.

II. Entstehen des Vergütungsanspruchs

Der Vergütungsanspruch entsteht, sobald ein Gebühren- oder Auslagentatbestand des VV verwirklicht worden ist. Mit seinem Entstehen ist der Vergütungsanspruch aber noch nicht fällig (§ 8 Abs. 1 RVG) und erst recht nicht durchsetzbar (§ 10 RVG). Der Anwalt kann in dieser Phase daher lediglich Vorschüsse nach § 9 RVG verlangen (s. Rn 27 ff). **2**

Zu beachten ist, dass die Fälligkeit für **jede Angelegenheit** iSd § 15 RVG gesondert festzustellen ist. **3**

Beispiel 1: Der Anwalt war im Jahr 2011 außergerichtlich tätig und hatte noch im Dezember 2011 Klageauftrag erhalten. Das gerichtliche Verfahren zog sich über mehrere Jahre hinweg und wurde schließlich im Januar 2015 entschieden.

Da es sich bei der außergerichtlichen Tätigkeit und der Tätigkeit im gerichtlichen Verfahren um verschiedene Angelegenheiten iSd § 15 RVG handelt, tritt die Fälligkeit gesondert ein. Die Vergütung für die außergerichtliche Tätigkeit ist im Dezember 2011 eingetreten, die für das gerichtliche Verfahren dagegen erst im Januar 2015.

Abweichend von der gesetzlichen Regelung können Anwalt und Auftraggeber über die Fälligkeit der Vergütung eine **Vereinbarung** treffen. Diese geht dann der Vorschrift des § 8 Abs. 1 RVG vor. Eine solche Vereinbarung muss nicht den Formerfordernissen der §§ 3 a ff RVG entsprechen, da sie nicht zu einer höheren Vergütung führt.[1] **4**

III. Fälligkeit des Vergütungsanspruchs

1. Fälligkeitstatbestände für alle Angelegenheiten

Die Vergütung des Anwalts wird im Gegensatz zu § 271 BGB nicht sofort fällig, sondern erst unter den Voraussetzungen des § 8 Abs. 1 RVG. Diese Vorschrift enthält insgesamt fünf Fälligkeitstatbestände. Für den Eintritt der Fälligkeit genügt es, dass einer dieser Tatbestände erfüllt ist. Es können selbstverständlich auch kumulativ **mehrere Fälligkeitstatbestände** ausgelöst werden. Maßgebend ist dann der Fälligkeitstatbestand, der als **erster** verwirklicht worden ist.[2] **5**

In **allen Angelegenheiten** tritt nach § 8 Abs. 1 S. 1 RVG Fälligkeit ein, wenn **6**

- der **Auftrag erledigt** (1. Alt.) oder
- die **Angelegenheit beendet** (2. Alt.) ist.

---

1 BGH AGS 2004, 440 = NJW-RR 2004, 1145 = MDR 2004, 845.
2 BGH AnwBl 1985, 257; BGH NJW-RR 1992, 255.

7 **Erledigt ist der Auftrag,** wenn der Rechtsanwalt seinen Verpflichtungen aus dem Anwaltsvertrag vollständig nachgekommen ist.[3] In Betracht kommt aber auch eine **vorzeitige Erledigung,** wenn der Anwalt das Mandat niederlegt, der Auftraggeber den Anwaltsvertrag kündigt oder beide Parteien den Vertrag einvernehmlich aufheben.[4] Des Weiteren tritt eine Erledigung ein, wenn dem Anwalt die Fortsetzung seiner geschuldeten Tätigkeit unmöglich wird, also etwa bei Rückgabe oder Entzug seiner Zulassung.[5] Der Auftrag kann sich ferner auch dann erledigen, wenn er anderweitig aus tatsächlichen oder rechtlichen Gründen nicht mehr durchführbar ist, etwa im Scheidungsverfahren durch den Tod des Ehegatten. Der Auftrag erledigt sich ferner durch den Tod des Anwalts, es sei denn, er war Mitglied einer Sozietät und der Auftrag war allen Sozien erteilt oder für ihn wird ein Abwickler nach § 55 BRAO bestellt.[6] Durch den Tod des Auftraggebers erledigt sich der Auftrag im Zweifel nicht (§ 672 S. 1 BGB).[7]

8 Eine **Angelegenheit ist beendet,** wenn der Anwalt das Rechtsschutzziel des Mandanten verwirklicht hat oder wenn feststeht, dass sich das Ziel nicht erreichen lässt, zB wenn der Gegner endgültig erklärt, zu einer außergerichtlichen Einigung nicht bereit zu sein.[8] Eine teilweise Erledigung reicht nicht aus, um die Fälligkeit herbeizuführen, da § 8 Abs. 1 S. 1 RVG – im Gegensatz zu § 8 Abs. 1 S. 2 RVG – keine Teilfälligkeiten kennt. Unerheblich ist, ob noch Abwicklungstätigkeiten vorzunehmen sind. Solche Abwicklungstätigkeiten zählen zwar gebührenrechtlich noch zur Angelegenheit (s. § 19 RVG); sie sind für die Beendigung der Angelegenheit iSd § 8 Abs. 1 S. 1, 2. Alt. RVG jedoch unerheblich. Zu diesen Abwicklungstätigkeiten gehören insbesondere die Einforderung der von der Gegenseite eventuell zu erstattenden Kosten, der Austausch vereinbarter Leistungen nach einem Vergleich,[9] die Erteilung einer vollstreckbaren Ausfertigung, die Kostenfestsetzung[10] oder auch ein Berichtigungsverfahren nach § 319 ZPO.[11]

2. Besondere Fälligkeitstatbestände für gerichtliche Verfahren

9 Neben den allgemeinen Fälligkeitstatbeständen des § 8 Abs. 1 S. 1 RVG tritt nach § 8 Abs. 1 S. 2 RVG in gerichtlichen Verfahren die Fälligkeit in drei weiteren Fällen ein, nämlich wenn

- ■ eine Kostenentscheidung ergeht (1. Var.),
- ■ der Rechtszug beendet ist (2. Var.) oder
- ■ das Verfahren länger als drei Monate ruht (3. Var.).

10 Bedeutung haben diese Fälligkeitstatbestände nur, wenn nicht ohnehin schon nach § 8 Abs. 1 S. 1 RVG der Auftrag erledigt oder die Angelegenheit beendet ist.

11 **Ergeht** eine **Kostenentscheidung,** ist idR das Verfahren beendet, so dass damit schon die Fälligkeit nach § 8 Abs. 1 S. 1 RVG eingetreten ist. Das ist aber nicht zwingend.

Beispiel 2: Es ergeht ein Versäumnisurteil, gegen das Einspruch eingelegt wird. Über den Einspruch wird anschließend verhandelt.

Da das Versäumnisurteil eine Kostenentscheidung enthält, ist die bis dahin angefallene Vergütung fällig.

Beispiel 3: Es ergeht ein Strafbefehl, gegen den Einspruch eingelegt wird. Anschließend wird die Hauptverhandlung durchgeführt.

---

3   AnwK-RVG/N. *Schneider,* § 8 Rn 19.
4   AnwK-RVG/N. *Schneider,* § 8 Rn 22.
5   AnwK-RVG/N. *Schneider,* § 8 Rn 25.
6   AnwK-RVG/N. *Schneider,* § 8 Rn 27.
7   OLG Hamm JurBüro 1977, 350; AnwK-RVG/N. *Schneider,* § 8 Rn 28.
8   LG Mannheim MDR 1965, 920 = AnwBl 1966, 30.
9   AG Köln AnwBl 1999, 487 = JurBüro 1999, 528; OLG Koblenz AGS 2007, 302 = RVGreport 2007, 191; LAG Rheinland-Pfalz, Beschl. v. 5.1.2007 – 10 Ta 248/06, juris.
10 LG Karlsruhe RVGreport 2008, 26.
11 OLG Koblenz AGS 2007, 302 = AnwBl 2007, 550 = RVGreport 2007, 191.

Da der Strafbefehl eine Kostenentscheidung enthält, ist die bis dahin angefallene Vergütung fällig.

Soweit Teilkostenentscheidungen ergehen (etwa bei Ausscheiden eines von mehreren Beklagten), werden die von der Teilkostenentscheidung erfassten Gebühren fällig.[12] **12**

Mit der **Beendigung des Rechtszugs** ist das Ende des prozessualen Rechtszugs gemeint, nicht das des gebührenrechtlichen.[13] Die Beendigung des Gebührenrechtszugs, nämlich der Angelegenheit, ist bereits in § 8 Abs. 1 S. 1, 2. Alt. RVG geregelt.[14] Der Rechtszug endet mit einer gerichtlichen Entscheidung, einem Vergleich, einer Einigung, der Rücknahme der Klage, des Rechtsmittels oder der Anklage oder eines sonstigen Antrags. Die gerichtliche Entscheidung muss die Instanz abschließen. **Zwischenentscheidungen**, wie etwa ein Zwischenurteil nach § 303 ZPO oder ein Grundurteil, führen daher noch nicht zur Fälligkeit. Auch hier kommen allerdings **Teilfälligkeiten** in Betracht, nämlich dann, wenn Teilentscheidungen ergehen, die im Umfang ihrer Entscheidung den Rechtszug beenden. **13**

Beispiel 4: Auf die Klage über 10.000 € ergeht ein Teilurteil iHv 5.000 €.

Aus dem Teilwert von 5.000 € ist die Vergütung fällig geworden.

Beispiel 5: In einem Verbundverfahren wird nach § 140 Abs. 2 FamFG der Versorgungsausgleich abgetrennt und über die Ehesache entschieden.

Hinsichtlich der Ehesache ist der Rechtszug beendet, so dass aus diesem Wert die Vergütung fällig geworden ist.

Wenn ein Verfahren **länger als drei Monate ruht**, wird die Vergütung ebenfalls fällig. Das „Ruhen" des Verfahrens iSd § 8 Abs. 1 S. 2, 3. Var. RVG ist nicht streng prozessual zu verstehen. Es ist also nicht erforderlich, dass das Gericht zB nach § 251 ZPO das Ruhen des Verfahrens anordnet.[15] Vielmehr reicht es aus, dass in der Angelegenheit tatsächlich länger als drei Monate nichts mehr geschieht.[16] Voraussetzung ist aber, dass das Gericht durch sein Verhalten zu erkennen gibt, in der Sache zunächst nichts Weiteres zu veranlassen. Daher ist nicht von einem Ruhen iSd § 8 Abs. 1 S. 2, 3. Var. RVG auszugehen, wenn das Gericht auf einen Zeitraum von über drei Monaten hinaus terminiert, eine Stellungnahmefrist von mehr als drei Monaten setzt oder für einen Zeitraum von über drei Monaten keine verfahrensleitenden Maßnahmen trifft.[17] Auch wenn faktisch über drei Monate hinweg in dieser Sache nichts geschieht, ruht das Verfahren nicht, sondern wird weiterbetrieben. Ein Ruhen des Verfahrens beginnt stets mit einer **Aussetzung** (zB §§ 148 ff ZPO) sowie einer **Unterbrechung** (§§ 239 ff ZPO).[18] **14**

3. Wirkung der Fälligkeit

Der Eintritt der Fälligkeit hat folgende Auswirkungen: **15**

- Der Anwalt kann seine Vergütung **abrechnen und einfordern** (§ 10 RVG).
- Der Leistungszeitraum iSd UStG ist beendet, so dass die **Umsatzsteuer** nach dem Satz anfällt, der zu diesem Datum gilt (s. § 10 Rn 44).
- Die **Einleitung eines Vergütungsfestsetzungsverfahrens** (s. Rn 52 ff) wird sowohl für den Anwalt als auch für den Auftraggeber möglich.
- Der Anwalt hat die Möglichkeit, aus eigenem Recht die **Festsetzung des Gegenstandswertes** zu beantragen (§§ 32 Abs. 2, 33 Abs. 2 S. 1 RVG) und gegen eine ihm ungünstige Wertfestsetzung **Beschwerde** einzulegen (§§ 32 Abs. 2, 33 Abs. 3 RVG).

---

12 AnwK-RVG/N. *Schneider*, § 8 Rn 63 ff.
13 OLG Naumburg JurBüro 1998, 81.
14 AnwK-RVG/N. *Schneider*, § 8 Rn 81.
15 AnwK-RVG/N. *Schneider*, § 8 Rn 92.
16 Gerold/Schmidt/*Müller-Rabe*, § 8 Rn 29.
17 OLG Karlsruhe AGS 2008, 61 = RVGreport 2008, 54.
18 Gerold/Schmidt/*Müller-Rabe*, § 8 Rn 30.

- Das **Recht auf Vorschuss endet**, weil abgerechnet werden kann.
- Dem Auftraggeber steht ein Anspruch auf eine **ordnungsgemäße Abrechnung** zu.
- Mit Ende des Kalenderjahres (§ 199 BGB) wird der Ablauf der **Verjährungsfrist** in Gang gesetzt (s. Rn 20 ff).

IV. Durchsetzbarkeit der Vergütung, ordnungsgemäße Rechnung

16 Die Fälligkeit der Vergütung bedeutet noch nicht, dass der Anwalt seine Vergütung auch durchsetzen kann. Hierzu bedarf es noch einer ordnungsgemäßen Abrechnung nach § 10 RVG. Solange dem Auftraggeber keine ordnungsgemäße Berechnung mitgeteilt worden ist, liegt nur eine sog. Naturalobligation vor. Das bedeutet, dass der Auftraggeber zwar mit Erfüllungswirkung zahlen kann, dass er dazu aber nicht verpflichtet ist. Der Anwalt kann also weder seine Vergütung einklagen noch durch Aufrechnung oder anderweitig durchsetzen.

17 Zu den Voraussetzungen einer **ordnungsgemäßen Rechnung** gehören nach § 10 Abs. 2 RVG:

- Die Abrechnung der Vergütung muss **schriftlich** (§ 126 BGB) erfolgen. Ein gesondertes Rechnungsblatt ist nicht erforderlich, aber empfehlenswert.
- Der Auftraggeber als **Rechnungsadressat** muss zutreffend und eindeutig bezeichnet sein. Bei **mehreren Auftraggebern** muss jedem Auftraggeber eine eigene Rechnung über den ihn betreffenden Haftungsanteil mitgeteilt werden.[19] Siehe auch § 4 Rn 53.
- Die abgerechnete **Angelegenheit** muss **konkret bezeichnet** sein. Grundsätzlich wird die Angabe der Parteien genügen. Sofern mehrere Sachen zwischen denselben Parteien in Bearbeitung sind, muss die Sache weiter konkretisiert werden.
- Die **angewandten Gebührentatbestände** müssen durch eine „kurze Bezeichnung" konkretisiert sein (zB „Geschäftsgebühr", „Verfahrensgebühr", „Terminsgebühr").
- Die **angewandten Gebührenvorschriften** müssen nach den Nummern des Vergütungsverzeichnisses zitiert werden. Der Klarheit halber sollten auch Hilfsvorschriften, wie zB Nr. 1008 VV, mitzitiert werden. Bei einer Beratung ist die Angabe des § 34 RVG nicht erforderlich, gleichwohl aber anzuraten.
- Bei Satzrahmengebühren muss der **angewandte Gebührensatz** ausgewiesen werden.[20]
- Die jeweiligen **Gebührenbeträge** müssen einzeln ausgewiesen sein. Die Angabe der Gebührensätze bei Wertgebühren ist zwar nicht vorgeschrieben; sie sollten der Klarheit halber jedoch ebenfalls angeführt werden.
- Berechnet sich eine Gebühr nach dem **Gegenstandswert**, so muss auch dieser angeführt werden. Nicht erforderlich ist es, die entsprechenden Streitwertvorschriften zu zitieren.
- **Auslagen** müssen ebenfalls bezeichnet werden. Bei pauschaler Abrechnung genügt der Hinweis auf die Postentgeltpauschale (Nr. 7002 VV). Im Übrigen müssen die Auslagen benannt werden; eine detaillierte Aufstellung ist allerdings nur auf Nachfrage des Mandanten erforderlich. Bei Entgelten für Post- und Telekommunikationsdienstleistungen genügt die Angabe des Gesamtbetrages (§ 10 Abs. 2 S. 4 RVG).
- Eventuelle **Vorschüsse, Zahlungen Dritter und anzurechnende Beträge** (zB nach Anm. zu Nr. 3305 VV; Vorbem. 3 Abs. 4 VV) müssen ausgewiesen und gutgeschrieben werden.
- Schließlich muss die Kostenrechnung vom abrechnenden Anwalt **eigenhändig unterschrieben** werden. Ein Faksimilestempel reicht nicht aus. In Ausnahmefällen kann die Unterschrift auf einem Anschreiben oder einem Begleitschreiben ausreichen. Verlassen sollte sich der Anwalt hierauf jedoch nicht.

---

19 LG Mannheim AGS 2012, 324 = AnwBl 2013, 149 = NJW-Spezial 2012, 444 = RVGreport 2012, 414; AG Kerpen AGS 2014, 375 = zfs 2014, 588 = NJW-Spezial 2014, 508.
20 LG Freiburg AGS 2012, 222 m. Anm. *N. Schneider.*

Wichtig: Eine vor Fälligkeit erstellte „Rechnung" ist tatsächlich keine Rechnung iSd § 10   18
RVG, sondern ein Vorschuss. Darauf können ein Einfordern und eine Klage nicht gestützt
werden.[21] Der Anwalt muss nach Fälligkeit eine (neue) Schlussrechnung schreiben und
mitteilen.

Nicht zu den Voraussetzungen einer ordnungsgemäßen Rechnung nach § 10 RVG gehört   19
die **Angabe des Leistungszeitraums** und der **Steuernummer** des Anwalts (§§ 14 Abs. 1 a, 27
Abs. 3 UStG). Fehlen diese Angaben, ist dies für die Einforderbarkeit der Vergütung
grundsätzlich unerheblich. Allerdings steht dem Auftraggeber ein Zurückbehaltungsrecht
zu. Er kann die Zahlung der Vergütung davon abhängig machen, dass ihm eine ordnungsgemäße Rechnung mit Angabe der Umsatzsteuer, der Rechnungsnummer und des Leistungszeitraums ausgehändigt wird.[22]

V. Beginn und Ablauf der Verjährung

Die Vergütung des Anwalts unterliegt der Verjährung. Insoweit gilt die regelmäßige Ver-   20
jährungsfrist des § 195 BGB (**drei Jahre**).

Der Ablauf der Verjährungsfrist **beginnt** mit dem Ende des Kalenderjahres, in dem die Ver-   21
gütung fällig geworden ist. Auf die Erteilung einer ordnungsgemäßen Abrechnung nach
§ 10 RVG kommt es nicht an.[23] Die Verjährungsfrist läuft also auch dann, wenn der Anwalt noch keine Rechnung erteilt hat.

Der Ablauf der Verjährung kann **gehemmt** werden, u.a. durch   22

- **Klageerhebung** (§ 204 Abs. 1 Nr. 1 BGB),
- Zustellung eines **Mahnbescheids** (§ 204 Abs. 1 Nr. 3 BGB) oder
- Einreichung eines **Vergütungsfestsetzungsantrags** nach § 11 RVG (§ 11 Abs. 7 RVG).

Zur Hemmung der Verjährung durch eine der vorgenannten Maßnahmen ist es nicht er-   23
forderlich, dass der Anwalt seinem Auftraggeber zuvor eine **Abrechnung** erteilt hat. Diese
kann auch nach Ablauf der Verjährungsfrist noch (im Rechtsstreit bis zum Schluss der
mündlichen Verhandlung) nachgereicht werden.[24]

In Ergänzung zu § 204 BGB ist in § 8 Abs. 2 RVG eine spezielle Regelung zur Hemmung   24
der Vergütung in gerichtlichen Verfahren enthalten. Die Verjährung der Vergütung aus
einem **gerichtlichen Verfahren** ist so lange gehemmt, als das Verfahren noch anhängig ist.

Beispiel 6: Gegen das im Jahr 2011 ergangene erstinstanzliche Urteil ist Berufung eingelegt
worden, über die am 18.4.2015 rechtskräftig entschieden worden ist.

Zwar sind seit dem Abschluss der ersten Instanz drei Kalenderjahre vergangen. Eine Verjährung
ist dennoch nicht eingetreten, weil das Verfahren noch nicht rechtskräftig abgeschlossen ist.

Zu beachten ist, dass die gehemmte Verjährung nach Wegfall der Anhängigkeit sofort zu   25
laufen beginnt, nicht erst mit dem Ende des Kalenderjahres.

Im Beispiel 6 beginnt also der Ablauf der Verjährungsfrist für die erstinstanzliche Vergütung mit Ablauf des 18.4.2014, während die Verjährungsfrist für die Vergütung des Berufungsverfahrens erst mit Ablauf des Jahres 2014 beginnt.

Ein **Anerkenntnis des Auftraggebers** hindert ebenfalls den Ablauf der Verjährung. Insoweit   26
tritt allerdings nicht lediglich eine Hemmung ein, sondern nach § 212 Nr. 1 BGB ein Neu-
beginn der Verjährung. Von einem verjährungshindernden Anerkenntnis ist auszugehen,
wenn der Auftraggeber dem Anwalt gegenüber die Vergütungsforderung bestätigt. Dies
kann auch durch schlüssiges Handeln geschehen. So ist in der Vereinbarung einer **Ratenzahlung** konkludent ein Anerkenntnis hinsichtlich der Gesamtforderung enthalten.

---

21 AG Lichtenberg AGS 2013, 274 = RVGreport 2013, 306.
22 BGH NJW 1980, 2710.
23 AnwK-RVG/N. *Schneider*, § 8 Rn 107.
24 BGH AGS 1998, 177 = NJW 1998, 3466.

B. Das Recht auf Vorschuss

27 Solange die Vergütung des Anwalts noch nicht fällig ist, steht dem Anwalt nach § 9 RVG ein Recht auf Vorschuss für die entstandenen und die voraussichtlich noch entstehenden Gebühren und Auslagen zu. Das Recht auf Vorschuss gilt für alle Tätigkeiten des Anwalts, soweit keine Ausnahmen vorgesehen sind. Die Vorschrift gilt auch dann, wenn das RVG keine Gebühren vorsieht, wie in den Fällen des § 34 Abs. 1 RVG.

28 Ist der Auftraggeber **rechtsschutzversichert**, muss ihn der Versicherer auch von Vorschussanforderungen des Anwalts freistellen.[25] Der Rechtsschutzversicherer ist nicht berechtigt, die vorschussweise geltend gemachten Gebühren eigenmächtig zu kürzen.[26]

29 Das Recht auf Vorschuss entsteht bereits mit Auftragserteilung.[27] Es endet, sobald der Anwalt in der Lage ist, seine Vergütung geltend zu machen, also idR mit Fälligkeit des jeweiligen Vergütungsanspruchs. Jetzt kann kein Vorschuss mehr verlangt werden. Es muss eine Schlussrechnung erteilt werden.[28]

30 Wann der Anwalt einen Vorschuss verlangt, steht ihm frei. Vorschüsse kann er **jederzeit** verlangen. Das Recht auf Vorschuss kann nicht verwirken. Der Anwalt kann jederzeit auch weitere Vorschüsse verlangen.

31 Der Vorschuss kann **formlos** angefordert werden. Eine Berechnung nach § 10 RVG ist für die Anforderung des Vorschusses nicht erforderlich und wäre auch gar nicht möglich, da die Abrechnung nach § 10 RVG die Fälligkeit voraussetzt.[29]

32 Hinsichtlich der **Höhe des Vorschusses** ist der Anwalt grundsätzlich frei. § 9 RVG schränkt die Höhe des Vorschusses lediglich insoweit ein, dass er bis zur Höhe der voraussichtlich entstehenden Gebühren und Auslagen verlangt werden kann und angemessen sein muss. Der Vorschuss nach § 9 RVG muss sich damit – im Gegensatz zum Vorschuss gegenüber der Staatskasse bei Prozesskostenhilfe nach § 47 RVG – nicht auf diejenigen Gebührentatbestände beschränken, die bereits ausgelöst worden sind. Er kann auch zukünftige Gebühren und Auslagentatbestände erfassen. So dürfte es in Kündigungsschutzprozessen nicht unangemessen sein, bereits Verfahrens-, Termins- und auch Einigungsgebühr vorschussweise anzufordern. In Bußgeldsachen kann regelmäßig bereits die Zusätzliche Gebühr nach Nr. 5115 VV angefordert werden.[30]

33 Soweit die Gebühren nach dem **Gegenstandswert** abgerechnet werden, ist der voraussichtliche Gegenstandswert zugrunde zu legen, den der Anwalt selbst schätzen muss. Er hat kein Recht, die (vorläufige) Wertfestsetzung zur Berechnung seines Vorschusses zu verlangen.[31] Umgekehrt ist der Anwalt bei Anforderung eines Vorschusses an eine vorläufige Wertfestsetzung des Gerichts nicht gebunden.

34 Bei **Rahmengebühren** hat sich der Anwalt auf eine angemessene Gebühr zu beschränken. Das bedeutet allerdings nicht, dass er auf diejenige Höhe des Gebührensatzes oder Betrages beschränkt wird, die nach dem bisherigen Stand gem. § 14 Abs. 1 RVG angemessen wäre. Vielmehr ist zu fragen, in welcher Höhe voraussichtlich der Gebührensatz oder -betrag anfallen wird. Mangels gegenteiliger Anhaltspunkte geht die Rspr hier idR von der Mittelgebühr[32] oder bei der Geschäftsgebühr von der sog. Schwellengebühr aus.[33]

---

25 BGH AGS 2006, 571 = NJW 2006, 1281; AG Saarlouis AGS 2014, 216 = NJW-Spezial 2014, 348.
26 AG Saarlouis AGS 2014, 216 = NJW-Spezial 2014, 348.
27 BGH AnwBl 1989, 228; *Hartmann*, KostG, § 9 RVG Rn 7.
28 AG Lichtenberg AGS 2013, 274 = RVGreport 2013, 306.
29 Völlig abwegig daher AG München AGS 2006, 588.
30 AG Darmstadt AGS 2006 212 = zfs 2006, 169 = RVGreport 2007, 60 u. 220.
31 LAG Schleswig-Holstein NZA-RR 2006, 320 = NZA 2006, 1007.
32 So in Bußgeldsachen AG München AGS 2005, 430 und 2006, 213 = RVGreport 2005, 381; AG Stuttgart AGS 2008, 78 = RVGreport 2008, 21; in sozialgerichtlichen Verfahren AG Saarlouis AGS 2014, 216 = NJW-Spezial 2014, 348.
33 AG München AGS 2007, 234; AG Düsseldorf AGS 2014, 115 = r+s 2014, 102.

Vorschüsse unterliegen der **Umsatzsteuer**,[34] so dass der Anwalt diese gesondert ausweisen   35
und bereits miterheben sollte (Nr. 7008 VV).

Zahlt der Auftraggeber den angeforderten Vorschuss nicht, darf der Anwalt grundsätzlich   36
die weitere Tätigkeit einstellen. Hat er allerdings nicht angekündigt, seine Tätigkeit bei
Ausbleiben des Vorschusses **einzustellen**, so muss er unaufschiebbare und fristwahrende
Handlungen noch vornehmen. Das gilt erst recht, wenn der Anwalt den Vorschuss zur Unzeit angefordert hat.

Der Anwalt ist auch berechtigt, das Mandat zu **kündigen**, wenn der angeforderte Vor-   37
schuss nicht eingeht. Die bis dahin ausgelösten Gebühren werden mit Kündigung des
Mandats fällig (§ 8 Abs. 1 RVG). Der Anwalt verliert in diesem Fall auch nicht nach § 628
Abs. 1 S. 2 BGB einen Teil seiner Vergütung, sondern kann diese in voller Höhe verlangen,
uU sogar Schadensersatz nach § 628 Abs. 2 BGB.

Nach Eintritt der Fälligkeit muss der Anwalt die empfangenen Vorschüsse gem. § 10   38
Abs. 2 RVG **abrechnen**. Soweit die Vorschüsse die geschuldete Vergütung übersteigen, ist
er zur Rückzahlung verpflichtet. Insoweit handelt es sich um einen vertraglichen Rückzah-
lungsanspruch, so dass der Anwalt sich nicht auf den Wegfall der Bereicherung (§ 818
Abs. 3 BGB) berufen kann.[35] Rechnet der Anwalt nach Fälligkeit die vereinnahmten Vorschüsse nicht ab, kann der Auftraggeber entweder selbst abrechnen und den zu viel ge-
zahlten Betrag zurückverlangen oder im Wege der Stufenklage vorgehen.[36]

Für den Anspruch auf Rückzahlung eines nicht verbrauchten Vorschusses gilt die regelmä-   39
ßige **Verjährungsfrist** von drei Jahren (§§ 195, 199 BGB). Der Ablauf der Verjährungsfrist
des Rückzahlungsanspruchs beginnt mit Ablauf des Kalenderjahres, in dem die Vergütung
des Anwalts fällig geworden ist.[37] Nach Auffassung des LG Karlsruhe[38] ist die Berufung
des Anwalts auf die Einrede der Verjährung treuwidrig.

C. Durchsetzung der Vergütung

I. Überblick

Zahlt der Mandant die Vergütung nicht freiwillig, muss auch der Anwalt gerichtliche Hil-   40
fe in Anspruch nehmen, um seine berechtigten Ansprüche durchzusetzen. Er ist zunächst
einmal wie ein gewöhnlicher Gläubiger gestellt, der eine **zivilrechtliche Forderung** geltend
macht. Es ergeben sich dabei jedoch einige Besonderheiten.

II. Ordnungsgemäße Abrechnung

Grundvoraussetzung jeder Vergütungsbeitreibung ist, dass der Anwalt zuvor eine ord-   41
nungsgemäße Kostenrechnung nach § 10 RVG erstellt und diese dem Auftraggeber hat zukommen lassen oder sie ihm gleichzeitig zukommen lässt (s. Rn 16 ff). Eine Vorschussnote
genügt nicht.[39] Solange keine ordnungsgemäße Rechnung erteilt ist, besteht nur eine Naturalobligation, die nicht durchsetzbar, insbesondere nicht klagbar ist. Der Anspruch ist
als derzeit nicht klagbar abzuweisen. Diese Abweisung steht einer erneuten Klage nach
Mitteilung einer ordnungsgemäßen Rechnung allerdings nicht entgegen, solange nicht inzwischen Verjährung eingetreten ist.

---

34 AnwK-RVG/N. *Schneider*, § 8 Rn 73.
35 OVG Lüneburg JurBüro 1991, 1348 m. Anm. *Mümmler*.
36 Siehe dazu N. *Schneider*, Abrechnung und Rückzahlung nicht verbrauchter Vorschüsse, NJW-Spezial 2013,
   347.
37 OLG Düsseldorf OLGR 1992, 75.
38 AGS 2012, 322 = JurBüro 2012, 484.
39 AG Lichtenberg AGS 2013, 274 = RVGreport 2013, 306.

III. Außergerichtliche Beitreibung

42 Macht der Anwalt außergerichtlich seine Forderung geltend, so ist zu beachten, dass er hierfür **keine Vergütung** berechnen darf. Das Einfordern der Vergütung wird durch die jeweiligen Gebühren mit abgegolten (§ 19 Abs. 1 S. 2 Nr. 14 RVG). Auch darf der Anwalt für das Übersenden der Kostenrechnung keine Postentgelte berechnen, weder konkret noch pauschal (Anm. zu Nr. 7001 VV).

43 Auch ein **materiellrechtlicher Kostenerstattungsanspruch bei Selbstvertretung** kommt nicht in Betracht. Dieser scheitert schon daran, dass es an einem Anwaltsvertrag fehlt. Der Anwalt wird nämlich für sich selbst im eigenen Namen tätig und schließt mit sich selbst keinen Anwaltsvertrag. Eine dem § 91 Abs. 2 S. 3 ZPO vergleichbare Erstattungsregelung fehlt für die außergerichtliche Tätigkeit.[40]

43a Umgekehrt steht dem Auftraggeber ein materiellrechtlicher Kostenerstattungsanspruch zu, wenn er einen Anwalt mit der Abwehr unberechtigter Vergütungsforderungen seines vorherigen Anwalts beauftragt.[41]

IV. Schlichtungsverfahren

44 Zu beachten ist, dass auch der Anwalt ggf nach den jeweiligen landesrechtlichen Ausführungsgesetzen das obligatorische Streitschlichtungsverfahren nach § 15 a EGZPO durchführen muss, bevor er seine Vergütung einklagt. Eine Klage wäre anderenfalls unzulässig.[42]

V. Mahnverfahren

45 Der Anwalt kann seine Forderung auch im Mahnverfahren geltend machen. Zu beachten ist, dass der Anwalt im Mahnverfahren sich bereits überlegen sollte, vor welchem **Abgabegericht** er das streitige Verfahren durchführen will. Hier kommt ggf der besondere Gerichtsstand des § 34 ZPO in Betracht (s. Rn 47), der dann aber schon im Mahnverfahren angegeben werden muss (§ 690 Abs. 1 Nr. 5 ZPO).

VI. Rechtsstreit

1. Überblick

46 Der **Vergütungsprozess**, also der Rechtsstreit gegen den eigenen Auftraggeber auf Zahlung der Vergütung, ist ein gewöhnlicher Zivilprozess. Es gilt allerdings auch hier, einige Besonderheiten zu beachten.

2. Gerichtsstand

47 Muss der Anwalt die Vergütung einklagen, ist besonderes Augenmerk auf den Gerichtsstand zu legen. Die Rspr, wonach sich der Anwalt für Vergütungsprozesse auf den Kanzleisitz als **Gerichtsstand des Erfüllungsorts** nach § 29 ZPO berufen konnte, ist überholt.[43] Der Gerichtsstand des Erfüllungsorts kommt grundsätzlich nicht in Betracht.

48 Werden Gebühren aus einem gerichtlichen Verfahren eingeklagt, steht dem Anwalt dagegen der **Gerichtsstand des Hauptprozesses** (§ 34 ZPO) zur Verfügung. Um welche Art „Hauptprozess" es sich handelt, ist unerheblich. Die Vorschrift gilt allerdings nicht für Strafsachen.[44] Honorare aus **Strafprozessen** können nicht im Gerichtsstand des § 34 ZPO

---

40 BGH AGS 2004, 254 und 314 = NJW 2004, 2448 = RVGreport 2004, 275; BGH AnwBl 2007, 547 = MDR 2007, 587 = NJW-RR 2007, 856.
41 BGH AGS 2014, 1809 = NJW 2014, 2653 = JurBüro 2014, 524 = RVGreport 2014, 340.
42 BGH MDR 2005, 285 = NJW 2005, 437 = AnwBl 2005, 292.
43 BGH AGS 2004, 9 = AnwBl 2004, 119 = NJW 2004, 54 = RVGreport 2004, 29.
44 Zöller/*Vollkommer*, ZPO, § 34 Rn 4.

eingeklagt werden. Verkannt wird häufig, dass es sich bei § 34 ZPO nicht nur um eine örtliche Zuständigkeitsvorschrift handelt, sondern auch um eine Vorschrift der **sachlichen Zuständigkeit**. Auch Vergütungsforderungen von unter 5.000,01 € können vor dem Landgericht eingeklagt werden, wenn dort der Hauptprozess stattgefunden hatte. Resultiert die Vergütung aus einem gerichtlichen Verfahren einer **besonderen Gerichtsbarkeit**, so wird deren Zuständigkeit durch § 34 ZPO allerdings nicht begründet. Zuständig sind auch hier die Zivilgerichte, und zwar dasjenige Gericht, das vom Streitwert her zuständig ist und in dessen Sprengel das erstinstanzliche besondere Gericht liegt, vor dem der Rechtsstreit stattgefunden hat.[45] Auch wird durch § 34 ZPO nicht die Zuständigkeit des **Familiengerichts** begründet. Hier ist dann die Prozessabteilung des jeweiligen Amtsgerichts zuständig.[46]

Ist der besondere Gerichtsstand des § 34 ZPO nicht gegeben, muss der Anwalt am **allgemeinen Gerichtsstand** des Auftraggebers (§§ 12 ff ZPO) klagen, sofern nicht ein sonstiger besonderer Gerichtsstand nach den §§ 20 ff ZPO in Betracht kommt. Der besondere Gerichtsstand des § 34 ZPO kommt nicht für eine Klage des früheren Mandanten gegen den Anwalt in Betracht.   49

3. Rechtsschutzbedürfnis

Eine Vergütungsklage ist mangels Rechtsschutzbedürfnisses unzulässig, soweit eine Vergütungsfestsetzung nach § 11 RVG in Betracht kommt (s. Rn 52 ff). In diesem Fall tritt das Rechtsschutzbedürfnis erst ein, wenn der Auftraggeber im Vergütungsfestsetzungsverfahren Einwände erhebt, die ihren Grund nicht im Gebührenrecht haben, oder er bereits vorgerichtlich solche Einwendungen oder Einreden erhoben hat.[47]   50

4. Gutachten des Vorstands der Rechtsanwaltskammer

Werden Rahmengebühren eingeklagt, muss das Gericht vor einer Entscheidung das Gutachten des Vorstands der Rechtsanwaltskammer einholen, wenn sich **Streit über die Höhe der Vergütung** ergibt (§ 14 Abs. 2 S. 1 RVG). Das gilt auch im Verfahren nach § 495 a ZPO. Eines Gutachtens bedarf es nur dann nicht, wenn sich die Parteien vergleichen, der Auftraggeber die Höhe nicht beanstandet (es gilt § 138 Abs. 4 ZPO) oder wenn die Klage aus anderen Gründen abgewiesen wird. Das Gutachten ist kostenlos zu erstatten (§ 14 Abs. 2 S. 2 RVG). Unterbleibt die gebotene Einholung eines Gutachtens, stellt dies einen **schweren Verfahrensmangel** dar, der mit der Berufung (§§ 513 Abs. 1, 546 ZPO) und auch mit der Revision (§§ 543 ff ZPO) geltend gemacht werden kann.[48] Das Gericht ist an das Gutachten allerdings nicht gebunden.   51

VII. Vergütungsfestsetzung

1. Überblick

Neben dem Mahnverfahren und der Klage gewährt das RVG mit dem Vergütungsfestsetzungsverfahren nach § 11 RVG einen einfachen, schnellen und kostengünstigen Weg, den Vergütungsanspruch tituliert zu erhalten. Voraussetzung ist allerdings, dass die gesetzliche Vergütung in einem **gerichtlichen Verfahren** entstanden ist.   52

2. Antragsberechtigung

Antragsberechtigt sind der Anwalt sowie der Auftraggeber und ggf ihre Rechtsnachfolger.   53

---

45 Für die Arbeitsgerichtsbarkeit: BAG AGS 1998, 54 = NJW 1998, 1092 = JurBüro 1998, 299 und 310; für die Finanzgerichtsbarkeit: FG Hamburg DStRE 2002, 256; für die Sozialgerichtsbarkeit: LSG Schleswig-Holstein AGS 2000, 15.
46 BGH NJW 1986, 1178 = JurBüro 1986, 714 = AnwBl 1986, 353.
47 AA *Reinelt*, ZAP Fach 24, 1123.
48 *N. Schneider*, MDR 2002, 1297.

3. Gegenstand der Festsetzung

54 Festsetzbar ist nur die Vergütung, die in einem **gerichtlichen Verfahren** entstanden ist, nicht auch die außerhalb eines gerichtlichen Verfahrens entstandene Vergütung. Festzusetzen sein dürften allerdings die Kosten eines vorausgegangenen **obligatorischen Schlichtungsverfahrens**, zumal auch im Rahmen der §§ 103 ff ZPO die Festsetzung bejaht wird. Festsetzbar ist auch die im **Prozesskostenhilfeprüfungsverfahren** entstandene Vergütung (Nr. 3335, Vorbem. 3.3.6 VV iVm Nr. 3104 VV) auch dann, wenn es mangels Bewilligung von Prozesskostenhilfe nicht zur Klageerhebung gekommen ist.[49] Ebenso ist eine nach § 42 RVG festgestellte **Pauschgebühr** festsetzbar. Des Weiteren sind die zu ersetzenden **Aufwendungen nach § 670 BGB**, soweit sie zu den Kosten des gerichtlichen Verfahrens gehören (etwa vorgelegte Gerichtskosten oder Kosten einer Aktenversendung), festsetzbar.

55 Nicht festsetzbar sind **Rahmengebühren**, es sei denn, es wird lediglich die Mindestgebühr geltend gemacht oder der Auftraggeber hat der Höhe der Gebühren ausdrücklich zugestimmt hat und es wird mit dem Festsetzungsantrag eine Zustimmungserklärung vorgelegt (§ 11 Abs. 8 RVG).

56 Eine **vereinbarte Vergütung** ist nicht festsetzbar. Es kann insoweit auch nicht die gesetzliche Vergütung als Sockelbetrag festgesetzt werden, da die gesetzliche Vergütung gerade nicht geschuldet ist.[50]

57 Festzusetzen sind auch **Zinsen**. Insoweit gelten die Verzinsungsvorschriften der jeweiligen Verfahrensordnungen (§ 11 Abs. 2 S. 2 RVG), die zwischenzeitlich sämtlich (zumeist durch Verweisung auf § 104 Abs. 1 S. 2 ZPO) fünf Prozentpunkte über dem Basiszinssatz nach § 247 BGB vorsehen.

4. Zuständigkeit

58 Zuständig ist das **Gericht des ersten Rechtszugs**[51] und im Falle der **Verweisung** das Empfangsgericht.[52] Umstritten ist die Zuständigkeit der im **Mahnverfahren** entstandenen Vergütung, wenn es nicht zum streitigen Verfahren gekommen ist. Nach dem BGH[53] ist das streitige Gericht des ersten Rechtszugs zuständig, nach OLG Naumburg[54] das Mahngericht.

59 Zuständig für die Festsetzung der Vergütung aus einer **Zwangsvollstreckung** ist nach § 788 Abs. 2 S. 1 ZPO ausschließlich das Vollstreckungsgericht,[55] und zwar das Gericht, in dessen Bezirk die letzte Vollstreckungshandlung vorgenommen worden ist.[56] Die Zuständigkeit erstreckt sich auf sämtliche bislang in dieser Sache angefallenen Vollstreckungsvergütungen.[57]

5. Nichtgebührenrechtliche Einwendungen

60 Die Festsetzung ist **abzulehnen**, soweit der Antragsgegner Einwendungen und Einreden erhebt, die **nicht im Gebührenrecht ihren Grund** haben (§ 11 Abs. 5 RVG). Aus der Formulierung *„soweit"* folgt, dass festzusetzen ist, soweit keine Einwendungen erhoben werden. Es gilt hier also nicht ein „Alles-oder-Nichts-Prinzip", was häufig von den Festsetzungsbeamten verkannt wird. Sofern sich die Einwendungen nur auf einen **Teil der Vergütung** oder den **Anfall** oder die **Höhe einzelner Gebühren** beschränken, ist im Übrigen festzusetzen.

---

49 OLG Koblenz AGS 2003, 105 m. Anm. *N. Schneider*.
50 Siehe *N. Schneider*, Die Vergütungsvereinbarung, Rn 2381 ff.
51 AnwK-RVG/*N. Schneider*, § 11 Rn 144.
52 AnwK-RVG/*N. Schneider*, § 11 Rn 147.
53 BGH AnwBl 1991, 600 = MDR 1991, 998.
54 OLG Naumburg AGS 2008, 186.
55 BayObLG AGS 2003, 270; OLG Stuttgart AGS 2005, 65 = NJW 2005, 759 = RVGreport 2005, 67.
56 BGH AGS 2005, 208 = NJW 2005, 1273 = JurBüro 2005, 421 = RVGreport 2005, 184.
57 OLG Köln MDR 2000, 1276 = Rpfleger 2001, 296.

Zu beachten ist, dass nicht jede außergerichtliche Einwendung oder Einrede zu beachten 61
ist. Die Rspr lässt eine Festsetzung zu, wenn die außergerichtlichen Einwände offensicht-
lich unbegründet, halt- oder substanzlos, aus der Luft gegriffen oder vollkommen unsub-
stantiiert sind.[58] Eine Schlüssigkeitsprüfung der erhobenen Einwendungen oder Einreden
findet allerdings nicht statt. Dies ist nicht Aufgabe der Festsetzungsbeamten.

6. Verfahren

Die Festsetzung der berechtigten Vergütung erfolgt durch Beschluss. Zuvor ist dem Gegner 62
rechtliches Gehör zu gewähren.

7. Erinnerung und Beschwerde

Die Rechtsbehelfe und Rechtsmittel gegen den Festsetzungsbeschluss richten sich nach den 63
Vorschriften der jeweiligen Verfahrensordnung (§ 11 Abs. 2 S. 2 RVG). Zu beachten ist allerdings auch hier der erforderliche Zulässigkeitsstreitwert für die Beschwerde von über
200 € (zB § 567 Abs. 2 ZPO). Eine Zulassung der Beschwerde ist nicht möglich.

In Verfahren nach der ZPO kommt bei entsprechender Zulassung die Rechtsbeschwerde 64
nach § 574 ZPO in Betracht. Eine Mindestbeschwer ist hier nicht vorgeschrieben.

8. Kosten

Das **Festsetzungsverfahren** und das **Erinnerungsverfahren** sind gerichtsgebührenfrei (§ 11 65
Abs. 2 S. 4 RVG).[59] Im **Beschwerdeverfahren** entsteht dagegen eine Festgebühr nach
Nr. 1811 KV GKG, Nr. 1912 KV FamGKG, Nr. 19116 KV GNotKG iHv 60 €, soweit die
Beschwerde verworfen oder zurückgewiesen worden ist;[60] im Übrigen ist auch das Be-
schwerdeverfahren gerichtsgebührenfrei.[61] Im **Verfahren über die Rechtsbeschwerde** ent-
steht eine Festgebühr nach Nr. 1826 KV GKG, Nr. 1923 KV FamGKG, Nr. 19128 KV
GNotKG iHv 120 €, soweit die Beschwerde verworfen oder zurückgewiesen worden ist.
Im Übrigen ist auch das Rechtsbeschwerdeverfahren gerichtsgebührenfrei.

Auslagen werden in allen Verfahren erhoben, insbesondere Zustellungsauslagen[62] 66
(Nr. 9002 KV GKG, Nr. 2002 KV FamGKG, Nr. 31002 KV GNotKG). Die Anmerkungen
zu Nr. 9002 KV GKG, Nr. 2002 KV FamGKG und zu Nr. 31001 KV GNotKG finden keine Anwendung.[63]

9. Kostenerstattung

Eine Erstattung der außergerichtlichen Kosten kommt im **Vergütungsfestsetzungsverfahren** 67
nicht in Betracht.[64] Das gilt auch dann, wenn der Festsetzungsantrag des Anwalts abgelehnt worden ist.[65] Auslagen, insbesondere vorgelegte Zustellungskosten, sind jedoch zu
erstatten. Auch in **Erinnerungs- und Beschwerdeverfahren** ist die Erstattung außergerichtlicher Kosten ausgeschlossen.

---

58 Zu Einzelheiten s. AnwK-RVG/N. *Schneider*, § 11 Rn 186 ff.
59 OLG Frankfurt AnwBl 1984, 514 = JurBüro 1981, 81; OLG Koblenz JurBüro 1980, 70.
60 OLG Köln AnwBl 1981, 285 = JurBüro 1981, 896; OLG Frankfurt AnwBl 1984, 514 = JurBüro 1981, 81.
61 OVG Münster Rpfleger 1986, 320; OLG Koblenz JurBüro 1980, 70.
62 LG Lübeck AGS 2014, 558.
63 OLG Köln AGS 2000, 208; LG Bonn AGS 2000, 210; LG Köln AGS 2000, 209.
64 BVerfG NJW 1977, 145 = JurBüro 1977, 333; OLG Koblenz JurBüro 1980, 70.
65 OLG Frankfurt MDR 2000, 544 = OLGR 2000, 42.

D. Zwangsvollstreckung

68 Soweit der Anwalt einen Vergütungsfestsetzungsbeschluss erwirkt hat, kann er daraus die Zwangsvollstreckung gegen den Auftraggeber betreiben. Insoweit gilt dann auch § 91 Abs. 2 S. 3 ZPO (§ 788 ZPO), so dass der Anwalt in eigener Sache eine Kostenerstattung insoweit erhält, als hätte er einen anderen Anwalt beauftragt.

§ 33 Die Abrechnung mit der Staatskasse

A. Überblick

Ist der Anwalt im Rahmen der Beratungshilfe tätig geworden oder ist er gerichtlich beige- 1
ordnet oder bestellt worden, so rechnet er seine Vergütung mit der Bundes- oder Landeskasse ab (§§ 44, 45 RVG). Faktisch handelt es sich insoweit nicht um einen Vergütungs-,
sondern um einen **Entschädigungsanspruch**. Eine Abrechnung mit dem Vertretenen ist daneben nicht (§ 121 Abs. 1 Nr. 3 ZPO) oder nur unter bestimmten Voraussetzungen (§§ 52,
53 RVG) möglich. Der Anspruch auf Auszahlung der Vergütung ist nach Fälligkeit (s. § 32
Rn 5 ff) bei der Bundes- oder Landeskasse anzumelden, die dann den an den Anwalt auszuzahlenden Betrag in einem gesonderten Verfahren überprüft und festsetzt. Vor Fälligkeit
des Anspruchs können ggf Vorschüsse oder Abschläge verlangt werden.

B. Beratungshilfe

I. Allgemeines

Ist der Anwalt im Rahmen der Beratungshilfe tätig gewesen, erhält er die Gebühren nach 2
den Nr. 2501 bis 2508 VV sowie die erforderlichen Auslagen (§ 46 RVG) zuzüglich Umsatzsteuer (Nr. 7008 VV)[1] aus der Landeskasse (§ 44 S. 1 RVG). Die Möglichkeit eines
Vorschusses besteht **nicht** (§ 47 Abs. 2 RVG).

II. Die Festsetzung

Nach Beendigung der Angelegenheit hat der Anwalt eine Berechnung seiner Vergütung 3
beim nach § 4 Abs. 1 BerHG zuständigen AG einzureichen und den Anfall der angemeldeten Gebühren und Auslagen glaubhaft zu machen (§ 55 Abs. 5 S. 1 RVG iVm § 104 Abs. 2
ZPO). Es besteht **Formularzwang** nach Anlage 2 der **Beratungshilfevordruckverordnung**
(**BerHVV**). Die Vergütung wird, soweit sie berechtigt ist, vom Urkundsbeamten der Geschäftsstelle **festgesetzt** (§ 55 Abs. 4 RVG).

III. Rechtsbehelfe und Rechtsmittel

Gegen die Festsetzung des Urkundsbeamten ist nach § 56 Abs. 1 RVG die unbefristete[2] 4
Erinnerung gegeben, über die das nach § 4 Abs. 1 BerHG zuständige AG entscheidet (§ 56
Abs. 1 S. 3 RVG). Der Urkundsbeamte kann der Erinnerung abhelfen; anderenfalls legt er
sie dem Richter vor, der darüber entscheidet.

Gegen die Entscheidung über die Erinnerung ist die **Beschwerde** zum LG gegeben, wenn 5
der Wert der Beschwerde 200 € übersteigt oder die Beschwerde in der Entscheidung über
die Erinnerung zugelassen worden ist (§§ 56 Abs. 2 S. 1, 33 Abs. 3 RVG). Das LG ist auch
dann zuständig, wenn eine Familiensache oder ein Verfahren der freiwilligen Gerichtsbarkeit zugrunde liegt und in der Hauptsache das OLG Rechtsmittelgericht wäre.[3]

Gegen die Beschwerdeentscheidung des LG ist wiederum die **weitere Beschwerde** zum 6
OLG möglich, wenn das LG diese wegen grundsätzlicher Bedeutung zugelassen hat (§§ 56
Abs. 2 S. 1, 33 Abs. 6 RVG). Sowohl die Beschwerde als auch die weitere Beschwerde müs-
sen jeweils innerhalb von zwei Wochen eingelegt werden (§ 56 Abs. 2 iVm § 33 Abs. 3
S. 3, Abs. 6 S. 4 RVG). Eine Rechtsbeschwerde ist nicht vorgesehen und wäre zudem auch
gesetzlich ausgeschlossen (§§ 56 Abs. 2 S. 1, 33 Abs. 4 S. 2 RVG). Möglich ist allerdings

---

1 Ob der Auftraggeber zum Vorsteuerabzug berechtigt ist, ist dabei unerheblich.
2 AnwK-RVG/*Volpert*, § 56 Rn 9. Wohl kommt aber eine Verwirkung in Betracht (AnwK-RVG/*Volpert*, § 56
   Rn 10).
3 OLG Köln AGS 2011, 85 = MDR 2011, 258 = FamRZ 2011, 919; OLG Koblenz, Beschl. v. 28.11.2011 – 14
   W 694/11.

noch die **Gehörsrüge** nach § 12 a RVG. Ebenso wenig ist eine Anschlussbeschwerde oder Anschlussrechtsbeschwerde zulässig.[4]

C. Prozess- und Verfahrenskostenhilfe

I. Allgemeines

7 Ist der Anwalt im Wege der Prozess- oder Verfahrenskostenhilfe beigeordnet worden, so erhält er nach § 45 RVG seine Vergütung aus der Landeskasse und, wenn er von einem Bundesgericht beigeordnet worden ist, aus der Bundeskasse.

II. Umfang des Vergütungsanspruchs

8 Der Umfang des Vergütungsanspruchs bestimmt sich nach den Beschlüssen, durch die die Prozess- oder Verfahrenskostenhilfe bewilligt worden ist (§ 48 Abs. 1 S. 1 RVG). Darüber hinaus erstreckt sich die Bewilligung im Falle der Beiordnung in Verfahren nach Teil 3 VV auch auf weitere Tätigkeiten:

- So erstreckt sich die Beiordnung für ein (eigenes) **Rechtsmittel** auch auf die Rechtsverteidigung gegen ein Anschlussrechtsmittel (§ 48 Abs. 2 S. 1, 1. Hs. RVG), sofern im Beiordnungsbeschluss nichts anderes ausdrücklich bestimmt ist (§ 48 Abs. 2 S. 2 RVG).

- Ist der Anwalt in einem **Verfahren auf Erwirkung eines Arrests, einer einstweiligen Verfügung oder einer einstweiligen oder vorläufigen Anordnung** beigeordnet, so erstreckt sich die Prozess- oder Verfahrenskostenhilfe auch auf deren Vollziehung oder Vollstreckung (§ 48 Abs. 2 S. 1, 2. Hs. RVG), sofern im Beiordnungsbeschluss nichts anderes ausdrücklich bestimmt ist (§ 48 Abs. 2 S. 2 RVG).

- In **Familiensachen** erstreckt sich die **Beiordnung in einer Ehesache** auch auf den Abschluss einer Einigung iSv Nr. 1000 VV, die den gegenseitigen Unterhalt der Ehegatten,[5] den Unterhalt gegenüber den Kindern im Verhältnis der Ehegatten zueinander, die Sorge für die Person der gemeinschaftlichen minderjährigen Kinder, die Regelung des Umgangs mit einem Kind, die Rechtsverhältnisse an der Ehewohnung und dem Haushalt und die Ansprüche aus dem ehelichen Güterrecht betrifft (§ 48 Abs. 3 S. 1 RVG). Nicht erforderlich ist, dass die Einigung vor Gericht geschlossen worden ist. Sie muss nur während des anhängigen Scheidungsverfahrens geschlossen werden und eine der vorgenannten Folgesachen betreffen.[6] Insoweit reicht es aus, wenn die Parteien unter Mitwirkung ihrer Anwälte eine notarielle Vereinbarung schließen[7] oder wenn sie über den Kindesunterhalt, auf den sie sich geeinigt haben, eine Jugendamtsurkunde errichten lassen.[8] Auch die Mitwirkung an einer während des Verbundverfahrens geschlossenen notariellen Vereinbarung der Parteien kann ausreichen.[9] Die Streitfrage, ob § 48 Abs. 3 RVG auch eine für das Aushandeln der Folgenvereinbarung anfallende Terminsgebühr nach Vorbem. 3 Abs. 3 S. 3 Nr. 2 VV iVm Nr. 3104 VV und eine Verfahrensdifferenzgebühr nach Nr. 3101 VV erfasst, ist mit der Neufassung dieser Vorschrift durch das 2. KostRMoG erledigt. Der Anwalt erhält alle anfallenden Gebühren aus der Landeskasse.

- In **sozialgerichtlichen Verfahren**, in denen nach § 3 Abs. 1 RVG Betragsrahmengebühren entstehen, erstreckt sich die Beiordnung nicht nur auf Tätigkeiten ab dem Zeitpunkt der Beantragung der Prozesskostenhilfe, wenn vom Gericht nichts anderes bestimmt ist (§ 48 Abs. 4 S. 1 RVG), sondern auch auf die gesamte Tätigkeit im Verfah-

---

4 LG Halle (Saale), Beschl. v. 21.3.2012 – 2 T 251/11.
5 Auch Trennungsunterhalt (OLG Nürnberg AGS 2011, 185 = NJW 2011, 1297 = FamRZ 2011, 1976).
6 OLG Köln AGS 2006, 138; OLG Rostock FamRZ 2008, 708.
7 OLG Brandenburg AGS 2007, 146 = FamRZ 2005, 1264.
8 OLG Celle AGS 2007, 514 = JurBüro 2006, 319.
9 OLG Brandenburg AGS 2007, 146 = FamRZ 2005, 1264.

ren über die Prozesskostenhilfe einschließlich der vorbereitenden Tätigkeit (§ 48 Abs. 4 S. 2 RVG).

In allen anderen Angelegenheiten, die mit einem Verfahren zusammenhängen, erhält der **9** Anwalt die Vergütung aus der Staatskasse nur dann, wenn dies ausdrücklich bestimmt ist (§ 48 Abs. 5 S. 1 RVG). Dies gilt insbesondere für die Zwangsvollstreckung, ein Verfahren auf Arrest, einstweilige Verfügung oder einstweilige vorläufige Anordnung, selbstständiges Beweisverfahren oder Widerklage (§ 48 Abs. 5 S. 2 RVG). Hierzu sind eine gesonderte Bewilligung und Beiordnung erforderlich.

Der Anwalt erhält die gleichen **Gebühren** wie ein Wahlanwalt. Allerdings gelten für ihn **10** die Beträge des § 13 RVG nur bis zu einem Gegenstandswert von 4.000 €. Bei darüber hinaus gehenden Gegenstandswerten richten sich die **Gebührenbeträge nach der Tabelle des § 49 RVG**, die mit der Gebührenstufe von über 30.000 € endet. Darüber hinaus gehende Werte wirken sich also für den beigeordneten Anwalt nicht aus.

Neben den Gebühren erhält der Anwalt nach § 46 RVG auch **Ersatz seiner Auslagen** aus **11** der Staatskasse, es sei denn, diese waren zur sachgemäßen Durchführung der Angelegenheit nicht erforderlich (§ 46 Abs. 1 RVG). Die Darlegungs- und Beweislast für die fehlende Erforderlichkeit liegt bei der Staatskasse. Zu übernehmen sind sämtliche Auslagen nach Teil 7 VV, auch **Reisekosten**. Der Anwalt kann ggf vor Beginn einer Reise deren Notwendigkeit nach § 46 Abs. 2 S. 1 RVG feststellen lassen. Diese Feststellung ist für das Festsetzungsverfahren bindend.

Im Einzelnen gilt Folgendes:

- Ist der Anwalt **uneingeschränkt beigeordnet** worden, so sind die gesamten Reisekosten zu übernehmen.[10] Eine Beschränkung der Reisekosten im Festsetzungsverfahren ist nicht zulässig, wenn eine entsprechende Beschränkung im Bewilligungsverfahren vergessen worden ist.[11]
- Ist der Anwalt nur eingeschränkt zu den Bedingungen eines ortsansässigen Anwalts beigeordnet, dann sind die Reisekosten nur insoweit zu übernehmen, als sie bei einem ortsansässigen Anwalt angefallen wären. Zu beachten ist jedoch, dass eine solche **eingeschränkte Beiordnung** für einen im Gerichtsbezirk niedergelassenen Anwalt nicht zulässig ist, da der Wortlaut des § 121 Abs. 3 ZPO dies nicht hergibt.[12] Hier muss Beschwerde eingelegt werden.
- Hat der Anwalt seine **Kanzlei nicht im Gerichtsbezirk**, so kommt eine eingeschränkte Beiordnung des Anwalts nur in Betracht, wenn andernfalls **Mehrkosten** entstehen würden.
  - Keine Mehrkosten entstehen, wenn die Partei nach § 121 Abs. 4 ZPO einen Anspruch auf einen Verkehrsanwalt hätte und die Reisekosten des Anwalts die ersparten Kosten des Verkehrsanwalts voraussichtlich nicht übersteigen werden. In diesem Fall muss uneingeschränkt beigeordnet werden.[13]
- Besteht kein Anspruch auf einen Verkehrsanwalt, dann kann eingeschränkt beigeordnet werden. In diesem Fall ist aber nur eine Beschränkung „zu den Bedingungen eines im Gerichtsbezirk niedergelassenen" Anwalts zulässig, nicht zu den Bedingungen eines „ortsansässigen" Anwalts.[14] Das bedeutet, dass der Anwalt aus der Staatskasse die Fahrtkosten zur Teilnahme an der mündlichen Verhandlung bis zur größtmöglichen

---

10 OLG Oldenburg AGS 2006, 110 m. Anm. N. *Schneider* = JurBüro 2006, 320.
11 KG AGS 2010, 612 = JurBüro 2011, 94 = FamRZ 2011, 835 = RVGreport 2011, 118; OLG Düsseldorf AGS 2014, 196 = NJW-Spezial 2014, 253.
12 OLG Oldenburg AGS 2006, 110 m. Anm. N. *Schneider* = JurBüro 2006, 320.
13 BGH AGS 2004, 349 = RVGreport 2004, 356 = NJW 2004, 2749.
14 OLG Celle AGS 2011, 365 = JurBüro 2011, 486 = FamRZ 2011, 1745 = NJW-Spezial 2011, 635.

von einem im Gerichtsbezirk gelegenen Ort bis zum Gerichtssitz bestehenden Entfernung erstattet verlangen kann.[15]

12 Ist der Anwalt gesetzeswidrig nur eingeschränkt beigeordnet worden, muss der Beschluss innerhalb der Monatsfrist des § 127 Abs. 3 S. 2, 3 ZPO angefochten werden. Insoweit ist der Rechtsanwalt aus eigenem Recht beschwerdebefugt.[16] Ist eine gesetzeswidrig erfolgte eingeschränkte Beiordnung bestandskräftig geworden, so sind die Festsetzungsorgane daran gebunden (§ 48 Abs. 1 RVG). Eine Festsetzung der Reisekosten ist dann nicht mehr möglich.

13 Hinzu kommt die **Umsatzsteuer**, und zwar auch dann, wenn die bedürftige Partei zum Vorsteuerabzug berechtigt ist.[17]

III. Die Festsetzung

14 Die aus der Staatskasse zu gewährende Vergütung wird auf Antrag des Anwalts vom Urkundsbeamten der Geschäftsstelle des ersten Rechtszugs festgesetzt (§ 55 Abs. 1 S. 1 RVG). Richten sich die Gebühren nach Teil 3 VV, ist das Gericht des Rechtsmittelzugs zuständig, wenn sich die Hauptsache in der Rechtsmittelinstanz befindet. Der Antrag hat die Erklärung zu enthalten, ob und welche Zahlungen der Anwalt bis zum Tage der Antragstellung erhalten hat. Nachträgliche Zahlungen sind unverzüglich anzuzeigen (§ 55 Abs. 5 S. 2 RVG). Die Vorschrift des § 104 Abs. 2 ZPO gilt entsprechend (§ 55 Abs. 5 S. 1 RVG).

IV. Rechtsbehelfe und Rechtsmittel

15 Gegen die Festsetzung des Urkundsbeamten ist nach § 56 Abs. 1 RVG die unbefristete[18] **Erinnerung** gegeben, der der Urkundsbeamte abhelfen kann; anderenfalls legt er sie dem Richter vor, der darüber entscheidet. Gegen die Entscheidung über die Erinnerung ist die **Beschwerde** zum nächst höheren Gericht gegeben, wenn der Wert der Beschwerde 200 € übersteigt oder die Beschwerde in der Entscheidung über die Erinnerung zugelassen worden ist (§§ 56 Abs. 2 S. 1, 33 Abs. 3 RVG). Das gilt auch in Verfahren der Sozialgerichtsbarkeit, da sich die Beschwerde nach dem RVG richtet und nicht nach dem SGG. Die gegenteilige Rspr ist angesichts des durch das 2. KostRMoG zum 1.8.2013 neu eingeführten § 1 Abs. 3 RVG nicht mehr vertretbar.[19] Zu beachten ist, dass die Beschwerde beim Ausgangsgericht eingereicht werden muss. Die Einreichung beim Beschwerdegericht ist nicht fristwahrend.[20]

16 Gegen eine Beschwerdeentscheidung des LG wiederum ist die **weitere Beschwerde** zum OLG möglich, wenn das LG diese wegen grundsätzlicher Bedeutung zugelassen hat (§§ 56 Abs. 2 S. 1, 33 Abs. 6 RVG). Eine weitere Beschwerde zum BGH ist gesetzlich ausgeschlossen (§§ 56 Abs. 2 S. 1, 33 Abs. 4 S. 2 RVG); eine Rechtsbeschwerde ist nicht vorgesehen. Sowohl die Beschwerde als auch die weitere Beschwerde müssen jeweils innerhalb von zwei Wochen eingelegt werden (§ 56 Abs. 2 iVm § 33 Abs. 3 S. 3, Abs. 6 S. 4 RVG).

17 Möglich ist auch die **Gehörsrüge** nach § 12 a RVG.

---

15 LAG Hessen AGS 2010, 299 = NJW-Spezial 2010, 380; VG Oldenburg AGS 2009, 467 = NJW-Spezial 2009, 460.
16 OLG Köln AGS 2006, 139 = JurBüro 2005, 429 = FamRZ 2005, 2008.
17 OLG Koblenz JurBüro 1997, 588; OLG Hamburg AGS 2013, 428 = RVGreport 2013, 348 = NJW-Spezial 2013, 572; aA OLG Celle AGS 2014, 80 = MDR 2013, 1434.
18 AnwK-RVG/*Volpert*, § 56 Rn 9. Wohl kommt aber eine Verwirkung in Betracht (AnwK-RVG/*Volpert*, § 56 Rn 10).
19 LSG Schleswig-Holstein AGS 2014, 462 = NJW-Spezial 2014, 636 = RVGreport 2014, 425.
20 Thüringer LSG RVGreport 2015, 10.

V. Anrechnung von Vorschüssen und Zahlungen

Hat der Anwalt Vorschüsse oder Zahlungen vor oder nach seiner Beiordnung erhalten, so **18** sind diese im **Festsetzungsantrag** anzugeben. Sie werden auf die aus der Staatskasse zu zahlende Vergütung angerechnet. Allerdings wird zunächst auf denjenigen Teil der Vergütung angerechnet, für den ein Anspruch gegen die Staatskasse nicht oder nur unter den Voraussetzungen des § 50 RVG besteht (§ 58 Abs. 2 RVG).

Beispiel 1: Der Anwalt ist in einem Rechtsstreit über 10.000 € beigeordnet worden und hatte von der Partei einen Vorschuss iHv 500 € erhalten.

Die Wahlanwaltsvergütung berechnet sich nach den Beträgen des § 13 RVG wie folgt:

1.	1,3-Verfahrensgebühr, Nr. 3100 VV	725,40 €
2.	1,2-Terminsgebühr, Nr. 3104 VV	669,60 €
3.	Postentgeltpauschale, Nr. 7002 VV	20,00 €
	Zwischensumme	1.415,30 €
4.	19 % Umsatzsteuer, Nr. 7008 VV	268,91 €
	Gesamt	**1.684,21 €**

Die PKH-/VKH-Vergütung berechnet sich nach den Beträgen des § 49 RVG wie folgt:

1.	1,3-Verfahrensgebühr, Nr. 3100 VV	399,10 €
2.	1,2-Terminsgebühr, Nr. 3104 VV	368,40 €
3.	Postentgeltpauschale, Nr. 7002 VV	20,00 €
	Zwischensumme	787,50 €
4.	19 % Umsatzsteuer, Nr. 7008 VV	149,63 €
	Gesamt	**937,13 €**

Die nicht gedeckte Wahlanwaltsvergütung beläuft sich auf (1.684,21 € – 937,13 € =) 747,08 €. Darauf wird der Vorschuss verrechnet, so dass auf die PKH-/VKH-Vergütung nichts anzurechnen ist. Erst wenn der Anwalt einen Vorschuss von mehr als 747,08 € erhalten hätte, wäre anzurechnen.

Hatte der Anwalt außergerichtlich eine Wahlanwalts-Geschäftsgebühr erhalten, ist diese **19** auf die PKH-/VKH-Vergütung anzurechnen. Angerechnet wird allerdings zunächst auf die nicht gedeckte Wahlanwaltsvergütung.[21]

Beispiel 2: Der Anwalt wird für den Auftraggeber wegen einer Forderung iHv 10.000 € als Wahlanwalt tätig. Beratungshilfe war nicht beantragt worden. Angemessen sei dafür eine 1,5-Geschäftsgebühr:

1.	1,5-Geschäftsgebühr, Nr. 2300 VV (Wert: 10.000 €)	837,00 €
2.	Postentgeltpauschale, Nr. 7002 VV	20,00 €
	Zwischensumme	857,00 €
3.	19 % Umsatzsteuer, Nr. 7008 VV	162,83 €
	Gesamt	**1.019,83 €**

Hiernach wird der Anwalt im Rechtsstreit tätig. Der Partei wird Prozesskostenhilfe bewilligt und der Anwalt beigeordnet.

a) Der Mandant hat die Geschäftsgebühr nicht gezahlt.
b) Der Mandant hat die Geschäftsgebühr gezahlt.

Im Fall a) ist nichts anzurechnen, da der Anwalt auf die anzurechnende Gebühr keine Zahlung erhalten hat (§ 15 a Abs. 2 RVG). Die Landeskasse muss die volle Verfahrensgebühr aus den Beträgen des § 49 RVG zahlen:

1.	1,3-Verfahrensgebühr, Nr. 3100 VV, § 49 RVG	399,10 €
2.	1,2-Terminsgebühr, Nr. 3104 VV, § 49 RVG	368,40 €

---

21 OLG Oldenburg AGS 2011, 611; OLG Brandenburg AGS 2011, 549 = MDR 2011, 1206 = JurBüro 2011, 580.

3. Postentgeltpauschale, Nr. 7002 VV		20,00 €
Zwischensumme	787,50 €	
4. 19 % Umsatzsteuer, Nr. 7008 VV		149,63 €
Gesamt		**937,13 €**

Im Fall b) ist die Zahlung, die der Anwalt von der bedürftigen Partei auf die Geschäftsgebühr erhalten hat, im Rahmen des § 58 Abs. 2 RVG zu berücksichtigen. Und zwar ist der nach Vorbem. 3 Abs. 4 VV anzurechnende Teil der Geschäftsgebühr jetzt zunächst auf die nicht gedeckten Wahlanwaltsgebühren des § 13 RVG anzurechnen und erst hiernach auf die PKH-/VKH-Vergütung des § 49 RVG. Dies ergibt folgende Berechnung:

1. 1,3-Verfahrensgebühr, Nr. 3100 VV, § 49 RVG		399,10 €
2. anrechnungsfähig nach Vorbem. 3 Abs. 4 VV:		
– 0,75 aus 10.000 € nach § 13 RVG		– 418,50 €
– davon nach § 58 Abs. 2 RVG anrechnungsfrei (725,40 € – 399,10 €)	326,30 €	
		– 92,20 €
3. 1,2-Terminsgebühr, Nr. 3104 VV, § 49 RVG		368,40 €
4. Postentgeltpauschale, Nr. 7002 VV		20,00 €
Zwischensumme	695,30 €	
5. 19 % Umsatzsteuer, Nr. 7008 VV		132,11 €
Gesamt		**25,10 €**

Nach **aA** ist auch die Differenz der Terminsgebühr anrechnungsfrei:

1. 1,3-Verfahrensgebühr, Nr. 3100 VV, § 49 RVG		399,10 €
2. 1,2-Terminsgebühr, Nr. 3104 VV, § 49 RVG		368,40 €
3. anrechnungsfähig nach Vorbem. 3 Abs. 4 VV:		
– 0,75 aus 10.000 € nach § 13 RVG		– 416,50 €
– davon nach § 58 Abs. 2 RVG anrechnungsfrei (725,40 € – 399,10 € + 669,60 € – 368,40 €)	627,50 €	
		– 0,00 €
4. Postentgeltpauschale, Nr. 7002 VV		20,00 €
Zwischensumme	787,50 €	
5. 19 % Umsatzsteuer, Nr. 7008 VV		149,63 €
Gesamt		**937,13 €**

VI. Ausschluss wegen Verschuldens

20 Hat der beigeordnete Rechtsanwalt durch schuldhaftes Verhalten die Beiordnung eines anderen Anwalts veranlasst, kann er Gebühren, die auch für den anderen Anwalt entstehen, nicht fordern (§ 54 RVG).

VII. Weitergehende Vergütung

21 Ist dem Mandanten Prozess- oder Verfahrenskostenhilfe gegen **Ratenzahlung** bewilligt worden, kann der Anwalt auch die Festsetzung seiner weiteren Vergütung nach § 50 RVG verlangen. Hierzu muss der beigeordnete Rechtsanwalt nach § 50 Abs. 2 RVG dem Gericht eine Berechnung seiner Regelvergütung mitteilen. Nach Einziehung sämtlicher Raten werden dann die nicht zur Deckung der Kosten der Staatskasse (Gerichtskosten, Auslagen und PKH-/VKH-Vergütung) benötigten Raten an den Anwalt bis zur Höhe der Differenz zwischen PKH-/VKH-Vergütung und Regelvergütung ausgezahlt.

Beispiel 3: Der Anwalt ist in einem Rechtsstreit über 10.000 € beigeordnet worden. Dem Mandanten war Prozess- oder Verfahrenskostenhilfe gegen Ratenzahlung iHv monatlich 60 € bewil-

ligt worden. Neben den Gerichtskosten sind noch Kosten für einen Sachverständigen iHv 500 €
angefallen. Nach Eingang der 48 Raten ist wie folgt abzurechnen:

Eingegangene Raten, 48 x 60 €	2.880,00 €
3,0-Gerichtsgebühr (Nr. 1210 KV GKG)	– 723,00 €
Sachverständigenkosten	– 800,00 €
PKH-/VKH-Vergütung	

1.	1,3-Verfahrensgebühr, Nr. 3100 VV	– 399,10 €
2.	1,2-Terminsgebühr, Nr. 3104 VV	– 368,40 €
3.	Postentgeltpauschale, Nr. 7002 VV	– 20,00 €
	Zwischensumme	– 787,50 €
4.	19 % Umsatzsteuer, Nr. 7008 VV	– 149,63 €

Gesamt	– 937,13 €
Restbetrag	**419,87 €**

Da sich die nicht gedeckte Wahlanwaltsvergütung auf 747,08 € beläuft (s. Rn 18; Beispiel 1), ist
der verbleibende Restbetrag an den Anwalt auszuzahlen.

Wichtig: Kommt der beigeordnete Rechtsanwalt der gerichtlichen Aufforderung zur Vorla- 22
ge seiner Abrechnung nach § 55 Abs. 6 RVG nicht fristgerecht nach, verliert er nicht nur
seinen Anspruch auf die weitere Vergütung iSv § 50 RVG, sondern auch denjenigen auf
die „Grundvergütung" iSv § 49 RVG.[22]

VIII. Vorschuss

Im Gegensatz zur Beratungshilfe ist der im Rahmen der Prozess- oder Verfahrenskosten- 23
hilfe beigeordnete Rechtsanwalt berechtigt, nach § 47 RVG einen Vorschuss zu verlangen.
Das Recht auf Vorschuss erstreckt sich allerdings nur auf solche Gebühren, die bereits
ausgelöst sind. Im Gegensatz zu § 9 RVG kann auf zukünftige Gebühren kein Vorschuss
verlangt werden. Wohl kann dagegen für zukünftige Auslagen Vorschuss verlangt werden.[23]

IX. Festsetzung gegen den Gegner

Soweit die Partei, der der Anwalt beigeordnet worden ist, obsiegt, kann der Anwalt nach 24
§ 126 Abs. 1 ZPO die Wahlanwaltsvergütung gegen den Gegner in eigenem Namen festsetzen lassen. Er kann auch die PKH-/VKH-Vergütung mit der Staatskasse abrechnen und
nur den Differenzbetrag zwischen Wahlanwalts- und PKH-/VKH-Vergütung festsetzen lassen. Eine Einrede des Gegners aus der Person der Partei ist dabei nicht zulässig (§ 126
Abs. 2 S. 1 ZPO). Der Gegner kann auch nur mit Kosten aufrechnen, die nach einer im
selben Rechtsstreit ergangenen Kostenentscheidung vom eigenen Mandanten zu erstatten
sind (§ 126 Abs. 2 S. 2 ZPO).

D. Entsprechende Anwendung der PKH-/VKH-Vorschriften

Die Vorschriften über die Prozess- oder Verfahrenskostenhilfe gelten auch für den nach 25
§ 57 und § 58 ZPO zum Prozesspfleger bestellten Rechtsanwalt (§ 45 Abs. 1 S. 1 RVG)
sowie für den nach § 4 a InsO beigeordneten Rechtsanwalt (§ 12 Abs. 1 S. 1 RVG). Gleiches gilt für den nach § 625 ZPO beigeordneten oder nach § 67 a Abs. 1 S. 2 VwGO bestellten Rechtsanwalt, allerdings nur, wenn der zur Zahlung Verpflichtete (§§ 39, 40 RVG)
mit der Zahlung der Vergütung in Verzug ist. Auch ein Vorschussanspruch besteht nur unter diesen Voraussetzungen.

---

22 StRspr, zuletzt OLG Zweibrücken AGS 2013, 530 = RVGreport 2013, 470.
23 OLG Hamm AGS 2013, 348 = AnwBl 2013, 771 = RVGreport 2013, 307.

E. Bestellter oder beigeordneter Anwalt in Verfahren nach Teilen 4 bis 6 VV

I. Allgemeines

26 Wird der Anwalt in Verfahren nach den Teilen 4 bis 6 VV bestellt oder beigeordnet, erhält er ebenfalls seine Vergütung aus der Landeskasse, wenn ein Gericht des Landes den Rechtsanwalt bestellt oder beigeordnet hat, im Übrigen aus der Bundeskasse (§ 45 Abs. 3 RVG). Soweit der Anwalt in solchen Verfahren im Wege der Prozess- oder Verfahrenskostenhilfe beigeordnet ist, gelten die Vorschriften über die Prozess- oder Verfahrenskostenhilfe (s. Rn 7 ff).

II. Umfang der Beiordnung

27 Der Vergütungsanspruch bestimmt sich nach den Beschlüssen, durch die der Rechtsanwalt beigeordnet oder bestellt worden ist (§ 48 Abs. 1 RVG).

- Wird der Anwalt im ersten Rechtszug bestellt oder beigeordnet, erhält er die Vergütung auch für seine Tätigkeit vor dem Zeitpunkt seiner Bestellung, in Strafsachen einschließlich seiner Tätigkeit vor Erhebung der öffentlichen Klage und in Bußgeldsachen einschließlich der Tätigkeit vor der Verwaltungsbehörde (§ 48 Abs. 5 S. 1 RVG).
- Wird der Rechtsanwalt in einem späteren Rechtszug beigeordnet, erhält er seine Vergütung in diesem Rechtszug auch für seine Tätigkeit vor dem Zeitpunkt seiner Bestellung (§ 48 Abs. 5 S. 2 RVG).
- Werden Verfahren verbunden, kann das Gericht die Beiordnung auch auf diejenigen Verfahren erstrecken, in denen vor der Verbindung keine Beiordnung oder Bestellung erfolgt war (§ 48 Abs. 5 S. 3 RVG).
- Kommt es zu einem Wiederaufnahmeverfahren, so ist zu differenzieren:
  - Hatte der Verurteilte bereits einen Pflichtverteidiger, so erstreckt sich die Bestellung auch auf dieses Verfahren.[24]
  - Hatte der Verurteilte bisher keinen Verteidiger, wird ein solcher aber nach § 364 b Abs. 1 S. 1 StPO bestellt oder trifft das Gericht die Feststellung nach § 364 b Abs. 1 S. 2 StPO, hat dieser Anwalt auch dann einen Anspruch gegen die Staatskasse, wenn er von der Stellung eines Wiederaufnahmeantrags abrät (§ 45 Abs. 1 S. 1 RVG). Dies gilt auch im gerichtlichen Bußgeldverfahren nach § 85 Abs. 1 OWiG (§ 45 Abs. 3 S. 2 RVG). Auslagen, die durch Nachforschungen zur Vorbereitung eines Wiederaufnahmeverfahrens entstehen, werden dann ebenfalls nur unter diesen Voraussetzungen übernommen (§ 46 Abs. 3 RVG).

III. Die Vergütung

28 Der bestellte Anwalt erhält an Stelle der im Gesetz für den Wahlanwalt vorgesehenen Rahmengebühren feste Gebührenbeträge, die mit 80 % der Mittelgebühr des Wahlanwalts bemessen sind. Soweit Wertgebühren vorgesehen sind (zB Nr. 4142 ff VV), erhält er zwar die gleichen Gebührensätze wie ein Wahlanwalt, allerdings ab einem Gegenstandswert von über 4.000 € nur nach der Tabelle des § 49 RVG. Darüber hinaus erhält auch der bestellte oder beigeordnete Anwalt Ersatz seiner Auslagen (§ 46 RVG).

29 Anstelle der im Vergütungsverzeichnis geregelten Gebühren kann der gerichtlich bestellte oder beigeordnete Anwalt auch die Bewilligung einer Pauschgebühr nach § 51 RVG verlangen, wenn die im Vergütungsverzeichnis bestimmten Gebühren wegen des besonderen Umfangs und der besonderen Schwierigkeit nicht zumutbar sind (§ 51 Abs. 1 S. 1 RVG). Dies gilt nicht, soweit Wertgebühren entstehen (§ 51 Abs. 1 S. 3 RVG). Über den Antrag auf Bewilligung einer Pauschgebühr entscheidet das OLG, zu dessen Bezirk das Gericht des ersten Rechtszugs gehört. Für Verfahren vor dem BGH ist dieser zuständig. Möglich

---

24 *Burhoff*, RVG, Vorbem. 4.1.4 VV Rn 7.

ist – im Gegensatz zu § 42 RVG – auch die Bewilligung eines angemessenen Vorschusses auf die Pauschvergütung (§ 51 Abs. 1 S. 5 RVG).

IV. Die Festsetzung

Die aus der Staatskasse zu gewährende Vergütung wird auf Antrag des Rechtsanwalts fest- 30 gesetzt. Zuständig ist das Gericht des ersten Rechtszugs, dort der Urkundsbeamte der Geschäftsstelle (§ 55 Abs. 1 S. 1 RVG). In Bußgeldsachen, die vor der Verwaltungsbehörde beendet worden sind, ist die Verwaltungsbehörde zuständig (§ 57 S. 1 RVG).

Auch hier hat der Festsetzungsantrag die Erklärung zu enthalten, ob und welche Zahlun- 31 gen der Anwalt bis zum Tage der Antragstellung erhalten hat. Nachträgliche Zahlungen sind unverzüglich anzuzeigen (§ 55 Abs. 5 RVG). Die Vorschrift des § 104 Abs. 2 ZPO gilt entsprechend (§ 55 Abs. 5 S. 1 RVG).

V. Rechtsbehelfe und Rechtsmittel

Gegen die Festsetzung des Urkundsbeamten ist nach § 56 Abs. 1 RVG die unbefristete[25] 32 **Erinnerung** gegeben, der der Urkundsbeamte abhelfen kann; anderenfalls legt er sie dem Richter vor, der darüber entscheidet. Gegen die Entscheidung über die Erinnerung ist die **Beschwerde** zum nächst höheren Gericht gegeben. Das ist bei erstinstanzlicher Zuständigkeit des AG das LG und bei erstinstanzlicher Zuständigkeit des LG das OLG. Eine Beschwerde bei erstinstanzlicher Entscheidung des OLG ist nicht möglich (§ 56 Abs. 2 iVm § 33 Abs. 3 S. 3, Abs. 6 S. 3 RVG). Voraussetzung ist, dass der Wert der Beschwerde 200 € übersteigt oder die Beschwerde in der Entscheidung über die Erinnerung zugelassen worden ist (§§ 56 Abs. 2 S. 1, 33 Abs. 3 RVG). Gegen eine Beschwerdeentscheidung des LG wiederum ist die **weitere Beschwerde** zum OLG möglich, wenn das LG diese wegen grundsätzlicher Bedeutung zugelassen hat (§§ 56 Abs. 2 S. 1, 33 Abs. 6 RVG). Eine weitere Beschwerde zum BGH ist gesetzlich ausgeschlossen (§§ 56 Abs. 2 S. 1, 33 Abs. 4 S. 2 RVG), so dass Beschwerdeentscheidungen des OLG unanfechtbar sind. Sowohl die Beschwerde als auch die weitere Beschwerde müssen jeweils innerhalb von zwei Wochen eingelegt werden (§ 56 Abs. 2 iVm § 33 Abs. 3 S. 3, Abs. 6 S. 3 RVG). Möglich ist auch die **Gehörsrüge** nach § 12 a RVG.

Im Falle der Festsetzung durch die Verwaltungsbehörde (§ 57 S. 1 RVG) ist gegen deren 33 Festsetzung der Antrag auf gerichtliche Entscheidung nach § 72 OWiG gegeben (§ 57 S. 2 RVG).

VI. Inanspruchnahme des Beschuldigen oder Betroffenen

Unter bestimmten Voraussetzungen kann der bestellte oder beigeordnete Anwalt den Be- 34 schuldigten oder Betroffenen unmittelbar in Anspruch nehmen (§ 52 Abs. 1 RVG). Der Anspruch kann nur insoweit geltend gemacht werden, als dem Beschuldigten ein Erstattungsanspruch gegen die Staatskasse zusteht oder das Gericht des ersten Rechtszugs auf Antrag feststellt, dass der Beschuldigte ohne Beeinträchtigung des für ihn und seine Familie notwendigen Unterhalts zur Zahlung oder zur Leistung von Raten in der Lage ist. Gleiches gilt für den zum Beistand bestellten Rechtsanwalt (§ 53 RVG).

---

25 AnwK-RVG/*Volpert*, § 56 Rn 9; wohl kommt aber eine Verwirkung in Betracht (AnwK-RVG/*Volpert*, § 56 Rn 12).

Anhang
Gebührentabellen

I. Gebührentabelle nach § 13 Abs. 1 RVG

Wert bis ... €	0,3	0,5	0,65	0,75	0,8	1,0	1,1
500	15,00[1]	22,50	29,25	33,75	36,00	45,00	49,50
1.000	24,00	40,00	52,00	60,00	64,00	80,00	88,00
1.500	34,50	57,50	74,75	86,25	92,00	115,00	126,50
2.000	45,00	75,00	97,50	112,50	120,00	150,00	165,00
3.000	60,30	100,50	130,65	150,75	160,80	201,00	221,10
4.000	75,60	126,00	163,80	189,00	201,60	252,00	277,20
5.000	90,90	151,50	196,95	227,25	242,40	303,00	333,30
6.000	106,20	177,00	230,10	265,50	283,20	354,00	389,40
7.000	121,50	202,50	263,25	303,75	324,00	405,00	445,50
8.000	136,80	228,00	296,40	342,00	364,80	456,00	501,60
9.000	152,10	253,50	329,55	380,25	405,60	507,00	557,70
10.000	167,40	279,00	362,70	418,50	446,40	558,00	613,80
13.000	181,20	302,00	392,60	453,00	483,20	604,00	664,40
16.000	195,00	325,00	422,50	487,50	520,00	650,00	715,00
19.000	208,80	348,00	452,40	522,00	556,80	696,00	765,60
22.000	222,60	371,00	482,30	556,50	593,60	742,00	816,20
25.000	236,40	394,00	512,20	591,00	630,40	788,00	866,80
30.000	258,90	431,50	560,95	647,25	690,40	863,00	949,30
35.000	281,40	469,00	609,70	703,50	750,40	938,00	1.031,80
40.000	303,90	506,50	658,45	759,75	810,40	1.013,00	1.114,30
45.000	326,40	544,00	707,20	816,00	870,40	1.088,00	1.196,80
50.000	348,90	581,50	755,95	872,25	930,40	1.163,00	1.279,30
65.000	374,40	624,00	811,20	936,00	998,40	1.248,00	1.372,80
80.000	399,90	666,50	866,45	999,75	1.066,40	1.333,00	1.466,30
95.000	425,40	709,00	921,70	1.063,50	1.134,40	1.418,00	1.559,80
110.000	450,90	751,50	976,95	1.127,25	1.202,40	1.503,00	1.653,30
125.000	476,40	794,00	1.032,20	1.191,00	1.270,40	1.588,00	1.746,80
140.000	501,90	836,50	1.087,45	1.254,75	1.338,40	1.673,00	1.840,30
155.000	527,40	879,00	1.142,70	1.318,50	1.406,40	1.758,00	1.933,80
170.000	552,90	921,50	1.197,95	1.382,25	1.474,40	1.843,00	2.027,30
185.000	578,40	964,00	1.253,20	1.446,00	1.542,40	1.928,00	2.120,80
200.000	603,90	1.006,50	1.308,45	1.509,75	1.610,40	2.013,00	2.214,30
230.000	639,90	1.066,50	1.386,45	1.599,75	1.706,40	2.133,00	2.346,30
260.000	675,90	1.126,50	1.464,45	1.689,75	1.802,40	2.253,00	2.478,30
290.000	711,90	1.186,50	1.542,45	1.779,75	1.898,40	2.373,00	2.610,30
320.000	747,90	1.246,50	1.620,45	1.869,75	1.994,40	2.493,00	2.742,30
350.000	783,90	1.306,50	1.698,45	1.959,75	2.090,40	2.613,00	2.874,30
380.000	819,90	1.366,50	1.776,45	2.049,75	2.186,40	2.733,00	3.006,30
410.000	855,90	1.426,50	1.854,45	2.139,75	2.282,40	2.853,00	3.138,30
440.000	891,90	1.486,50	1.932,45	2.229,75	2.378,40	2.973,00	3.270,30
470.000	927,90	1.546,50	2.010,45	2.319,75	2.474,40	3.093,00	3.402,30
500.000	963,90	1.606,50	2.088,45	2.409,75	2.570,40	3.213,00	3.534,30

---

1   Mindestgebühr nach § 13 Abs. 2 RVG.

1,2	1,3	1,5	1,6	1,8	2,0	2,5	Wert bis ... €
54,00	58,50	67,50	72,00	81,00	90,00	112,50	500
96,00	104,00	120,00	128,00	144,00	160,00	200,00	1.000
138,00	149,50	172,50	184,00	207,00	230,00	287,50	1.500
180,00	195,00	225,00	240,00	270,00	300,00	375,00	2.000
241,20	261,30	301,50	321,60	361,80	402,00	502,50	3.000
302,40	327,60	378,00	403,20	453,60	504,00	630,00	4.000
363,60	393,90	454,50	484,80	545,40	606,00	757,50	5.000
424,80	460,20	531,00	566,40	637,20	708,00	885,00	6.000
486,00	526,50	607,50	648,00	729,00	810,00	1.012,50	7.000
547,20	592,80	684,00	729,60	820,80	912,00	1.140,00	8.000
608,40	659,10	760,50	811,20	912,60	1.014,00	1.267,50	9.000
669,60	725,40	837,00	892,80	1.004,40	1.116,00	1.395,00	10.000
724,80	785,20	906,00	966,40	1.087,20	1.208,00	1.510,00	13.000
780,00	845,00	975,00	1.040,00	1.170,00	1.300,00	1.625,00	16.000
835,20	904,80	1.044,00	1.113,60	1.252,80	1.392,00	1.740,00	19.000
890,40	964,60	1.113,00	1.187,20	1.335,60	1.484,00	1.855,00	22.000
945,60	1.024,40	1.182,00	1.260,80	1.418,40	1.576,00	1.970,00	25.000
1.035,60	1.121,90	1.294,50	1.380,80	1.553,40	1.726,00	2.157,50	30.000
1.125,60	1.219,40	1.407,00	1.500,80	1.688,40	1.876,00	2.345,00	35.000
1.215,60	1.316,90	1.519,50	1.620,80	1.823,40	2.026,00	2.532,50	40.000
1.305,60	1.414,40	1.632,00	1.740,80	1.958,40	2.176,00	2.720,00	45.000
1.395,60	1.511,90	1.744,50	1.860,80	2.093,40	2.326,00	2.907,50	50.000
1.497,60	1.622,40	1.872,00	1.996,80	2.246,40	2.496,00	3.120,00	65.000
1.599,60	1.732,90	1.999,50	2.132,80	2.399,40	2.666,00	3.332,50	80.000
1.701,60	1.843,40	2.127,00	2.268,80	2.552,40	2.836,00	3.545,00	95.000
1.803,60	1.953,90	2.254,50	2.404,80	2.705,40	3.006,00	3.757,50	110.000
1.905,60	2.064,40	2.382,00	2.540,80	2.858,40	3.176,00	3.970,00	125.000
2.007,60	2.174,90	2.509,50	2.676,80	3.011,40	3.346,00	4.182,50	140.000
2.109,60	2.285,40	2.637,00	2.812,80	3.164,40	3.516,00	4.395,00	155.000
2.211,60	2.395,90	2.764,50	2.948,80	3.317,40	3.686,00	4.607,50	170.000
2.313,60	2.506,40	2.892,00	3.084,80	3.470,40	3.856,00	4.820,00	185.000
2.415,60	2.616,90	3.019,50	3.220,80	3.623,40	4.026,00	5.032,50	200.000
2.559,60	2.772,90	3.199,50	3.412,80	3.839,40	4.266,00	5.332,50	230.000
2.703,60	2.928,90	3.379,50	3.604,80	4.055,40	4.506,00	5.632,50	260.000
2.847,60	3.084,90	3.559,50	3.796,80	4.271,40	4.746,00	5.932,50	290.000
2.991,60	3.240,90	3.739,50	3.988,80	4.487,40	4.986,00	6.232,50	320.000
3.135,60	3.396,90	3.919,50	4.180,80	4.703,40	5.226,00	6.532,50	350.000
3.279,60	3.552,90	4.099,50	4.372,80	4.919,40	5.466,00	6.832,50	380.000
3.423,60	3.708,90	4.279,50	4.564,80	5.135,40	5.706,00	7.132,50	410.000
3.567,60	3.864,90	4.459,50	4.756,80	5.351,40	5.946,00	7.432,50	440.000
3.711,60	4.020,90	4.639,50	4.948,80	5.567,40	6.186,00	7.732,50	470.000
3.855,60	4.176,90	4.819,50	5.140,80	5.783,40	6.426,00	8.032,50	500.000

Wert bis ... €	0,3	0,5	0,65	0,75	0,8	1,0	1,1
550.000	1.008,90	1.681,50	2.185,95	2.522,25	2.690,40	3.363,00	3.699,30
600.000	1.053,90	1.756,50	2.283,45	2.634,75	2.810,40	3.513,00	3.864,30
650.000	1.098,90	1.831,50	2.380,95	2.747,25	2.930,40	3.663,00	4.029,30
700.000	1.143,90	1.906,50	2.478,45	2.859,75	3.050,40	3.813,00	4.194,30
750.000	1.188,90	1.981,50	2.575,95	2.972,25	3.170,40	3.963,00	4.359,30
800.000	1.233,90	2.056,50	2.673,45	3.084,75	3.290,40	4.113,00	4.524,30
850.000	1.278,90	2.131,50	2.770,95	3.197,25	3.410,40	4.263,00	4.689,30
900.000	1.323,90	2.206,50	2.868,45	3.309,75	3.530,40	4.413,00	4.854,30
950.000	1.368,90	2.281,50	2.965,95	3.422,25	3.650,40	4.563,00	5.019,30
1.000.000	1.413,90	2.356,50	3.063,45	3.534,75	3.770,40	4.713,00	5.184,30
1.050.000	1.458,90	2.431,50	3.160,95	3.647,25	3.890,40	4.863,00	5.349,30
1.100.000	1.503,90	2.506,50	3.258,45	3.759,75	4.010,40	5.013,00	5.514,30
1.150.000	1.548,90	2.581,50	3.355,95	3.872,25	4.130,40	5.163,00	5.679,30
1.200.000	1.593,90	2.656,50	3.453,45	3.984,75	4.250,40	5.313,00	5.844,30
1.250.000	1.638,90	2.731,50	3.550,95	4.097,25	4.370,40	5.463,00	6.009,30
1.300.000	1.683,90	2.806,50	3.648,45	4.209,75	4.490,40	5.613,00	6.174,30
1.350.000	1.728,90	2.881,50	3.745,95	4.322,25	4.610,40	5.763,00	6.339,30
1.400.000	1.773,90	2.956,50	3.843,45	4.434,75	4.730,40	5.913,00	6.504,30
1.450.000	1.818,90	3.031,50	3.940,95	4.547,25	4.850,40	6.063,00	6.669,30
1.500.000	1.863,90	3.106,50	4.038,45	4.659,75	4.970,40	6.213,00	6.834,30
1.550.000	1.908,90	3.181,50	4.135,95	4.772,25	5.090,40	6.363,00	6.999,30
1.600.000	1.953,90	3.256,50	4.233,45	4.884,75	5.210,40	6.513,00	7.164,30
1.650.000	1.998,90	3.331,50	4.330,95	4.997,25	5.330,40	6.663,00	7.329,30
1.700.000	2.043,90	3.406,50	4.428,45	5.109,75	5.450,40	6.813,00	7.494,30
1.750.000	2.088,90	3.481,50	4.525,95	5.222,25	5.570,40	6.963,00	7.659,30
1.800.000	2.133,90	3.556,50	4.623,45	5.334,75	5.690,40	7.113,00	7.824,30
1.850.000	2.178,90	3.631,50	4.720,95	5.447,25	5.810,40	7.263,00	7.989,30
1.900.000	2.223,90	3.706,50	4.818,45	5.559,75	5.930,40	7.413,00	8.154,30
1.950.000	2.268,90	3.781,50	4.915,95	5.672,25	6.050,40	7.563,00	8.319,30
2.000.000	2.313,90	3.856,50	5.013,45	5.784,75	6.170,40	7.713,00	8.484,30
2.050.000	2.358,90	3.931,50	5.110,95	5.897,25	6.290,40	7.863,00	8.649,30
2.100.000	2.403,90	4.006,50	5.208,45	6.009,75	6.410,40	8.013,00	8.814,30
2.150.000	2.448,90	4.081,50	5.305,95	6.122,25	6.530,40	8.163,00	8.979,30
2.200.000	2.493,90	4.156,50	5.403,45	6.234,75	6.650,40	8.313,00	9.144,30
2.250.000	2.538,90	4.231,50	5.500,95	6.347,25	6.770,40	8.463,00	9.309,30
2.300.000	2.583,90	4.306,50	5.598,45	6.459,75	6.890,40	8.613,00	9.474,30
2.350.000	2.628,90	4.381,50	5.695,95	6.572,25	7.010,40	8.763,00	9.639,30
2.400.000	2.673,90	4.456,50	5.793,45	6.684,75	7.130,40	8.913,00	9.804,30
2.450.000	2.718,90	4.531,50	5.890,95	6.797,25	7.250,40	9.063,00	9.969,30
2.500.000	2.763,90	4.606,50	5.988,45	6.909,75	7.370,40	9.213,00	10.134,30

1,2	1,3	1,5	1,6	1,8	2,0	2,5	Wert bis ... €
4.035,60	4.371,90	5.044,50	5.380,80	6.053,40	6.726,00	8.407,50	550.000
4.215,60	4.566,90	5.269,50	5.620,80	6.323,40	7.026,00	8.782,50	600.000
4.395,60	4.761,90	5.494,50	5.860,80	6.593,40	7.326,00	9.157,50	650.000
4.575,60	4.956,90	5.719,50	6.100,80	6.863,40	7.626,00	9.532,50	700.000
4.755,60	5.151,90	5.944,50	6.340,80	7.133,40	7.926,00	9.907,50	750.000
4.935,60	5.346,90	6.169,50	6.580,80	7.403,40	8.226,00	10.282,50	800.000
5.115,60	5.541,90	6.394,50	6.820,80	7.673,40	8.526,00	10.657,50	850.000
5.295,60	5.736,90	6.619,50	7.060,80	7.943,40	8.826,00	11.032,50	900.000
5.475,60	5.931,90	6.844,50	7.300,80	8.213,40	9.126,00	11.407,50	950.000
5.655,60	6.126,90	7.069,50	7.540,80	8.483,40	9.426,00	11.782,50	1.000.000
5.835,60	6.321,90	7.294,50	7.780,80	8.753,40	9.726,00	12.157,50	1.050.000
6.015,60	6.516,90	7.519,50	8.020,80	9.023,40	10.026,00	12.532,50	1.100.000
6.195,60	6.711,90	7.744,50	8.260,80	9.293,40	10.326,00	12.907,50	1.150.000
6.375,60	6.906,90	7.969,50	8.500,80	9.563,40	10.626,00	13.282,50	1.200.000
6.555,60	7.101,90	8.194,50	8.740,80	9.833,40	10.926,00	13.657,50	1.250.000
6.735,60	7.296,90	8.419,50	8.980,80	10.103,40	11.226,00	14.032,50	1.300.000
6.915,60	7.491,90	8.644,50	9.220,80	10.373,40	11.526,00	14.407,50	1.350.000
7.095,60	7.686,90	8.869,50	9.460,80	10.643,40	11.826,00	14.782,50	1.400.000
7.275,60	7.881,90	9.094,50	9.700,80	10.913,40	12.126,00	15.157,50	1.450.000
7.455,60	8.076,90	9.319,50	9.940,80	11.183,40	12.426,00	15.532,50	1.500.000
7.635,60	8.271,90	9.544,50	10.180,80	11.453,40	12.726,00	15.907,50	1.550.000
7.815,60	8.466,90	9.769,50	10.420,80	11.723,40	13.026,00	16.282,50	1.600.000
7.995,60	8.661,90	9.994,50	10.660,80	11.993,40	13.326,00	16.657,50	1.650.000
8.175,60	8.856,90	10.219,50	10.900,80	12.263,40	13.626,00	17.032,50	1.700.000
8.355,60	9.051,90	10.444,50	11.140,80	12.533,40	13.926,00	17.407,50	1.750.000
8.535,60	9.246,90	10.669,50	11.380,80	12.803,40	14.226,00	17.782,50	1.800.000
8.715,60	9.441,90	10.894,50	11.620,80	13.073,40	14.526,00	18.157,50	1.850.000
8.895,60	9.636,90	11.119,50	11.860,80	13.343,40	14.826,00	18.532,50	1.900.000
9.075,60	9.831,90	11.344,50	12.100,80	13.613,40	15.126,00	18.907,50	1.950.000
9.255,60	10.026,90	11.569,50	12.340,80	13.883,40	15.426,00	19.282,50	2.000.000
9.435,60	10.221,90	11.794,50	12.580,80	14.153,40	15.726,00	19.657,50	2.050.000
9.615,60	10.416,90	12.019,50	12.820,80	14.423,40	16.026,00	20.032,50	2.100.000
9.795,60	10.611,90	12.244,50	13.060,80	14.693,40	16.326,00	20.407,50	2.150.000
9.975,60	10.806,90	12.469,50	13.300,80	14.963,40	16.626,00	20.782,50	2.200.000
10.155,60	11.001,90	12.694,50	13.540,80	15.233,40	16.926,00	21.157,50	2.250.000
10.335,60	11.196,90	12.919,50	13.780,80	15.503,40	17.226,00	21.532,50	2.300.000
10.515,60	11.391,90	13.144,50	14.020,80	15.773,40	17.526,00	21.907,50	2.350.000
10.695,60	11.586,90	13.369,50	14.260,80	16.043,40	17.826,00	22.282,50	2.400.000
10.875,60	11.781,90	13.594,50	14.500,80	16.313,40	18.126,00	22.657,50	2.450.000
11.055,60	11.976,90	13.819,50	14.740,80	16.583,40	18.426,00	23.032,50	2.500.000

II. Gebührentabelle nach § 49 RVG

Wert bis ... €	0,3	0,5	0,65	0,8	0,95	1,0	1,1	1,2
500	15,00[1]	22,50	29,25	36,00	42,75	45,00	49,50	54,00
1.000	24,00	40,00	52,00	64,00	76,00	80,00	88,00	96,00
1.500	34,50	57,50	74,75	92,00	109,25	115,00	126,50	138,00
2.000	45,00	75,00	97,50	120,00	142,50	150,00	165,00	180,00
3.000	60,30	100,50	130,65	160,80	190,95	201,00	221,10	241,20
4.000	75,60	126,00	163,80	201,60	239,40	252,00	277,20	302,40
5.000	77,10	128,50	167,05	205,60	244,15	257,00	282,70	308,40
6.000	80,10	133,50	173,55	213,60	253,65	267,00	293,70	320,40
7.000	83,10	138,50	180,05	221,60	263,15	277,00	304,70	332,40
8.000	86,10	143,50	186,55	229,60	272,65	287,00	315,70	344,40
9.000	89,10	148,50	193,05	237,60	282,15	297,00	326,70	356,40
10.000	92,10	153,50	199,55	245,60	291,65	307,00	337,70	368,40
13.000	96,30	160,50	208,65	256,80	304,95	321,00	353,10	385,20
16.000	100,50	167,50	217,75	268,00	318,25	335,00	368,50	402,00
19.000	104,70	174,50	226,85	279,20	331,55	349,00	383,90	418,80
22.000	108,90	181,50	235,95	290,40	344,85	363,00	399,30	435,60
25.000	113,10	188,50	245,05	301,60	358,15	377,00	414,70	452,40
30.000	123,60	206,00	267,80	329,60	391,40	412,00	453,20	494,40
darüber hinaus	134,10	223,50	290,55	357,60	424,65	447,00	491,70	536,40

---

1 Mindestgebühr nach § 13 Abs. 2 RVG.

1,3	1,4	1,5	1,6	1,8	1,9	2,1	2,3	Wert bis ... €
58,50	63,00	67,50	72,00	81,00	85,50	94,50	103,50	500
104,00	112,00	120,00	128,00	144,00	152,00	168,00	184,00	1.000
149,50	161,00	172,50	184,00	207,00	218,50	241,50	264,50	1.500
195,00	210,00	225,00	240,00	270,00	285,00	315,00	345,00	2.000
261,30	281,40	301,50	321,60	361,80	381,90	422,10	462,30	3.000
327,60	352,80	378,00	403,20	453,60	478,80	529,20	579,60	4.000
334,10	359,80	385,50	411,20	462,60	488,30	539,70	591,10	5.000
347,10	373,80	400,50	427,20	480,60	507,30	560,70	614,10	6.000
360,10	387,80	415,50	443,20	498,60	526,30	581,70	637,10	7.000
373,10	401,80	430,50	459,20	516,60	545,30	602,70	660,10	8.000
386,10	415,80	445,50	475,20	534,60	564,30	623,70	683,10	9.000
399,10	429,80	460,50	491,20	552,60	583,30	644,70	706,10	10.000
417,30	449,40	481,50	513,60	577,80	609,90	674,10	738,30	13.000
435,50	469,00	502,50	536,00	603,00	636,50	703,50	770,50	16.000
453,70	488,60	523,50	558,40	628,20	663,10	732,90	802,70	19.000
471,90	508,20	544,50	580,80	653,40	689,70	762,30	834,90	22.000
490,10	527,80	565,50	603,20	678,60	716,30	791,70	867,10	25.000
535,60	576,80	618,00	659,20	741,60	782,80	865,20	947,60	30.000
581,10	625,80	670,50	715,20	804,60	849,30	938,70	1.028,10	darüber hinaus

III. Gebühren in Sozialsachen nach Betragsrahmen

Gebührentatbestand	Nr. VV RVG	Mindestgebühr €	Mittelgebühr €	Höchstgebühr €
1. Außergerichtliche Vertretung				
Geschäftsgebühr	2302 Nr. 1	50,00	345,00	640,00
2. Erstinstanzliches Verfahren				
Verfahrensgebühr	3102	50,00	300,00	550,00
Terminsgebühr	3106	50,00	280,00	510,00
3. Beschwerde gegen die Nichtzulassung der Berufung				
Verfahrensgebühr	3511	60,00	370,00	680,00
Terminsgebühr	3517	50,00	280,00	510,00
4. Berufungsverfahren/Beschwerdeverfahren in Verfahren des einstweiligen Rechtsschutzes				
Verfahrensgebühr	3204	60,00	370,00	680,00
Terminsgebühr	3205	50,00	280,00	510,00
5. Beschwerde gegen die Nichtzulassung der Revision				
Verfahrensgebühr	3512	80,00	480,00	880,00
Terminsgebühr	3518	60,00	360,00	660,00
6. Revisionsverfahren				
Verfahrensgebühr	3212	80,00	480,00	880,00
Terminsgebühr	3213	80,00	455,00	830,00
7. Einfache Beschwerde und Erinnerungsverfahren				
Verfahrensgebühr	3501	20,00	115,00	210,00
Terminsgebühr	3515	20,00	115,00	210,00
8. Einzeltätigkeit				
Verfahrensgebühr	3406	30,00	185,00	340,00

IV. Gebühren in Strafsachen

Gebührentatbestand	Nr. VV RVG	Mindest-gebühr	Mittel-gebühr	Höchst-gebühr	Bestellter oder beige-ordneter Anwalt
		€	€	€	€
1. Allgemeine Gebühren					
Grundgebühr	4100	40,00	200,00	360,00	160,00
▪ mit Zuschlag	4101	40,00	245,00	450,00	192,00
Terminsgebühr	4102	40,00	170,00	300,00	136,00
▪ mit Zuschlag	4103	40,00	207,50	375,00	166,00
2. Vorbereitendes Verfahren					
Verfahrensgebühr	4104	40,00	165,00	290,00	132,00
▪ mit Zuschlag	4105	40,00	201,25	362,50	161,00
3. Erstinstanzliches gerichtliches Verfahren					
a) Verfahren vor dem Amtsgericht					
Verfahrensgebühr	4106	40,00	165,00	290,00	132,00
▪ mit Zuschlag	4107	40,00	201,25	362,50	161,00
Terminsgebühr	4108	70,00	275,00	480,00	220,00
▪ mit Zuschlag	4109	70,00	335,00	600,00	268,00
▪ Längenzuschlag mehr als 5 und bis 8 Stunden	4110				110,00
▪ Längenzuschlag mehr als 8 Stunden	4111				220,00
b) Verfahren vor der Strafkammer und der Jugendkammer, soweit diese nicht in Sachen entscheidet, die nach den allgemeinen Vorschriften zur Zuständigkeit des Schwurgerichts gehören					
Verfahrensgebühr	4112	50,00	185,00	320,00	148,00
▪ mit Zuschlag	4113	50,00	225,00	400,00	180,00
Terminsgebühr	4114	80,00	320,00	560,00	256,00
▪ mit Zuschlag	4115	80,00	390,00	700,00	312,00
▪ Längenzuschlag mehr als 5 und bis 8 Stunden	4116				128,00
▪ Längenzuschlag mehr als 8 Stunden	4117				256,00
c) Verfahren vor dem Oberlandesgericht, dem Schwurgericht oder der Strafkammer nach den §§ 74 a und 74 c GVG sowie vor der Jugendkammer, soweit diese in Sachen entscheidet, die nach den allgemeinen Vorschriften zur Zuständigkeit des Schwurgerichts gehören					
Verfahrensgebühr	4118	100,00	395,00	690,00	316,00
▪ mit Zuschlag	4119	100,00	481,25	862,50	385,00
Terminsgebühr	4120	130,00	530,00	930,00	424,00
▪ mit Zuschlag	4121	130,00	646,25	1.162,50	517,00
▪ Längenzuschlag mehr als 5 und bis 8 Stunden	4122				212,00

Gebührentatbestand	Nr. VV RVG	Mindest-gebühr €	Mittel-gebühr €	Höchst-gebühr €	Bestellter oder beige-ordneter Anwalt €
■ Längenzuschlag mehr als 8 Stunden	4123				424,00
4. Berufungsverfahren					
Verfahrensgebühr	4124	80,00	320,00	560,00	256,00
■ mit Zuschlag	4125	80,00	390,00	700,00	312,00
Terminsgebühr	4126	80,00	320,00	560,00	256,00
■ mit Zuschlag	4127	80,00	390,00	700,00	312,00
■ Längenzuschlag mehr als 5 und bis 8 Stunden	4128				128,00
■ Längenzuschlag mehr als 8 Stunden	4129				256,00
5. Revisionsverfahren					
Verfahrensgebühr	4130	120,00	615,00	1.110,00	492,00
■ mit Zuschlag	4131	120,00	753,75	1.387,50	603,00
Terminsgebühr	4132	120,00	340,00	560,00	272,00
■ mit Zuschlag	4133	120,00	410,00	700,00	328,00
■ Längenzuschlag mehr als 5 und bis 8 Stunden	4134				136,00
■ Längenzuschlag mehr als 8 Stunden	4135				272,00
6. Strafvollstreckung					
Verfahrensgebühr	4200	60,00	365,00	670,00	292,00
■ mit Zuschlag	4201	60,00	448,75	837,50	359,00
Terminsgebühr	4202	60,00	180,00	300,00	144,00
■ mit Zuschlag	4203	60,00	217,50	375,00	174,00
Verfahrensgebühr	4204	30,00	165,00	300,00	132,00
■ mit Zuschlag	4205	30,00	202,50	375,00	162,00
Terminsgebühr	4206	30,00	165,00	300,00	132,00
■ mit Zuschlag	4207	30,00	202,50	375,00	162,00
7. Einzeltätigkeiten					
Verfahrensgebühr	4300	60,00	365,00	670,00	292,00
Verfahrensgebühr	4301	40,00	250,00	460,00	200,00
Verfahrensgebühr	4302	30,00	160,00	290,00	128,00
8. Gnadensachen					
Verfahrensgebühr	4303	30,00	165,00	300,00	
9. Kontaktperson (§ 34 a EGGVG)					
Gebühr	4304				3.500,00

Gebührentatbestand	Nr. VV RVG	Bezugs- gebühr	Wahl- anwalt	Bestellter oder beigeordneter Anwalt
10. Zusätzliche Gebühr für Vermeidung der Hauptverhandlung				
Vorbereitendes Verfahren	4141	4106	165,00	132,00
Erstinstanzliches Verfahren vor dem AG	4141	4106	165,00	132,00
Erstinstanzliches Verfahren vor der Strafkammer etc.	4141	4112	185,00	148,00
Erstinstanzliches Verfahren vor dem OLG etc.	4141	4118	395,00	316,00
Berufungsverfahren	4141	4124	320,00	256,00
Revisionsverfahren	4141	4130	615,00	492,00

V. Gebühren in Bußgeldsachen

Tatbestand	Nr. VV RVG	Mindest-gebühr	Mittel-gebühr	Höchst-gebühr	Bestellter oder beige-ordneter Anwalt
		€	€	€	€
1. Grundgebühr	5100	30,00	100,00	170,00	80,00
2. Verfahren vor der Verwaltungsbehörde, einschließlich des Zwischenverfahrens (§ 69 OWiG) bis zum Eingang der Akten bei Gericht (Vorbem. 5.1.2 Abs. 1 VV)					
Verfahrensgebühr weniger als 40 €[1] Bußgeld	5101	20,00	65,00	110,00	52,00
Terminsgebühr	5102	20,00	65,00	110,00	52,00
Verfahrensgebühr 40 €[1] bis 5.000 € Bußgeld	5103	30,00	160,00	290,00	128,00
Terminsgebühr	5104	30,00	160,00	290,00	128,00
Verfahrensgebühr über 5.000 € Bußgeld	5105	40,00	170,00	300,00	136,00
Terminsgebühr	5106	40,00	170,00	300,00	136,00
3. Gerichtliches Verfahren im ersten Rechtszug					
Verfahrensgebühr weniger als 40 €[1] Bußgeld	5107	20,00	65,00	110,00	52,00
Terminsgebühr	5108	20,00	130,00	240,00	104,00
Verfahrensgebühr 40 €[1] bis 5.000 € Bußgeld	5109	30,00	160,00	290,00	128,00
Terminsgebühr	5110	40,00	255,00	470,00	204,00
Verfahrensgebühr über 5.000 € Bußgeld	5111	50,00	200,00	350,00	160,00
Terminsgebühr	5112	80,00	320,00	560,00	256,00
4. Rechtsbeschwerde, einschließlich des Verfahrens auf Zulassung der Rechtsbeschwerde					
Verfahrensgebühr	5113	80,00	320,00	560,00	256,00
Terminsgebühr	5114	80,00	320,00	560,00	256,00
5. Einzeltätigkeiten, einschließlich der Vertretung in der Vollstreckung und in Gnadensachen (Anm. Abs. 4 zu Nr. 5200 VV)					
Verfahrensgebühr	5200	20,00	65,00	110,00	52,00

---

1 Zur geplanten Anhebung auf 60 € siehe § 21 Rn 45 a.

Tatbestand	Nr. VV RVG	Bezugs-gebühr	Wahlanwalt (Mittel-gebühr)	Bestellter oder beigeordneter Anwalt
6. Zusätzliche Gebühr für Vermeidung der Hauptverhandlung				
Verfahren vor der Verwaltungs-behörde	5115			
■ weniger als 40 €[1] Bußgeld		5101	65,00	52,00
■ 40 €[1] bis 5.000 € Bußgeld		5103	160,00	128,00
■ über 5.000 € Bußgeld		5105	170,00	136,00
Gerichtliches Verfahren im ersten Rechtszug	5115			
■ weniger als 40 €[1] Bußgeld		5107	65,00	52,00
■ 40 €[1] bis 5.000 € Bußgeld		5109	160,00	128,00
■ über 5.000 € Bußgeld		5111	200,00	160,00
Rechtsbeschwerde	5115	5113	270,00	256,00

---

1 Zur geplanten Anhebung auf 60 € siehe § 21 Rn 45 a.

VI. Gebühren nach Teil 6 VV

1. Verfahren nach dem IRG und nach dem IStGH

Tatbestand	Nr. VV RVG	Wahlanwalt			Gerichtlich bestellter oder beigeordneter Anwalt
		Mindest-gebühr €	Mittel-gebühr €	Höchst-gebühr €	Festgebühr €
a) Verfahren vor der Verwaltungsbehörde					
Verfahrensgebühr	6100	50,00	195,00	340,00	156,00
b) Gerichtliches Verfahren					
Verfahrensgebühr	6101	100,00	395,00	690,00	316,00
Terminsgebühr	6102	130,00	530,00	930,00	424,00

2. Disziplinarverfahren, berufsgerichtliche Verfahren wegen der Verletzung einer Berufspflicht

Tatbestand	Nr. VV RVG	Wahlanwalt			Gerichtlich bestellter oder beigeordneter Anwalt
		Mindest-gebühr €	Mittel-gebühr €	Höchst-gebühr €	Festgebühr €
a) Allgemeine Gebühren					
Grundgebühr	6200	40,00	195,00	350,00	156,00
Terminsgebühr	6201	40,00	205,00	370,00	164,00
b) Außergerichtliches Verfahren					
Verfahrensgebühr	6202	40,00	165,00	290,00	132,00
c) Nachprüfungsverfahren					
Verfahrensgebühr	6202	40,00	165,00	290,00	132,00
d) Erster Rechtszug					
Verfahrensgebühr	6203	50,00	185,00	320,00	148,00
Terminsgebühr	6204	80,00	320,00	560,00	256,00
▪ Längenzuschlag mehr als 5 und bis 8 Stunden	6205				128,00
▪ Längenzuschlag mehr als 8 Stunden	6206				256,00
e) Zweiter Rechtszug					
Verfahrensgebühr	6207	80,00	320,00	560,00	256,00
Terminsgebühr	6208	80,00	320,00	560,00	256,00
▪ Längenzuschlag mehr als 5 und bis 8 Stunden	6209				128,00
▪ Längenzuschlag mehr als 8 Stunden	6210				256,00

Tatbestand	Nr. VV RVG	Wahlanwalt			Gerichtlich bestellter oder beigeordneter Anwalt
		Mindest-gebühr €	Mittel-gebühr €	Höchst-gebühr €	Festgebühr €
f) Nichtzulassungsbeschwerde					
Verfahrensgebühr	6215	70,00	590,00	1.110,00	472,00
g) Dritter Rechtszug					
Verfahrensgebühr	6211	120,00	615,00	1.110,00	492,00
Terminsgebühr	6212	120,00	335,00	550,00	268,00
■ Längenzuschlag mehr als 5 und bis 8 Stunden	6213				134,00
■ Längenzuschlag mehr als 8 Stunden	6214				268,00
h) Zusatzgebühr					

Verfahren	Nr. VV RVG	Bezugs-gebühr	Wahl-anwalt (Mittel-gebühr)	Gerichtlich bestellter oder beigeordneter Anwalt
Vorbereitendes Verfahren	6216	6202	165,00	132,00
Nachprüfungs-verfahren	6216	6202	165,00	132,00
Erster Rechtszug	6216	6203	185,00	148,00
Zweiter Rechtszug	6216	6207	320,00	256,00
Nichtzulassungs-beschwerde	6216	6215	590,00	472,00
Dritter Rechtszug	6216	6211	615,00	492,00

3. Gerichtlichen Verfahren bei Freiheitsentziehung und in Unterbringungssachen

Tatbestand	Nr. VV RVG	Wahlanwalt			Gerichtlich bestellter oder beigeordneter Anwalt
		Mindest-gebühr €	Mittel-gebühr €	Höchst-gebühr €	Festgebühr €
Verfahrensgebühr	6300	40,00	255,00	470,00	204,00
Verfahrensgebühr	6301	40,00	255,00	470,00	204,00
Verfahrensgebühr	6302	20,00	160,00	300,00	128,00
Verfahrensgebühr	6303	20,00	160,00	300,00	128,00

4. Gerichtliche Verfahren nach der Wehrbeschwerdeordnung

Tatbestand	Nr. VV RVG	Mindestgebühr €	Mittelgebühr €	Höchstgebühr €
Verfahrensgebühr	6400	80,00	380,00	680,00
Terminsgebühr	6401	80,00	380,00	680,00
Verfahrensgebühr	6402	100,00	445,00	790,00
Terminsgebühr	6403	100,00	445,00	790,00

5. Einzeltätigkeiten und Verfahren auf Aufhebung oder Änderung einer Disziplinarmaßnahme

Tatbestand	Wahlanwalt				Gerichtlich bestellter oder beigeordneter Anwalt
	Nr. VV RVG	Mindestgebühr €	Mittelgebühr €	Höchstgebühr €	Festgebühr €
Verfahrensgebühr	6500	20,00	160,00	300,00	128,00

VII. Gerichtsgebühren nach § 34 GKG/§ 28 FamGKG

Wert bis … €	0,25	0,5	1,0	1,5	2,0	3,0	4,0	5,0	6,0
500	15,00[1]	17,50[2]	35,00	52,50	70,00	105,00	140,00	175,00	210,00
1.000	15,00[1]	26,50[2]	53,00	79,50	106,00	159,00	212,00	265,00	318,00
1.500	17,75	35,50	71,00	106,50	142,00	213,00	284,00	355,00	426,00
2.000	22,25	44,50	89,00	133,50	178,00	267,00	356,00	445,00	534,00
3.000	27,00	54,00	108,00	162,00	216,00	324,00	432,00	540,00	648,00
4.000	31,75	63,50	127,00	190,50	254,00	381,00	508,00	635,00	762,00
5.000	36,50	73,00	146,00	219,00	292,00	438,00	584,00	730,00	876,00
6.000	41,25	82,50	165,00	247,50	330,00	495,00	660,00	825,00	990,00
7.000	46,00	92,00	184,00	276,00	368,00	552,00	736,00	920,00	1.104,00
8.000	50,75	101,50	203,00	304,50	406,00	609,00	812,00	1.015,00	1.218,00
9.000	55,50	111,00	222,00	333,00	444,00	666,00	888,00	1.110,00	1.332,00
10.000	60,25	120,50	241,00	361,50	482,00	723,00	964,00	1.205,00	1.446,00
13.000	66,75	133,50	267,00	400,50	534,00	801,00	1.068,00	1.335,00	1.602,00
16.000	73,25	146,50	293,00	439,50	586,00	879,00	1.172,00	1.465,00	1.758,00
19.000	79,75	159,50	319,00	478,50	638,00	957,00	1.276,00	1.595,00	1.914,00
22.000	86,25	172,50	345,00	517,50	690,00	1.035,00	1.380,00	1.725,00	2.070,00
25.000	92,75	185,50	371,00	556,50	742,00	1.113,00	1.484,00	1.855,00	2.226,00
30.000	101,50	203,00	406,00	609,00	812,00	1.218,00	1.624,00	2.030,00	2.436,00
35.000	110,25	220,50	441,00	661,50	882,00	1.323,00	1.764,00	2.205,00	2.646,00
40.000	119,00	238,00	476,00	714,00	952,00	1.428,00	1.904,00	2.380,00	2.856,00
45.000	127,75	255,50	511,00	766,50	1.022,00	1.533,00	2.044,00	2.555,00	3.066,00
50.000	136,50	273,00	546,00	819,00	1.092,00	1.638,00	2.184,00	2.730,00	3.276,00
65.000	166,50	333,00	666,00	999,00	1.332,00	1.998,00	2.664,00	3.330,00	3.996,00
80.000	196,50	393,00	786,00	1.179,00	1.572,00	2.358,00	3.144,00	3.930,00	4.716,00
95.000	226,50	453,00	906,00	1.359,00	1.812,00	2.718,00	3.624,00	4.530,00	5.436,00
110.000	256,50	513,00	1.026,00	1.539,00	2.052,00	3.078,00	4.104,00	5.130,00	6.156,00
125.000	286,50	573,00	1.146,00	1.719,00	2.292,00	3.438,00	4.584,00	5.730,00	6.876,00
140.000	316,50	633,00	1.266,00	1.899,00	2.532,00	3.798,00	5.064,00	6.330,00	7.596,00
155.000	346,50	693,00	1.386,00	2.079,00	2.772,00	4.158,00	5.544,00	6.930,00	8.316,00
170.000	376,50	753,00	1.506,00	2.259,00	3.012,00	4.518,00	6.024,00	7.530,00	9.036,00
185.000	406,50	813,00	1.626,00	2.439,00	3.252,00	4.878,00	6.504,00	8.130,00	9.756,00
200.000	436,50	873,00	1.746,00	2.619,00	3.492,00	5.238,00	6.984,00	8.730,00	10.476,00
230.000	481,25	962,50	1.925,00	2.887,50	3.850,00	5.775,00	7.700,00	9.625,00	11.550,00
260.000	526,00	1.052,00	2.104,00	3.156,00	4.208,00	6.312,00	8.416,00	10.520,00	12.624,00
290.000	570,75	1.141,50	2.283,00	3.424,50	4.566,00	6.849,00	9.132,00	11.415,00	13.698,00
320.000	615,50	1.231,00	2.462,00	3.693,00	4.924,00	7.386,00	9.848,00	12.310,00	14.772,00
350.000	660,25	1.320,50	2.641,00	3.961,50	5.282,00	7.923,00	10.564,00	13.205,00	15.846,00
380.000	705,00	1.410,00	2.820,00	4.230,00	5.640,00	8.460,00	11.280,00	14.100,00	16.920,00
410.000	749,75	1.499,50	2.999,00	4.498,50	5.998,00	8.997,00	11.996,00	14.995,00	17.994,00
440.000	794,50	1.589,00	3.178,00	4.767,00	6.356,00	9.534,00	12.712,00	15.890,00	19.068,00
470.000	839,25	1.678,50	3.357,00	5.035,50	6.714,00	10.071,00	13.428,00	16.785,00	20.142,00
500.000	884,00	1.768,00	3.536,00	5.304,00	7.072,00	10.608,00	14.144,00	17.680,00	21.216,00
550.000	929,00	1.858,00	3.716,00	5.574,00	7.432,00	11.148,00	14.864,00	18.580,00	22.296,00

---

1 Mindestgebühr nach § 34 Abs. 2 GKG und § 28 Abs. 2 FamGKG.
2 Mindestgebühr im Verfahren über den Erlass eines Mahnbescheids 32,00 €.

Wert bis … €	0,25	0,5	1,0	1,5	2,0	3,0	4,0	5,0	6,0
600.000	974,00	1.948,00	3.896,00	5.844,00	7.792,00	11.688,00	15.584,00	19.480,00	23.376,00
650.000	1.019,00	2.038,00	4.076,00	6.114,00	8.152,00	12.228,00	16.304,00	20.380,00	24.456,00
700.000	1.064,00	2.128,00	4.256,00	6.384,00	8.512,00	12.768,00	17.024,00	21.280,00	25.536,00
750.000	1.109,00	2.218,00	4.436,00	6.654,00	8.872,00	13.308,00	17.744,00	22.180,00	26.616,00
800.000	1.154,00	2.308,00	4.616,00	6.924,00	9.232,00	13.848,00	18.464,00	23.080,00	27.696,00
850.000	1.199,00	2.398,00	4.796,00	7.194,00	9.592,00	14.388,00	19.184,00	23.980,00	28.776,00
900.000	1.244,00	2.488,00	4.976,00	7.464,00	9.952,00	14.928,00	19.904,00	24.880,00	29.856,00
950.000	1.289,00	2.578,00	5.156,00	7.734,00	10.312,00	15.468,00	20.624,00	25.780,00	30.936,00
1.000.000	1.334,00	2.668,00	5.336,00	8.004,00	10.672,00	16.008,00	21.344,00	26.680,00	32.016,00
1.050.000	1.379,00	2.758,00	5.516,00	8.274,00	11.032,00	16.548,00	22.064,00	27.580,00	33.096,00
1.100.000	1.424,00	2.848,00	5.696,00	8.544,00	11.392,00	17.088,00	22.784,00	28.480,00	34.176,00
1.150.000	1.469,00	2.938,00	5.876,00	8.814,00	11.752,00	17.628,00	23.504,00	29.380,00	35.256,00
1.200.000	1.514,00	3.028,00	6.056,00	9.084,00	12.112,00	18.168,00	24.224,00	30.280,00	36.336,00
1.250.000	1.559,00	3.118,00	6.236,00	9.354,00	12.472,00	18.708,00	24.944,00	31.180,00	37.416,00
1.300.000	1.604,00	3.208,00	6.416,00	9.624,00	12.832,00	19.248,00	25.664,00	32.080,00	38.496,00
1.350.000	1.649,00	3.298,00	6.596,00	9.894,00	13.192,00	19.788,00	26.384,00	32.980,00	39.576,00
1.400.000	1.694,00	3.388,00	6.776,00	10.164,00	13.552,00	20.328,00	27.104,00	33.880,00	40.656,00
1.450.000	1.739,00	3.478,00	6.956,00	10.434,00	13.912,00	20.868,00	27.824,00	34.780,00	41.736,00
1.500.000	1.784,00	3.568,00	7.136,00	10.704,00	14.272,00	21.408,00	28.544,00	35.680,00	42.816,00
1.550.000	1.829,00	3.658,00	7.316,00	10.974,00	14.632,00	21.948,00	29.264,00	36.580,00	43.896,00
1.600.000	1.874,00	3.748,00	7.496,00	11.244,00	14.992,00	22.488,00	29.984,00	37.480,00	44.976,00
1.650.000	1.919,00	3.838,00	7.676,00	11.514,00	15.352,00	23.028,00	30.704,00	38.380,00	46.056,00
1.700.000	1.964,00	3.928,00	7.856,00	11.784,00	15.712,00	23.568,00	31.424,00	39.280,00	47.136,00
1.750.000	2.009,00	4.018,00	8.036,00	12.054,00	16.072,00	24.108,00	32.144,00	40.180,00	48.216,00
1.800.000	2.054,00	4.108,00	8.216,00	12.324,00	16.432,00	24.648,00	32.864,00	41.080,00	49.296,00
1.850.000	2.099,00	4.198,00	8.396,00	12.594,00	16.792,00	25.188,00	33.584,00	41.980,00	50.376,00
1.900.000	2.144,00	4.288,00	8.576,00	12.864,00	17.152,00	25.728,00	34.304,00	42.880,00	51.456,00
1.950.000	2.189,00	4.378,00	8.756,00	13.134,00	17.512,00	26.268,00	35.024,00	43.780,00	52.536,00
2.000.000	2.234,00	4.468,00	8.936,00	13.404,00	17.872,00	26.808,00	35.744,00	44.680,00	53.616,00
2.050.000	2.279,00	4.558,00	9.116,00	13.674,00	18.232,00	27.348,00	36.464,00	45.580,00	54.696,00
2.100.000	2.324,00	4.648,00	9.296,00	13.944,00	18.592,00	27.888,00	37.184,00	46.480,00	55.776,00
2.150.000	2.369,00	4.738,00	9.476,00	14.214,00	18.952,00	28.428,00	37.904,00	47.380,00	56.856,00
2.200.000	2.414,00	4.828,00	9.656,00	14.484,00	19.312,00	28.968,00	38.624,00	48.280,00	57.936,00
2.150.000	2.369,00	4.738,00	9.476,00	14.214,00	18.952,00	28.428,00	37.904,00	47.380,00	56.856,00
2.200.000	2.414,00	4.828,00	9.656,00	14.484,00	19.312,00	28.968,00	38.624,00	48.280,00	57.936,00
2.250.000	2.459,00	4.918,00	9.836,00	14.754,00	19.672,00	29.508,00	39.344,00	49.180,00	59.016,00
2.300.000	2.504,00	5.008,00	10.016,00	15.024,00	20.032,00	30.048,00	40.064,00	50.080,00	60.096,00
2.350.000	2.549,00	5.098,00	10.196,00	15.294,00	20.392,00	30.588,00	40.784,00	50.980,00	61.176,00
2.400.000	2.594,00	5.188,00	10.376,00	15.564,00	20.752,00	31.128,00	41.504,00	51.880,00	62.256,00
2.450.000	2.639,00	5.278,00	10.556,00	15.834,00	21.112,00	31.668,00	42.224,00	52.780,00	63.336,00
2.500.000	2.684,00	5.368,00	10.736,00	16.104,00	21.472,00	32.208,00	42.944,00	53.680,00	64.416,00
2.550.000	2.729,00	5.458,00	10.916,00	16.374,00	21.832,00	32.748,00	43.664,00	54.580,00	65.496,00
2.600.000	2.774,00	5.548,00	11.096,00	16.644,00	22.192,00	33.288,00	44.384,00	55.480,00	66.576,00
2.650.000	2.819,00	5.638,00	11.276,00	16.914,00	22.552,00	33.828,00	45.104,00	56.380,00	67.656,00
2.700.000	2.864,00	5.728,00	11.456,00	17.184,00	22.912,00	34.368,00	45.824,00	57.280,00	68.736,00

Stichwortverzeichnis

Die **fetten** Zahlen verweisen auf das Kapitel, die mageren auf Randnummern.